리더십 입문 제5판

개념과 실천

FOR INFORMATION:

SAGE Publications, Inc.
2455 Teller Road
Thousand Oaks, California 91320
E-mail: order@sagepub.com

SAGE Publications Ltd.
1 Oliver's Yard
55 City Road
London, EC1Y 1SP
United Kingdom

SAGE Publications India Pvt. Ltd.
B 1/I 1 Mohan Cooperative Industrial Area
Mathura Road, New Delhi 110 044
India

리더십 입문

개념과 실천 제5판

피터 G. 노스하우스 지음

이용철 · 리상섭 · 김기흥 · 김진웅 옮김

∑시그마프레스 SSAGE

리더십 입문 : 개념과 실천, 제5판

발행일 | 2022년 2월 10일 1쇄 발행

지은이 | 피터 G. 노스하우스
옮긴이 | 이용철, 리상섭, 김기홍, 김진웅
발행인 | 강학경
발행처 | (주)시그마프레스
디자인 | 김은경, 이상화, 우주연, 고유진
편 집 | 이호선, 김은실, 윤원진
마케팅 | 문정현, 송치헌, 김인수, 김미래, 김성옥

등록번호 | 제10−2642호
주소 | 서울특별시 영등포구 양평로 22길 21 선유도코오롱디지털타워 A401∼402호
전자우편 | sigma@spress.co.kr
홈페이지 | http://www.sigmapress.co.kr
전화 | (02)323−4845, (02)2062−5184∼8
팩스 | (02)323−4197
ISBN | 979−11−6226−361−7

Introduction to Leadership: Concepts and Practice, Fifth Edition

* 책값은 책 뒤표지에 있습니다.

역자 서문

이 책은 피터 G. 노스하우스의 *Introduction to Leadership: Concepts and Practice*, 제5판을 번역한 것이다.

이 책의 특징은 다음과 같다: (1) 리더십을 배우는 모든 사람에게 (2) 이론의 핵심을 아주 쉽게 설명하며 (3) 체험 학습 방식으로 (4) 다양한 사례와 풍부한 자료를 제공한다.

(1) 전공에 관계없이 리더십 이론을 처음 배우는 대학생(학부, 대학원), 조직에서 처음으로 리더 역할을 맡은 신임 관리자부터 리더십의 핵심 개념을 다시 한 번 정리하려는 임원이나 최고 경영자에 이르기까지 리더십을 배우고 실행하는 모든 단계의 사람에게 리더십의 이해와 계발을 동시에 충족시켜주는 입문서다.

(2) 일반적인 리더십 이론서 절반 정도의 분량에 리더십의 핵심 개념을 알차게 담아 쉽게 서술하였다. 본문은 이론만 나열하는 교과서적 설명 방식에서 벗어나 학교, 기업, 비영리기관 등 다양한 조직의 리더십 상황을 예로 들어 이론을 쉽게 풀어낸다. 이에 더해 14개 장마다 사례연구를 제공하여 이론의 현실적인 적용을 돕는다.

(3) 각 장의 뒷부분은 해당 주제의 자기 진단지로 시작하여 관찰 연습, 성찰 및 실행 과제 워크시트로 끝나는 체계적인 체험 학습 방식으로 구성되어 있다. 각 장의 진단과 실습을 모두 마치면 독자(학습자)는 자신의 리더십이 어떤 모습인지 통찰하고 자신도 모르게 리더십이 계발되어 있음을 알게 될 것이다.

이 책의 역자들은 제2판, 제3판에 이어 제5판도 공동으로 번역하였다. 역자 4인은 각자 다른 분야에서 경험을 쌓으며 일하고 있지만, 다양한 분야의 사람들에게 리더십을 배양하는 일을 주제로 학습, 연구, 실천하는 전문가라는 공통점을 가지고 있다.

제5판에서는 2개 장(제9장 '다양성과 포용성', 제14장 '파괴적 리더십 탐구하기')이 새롭게 추가되었다. 18개의 새로운 사례 연구와 5개의 새로운 리더십 스냅숏이 포함되었으며, 본문의 내용도 고치거나 새로 쓴 부분이 많아서 집으로 비유하자면 상당한 증축 리모델링이 이루어진 셈이다.

이번 번역 작업을 통하여 역자들은 리더십의 요소와 핵심을 군더더기 없이 간결하게 정리해 내는 저자의 솜씨에서 큰 배움을 얻었다. 최대한 원문에 충실하게 번역을 하고자 하였으나 다른 나라 언어를 번역하는 일은 쉽지 않은 일이다. 번역이 매끄럽지 못한 부분에 대한 독자 여러분의 양해와 피드백을 부탁드린다.

역자들은 이 책의 번역을 제안하고 여러 가지로 애써 주신 (주)시그마프레스 영업부와, 편집의 이호선, 디자인의 김은경 이하 여러 직원 분들과 초벌 번역을 꼼꼼히 해 준 이보람 선생에게 감사의 말을 전하고 싶다.

2022년 1월
역자 일동

리더십은 매우 높이 평가되는 상품이다. 세계 정세와 국내 정치 환경이 불안정한 현재, 건설적 리더십에 대한 대중의 욕구는 그 어느 때보다 높다. 사람들은 리더가 어떤 사람들이고 리더가 하는 일이 무엇인지에 대해서 열렬한 관심을 가진다. 그리고 훌륭한 리더십이란 어떤 것인지, 어떻게 훌륭한 리더가 될 수 있는지 알고 싶어 한다. 리더십에 관한 이러한 강한 흥미에도 불구하고, 리더십 실천의 복잡성을 명백하게 설명하는 책들은 매우 적다. 나는 이 공백을 채우기 위해서 이 책을 썼다.

각 장에서는 리더십의 기본 원칙과 그것이 실제로 유능한 리더가 되는 것과 어떻게 관련되는지 설명한다. 이러한 기본 원칙들은 예시, 성공적 리더의 프로필, 그리고 사례 연구를 통해서 설명된다. 이 책은 14개의 장으로 구성되었다: 제1장, 리더십 이해하기에서는 리더십의 다양한 정의가 리더십 실천에 어떤 영향을 미치는지 분석한다. 제2장, 리더십 특성 파악하기에서는 사회과학 연구에서 중요하다고 파악된 리더십 특성들을 알아보고, 특별히 선별된 역사 속 인물과 현재의 인물들의 리더십 특성들을 살펴본다. 제3장, 리더십 스타일 알아보기에서는 사람과 일, 그리고 인간 본성에 대한 개인의 관점이 어떻게 개인 리더십 철학을 형성하고, 이러한 리더십 철학이 보편적으로 발견되는 세 가지 리더십 스타일인 권위적 · 민주적 · 방임적 스타일과 어떻게 연관되는지 살펴본다. 제4장, 과업 및 관계 다루기에서는 리더들이 리더십 역할 속에서 과업 행동과 관계 행동을 어떻게 통합시키고 최적화할 수 있는지 설명한다. 제5장, 리더십 스킬 개발하기에서는 세 가지 종류의 리더십 스킬인 관리 · 대인관계 · 개념화 스킬을 살펴본다. 제6장, 강점 활용하기에서는 최근 떠오르는 강점 기반 리더십에 대해 논의하며, 몇 가지 진단도구를 사용해서 자신과 다른 사람들의 강점을 알아보는 방법과 어떻게 하면 그 강점들을 활용해서 성공적 리더가 될 수 있는지를 살펴본다. 제7장, 비전 창조하기에서는 비전의 특성에 대해 알아보고 비전이 어떻게 표현되고 실현되는지 살펴본다. 제8장, 건설적 환경 조성하기는 집단이나 조직을 운영할 때 리더가 구조를 제공하고, 규범을 명시하고, 응집력을 높이고, 우수성의 기준을 촉구하는 것의 중요성에 집중한다. 제9장, 다양성과 포용성에서는 포용적 리더십의 중요성에 대해 논의하고 다양성과 포용성을 수용하려 할 때 부딪치는 장애물을 살펴본다. 제10장, 외집단 구성원 경청하기에서는 외집단의 성격과 그들이 미치는 영향, 그리고 리더가 외집단 구성원들에게 반응하는 방법들을 살펴본다. 제11장, 갈등에 대처하기에서는 우리가 어떻게 갈등을 관리하고 긍정적인 변화를 낳을 수 있을 것인가의 문제를 다룬다. 제12장, 리더십에서 윤리 다루기에서는 윤리적인 리더십에 직결된 여섯 가지 요인들로서 인격, 행동, 목표, 정직성, 파워, 가치를 살펴본다. 제13장, 장애 극복하기에서는 구성원들이 마주칠 수 있는 일곱 가지 장애물과 리더가 이러한 장애물을 극복하도록 도울 수 있는 방법들을 다룬다. 제14장, 파괴적 리더십 탐구하기는 유독성 리더십의 원인을 분석하고 그에 대처하고 무효화하는 실천적 방법을 논의한다.

제5판에 추가된 내용

이번 제5판에서는 기존 판의 내용 대부분이 유지되지만 몇 가지 면에서 확장하고 강화했다.

- 첫째, 파괴적 리더십에 대한 새로운 장이 추가되었다. 여기서는 '유독성 삼각형'이라고 부르는 틀을 사용하여 파괴적 리더십의 본질을 검토하는데, 유독성 삼각형이란 파괴적 리더십이 리더·취약한 구성원·환경 간의 복잡한 상호작용에서 출현한다고 설명한다. 파괴적 리더십에 대항하기 위하여 이 장은 유독성 리더가 권력을 잡고 파괴적으로 행동할 때 구성원과 조직이 활용할 수 있는 실천적 지침을 제공한다.
- 둘째, 이번 판에서는 18개의 새로운 사례 연구를 포함하고 있다. 사례 연구는 장의 내용을 예시하며, 독자로 하여금 이 정보를 가지고 '실생활'에서 리더십 난제를 해결해 보도록 도전한다.

- 셋째, 미셸 오바마, 재스민 크로, 엘리자베스 홈스 등을 포함한 **다섯 가지의 새로운 리더십 스냅숏**을 추가하여 다양한 분야의 리더들의 성공담과 실패담을 통해서 각 장의 개념을 예시한다.
- 넷째, 이번 판에는 **파괴적 리더십에 대한 새로운 진단지**가 추가되어 학생들이 파괴적 리더십의 여러 차원뿐 아니라 자신의 파괴적 리더십 경향성도 이해하는 데 도움이 될 것이다.

특징

이 책은 독자가 어떻게 더 좋은 리더가 될 수 있는지 이해하는 것을 돕도록 설계되었다. 리더십 이론에 기반하지만, 이해하고 사용하기 쉬운 방식으로 리더십의 기초를 설명한다. 각 장은 리더십의 기초적인 한 측면에 집중하여, 이것이 실제 리더십 상황에서 적용될 수 있는 방법을 논의하고, 적절한 리더의 프로필을 제공한다.

아마도 이 책의 가장 주목할 만한 특징은 각 장마다 포함된 네 가지 이론 적용 활동으로서, 독자가 리더십 개념과 실생활에서의 적용을 탐구할 수 있는 수단을 제공한다.

- **사례 연구**는 해당 장에서 논의한 개념들을 예시해준다. 각 사례의 끝에는 그 장에서 등장한 개념을 활용한 사례 분석을 돕기 위하여, 독자들에게 생각거리를 던지는 질문들을 제공하고 있다.
- **진단지**는 독자가 자신의 리더십 스타일과 자신이 선호하는 것들을 알아볼 수 있도록 도와준다. 학생들은 해당 장의 내용을 읽기 전에 먼저 이 진단지를 작성해 볼 수 있다. 진단지를 먼저 작성함으로써 독자는 그 장에서 다룰 내용이 구체적으로 어떻게 자신의 리더십 성향에 적용되는지 더 잘 인식할 수 있을 것이다.
- **관찰 연습**은 독자가 자신의 인생 경험 속에서 리더들의 행동을 검토해보도록 안내한다.
- **성찰 및 실행 과제 워크시트**는 독자가 자신의 리더십 스타일을 성찰하고 더 유능한 리더가 되기 위하여 취할 수 있는 행동들을 찾아보도록 독려한다.

대상 독자

이 책은 실천 지향적이며 사용하기 쉬운 방식으로 쓰여져 모든 분야에 걸쳐 리더십 입문 수업에 적절하다. 구체적으로 이 책은 농학, 보건학, 경영학, 커뮤니케이션학, 교육학, 공학, 관리학, 군사학, 간호학, 정치학, 행정학, 종교학, 사회복지학 등의 학과에서 리더십 연구 프로그램과 리더십 강좌에 매우 적합하다. 뿐만 아니라 평생교육, 기업 교육, 경영자 교육, 연수 교육, 그리고 정부 교육 프로그램들에서 사용하기에도 적합하다. 또한 이 책은 학생들의 특별교육 활동에도 유용하다.

차례

1 리더십 이해하기

2 리더십 특성 파악하기

3 리더십 스타일 알아보기

4 과업 및 관계 다루기

5 리더십 스킬 개발하기

6 강점 활용하기

7 비전 창조하기

8 건설적 환경 조성하기

9 다양성과 포용성

10 외집단 구성원 경청하기

11 갈등에 대처하기

12 리더십에서 윤리 다루기

13 장애 극복하기

14 파괴적 리더십 탐구하기

CHAPTER 1

리더십 이해하기

서론

이 책은 리더가 되는 데 무엇이 필요한지를 다룬다. 수업 토론을 이끄는 것이든, 어린이 축구팀을 코칭하는 것이든, 혹은 모금 캠페인을 지휘하는 것이든, 사람들은 모두 일생의 어느 시점에서 리더 역할을 맡게 된다. 다양한 상황에서 리더십이 요구된다. 로스트(1991)의 정의에 따르면, 리더십이란 리더와 그를 따르는 구성원들 상호 간 영향을 미치는 과정(process)이다. 그러나 모든 리더십 상황에서는, 결정을 내리거나 사건을 처리하거나 다른 필요한 일을 하기 위해서 한 명 이상의 리더가 상황을 주도하고 책임을 질 기대와 요구를 받는다. 리더는 선거로 선출된 공직자와 같이 많은 사람의 관심 대상일 수도 있고, 빅브라더 빅시스터(Big Brothers Big Sisters, 결손가정 아동에게 롤모델이 되는 형 또는 언니 역할을 하는 멘토를 결연하는 멘토링 프로그램-역주) 운동에 자원한 리더처럼 그렇지 않을 수도 있다. 그러나 어느 쪽이든 리더에게는 리더십이 요구된다. 리더가 된다는 것은 어렵고, 신나고, 보람차며, 많은 책임이 따른다. 이 장은 리더십을 바라보는 여러 가지 관점과 그러한 관점들이 리더가 되는 것의 의미에 미치는 영향에 대해 논한다.

리더십

전체 논의의 시작 지점에서 '리더십이란 무엇인가?'라는 기본적인 질문을 제기하는 것은 중요한 의미를 갖는다. 리더십을 연구하는 학자들은 지난 수십 년간 이 질문으로 고심하였으며, 리더십의 본질에 대해 방대한 양의 글을 썼다(Antonakis, Cianciolo, & Sternberg, 2004; Bass, 1990; Conger & Riggio, 2007)(글상자 1.1 참조). 리더십에 관한 문헌에서만 100개가 넘는 리더십에 대한 정의가 확인된 바 있다(Rost, 1991). 이렇게 많은 정의가 존재함에도 불구하고, 대다수 사람들은 리더가 된다는 것이 어떤 것인지를 정확하게 반영하는 개념이 몇 가지로 정리될 수 있음을 인정한다.

리더십의 진화

리더십은 오랫동안 사람들의 흥미를 자아냈으며, 지난 수 세기 동안 광범위한 문헌의 주제로 다루어져 왔다. 가장 오래된 글 중에는 마키아벨리의 **군주론**(*The Prince*, 1531/2005)과 같은 리더십 철학 및 위대한 리더의 전기 등이 있다. 20세기에 들어서 사회과학이 발달하자 리더십에 대한 연구는 풍성해졌다. "인류학, 경영학, 교육학, 역사학, 군사학, 간호학, 조직행동론, 철학, 정치학, 행정학, 심리학, 사회학, 그리고 신학에 이르기까지 리더십이란 주제에 조금이라도 관련이 있는"(Rost, 1991 p. 45) 모든 학문 분야에서 리더십에 대한 연구가 시작된 것이다.

그 결과, 리더십에 대한 접근법과 이론은 다양해졌다. 접근법과 이론은 종종 혼용되지만 서로 다른 개념이다. **접근법**(approach)은 어떤 현상에 대해 일반적으로 생각하는 방식으로, 반드시 실증적 연구에 근거하지는 않는다. **이론**(theory)은 주어진 현상을 설명해주는 일련의 가설, 원리 혹은 법칙을 포함한다. 이론은 접근법보다 더 다듬어진 것으로, 주어진 현상을 분석할 때 예측의 틀을 제공할 수 있다. 예를 들어, 영적 리더십 접근법에서 정의하는 리더십 개념은 아직 그것을 입증해주는 실증적 연구 결과가 없는 반면, **상황적합 이론**(contingency theory)은 여러 연구 결과를 바탕으로 정립된 일련의 명제들을 갖추고 있다.

패션이 그러하듯 리더십에 대한 접근법과 이론은 지난 한 세기 동안 진화해 왔고, 그 과정에서 논의의 초점과 방향을 바꾸면서 서로를 토대로 성장해 왔다. 이러한 진화를 이해하기 위해서 그 역사를 간략히 짚어 보는 것이 도움이 될 수 있다.

특성 이론

초기의 **특성 접근법**(trait approach)은 캐서린 대제, 마하트마 간디, 에이브러햄 링컨, 모세, 잔 다르크와 같이 사회, 정치, 혹은 군대를 이끈 위대한 리더들이 지녔던 선천적인 자질과 특징을 식별하는 데 치중했기 때문에 '**위인**' 이론('Great Man' theory)이라 불리기도 했다. 리더십 특성에 대한 연구는 특히 1900~1940년대까지 두드러졌으며, 1970년대부터 비전과 카리스마 있는 리더십에 대한 연구가 진행되면서 또다시 강조되었다. 학자들은 1980년대에 들어 리더십을 '**빅 파이브**' 성격 요인('Big Five' personality factors)과 연결 지은 반면, 1990년대엔 리더십의 한 특성으로서 **감성지능**(emotional intelligence)에 대한 관심이 지지를 얻었다(감성지능을 특성이 아닌 리더십 스킬로 보는 관점은 제5장 참조).

행동 이론

1930년대 후반, 리더십 연구는 행동, 즉 리더들이 무엇을 하고 어떻게 행동하는지에 초점을 맞추기 시작했다. 1940년대와 1950년대에 오하이오주립대학교와 미시간대학교에서 이뤄진 획기적인 연구들은 작은 그룹 내에서 리더가 어떻게 행동하는지를 분석했다. **행동 접근법**(behavior approach)은 조직 내에서 매니저들이 **과업 행동**(task behavior)과 **관계 행동**(relationship behavior)을 어떤 식으로 실행하는지 블레이크와 몰턴(1964)이 분석한 연구와 더불어 1960년대에 전성기를 누렸다.

상황 이론

이 접근법은 각기 다른 상황에서는 다른 종류의 리더십이 요구된다는 전제를 갖는다. 리더십에서 상황의 역할을 진지하게 검토하기 시작한 것은 1960년대 허시와 블랜차드(1969) 그리고 레딘(1967)에 의해서이다. **상황 접근법** (situational approaches)은 1970~1990년대에 이르기까지 계속 다듬어지고 수정되었다(Vecchio, 1987). 이 중의 하나가 **경로–목표 이론**(path-goal theory)으로서, 리더가 직원의 성과와 만족도를 향상시키기 위해 어떻게 직원들에게 동기를 부여하는지 검토한다. 또 다른 접근법인 상황적합 이론은 리더의 스타일과 특정한 상황적 변수 사이의 조화에 초점을 맞춘다.

관계중심 이론

1990년대에는 연구자들이 리더와 구성원들 사이의 관계의 본질에 대해 살펴보기 시작했다. 이 연구는 결국 **리더–구성원 교환 이론**[leader-member exchange (LMX) theory]으로 발전했다. 리더–구성원 교환 이론은 고급 관계가 저급 관계보다 더 긍정적인 리더십 결과를 창출한다고 예측한다. 리더십에 대한 **관계중심 접근법**(relational approach)은 현재까지 일정한 관심을 끌고 있다.

'뉴 리더십' 접근법

'뉴 리더십' 접근법은 1980년대 중반 이러한 접근법이 나타나기 시작했을 때 붙여진 이름이며, 아직까지 그렇게 불리고 있다(Bryman, 1992). 배스(Bass, 1985, 1990)의 연구를 선두로, 리더십 연구는 비전과 카리스마가 있는 리더십에 대한 이론을 탄생시켰다. 이러한 접근법으로부터 리더십을 사람과 조직을 변화시키는 과정으로 설명하는 **변혁적 리더십 이론**(transformational leadership theory)이 발전했다.

새로 부상하는 리더십 접근법

21세기에 들어 리더십에 대한 다양한 접근법이 떠오르고 있다.

- **변화적응 리더십**(adaptive leadership)은 리더들이 어떻게 사람들로 하여금 문제를 해결하고, 어려움을 극복하고, 변화에 적응하도록 도와주는지 살펴본다. 이 접근법에서는 리더가 하는 것은 문제를 해결하는 것이 아니라, 다른 이들이 문제를 해결하고 변화에 적응하도록 돕는 것이라고 강조한다.
- **진정성 리더십**(authentic leadership)은 리더 및 리더십의 진정성을 살펴보는 접근법으로, 현재 큰 관심을 받고 있다.
- **영성 리더십**(spiritual leadership)은 구성원들의 동기를 유발하기 위해 리더가 어떻게 가치관, 소명감, 소속감을 사용하는지 검토한다.
- **서번트 리더십**(servant leadership)은 '보살핌 원리'를 강조한다. 서번트로서의 리더는 구성원들의 욕구에 집중하여 더 자율적이고 견식이 풍부하며, 그들 역시 서번트와 같은 사람들이 될 수 있도록 돕는다.
- **성별 차이에 근거한 연구**(gender-based studies)는 특히 전 세계적으로 노동력에서 여성이 더욱 우세해지면서 탄력을 받고 있으며, 리더십에 성별이 어떤 영향을 미치고 차별되는가를 살펴본다.
- **윤리적 리더십**(ethical leadership)은 수천 년 동안 리더의 인성과 의무, 의사 결정과 그 결과라는 측면에서 고려되었다. 최근에는 조직 혹은 전문직 업계 내부의 부정과 비윤리적 행동에 대한 우려에 의해 윤리적 리더십이 주목의 대상이 되었다.
- **커넥티브(결합적) 리더십**(connective leadership)은 립먼 블루먼(Lipman-Blumen, 2000)이 개발한 접근법으로, 다양하며 때로는 상충하는 배경, 재능 및 의제들을 가진 개인들과 집단들 사이에 결합성과 상호의존성이 있음을 인정한다. 결합적 리더는 다양한 그룹들의 공통된 관심사와 요구를 파악하고, 이들이 함께 모여서 서로를 이해하고 생산적이고 협력적 방식으로 공동의 목표를 향해 노력하도록 도와준다.

그림 1.1의 역사적 연대표는 거론된 접근법들 중 하나가 나타나면 다른 게 사라지거나, 서로 명백히 구분되는 시대로 나누기 위함이 아니다. 이러한 이론들 중 다수는 동시에 생겼고 서로를 토대 삼아 발전해 왔다. 어떤 접근법의 인기가 시들어도 그 이론은 추후 연구 및 새로운 리더십 접근법의 발전에 영향을 끼친다.

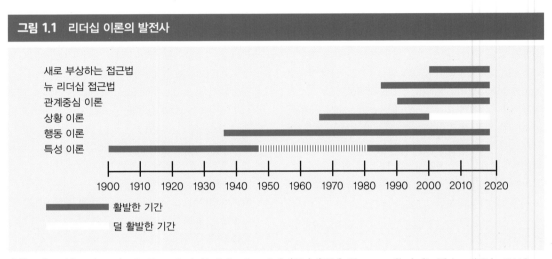

그림 1.1 리더십 이론의 발전사

출처 : Adapted from Antonakis, J., Cianciolo, A. T., & Sternberg, R. J. (Eds.). (2004). *The nature of leadership*. Thousand Oaks, CA: Sage, p. 7.

"리더십은 특성이다."

첫째, 리더십은 어떤 특성으로 간주된다. 특성(trait)이란 보통 타고난 개인의 독특한 자질을 말한다. 리더십을 특성으로 정의하는 것은 각 개인마다 그가 리드하는 방식에 영향을 미치는 특정한 자질들이 발현되는 것을 의미한다. 어떤 리더는 자신감 있고, 어떤 리더는 결단력이 있으며, 또 어떤 리더는 사람들과 잘 어울린다. 리더십이 하나의 특성이라고 말하는 것은 그 리더와 그가 가진 특별한 재능에 매우 큰 중점을 두는 것이다. 종종 회자되는 말과 같이 "리더는 만들어지는 게 아니라 타고나는 것이다"라는, 즉 리더십은 학습하는 것이 아니라 선천적인 것이라는 믿음과 일치한다. 어떤 이들은 개인의 특성에 초점을 맞추는 것은 오직 특별한 재능이 있는 소수의 몇 사람만이 리더가 될 수 있음을 뜻하므로 리더십을 곧 엘리트만의 것으로 만든다고 주장한다. 이러한 주장에도 일리는 있으나, 다른 한편으론 우리 모두 고유한 특성을 다양하게 타고 나며 이러한 특성들 중 많은 것이 리더십에 긍정적인 영향을 끼친다는 주장도 펼칠 수 있다. 또한 어떤 특성은 변화를 주는 게 가능할 수 있다.

지난 수년간 학자들은 리더십과 관련된 수많은 특성을 판별해 왔다. 제2장에서 그러한 특성을 논의할 것이다. 제6장에서는 특성으로서 정의된 리더십의 한 변종인 강점 기반 리더십(strengths-based leadership)을 설명할 것이다. 중요한 리더십 특성은 여러 가지가 있지만, 리더에게 가장 중요한 것은 특정한 상황에 적합한 특성들을 많이 갖추는 것이다. 가령, 종합병원의 혼란한 응급실은 그러한 상황에 맞는 통찰력, 결단력 및 침착함을 발휘하는 리더를 필요로 한다. 반대로, 지루해하는 학생들이 있는 교실은 열정을 불러일으키고 창의적인 선생님을 요구한다. 효과적인 리더십은 리더가 적절한 때와 적절한 곳에서 적절한 특성을 사용할 때 나오는 것이다.

"리더십은 능력이다."

둘째, 리더십은 특성으로 여겨질 뿐 아니라 능력으로도 정의될 수 있다. 리더십 능력(ability)을 가진 사람은 리더가 될 수 있다. 그에게는 리드하는 기량이 있다. 능력이라는 용어가 종종 타고난 기량을 지칭하기도 하지만 능력은 습득하는 것 또한 가능하다. 예를 들어, 어떤 사람들은 사람들 앞에서 말하는 것에 선천적으로 우수한 반면, 또 어떤 사람들은 사람들 앞에 서는 것에 대해 마음을 편히 가질 수 있도록 연습을 해야 한다. 마찬가지로, 어떤 사람들은 스포츠 종목에 두각을 드러낼 수 있는 신체적 능력을 타고 나지만, 어떤 사람들은 운동과 훈련을 통해 자신의 체육 능력을 키워야 한다. 리더십에 있어 어떤 사람들은 리드할 수 있는 능력을 갖고 태어나지만, 어떤 사람들은 많은 노력과 연습을 통해 자신의 리더십 능력을 개발한다.

능력으로서의 리더십을 발휘한 한 예로 미국대학체육협회 경기에서 7회 연속팀을 우승으로 이끈 UCLA 농구팀 코치인 존 우든을 꼽을 수 있다. 첫 번째로는 스승, 그다음으로 코치로 묘사되는 우든은 자신의 코칭 방식에 설명, 시범, 모방 그리고 반복이라는 네 가지 학습 법칙을 적용했다. 그의 목표는 선수들이 어떻게 하면 엄청난 압박감 속에서 본능적으로 옳은 행동을 할 수 있는지 가르치는 것이었다. 우든만큼 눈에 띄거나 잘 알려지진 않았지만, 능력으로서의 리더십의 또 다른 예로서 다년간 경험과 배움을 통해 상을 받을 만큼 성공적인 레스토랑을 만들어 낸 매우 능력 있는 지배인을 들 수 있다. 두 사례에서 살펴볼 수 있듯, 탁월한 리더십을 창출하는 것은 바로 개인의 능력이라고 볼 수 있다.

"리더십은 스킬이다."

셋째, 리더십은 하나의 스킬이다. 스킬(skill)로 정의되는 리더십은 어떤 과업을 효과적으로 성취하기 위해 개발된 **역량**을 의미한다. 숙련된 리더는 자신의 의무를 수행하기 위해 필요한 도구와 방법을 아는 능숙한 사람들이다. 예를 들어, 모금 캠페인을 벌이는 숙련된 리더는 모금에 관한 모든 단계와 절차를 파악하고 있으며, 그러한 지식을 캠페인을 효과적으로 하는 데 사용한다. 간략히 말해, 스킬이 있는 리더는 능숙하다. 그들은 자신이 무엇을 해야 하는지 알며 그것을 어떻게 하는지도 알고 있다.

리더십을 스킬로서 설명하는 것은 모든 사람들에게 리더십을 발휘하도록 만들어 준다. 스킬이란 사람들이 학습하고 개발시킬 수 있는 역량이기 때문이다. 태어날 때는 리더십 스킬이 그다지 없었던 사람일지라도 연습, 지도 그리고 타인으로부터 받는 피드백을 통해 자신의 리더십을 향상시킬 수 있다. 일종의 스킬로 본다면, 리더십은 연구되고 학습될 수 있다. 우리가 경험을 통해 배울 수 있는 능력이 있다면 리더십을 습득할 수 있는 것이다.

"리더십은 행동이다."

리더십은 **행동**이기도 하다. 그것은 리더로서의 역할을 맡았을 때 리더들이 **하는** 일인 것이다. 행동적 차원은 다양한 상황에서 리더들이 다른 사람들에게 어떻게 행동하는가에 관심을 둔다. 특성, 능력 또는 스킬과 달리, 리더십 행동은 관찰이 가능하다. 어떤 사람이 리드할 때 우리는 그 사람의 리더십 행동을 목격하게 된다.

리더십에 대한 연구는 리더들이 주로 과업 행동과 과정 행동이라는 두 가지 일반적인 행동을 취한다는 것을 보여 준다. 리더는 업무를 완수하기 위해 과업 행동(task behaviors)을 사용한다(예 : 회의를 위한 안건을 작성한다). 관계 (과정) 행동[relationship (process) behaviors]은 사람들이 그룹의 다른 구성원들에게 편안함을 느끼고 자신들이 처한 상황에서 마음을 편히 갖도록 돕기 위해 리더가 취하는 행동이다(예 : 멤버 개인들이 그룹에 소속감을 느끼도록 도와준다). 리더십은 과업 행동과 과정 행동 모두를 요구하기 때문에 리더에게는 목표를 이루기 위해서 그 두 가지를 가장 훌륭히 조합하는 방식을 알아야 하는 어려움이 따른다.

"리더십은 관계이다."

리더십을 바라볼 수 있는 또 하나의 다소 색다른 관점은 바로 **관계로서의 리더십**이다. 이 측면에서 바라 본 리더십은 리더가 갖춘 특별한 자질 대신 리더와 구성원들 사이의 소통에 중심을 둔다. 리더십이 관계로서 파악될 때 리더십은 리더와 따르는 구성원들 사이에 발생하는 협력 과정이 된다(Rost, 1991). 리더는 자신을 따르는 사람들에게 영향을 주지만 그들의 영향을 받기도 하며, 양쪽 모두 자신들을 둘러싼 상황으로부터 영향을 받는다. 이 접근법은 리더십이 직선적이고 일방적으로 벌어지는 일이 아니라, 상호작용하는 일이라는 점을 강조한다. 전통적인 리더십에서 권위는 위에서 아래로 움직이기 일쑤이지만 상호작용 타입의 리더십에선 권위와 영향력이 공유된다. 이런 식으로 정의될 때 리더십은 모두에게 유효한 것이 된다. 공식적으로 임명된 그룹의 리더에게 국한된 리더십이 아닌 것이다.

예를 들어, 팀 마케팅 프로젝트에는 임명된 팀 리더가 있지만 팀 멤버 전원이 적극적으로 의견을 내어 공동으로 모든 아이디어 생성, 계획, 문제 해결 및 의사 결정을 할 수 있다. 고객에게 제시하는 최종 기획안에 팀 전원이 기여하게 되는 것이다.

리더십을 관계로 간주하는 것은 리더가 리더십 과정에 자신을 따르는 구성원들과 그들의 이익을 포함시켜야 함을 시사한다. 리더는 구성원들의 이익, 의견, 위치, 태도 및 동기를 잘 숙지할 필요가 있다. 또한 이 접근법은 리더들이 공통의 목적을 달성하기 위해 구성원들과 함께 노력해야 할 필요성을 강조하므로 윤리적 의미도 함축하고 있다. 상호작용을 강조하는 것은 리더가 구성원들에게 강제적, 혹은 비윤리적으로 행동할 가능성을 줄여 준다. 그것은 또한 리더와 구성원들이 공익을 향해 함께 노력할 가능성을 높여 준다(Rost, 1991).

공익을 위해 노력한다는 전제는 수잔 R. 코미베스와 동료 학자들의 연구, 특히 시민 참여 분야에서 잘 구현되어 있다(Komives, Lucas, & McMahon, 2013;

Komives, Wagner, & Associates, 2016). 이들의 연구는 학생 리더들에게 변화를 이루는 힘을 부여하는 방법에 초점을 맞춘다. 이들은 리더십을 여러 파트너들 사이의 관계로 그리며, 이에 더해서 윤리적인 방식으로 긍정적 변화를 이루는 것을 목표로 한다.

코미베스, 루카스 및 맥마흔(2013)에 의하면 시민 참여는 "개인들이 어떤 커뮤니티의 일원으로서 자신의 의무를 다해야 한다고 느끼는 개인적 책임감"을 수반한다(p. 24). 이는 주변의 노인이나 약자를 돌보거나 직장에서 긍정적인 분위기를 조성하는 것, 친구들과 길가의 쓰레기를 치우거나 타인이 부당한 일을 겪을 때 이에 맞서는 등 일반적으로 공익에 기여하는 행동들을 포함한다.

시민 참여는 1990년대 중반에 개발된 '리더십 개발의 사회 변화 모델'의 핵심 개념이기도 하다(Astin, 1996; Bounous-Hammarth, 2001; HERI, 1996). 이 모델은 리더십을 상호연결된 협력 과정으로 그리며, C로 시작하는 일곱 가지 가치에 기반한 것으로 설명한다(표 1.1). 이 '일곱 가지 C'는 긍정적인 변화를 이루기 위하여 사람들이 목표에 도달할 수 있도록 해주는 가치들이다. "변화란 현재의 상태를 개선해서 보다 나은 세상을 만드는 것을 의미하며, 그 과정에서 일어나는 변화의 모호성을 익숙하게 받아들임을 뜻한다"(Komives et al., 2016, p. 21).

"리더십은 영향을 미치는 과정이다."

리더십을 바라보는 마지막 방법은 그것을 타인에게 영향을 미치는 과정으로 보는 것이다. 이 책이 강조할 관점이 바로 이것이기도 하다.

> 리더십(leadership)이란 공통의 목표를 이루기 위해 한 개인이 다른 사람들에게 영향을 미치는 과정이다.

리더십을 영향을 미치는 과정으로 정의하는 것은 리더십이 리더에 내재한 특성이나 능력이 아니라, 그와 구성원들 사이에 발생하는 상호작용 과정임을 의미한다. 리더는 구성원들에게 영향을 미치므로 영향력은 리더십 과정의 중심이 된다. 리더는 무언가를 함께 이루기 위해 사람들에게 영향을 주는 것에 자신의 에너지를 쏟는다. 공동 목표를 강조하는 것은 리더가 그룹 구성원들에게 어떤 것을 강제하거나 비윤리적으로 행동할 가능성을 줄여 주므로 리더십에 윤리적 가치를 부여

표 1.1 변화의 일곱 가지 C 모델

자의식 (Consciousness of Self)	자의식은 개인적 신념, 가치관, 사고방식 및 감정에 대한 자각을 요구한다. 자기인식, 의식적인 마음 챙김(mindfulness; 불교 명상에서 유래한 심리학적 개념으로 현재의 현상과 경험을 비판단적, 수용적 관점으로 지각하는 것-역주), 자기성찰, 그리고 지속적인 자기반성은 리더십 과정의 기반을 이루는 요소들이다.
일치성 (Congruence)	일치성은 자신의 가치관, 신념, 사고방식 및 감정을 확인하고 그에 부합하여 행동할 것을 요구한다. 이러한 사람들은 진정성 있고 정직하며 자신의 가치관을 실천한다.
헌신 (Commitment)	헌신은 고유한 열정과 에너지, 그리고 행동하는 결의를 요구한다. 헌신적으로 일을 완수하고 기꺼이 관여함으로써 긍정적인 사회 변화를 이끌어낸다.
협력 (Collaboration)	협력은 변화 과정에 관련된 사람들 사이의 다양한 관계와 상호 결합을 강점으로 삼아 활용함으로써 그룹의 집단적 기여와 노력을 증대시킨다. 협력은 그룹이 상호 이익이 되는 공동 목표를 위해 노력함을 전제한다. 또한 참여자들이 각자의 차이를 넘어서 서로 관계를 맺고, 권한과 책임과 성공을 함께 공유하게 만듦으로써 그룹의 다양성에서 비롯되는 창의적인 해결책들이 나올 수 있게 해준다.
공동 목표 (Common Purpose)	공동 목표는 그룹의 목적, 가치 및 비전을 모든 참여자들이 공유하고 책임지도록 하기 때문에 참여자들 사이에 깊은 신뢰를 요구하는 동시에 그룹 내 신뢰감을 조성한다.
정중한 논쟁 (Convtroversy with Civility)	다양성 있는 집단 내부에는 필연적으로 서로 다른 관점들이 존재한다. 긍정적인 사회 변화를 위해 노력하는 과정에서 개방적이고 비판적이면서도 정중한 토론은 새롭고 창의적인 해결책을 가능하게 해주는, 리더십 과정에서 필수불가결한 일부분이다. 여러 관점들을 이해하고 수용할 필요가 있으며 이들은 집단에 가치를 더해준다.
시민 의식 (Citizenship)	시민 의식은 자신이 속한 사회 혹은 공동체와 책임감 있는 자세로 관계를 맺을 때 발생한다. 보살핌과 봉사, 사회적 책임과 지역 사회 참여를 통해서 타인에게 유익한 변화를 이루기 위해 적극적으로 노력하는 사람에게서 시민 의식을 볼 수 있다.

출처 : Komives, S. R., Wagner, W., & Associates (Eds.). (2016). *Leadership for a better world: Understanding the social change model of leadership* (2nd ed.). San Fransisco, CA: Jossey-Bass, p.21.

한다.

 '도시 농부들'(Urban Farming Guys, 2019)은 캔자스시티의 한 낙후된 지역에 입주하여 재개발하는 과정에서 이러한 접근법을 취했다. 그들은 먼저 잡초가 무성한 마당을 가꾸어 작물을 키우는 도시 농업을 시작했다. 그리고 한정된 공간을 활용하는 아쿠아포닉스(수경 식물 재배와 수생 동물 양식을 결합한 시스템-역주)를 시작하고, 이 과정에 이웃사람들을 끌어들였다. 그다음은 집을 고치고 사람들에게 원예와 건축 기술을 가르쳐주면서 공동체를 형성하기 시작했다. 어느 한 사람이 책임지는 것이 아니라 공동의 노력을 통해서 변화를 가져오고 있는 것이다.

리더십과 관리

마지막으로, 리더십이 무엇인지를 설명하는 데 있어, 리더십과 관리(매니지먼트)를 구분하는 것이 중요하다. 리더십과 관리는 동일하지 않다. 관리는 20세기 초 노동의 산업화 과정에서 새로 부상한 개념으로, 조직 내 다양한 기능들을 구조화하고 조정하는 것을 목적으로 한다(Northouse, 2019). 반면에 리더십은 수천 년간 정치, 군사, 종교 등 수많은 영역에 걸쳐 연구되어 왔다.

프레더릭 테일러는 관리 이론을 발전시킨 핵심 인물이었다. 20세기에 들어서면서 테일러는 노동의 과학적인 관리라는 개념을 개척했다. 이는 노동자의 작업을 세밀히 측정하여 노동을 보다 효율적이고 일관성 있고 예측 가능하게 만드는 것이었다. 테일러는 노동자의 소임은 노동을 제공하는 것, 그리고 관리자의 소임은 각 작업을 수행하는 '제일 좋은 방법'을 설계하고 노동자를 훈련하고 감독하고 평가하는 것으로 보았다. 이러한 접근법은 20세기 전반 미국에서 많은 산업 분야에 적용되었으며, 오늘날까지도 조립 라인과 패스트푸드 업계 등에서 계속 사용된다(Modaff, Butler, & DeWine, 2017).

관리 이론을 더욱 발전시킨 체스터 바너드의 협력과 권위에 관한 연구는 관리의 개념과 리더십 개념이 어떻게 종종 겹치게 되는지 설명해준다. 바너드는 권위를 두 종류로 나누어 직위의 권위(authority of position)와 리더십의 권위(authority of leadership)로 정의했다(Barnard, 1938). 직위의 권위는 조직 내에서 상위에 속한 사람이 그 아래 사람들을 지휘하는 권한을 말한다. 리더십의 권위는 조직 내의 직위에 따른 것이 아니라, 주어진 과업에 필요한 지식과 능력을 가진 사람에게 부여된다. 바너드는 조직이 잘 기능하기 위해서는 두 종류의 권위가 모두 필요하다고 주장했다(Modaff et al., 2017).

리더십과 관리 모두 영향이 관여하는 영역이지만, 리더십은 건설적 변화를 꾀하는 것인데 비해 관리는 질서의 수립에 관한 것이다. 예를 들어, 우리는 종종 "관리자는 일을 바르게 하는 사람이고, 리더는 바른 일을 하는 사람이다"라는 말을 들을 수 있다. 리더와 관리자 모두 사람들이 목표 성취를 할 수 있도록 영향을 미치는 일을 하므로, 우리는 이 책에서 관리자와 리더의 역할을 서로 비슷하게 다룰 것이며 둘의 차이를 강조하지는 않을 것이다.

보편적 리더십 속성

우리 모두는 아마 나라별로 차이가 나는 리더십에 대해 궁금할 것이다. 왜 어떤 나라는 민주주의 체제의 분산된 리더십에 끌리는 반면 다른 나라는 군주제 혹은 독재 정치의 위계적 리더십에 만족하는 듯 보이는가? 이 장에서 소개하는 리더십의 정의와 개념은 미국적 관점을 반영한다. 만약 여러분이 전 세계 각국으로 여행을 하게 된다면 그곳의 민족 및 정치 문화 상황에 특수하게 작용하는 리더십에 대한 시각을 반드시 접하게 될 것이다.

2004년, 로버트 하우스는 160명으로 구성된 연구진을 이끌고 문화가 리더십의 실효성에 미치는 영향을 이해하기 위한 야심 찬 연구를 수행했다. 이 '글로벌 리더십 및 조직행동 실효성(Global Leadership and Organizational Behavior Effectiveness, GLOBE)' 연구는 62개국 출신 1만 7,000명으로부터 수집한 자료를 토대로 전 세계적으로 리더십이 각기 어떻게 다르게 나타나는지 밝혀냈다. GLOBE 연구 결과 중 하나는 지역적 차이 없이 보편적으로 수용되는 긍정적인 리더십의 속성과 부정적인 리더십의 속성을 확인한 것이다(표 1.2 참조).

리더십의 어두운 측면

마지막으로, 리더십을 정의하는 속성과 행동들은 긍정적이지 않은 방식으로도 사용될 수 있음을 지적하는 것이 중요하다(Conger, 1990). 리더십의 어두운 측면(dark side of leadership)은 리더가 사사로운 목적을 위해 자신의 영향력이나 권력을 이용하는, 리더십의 파괴적인 측면이다. 립먼-블루먼(2005)에 따르면, 이러한 '불량한' 리더들은 구성원들을 원래보다 나쁜 상황으로 이끌어가며, 종종 다른 사람들의 기본 인권을 침해하고 구성원들의 가장 원초적인 불안감을 악용하곤 한다. 리더십의 어두운 측면의 대표적 사례로 많은 이가 아돌프 히틀러를 들지만, 현재에도 많은 사례를 볼 수 있다. 예를 들어 바샤르 알 아사드는 시리아를 격렬한 내전으로 이끌어 수십만 명의 죽음을 야기했으며, 이슬람 국가(ISIS)와 알 카에다와 같은 극단주의 종교집단들은 구성원들을 이용해서 무고한 이들을 대량 살해한다.

제14장에서는 리더십의 어두운 측면을 초래하는 복합성에 대해 논의할 것이며,

표 1.2 보편적 리더십 속성

긍정적 리더십 속성

신뢰할 만한	공정한	정직한
선견지명이 있는	계획성 있는	격려하는
긍정적인	다이내믹한	동기를 부여하는
자신감을 심어 주는	동기가 부여된	의지할 수 있는
명석한	결단력 있는	효과적으로 협상하는
원-윈 문제해결 방식	소통을 잘하는	풍부한 정보를 가진
행정적으로 능숙한	조정하는	팀을 조직하는
우수성을 지향하는		

부정적 리더십 속성

혼자 있는	비사교적인	비협조적인
쉽게 짜증내는	말을 명확하게 하지 않는	자기중심적인
무자비한	독재적인	

출처 : Adapted from House, R. J., Hanges, P. J., Javidan, M., Dorfman, P. W., & Gupta, V. (Eds.). (2004). *Culture, leadership, and organizations: The GLOBE study of 62 societies*. Thousand Oaks, CA: Sage, pp. 677–678. Reprinted with permission.

파괴적인 리더십이 발생하는 방식과 이유, 파괴적 리더십의 속성과 그에 대처하는 방법을 살펴볼 것이다.

리더십의 의미는 복합적이고 다차원적이다. 어떤 사람들에게 리더십은 특성이나 능력이고, 어떤 사람들에겐 스킬 또는 행동이며, 또 다른 사람들에겐 관계 혹은 과정이다. 실제로 리더십은 이 모든 관점의 요소들을 골고루 포함하고 있을 것이다. 각각의 관점은 리더십의 한 측면을 설명한다.

이러한 다양한 정의를 고려했을 때, 그리고 여러분의 리더십 정의하기 진단(22쪽) 결과에 근거해 볼 때, 어느 관점이 여러분이 생각하는 리더십의 개념에 가장 가까운가? 여러분은 리더십의 정의를 어떻게 내리겠는가? 이 질문들에 대한 대답은 중요하다. 리더십을 어떻게 생각하는가가 리더십을 어떻게 실천하는가에 강력한 영향을 끼치기 때문이다.

오늘날 사회에서 효과적인 리더십은 강력히 요구된다. 우리가 거주하는 지역 단위에서뿐만 아니라 전국적으로, 우리나라뿐만 아니라 해외에서도 이러한 요구는 존재한다. 사람들은 삶의 모든 측면에서 리더십의 필요성을 느낀다. 그들은 사적인 생활에서, 학교에서, 직장에서, 심지어 영적인 삶에서조차 리더를 원한다. 어디를 돌아보든지 사람들은 강한 리더십이 필요하다고 말하고 있는 것이다.

사람들이 어떤 상황에서 리더십을 요청할 때, 그들이 정확히 무엇을 원하는지 항상 명백하지만은 않다. 그러나 사람들은 대개 효과적인 리더십을 원한다. 효과적인 리더십은 공익에 필요한 변화를 의도적으로 일으키는 영향력이다. 리더십은 긍정적인 결과를 얻기 위해 긍정적인 방법을 사용한다. 사람들은 또한 자신의 요구를 경청하고 이해하며, 자신의 상황에 공감할 수 있는 리더를 원한다. 우리 모두가 직면한 도전은 리더가 되어달라는 요청을 받았을 때 리드할 준비가 되어 있어야 하는 것이다.

리더십 스냅숏

미셸 오바마, 전 미국 대통령 부인

"우리는 제대로 된 세상을 만들기 위해서 싸울 의무가 있습니다"(White House Historical Association, 2018). 2008년 남편 버락 오바마가 미국 대통령에 당선되어 미국 대통령 영부인이 된 미셸 오바마는 그해 민주당 전당대회에서 했던 이 말을 몸소 실천하기에 나섰다.

버락 오바마와 결혼하기 전, 미셸 로빈슨은 시카고의 사우스 사이드에서 자랐다. 아버지는 정수처리장에서 펌프 운영을 담당했고, 어머니는 전업 주부였다. 주로 흑인들이 살던 동네인 사우스 사이드에는 '패배 의식'이 만연했지만(Obama, 2018, p. 44), 로빈슨 부부는 이러한 패배주의를 거부하고 딸 미셸과 아들 크레이그에게 근면과 교육의 중요성을 항상 강조했다. 그 결과 미셸은 학업에 몰두했고, 마침내 시카고의 명문

공립 고등학교에 합격했다. 그는 매우 우수한 학생이었지만, 출신 동네와 흑인이라는 점 때문에 언제나 "나는 역부족이지 않은가?"라는 생각에 시달렸다. 그러나 고등학교 상담교사가 그에게 "프린스턴에 갈 수준은 안 된다"고 말했을 때, 미셸은 그 말을 믿지 않고 프린스턴대학교에 지원해서 합격했다.

프린스턴대학교에서 학사 학위를 취득한 뒤 하버드대학교 법학대학원에 진학해서 법학박사 학위까지 받았다. 졸업 후에는 시카고로 돌아와 대형 법률회사에서 변호사로 일하게 되었지만, 미셸은 점점 더 시카고와 고향 동네의 사람들, 특히 청소년들을 위해서 변화를 가져오는 데 더 많은 힘을 기울이게 되었다. 결국 그는 50%의 감봉을 감수하며 직장을 옮겼고, 시카고 시장 리처드 데일리의 보좌관으로서 보건 및 복지부를 포함한 여러 부서들의 연락 담당자로 일하게 되었다. 이후 그는 시카고 시청을 떠나서 아메리코(AmeriCorps. 미국 내 지역사회 봉사단체-역주) 산하의 단체인 퍼블릭 앨라이스 시카고 지부를 창설하고 초대 지부장이 되었다. 퍼블릭 앨라이스는 비영리 조

직 혹은 공익 서비스 분야에서 일하고자 하는 젊은이들을 위한 교육 프로그램을 제공한다. 이 일을 하면서 "내가 당장 의미 있는 일, 사람들의 삶에 직접적으로 영향을 끼치는 일을 하고 있음을 실감했고, 동시에 고향인 시카고와 내가 나고 자란 문화와도 연결되었다는 유대감을 느꼈다"고 그는 말한다(Obama, 2018, p. 180).

3년 후, 미셸 오바마는 시카고대학교에서 처음으로 개설되는 지역사회 봉사 프로그램을 개발하는 일을 맡게 되었다. 시카고대학교는 미셸이 자랐던 동네인 사우스 사이드에 자리 잡고 있었지만 그곳 주민들 대부분은 학교가 주변 지역에 등을 돌리고 있다고 생각했다. 미셸이 맡은 일은 주민들이 느끼는 학교의 벽을 낮추고 학생들은 지역 사회에, 주민들은 학교에 더 참여하도록 만드는 일이었다. 당시 그는 두 딸인 말리아와 사샤를 낳았고, 어머니로서 할 일과 직장에서 맡은 업무를 균형 있게 해내야만 했다. 그는 몇 년간 파트타임으로 일하다가, 사샤를 낳은 지 얼마 후 시카고대학교 의료 센터의 지역사회 담당 책임자로 채용되어 학교의 봉사 활동 프로그램을 개선하는 일을 계속하게 되었다. 이때 채용 면접에 그는 3개월 된 딸을 데리고 왔는데, 어머니로서의 역할과 직장인으로서의 역할을 양립시키겠다는 뜻을 표현하기 위해서였다. 이후 그는 지역사회 및 대외관계 담당 부원장으로 승진했고, 사우스 사이드 주민들을 지불 능력에 관계없이 정기적으로 의료 서비스 제공자와 연계해주는 프로그램을 개설하는 등 여러 업적을 세웠다.

이때 지역 및 주 차원에서 정치 활동을 하던 남편이 미국 상원에 당선되었다. 직장도 중요하고 아이들도 자리 잡은 상황에서 미셸은 온 가족이 워싱턴 D.C.로 이주하는 것보다 시카고에 남아있기를 선택했다. 남편이 종종 집을 떠나 있는 동안 그는 워킹맘으로서 풀타임으로 일하면서 아이들을 키웠다. 그로부터 3년 후, 버락 오바마가 미국 대통령 선거에 출마하자 미셸 오바마는 대통령 후보의 부인이라는 새로운 역할까지 맡게 되었다. 그는 선거 운동을 위해 각지를 돌아다니며, 군중 앞에서 남편을 대통령 후보로서 지지하는 연설을 했다. 대중의 강렬한 주시를 받게 된 미셸 오바마는 "내 모습 그대로, 나답게 말할 것"을 결심했다(Obama, 2018, p. 236). 버락 오바마가 2008년 대통령 선거에 당선되고 미셸 오바마는 미국 대통령 영부인이라는 또 하나의 역할을 맡게 되었다.

그는 처음부터 자신이 두 딸의 어머니로서의 역할을 1순위로 삼고 있음을 명백히 했지만, 대통령 영부인으로서 미셸 오바마는 전국적인 관심을 받는 위치에 서게 되었다. 이것은 보다 대대적으로 영향을 미칠 수 있는 기회이기도 했다. 영부인으로서 미셸 오바마는 카리스마와 동정심과 열정을 보여주었다. 패션에 대해 크게 고민하지 않는다는 그였지만, 그의 패션 감각과 스타일은 세간의 반향을 일으켰고, 미국을 넘어서 전 세계 수백만 명의 여성들의 본보기가 되었다.

"대통령 영부인의 권력은 아리송한 것으로, 영부인이라는 역할 그 자체만큼이나 유연하고 무형적인 것이다. 전통적으로 내게 요구된 역할은 일종의 부드러운 빛을 비추는 것, 대통령을 헌신적으로 내조하고, 여론에 순응함으로써 국민들의 비위를 맞추는 것이었다. 하지만 나는 이 빛을 조심스럽게 다룬다면 그보다 더 큰 힘을 발휘할 수 있다는 사실을 깨닫게 되었다"고 그는 말한다. "흑인 영부인, 전문직 여성, 어린 아이들의 어머니로서 세간의 호기심의 대상이라는 점이 나에게 영향력을 주었다. 내가 가진 소프트 파워(soft power, 경제적·물리적 권력과 대비되는 문화적 영향력, '연성 권력'이라고도 번역함-역주)가 나를 강인하게 만들어줄 수 있다는 사실을 발견했다"(Obama, 2018, p. 372).

먼저, 미셸 오바마는 이 소프트 파워를 활용해서 군인 가족을 지원하고, 일하는 여성이 직장과 가정의 균형을 맞출 수 있도록 돕고, 아동 비만을 퇴치하는 노력을 장려했다. 그는 공무원, 사업가, 교육자, 부모들과 종교 지도자들이 함께 협력하는 '레츠 무브!(Let's Move!)' 프로그램을 창설했다. 이들은 학교에서 더 영양가 있는 음식을 제공하고, 소외된 지역에 건강하고 저렴한 식자재를 공급하고, 미국 전역에 채소밭을 가꾸고, 어린이들이 더 활동적인 시간을 보낼 수 있는 기회들을 제공하고자 노력했다.

남편이 두 번째 대통령 임기에 당선되자, 미셸 오바마는 국가적·국제적 차원에서 교육 분야로 힘의 방향을 돌렸다. 그는 미국 학생들이 취업 기회와 직장에서 필요한 교육과 스킬을 이해하도록 도와주는 '리치 하이어(Reach Higher)' 계획의 선봉에 섰다. 그리고 청소년들에게 "시련을 결코 장애로 여기지 말라"고 당부하면서 고등학교 졸업 후에도 기술계 학교, 전문학교 및 대학교로 진학해서 교육을 계속하도록 독려했다(White House Historical Association, 2018). 전 세계적으로는 소녀 및 여성 교육을 주장하고, 리더십, 빈곤, 여자아이들이 지역 사회에서 겪는 어려움 해소 등 다양한 주제의 교육 프로젝트에 자금을 지원하는 '렛 걸스 런(Let Girls Learn)' 계획을 시작했다.

이 모든 일들을 하면서 미셸 오바마는 진정성을 보여주었다. 그는 자신의 사생활과 명문대에서 소수자로서 겪은 경험, 그리고 선입견에 맞서 싸워온 경험에 대해서 솔직하게 이야기함으로써 청소년들을 격려하는 메시지를 널리 퍼뜨리는 데 힘썼다. 2017년 1월 6일, 대통령 영부인으로서 마지막 연설을 하면서 미셸 오바마는 미국의 청소년들에게 자신의 미래를 위해 계속 싸울 것을 호소했다:

우리나라의 청소년들이 알았으면 하는 것이 있습니다. 그것은 바로 여러분들이 중요한 사람들이라는 것, 그리고 이 나라가 여러분의 것이라는 사실입니다. 그러니 여러분, 두려워하지 마세요. 청소년 여러분, 듣고 있습니까? 두려워하지 마세요. 집중을 하세요. 결심을 다지세요. 희망을 가지세요. 힘을 발휘하세요. 열심히 배워서 여러분의 힘을 키우세요. 그리고 여러분이 배운 것들을 가지고 나아가 활용해서, 여러분이 지닌 그 무한한 가능성에 걸맞은 나라를 만들도록 하세요. 절대 두려움에 굴하지 말고, 희망을 품고 스스로 모범이 되어 우리나라를 이끌어나가세요(Obama, 2017).

백악관을 떠난 이후에도 미셸 오바마는 여전히 엄청난 인기를 누리면서 공인으로 활동하고 있다. 그의 자서전 **비커밍**(*Becoming*)은 2018년 베스트셀러였고 33개 국어로 번역 출간되었다. 그는 여자아이들을 위한 교육을 장려하는 일을 계속하고 있다. 그가 창설한 '걸스 오퍼튜니티 얼라이언스(Girls Opportunity Alliance)'는 교육을 통해서 전 세계 소녀들의 권한 부여를 돕고자 활동하는 1,500개 이상의 풀뿌리 단체들을 지원해왔다.

"나는 평범한 사람으로서 평범하지 않은 여정을 하게 되었다"고 미셸 오바마는 **비커밍**에서 진술한다. "사람들이 나에게 문을 열어주었던 것만큼, 나도 사람들에게 나의 문을 열고자 노력해왔다. 자신을 알리고 들려주는 것, 자기만의 고유한 이야기를 소유하는 것, 진정한 자기 목소리를 내는 것에는 힘이 있다. 그리고 다른 이들에 대해 기꺼이 알아가고 경청하는 것에 품위가 있다"(Obama, 2018, pp. 420-421).

정리

우리는 모두 인생의 어느 시점에서 리더십을 보여 줄 것을 요청받는다. 리더가 되어달라는 요청을 받는 것은 힘들기도 하고 보람 있는 일이기도 하다. 여러분이 리더십에 접근하는 방식은 여러분이 리더십에 대해 내린 정의와 갖고 있는 믿음에 영향을 받는다. 사람들은 오랜 세월에 걸쳐 다양한 방식으로 리더십을 정의해 왔다. 그것은 각기 다른 사람들에 의해 다양한 방식으로 개념화된 복잡하고 다차원적인 과정이다. 리더십을 바라보는 가장 일반적인 방법은 그것을 특성, 능력, 스킬, 행동, 과정, 혹은 관계로서 보는 것이다. 여러분이 리더십에 대해 생각하는 방식은 여러분이 리더십을 실천하는 데 영향을 줄 것이다.

주요 용어

감성지능(emotional intelligence)

과업 행동(task behaviors)

관계 (과정) 행동[relationship (process) behaviors]

관계중심 접근법(relational approach)

경로–목표 이론(path-goal theory)

능력(ability)

리더–구성원 교환 이론[leader-member exchange (LMX) theory]

리더십(leadership)

리더십의 어두운 측면(dark side of leadership)

변혁적 리더십 이론(transformational leadership theory)

변화의 일곱 가지 *C* 모델(Seven Cs of Change Model)

변화적응 리더십(adaptive leadership)

'빅 파이브' 성격 요인('Big Five' personality factors)

상황적합 이론(contingency theory)

상황 접근법(situational approach)

서번트 리더십(servant leadership)

성별 차이에 근거한 연구(gender-based studies)

스킬(skill)

영성 리더십(spiritual leadership)

'위인' 이론('Great Man' theories)

윤리적 리더십(ethical leadership)

이론(theory)

접근법(approach)

진정성 리더십(authentic leadership)

커넥티브(결합적) 리더십(connective leadership)

특성(trait)

특성 접근법(trait approach)

행동 접근법(behavior approach)

1.1 사례 연구 – 킹 오브 더 힐

고등학교 수영팀 코치로서 데니 힐의 커리어가 순탄하게 시작된 것은 아니었다. 4학년(미국은 중학교가 2년제, 고등학교는 4년제이다–역주)들은 첫 시즌에 팀을 그만두었다. 힐 코치가 학생들에게 연습에 빠지지 말고 나오라고 했기 때문이다. 그 시즌에 팀은 오직 세 경기에서 승리했다. 40년 전 일이다. 그 이후, 이 고등학교 화학 선생님의 수영 코치로서의 성공은 놀랄만했다. 남녀 혼합 경기에서 900회 이상 우승했으며 경이롭게도 31개의 주 선수권을 따냈다.

데니는 대개 개인 스포츠로 인식되는 종목에서 단체의 노력을 이끌어낸 것으로 알려졌다. 그는 팀 합숙으로 매 시즌을 시작한다. 그다음 팀원들은 2주 동안 '지옥의 주간'을 보내는데, 최소한 매일 약 1만 6,000미터, 한 번에 약 8,000미터씩 수영을 해야 하는 아주 힘든 훈련이다. 데니는 모두가 '같은 배를 탄다'는 점 때문에 이 훈련이 선수들에게 있어 각자의 실력을 떠나 유대감을 형성하는 경험이 된다고 말한다.

데니는 팀 멤버들에게 리더십 역할을 부여한다. 4학년들에겐 막내 선수들에게 팀의 목표와 기대치를 알려주는 성숙한 리더들이 될 것을 바란다. 3학년들은 모범이 될 것을, 2학년들은 아직 배우는 중이지만 팀 문화의 기초를 다진 조용한 리더가 될 것을 기대한다. 1학년들조차 해야 할 일이 있다. 그들은 코치 및 다른 팀원들에게 주의를 기울이면서 팀의 문화와 기대를 익혀야 한다.

데니는 매주 월요일에 20분간 팀 미팅을 주최한다. 이때 팀원들은 누구나 코치를 포함하여 팀 내 다른 멤버들 누구에게든 칭찬을 건네거나 불평을 표현할 수 있다. 그는 선수들에게 엄격하고 고된 훈련을 시키지만 그들이 지원을 원할 땐 언제나 곁에서 다독여 준다. 데니는 또한 유머를 활용할 줄 안다. 길고 힘든 훈련 시간을 견딜 수 있게 해 주는 농담을 자주 하는 것이다.

팀의 우수한 성적에도 불구하고, 데니는 이기는 것을 전부라고 생각하지 않는다. 그의 철학은 우승 자체보다 우승하기 위한 준비 과정이다. 그는 선수들에게 이기기 위한 준비를 하는 동안 모든 것은 저절로 처리된다고 말한다. 실제로 이기는 것은 곧 준비를 제대로 했다는 뜻이다.

질문

1. 어떤 리더십 특성이 데니 힐의 성공을 설명해 주는가?

2. 데니 힐의 리더십 능력을 어떤 식으로 설명하겠는가?

3. 리더십은 관리 스킬, 대인관계 스킬 및 개념화 스킬을 포함한다. 데니 힐은 이러한 스킬에 어떻게 견줄 만한가?

4. 데니 힐은 자신의 리더십에서 과업 및 관계 행동을 어떻게 융합시키는가?

5. 관계중심적 접근법의 관점에서 본다면, 데니 힐의 리더십을 어떻게 설명하겠는가?

6. 데니 힐의 코칭을 어떻게 영향력을 미치는 과정의 전형적인 예로 볼 수 있는가?

1.2 사례 연구 – 채리티 워터

2006년 비영리 조직 '채리티 워터'를 창설한 스콧 해리슨이 바란 것은 전 세계 수백만 명의 사람들에게 깨끗한 마실 물을 제공하는 것뿐만이 아니라, 자선 사업을 재정의해서 수많은 회의적인 '비(非)기부자들(non -givers)'이 그의 사업에 참여하고 자금을 지원하도록 설득하는 것이었다.

스콧은 신앙심이 깊은 회계사와 저널리스트의 외아들로 필라델피아에서 태어났다. 아버지 직장을 따라 해리슨 가족은 뉴저지로 이사했는데, 그 결과 어머니의 건강이 크게 악화되고 말았다. 이사한 집에서 일산화탄소가 누출되어 어머니의 면역체계가 영구적으로 손상되었기 때문이다. 스콧의 어린 시절 그의 어머니는 격리 상태로 지내야 했다. 타일로 도배된 화장실을 특수 세제로 닦아서 마련한 '무균실'에서 베이킹 소다로 세탁한 간이침대를 사용했다. 공기 중의 유해 물질을 흡입하는 것을 막기 위해서 활성탄 여과기가 달린 마스크를 썼다. 스콧은 어렸을 때부터 어머니를 보살피는 역할을 맡게 되었고, 그 결과 깊은 동정심을 가지게 되었다.

그러나 십 대에 이르자 스콧은 부모님의 종교적 신앙심, 그리고 어머니의 병환 때문에 제약된 생활에 반항하게 되었다. 고등학교 시절에는 불량한 패거리와 어울려 지내다 졸업도 못할 뻔 했다. 락밴드 멤버였던 그는 고등학교를 졸업한 후 음악을 하면서 뉴욕대학교에 다니기 위해 뉴욕으로 떠났다. 그곳에서 스콧은 나이트클럽 프로모터 업계에 발들이게 되었다. 이후 십년 동안 스콧은 40개의 클럽에서 프로모터로 일했다. 프로모터로서 그가 하는 일은 '아름다운 사람들'을 클럽으로 끌어들이는 것이었다. 이들은 '한 병에 1,000달러짜리 샴페인이나 500달러짜리 보드카'를 마시고, 밤새 파티를 즐기면서 최신의 유행하는 클럽에 드나드는 모습을 과시하는 데 1만 달러를 가뿐히 써버리는, 부유하고 권력 있는 사람들이었다. 그 대가로 스콧은 나이트클럽 매출액의 일부를 받았는데, 일이 잘 될 때는 하룻밤 사이에 3,000~5,000달러를 벌었다(Clifford, 2018).

스콧은 그의 전화 한 통으로 아름다운 사람들을 새로운 '핫'한 클럽으로 이끄는 영향력을 가진 인플루언서가 되었다. 스콧이 적당한 사람들에게 전화 몇 통만 해주면 유명한 나이트클럽으로 떠오를 수 있었다. 특정 브랜드의 술을 마시는 모습을 보여주는 것만으로 좋은 보수를 받는 홍보 계약까지 제안받았다.

겉으로 보면 스콧은 부러울 만한 삶을 살고 있었다. 부유하고 권력 있는 사람들과 어울리면서 모델들과 사귀고, 고급차를 몰고 다니면서 호화로운 아파트에서 살고 있었으니 말이다. 그러나 이런 생활은 그에게 독이 되었다. 그는 향락적인 생활 방식에 환멸을 느꼈고, 자신을 마약과 알코올과 포르노로 '오염시키고' 있고 어린 시절의 영성과 도덕성으로부터 단절되었다고 여겼다(Fields, 2018).

스콧은 자신이 해왔던 것과는 '정반대'의 일을 찾아 인도주의적 사업에서 일할 자리를 구하기에 나섰다(Fields, 2018). 클럽 프로모터로서의 경력밖에 없던 그는 연달아서 거절당했다. 그러다가 마침내 의료 서비스가 제공되지 않는 지역들에 병원선을 보내서 의료 활동을 하는 비영리 조직인 '머시 십스(Mercy Ships)'에서 자리를 얻게 되었다. 머시 십스는 리베리아에서 그들이 하는 일을 기록해줄 사진작가를 구하고 있었다. 이 일을 맡기 위해 스콧은 머시 십스에 매달 500달러를 지불하기로 했다. 이것은 완벽하게 그가 바라던 기회였다. 내전으로 피폐해진 빈곤 국가에서 돈까지 내가며 봉사 활동을 한다니, 그가 지금까지 살던 삶과는 정반대였기 때문이다.

머시 십스에서 스콧이 가게 된 첫 파견 근무는 42개 병상과 몇 개의 수술실, 그리고 MRI 기계를 갖춘 전장 160미터의 병원선을 타고 이루어졌다. 병원선의 목적지인 리베리아에는 수술 가능한 병원이 하나도 없었고 나라 전체를 통틀어 외과 전문의가 두 명밖에 없었다.

의료 서비스는 극심하게 부족한 상황이었고, 사람들은 끔찍한 고통을 겪고 있었다. 스콧은 병원선에서 하는 작업들과 모든 환자들의 치료받기 전과 후의 모습을 기록했다. 그가 찍은 사진과 기록한 이야기는 리베리아의 의료 상황을 널리 알리고 머시 십스의 사업에 계속적인 기부를 독려하는 데 사용되었다. 스콧은 클럽 프로모터로 일할 때 그를 따르던 부유하고 권력 있는 사람들이 머시 십스의 임무에 도움을 줄 수 있다는 사실을 깨달았다. 그는 머시 십스에 상당한 후원금을 제공할 능력이 있는 1만 5,000명의 기부 가능자 목록을 작성하고, 그들에게 머시 십스 환자들의 사진과 이야기를 담은 이메일을 대량으로 보내기 시작했다. 이메일 수신자 중 일부로부터는 반감을 사거나 무시를 당했지만, 그보다 더 많은 사람이 머시 십스 환자들의 이야기에 감동받고 도움을 주고 싶어 했다. 나이트클럽으로 사람들을 끌어들이면서 스콧이 개발했던 스토리텔링과 홍보 스킬은 자선 사업을 후원해줄 사람들을 모으는 데도 효과적이었다.

두 번째 머시 십스 파견 중에 스콧은 서아프리카의 시골 지역과 환자들이 사는 마을들을 방문하게 되었다. 여기서 스콧이 인상 깊게 보았던 것은 이 마을들이 질병에 노출된 상황이었다. 마을 사람들은 늪이나 더껑이가 낀 연못, 또는 더럽고 걸쭉한 흙물이 흐르는 (그리고 종종 동물 배설물이 섞인) 강을 식수원으로 쓰고 있었다. 그는 리베리아 국민들의 50%가 안전하지 못한 더럽고 오염된 물을 마시고 있으며, 이것이 머시 십스 환자들을 괴롭히는 여러 질병의 직접적인 유발 원인이라는 사실을 알게 되었다. 클럽에서 부자들이 10달러짜리 브랜드 생수를 사서 마시지도 않는 것을 보던 스콧은 깨끗한 식수가 부족해서 사람들이 죽어가는 모습을 목격하게 된 것이다. 그는 이 차이에 주목했고 그의 마음을 깊이 움직이는 대의를 발견했다.

그는 진심으로 전념할 일을 찾아냈지만, 사업 자금은커녕 3만 달러의 빚을 지고 있었고, 자선 사업 운영이나 비영리 조직 설립에 관한 경험도 없었다. 그럼에도 불구하고 스콧은 뉴욕으로 돌아오자마자 작업에 착수했다. 그는 매일 8~10번씩 프레젠테이션을 하면서

깨끗한 식수가 없는 전 세계 10억 명의 사람들에게 마실 물을 제공하는 그의 미션을 후원해줄 사람들을 모았다. 그의 프레젠테이션은 후원금을 모으는 데는 별로 성공하지 못했지만, 스콧에게 훌륭한 통찰력을 가져다주었다. 그는 사람들이 자선 사업에 대해서 깊은 불신감과 회의감을 느낀다는 사실을 발견했다. 그의 임무가 성공하려면 기부하는 과정을 '재구상'하여 자선 사업에 환멸을 느끼는 사람들에게 다가가 그들이 믿을 수 있는 무엇인가를 제공해야 했다.

이를 위해서 스콧은 채리티 워터를 설립하고 자선 사업의 모델을 재창조하기 위한 네 가닥의 계획을 세웠다.

첫째로, 그는 기부금 전액이 깨끗한 물을 제공하는 수자원 프로젝트들의 자금으로 사용될 것을 보장했다. 그는 억만장자 폴 튜더가 설립한 로빈 후드 재단의 모델을 따라서 서로 분리된 2개의 장부를 만들었다. 일반인들이 기부한 모든 후원금은 첫 번째 장부에 기입되어 오직 수자원 프로젝트에만 사용된다. '우물'이라고 불리는 두 번째 장부는 인건비와 단체 운영비에 사용되며, 운영비용을 지원하는 목적으로 소수의 개인 기부자들이 제공하는 자금이다.

둘째로, '증거'를 보여주었다. 스콧은 기부자들에게 그들의 후원이 미치는 영향을 보여주고 싶었고, 이를 위해서 기술을 활용했다. 채리티 워터의 모든 프로젝트는 구글 어스와 구글 지도를 통해서 사진을 제공한다. 각국에서 프로젝트를 운영하는 채리티 워터 파트너들은 GPS 기기 사용법과 사진 촬영 기술, 그리고 프로젝트의 GPS 좌표와 사진들을 인터넷에 올리는 방법을 교육받는다.

셋째로, 스콧은 '아름다운' 브랜드를 만들고자 했다. 그는 대부분의 자선 사업 단체들이 마케팅에 있어서 '빈곤 의식'을 가지고 있다고 생각했다. 또한 이들은 대개 광고용 우편물을 통해서 모금 활동을 하고 있었다. 스콧은 광고용 우편물이 디지털 거래로 대체될 것이라고 믿고 그에 따라 사업 계획을 세웠다. 채리티 워터는 다른 자선 단체들처럼 죄책감을 자극하는 스토리텔링이나 이미지 및 표현을 사용하지 않는다. 그 대신 희

망, 기회 그리고 즐거움을 중심으로 이야기한다. 스콧은 기부의 개념을 의무나 책무로서가 아니라 기회이자 축복으로서 생각할 것을 주장한다. 채리티 워터는 누구나 깨끗한 물을 마실 수 있는 세상을 만들어가는 노력에 참여할 수 있는 '멋진 초대장'을 제공한다.

마지막으로, 채리티 워터는 수자원 프로젝트들을 진행하는 각 나라들에서 지역 파트너를 활용한다. 지속 가능하고 문화적으로 적절하게 작업이 이루어지려면 프로젝트를 이끄는 것은 지역 주민들이어야 한다. 채리티 워터가 맡은 역할은 "식수 문제를 알리고, 자기와는 직접 연관되지 않은 이 문제에 관여하도록 사람들을 끌어들이고, 문제를 해결하기 위한 자금을 모으는 것, 그리고 세계 각국에서 지역 단체들의 능력을 확인하고 증진시킴으로써 그들이 자금을 효율적으로 사용하여 자기 지역과 나라의 수자원 개선을 이끌어나갈 수 있도록 만들어주는 것"이다(Fields, 2018). 자금을 받고 사용해서 지역 사회에 깨끗한 물을 가져오는 '주인공'은 지역 주민들이다.

채리티 워터가 설립되었을 때는 세계적인 금융 위기가 시작되었던 시기였지만, 그럼에도 불구하고 채리티 워터는 1년 만에 170만 달러를 모금했다. 첫 3년 동안 모금액은 490% 증가한 반면 미국 내 기부금은 8% 감소했다. 지금까지 채리티 워터가 모은 기부금은 3억 달러를 넘으며, 100개 이상의 국가에서 100만 명이 넘는 기부자들이 모금에 동참해왔다(Fields, 2018). 채리티 워터는 전 세계 900만 명 이상에게 깨끗한 식수를 제공하고, 27개국에서 3만 5,000개 수자원 프로젝트를 진행했다(Charity: Water, 2019).

스콧은 자신의 생전에 전 세계의 식수 문제가 해결되길 바란다. "지난 12년간 마실 물이 없는 인구수는 10억 명에서 6억 6,000만 명으로 감소"했지만, 그것만으로는 부족하다고 스콧은 말한다. "열 명 중 한 명은 깨끗한 물을 마시지 못한다는 통계는 현재의 기술 수준을 생각하면 여전히 놀랄 만큼 높은 숫자입니다"(Fields, 2018).

자신의 비전에 따라 인플루언서에서 사회적 기업가이자 변혁가로 탈바꿈한 스콧은 자선 활동의 지형을 근본적으로 변화시켰다. 그는 기부에 대한 시각을 성공적으로 바꾸고, 변화를 가져오고 싶어 하는 사람들의 욕구를 포착하고, 완전한 투명성을 충실하게 이행함으로써 자선 사업 전반의 수준을 향상시켰다.

스콧이 최근에 쓴 책 **채리티 : 워터-우물 파는 CEO, 착한 비즈니스를 말하다**(*Thirst: A Story of Redemption, Compassion, and a Mission to Bring Clean Water to the World*)는 뉴욕타임스 베스트셀러가 되었다. 당연하게도 그 판매에서 나오는 순이익금은 100% 채리티 워터 프로젝트의 후원금으로 사용된다. 그리고 스콧이 약속한대로 그 '증거'는 그의 웹사이트에서 볼 수 있다. 웹사이트에 따르면 **채리티 워터** 선주문 금액에 대한 매칭 펀드 캠페인 덕분에 7,700명이 넘는 사람들이 깨끗한 물을 마실 수 있게 되었다고 한다. 그리고 구매자들에게 제공되는 특별 링크를 통해서 책을 구매한 결과 사람들의 삶에 어떤 영향을 미쳤는지 직접 확인할 수 있도록 했다(Charity: Water, 2019).

질문

1. 어떤 리더십 특성이 스콧 해리슨의 성공을 설명해주는가?

2. 스콧 해리슨의 리더십 능력을 어떤 식으로 설명하겠는가?

3. 리더십은 관리 기술, 대인관계 스킬 및 개념화 스킬을 포함한다. 스콧 해리슨은 이러한 스킬을 어떻게 보여주는가?

4. 관계중심적 접근법의 관점에서 본다면, 스콧 해리슨의 리더십을 어떻게 설명하겠는가?

5. 스콧 해리슨은 보수를 많이 받는 성공적인 나이트클럽 프로모터로서 수많은 '팔로워'를 가졌었다. 이 당시의 그가 '리더'였다고 생각하는가? 그 이유는?

1.3 리더십 정의하기 진단지

목적
1. 자신의 리더십에 대한 관점을 확인한다.
2. 리더십의 여러 가지 측면에 대한 자신의 생각을 알아본다.

작성법
1. 리더십이라는 단어에 대해 자신이 갖고 있는 인상에 대해 잠시 생각해 본다. 자신의 삶에서 경험한 리더들을 근거로 볼 때 리더십이란 무엇인가?
2. 다음 척도를 사용하여 리더십에 대해 표현한 의견에 어느 정도 동의하거나 동의하지 않는지 답하도록 한다.

문항 및 내용	전혀 아니다	별로 아니다	가끔 그렇다	어느 정도 그렇다	매우 그렇다
1. 나는 리더십에 대해 생각할 때 특별한 성격 특성을 가진 사람들을 떠올린다.	1	2	3	4	5
2. 리더십은 피아노나 테니스를 치는 것처럼 학습된 능력이다.	1	2	3	4	5
3. 리더십에는 지식과 노하우가 필요하다.	1	2	3	4	5
4. 리더십은 어떤 사람인가라기보다 무엇을 하는가를 뜻한다.	1	2	3	4	5
5. 리더를 따르는 구성원들은 리더만큼이나 리더십 과정에 영향을 미칠 수 있다.	1	2	3	4	5
6. 리더십은 다른 사람들에게 영향을 주는 과정이다.	1	2	3	4	5
7. 어떤 사람들은 타고난 리더이다.	1	2	3	4	5
8. 어떤 사람들은 리더에게 필요한 선천적인 능력이 있다.	1	2	3	4	5
9. 성공적인 리더십의 비결은 적절한 스킬을 갖추는 것이다.	1	2	3	4	5
10. 리더십은 리더가 하는 것으로서 가장 잘 설명된다.	1	2	3	4	5

문항 및 내용	전혀 아니다	별로 아니다	가끔 그렇다	어느 정도 그렇다	매우 그렇다
11. 리더와 구성원은 리더십 과정을 공유한다.	1	2	3	4	5
12. 리더십은 긍정적인 결과를 향한 일련의 행동들이다.	1	2	3	4	5
13. 유능한 리더가 되기 위해 개인은 특정한 특성들을 가져야 한다.	1	2	3	4	5
14. 사람은 누구나 리더가 될 능력을 가지고 있다.	1	2	3	4	5
15. 유능한 리더는 자신의 역할에 유능하다.	1	2	3	4	5
16. 리더십의 본질은 과제를 수행하고 사람들을 대하는 것이다.	1	2	3	4	5
17. 리더십은 리더와 구성원의 공동 목표에 대한 것이다.	1	2	3	4	5
18. 리더십은 리더 한 사람에게만 달려 있는 것이 아니라, 리더와 구성원 및 상황을 포함시키는 것이다.	1	2	3	4	5
19. 사람들은 그들이 지닌 특성 때문에 훌륭한 리더가 된다.	1	2	3	4	5
20. 사람들은 리드하는 능력을 개발할 수 있다.	1	2	3	4	5
21. 유능한 리더는 능숙함과 지식을 갖추고 있다.	1	2	3	4	5
22. 리더십은 목표를 달성하기 위해 리더가 사람들과 어떻게 일하는가에 대한 것이다.	1	2	3	4	5
23. 효과적인 리더십을 제일 잘 설명하는 것은 리더와 구성원 사이의 관계이다.	1	2	3	4	5
24. 리더는 구성원에게 영향을 주고 그들로부터 영향을 받는다.	1	2	3	4	5

점수 집계

1. 1, 7, 13, 19번 항목의 점수를 합산한다(특성 강조).
2. 2, 8, 14, 20번 항목의 점수를 합산한다(능력 강조).
3. 3, 9, 15, 21번 항목의 점수를 합산한다(스킬 강조).
4. 4, 10, 16, 22번 항목의 점수를 합산한다(행동 강조).
5. 5, 11, 17, 23번 항목의 점수를 합산한다(관계 강조).
6. 6, 12, 18, 24번 항목의 점수를 합산한다(과정 강조).

총점

1. 특성 강조 : _____

2. 능력 강조 : _____

3. 스킬 강조 : _____

4. 행동 강조 : _____

5. 관계 강조 : _____

6. 과정 강조 : _____

점수 해석

이 진단을 통해 받은 점수는 여러분이 리더십을 어떻게 정의하고 어떤 관점으로 보는가에 대한 정보를 제공한다. 리더십의 여러 가지 차원들 중 어떤 것을 강조하느냐는 리더십 과정에 어떻게 접근하는가에 영향을 미친다. 예를 들어, 만약 특성 강조에서 최고 점수를 받았다면 그것은 여러분이 리더십 과정에 있어 리더의 역할과 리더의 특별한 특성을 강조한다는 것을 시사한다. 그러나 만약 관계 강조에서 최고 점수를 받았다면, 그것은 여러분이 생각하기에 리더십의 중심은 리더만의 독특한 자질보다는 리더와 구성원들 사이의 커뮤니케이션에 있다는 것을 의미한다. 각 부분의 점수를 비교해봄으로써 자신이 리더십에서 가장 중요하다고 생각하는 측면과 가장 중요치 않다고 생각하는 측면을 이해할 수 있다. 여러분이 리더십에 대해 생각하는 방식은 리더십을 실천하는 데 영향을 끼치게 된다.

1.4 관찰 연습

리더십 정의하기

목적

1. 리더십의 복잡성에 대해 이해한다.
2. 리더십을 정의하는 다양한 방식을 이해하도록 한다.

작성법

1. 여러분이 아는 사람들 중에 다섯 명을 골라 리더십에 대해 인터뷰한다.
2. 다섯 명 각각에게 리더십에 대한 자신만의 정의와 효과적인 리더십에 대해 갖고 있는 개인적 믿음을 설명해 달라고 한다.
3. 응답은 응답자별로 종이에 따로 기록해둔다.

1번 응답자(이름) _____

2번 응답자(이름) _____

3번 응답자(이름) _____

4번 응답자(이름) _____

5번 응답자(이름) _____

질문

1. 여러분은 이 사람들이 리더십을 정의하는 방식에서 어떤 차이점을 발견했는가?

2. 리더십에 대한 가장 공통적인 정의는 무엇인가?

3. 응답자들이 리더십을 정의하는 방식은 제1장의 정의와 어떻게 다른가?

4. 인터뷰에 응한 사람들 중 여러분 자신의 정의에 가장 근접한 것은 누구의 정의인가? 그 이유는?

1.5 성찰 및 실행 과제 워크시트

리더십 이해하기

성찰

1. 우리 모두는 리더십에 관하여 자신만의 독특한 사고방식을 가지고 있다. 리더십에 대한 여러분의 생각에 영향을 준 리더 혹은 사람들은 누구인가? 자신에게 리더십은 어떤 의미이며 여러분은 리더십을 어떻게 정의하겠는지 토의해 보자.

2. '리더십 정의하기 진단지'를 통해 얻은 점수는 여러분이 가지고 있는 리더십에 대한 믿음에 어떤 시사점을 주는가? 진단지의 여섯 가지 관점(특성, 능력, 스킬, 행동, 관계, 과정) 중에서 자신의 신념과 가장 가까운 두 가지를 고른다면? 또는 신념과 거리가 먼 두 가지를 고른다면? 이에 대해 토의해 보자.

3. 여러분은 리더십이 누구나 배울 수 있는 것이라고 생각하는가? 아니면 소수에게만 주어진 생득적 능력이라고 보는가? 자신의 판단에 대해 설명해 보자.

실행 과제

1. 리더십에 대해 여러분이 실행한 인터뷰를 바탕으로, 다른 사람들이 리더십에 관해 가지고 있는 생각을 여러분 자신의 리더십에 어떻게 통합할 수 있겠는가?

2. 리더십을 관계로 파악하는 것은 윤리적인 함의를 가진다. 더 나은 리더가 되기 위하여 자신의 리더십에 관계중심 접근법을 포함시킬 수 있는 방법에 대해 토의해 보자.

3. 자신의 리더십에 대해 생각해 보자. 더 훌륭한 리더가 되기 위하여 추가로 개발할 수 있는 특성, 능력, 스킬, 또는 행동을 한 가지씩 확인해 보자.

참고문헌

Antonakis, J., Cianciolo, A. T., & Sternberg, R. J. (Eds.). (2004). *The nature of leadership*. Thousand Oaks, CA: Sage.

Astin, H. S. (1996). Leadership for social change. *About Campus, 1*(3), 4-10. doi:10.1002/abc.6190010302

Barnard, C. (1938). *The functions of the executive*. Cambridge, MA: Harvard University Press.

Bass, B. M. (1985). *Leadership and performance beyond expectations*. New York, NY: Free Press.

Bass, B. M. (1990). *Bass and Stogdill's handbook of leadership: A survey of theory and research*. New York, NY: Free Press.

Blake, R. R., & Moulton, J. S. (1964). *The managerial grid*. Houston, TX: Gulf.

Bounous-Hammarth, M. (2001). Developing social change agents: Leadership development for the 1990s and beyond. In C. L. Outcault, S. K. Faris, & K. N. McMahon (Eds.), *Developing non-hierarchical leadership on campus: Case studies and best practices in higher education* (pp. 34-39). Westport, CT: Greenwood.

Bryman, A. (1992). *Charisma and leadership in organizations*. London, UK: Sage.

Charity: Water. (2019). Retrieved from https://www.charitywater. org

Clifford, C. (2018, March 3). *How Charity: Water's founder went from hard-partying NYC club promoter to helping 8 million people around the world*. CNBC. Retrieved from https://www.cnbc.com/2018/03/22/how-scott-harrison-founded-charity-water.html

Conger, J. (1990). The dark side of leadership. *Organizational Dynamics, 19*(2), 44-55.

Conger, J. A., & Riggio, R. E. (Eds.). (2007). *The practice of leadership: Developing the next generation of leaders*. San Francisco, CA: Jossey-Bass.

Fields, J. (2018, September 24). *Charity: Water Founder on hedonism, redemption, and service*. Good Life Project [Podcast]. Retrieved from https://www.goodlifeproject.com/ podcast/scott-harrison-charity-water/

Hersey, P., & Blanchard, K. H. (1969). Life-cycle theory of leadership. *Training and Development Journal, 23*(5), 26-34

Higher Education Research Institute (HERI). (1996). *A social change model of leadership development* (Version III). Los Angeles: University of California.

House, R. J., Hanges, P. J., Javidan, M., Dorfman, P. W., & Gupta, V. (2004). *Culture, leadership, and organizations: The GLOBE study of 62 societies*. Thousand Oaks, CA: Sage.

Komives, S. R., Lucas, N., & McMahon, T. R. (2013). *Exploring leadership: For college students who want to make a difference* (3rd ed.). San Francisco, CA: Wiley.

Komives, S. R., Wagner, W., & Associates. (Eds.). (2016). *Leadership for a better world: Understanding the social change model of leadership* (2nd ed.). San Francisco, CA: Jossey-Bass.

Lipman-Blumen, J. (2000). *Connective leadership: Managing in a changing world*. New York, NY: Oxford University Press.

Lipman-Blumen, J. (2005). *The allure of toxic leaders*. New York, NY: Oxford University Press.

Machiavelli, N. (2005). *The prince* (W. J. Connell, trans.). Boston, MA: Bedford/St. Martin's. (Original work published in 1531)

Modaff, D. P., Butler, J. A., & DeWine, S. (2017). *Organizational communication: Foundations, challenge, and misunderstandings* (4th ed.). New York, NY:

Pearson.

Northouse, P. (2019). *Leadership: Theory and practice* (8th ed.). Thousand Oaks, CA: Sage.

Obama, M. (2018). *Becoming*. New York, NY: Crown.

Obama, M. (2017, January 6). *Remarks by the First Lady at the National School Counselor of the Year Event*. Retrieved from https://obamawhitehouse.archives.gov/the-press-office/2017/01/06/remarks-first-lady-nationalschool-counselor-year-event

Reddin, W. J. (1967, April). The 3-D management style theory. *Training and Development Journal*, pp. 8

-17.

Rost, J. C. (1991). *Leadership for the twenty-first century*. Westport, CO: Praeger.

Urban Farming Guys. (2019). Retrieved from http://theurbanfarmingguys.com/

Vecchio, R. P. (1987). Situational leadership theory: An examination of a prescriptive theory. *Journal of Applied Psychology*, 72(3), 444-451.

White House Historical Association. (2018). *Michelle Obama*. Retrieved from https://www.whitehousehistory.org/bios/michelle-obama

CHAPTER 2

리더십 특성 파악하기

서론

왜 어떤 사람은 리더가 되는 반면 어떤 사람은 그렇지 못할까? 사람들이 리더가 되도록 만드는 것은 무엇일까? 리더들은 특정한 특성을 갖고 있을까? 이러한 질문들은 수년간 우리의 관심사였다. 우리들은 모두 어떤 특징들이 효과적인 리더십을 설명하는지 알고 싶은 듯하다. 제2장에서는 리더십에 있어서 중요한 특성을 짚어 본다.

20세기 초 이래, 리더의 특성에 대하여 수백 가지의 조사연구가 진행되었다. 이 연구들은 이상적인 리더십 특성에 관한 방대한 목록을 도출해 냈다(Antonakis, Cianciolo, & Sternberg, 2004; Bass, 1990). 중요한 리더십 특성에 대한 목록은 방대하며, 근면성, 신뢰성, 믿음성, 정확한 표현력, 사회성, 열린 마음, 지성, 자신감, 자기 확신 그리고 성실함을 포함하고 있다. 목록의 규모가 매우 방대하기 때문에 어떤 특성이 리더에게 필수적인지를 가려내기란 어렵다. 사실은 이러한 특성들 대부분이 효과적인 리더십과 연관이 있을 것이다.

우리가 리더가 되어야 하는 상황에서 갖추고 있어야 할 중요한 특성은 무엇일까? 제2장에서는 이 질문에 답하기 위해 두 가지를 짚어볼 것이다. 첫째, 일상생활 속의 효과적인 리더십과 관련이 있는 것으로 보이는 선별된 특성에 대해 논의할 것이다. 둘째, 과거와 현 시대의 리더들의 삶을 살펴보고 그들의 리더십에 기여한 특성에 대해 논의할 것이다. 논의 과정에서, 특정한 특성이 리더십 과정에 여러 방식으로 영향을 주는 과정을 중점적으로 다룰 것이다.

리더십 특성

20세기 초부터 현재까지, 연구자들은 성공적인 리더들만이 갖고 있는 특징에 주목해 왔다. 유능한 리더들의 특성을 파악하기 위해 수천 가지 연구가 진행되었다. 연구 결과들이 형성한 중요한 리더십 특성 목록은 매우 방대하다. 이러한 특성들은 모두 리더십 발휘 과정에 기여한다.

예를 들어, 몇몇 연구자의 조사 연구가 밝혀낸 바에 따르면 다음과 같은 특성이 중요하다. 성취, 끈기, 통찰력, 결단력, 자존감, 책임감, 협조성, 관용, 영향력, 사회성, 추진력, 동기, 진실성, 자신감, 인지 능력, 과제에 대한 지식, 외향성, 성실성 그리고 열린 마음(Judge, Bono, Ilies, & Gehrardt, 2002; Kirkpatrick & Locke, 1991, Stogdill, 1974)이다. 국제적 차원으로는 62개국의 매니저 1만 7,000명을 조사한 연구가 있다. 이 연구는 뛰어난 리더십의 특징으로서 연구 대상 문화에서 보편적으로 가치 있게 여겨지는 특징 22가지를 확인했다(House, Hanges, Javidan, Dorfman, & Gupta, 2004). 제1장의 표 1.2에서 언급된 이 특징들의 목록은 '신뢰할 만한, 공정한, 정직한, 격려하는, 긍정적인, 다이내믹한, 의지할 수 있는, 명석한, 결단력 있는, 소통을 잘하는, 풍부한 정보를 가진, 팀을 조직하는' 등의 특성들을 포함한다. 이러한 연구 결과가 보여 주듯, 리더십 특성에 대한 조사는 리더의 중요한 특징들을 많이 찾아냈다.

그러나 이 연구 결과들은 중요한 질문을 하나 제기한다. 중요한 리더십 특성이 그렇게 다양하다면, 리더로서 성공하기 위해 필요한 몇 가지 특성들을 구체적으로 좁힐 수 있을까? 이 질문에 대한 답이 분명하진 않지만, 연구는 여섯 가지 핵심적인 특성으로서 **지성, 자신감, 카리스마, 결단력, 사회성, 진실성**을 가리킨다. 다음에서는 이 특성들을 개별적으로 논의한다.

지성

지성(intelligence)은 효과적인 리더십과 관련이 있는 중요한 특성들 중 하나이다. 이 특성은 우수한 언어 스킬, 지각 스킬, 추론 능력을 포함한다. 이러한 강점들을 종합적으로 갖추었을 때 사람들은 훌륭한 사고력을 갖게 되고 더 나은 리더가 될 수 있다.

개인의 IQ(지능지수)를 바꾼다는 것은 어렵겠지만, 일반적인 지적 능력을 향상시킬 수 있는 방법은 몇 가지 있다. 똑똑한 리더들은 풍부한 정보를 가지고 있다. 그들은 주위에서 어떤 일이 벌어지고 있는지, 어떤 일을 해야 하는지 인식하고 있다. 리더는 자신의 리더십 역할이 수반하는 것이 무엇인지 정보를 얻고 업무 환경에 대해 최대한 많이 알아두는 것이 중요하다. 이러한 정보는 리더가 더 많은 지식을 갖고 더욱 통찰력 있게 만들어 준다.

일례로, 저자의 친구인 크리스는 평생 축구를 해 본 적도 없고 축구에 대해 거의 무지함에도 불구하고, 몇 년 전 딸의 중학교 축구 팀 코치가 되어 달라는 부탁을 받았다. 크리스는 코치를 맡았고 많은 노력 끝에 결국 큰 성공을 거뒀다. 그는 축구 공부에 많은 시간을 들였다. 축구 안내서, 지도자 매뉴얼 그리고 코칭에 관한 책을 읽었다. 게다가 축구 잡지도 구독했다. 그는 다른 코치들과 이야기를 나누며 축구 경기에 대해 배울 수 있는 것은 모두 배웠다. 첫 번째 시즌이 끝나자 사람들은 크리스가 아주 능숙한 코치라고 생각했다. 그는 영리했고 성공적인 코치가 되는 법을 익힌 것이다.

지능으로 보자면, 우리들 중 아인슈타인처럼 될 수 있는 사람은 극소수일 것이다. 우리 대다수는 평범한 지능을 갖고 있고 우리가 할 수 있는 일에 한계가 있다는 사실을 알고 있다. 하지만 우리가 맡을 리더십 역할에 대해 더 많이 아는 것은 우리가 더 좋은 리더가 되기 위해 필요한 정보를 제공한다.

자신감

자신감은 유능한 리더에게 있는 또 다른 중요한 특성이다. 자신감 있는 사람들은 자신에 대한 확신이 있으며 자기 목표를 성취할 수 있다고 믿는다. 그들이 느끼기에 자신의 위치는 불확실한 것이 아니라 견고하고 안전한 것이다. 그들은 프로젝트에 대해 자신이 내린 결정을 뒤늦게 의심하지 않는다. 그 대신 명확한 비전을 갖고 앞으로 나아간다. 자신 있는 리더는 확신이 있고 자신이 옳은 행동을 하고 있다고 믿는다. 자신감(confidence)은 분명히 자기 자신과 자신의 성공 능력에 대해 긍정적인 감정을 갖는 것과 관련된 특성이다.

자신감이 성공적인 리더에게 가장 중요한 특성이라면, 어떻게 자신감을 쌓을 수 있을까? 첫째, 자신감은 자신에게 무엇이 요구되는지 이해할 때 생긴다. 가령,

운전을 처음 배우는 학생은 **무엇을** 해야 하는지 모르기 때문에 자신감이 바닥에 있다. 강사가 운전 과정을 설명하고 어떻게 운전하는지 시범을 보인다면, 학생은 이제 운전하는 방법을 이해하기 때문에 자신감을 얻을 수 있다. 인식하고 이해하는 것은 자신감을 높여 준다. 자신감은 또한 방법을 알려 주고 건설적인 피드백을 주는 멘토로부터 얻을 수도 있다. 멘토는 상사일 수도, 경험이 풍부한 동료일 수도, 혹은 조직 밖에 있는 중요한 사람일 수도 있다. 멘토는 역할모델 및 사운딩 보드(아이디어 등에 대한 반응을 시험하는 대상을 의미한다-역주)로 활약하므로 리더십의 역학을 배우는 데 본질적인 도움을 제공한다.

자신감은 **연습**에서 얻을 수도 있다. 이 점에 주목하는 것이 중요한데, 연습은 누구든지 할 수 있기 때문이다. 오늘날 세계에서 가장 유명한 운동선수 중 한 명인 마이클 펠프스를 생각해 보자. 그는 매우 재능 있는 수영 선수로, 올림픽 금메달을 23개나 따고, 올림픽 선수 중에서 사상 최다 기록인 28개의 메달을 따냈다. 그러나 펠프스는 엄청난 양의 시간을 연습하는 데 보낸다. 그가 따르는 훈련지침에는 일주일에 6일, 하루에 여섯 시간의 수영이 포함된다. 훌륭한 경기와 경기에 대한 자신감은 그의 재능에서 비롯된 것뿐만 아니라 연습의 결과이기도 한 것이다.

연습이 자신감을 형성하는 이유는 리더가 되고자 하는 사람에게 자신이 해야 할 일을 할 수 있다는 확신을 주기 때문이다. 리더십을 발휘하는 역할을 맡는 것은, 위원회나 자원봉사 활동 같은 작은 것일지라도, 리더가 되기 위한 연습을 할 기회를 제공한다. 리더십 활동 경험을 하나씩 쌓아 올리는 것은 더욱 큰 리더십 역할을 맡을 수 있게끔 자신감을 높여준다. 자신의 리더십을 연습할 수 있는 기회를 기꺼이 받아들이는 사람은 리더십 능력에 대한 자신감이 상승하는 경험을 얻게 된다.

카리스마

효과적인 리더십에 연관된 모든 특성 중 가장 많은 관심을 받는 것은 카리스마이다. 카리스마(charisma)는 리더가 사람들을 끌어당기는 특별한 매력을 가리키며, 리더십 과정에 매우 큰 영향을 끼칠 수 있다. 카리스마는 놀라운 일을 할 수 있는 능력을 리더에게 부여하는 특별한 성격 특징이다. 그것은 리더에게 특출한 영향력을 준다. 카리스마가 있는 리더의 좋은 예로서 미국 전 대통령 존 F. 케네디가 있다. 그는 유창한 웅변 스타일로 미국 국민에게 동기를 부여했다. 케네디 대통령은 사람들에게 막대한 영향을 미친 재능 있고 카리스마 있는 리더였다.

동시에, 카리스마는 더 부정적인 방식으로도 사용될 수 있다. 제14장에서 논의하듯이, 카리스마는 사람들의 열렬한 지지를 얻는 리더의 능력을 향상시켜 준다. 리더의 카리스마에 강력한 수사적 스킬, 비전, 에너지가 더해질 때, 파괴적인 리더는 이것을 사용해서 사람들을 자기 편으로 끌어들이고, 추종자들을 자신의 목적을 위해서 이용한다.

카리스마는 흔한 성격 특성이 아니기 때문에 사람들이 카리스마를 갖는 것이 어렵다고 느끼는 것은 드문 일이 아니다. 극소수의 사람들만이 강렬한 카리스마를 가지고 있으며, 대다수는 그렇지 못하다. 카리스마를 가진 사람이 드물기 때문에, 다음과 같은 질문이 대두된다: 카리스마를 타고나지 못한 리더는 무엇을 해야 하는가?

리더십 학자들의 글에 따르면, 카리스마 있는 리더십을 특징짓는 행동이 몇 가지 있다(Conger, 1999; House, 1976; Shamir, House, & Arthur, 1993). 첫째, 카리스마 있는 리더는 스스로 다른 사람들이 수용했으면 하는 가치의 **강력한 모범**이 된다. 마하트마 간디는 비폭력주의를 옹호했으며, 시민 불복종의 모범이 되었다. 다른 사람들에게 영향이 미치는 것을 가능케 한 것은 그의 카리스마였다. 둘째, 카리스마 있는 리더는 리더십의 모든 측면에서 **역량을 보이고**, 따라서 사람들은 그 리더의 결정을 신뢰한다. 셋째, 카리스마 있는 리더는 분명한 **목표와 확고한 가치**를 표현한다. 마틴 루서 킹 목사의 '나에게는 꿈이 있습니다' 연설이 이런 타입의 리더십의 예가 된다. 자신의 꿈을 말로 표현함으로써 그는 수많은 사람들에게 자신의 비폭력적 실천을 따르게끔 영향을 미칠 수 있었다. 넷째, 카리스마가 있는 리더는 구성원들에게 높은 **기대치**를 갖고, 이를 말로 표현하며, 그들이 기대에 부응할 것이라고 믿는 모습도 보여 준다. 마지막으로, 카리스마 있는 리더는 다른 사람들에게 **영감**을 준다. 존 F. 케네디와 마틴 루서 킹 목사가 보여 주듯, 다른 사람들에게 자극을 주고 동기를 부여해서 진정한 변화에 합류하도록 만들 수 있다.

결단력

결단력(determination)은 유능한 리더를 특징짓는 또 다른 특성이다. 결단력 있는 리더는 집중을 아주 잘하고 과제에 주의를 기울인다. 그는 자신이 **어디를** 가고 있는지, 그곳에 **어떻게** 갈 것인지 알고 있다. 결단력은 어떤 일을 완수하겠다는 결정이다. 그것은 진취성, 끈기, 추진력 같은 특징들을 포함한다. 결단력이 있는 사람들은 자기주장에 대한 의지가 있고, 상황을 앞서 주도하며, 방해물에 직면했을 때 끈기 있게 돌파하는 능력이 있다. 결단력이 있다는 것은 가끔 지배 성향을 보이는 것을 포함한다. 특히 다른 사람들에게 지시가 필요한 상황에서 더욱 그렇다.

표준거리 42.195km의 마라톤을 뛰는 암 환자, 에베레스트 산에 오르는 시각장애인, 혹은 아이 넷을 혼자 키우며 대학을 졸업하는 싱글맘 등, 우리 모두는 굉장한 것을 성취한 결단력 있는 사람들에 대해 들어 보았을 것이다. 결단력 있는 리더의 훌륭한 예는 이 장의 리더십 스냅숏에서 논의할 넬슨 만델라이다. 만델라의 유일한 목표는 남아프리카 공화국에서 인종차별 정책을 폐지하는 것이었다. 오랜 세월 동안 투옥되었음에도 불구하고 그는 변함없이 자신의 원칙을 고수했다. 그는 자신의 목표를 이루는 데 헌신했고 목표 앞에서 한 번도 흔들리지 않았다. 만델라는 집중력과 절제력, 결단력 있는 리더였다.

이러한 리더들과 다른 사람들을 구분하는 것은 일을 완수하고자 하는 결의이다. 이 장에서 논의한 특성 중에서, 결단력은 아마도 리더가 쉽게 습득할 수 있는 유일한 특성일 것이다. 결단력이 요구하는 것은 단지 끈기일 뿐이다. 과제에 집중하고, 목표를 명확히 하고, 비전을 표현하고, 사람들이 가던 길을 그대로 계속 가도록 격려하는 것은 모두 결단력 있는 리더의 특징이다. 결단력이 있으려면 자기 규율과 인내할 수 있는 능력이 필요하다. 하지만 이 특성으로 인해 리더십이 향상될 것은 거의 확실하다.

사회성

리더에게 중요한 특성 중 또 한 가지는 사회성(sociability)이다. 사회성은 기분 좋은 사회 관계를 구축할 수 있는 리더의 능력을 가리킨다. 사람들은 사교적인, 즉 같이 잘 지낼 수 있는 리더를 원한다. 사회성을 보이는 리더는 우호적이고, 외향적이고, 예의 바르고, 눈치가 있으며, 외교적이다. 그는 다른 사람들의 욕구를 민감하게 알아차리고 그들의 안녕에 대해 관심을 갖는다. 사교적인 리더는 좋은 대인관계 스킬을 갖고 있으며 업무 환경 안에서 서로 협력하는 인간관계를 형성하도록 도와준다.

어떤 사람들한테는 사교적으로 행동하는 것이 다른 사람들보다 수월하다. 예를 들어, 외향적인 리더는 다른 사람에게 말을 걸고 사교적으로 행동하는 것이 쉽지만, 반대로 내성적인 리더는 그렇게 하기가 어렵다. 이와 유사하게 어떤 사람은 선천적으로 사람들과 어울리길 좋아하는 반면 또 어떤 사람은 혼자 있는 것을 선호한다. 사람마다 외향적 기질에 차이가 있지만, 사회성을 키우는 것도 가능하다. 사교적인 리더는 업무 환경에서 동료들뿐만 아니라 그 외의 다른 사람들과도 잘 지낸다. 우호적이고, 친절하고, 배려 있고, 사람들과 자유롭게 이야기하며 상대방을 지지하는 것은 리더의 사회성을 정립하는 데 큰 도움이 된다. 사교적인 리더는 그룹에 긍정적인 기운을 가져오고 업무 환경을 더욱 즐거운 곳으로 만들어 준다.

이런 상황을 잘 나타내는 다음의 예를 고려해 보자. 이 시나리오는 저자가 강의한 40년 세월을 통틀어 가장 훌륭했던 수업에서 비롯되었다. 이 수업에는 앤 폭스라는 아주 사교적인 리더가 있었다. 앤은 1960년대로부터 20년도 넘는 세월이 지났음에도 불구하고 60년대 학생처럼 옷을 입고 다니는 독특한 학생이었다. 다른 사람들과는 다른 옷차림이었지만 그는 배려심이 많았고 다른 수강생들의 호감을 샀다. 학기 첫 주가 끝나자 앤은 수강생 전원의 이름을 댈 수 있었다. 출석을 부르는 즉시 누가 자리에 있거나 혹은 없는지 간파하게 되었다. 수업 토론 중에는 항상 좋은 생각을 제시했고 다른 사람들의 시각에 대한 배려도 해 주었다. 앤은 삶에 대해서 긍정적이었고, 그 자세는 주변 사람들에게도 전파되었다. 그가 있음으로써 학생들이 모두 자신은 독립성을 가지지만 동시에 집단 전체의 일원임을 느끼는 분위기가 조성된 것이다. 그는 우리 모두를 하나로 뭉쳐주는 접착제와 같았다. 앤은 수업 초기에 리더로 지정되진 않았지만 학기가 끝날 무렵엔 자연스레 리더로 부상했다. 그의 사교적인 성격은 사람들과 강력한 유대 관계를 맺고 수업에서 리더가 되는 것을 가능케 했다. 학기말에 우리는 모두 앤이 가진 리더십의 수혜자가 되어 있었다.

진실성

마지막으로, 그리고 아마도 가장 중요하다고 볼 수 있는 리더십 특성은 진실성 (integrity)이다. 진실성은 진솔함과 신뢰성과 같은 자질을 가진 리더의 특징이다.

진실성을 보여 주는 사람은 일련의 신념을 확고히 고수하고 자신의 행동에 책임을 지는 사람이다. 진실한 리더는 그가 하겠다고 한 일을 실행하므로 사람들에게 믿음을 준다. 그는 충실하고, 의지할 수 있으며, 투명하다. 진실성은 기본적으로 우리가 믿을 수 있고 신뢰할 만한 리더를 만들어 준다.

부정직함은 사람들 마음에 불신을 심고, 부정직한 리더는 신뢰할 수 없으며 의지할 수 없는 사람으로 여겨진다. 정직함은 리더가 하는 말과 그가 옹호하는 것을 신뢰하고 믿게끔 도와준다. 정직함은 다른 사람들로 하여금 리더를 신뢰하고 믿게 만듦으로써 리더의 영향력을 향상시킨다.

진실성은 사람들에게 숨김없을 것, 그리고 실상을 될 수 있는 한 충분하고 완전하게 표현할 것을 요구한다. 하지만 이것은 쉽게 할 수 있는 게 아니다. 완전한 진실을 말하는 것이 파괴적이거나 역효과를 낳을 때도 있다. 리더들이 직면한 도전은 숨김없이 솔직한 것과 특정한 상황에서 어디까지 밝히는 것이 적절한지 주시하는 것 사이의 균형을 맞추는 것이다. 리더 스스로가 진실해야 함도 중요하지만 다른 사람들과의 관계에서 진실성을 갖는 것 역시 필수적이다.

진실성은 리더십의 모든 측면을 뒷받침한다. 그것은 리더되기의 중심에 위치한다. 진실성은 리더가 영향을 미치는 능력에서 핵심적인 부분을 이룬다. 사람들이 리더를 신뢰하지 않는다면 그 리더의 잠재적 영향력은 약화된다. 본질적으로, 진실성은 리더가 어떤 사람인가를 결정짓는 기반이라고 볼 수 있다. 리더의 진실성이 의심될 때 그는 리더로서의 가능성을 잃게 된다.

미국의 전 대통령 빌 클린턴(1993~2001)은 진실성이 리더십과 어떤 연관이 있는지 보여 주는 좋은 예이다. 1990년대 후반, 그는 선서를 했음에도 백악관 인턴과 저지른 불륜에 대해 허위진술을 한 것 때문에 미국 의회 앞에 서게 되었다. 클린턴은 그러한 행동으로 인해 미국 하원의 탄핵을 받았지만 상원에 의해 무죄를 선고받았다. 그 긴 시련의 한 시점에서 대통령은 전국으로 방송되는 TV에 등장하여 지금은 유명해진 한 연설에서 자신의 결백을 선언했다. 이후 공판에서 그 당시 그가 거짓말을 했을 수 있다는 점을 암시하는 정보가 나오자, 많은 미국 국민은 클린턴이 사람으로서, 리더로서 그리고 대통령으로서의 의무와 책임을 저버렸다고 느꼈다. 그 결과로 클린턴의 진실성은 명백하게 도전을 받았고 그의 리더십은 영향력이 현저히 약화됐다.

끝으로, 효과적인 리더십과 연관된 특성들은 매우 다양하다. 앞서 논의한 여섯 가지 특성은 리더십 과정에서 특히 중요하다. 앞으로 드러나겠지만 리더십은 매우 복합적인 과정이다. 이 장에서 논의한 특성들은 중요하긴 하나 다차원적인 과정의 한 차원에 불과하다.

리더십 스냅숏

넬슨 만델라, 남아프리카공화국 최초의 흑인 대통령

1990년, 27년이라는 긴 형기를 마치고 석방되었을 때, 넬슨 만델라는 분노하거나 복수심에 불타는 대신 수 세대 동안의 인종차별정책(아파르트헤이트)으로 인해 분열되어 있던 자신의 조국 남아프리카공화국을 통합하는 일을 하기로 결심했다.

만델라는 1918년 아프리카의 한 작은 마을에서 어느 부족 왕의 후손으로 태어나 백인들이 제압과 독재를 통해 흑인 및 다른 인종들을 통치하는 나라에서 자라났다. 만델라는 감리교계 전도학교를 다녔고 고학으로 법학대학을 마쳤다. 1942년에는 최초의 흑인 법률사무소를 개업했다. 그의 회사는 남아공의 인종차별정책에 저항하는 ANC(African National Congress, 아프리칸민족회의)를 대변했는데, 1950년대에 만델라는 ANC의 리더 중 한 명이 되었다. 모한다스 간디의 영향을 받은 만델라는 처음에는 비폭력 저항을 신봉했지만, 정부가 인종차별정책을 바꿀 것을 거부하자 폭력적 전략을 지지하는 편으로 움직였다. 1964년에 만델라는 폭력적 방법으로 정부를 전복하려 모의한 죄로 종신형을 선고받았다.

감옥에서 거의 30년을 보내는 동안, 만델라는 반인종차별정책 운동의 상징적 인물이 되었다. 하지만 수형 기간 중에 그는 자신을 점검하는 시간을 가졌고, 다른 사람들이 그를 바라보는 것처럼 자신을 공격적이고 전투적인 혁명가로 인식하게 되었다. 그는 자신의 성질과 고집을 조절하는 법, 그리고 다른 설득과 강조를 통해 사람들을 납득시키는 법을 익혔다. 그는 백인 간수들을 포함한 다른 사람들의 인생 이야기에 귀를 기울였고, 이를 통해 그들의 관점을 이해하고자 했다. 만델라는 자신의 존엄을 지키는 데 흔들림이 없었다. 그는 간수들이나 다른 사람들에게 예의를 지키면서도 굴종하는 사람이 되는 것은 거부했다. 그 결과 그는 감옥 안에서 자연스럽게 리더가 되었는데, 그동안 바깥세상에서 그의 명성은 그를 아프리카의 흑인들뿐 아니라 전 세계에 걸쳐 상징적인 순교자로 만들어 냈다. 만델라 석방 운동은 전 세계로 퍼져나갔고, 주주들과 국민들은 국제 기업들과 국가들에게 남아공을 기피하도록 압박했다.

1990년에 내전과 경제 붕괴를 우려한 남아공 대통령 데 클레르크는 당시 71세이던 만델라를 석방했다. 만델라는 모두를 위한 자유와 동등한 권리의 원칙을 지지하는 도덕적 리더로 떠올랐다. 그는 ANC를 위한 경제적 지원을 모으고 그의 분열된 조국에 평화를 가져올 방법을 찾기 위해 전 세계를 돌며 강연을 하기 시작했다. 1992년에 남아공 정부는 개헌을 하고 ANC를 포함한 모든 정당이 참여하는 국민 투표를 실시했다. 그 결과, 1994년에 만델라는 남아프리카 공화국 최초의 흑인 대통령이 되었으며, 이는 실질적인 인종차별정책의 종료가 되었다. 인종차별정책 폐지 협상에서 그가 한 역할로 인해 만델라는 데 클레르크와 함께 노벨 평화상을 수상했다.

1994~1999년까지 남아공의 대통령으로 재직하면서, 만델라의 미션은 남아공을 소수의 통치와 인종차별정책의 나라에서 다인종적 민주주의의 나라로 변신시키는 것이었다. 대통령 임기를 시작한 첫날, 그는 대부분 백인으로 이루어진 전임 대통령의 스태프에게 "화해는 바로 여기에서부터 시작합니다"라고 말하며 일을 계속 하고 싶은 사람은 누구든 남을 수 있다고 함으로써 분위기를 조성했다. 그는 친근한 미소, 그리고

결정을 내리기 전에 모든 관점들을 들어보는 전략을 통해 직원들이 문제와 이슈에 집중하고 편 가르기에 빠지지 않게 만드는 방법으로 다인종으로 구성된 스태프와 각료진을 만들어 냈다.

만델라는 76세에 5년간의 대통령 임기를 마치고 나서 연임을 하지 않기로 선택했다. 은퇴 후, 그는 남아공 밖의 분쟁에서 중재자 역할을 하거나 전 세계를 아울러 평화와 정의의 메시지를 전하는 등, 계속해서 사회적 대의를 옹호하는 역할을 해나갔다. 만델라는 2013년에 사망했다. 그가 이룬 모든 것들을 요약하기는 어렵지만, 만델라의 유산을 가장 잘 설명한 것은 미국 전 대통령 빌 클린턴이다. 그는 2003년에 다음과 같은 글을 썼다. "억압의 무게 아래서 그는 차이, 차별 그리고 파괴를 꿰뚫어 보고 공통된 인간다움을 받아들였다."

리더십 특성의 실제

역사를 통틀어 훌륭한 리더들이 많이 존재했었다. 그들은 각기 다른 상황에서 독특한 재능으로 리더십을 발휘했다. 다음에서는 잘 알려진 리더 여섯 명의 업적과 특성들을 분석해 볼 것이다. 똑같이 훌륭한 수백 명의 리더들 중에서 이 여섯 명을 고른 이유는, 이들이 각각 다른 역사적 시점에서 서로 다른 종류의 리더십을 보여 주기 때문이다. 이 인물들은 모두 눈에 띄는 리더로서 인정받았다. 이들은 수많은 사람들의 삶에 영향을 끼쳤으며 위대한 업적을 쌓았다.

다음부터 논의할 리더들은 조지 워싱턴, 윈스턴 처칠, 테레사 수녀, 빌 게이츠, 오프라 윈프리, 그리고 르브론 제임스이다. 이들에 대해 읽는 동안 이들이 각자 가진 특성에 대해 생각해 보도록 하자.

조지 워싱턴(1732~1799)

조지 워싱턴은 미국 건국의 아버지로 여겨진다. 그의 리더십은 미국 정부를 구성하는 데 있어 중추적인 역할을 했다. 하급 병사들부터 원기 왕성한 공무원들까지

모든 사람이 그를 진심으로 존경했다. 그는 매우 진실한 사람이었으며, 사람들의 말에 귀를 잘 기울였다. 워싱턴은 독립전쟁 이후 여러 당파들이 작은 그룹이나 국가로 쪼개지지 않게 한 장본인이었다. 그의 리더십이 그 시대에 너무나 적합했기 때문에 그는 미합중국의 초대 대통령이 되었다.

워싱턴은 버지니아주의 유복한 가정에 태어나 대농장에서 성장했다. 아버지는 그가 11세 때 돌아가셨다. 그는 7년 동안 정규 교육을 받은 후 측량사로 일하다가 20세에 군에 입대했다. 프렌치·인디언 전쟁을 통해 워싱턴은 전투의 어려움에 대해 배우고 승리와 패배를 모두 맛보았다. 그는 1775년부터 1783년까지 대륙육군(미국 독립전쟁 중 영국군에 대항하기 위해 만들어진 미국 13개 식민지의 연합 육군-역주) 총사령관으로 복무했고, 그의 리더십은 독립전쟁 당시 식민지들을 이끌고 영국을 이기는 데 중요한 역할을 했다. 전쟁이 끝나고 그는 짧은 기간 동안 농장으로 돌아갔다. 그러나 1787년, 정치와 나라에 대한 그의 관심이 필라델피아에서 개최된 헌법제정 회의로 그를 이끌었다. 그곳에서 그는 미국 헌법을 성공적으로 탄생시키는 과정을 주재하도록 선택받았다. 헌법이 비준된 후, 워싱턴은 선거인단 100퍼센트의 선택을 받아 미국의 첫 대통령으로 선출되었다. 워싱턴은 대통령직을 연임(1789~1793, 1793~1797)했으며, 사람들의 지지를 받았음에도 불구하고 세 번째 임기는 맡지 않았다. 그는 1797년 퇴임한 후 마운트 버논에 정착했으며, 그곳에서 67세의 나이에 폐렴으로 세상을 떴다. 워싱턴의 각료 중 한 명이었던 헨리 리는 장례식에서 그를 "전쟁 중에도 첫째, 평화 시에도 첫째, 국민의 마음속에서도 첫째"인 미국인이라고 칭송했다.

그러나 워싱턴이 노예 소유주였다는 사실이 그가 남긴 업적을 다소 퇴색시키기도 한다. 워싱턴과 그의 부인 마사 커스티스 워싱턴은 그들이 살던 마운트 버논 농장에 317명의 노예를 두었다. 대통령 임기 중에도 워싱턴은 노예 감독관들에게 보내는 편지를 통해서 농장을 관리했다. 그는 엄격한 규율주의자로서 반항적인 노예들을 채찍질하도록 명령했고, 동시에 인정을 베푸는 주인으로서 필요할 때는 산파와 의사를 불러서 노예들을 보살피도록 했다. 그는 유언을 통해서 단독으로 소유하는 노예 123명에게 자유를 주도록 명기했다. 나머지 노예들은 1801년에 그의 부인이 자유롭게 해주었다.

특성과 성격

조지 워싱턴은 특별한 리더십 특성을 많이 보여 주었다(Brookhiser, 1996; Burns & Dunn, 2004; Fishman, 2001; Higginbotham, 2002). 연구자들은 그를 덕성과 겸손을 겸비한 사람으로서, 진실하고 도덕적이며 지혜로운 리더십을 보여 줬다고 평가한다. 그가 교육을 많이 받거나 지능이 뛰어난 것은 아니었지만, 하루에 10종 류의 신문을 읽은 것으로 알려졌다. 그는 키가 컸고 몸가짐을 바르게 했다. 그리 고 일생 대부분의 기간 동안 매일 근무 일지를 작성했다. 그는 내성적이었지만 군 사적 리더로서는 용기와 끈기를 보여주었다. 전쟁이 끝나자 그는 자신의 목적을 위해 권력을 사용하는 대신 총사령관이라는 직위에서 물러났다. 워싱턴은 미국 독립혁명이 끝나고 국가가 형성되는 단계에서 안정, 이성 그리고 질서를 제공했 다. 그의 공평성은 국민들로 하여금 그를 예측 가능하고 신뢰할 만한 사람으로 여 기게 했다. 무엇보다도, 워싱턴은 현명한 판단을 내리고 새로운 정부에 균형과 지 혜를 제공한 신중한 리더였다. 그는 살아 생전에는 노예제도를 공적으로 규탄하 지 않았지만, 유서에 조항을 두어 소유했던 노예들에게 부인 마사의 사후에 자유 를 주도록 했다. 그는 슈워츠(Schwartz, 1987, p. 147)가 말했듯이 '선량했기 때문 에 위대했던' 수많은 독특한 재능을 가진 특별한 리더였다.

윈스턴 처칠(1874~1965)

©shutterstock

윈스턴 처칠은 20세기의 가장 훌륭한 정치가이자 웅변가 중 한 명이었다. 또한 그는 그림 그리기에 재능이 있었고 많 은 글을 썼으며, 1953년에는 노벨 문학상을 받기도 했다. 처 칠은 제1차 세계대전 당시 군에 복무했고, 1940년에 영국 의 수상이 되어 제2차 세계대전이 끝나는 1945년까지 그 자 리에 있었다. 그의 능숙한 리더십이 가장 눈에 띈 것은 바로 이 기간 동안이었다. 독일이 영국을 침공하겠다고 위협했을 때, 처칠은 단호한 태도를 유지했다. 그는 영국 국민과 연합 군의 사기에 커다란 영향을 끼친 연설을 많이 했다. 국내 전선에서 그는 사회 개혁가였다. 그리고 1951년부터 1955년까지 수상으로서 두 번째 임기를 보냈다. 그는 1965년 90세에 별세했다.

특성과 성격

윈스턴 처칠의 리더십은 여러 방면에서 평범하고 개인적 삶에서 많은 어려움에 직면한 사람으로부터 출현했다는 점에서 놀라웠다. 그는 학교에서 남들에 비해 뛰어난 모습을 보여 주지 못했다. 사회생활에 있어서도 친구가 별로 없는 외톨이였다. 개인적 차원에서 보면 그는 평생 재발하는 우울증을 견뎌야 했다. 이러한 특징에도 불구하고, 처칠은 다른 독특한 재능을 갖고 있었고, 그것을 활용할 줄 알았기에 리더로서 모습을 드러낼 수 있었다(Hayward, 1997; Keegan, 2002; Sandys & Littman, 2003). 열렬한 독서광이었던 그는 직설적이고, 결단력이 있고, 디테일에 신경을 썼으며, 필요한 지식을 갖추고 있었다(Hayward, 1997). 또한 그는 자신뿐만 아니라 나라를 위해서도 큰 야망을 품고 있었다. 그는 자신이 이끄는 사람들로부터 강한 반응을 불러일으켰다. 정치적 반대자들은 그를 호전적이고 독선적이며 위험한 인물로 묘사한 반면, 지지자들은 그를 카리스마와 용기가 있는 천재로 여겼다. 그가 가진 가장 중요한 재능은 언어를 능수능란하게 사용하는 것이었다. 평소 말에 꾸밈이 없던 그는 연설에서는 사람들의 심금을 울리고 전쟁의 도덕적 풍토를 결정하는 강렬한 방식으로 낱말과 이미지를 사용했다(Keegan, 2002). 처칠은 희망을 키우고 일어나 어려움에 맞서도록 사람들을 고무시키는 능력이 있었다. 그의 극기심과 낙관주의는 영국 국민과 모든 연합군에게 영감을 주었다(Sandys & Littman, 2003).

테레사 수녀(1910~1997)

많은 사람이 성인으로 여기는 테레사 수녀는 인도 콜카타를 포함해 이 세상의 빈민과 의지할 곳 없는 이들을 위해 일한 공로로 1979년 노벨 평화상을 받았다. 테레사 수녀는 마케도니아에서 태어나 유복한 가정에서 자랐다. 그는 18세에 로레토 수녀회에 들어간 후 17년 동안 콜카타에서 고등학교 교사로 일했다. 콜카타의 가난은 그로 하여금 1948년 수녀회를 떠나 도시 빈민가의 가장 가난한 사람들을 돕는 데 전념하도록 했다. 1950년, 테레사 수녀는 굶주리고 집 없는, 버려지고 사랑받지 못하는 사람들을 돌보기 위해 '사랑의 선교회'라는 새로운 수도회를 세웠다.

오늘날, 사랑의 선교회와 연계된 봉사자들은 100만 명 이상이며 40개국이 넘는 곳에 있다. 이 자선 단체는 홍수, 전염병, 기근 그리고 전쟁으로 피해를 입은 사람들에게 도움을 제공한다. 사랑의 선교회는 또한 병원, 학교, 고아원, 청소년 센터, 병자를 위한 쉼터 및 호스피스도 운영한다. 테레사 수녀는 인도주의적 업적과 평화를 위한 노력을 인정받아 수많은 상을 받았다. 이 중에는 교황 요한 23세 평화상(1971), 자와할랄 네루 상(1972), 미국 대통령 자유 훈장(1985), 미국 의회 황금훈장(1994) 등이 있다. 테레사 수녀는 말년에 악화되는 건강에도 불구하고 끝까지 자신의 일에 활발히 참여했다. 그는 1997년 87세로 세상을 떴다. 2016년 9월, 프란체스코 교황은 그를 성인으로 공표하고 '콜카타의 성녀 테레사'로 호칭했다. 이를 알리는 성명서에서 교황청은 그를 '사심 없는 헌신과 성스러움의 상징'이라고 불렀다(Lyman, 2016).

특성과 성격

테레사 수녀는 작은 체구의 소박한 여성이었다. 그는 단순한 디자인의 흰색과 파란색 사리를 입었고, 결코 자신이 섬기는 사람들보다 많은 것을 소유하지 않았다. 그 모습을 반영하듯, 그의 미션은 단순했다. 바로 가난한 자들을 보살피는 것이었다. 콜카타 길가에서 죽어가는 사람 한 명을 돌보았던 첫해부터 사랑의 선교회가 수천 명의 사람들을 보살피게 된 마지막 날들까지, 테레사 수녀는 자신의 목표에 집중했다. 그는 진정한 민중의 봉사자였으며, 결단력 있고 대담한 동시에 겸손하고 영적이었다. 테레사 수녀는 자주 하느님의 의지에 따랐다. 낙태와 가족 내 여성의 역할에 대한 입장, 혹은 빈곤을 물리치기 위한 노력의 방식에 대해 비판받을 때면 강한 의지로 답했다. 그의 뿌리 깊은 인간적 가치관은 결코 흔들리지 않았다. 그는 말 대신 모범으로 가르쳤으며 다른 사람들의 귀감이 되었다. 테레사 수녀는 자신이 설교하는 것을 실천하는 리더가 분명했다(Gonzalez-Balado, 1997; Sebba, 1997; Spink, 1997; Vardey, 1995).

빌 게이츠(1955~)

윌리엄 (빌) H. 게이츠 3세는 세계에서 가장 큰 개인용 컴퓨터 소프트웨어 개발업체인 마이크로소프트사의 공동창립자이자 회장이다. 그의 자산은 700억 달러가 넘을 것으로 추정되며, 그는 수년 동안 세상에서 가장 부유한 사람이었다. 자수성가한 게이츠가 컴퓨터에 관심을 갖기 시작한 것은 13세 때 친구와 함께 처음으로 컴퓨터 소프트웨어 프로그램을 개발했을 때였다. 그는 나중에 하버드대학교에 진학했지만 소프트웨어 개발에 전념하기 위해 학교를 졸업하지 않고 떠났다. 그는 1975년에 마이크로소프트사를 공동 창립했다. 게이츠의 리더십 아래 마이크로소프트는 우리가 익히 알고 있는 마이크로소프트 디스크운영체계(MS-DOS), 윈도우 운영체계 그리고 인터넷 익스플로러 브라우저를 개발했다. 마이크로소프트는 역사상 가장 빨리 성장하고 가장 큰 수익을 낸 회사들 중 하나이다. 마이크로소프트사가 성공하고 난 후 2000년도에 게이츠와 그의 아내는 '빌과 멜린다 게이츠 재단'을 설립하여 세계 곳곳의 불평등을 줄이고 삶을 개선하고자 했다. 이 재단은 교육을 촉진시키고, 말라리아, HIV/AIDS, 폐렴과 같은 세계 건강 문제를 해결하며, 도서관을 후원하고, 또한 태평양 북서부 지역에서 주택 및 공동체 사업을 지원한다. 게이츠는 2006년부터 재단 일에 더 많은 시간을 쏟기 위해서 회사의 일상적인 경영에서는 물러났지만, 마이크로소프트사의 회장으로 남아 있었다. 그러나 2014년 2월에는 회사 경영에 덜 관여하기 위해서 회장직을 퇴임하고 마이크로소프트사의 새 CEO 사티아 나델라의 기술 고문 및 멘토 역할을 맡게 되었다. 게이츠는 계속해서 빌과 멜린다 게이츠 재단의 공동 이사장으로서 세계적인 문제들을 해결하는 일에 힘쓰고 있고, 현재 게이츠 재단은 세계에서 가장 큰 규모의 민간 자선 재단이 되었다.

특성과 성격

빌 게이츠는 지성과 비전을 모두 갖추었다. 마이크로소프트사를 세웠을 때, 그는 미래에 테크놀로지에 대한 사람들의 요구를 어떻게 충족시킬 것인지 비전을 가지고 있었고 그것을 이루는 과정을 도와줄 친구들을 고용했다. 게이츠는 또한 과제 지향적이고 근면하다. 소프트웨어 상품 개발에 대해 갖고 있는 관심을 촉진하기 위해 하루 12시간, 혹은 그 이상 일한다. 뿐만 아니라 집중력 있고 공격적이다. 마이크로소프트사가 정부로부터 독점 금지법 위반 혐의를 받았을 때, 그는 의회 청문회에 참석해 자신의 회사를 강경하게 변호했다. 승리 지상주의 의식이 있냐는 질문을 받았을 때, 그는 사람들을 모아 상품을 만들고 개선하도록 하지만 앞에는 언제나 도전이 있을 뿐, 결승선은 없다고 답했다(Jager & Oritz, 1997, pp. 151-152). 게이츠는 개인적으로 단순, 솔직하며, 가식이 없고 이타적인 스타일이다. 그는 빈곤층과 취약계층에 많은 관심을 기울여 왔다.

오프라 윈프리(1954~)

각종 상을 수상한 텔레비전 토크쇼 진행자인 오프라 윈프리는 세계에서 가장 영향력 있는 여성들 중 한 명이다. 그는 미시시피주 시골의 결손 가정에서 태어나 6세 때까지 할머니의 손에 자랐다. 윈프리는 일찍 글을 읽기 시작했고 학교에서는 두 번 월반했다. 그는 힘든 청소년기를 보냈다. 두 직장에 다니는 엄마와 밀워키의 도심에서 살던 중 친척에게 성추행을 당한 것이다. 이러한 경험에도 불구하고 그는 고등학교에서 우등생이었으며 전국 연설 경연대회에서 수상했다. 윈프리는 전액 장학금을 받고 테네시주립대학교에 진학해서 커뮤니케이션학을 전공하며 지역 라디오 방송국에서 일했다. 미디어계에서 일하던 그는 결국 시카고로 가서 크게 호평받은 오프라 윈프리 쇼를 진행하게 되었다. 윈프리는 2007년 한 해에만 2억 6,000만 달러로 추정되는 출연료를 받아 텔레비전 연예인들 중 가장 많은 금액을 벌었다. 그는 배우, 프로듀서, 서평가, 잡지 발행자이기도 하며 자신의 텔레비전 방송국(OWN)을 갖고 있고, 2011년에는 OWN에 집중하기 위해서 성공적인 윈프리 쇼를 그만두었다. 윈프리는 수년간 체중을 조절하기 위한 투쟁과 고난을 공개적으로 보여줌으로써 수백만 명의 팬들을 감화시켜 더 건강한 삶을 살도록 했다. 2015년 그는 거대 다이어트 업체인 웨이트워처스의 지분 중 10%를 소유한 주주이자 이사회 임원이 되었다. 오랫동안 건강 문제와 식이요법에 관심을 가져온 윈프리는 웨이트워처스의 고문으로 일하면서, 자신의 부인할 수 없는 영향력을 사용하여 사람들이 보다 건강한 라이프스타일을 추구하도록 더욱 격려했다.

그의 총재산은 31억 달러 이상일 것으로 추산된다. 윈프리는 또한 존경받는 자선가이다. 그의 기부활동은 불우하고 가난한 사람들의 삶을 바꾸는 데 주력했다. 윈프리는 에이즈로 고통받는 아프리카 아이들을 돕고 남아프리카 공화국 요하네스버그 인근 작은 마을에 여학생들을 위한 리더십 학교를 설립하는 등, 아프리카 지역 사람들이 필요로 하는 것에 특별한 관심을 갖고 있다.

특성과 성격

시골에서 가난하게 태어나 세계적으로 영향력 있는 리더가 된 오프라 윈프리의 놀라운 여정은 그가 가진 몇 가지 강점들로 설명할 수 있다(Harris & Watson, 2007; Illouz, 2003; McDonald, 2007). 가장 중요한 점은 커뮤니케이션에 뛰어나다는 것이다. 그는 교회에서 성경 구절을 낭송하던 어린 시절부터 청중 앞에서 이야기하는 것에 익숙했다. 윈프리가 TV에서 이야기할 때 수백만 명의 사람들은 그가 마치 자기 자신한테 직접 말을 하는 것 같은 느낌을 받는다. 또한 윈프리는 지성적이고 박식하며 사업 감각이 뛰어나다. 그는 진실되고 결단력 있으며 사람들에게 영감을 준다. 윈프리의 카리스마 있는 리더십 스타일은 사람들과 교류할 수 있게 해 준다. 그는 즉흥적이며 표현력이 뛰어나고, 또한 두려워하지 않고 자신을 드러내는 능력이 있다. 사람들이 윈프리를 모범으로 여기는 이유는 그가 '고난과 싸우면서' 살아남았기 때문이다. 윈프리는 인생에서 많은 장애물을 뛰어넘었고, 다른 사람들 역시 그들의 어려움을 극복하도록 격려한다. 그의 메시지는 희망의 메시지이다.

르브론 제임스(1984~)

르브론 제임스는 NBA(미국프로농구협회)의 로스앤젤레스 레이커스 팀에 소속된 프로 농구 선수로, 놀라운 운동 실력과 경기 성적으로 세계적으로 인정받는다. 제임스는 고등학교 시절부터 이미 특출한 재능으로 NBA 스카우트들의 인정을 받았고, 2003년에 클리블랜드 카발리어스 팀의 신인 드

©shutterstock

래프트에 전체 1위로 지목되었다. 그는 프로 농구 선수로서 세 군데의 팀(클리블랜드 카발리어스, 마이애미 히트, LA 레이커스)에서 활동하면서 수차례 득점 기록을 세우고 최우수 선수상을 여러 번 수상했다. 그는 올림픽 금메달을 2번, NBA 챔피언십 우승을 3번 땄다. 2번은 마이애미 팀에 있을 때, 1번은 클리블랜드 팀에 있을 때였다.

그의 실력과 뒤이은 명성 덕분에, 제임스는 팬들, 팀의 동료들, 다른 프로 운동선수들, 그리고 대중을 상대로 상당한 영향력을 갖는다. 2017년, 타임지는 그를 세계에서 가장 영향력 있는 사람들 100명 중 한 명으로 꼽았다. 제임스는 자신의 위상을 사용해서 그가 바뀌어야 한다고 생각하는 NBA 규정, 카발리어스 팀 경영 본부의 실수, NBA 구단주들의 인종차별적 발언에 대해서 공개적으로 발언했다. 한편 다른 논란거리들에 대해서는 그의 입장 표명을 요구하는 대중의 압력이 있어도 말을 아끼는 태도를 보이기도 했다. 제임스는 인종차별과 정치에 대해서 확고한 시각을 가졌지만, 자신의 브랜드가 가지는 가치도 인식하고 있다. 이전에 다른 많은 흑인 프로 운동선수들과 마찬가지로, 그는 팬들을 소원하게 만들지 않으면서 자기가 믿는 것들을 옹호하기 위해서 자신의 입지를 어떻게 사용할지 숙고해야 한다.

제임스는 경기장에서의 실적뿐만 아니라 경기장 밖에서 하는 말과 행동들까지 항상 대중의 주시를 받는다. 그가 NBA 챔피언십 우승을 추구하고자 2010년에 클리블랜드 팀을 떠나 마이애미 팀으로 이적했을 때는 언론의 비판이 쇄도했다. 지금 소속된 로스엔젤레스 팀의 성적이 좋지 않을 때는 제임스가 제일 먼저 비판을 받곤 한다. 2018년 7월에는 도널드 트럼프 대통령이 트위터를 통해서 제임스를 비난했다. 그가 CNN과의 인터뷰에서 트럼프 대통령이 "스포츠를 이용해서 우리를 분열시키고 있다"고 말했기 때문이다(Soisson, 2018).

슈퍼스타의 지위에 올랐음에도 불구하고 제임스는 여전히 자신의 소박한 뿌리를 잊지 않았다. 그는 오하이오주 애크론시에서 어려운 환경 속에 자랐고, 이것이 빈곤한 지역 공동체들을 상대로 사회 환원을 하는 동기가 되었다. 그는 수많은 자선 사업과 지역 봉사 프로그램들을 지원해왔다. '미국 소년 소녀 클럽(Boys & Girls Clubs of America, 방과후 학교 프로그램을 운영하는 미국의 자원 봉사 조직 – 역주)'과 '아동 보호 기금(아동 보호 및 연구를 지원하는 미국의 비영리 조직 – 역주)'

을 후원하고, 형편이 어려운 한 가족의 집을 통째로 고쳐 주기 위해서 카발리어스 팀의 훈련 일정 틈틈이 시간을 내어 몸소 노역을 하기도 했다. 프로 농구 선수로 활동을 시작한 지 불과 2년 째인 2004년에는 애크론시의 아동과 청소년들의 삶을 개선하기 위한 교육 및 교과 외 활동 프로그램들을 운영하는 르브론 제임스 가족 재단(LJFF)을 설립했다. 2018년, LJFF는 '아이 프로미스 학교(*I PROMISE School*)'를 열었다. 제임스는 이에 대해서 다음과 같이 말했다. "이 학교는 나에게 너무나 중요한 곳입니다. 우리의 비전은 애크론 아이들 중에도 이곳을 가장 필요로 하는 아이들, 우리가 무엇인가 해주지 않는다면 소외당할 수 있는 아이들을 위한 장소를 만드는 것이기 때문입니다. 지난 수년간 우리들은 이 아이들에게 무엇이 효과적이고 어떻게 동기부여를 해줄 수 있는지 배워왔고, 이제 우리는 이것들을 한곳에 모아서 적절한 자원과 전문가들과 함께 제공할 수 있습니다"(Evans, 2017).

특성과 성격

르브론 제임스는 유능한 리더가 될 수 있는 많은 자질을 가지고 있다. 그는 신체적인 힘과 농구 코트에서 다른 선수들을 압도하는 능력을 가졌다. 자신의 농구 실력에 굉장한 자신감을 갖고 있으며, 그의 자신감은 동료 선수들까지 높은 수준의 경기를 하도록 고무시켜준다. 그는 일관된 실적을 올리는 선수로서, 15번이나 NBA 올스타 경기에 참가 선수로 뽑혔다. 그는 챔피언십 우승을 노리는 야심차고 결단력 있는 선수이기도 하다. 앞으로도 수년간 선수로 뛸 지구력이 있지만, 그는 벌써부터 인생의 다음 단계와 자신이 남길 유산에 대해 생각하고 있다. 그는 지역 사회에 환원하기와 같은 확고한 신념들에 따라 행동하며, 정서적으로 성숙하고, 비판에 대처하고 그로부터 배울 수 있는 회복력을 갖추었다. 그가 지닌 카리스마 덕분에 그는 수많은 잡지 표지를 장식했고, 여러 차례 텔레비전 토크쇼의 진행을 맡거나 게스트로 출연하기도 한다.

앞에서 논의된 인물들은 모두 이례적인 리더십을 보여 주었다. 이 리더들은 각각 보면 독특하지만 같이 놓고 보면 많은 특징을 공유한다. 이들은 모두 비전이 있고, 의지가 강하며, 근면하고, 타인에게 영감이 된다. 목표중심적인 리더로서 사람들의 모범이 되고 희망의 상징이 된다. 이 놀라운 리더들의 특징에 대해 생각해 보면 효과적인 리더십에 있어 중요한 특성들을 더욱 잘 이해할 수 있을 것이다. 여러분 스스로 또 다른 빌 게이츠나 테레사 수녀가 되고자 하지 않더라도, 자신의 특성이 리더십에 어떤 영향을 주는지 이해하는 데 있어 이들에게서 많은 것을 배울 수 있다.

정리

이 장에서는 리더에게 필요한 특성들을 설명했다. 사회과학 연구는 리더십 특성에 대한 통찰을 제시하여 왔다. 유능한 리더의 특성을 파악하기 위해 수천 가지의 리더십 연구가 진행되었다. 연구 결과들이 제시하는 중요한 리더십 특성들의 목록은 매우 방대하다. 이 목록 중에서 효과적인 리더십에 있어 특히 중요한 특성으로 보이는 것은 **지성, 자신감, 카리스마, 결단력, 사회성, 진실성**이다.

조지 워싱턴, 윈스턴 처칠, 넬슨 만델라, 테레사 수녀, 빌 게이츠, 오프라 윈프리, 르브론 제임스와 같은, 과거와 현재의 뛰어난 리더들을 선별하여 검토한 결과, 모범적 리더들이 서로 비슷한 특성들을 많이 보여 준다는 점은 명백하다. 대표적으로, 이들은 모두 비전이 있고, 의지가 강하고, 근면하고, 영감을 주고, 목표중심적이며, 희망에 차 있다. 이 인물들은 효과적인 리더십을 성취하는 데 있어 중요하고 바람직한 특성들을 이해하기에 유용한 모델을 제공한다.

리더십은 복합적인 과정이므로 성공적인 리더로 거듭나는 간단한 방법이나 보장된 방법은 없다. 사람들은 제각기 다르고 리더십에 있어서 각각 자신만의 독특한 재능을 갖고 있다. 이 장에서 논의된 여섯 가지 특성을 선천적으로 갖고 있다면 여러분은 리더십 준비가 잘 돼 있는 사람이다. 이러한 특성들이 전부 두드러지지 않아도 갈고닦을 의지가 있다면 여러분은 유능한 리더가 될 수 있다.

효과적인 리더십과 연관된 특성이 많이 존재한다는 점을 기억하자. 자신의 특성과 그것을 성장시키는 방법을 인지함으로써 성공적인 리더십에 한층 더 가까워질 수 있을 것이다.

주요 용어

결단력(determination)
사회성(sociability)
자신감(confidence)

지성(intelligence)
진실성(integrity)
카리스마(charisma)

카미아 N.은 자신이 본 것이 마음에 들지 않았다. 그가 사는 지역의 흑인 유아 사망률은 백인이나 다른 인종들에 비해서 거의 네 배가 더 높았다. 그는 이것을 직접 경험했다. 19세에 낳은 첫 아이를 태어난 지 사흘 만에 잃었는데, 임신 기간 중에 알았더라면 예방할 수 있는 건강 문제 때문이었다.

카미아가 자란 노스타운은 중간 규모의 도시에 위치한 가난한 동네로, 주민들 대부분은 흑인이었다. 임신했을 때 그는 친구들이나 동네 사람들이 필요한 지식을 알려주기를 의지했다. 의사를 찾아갈 생각은 하지 않았다. 그가 사는 지역의 가족들은 의료 서비스를 쉽게 받을 수 있는 경로도 없었고, 경제적 형편도 안 되었기 때문이었다. 대부분의 주민은 의료 보험에 들지 못한 상태였다. 게다가 카미아가 들은 소문에 의하면, 동네 임산부들이 의사의 진료를 받으면 출산 후에 아이를 아동 보호 서비스(cps)에게 빼앗긴다는 것이었다. '임신 중에 마약을 사용했는지 항상 검사를 한다'거나 임신 기간 동안 임산부 본인과 아기의 건강을 소홀히 했다는 이유로 아이를 데려간다는 소문이었다.

그러나 카미아는 다시 임신을 하게 되자 둘째 아이가 반드시 살아남을 수 있도록 하려면 무엇을 할 수 있는지 배워야겠다고 결심했다. 그는 유아 사망에 대해 조사하고, 노스타운에서 유아 사망의 가장 큰 원인은 출생 시 저체중과 짧은 임신 기간이라는 사실을 발견했다. 대부분의 저체중아들은 조산아로 태어났고, 만삭으로 태어난 신생아들도 체중이 적은 경우가 많았다. 산모의 나이가 어리거나 임신 기간 중 산모의 체중이 충분히 늘지 않았기 때문이었다. 또한 그는 많은 흑인 산모들이 병원과 의사들을 경계한다는 사실도 발견했다. 질병관리예방센터에서 발표한 2018년 국가 생명통계보고서에 따르면 산전 건강관리를 임신 후기에 시작하거나 전혀 산전 관리를 받지 않는 흑인 산모의 수는 백인 산모보다 2.3배 더 많았다(Osterman & Martin, 2018).

불안에도 불구하고 카미아는 임신 기간 동안 무료 진료소에 다니기로 결정했다. 진료소에 다니면서 그는 자기 같은 젊은 여성들이 의사의 진료를 꺼려하는 이유를 직접 체험을 통해서 알게 되었다. 그는 진료소의 백인 의료진이 자신을 평가하고 있다고 느꼈다. 병원에 갈 형편이 안 돼서 집에서 아이를 낳고 싶다고 말하자, 의사들은 그건 불가능하고, 만약 그런 일을 하면 CPS가 관여하게 될 수도 있다고 말했다.

카미아는 YWCA(기독교여자청년회)에서 주최하는 산전 건강관리에 대한 발표회에 참석해서 그때까지 들어보지 못한 둘라라는 존재에 대해서 배우게 되었다. 둘라는 예비 산모들에게 출산 전반에 필요한 신체적·정서적 지원과 정보를 제공하는 숙련된 전문가들이다. 하지만 둘라의 보살핌을 받으려면 250~2,000달러까지 비용이 들었고, 이것은 카미아를 비롯한 노스타운의 저소득층 여성들에게는 둘라가 선택지가 되지 못한다는 것을 의미했다.

카미아는 둘째 아이를 병원에서 낳았는데, 그는 이때 "완전히 혼자였다"라고 느꼈고 자신이 출산이라는 힘든 일을 하는 동안 누군가 자기를 대변해 줄 사람이 있었으면 했다고 회상한다. 바로 이때 카미아는 둘라가 되기로 결심했다. 뿐만 아니라 노스타운의 다른 사람들도 둘라가 되도록 교육할 수 있는 자격증을 따기로 마음먹었다.

그는 둘라 교육훈련 비용을 마련하기 위해 지역 자치회에서 제공하는 장학금을 신청해서 수여받았다. 교육훈련 과정을 마치자마자 그는 둘라를 양성하는 교육훈련가가 되기 위한 자격증 취득 과정을 시작했다. 동시에 카미아는 YWCA 지부장을 만나서 지역 여성들에게 둘라 서비스를 제공하는 꿈을 어떻게 실현시킬 수 있을지에 대한 조언을 구했다. 사무장은 카미아의 계획을 들어주고, 주저 없이 그의 멘토가 되어 비영리 조직을 설립하고 보조금을 신청하는 방법, 그리고 후원자와 공무원을 포함해서 카미아의 노력을 지원해줄 수 있는 사람들을 찾고 설득하는 방법을 멘토링 해주겠다고 했다.

일 년 후, 카미아는 '노스타운 둘라'라는 비영리 조직을 설립했다. 그 목적은 사회 정의를 강조하면서 유색인종 둘라의 양성을 후원하고 지원하는 것이다. 노스타운 둘라는 출산 경험에 대해서뿐만 아니라, 병원이나 의사가 무섭거나 이들에게 제대로 이해받지 못한다고 느끼는 여성들의 대변인으로 일하도록 둘라들을 훈련시킨다. 의뢰인 중 다수가 젊은 흑인 산모이기 때문에, '젊은 흑인 산모들을 정확히 그들에게 맞추어 대하고 그들을 무시하지 말 것'을 둘라들에게 가르친다.

"우리는 병원에 가면 흑인이라서 지지받지 못한다고 느끼게 됩니다. 하지만 거기에 나와 문화가 같은 대변인이 있어서 내가 아이를 낳는 일을 해낼 수 있도록 날 대변해준다면, 상황이 완전히 달라집니다"라고 카미아는 말한다.

노스타운 둘라를 결성하고 난 후 카미아는 두 가지 어려움에 직면했다. 첫 번째는 임산부들에게 둘라 서비스의 존재를 알리는 것이었다. 우선 동네 여성들이 둘라가 하는 일을 이해하도록 할 필요가 있었고, 그 다음에는 임신과 출산 중에 둘라의 도움을 받을 만큼 그를 신뢰하게 만들 필요가 있었다. 카미아는 자신의 경험으로부터 지역 사회의 비공식적인 리더는 할머니들이라는 것을 알고 있었고, 이 동네 어르신들과 접촉했다. 그중에는 그가 어렸을 때부터 알고 지내온 할머니들이 많았다. 동네 할머니들이 그를 신뢰한다면, 그가 제공하는 서비스를 필요로 하는 젊은 세대들과도 수월하게 접할 수 있다는 사실을 카미아는 알고 있었다.

카미아가 직면한 두 번째 어려움은 자금을 모으는 것이었다. 조직 운영에는 보조금뿐만 아니라 추가적인 자금원들이 필요했다. 카미아는 봉사 클럽, 여성 단체, 교회 모임과 같은, 주로 백인들로 이루어진 그룹들을 상대로 강연을 하기 시작했다. 그는 자신이 사람들 앞에서 말하는 재능을 타고났다는 사실을 발견했다. 그는 임신과 출산에 관한 자신의 경험을 비롯하여 저소득층 소수인종 여성들의 경험에 대해 솔직하게 이야기하면서 그들이 가진 인식과 경험하는 실상에 대해 설명했다. 강연을 들은 사람들은 카미아의 투명성에 공감과 환영으로 반응했다. 아마도 그들 중 다수가 어머니였기 때문이었다.

창립 2년 만에 노스타운 둘라는 탄탄한 재정적 기반을 마련했고, 카미아는 상임이사로서 조직을 이끌고 있었다. 그가 가르치고 훈련시킨 14명의 둘라들은 저소득층 및 유색인종 산모들에게 무료로 서비스를 제공한다. 이들은 임신한 의뢰인들과 매주 만나서 식품 영양과 산전 건강관리에 대해서 가르쳐주고 임산부들의 걱정이나 불안을 들어준다. 이들은 지역에서 이용할 수 있는 사회 복지 서비스는 어떤 것들이 있고, 의뢰인들이 그 서비스를 어떻게 이용할 수 있는지에 대한 정보, 그리고 특히 임산부들이 충분한 영양 섭취를 할 수 있도록 하는 것과 관련하여 정보를 잘 알고 있다. 예비 산모에게 의학적 치료가 필요한 경우, 둘라는 산모가 신뢰할 만한 의사와 산파를 찾는 것을 돕는다. 예약 방문 시에 교통편을 제공하고, 방문할 때 함께 있어 주는 경우도 많다. 출산 후에도 둘라는 지속적으로 여성들에게 지원을 제공한다. 아기를 돌보는 방법과 새 부모로서의 역할과 생활을 감당하는 방법을 가르쳐 주고, 산모와 아이의 건강에 문제가 발생하지 않는지 지켜본다.

카미아는 둘라가 되고 나서 10명의 젊은 여성들이 건강한 아이들을 출산하도록 도왔다. 조직의 리더로서 일하는 현재, 그는 둘라로 일하는 시간이 줄어서 아쉽다고 말한다. 그러나 그가 이끄는 조직과 가르치고 훈련시킨 둘라들을 통해서, 그는 자신이 아직도 수많은 아이들의 건강한 출산에 기여하고 있다는 사실을 알고 있다.

질문

1. 여러분은 카미아의 리더십 특성들을 어떤 식으로 설명하겠는가?

2. 이 장에서 설명한 여섯 가지 주요 특성(지성, 자신감, 카리스마, 결단력, 사회성, 진실성) 중 카미아에게서 가장 두드러진 특성들은 어느 것인가?

3. 위의 특성들 중에 여러분이 생각하기에 카미아가 타고난 것은 무엇이며, 학습한 것은 무엇인가?

4. 사람들의 지지를 모으는 능력을 발휘하는 데 있어서 카미아는 어떤 특성들을 보여주었는가? 예를 들어 YWCA 지부장의 경우는? 동네 할머니들의 경우는? 주로 백인들로 이루어진 강연 청중들의 경우는?

2.2 사례 연구 – 세 명의 B

세 명의 B는 최근 대학을 졸업하고 사회 경력을 쌓기 시작한 인물들이다. 이들은 각자 미국의 명문대학교에서 교육을 마쳤고, 모두 중요하고 영향력 있는 리더가 될 운명을 가졌다. 다음에서 묘사하는 것은 미래에 리더가 되는 이 인물들이 대학 졸업 시기까지 살아온 삶이다. 각 인물의 짧은 전기를 읽으면서 이들이 가진 특성과 특징들에 각별히 주목하고, 이들이 리더로 성장하면서 어떤 특성들이 이들에게 도움이 될지 생각해보자.

B1

B1은 미국 남부의 시골에서 자라났다. 그는 어릴 때부터 자신이 갈 길이 정치라는 사실을 깨달았다. 존 F. 케네디와 마틴 루서 킹 주니어의 영향을 받은 그는 나중에 다음과 같이 말했다. "나는 16살에 공직자로서 살고 싶다고 결정했다. 나는 음악을 사랑했고 꽤 실력 있는 음악가가 될 수 있다고 생각했다. 하지만 결코 존 콜트레인이나 스탠 게츠와 같은 재즈의 거장이 될 수는 없다는 걸 알았다. 의학에도 관심이 있었고 의사로서도 잘 할 수 있을 것 같았지만, 결코 마이클 드베이키와 같은 명의사는 될 수 없다는 것도 알았다. 하지만 나는 공직자로서 훌륭한 일을 해낼 수 있을 거라고 확신했다. 부유한 가족이나 인맥이 없어도, 인종이나 다른 사회 문제에 관해서 남부의 주류 입장과는 생각이 달라도, 나는 정치가로서 성공할 수 있다고 믿었다."[1]

B1은 태어나기 전에 아버지를 여의었다. 그의 어린 시절에 커다란 영향을 끼친 것은 두 명의 강인한 여성들, 즉 어머니와 할머니였다. 어머니는 재미있고 활기 넘치는 인물로, 이웃 주에서 간호학을 배우는 동안 어린 아들을 부모님 집에 맡겼다. 할머니는 정반대로 의지가 강하고 엄격한 인물로, B1에게 평생 동안 독서에 대한 사랑을 심어 주었다. B1이 4살일 때 어머니가 재혼해서 생긴 양부는 자동차 판매업자로, 폭력적인 알코올중독자였다. B1은 종종 집안에서 일어나는 격렬한 말다툼을 중재해야 했고, 알코올중독자 자녀들이 자주

하듯이 집안 문제를 비밀로 지켰다. 어머니가 이혼했을 때 그는 15살이었다.

B1은 가톨릭 학교를 다니다가 동네 공립 고등학교에 진학했다. 그가 다닌 고등학교는 인종 분리 정책을 따르고 있었는데, B1은 이것을 용납하기가 어려웠다. 매력적이고 잘생기고 총명한 그는 활동적인 학생 리더이자 음악가로서 색소폰을 연주하고 주립 밴드에서 실력 있는 연주자로 인정받았다. 정치에 큰 관심을 가졌던 그는 '보이스 스테이트(미국 재향 군인회에서 운영하는 고등학생 리더십 및 시민의식 교육 프로그램-역주)'와 '보이스 네이션(보이스 스테이트 참가자 중에서 선발된 소수 정예 학생들을 위한 교육 프로그램-역주)'에 참가해서 그가 존경하는 케네디 대통령을 만나는 기회를 가졌다. B1의 학창 시절 멘토는 그가 다녔던 고등학교의 교장 선생님이었다. "공공에 대한 봉사라는 관점에서 개인적 성공을 생각하는 리더들을 양성하는"[2] 목표에 헌신하는 것으로 알려진 이 여교사는 B1을 "보기 드문 재능과 야심을 가진 소년"[3]으로 알아보았다. 고등학교에서 그는 법에 대한 열정을 발견했고, 라틴어 수업에서 모의재판 연습을 하고 난 뒤 선생님에게 법을 공부하겠다고 말했다.

고등학교를 졸업하고 B1은 조지타운대학교에 진학했다. 대학에 다니는 비용은 장학금과 아르바이트로 충당했다. 그는 (명망 높은 명예학생 단체인) 파이 베타 카파, 명예 밴드 클럽, 봉사 클럽의 멤버였다. B1은 두 차례 학년 회장으로 선출되었고 고향 주 출신의 상원의원 밑에서 인턴 및 서기로 일했다.

외교학 전공으로 대학을 졸업한 후, B1은 유명한 로즈 장학금을 받아서 영국 옥스퍼드대학교의 유니버시티 칼리지에 진학했으나, 법학을 공부하기 위해서 1년 뒤 옥스퍼드를 떠나 예일대학교로 옮겼다.

B2

B2는 부유한 명문가의 장남으로 태어났다. 아버지와

할아버지는 미국의 유력한 정치 지도자였고, 어머니는 성공적인 출판사 사장의 딸이었다. B2의 선조들에 대한 기록은 미국 개척 시대로까지 거슬러 올라간다.

B2가 7이었을 때, 3살배기 여동생의 죽음으로 그의 가족은 큰 타격을 받았다. 얼마간 외동으로 지내게 된 그는 어머니를 위로하기 위해서 유머 감각과 장난기, 그리고 명랑함을 발휘했고, 성인으로 자라면서도 그는 종종 이러한 역할에 의존하게 되었다.

B2는 7학년부터 9학년까지 명문 사립학교를 다니다가 필립스 아카데미에 합격했다. 필립스 아카데미는 매사추세츠주 앤도버에 있는 기숙학교로 들어가기 매우 힘든 곳이다. 그의 아버지와 할아버지 역시 이 학교를 다녔는데, 아버지와 달리 B2는 학업에서도 스포츠에서도 뛰어난 학생은 아니었다. 그러나 그는 매우 활동적이고 사교적인 학생으로, 야구 선수로 뛰고 응원단 단장도 맡았으며 재치와 익살스러움으로 반 친구들 사이에서 유명했다.

B2는 졸업생의 자녀들에게 혜택을 주는 '레거시' 입학 제도를 통해서 예일대학교로 진학했다. B2의 아버지와 할아버지 모두 예일대학교 졸업생이다.

예일대학교 재학 시절, B2는 사교 클럽 멤버로 활동하고(4학년 때는 클럽 회장을 맡았다), 응원단과 럭비팀의 멤버이기도 했다. 또한 그는 아버지가 소속되었던 학부생 비밀 결사인 스컬 앤드 본즈의 일원이기도 했다. 이 비밀 결사는 유력 인사들이 소속된 것으로 유명하며, 각종 음모론에 자주 등장하곤 한다.

본인이 공언하기를 '평범한' 학생이었던 B2는 평균 평점 C를 받고 역사학 학사를 취득했다. 그럼에도 불구하고, 그는 2년간 공군방위군(주별로 배치되는 예비군-역주)에 복무한 후 하버드대학교의 명망 있는 경영학 석사(MBA) 과정에 합격했다. 공군 복무 시절 그는 조종사 적성 검사에서 낮은 평가를 받고 비행 훈련에도 불규칙적으로 참석했음에도 불구하고 조종사로 발탁되었고, 하버드대학교로 진학하기 전에 명예 제대했다.

하버드 동창들과 교수들이 기억하는 B2는 "느긋한 태도와 보기 드문 자신감을 가졌기에 미국에서 가장 자신감 넘치는 학생들이 모인 가운데에서도 눈에 띄었다."[4] B2는 성적은 평범했지만 "이해가 빠른 사람으로, 사고가 깊지는 않았지만 효율적이었고, 토론에 참여하기보다 들어주기를 잘했다."[5] 유머 감각이 뛰어난 B2는 팀을 짜서 하는 활동에 뛰어났고, 종종 리더의 역할에 선출되었다. B2는 MBA 과정을 완수했고, 그것이 '자본의 원리, 즉 자본을 어떻게 축적하고, 투자하고, 사용하고, 관리하는지' 그에게 가르쳐준 '전환점'이었다고 말한다.[6]

B3

B3의 부모는 대학 재학 중에 만나서 결혼했다. 아버지는 케냐인, 어머니는 미국인이자 백인이었다. 이들이 결혼한 6개월 뒤 B3이 태어났다. B3이 2살이었을 때, (하버드대학교 대학원에서 졸업한) 그의 아버지는 가족을 버리고 고국으로 돌아갔다. B3이 다시 아버지를 볼 기회는 그가 21세 때 갑자기 아버지가 돌아가시기 전까지 한 번밖에 없었다.

어머니는 나중에 재혼했고, B3이 6살일 때 그를 데리고 인도네시아로 이주했다. 부모님은 신앙심은 없었지만 그를 가톨릭 학교와 무슬림 학교에 보냈고, 이러한 경험은 혼혈아 소년이었던 B3이 훗날 회고하는 "나를 부양한 문화적 다양성"[7]에 기여했다. B3은 인도네시아어를 유창하게 하게 되었고, 반 친구들 사이의 갈등을 중재하는 평화 조정자로 알려졌다. 그의 3학년 담임 선생님은 그가 주도권을 잡는 것을 좋아하고 최고이고 싶어 하는 소년이었다고 기억한다. 하지만 부탁받으면 기꺼이 자리에서 물러날 줄도 알았다고 말한다.

그가 10살이 되었을 때, 그의 교육이 걱정된 어머니는 그를 미국으로 돌려보냈다. 그는 조부모와 함께 살면서 하와이의 명문 사립학교인 푸나호우 학교에 다녔다. B3은 우수하지만 월등히 뛰어난 학생은 아니었다. 인기 있고 스포츠를 잘하는 그는 학교 농구 팀의 선수였다.

하와이는 인종이 다양했지만, B3은 자신의 인종적 정체성으로 고심했다. 다정한 할아버지와 양아버지가 모범이 되어주고 다문화 환경에서 성장했지만, 그는 청년으로 자라면서 인종이 섞인 미국인 남성으로서 자신의 정체성 문제를 해결해야만 했다. 필요한 지도를 해줄 아버지가 부재했기 때문에, B3은 홀로 정체성의 문제를 풀어나가야 했다. "어떤 의미로 나는 스스로를 키워야만 했습니다…. 내 인생에서 마주쳤던 상당히 곤란한 상황들을 어떻게 헤쳐 나올 수 있었는지 생각해 보면, 자신의 판단력을 믿는 법을 배워야 했다는 점이 큽니다. 나는 내가 바라는 것을 위해서 싸우는 방법을 배워야만 했습니다."[8]

십 대 시절 손자가 겪고 있던 어려움을 아마도 알아본 할아버지는 B3에게 흑인 운동 지도자이자 작가인 프랭크 마셜 데이비스를 소개해 주었다. 데이비스는 이미 열렬한 독서가였던 그를 흑인 문학과 흑인 운동의 세계로 안내했다.

고등학교를 졸업한 후 B3은 로스앤젤레스에서 옥시덴털대학교를 다니다가 3학년이 되어 뉴욕시에 있는 컬럼비아대학교에 편입했다. 그의 대학 동창들은 그가 친밀감 있고 호감 가는 인물로, 다인종으로 이루어진 그룹과 사교하는 것을 선호하며 다양한 그룹들 사이를 수월하게 오가는 능력을 가졌다고 묘사한다. 정치와 외교에 깊은 관심을 가졌던 그는 컬럼비아대학교에서 정치학 학사를 취득하고 졸업했다.

지역사회 활동가로 일하기 원했던 그는 몇 군데 단체들에 지원했지만 채용되지 못했다. 좌절감과 학자금 대출금을 짊어진 채, 그는 한 국제적 경영 컨설팅 회사에 입사했다. 그는 지성과 자기 확신을 겸비한 덕에 상사와 동료들의 호감을 얻었다. 그는 다소 내성적인 것으로 묘사되었는데, 마치 자신의 열정을 진심으로 추구할 수 있을 때가 오기를 기다리는 듯한 모습이었다. 기다리던 기회가 찾아온 것은 뉴욕공익연구회의 활동가로 채용되었을 때였다. 그곳에서 그는 대중교통 재건에서부터 재활용 노력을 늘리는 것까지 다양한 도시 문제를 해결하는 데 대학생들을 동원하는 일을 했다.

2년 후, B3은 뉴욕을 떠날 준비가 되어 있었다. 자신이 중요하게 생각하는 대의를 이루기 위해서, 그는 가난하고 주로 흑인들이 사는 지역인 시카고의 사우스사이드에서 지역사회 활동가로 일하게 되었다. 그가 처음 맡은 일은 지역의 저소득층 주민들을 조직해서 시 무너져가는 저소득층 주택단지들의 상태를 개선하도록 당국에 압력을 가하는 것이었다. 그의 노력은 어느 정도 성과를 보았지만, 그는 곧 진정한 효과를 발휘하기 위해서는 법학 학위가 필요하다는 결론에 도달했다.

B3은 하버드대학교 법학대학원에 진학했고, 뛰어난 우등생으로서 차석으로 졸업했다. 하버드로 가기로 한 결정에 대해서 B3은 다음과 같이 설명했다. "하버드대학교 법학대학원이 주는 혜택 중 하나는 인생에서 모험을 할 수 있도록 해준다는 점입니다. 더 나은 사회를 만들기 위해 여러 가지 시도를 해보면서 실패하더라도 두 발로 설 수 있게 해주기 때문입니다. 자신의 꿈을 추구하면서 사회에 환원할 수 있도록 해주기에 충분한 자신감과 안정감이야말로 바로 하버드 교육으로부터 얻어야 할 산물입니다."[9]

그는 명망 높은 **하버드 로 리뷰**(하버드대학교 법학대학원 학생들이 발행하는 학술지–역주)의 사상 첫 흑인 편집장으로 선출되기도 했다. 진보주의자인 B3은 대다수가 보수주의자인 학술지 스태프에게 그들의 관점을 공정하게 다룰 것이라고 설득함으로써 편집장 선거를 이겼으며, 자신의 약속을 지켰다. 얼마 후에 한 교수가 B3에게 어느 대법관의 서기로 일할 것을 제안했다. B3은 시카고로 돌아가서 자신이 하던 일을 완수하고 공직에 출마하고자 하는 자신의 바람에 대해서 설명하며 그 제안을 정중히 거절했다. 로 리뷰 편집장 당선으로 그는 널리 미디어의 관심을 받았고, 그 결과 대형 출판사로부터 인종 관계에 대한 책을 쓰는 계약을 따냈다. 책으로 번 인세는 학자금 대출금을 갚는 데 사용했다.

질문

장래에 리더가 되는 세 인물의 정체를 확인하기 전에 1번 질문에 답하도록 한다.

1. 아래 목록의 각 리더십 특성에 대하여, 세 인물이 각자 그 특성을 얼마나 두드러지게 보여주는지 (1점부터 가장 높은 10점까지) 점수를 매겨 보자. 설명란에는 여러분이 매긴 점수를 뒷받침하는 설명을 적도록 한다.

	B1	
	점수	설명
지성		
자신감		
카리스마		
결단력		
사회성		
진실성		

	B2	
	점수	설명
지성		
자신감		
카리스마		
결단력		
사회성		
진실성		

	B3	
	점수	설명
지성		
자신감		
카리스마		
결단력		
사회성		
진실성		

B1, B2, B3은 모두 미국 대통령으로 연임하는 영향력 있는 세계 지도자가 되었다. 여러분은 이미 이들이 빌 클린턴 대통령(B1), 조지 W. 부시 대통령(B2), 버락 오바마 대통령(B3)이라는 사실을 알아차렸을지도 모른다.

2. 이 장에서는 리더십을 특성으로 정의하는 관점, 즉 사람들을 리더로 만들어주는 것은 그들이 타고난 특성들이라는 관점이 강력히 암시되었다. 위의 세 인물과 그들의 대통령 임기에 대해서 여러분이 알고 있는 바에 비추어 볼 때, 여러분은 특성 접근법이 그들이 발휘하는 리더십의 본질을 충분히 포착한다고 생각하는가? 성장 환경이 타고난 특성만큼이나 혹은 그보다 더 중요한 역할을 하는가? 그 이유는?

3. 위의 세 리더가 보여주는 모든 특성 중에서 자신이 가졌으면 하는 특성을 한 가지 고른다면 무엇인가? 그 이유를 설명해 보자.

출처

1. Clinton, W. J. (2004). *My life*. New York, NY: Knopf.
2. Riley, R. L. (n.d.). *Bill Clinton: Life before the presidency*. Miller Center, University of Virginia. Retrieved from https://millercenter.org/president/clinton/life-before-the-presidency
3. Ibid.
4. Solomon, J. (2000, June 18). Bush, Harvard Business School and the makings of a president. *The New York Times*. Retrieved from https://www.nytimes.com/
5. Ibid.
6. Ibid.
7. Nelson, M. (n.d.). *Barack Obama: Life before the presidency*. Miller Center, University of Virginia. Retrieved from https://www.millercenter.org/president/obama/life-before-the-presidency
8. Meacham, J. (2008, August 22). What Barack Obama learned from his father. *Newsweek*. Retrieved from https://www.newsweek.com/
9. The Editors of Life Magazine. (2008). *The American journey of Barack Obama*. New York, NY: Little, Brown.

2.3 리더십 특성 진단지

목적

1. 리더십 평가에서 개인적 성격이나 특성이 어떻게 사용되는지 이해한다.
2. 자신의 리더십 특성을 평가해 본다.

작성법

1. 이 진단지를 다섯 장 복사하여 준비한다. 이 진단지를 작성할 사람은 여러분 자신과 여러분이 아는 사람 다섯 명(예 : 룸메이트, 직장 동료, 친척, 친구)이다.
2. 작성자에게 다음 표를 사용하여 여러분의 리더십 특성에 대해 아래에 서술된 14가지 진술문이 어느 정도 일치하거나 일치하지 않는지 답하게 한다. 여러분 스스로 진단지를 작성하는 것도 잊지 말도록 한다.
3. (여러분의 이름)_____은

문항 및 내용	전혀 아니다	별로 아니다	가끔 그렇다	어느 정도 그렇다	매우 그렇다
1. 정확한 표현력이 있다 : 사람들과 효과적으로 소통한다.	1	2	3	4	5
2. 지각력이 있다 : 분별력과 통찰력이 있다.	1	2	3	4	5
3. 자신감이 있다 : 자신과 자신의 능력을 믿는다.	1	2	3	4	5
4. 자기 확신이 있다 : 자신에 대한 확신이 있고 의심이 없다.	1	2	3	4	5
5. 끈기가 있다 : 장애물이 있어도 목표를 잃지 않는다.	1	2	3	4	5
6. 결단력이 있다 : 확실한 입장을 취하며 확신을 갖고 행동한다.	1	2	3	4	5
7. 신뢰할 만하다 : 진정성이 있고 신뢰감을 준다.	1	2	3	4	5
8. 의지할 수 있다 : 일관되고 믿을 수 있다.	1	2	3	4	5
9. 우호적이다 : 친절함과 따뜻한 마음을 보인다.	1	2	3	4	5
10. 외향적이다 : 자유롭게 말하고 사람들과 잘 지낸다.	1	2	3	4	5

문항 및 내용	전혀 아니다	별로 아니다	가끔 그렇다	어느 정도 그렇다	매우 그렇다
11. 성실하다 : 빈틈없고 체계적이고 세심하다.	1	2	3	4	5
12. 근면하다 : 부지런하고 열심히 일한다.	1	2	3	4	5
13. 감수성 있다 : 관용 있고 눈치가 있으며 공감한다.	1	2	3	4	5
14. 공감할 줄 안다 : 사람들을 이해하고 그들과 공감한다.	1	2	3	4	5

점수 집계

1. 작성자 다섯 명의 평가를 아래에 있는 점수표의 각 칸에 알맞게 채워 넣는다. 반대편 페이지에서 완성된 점수표 샘플을 볼 수 있다.
2. 14가지 항목별로 작성자 다섯 명의 평가의 평균을 내어 평균 점수란에 써 넣는다.
3. 여러분 자신의 점수를 자기평가란에 써 넣는다.

리더십 특성 진단 점수표

	작성자 1	작성자 2	작성자 3	작성자 4	작성자 5	평균	자기평가
1. 정확한 표현력이 있다							
2. 지각력이 있다							
3. 자신감이 있다							
4. 자기 확신이 있다							
5. 끈기가 있다							
6. 결단력이 있다							
7. 신뢰할 만하다							
8. 의지할 수 있다							
9. 우호적이다							
10. 외향적이다							

	작성자 1	작성자 2	작성자 3	작성자 4	작성자 5	평균	자기평가
11. 성실하다							
12. 근면하다							
13. 감수성 있다							
14. 공감할 줄 안다							

요약 및 해석 :

점수 해석

이 진단을 통해 받은 점수는 여러분이 자신을 어떻게 보는지, 그리고 다른 사람들은 여러분을 어떻게 보는지에 관한 정보를 제공한다. 점수표는 여러분 자신과 다른 사람들의 인식이 일치하는 부분과 그렇지 않은 부분을 확인시켜 준다. 이 설문에 '완벽한' 점수는 존재하지 않는다. 이 도구의 목적은 여러분이 자신의 강점과 약점을 파악하고, 여러분이 인식하는 바와 주위 사람들이 인식하는 바 사이에 어떤 유사성과 차이점이 있는지 평가하는 것이다. 다른 사람들이 여러분을 보는 시각이 여러분의 시각과 같다면 그러한 특성을 확신할 수 있지만, 그 시각이 다르다면 그 점을 아는 것도 도움이 된다. 이 평가는 여러분에게 자산이 되는 것과 개선이 필요한 부분을 둘 다 이해하는 데 도움을 준다.

예시 : 리더십 특성 진단 점수표

	작성자 1	작성자 2	작성자 3	작성자 4	작성자 5	평균	자기평가
1. 정확한 표현력이 있다	4	4	3	2	4	3.4	4
2. 지각력이 있다	2	5	3	4	4	3.6	5
3. 자신감이 있다	4	4	5	5	4	4.4	4
4. 자기 확신이 있다	5	5	5	5	5	5	5
5. 끈기가 있다	4	4	3	3	3	3.4	3
6. 결단력이 있다	4	4	4	4	4	4	4
7. 신뢰할 만하다	5	5	5	5	5	5	5
8. 의지할 수 있다	4	5	4	5	4	4.4	4
9. 우호적이다	5	5	5	5	5	5	5

	작성자 1	작성자 2	작성자 3	작성자 4	작성자 5	평균	자기평가
10. 외향적이다	5	4	5	4	5	4.6	4
11. 성실하다	2	3	2	3	3	2.6	4
12. 근면하다	3	3	3	3	3	3	4
13. 감수성 있다	4	4	5	5	5	4.6	3
14. 공감할 줄 안다	5	5	4	5	4	4.6	3

요약 및 해석 : 표현력, 지각력, 성실성, 근면성에서 작성자의 자기평가 점수가 작성자 1, 2, 3, 4, 5의 평균 점수보다 높게 나왔다. 자신감, 끈기, 믿음직스러움, 외향성, 감수성, 공감 능력에서는 자기평가 점수가 나머지 작성자들의 평균 점수보다 낮게 나왔다. 자기확신, 결단력, 신뢰성, 친절함은 양쪽 점수가 동일하다.

2.4 관찰 연습

리더십 특성

목적

1. 리더십에서 개인의 특성이 담당하는 부분을 이해한다.
2. 선별된 역사적 리더들과 일상 속 리더들의 특성을 검토해 본다.

작성법

1. 이 장에서 논의한 역사적 리더들에 대한 설명을 토대로, 아래 목록에 나와 있는 리더들이 가지고 있는 주요 특성을 세 가지씩 적는다.
2. 여러분의 삶에 중요한 역할을 한 리더(예 : 직장 상사, 선생님, 코치, 음악 감독, 사업가, 지역 리더) 두 명을 골라 설명한다. 이 리더들이 가지고 있는 주요한 리더십 특성을 세 가지씩 적는다.

역사 속 리더	리더의 세 가지 주요 특성		
조지 워싱턴	1.＿＿＿＿	2.＿＿＿＿	3.＿＿＿＿
윈스턴 처칠	1.＿＿＿＿	2.＿＿＿＿	3.＿＿＿＿
테레사 수녀	1.＿＿＿＿	2.＿＿＿＿	3.＿＿＿＿
빌 게이츠	1.＿＿＿＿	2.＿＿＿＿	3.＿＿＿＿
오프라 윈프리	1.＿＿＿＿	2.＿＿＿＿	3.＿＿＿＿
르브론 제임스	1.＿＿＿＿	2.＿＿＿＿	3.＿＿＿＿

일상 속 리더

리더 1 ＿＿＿＿＿＿＿＿＿＿＿＿＿＿＿＿＿＿＿＿
간략한 설명

＿＿＿＿＿＿＿＿＿＿＿＿＿＿＿＿＿＿＿＿＿＿＿＿

＿＿＿＿＿＿＿＿＿＿＿＿＿＿＿＿＿＿＿＿＿＿＿＿

＿＿＿＿＿＿＿＿＿＿＿＿＿＿＿＿＿＿＿＿＿＿＿＿

＿＿＿＿＿＿＿＿＿＿＿＿＿＿＿＿＿＿＿＿＿＿＿＿

특성	1.＿＿＿＿	2.＿＿＿＿	3.＿＿＿＿

리더 2 ＿＿＿＿＿＿＿＿＿＿＿＿＿＿＿＿＿＿＿＿＿＿

간략한 설명 ＿＿＿＿＿＿＿＿＿＿＿＿＿＿＿＿＿＿＿＿

_____

_____

특성   1. _____   2. _____   3. _____

질문

1. 여러분이 관찰한 리더들에 근거하면 어떤 리더십 특성이 가장 중요해 보이는가?

2. 역사적 리더들과 일상 속 리더들 사이에 차이점이 있다면 그것은 무엇인가?

3. 여러분이 관찰한 바에 근거하면 가장 확실한 리더십 특성으로 어떤 특성을 꼽겠는가?

4. 우리 사회에서 리더를 선출할 때 전반적으로 어떤 특성들이 고려되어야 한다고 생각하는가?

2.5 성찰 및 실행 과제 워크시트

리더십 특성

성찰

1. 리더십 특성 진단에서 받은 점수를 고려할 때 여러분이 갖고 있는 가장 강한 리더십 특성은 무엇인가? 가장 약한 특성은 무엇인가? 이에 대해 논의해 보자.

2. 제2장에서 우리는 여섯 명의 리더십 사례 인물들에 대해 살펴보았다. 이들에 대한 글을 읽으면서 여러분이 가장 흥미롭다고 느낀 인물은 누구인가? 여러분이 그 인물에 있어 가장 주목할 만하다고 생각한 것은 어떤 점인가? 자세히 논의해 보자.

3. 자신의 리더십 특성들을 고려할 때, 그중 더욱 '자신'에 가깝고 정확하다고 느껴지는 것이 있는가? 여러분은 항상 지금과 같은 리더였는가, 아니면 여러분의 리더십 특성은 시간에 따라 변화해 왔는가? 여러분은 몇 년 전과 비교했을 때 현재 더욱 강력한 리더인가? 논의해 보자.

실행 과제

1. 만약 이 장에서 논의한 리더들 중 한 명 이상의 리더를 모범으로 삼는다면, 여러분은 그 모범으로 누구를 선택하고 싶은가? 그 리더가 갖춘 특성들 중 자신의 리더십 스타일에 포함시킬 수 있고 포함시키면 좋은 특성을 한두 가지 찾아보자.

2. 리더십 특성을 바꾸는 것은 쉽지 않지만, 여러분이 가진 리더십 특성들 중 어떤 것을 바꾸고 싶은가? 특히 여러분의 특성을 바꾸기 위해 취해야 하는 행동은 무엇인가?

3. 우리 모두는 리더십을 저해하지만 바꾸기 힘든 문제가 있는 특성들을 갖고 있다. 여러분의 리더십을 방해하는 특성을 하나 든다면 그것은 어떤 특성인가? 이 특성을 쉽게 바꾸는 것은 어렵다. 그렇다면 이러한 특성을 피해 나가기 위해 여러분은 어떤 행동을 취할 수 있겠는가? 논의해 보자.

참고문헌

Addison, P. (2005). *Churchill: The unexpected hero*. New York, NY: Oxford University Press.

Antonakis, J., Cianciolo, A. T., & Sternberg, R. J. (Eds.). (2004). *The nature of leadership*. Thousand Oaks, CA: Sage.

Asmal, K., Chidester, D., & Wilmot, J. (2003). *Nelson Mandela: In his own words*. New York, NY: Little, Brown.

Bass, B. M. (1990). *Bass and Stogdill's handbook of leadership: A survey of theory and research*. New York, NY: Free Press.

Brookhiser, R. (1996). *Founding father: Rediscovering George Washington*. New York, NY: Free Press.

Brunni, F. (2002). *Ambling into history: The unlikely odyssey of George W. Bush*. New York, NY: HarperCollins.

Burns, J. M., & Dunn, S. (2004). *George Washington*. New York, NY: Times Books.

Clinton, W. J. (2004). *My life*. New York, NY: Knopf.

Clinton, W. J. (2003). Foreword. In K. Asmal, D. Chidester, & J. Wilmot (Eds.), *Nelson Mandela: In his own words* (pp. xv–xvi). New York, NY: Little, Brown.

Conger, J. A. (1999). Charismatic and transformational leadership in organizations: An insider's perspective on these developing streams of research. *Leadership Quarterly, 10*(2), 145–170.

Coombs, D. S., & Cassilo, D. (2017). Athletes and/or activists: LeBron James and Black Lives Matter. *Journal of Sport and Social Issues, 41*(5), 425–444.

Curtis, N. (2016). *Better than new: Lessons I've learned from saving old homes (and how they saved me)*. New York, NY: Artisan.

ESPN. (2019, March 10). *LeBron James: Stats*. Retrieved from http://www.espn.com/nba/player/stats/_/id/1966/lebron-james

Evans, K. D. (2017, April 18). *LeBron James Family Foundation and Akron Public Schools establish the I PROMISE School*. Retrieved from https://theundefeated.com/features/lebronjames-family-foundation-akron-public-schools-i-promiseschool/

Fishman, E. (2001). Washington's leadership: Prudence and the American presidency. In E. Fishman, W. D. Pederson, & R. J. Rozell (Eds.), *George Washington: Foundation of presidential leadership and character* (pp. 125–142). Westport, CT: Praeger.

Gonzalez-Balado, J. L. (1997). *Mother Teresa: Her life, her work, her message*. Liguori, MO: Liguori.

Green, M. A. (2017, October 17). LeBron James is the greatest living athlete (and here's why). *GQ*. Retrieved from https://www.gq.com/story/lebron-james-greatest-living-athlete

Hadland, A. (2003). Nelson Mandela: A life. In K. Asmal, D. Chidester, & J. Wilmot (Eds.), *Nelson Mandela: In his own words* (pp. xxix–xxxvii). New York, NY: Little, Brown.

Harris, J., & Watson, E. (Eds.). (2007). *The Oprah phenomenon*. Lexington: The University Press of Kentucky.

Hayward, S. F. (1997). *Churchill on leadership: Executive success in the face of adversity*. Rocklin, CA: Prima.

Higginbotham, R. D. (2002). *George Washington: Uniting a nation*. Lanham, MD: Rowman & Littlefield.

House, R. J. (1976). A 1976 theory of charismatic leadership. In J. G. Hunt & L. L. Larson (Eds.), *Leadership: The cutting edge* (pp. 189–207). Carbondale: Southern Illinois University Press.

House, R. J., Hanges, P. J., Javidan, M., Dorfman, P. W., & Gupta, V. (2004). *Leadership, culture, and organizations: The GLOBE study of 62 societies*. Thousand Oaks, CA: Sage.

Illouz, E. (2003). *Oprah Winfrey and the glamour of misery*. New York, NY: Columbia University Press.

Jager, R. D., & Ortiz, R. (1997). *In the company of giants: Candid conversations with the visionaries of the digital world*. New York, NY: McGraw-Hill.

Joseph, J. A. (2003). Promoting peace and practicing diplomacy. In K. Asmal, D. Chidester, & J. Wilmot (Eds.), *Nelson Mandela: In his own words* (pp. 499–506). New York, NY: Little, Brown.

Judge, T. A., Bono, J. E., Ilies, R., & Gerhardt, M. W. (2002). Personality and leadership: A qualitative and quantitative review. *Journal of Applied Psychology, 87*(4), 765–780.

Lebron James Family Foundation. (2018, June 26). *The kids from Akron*. Facebook. Retrieved from https://www.facebook.com/LeBronJamesFamilyFoundation/

Keegan, J. (2002). *Winston Churchill*. New York, NY: Viking.

Kirkpatrick, S. A., & Locke, E. A. (1991). Leadership: Do traits matter? *The Executive, 5*(2), 48–60.

Life Books. (2008). *The American journey of Barack Obama*. New York, NY: Little, Brown.

Lyman, E. J. (2016). Mother Teresa declared a saint by Pope Francis. *USA Today*. Retrieved from http://www.usatoday.com

McDonald, K. B. (2007). *Embracing sisterhood: Class, identity, and contemporary black women*. Lanham, MD: Rowman & Littlefield.

Meacham, J. (2008, August 22). What Barack Obama learned from his father. *Newsweek*. Retrieved from https://www.newsweek.com/

Nelson, M. (n.d.). *Barack Obama: Life before the presidency*. Miller Center, University of Virginia. Retrieved from https://www.millercenter.org/president/obama/life-before-the-presidency

Osterman, M. J. K., & Martin, J. A. (2018, May 30). The timing and adequacy of prenatal care in the United States, 2016. *National Vital Statistics Reports, 67*(3). Retrieved from https://www.cdc.gov/nchs/data/nvsr/nvsr67/nvsr67_03.pdf

PennGSE. (n.d.). Bill Clinton education history. Bill Clinton education life: From student to US president. *Online Urban Education Journal*. Retrieved from https://www.urbanedjournal.org/education/bill-clinton-education-history-billclinton-education-life-from-student-to-us-president

Remnick, D. (2010). *The bridge: The life and times of Barack Obama*. New York, NY: Knopf.

Riley, R. L. (n.d.). *Bill Clinton: Life before the presidency*. Miller Center, University of Virginia. Retrieved from https://miller center.org/president/clinton/life-before-the-presidency

Sandys, C., & Littman, J. (2003). *We shall not fail: The inspiring leadership of Winston Churchill*. New York, NY: Penguin.

Schwartz, B. (1987). *George Washington: The making of an American symbol*. New York, NY: Free Press.

Sebba, A. (1997). *Mother Teresa: Beyond the image*. New York, NY: Doubleday.

Shamir, B., House, R. J., & Arthur, M. B. (1993). The motivational effects of charismatic leadership: A self-concept based theory. *Organization Science, 4*(4), 577–594.

Soisson, I. (2018, September 21). LeBron James fires back at Trump after insult: "You really got this much time that you can comment on me?" *CNBC*. Retrieved from https://www.cnbc.com/

Solomon, J. (2000, June 18). Bush, Harvard Business School and the makings of a president. *The New York Times*. Retrieved from https://www.nytimes.com/

Spink, K. (1997). *Mother Teresa: A complete authorized bibliography*. New York, NY: HarperCollins.

Stogdill, R. M. (1974). *Handbook of leadership: A survey of theory and research*. New York, NY: Free Press.

Vardey, L. (1995). Introduction. In L. Vardey (Ed.), *Mother Teresa: A simple path* (pp. xv–xxxviii). New York, NY: Ballantine.

Wills, G. (1994). *Certain trumpets*: The call of leaders. New York, NY: Simon & Schuster.

CHAPTER 3

리더십 스타일 알아보기

서론

여러분은 어떤 리더십 스타일을 가졌는가? 구성원을 가까이서 감독하는 통제형 리더인가? 아니면 구성원에게 상당한 재량을 주는 유연한 유형의 리더인가? 둘 중 어느 쪽이든 혹은 그 중간이든 상관없이, 자신의 개인적인 리더십 스타일을 아는 것이 중요하다. 이 스타일은 다른 사람들이 여러분에게 어떻게 반응하고, 그들이 하는 일에 어떻게 반응하는지, 그리고 결과적으로는 여러분이 리더로서 얼마나 효과적일지에 영향을 미친다.

이 장에서 우리는 한 개인이 가지는 인간, 노동 그리고 인간 본성에 대한 관점이 어떻게 개인의 리더십 철학과 스타일을 형성하는지 논의할 것이다. 더불어, 이 장에서는 가장 흔히 관찰되는 세 가지 개인 리더십 스타일인 권위적·민주적·방임적 스타일에서 그러한 철학이 어떻게 나타나는지 살펴볼 것이다. 우리는 이러한 스타일들의 특성과 각 스타일이 효과적인 리더십 수행에 있어서 함의하는 바에 대하여 논의할 것이다. 이 장에서 제공하는 정보는 여러분이 자신의 리더십 스타일을 확인하고 개발하는 데 유용할 것이다.

리더십 철학

우리는 각각 인간의 본성과 노동의 본질에 대한 고유한 일련의 믿음과 태도를 가지고 리더십에 접근한다. 이것이 바로 우리의 리더십 철학(philosophy of leadership)의 바탕이 된다. 예를 들어, 어떤 사람들은 인간이 기본적으로 선하고, 기회가 주어진다면 기꺼이 일을 할 것이라고 생각한다. 다른 사람들은 인간이란 게으른 편이며, 일을 끝내기 위해서는 사람들을 조금씩 몰아갈 필요가 있다고 생각한다. 인간과 노동에 대한 이러한 믿음들은 개인 리더십 스타일에 중대한 영향을 끼친다. 사실, 이러한 믿음들은 아마도 한 개인의 리더십의 모든 면에 개입할 것이다.

여러분은 사람들이 일하기를 좋아한다고 생각하는가, 아니면 싫어한다고 생각하는가? 이것은 더글러스 맥그리거의 유명한 저서 기업의 인간적 측면(*The Human Side of Enterprise*, 1960)에서 중심적인 문제로 다루어졌다. 맥그리거는 매니저들이 인간 본성에 대하여 자신이 가진 핵심 가정을 이해하고, 이러한 가정이 그들이 매니저로서 하는 업무에 어떻게 관여하는지 이해할 필요가 있다고 믿었다.

특히, 맥그리거는 매니저들이 구성원들을 움직이는 동인과 그들의 직장에 대한 태도를 어떻게 보는가에 관심을 가졌다. 그는 이러한 동인에 대한 이해가 유능한 매니저가 되는 방법을 아는 데 있어서 중심이 된다고 믿었다. 매니저가 직원에 접근하는 방법들을 설명하기 위해서 맥그리거는 두 가지 일반론을 제안했는데, 이것이 바로 X이론과 Y이론이다. 각 이론에 깔린 주요 가정들을 살펴봄으로써, 사람들은 인간 행동에 관한 자신의 관점과, 자신의 리더십 스타일 사이의 관계에 대하여 더 깊은 이해를 키울 수 있을 것이라고 맥그리거는 믿었다. 다음은 두 이론에 관한 설명이다. 각 이론에 대하여 읽으면서, 이론의 가정들이 자신의 태도와 리더십 철학과 일치하는지 그렇지 않은지 스스로에게 물어보도록 하자.

X이론

X이론(Theory X)은 인간 본성과 인간 행동에 관한 세 가지 가정으로 구성된다(표 3.1 참조). 이 가정들을 종합하면, 많은 리더에게서 어느 정도 나타나는 하나의 리더십 철학을 대표한다.

가정 1. 평균적인 사람은 일하기 싫어하고 가능하면 피하려 할 것이다

이 가정은 사람들이 일하기를 좋아하지 않으며, 노동을 불쾌하거나, 달갑지 않은 것, 혹은 단순한 필요악으로 본다고 주장한다. 이 가정에 따르면, 사람은 기회만

표 3.1 | 맥그리거의 X이론 가정

맥그리거의 X이론

1. 사람들은 일하기 싫어한다.
2. 사람들은 지시나 통제를 필요로 한다.
3. 사람들은 책임이 아니라 안정을 원한다.

있으면 일을 하지 않기로 선택할 것이다. 이러한 가정의 예로는 다음과 같은 말을 하는 직원을 들 수 있다. "나는 월급을 받으려고 직장에 다니는 거야. 돈을 벌 필요가 없다면, 절대로 일을 하지 않을 거야." 이러한 철학을 가진 사람들은 가능하면 일을 피하려고 할 것이다.

가정 2. 사람들은 지시나 통제를 필요로 한다

이 가정은 첫 번째 가정으로부터 직접적으로 파생된다. 사람들은 본질적으로 일을 하기 싫어하므로, 매니저는 완성되어야 하는 일과 관련하여 장려와 포상의 체계를 마련할 필요가 있다. 직원들 혼자서는 종종 스스로를 동기 부여하는 의지나 능력이 없기 때문이다. 이 가정은 외부적인 지시와 포상 없이는 사람들이 일을 할 동기를 찾지 못할 것이라고 말한다. 이와 같은 예를 한 가지 들면 낮은 성적으로 학생들을 위협함으로써 학생들이 숙제를 내도록 설득하는 고등학교 교사이다. 교사는 학생들이 강제력 없이는 숙제를 하지 않으려 하거나 할 수 없다고 생각하기 때문에 숙제를 하도록 강요한다. X이론의 관점에서 볼 때, 리더는 사람들이 맡은 일을 완수하도록 장려하는 데 있어서 중대한 역할을 한다.

가정 3. 사람들은 책임이 아니라 안정을 원한다

이 가정이 그리는 그림은 직원들이 리더가 자신들을 돌봐주고, 보호해 주고, 안정을 느끼도록 해 주기를 원한다는 것이다. 스스로 목표를 세우는 것이 너무 어렵기 때문에, 직원들은 매니저가 그들의 목표를 정해 주기를 바란다. 이를 위해서 매니저는 반드시 직원들을 위한 지침을 세워야만 한다. 이러한 가정의 예를 과수원의 분류 작업에서 관찰할 수 있는데, 여기서 직원들은 오직 자신에게 주어진 특정 과제(예 : 썩은 과일을 골라내거나 상자에 과일을 담는 일)를 완수하는 데만 집중을 하면 되고, 자발적으로 새로운 것을 주도할 필요가 없다. 일반적으로, 작업의 진행 속도와 반복적인 성격 때문에, 직원들은 그다지 도전적인 과제를 책임지도록 요구받지 않는다. 오히려 그들은 무엇을, 어떻게, 언제 할 것인지 지시받는다. 이예는 어떤 직원들은 야망이 없으며 무엇보다 안정적인 직업을 원한다는 것을 보여 준다는 점에서 이 가정과 일치한다.

그렇다면, 만약 누군가의 개인 리더십 스타일 혹은 철학이 X이론과 유사하다면 이것은 무엇을 의미하는가? 이것이 의미하는 것은, 그러한 리더는 직원들이 일하는 것을 가치 있게 여기지 않기 때문에 게으르고 일에 흥미가 없다고 보는 경향이 있다는 것이다. 그 결과, X이론형 리더는 명령하고 통제하는 리더가 되는 경향이 있다. 그는 구성원들을 가까이서 감독하며, 자신의 판단에 따라 그들을 칭찬하고 또 비판하는 데 빠르다. 때때로 이러한 리더는 직원들에게 그들의 목표(예 : 월급을 받는 것)를 상기시키거나 처벌로 위협하여 그들이 맡은 일을 완수하도록 설득한다. 책임자로서, X이론형 리더는 자신의 리더십 역할이 일을 완수하는 데 매우 중요하다고 본다. X이론형 리더는 또한 직원들에게는 자기 동기 부여가 부족하기 때문에 구성원들을 동기 부여하는 것이 자신의 역할이라고 믿는다. 이러한 믿음 때문에, X이론형 리더는 구성원들의 행동에 대해서 자신이 책임을 진다. X이론의 관점에서 볼 때, 구성원들이 리더십을 필요로 한다는 것은 명백한 사실이다.

Y이론

X이론과 마찬가지로, Y이론(Theory Y)은 인간 본성과 행동에 관한 몇 가지 특정한 가정에 기초한다(표 3.2 참조). Y이론의 가정들을 종합해 보면, X이론에서 제시하는 생각과는 현저하게 다른 관점을 보여 준다. Y이론의 관점은 오늘날 많은 리더들에게서 어느 정도 관찰할 수 있는 관점이다.

표 3.2 맥그리거의 Y이론 가정
맥그리거의 Y이론
1. 사람들은 일하기를 좋아한다.
2. 사람들은 스스로를 동기 부여한다.
3. 사람들은 책임을 받아들이고 추구한다.

가정 1. 평균적인 사람은 본질적으로 일하기를 싫어하지 않는다. 일하는 것은 노는 것만큼 자연스러운 것이다

이 가정은 일하기를 힘겹거나 나쁜 것으로 보기보다, 사람들이 일을 하나의 형벌이 아니라 만족을 가져다 주는 것으로 본다고 제시한다. 사람에게 일은 하나의 자연스러운 활동이다. 사실, 사람들은 기회가 주어진다면 기꺼이 일을 한다. 이러한 예를 지미 카터 전 대통령이 퇴임 후에 해 온 일에서 볼 수 있다. 그는 해비타트(집 짓기 운동 단체－역주)와 함께, 미국과 세계 전 지역에 집을 짓는 일에 많은 시간과 에너지를 쏟아왔다. 분명히, 카터 전 대통령은 꼭 일을 해야 할 필요가 있는 것은 아니다. 그가 일하는 이유는 그에게 일을 하는 것이 자연스럽기 때문이다. 일생에 걸쳐, 카터 전 대통령은 다른 사람들의 복지에 기여하는 일을 하는 데 익숙했다. 해비타트와 함께 일하는 것은 그가 이러한 기여를 하는 또 하나의 기회인 것이다. 어떤 사람들은 일을 하는 것을 자신의 삶의 자연스러운 일부로 본다.

가정 2. 사람들은 자신이 헌신하는 목표를 향해 책임감과 자기통제를 보여 준다

사람들은 감독받고 통제될 필요가 있다고 제시하는 X이론과 반대로, Y이론은 사람들이 스스로 일하기를 의식적으로 선택할 수 있고, 그렇게 할 것이라고 제시한다. 사람은 자신이 맡은 일이 목적하는 바에 헌신할 수 있다. 스포츠계에서의 몇 가지 사례를 생각해 보자. 성공적인 운동선수들은 종종 자신의 목표에 매우 전념하며, 가까이서 통제나 감독을 받을 필요가 없다. 코치가 선수를 위한 훈련 계획을 짜지만, 일을 하는 것은 선수 자신이다. 성공적인 장거리 달리기 선수는 마라톤을 준비하기 위해서 매주 100km를 달리는 훈련을 강요받을 필요가 없다. 그 선수는 이미 먼 거리를 달리고자 하는 동기 부여가 되어 있기 때문이다. 마찬가지로, 올림픽 대회의 수영 선수는 매일 오전 5시부터 5km를 수영하는 훈련을 강요받을 필요가 없다. 그 선수는 코치의 강요가 없이도 독자적으로 훈련하기를 선택하기 때문이다. 이 선수들은 자신의 목표에 전념하고 있기 때문에 자발적으로 일을 한다. 이것이 바로 Y이론의 요점이다. 사람들이 자신이 맡은 일에 헌신할 수 있을 때, 그들은 리더의 동기 부여나 강요 없이 일을 할 것이다. 달리 말하자면, 사람들이 자신의 일에 대한 열정을 가지고 있을 때, 그들은 외부로부터의 지시가 없어도 일을 할 것이다.

가정 3. 적정한 환경에서, 평균적인 사람은 책임을 받아들이고 추구하는 것을 배운다

X이론이 사람들은 야망이 없고, 지시받기를 선호하며, 안정을 원한다고 주장하는 반면에, Y이론은 평균적인 사람은 본질적으로 실행 능력이 있으며, 만약 기회가 주어진다면, 책임을 지는 것을 추구할 것이라고 가정한다. 기회가 주어진다면, 사람들은 넓은 범위의 목표 설정과 창의적인 문제해결 활동을 할 능력을 가지고 있다. Y이론은 기회가 주어진다면, 사람들이 주체적이고 생산적으로 행동할 것이라고 주장한다.

예를 들어, 도서관의 주요 서고에서 일하는 어느 대학생 두 명은 일할 때마다 그들이 다양한 정리 및 책꽂이 업무를 제대로 수행했는지 확인하는 점검표를 의무적으로 작성해야 했다. 그러나 그 점검표는 길고, 거추장스럽고, 반복적이었다. 체크리스트에 불만을 느낀 학생들은 직접 나서서 새롭고, 합리적인 점검표를 디자인했다. 도서 정리와 책꽂이 업무를 위한 새 점검표는 매우 알아보기 쉽고 간결했으며, 생김새도 재미있었다. 점검표를 검토하고 짧은 시범 기간을 거친 뒤, 도서관 운영진은 새 점검표를 채택하고 도서관 전체에 도입하도록 요구했다. 이 사례에서, 도서관 운영진은 학생들이 자신의 일을 완수하는 방법에 있어서 상당히 중대한 변화를 제시하는 것을 편안하게 여기는 환경을 제공했다. 뿐만 아니라, 운영진은 학생들이 주도한 업무 변화를 기꺼이 받아들이고 채택했다. 이 학생들이 미래에 다른 직장에서도 아이디어를 주도하거나 새로운 도전 과제를 맡아 하는 데 더욱 자신감을 느낄 것이라고 생각해도 무리가 아닐 것이다.

그렇다면 리더의 리더십 철학이 Y이론과 유사할 경우, 이것은 무엇을 의미하는가? 이것이 의미하는 것은 바로 리더가 사람들을 일하는 능력과 관심을 갖고 있는 것으로 본다는 것이다. Y이론형 리더는 업무 요건을 정의할 수는 있지만, 구성원들을 통제하려고 하지는 않는다. 이러한 리더에게 부하 구성원은 게으르지 않다. 반대로, 그들은 일을 하고 싶어 한다. 뿐만 아니라, 이러한 리더는 구성원에게 동기를 부여하거나 일하도록 만들려고 노력할 필요가 있다고 생각하지 않는다. 구성원에게는 스스로 동기 부여하는 능력이 있기 때문이다. 강압이나 외부적인 강화책을 사용하는 것은 그들의 리더십 레퍼토리에 포함되지 않는다. Y이론형 리더는 구성원이 하기를 바라는 일에 대한 열정을 발견하도록 도움을 주는 것에 매우 익숙하다. 이러한 리더는 구성원이 자기 일에 전념하게 되었을 때 더 강력하게 일

할 동기를 느낀다는 것을 알고 있다. 구성원이 자발적으로 책임을 추구하고 받아들이도록 허용하는 일은 Y이론형 리더에게 쉬운 일이다. 요컨대, Y이론형 리더십은 구성원들을 명령하거나 통제할 필요 없이 그들을 지원해 주는 것을 의미한다.

1970년대 후반과 1980년대에 X이론, Y이론과 연관성이 적은 새로운 리더십 이론을 윌리엄 오우치(1981)가 개발했다. 오우치는 당시에 특히 자동차와 전자제품 시장을 장악하기 시작한 일본 기업들의 집단주의적 문화를 미국 조직들이 강조하는 개인주의와 대조하고, 이 둘을 결합한 접근법을 개발하여 Z이론(Theory Z)이라고 명명했다. Z이론형 조직은 구성원들이 공통으로 가진 문화적 가치, 신념, 목표들을 강조하며 의사소통, 협력 그리고 합의된 의사 결정에 집중한다. 동시에, 미국 조직들의 개인주의적인 가치들도 일부 포함한다. Z이론형 기업은 공식적인 권위 구조를 유지하면서도 개인의 기여와 성과에 대한 인정을 강조한다. 그러나 X이론과 Y이론 양쪽에서 설명하는 리더 개인의 의사 결정은 Z이론형 조직의 특징이 아니다.

정리하자면, 우리는 모두 인간 본성과 노동에 관한 일정한 근본적인 믿음과 가정을 유지하며, 이러한 믿음들은 우리의 **리더십** 철학에 적용된다. 다음 절에서는 그러한 철학이 리더로서의 행동, 또는 리더십 스타일에 어떻게 영향을 미치는지를 논의할 것이다. 개인의 철학은, 그것이 X이론과 닮았든 Y이론과 닮았든 상관없이, 그의 리더십 스타일에 영향을 준다. 우리의 도전 과제는 자신의 리더십 스타일의 철학적 바탕을 이해하는 것이다.

리더십 스타일

여러분은 리더로서 어떤 행동들을 보이는가? 통제하기를 좋아하고 구성원들의 활동을 주시하는가? 아니면 다른 사람들을 리드하는 데 있어 보다 불간섭주의의 접근법을 믿으며 구성원들이 스스로 의사결정을 하도록 내버려두는가?

리더로서 여러분의 행동이 어떤 방식이든 간에, 그것은 여러분의 리더십 스타일을 시사해 준다. **리더십 스타일**(leadership style)의 정의는, 리더가 무엇을 하고 어떻게 행동하는가에 초점을 맞춘 리더의 행동 양식을 말한다. 여기에는 다양한 맥락 속에서 구성원들을 대상으로 한 리더의 행동이 포함된다. 앞에서 언급한 대로, 여러분의 리더십 스타일은 자신의 개인적인 리더십 철학에 의해 좌우된다. 다음에서는 논의를 옮겨서 X이론, Y이론과 연관되어 가장 흔히 관찰되는 몇 가지 리더십 스타일을 다룰 것이다. 우리가 논의할 스타일은 권위적·민주적·방임적 스타일이다. 이 스타일 중 어느 것도 X이론이나 Y이론에서 직접적으로 파생되는 것은 아니지만, 권위적 스타일과 민주적 스타일은 각각의 이론에서 제시하는 생각들을 가깝게 반영한다.

리더십 스타일에 대한 가장 중요한 연구 문헌은, 다양한 리더십 스타일이 소집단의 행동에 미치는 영향을 분석한 레빈, 리피트 및 화이트(1939)의 연구이다. 이 연구자들은 방과 후 모여서 취미 활동을 하는 10세 소년 집단들을 가지고, 소년들을 통솔하는 어른 리더가 권위적·민주적·방임적 스타일의 세 가지 리더십 스타일을 사용했을 때 어떠한 일이 발생하는지 분석했다. 소년 집단들은 각각 6주의 기간에 걸쳐서 세 가지 리더십 스타일을 경험했다.

레빈과 동료들이 보고한 연구 결과는 세 스타일이 각각 사용하는 리더십 행동의 특성에 대한 자세한 묘사였다(White & Lippitt, 1968). 그들은 세 스타일이 각각 집단의 일원들에게 미친 영향 또한 설명했다.

다음의 소절들은 그들이 발견한 것들과 각 리더십 스타일의 사용이 함의하는 바에 대하여 자세히 묘사, 설명하고 있다. 각 스타일이 독특하고 개별적인 것이 아니라는(예를 들어 성격적 특성과 같이) 사실에 주의하자. 이 스타일들은 서로 겹쳐서 나타날 수 있다. 즉, 한 리더는 어떠한 주어진 상황에서든 한 가지 이상의 스타일을 보여 줄 수 있다. 예를 들어, 리더는 어떠한 문제에 대해서는 권위적이고 다른 문제에 대해서는 민주적일 수도 있고, 또는 하나의 프로젝트가 진행되는 과정 중에 어느 때에는 권위적이고 다른 때에는 민주적일 수도 있다. 리더로서, 우리는 세 가지 스타일 모두의 면면을 보여 줄 수도 있는 것이다.

권위적 리더십 스타일

권위적 리더십 스타일(authoritarian leadership style)은 많은 면에서 X이론과 상당히 유사하다. 예를 들어, 권위적 리더는 구성원들이 지시를 필요로 한다고 인식한다. 권위적 리더는 구성원들과 그들이 하는 일을 통제할 필요를 느낀다. 권위적 리더는 자신이 책임자임을 강조하며, 집단의 인원들에게 영향력과 통제력을 행사한다. 그는 집단 구성원들을 위한 과제와 절차를 결정하지만 집단 토의에 참여하기보다 거리를 유지할지도 모른다. 권위적 리더는 집단 구성원들 사이에 의사소통을 장려하지 않는다. 오히려 자신을 중심으로 의사소통이 이루어지기를 바란다. 타인을 평가할 때, 권위적 리더는 거리낌 없이 칭찬과 비판을 하지만, 이는 객관적인 비평에 근거하기보다는 자신의 개인적인 기준에 근거하여 주어진다.

권위적 리더십에 대한 최근 연구는 전제적 리더십, 권위적 리더십, 권위적 팔로워십을 구분한다. 전제적 리더십(autocratic leadership)에서는 권위와 권한이 리더에게 집중된다. 권위적 리더십(authoritarian leadership)은 군림하는 스타일로 일반적으로 부정적인 결과를 낳는다(House, 1996). 그리고 권위적 팔로워십(authoritarian followership)은 강력한 리더를 찾는 사람들의 심리적 사고방식을 일컫는다(Harms, Wood, Landay, Lester, & Vogelsang Lester, 2018). 또한 상황적, 성격적 요인들이 권위적 리더십이 발생할 가능성을 더 높여준다는 증거도 있다. 여기에는 강력한 리더십이 문제를 해결해줄 것이라고 사람들이 인식하게 되는 불확실하거나 부정적인 상황들이 포함되는데, 예를 들어 그룹의 성과가 저조하거나, 시간적 압박이 있거나, 외부의 위협에 직면했을 때가 그러하다(Harms et al., 2018).

어떤 사람들은 권위적 리더십이 사람들에 대한 다소 비관적이고 부정적이며 낙담시키는 관점을 대표한다고 주장한다. 예를 들어, 권위적 리더는 다음과 같은 말을 할 수도 있다. "우리 직원은 게으르니까 내가 그들에게 할 일을 시켜야 해." 혹은 "직원들은 일하는 데 흥미를 잃는 경향이 있으니까 동기 부여를 해주는 게 내 임무야."

반면 다른 사람들은 권위적 리더십이 상당히 필요한 리더십의 한 형태라고 주장한다. 책임보다는 안정을 바라는 사람들에게 권위적 리더십은 긍정적인 용도가 있기 때문이다. 많은 맥락에서, 권위적 리더십은 방향을 제시하고, 목표를 세우고, 업무를 조직하기 위해서 사용된다. 예를 들어, 직원들이 막 새로운 일을 배우고 있을 때, 권위적 리더십은 그들이 해야 할 일의 규칙과 기준을 알도록 해 준다. 권위적 리더는 사람들이 일을 완수하도록 동기 부여하는 데 있어서 매우 효율적이며 성공적이다. 이러한 맥락에서 권위적 리더십은 매우 유용하다.

권위적 리더십의 결과는 무엇인가? 권위적 리더십에는 장점도 있고 단점도 있다. 긍정적인 면에서, 권위적 리더십은 효율적이고 생산적이다. 권위적 리더는 사람들이 하는 일에 방향성과 명확성을 부여해 주고, 더 짧은 기간 내에 더 많은 것을 달성한다. 뿐만 아니라, 권위적 리더십은 목표와 업무 기준을 세우는 데 도움이 된다. 부정적인 면에서, 권위적 리더십은 의존성, 순응성, 개성의 상실을 조성한다. 구성원들의 창의성과 개인적 성장이 방해받을 수 있는 것이다. 시간이 지나면서, 구성원들은 자신이 하는 일에 관심을 잃고, 직장에 대해서 불만을 가지게 될 가능성도 있다. 이렇게 되면, 권위적 리더십은 불만, 적대감, 심지어 공격성을 낳을 수 있다.

덧붙여서, 권위적 리더십은 리더가 자신의 영향력, 권한, 통제력을 사용하여 개인적 이익을 추구하거나 구성원들이 비윤리적, 비도덕적 행동을 하도록 강요하는 폭압적 리더십(abusive leadership)이 될 수도 있다. 예를 들어, 자신의 작전 지시에 공공연히 반대하는 선수들의 경기 시간을 줄이는 코치, 혹은 직원들이 매주 20시간씩 초과 근무를 하지 않으면 "잔업하겠다는 사람으로 갈아치우겠다"고 말하는 상사와 같은 리더들은 권위적 리더십의 어두운 측면을 보여준다. 역사적으로는 베니토 무솔리니나 아돌프 히틀러와 같은 권위적 리더들이 정치적으로 불안정한 시기에 권력, 확신, 통제력을 보여줌으로써 취약한 국민들을 이용하고 자신의 폭압적인 계획을 사람들이 따르도록 만든 사례들이 있다.

권위적 리더십의 부정적 측면들이 긍정적 측면들보다 더 커 보이겠지만, 권위적 리더십이 가장 선호되는 리더십의 형태가 될 만한 상황들을 상상하는 것은 어렵지 않다. 예를 들어, 붐비는 병원 응급실에서는 환자들을 분류하는 책임을 맡은 리더가 다양한 종류의 응급 상황에서 권위적으로 행동하는 것이 매우 적절할 수 있다. 다른 상황도 가능한데, 예를 들어 중학교 카누 타기 여행의 감독자는 학생들의 안전을 위해서 분명한 행동 규칙을 세우고 강제할 필요가 있다.

2004년작 영화 '미라클'은 1980년 올림픽 남자 하키 미국 대표팀의 경험을 바탕으로 했는데, 영화 속에서 허브 브룩스 코치는 권위적 리더십 스타일을 사용해서 자신이 지도하는 젊은 선수들이 유력한 우승 후보인 소련 대표팀과 대전할 준비를 시킨다. 브룩스는 매우 적극적이고 쉽게 만족하지 않는 코치로, 선수들이 신체를 더 단련하고 훈련을 더 많이 하도록 몰아붙이고, 최선을 다하지 않는 선수들은 벤치로 보낸다. 선수들은 처음에는 브룩스도 그의 코칭 방법도 좋아하지 않지만, 그의 지도 밑에서 팀은 자신감과 일치감을 키우고, 이로써 최상의 성과를 내어 금메달을 획득하게 된다. 권위적 리더십의 부정적 측면들에도 불구하고, 이것은 흔하면서도 많은 상황에서 필수적인 형태의 리더십이다.

민주적 리더십 스타일

민주적 리더십 스타일(democratic leadership style)은 Y이론의 가정들과 매우 유사하다. 민주적 리더는 구성원들을 자발적으로 자기 일을 하는 능력을 완전히 갖춘 것으로 취급한다. 민주적 리더는 구성원들을 통제하기보다 그들과 **함께 일한다**. 그는 구성원들 위에 군림하지 않고, 모두를 공평하게 취급하기 위해서 많은 노력을 한다. 본질적으로, 민주적 리더는 자신을 명령자보다는 안내자로 본다. 그는 다른 사람들에게 제안을 하긴 하지만, 절대로 그들을 바꾸려는 의도를 가지고 있지는 않다. 구성원 개개인이 개인적 목표를 달성하도록 돕는 것이 민주적 리더에게는 중요하다. 민주적 리더는 '하향식' 의사소통을 사용하지 않는다. 그 대신, 구성원들과 동등한 레벨에서 이야기한다. 모든 사람들의 목소리가 경청되도록 보장하는 것이 우선시된다. 그는 지지하는 방식으로 구성원들에게 귀를 기울이며, 그들이 자주적인 사람들이 될 수 있도록 돕는다. 아울러, 집단 구성원들 사이에 의사소통을 장려하며, 특정 상황에서는 집단 중에 표현을 적게 하는 구성원들이 목소리를 내도록 만드는 데 주의한다. 민주적 리더는 정보, 가이드, 아이디어를 제공하지만, 그러면서 명령을 하거나 압력을 가하지는 않는다. 구성원을 평가할 때, 민주적 리더는 객관적인 칭찬과 피드백을 한다.

민주적 리더십의 **결과**는 대부분 긍정적이다. 첫째, 민주적 리더십은 결과적으로 집단 구성원들의 만족, 헌신, 응집력을 증가시킨다. 둘째, 민주적 리더십에서는 친절과 상호 간의 칭찬, 그리고 집단 내의 공감이 증가한다. 구성원들은 서로 사이좋게 어울리고, 집단에 관련된 일에 기꺼이 참여하며, '내'가 우선되는 발언보다 '우리'가 우선되는 발언을 더 많이 하는 경향을 보인다. 셋째, 민주적 리더십으로부터는 더 강력한 구성원 동기와 더 큰 창의성이 나타난다. 사람들은 민주적 리더십의 지원적 환경에서 자신의 재능을 추구하도록 동기를 부여받는다. 마지막으로, 민주적 리더 밑에서 집단 구성원들은 더욱 많이 참여를 하고, 집단의 결정에 더욱더 헌신한다. 민주적 리더십 스타일은 미국 대통령들에게 효과적이다. 대통령은 뛰어난 자격을 갖춘 인물들을 내각에 임명하고, 이들은 각자 맡은 정부 부서를 운영하는 막중한 책임을 진다. 의사 결정의 최종적 책임은 대통령에게 있지만, 국무 회의에서 각료들은 새로운 정보를 공유하고, 정책에 대해 토론하고, 다양한 시나리오에 대한 브레인스토밍을 하고, 함께 더 나은 건의를 할 수 있다. 에이브러햄 링컨은 미국 대통령으로서 각료들의 의견을 적극적으로 경청하고 다양한 시각들을 요청한 것으로 알려졌다. 그러나 동시에 그는 남북전쟁 중에 나라를 이끌면서 의사 결정 일부에 있어서는 전제적 리더십을 보여주었다.

민주적 리더십의 단점은 리더에게 시간과 헌신을 더 요구한다는 점이다. 일은 완수되지만, 리더가 권위적일 때보다는 덜 효율적이다. 예를 들면, 직원회의를 주관하는 것을 '고양이 몰이'에 비유하기도 하는데, 사람들은 항상 통제할 수 있는 것이 아니기 때문이다. 사람들은 자신만의 생각과 의견을 갖고 있고 발언하고 싶어 하며, 언제나 의견 일치가 이루어진다는 보장은 없다.

방임적 리더십 스타일

방임적 리더십 스타일(laissez-faire leadership style)은 X이론과도 Y이론과도 닮지 않았다. 방임적 리더는 X이론형 리더와는 달리 구성원들을 통제하려고 하지 않고, Y이론형 리더와는 달리 구성원들을 보살피고 안내하려고 하지 않는다. 방임적 리더십은 리더십 스타일 중에서도 혼자 동떨어져 있으며, 어떤 사람들은 그것을 비(非)리더십(nonleadership)이라고 부르기도 한다. 방임적 리더는 최소한의 영향을 행사하는 이름뿐인 리더이다. 불어 표현 레세페르(laissez-faire)가 의미하듯이, 방임적 리더십에서 리더는 구성원들에 대해 '손을 떼고, 가는 대로 놔두는' 태도를 취한다. 이러한 리더는 구성원들을 인정하지만 매우 느긋하며 그들의 활동에 영향을 주려는 어떠한 시도도 하지 않는다. 방임적 리더십 아래에서, 구성원들은 대체로 자신이 원하는 시간에 원하는 일을 한다. 방임적 리더는 구성원들의 진척을 평가하거나 조정하려는 어떠한 시도도 하지 않는다. 그 이유는 다양한데, 무관심, 입장 표명에 대한 주저, 혹은 제한된 지위 권한 때문일 수 있다. 예를 들면, 풀타임 후임자를 찾기 전에 임시직 코치, 교회 목사, 대학 학장 등을 단기간으로 임명하는 경우가 있다. 임시직 리더는 변화를 주도하거나 조직을 재구조화할 기대를 받거나 권한이 주어지지 않고, 안정을 주는 존재이자 앞으로 조직의 리더가 될 사람의 자리를 '대신 채우는' 역할로 주로 기능한다.

방임적 리더십이 명목상의 영향력만을 행사한다면, 방임적 리더십의 효과는 무엇인가? 방임적 리더십은 주로 부정적인 결과를 가져오는 경향이 있다. 주요 효과는 방임적 리더 아래에서는 달성되는 것이 거의 없다는 것이다. 사람들은 방향이 없고 무엇을 할지 모르기 때문에, 아무것도 하지 않는 경향이 있다. 앞의 예에서, 임시 리더가 그 자리에 너무 오래 있으면서 조직이 직면한 중요한 문제들에 대한 조치를 취하지 않는다면, 구성원들이 불만스럽게 느낄 수 있다. 목적의식과 방향감각이 부재할 때 그룹 구성원들은 자기가 하는 일의 의미를 찾기가 어려워지고, 동기부여를 잃고 낙심하게 된다.

완전한 자유가 주어졌을 때 그 결과는 대부분의 구성원들이 혼란을 느끼는 환경이다. 구성원들은 어느 정도의 지시를 선호하며, 어떠한 도움도 받지 못할 때 불만을 느낀다. 목적과 방향성 없이는, 집단 구성원들이 맡은 일에서 의미를 찾는 것이 힘들고, 동기를 잃으며 낙심하게 된다. 그 결과, 생산성이 떨어진다.

그러나 어떤 경우에는 위와 같은 리더십의 부재가 낳는 실망감이 원동력이 되어 구성원들로 하여금 행동하고 긍정적인 결과를 만들도록 한다. 이러한 사례로 들 수 있는 것이 플로리다주 파크랜드에 위치한 마조리 스톤맨 더글라스 고등학교의 (교내 총기난사 사건을 겪은–역주) 생존자 학생들이다. 2018년, 이 학생들은 총기 폭력에 항의하는 운동인 '우리 생명 지키기 행진'을 조직했다. 이들의 동기가 된 것은 부분적으로는 현직 정치인들이 총기 폭력을 막고 학생들을 보호하기 위해서 충분히 노력하지 않고 있다는 인식이었다. 이들은 웹사이트를 통해서 "누구도 나서지 않는 지금이야말로 청소년들이 일어나 총기 규제 반대 압력 세력에 대항하여 투표권을 행사할 때이다"라고 선언했다(March for Our Lives, 2019a). 이들은 사명 선언서에서 다음과 같이 설명한다. "우리는 국가적으로 거듭되는 참극을 목도해왔지만, 정치인들은 아직도 안일함에 빠져 있다. 파크랜드의 학생들은, 각양각색의 배경을 지닌 전국의 청소년 리더들과 함께, 이러한 수동적 태도의 수용을 거부하며 이 재앙에 맞서 싸우기 위한 직접적 행동을 요구한다"(Book Report Network, 2019). 이들은 미국 전역의 청소년들과 다른 사람들에게 활기를 불어넣었고, 유권자 등록을 장려하고, 전국의 지역 지도자들에게 변화에 헌신할 것을 촉구하고, 총기 폭력 예방을 위한 새로운 정책을 지지하는 등, 변화를 촉진시키는 노력에 박차를 가했다.

덧붙여서, 자발적으로 행동하는 사람들, 즉 개인별 과업 수행이 탁월하고 지속적인 피드백을 요구하지 않은 사람들은 방임적 리더 밑에서 일하는 것을 선호할 수 있다. 자기답게 일할 자유를 가져다주기 때문이다.

예를 들어, 안젤라는 웹사이트 개발 회사의 사장으로 전 세계의 독립 계약자들을 고용한다. 어떤 측면에서 보면 그의 리더십 스타일은 방임적이라고 할 수 있다. 웹사이트의 코드를 개발하는 프로그래머들은 폴란드, 디자이너는 인도, 콘텐츠 작가는 영국, 그리고 안젤라 자신은 미국에 있다. 사이트를 개발할 때 안젤라는 웹사이트의 기본 틀을 계획해서 전달한다. 그다음에는 계약자들이 모두 사이트 개발에 필요한 과제들을 각자 개별적으로 결정하도록 맡겨둔다. 각자의 과제를 하는 데 있어서 서로에게 의지하는 경우도 있다. 예를 들어, 디자이너가 만든 그래픽과 이미지가 사이트에서 특정 방식으로 보이도록 하기 위해서 프로그래머가 코드를 짜야 하는 경우가 그렇다. 그러므로 서로 의사사통을 하지만, 시간대가 다르기 때문에 주로 이메일을 통해서 한다. 안젤라는 리더로서 문제점과 개발 상황을 보고받기 위해서 공통적으로 사용하는 전자 프로젝트 관리 시스템을 이용한다. 하지만 모든 계약자들이 각자 하는 일에 있어서 전문가이며, 다른 팀원들이 최선을 다해서 일할 것이라고 서로 신뢰하기 때문에, 안젤라는 이들이 함께 우려 사항과 문제점들을 해결하도록 놔두며, 직접 관여하는 경우는 드물다.

방임적 리더십이 효과적인 상황도 간혹 있지만, 대부분의 상황에서 방임적 스타일은 성공적이지 못하고 비생산적인 것으로 드러난다.

리더십 스냅숏

빅토리아 랜섬, 와일드파이어의 최고경영자

"나는 위계질서나 위계 잡는다는 것을 믿지 않습니다. 나는 존경을 얻는 것을 믿습니다."

이것은 소셜미디어 소프트웨어 회사인 와일드파이어의 공동 창립자인 빅토리아 랜섬의 말이다. 와일드파이어는 아이디어 하나에서 시작해 400명의 직원과 2만 1,000명의 고객을 거느린 회사가 되었다. 랜섬이 2008년에 앨런 추어드와 공동으로 창립한 이 회사는 기업들이 소셜 네트워크를 통해 소비자와 연결하는 것을 돕는 일을 하며, 2012년에 3억 5,000만 달러에 인수되었다.

와일드파이어의 성공은 회사의 최고경영자로 일하는 랜섬의 리더십 스타일과 철학에 크게 기인한다. 랜섬은 뉴질랜드의 한 시골 마을인 스콧츠 페리에서 자랐는데, 그의 아버지는 아스파라거스 농장을 하고 어머니는 농기구 회사에서 사무 매니저로 일했다. 랜섬도 밭에서 일을 했는데, 거기서 그는 근면, 본보기가 되어 리드하기, 겸손 같은 가치를 배웠고 그것을 와일드파이어에 도입했다.

와일드파이어는 사실 계획적으로 만든 것이 아니라, 랜섬과 추어드가 먼저 만들었던 회사 액세스트립스를 운영하는 중에 마주친 어떤 문제를 해결하기 위해 덧붙여 고안된 것이었다. 액세스트립스는 20~45세 사이의 소규모 그룹 여행자들을 오지로 데려가는 모험 여행이었는데, 랜섬과 추어드는 페이스북에서 무료 여행권 증정 행사를 해서 온라인 홍보를 하는 방법을 알아보고 있었다. 그러나 그들은 자신들이 원하는 것을 해 줄 소프트웨어가 존재하지 않는다는 것을 알게 되었고, 결국 경품행사, 콘테스트 또는 그 밖의 페이스북에서 진행할 수 있는 프로모션 등을 디자인하는 소프트웨어를 스스로 개발하게 되었다.

이 소프트웨어와 와일드파이어는 일 년 만에 이윤을 창출했다. 고객사는 출장요리 2인 회사에서부터 소니와 유니레버까지 다양했다(Coster, 2012).

회사는 매우 빨리 성장했고, 이는 랜섬의 가치관 기반 문화를 시험하게 되었다.

"회사가 성장할수록 함께 일하는 리더들의 자질이 회사를 좌우한다는 것을 배우게 되었습니다"라고 그는 말한다. "내가 우리 회사의 가치관을 보여 주기 때문에 회사 내 나머지 사람들도 그 가치관을 경험할 거라고 생각할 수도 있습니다. 직원들에게 가장 중요한 영향을 주는 사람들은 직속 상사들입니다. 따라서 경영의 큰 부분을 차지하는 것 중 하나가 적절한 사람들을 뽑고 가이드 하는 능력입니다"(Bryant, 2013).

그런 적절한 사람들을 찾기 위해 필수적인 것은 와일드파이어의 시작 시점부터 직원들에게 회사의 가치관과 기업 문화를 명시해 주는 것이었다. 그러기 위해서 랜섬과 추어드는 와일드파이어에서 사람들에게 가치 있게 여기는 것들이 무엇인지 확인하고 모든 직원들을 소규모 그룹으로 만나서 그들이 이 가치들에 대해 어떻게 여기는지 피드백을 구했다. 그 결과로 나온 것은 열정, 팀 플레이어, 겸손, 정직 등을 포함한, 회사가 심어 주고 본보기를 보여 준 가치들의 목록이었다. 목록에 포함된 또 다른 가치는 자기 목소리를 낼 용기와 호기심이었다.

"우리는 사람들이 계속해서 질문을 하고, 업계에서 어떤 일들이 일어나는지 항상 잘 알고 있고, 회사 내에서 다른 사람들이 무엇을 하고 있는지 알도록 정말로 권장합니다. '그들 대 우리'라는 벽을 허물기 위한 희망 때문입니다"라고 랜섬은 말한다(Bryant, 2013).

랜섬은 그들이 확인한 마지막 가치는 '좋은 일을 하고, 서로를 공정하게 대하는' 것이었다고 말한다(Bryant, 2013).

하지만 어떤 회사가 가진다고 주장하는 가치관은 그렇게 뜻대로 유지되는 것은 아니다. 가치관과 문화는 공통적으로 수용되어야 하며, 그렇지 않으면 무너지게 된다.

"저는 한 회사의 가치관을 무너뜨리는 최선의 방법은 그 가치관을 지키지 않는 사람들을 리더 자리에 앉히는 것이라고 생각합니다"라고 랜섬은 말한다. 다른 사람들이 그 가치관에 대한 믿음을 잃기 시작한다는 것이다. "조치를 취해서 그 사람들을 없애지 않는 한 말입니다. 그렇게 하고 나면 모든 사람들이 다시 그 가치관에 대한 믿음을 되찾게 됩니다"(Bryant, 2013).

랜섬은 회사가 그 가치관을 보여 준 한 방법은 가치관에 부응하지 못한 직원들을 해고했을 때였다고 말한다. 높은 성과를 보인 직원일지라도, 그런 어려운 결정을 내린 것에 대해 직원들은 "그래, 이 회사는 정말 말을 행동으로 보여 주는 회사야"라고 여겼다(Bryant, 2013).

리더십 스타일의 실제

리더는 각자 고유한 리더십 스타일을 가지고 있다. 어떤 사람들은 매우 요구가 많고 자기주장이 강한 반면, 어떤 사람들은 개방적이고 참여적이다. 마찬가지로, 어떤 리더들은 세세한 것까지 관리를 하는 반면, 어떤 리더들은 비지시적 리더라고 말할 수 있다. 어떤 경우이든, 여러분은 자신의 리더십이 권위적 · 민주적 · 방임적인 정도에 관하여 자신의 리더십을 특징짓는 것이 유용하고 유익하다.

　이러한 리더십 스타일들이 서로 별개의 것으로 분리되는 것이 아니라는 데 주목하는 것이 중요하다. 이 스타일들은 높은 리더 영향력으로부터 낮은 리더 영향력으로 이어지는 하나의 연속선상에서 발견되는 것으로 생각하는 것이 가장 좋다 (그림 3.1 참조). 높은 영향력을 발휘하는 리더는 권위적이다. 중간 정도의 영향력을 보이는 리더는 민주적이다. 영향력을 적게 발휘하거나 거의 발휘하지 않는 리더는 방임적이다. 우리는 다른 스타일들보다 주로 하나의 스타일을 발휘하는 경향이 있지만, 개인 리더십 스타일은 고정된 것이 아니며 상황에 따라 바뀔 수 있다.

　이 장 뒷부분의 리더십 스타일 진단지의 결과가 여러분의 리더십 스타일에 대해서 어떠한 것을 알려주는지 생각해 보자. 자신의 주요 스타일은 무엇인가? 자신이 가장 편하게 느끼는 것은 권위적 리더십인가, 민주적 리더십인가, 방임적 리더십인가? 만약 업무를 조직하는 것을 좋아하고, 다른 사람들에게 기본 규칙을 정해주기를 좋아하며, 구성원들을 가까이서 감독하기를 좋아하고, 구성원들이 일하도록 만드는 것이 자신의 책임이라고 생각하며, '지휘권'을 잡거나 다른 사람들이 무

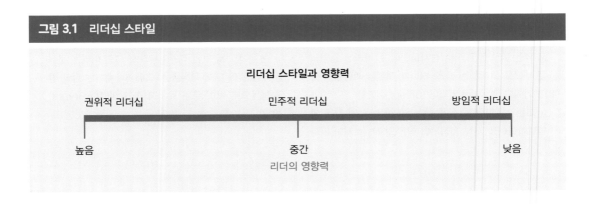

그림 3.1　리더십 스타일

리더십 스타일과 영향력

권위적 리더십　　　　　민주적 리더십　　　　　방임적 리더십

높음　　　　　　　　　　중간　　　　　　　　　　낮음
리더의 영향력

엇을 하고 있는지 알기를 바라고, 구성원들에게 상과 벌을 주는 것이 필요하다고 굳게 믿는 유형의 리더라면, 여러분은 권위적인 리더이다. 만약 구성원들에게 명령이나 최후통첩을 내리는 것이 드물고, 그 대신 구성원들과 함께 일하고 그들이 과제를 접근하는 방식이나 일을 완성하는 방법을 생각해 내는 것을 돕고자 노력한다면, 여러분은 주로 민주적인 리더이다. 구성원들 각자가 자신의 개인 목표를 달성하도록 도와주는 것이 민주적 리더에게는 중요하다.

드물게, 여러분은 자신이 방임적 리더십을 나타내고 있다는 것을 발견할 수도 있다. 선호되는 스타일은 아니지만, 자신이 방임적으로 행동하고 있는지 인식하는 것은 중요하다. 방임적 리더는 리더십을 매우 삼가는 자세를 보인다. 구성원들이 무엇을 달성할지는 그들 스스로에게 달려 있다. 만약 여러분이 구성원들이 완전한 자유 속에서 번창할 것이라고 믿는다면, 방임적 스타일이 자신에게 알맞은 스타일일 수도 있다. 그러나 대부분의 상황에서 방임적 리더십은 성공과 생산성을 저해한다.

정리

우리는 모두 인간 본성과 일에 대한 우리의 믿음에 근거한 리더십 철학을 가지고 있다. 어떤 리더들은 X이론과 비슷한 철학을 가지고 있다. 그들은 직원들이 동기 부여가 결여되어 있고 명령과 통제를 필요로 한다고 본다. 또 다른 리더들은 Y이론과 비슷한 철학을 가진다. 그들은 직원들이 스스로 동기 부여되고 리더로부터 직접적인 영향 없이도 일할 능력이 있는 것으로 접근한다.

우리가 가진 리더십 철학은 리더십 스타일에서 드러난다. 흔히 관찰되는 리더십 스타일 세 가지는 **권위적 · 민주적 · 방임적 리더십**이다. X이론과 유사하게, **권위적 리더**는 구성원들에게 명령이 필요하다고 인식하며, 따라서 강력한 영향력과 통제를 행사한다. Y이론과 비슷하게, **민주적 리더**는 구성원들이 자기 스스로 주도적 결정이 가능하다고 보며, 따라서 조언과 지원을 제공한다. **방임적 리더**는 구성원들이 자기 마음대로 하도록 내버려 두며, 명령도 격려도 제공하지 않는다.

효과적 리더십은 우리로 하여금 우리의 리더십 철학과 그것이 어떻게 우리의 리더십 스타일에 대한 기초가 되는지 이해할 것을 요구한다. 이와 같은 이해는 더 많이 아는 유능한 리더가 되기 위한 첫 단계이다.

주요 용어

권위적 리더십 스타일(authoritarian leadership
  styles)

리더십 스타일(leadership style)

리더십 철학(philosophy of leadership)

민주적 리더십 스타일(democratic leadership style)

방임적 리더십 스타일(laissez-faire leadership style)

X이론(Theory X)

Y이론(Theory Y)

Z이론(Theory Z)

3.1 사례 연구 – 서로 다른 스타일

바네사 밀즈는 레이크쇼어 은행의 한 지점에 최근 고용되었다. 이 지점은 매우 바쁘고 직원 규모가 큰 곳으로, 현장 매니저가 세 명이다. 신입 직원으로서 바네사는 개인 금융 전문가로 성공하는 법을 알아가는 한편, 세 명의 서로 아주 다른 매니저들의 기대를 만족시키고자 노력하고 있다.

바네사는 월급을 받지만, 신규계좌 개설이나 고객에게 신용카드, 대출한도, 대출, 증권 계좌 같은 새 서비스를 판매하는 등의 일로 수수료도 받는다. 개인 금융 전문가는 매달 지정된 수의 계좌를 개설할 것과 고객들의 다양한 금융 니즈를 탐색하고 그에 대한 서비스를 제시하는 것을 통해 고객들과 관계 형성을 할 것을 요구받는다.

매리언 우즈는 바네사가 일하는 지점의 매니저 중 한 명이다. 그는 레이크쇼어 은행에서 10년간 일해 왔고 이 지점의 성공에 대해 스스로 자부심을 느끼고 있다. 매리언은 계좌 개설 수나 고객 관계 차원에서 직원들의 성과를 공공연하게 말하며, 직원들의 생산성에 따라 칭찬하거나 야단을 친다. 매리언은 바네사에게 절차를 지키고 고객들을 잘 설득하여 새 계좌를 만들거나 새 서비스를 이용하게 만들기 위해 자기가 제공하는 매뉴얼을 사용하는 것이 중요하다고 강조한다.

신입 은행원으로서 바네사는 별로 많은 계좌 개설을 유치하지 못했고 자신의 능력에 대해 매우 불확실하게 느끼고 있다. 그는 매리언이 항상 자신을 지켜보고 평가하고 있다고 믿으며 그 앞에서 위축된다. 몇 번이나 매리언은 개인 금융 전문가로 얼마나 부족한지를 거론하며 바네사를 공개적으로 비판했다. 바네사는 매리언이 자기를 좀 내버려 둘 수 있게 판매실적을 올리려고 열심히 노력하고 있다.

바네사의 지점의 또 한 명의 매니저인 브루스 덱스터는 레이크쇼어 은행에서 14년을 일했다. 브루스는 창구 직원에서 시작해서 지점 매니저로까지 승진했다. 매니저로서 브루스는 월요 직원회의 주재를 책임진다.

이 직원회의에서 브루스는 신규계좌 실적 현황과 목표치를 전달한다. 또한 그는 개인 금융 전문가들이 수립한 신규고객 유치 숫자도 발표한다. 회의가 끝나면 브루스는 자기 사무실 안으로 들어가서 컴퓨터 모니터 뒤로 숨어 지낸다. 그는 다른 사람들과 어울리는 일이 거의 없다. 바네사는 브루스가 사무실에 박혀 있을 때가 좋은데, 자신의 성과를 면밀히 검토당할 걱정을 안 해도 되기 때문이다. 하지만 바네사가 고객 상담 중에 자신의 금융 지식을 벗어나는 영역의 문제를 해결해야 할 때에는 브루스가 매니저로서 아무 도움도 주지 않기 때문에 스트레스를 받는다.

이 지점의 세 번째 매니저는 헤더 애트우드이다. 헤더는 레이크쇼어 은행에서 일한 지는 1년이 채 되지 않았지만 다른 은행에서 9년을 일했었다. 바네사는 헤더가 매우 도움이 된다고 여긴다. 그는 바네사가 고객과 함께 있을 때 종종 자리에 들러서 자기소개를 하고 문제 없이 잘되고 있는지 확인한다. 헤더는 또한 자신이 불만 있는 고객이나 복잡한 요구를 하는 고객과 전화할 때 바네사가 옆에서 들을 수 있게 해 주어서 바네사가 이런 상황을 처리하는 방법을 배울 수 있게 해 준다. 헤더는 직원들을 신뢰하고 그들이 성장하는 것을 지켜보기를 즐기는데, 누가 계좌 개설을 많이 하는지 게임을 준비하기도 하고 고객 대응이 잘못될 때 유용한 피드백을 해 주기도 한다. 바네사는 헤더에게서 받는 조언과 지원을 감사하게 생각하며, 그의 유능함과 친절함 때문에 우러러본다.

바네사는 곧 3개월 평가를 앞두고 있는데, 낮은 판매실적과 자신의 수행에 대해 브루스와 매리언으로부터 받은 부정적 피드백 때문에 해고될지도 모른다는 걱정에 차 있다. 바네사는 다가올 평가와 무엇을 예상해야 할 지에 대해 헤더와 이야기를 나누기로 한다. 헤더는 그가 잘하고 있으며 비록 숙련된 은행원의 실적은 아직 못 내고 있지만 가능성을 보이고 있다며 격려한다. 그래도 바네사는 브루스와 매리언이 걱정스럽다. 그는 브루스와 거의 두 번밖에 말을 해 보지 못했 고, 자신이 보기에 돌아다니면서 직원들에게 숫자를 외쳐대는 것으로 자신의 역할을 하는 매리언은 바네사 를 겁먹게 한다.

질문

1. X이론과 Y이론의 가정에 근거할 때, 각 매니저의 리더십 철학과 스타일을 어떻게 설명하겠는가? 바네사에 대한 그들의 태도는 어떤 방식으로 그들의 리더십에 영향을 미치는가?

2. 이런 종류의 고객 서비스 환경에서, 어떤 리더십 스타일이 은행의 목표를 이루는 데 있어 가장 효과적일까? 은 행의 관점에서 볼 때, 어느 매니저가 가장 적절한 리더십을 보이고 있는가? 이에 대해 토의해 보자.

3. 은행에서 리더십 스킬을 강화하는 데 있어 각 매니저에 어떤 조언을 해 줄 수 있나?

4. 바네사가 3개월 평가를 준비하는 데 있어 무엇을 할 수 있을까?

3.2 사례 연구 – 로봇공학 팀 이끌기

앤더스 달그렌은 지난 3개월 동안 대회 참가를 위해서 로봇 설계, 제작 및 프로그래밍을 해온 고교 로봇공학 팀의 멘토이다. 팀은 14명의 남학생과 한 명의 여학생으로 구성되었으며, 9학년부터 12학년까지 있다. 첫 대회가 3주 앞으로 다가오면서, 앤더스는 팀이 새로운 리더 밑에서 일하는 것에 익숙해지도록 팀 캡틴을 정해야 한다. 대회 중에 팀 캡틴은 종종 중대한 결정들을 내려야 한다.

로봇공학 팀은 기계공학 그룹과 프로그래밍 그룹으로 나뉜다. 기계공학 그룹은 로봇 설계와 제작을 담당하고, 프로그래밍 그룹은 로봇이 주어진 과제를 완수할 수 있도록 지시해주는 컴퓨터 코드를 개발한다. 대회 중에 팀 캡틴은 양쪽 그룹과 협력해서 로봇의 과제 수행 능력을 개선하도록 즉석에서 설계와 프로그램을 수정해야 한다. 십 대의 학생에게는 압박감이 심한 직책이다. 팀원들의 감정과 스트레스가 고조된 상황 속에서, 캡틴은 기계공학과 프로그래밍 양 측면을 이해해야 할 뿐만 아니라, 서로 개성이 다르고 자존심 있는 14명의 학생들이 하나의 공동 목표를 위해서 일하도록 만드는 능력이 필요하기 때문이다.

로봇공학 팀원들 중에 앤더스가 캡틴 후보로 고려하고 있는 학생은 세 명이다.

- 프리아는 11학년이며 팀의 유일한 여학생이다. 그는 2년째 팀에서 활동하고 있으며, 프로그래밍 그룹에 속해 있다. 앤더스는 그를 매우 진지하고 코딩에 천재적인 학생으로 묘사한다. 또한 그는 로봇 설계에 있어서도 훌륭한 아이디어를 제공하기도 했다. 프리아는 매우 체계적이다. 팀의 연초 첫 번째 미팅 이후, 그는 과제들과 그 기한을 정리한 일정계획표를 만들고, 팀원들이 계획에 따를 수 있도록 작업실에 있는 대형 화이트보드에 일정표를 적어놓았다. 프리아는 십 대 소년들의 장난 어린 행동들을 잘 용납하지 못한다. 프로그래밍 그룹의 학생들이 유튜브 영상이나 음악에 대해 이야기하는 등 과제에서 벗어난 행동을 한다고 생각할 때마다 그는 "제발 집중하자"고 팀원들을 나무란다. 프리아는 규칙을 매우 엄격하게 지키고, 팀원들이 일을 대충 해치우거나 지시사항 또는 일정에 충분히 따르지 않을 때 그것을 지적한다. 앤더스는 프로그래밍 그룹의 팀원들이 문제나 장애물에 마주쳤을 때, 프리아에게 해결책을 정하도록 맡긴다는 사실을 알아차렸다. 그가 추측하기에 그 이유는 부분적으로는 학생들이 프리아의 의견을 존중하기 때문이지만, 부분적으로는 어찌됐든 프리아가 문제를 어떻게 해결할지 지시할 것이라는 사실을 알고 있기 때문이다. 하지만 언젠가 한번 프리아가 아파서 결석했을 때, 앤더스는 양쪽 그룹의 학생들이 프리아가 "너무 권위적"이고 기한 엄수와 엄격함 때문에 "너무 스트레스를 준다"고 말하는 것을 엿들었다.

- 12학년인 저스틴 역시 2년째 팀에서 활동하고 있다. 저스틴은 낙관적이고 사람들과 잘 어울리는 소년으로, 기계공학 그룹에 속해 있다. 하지만 그는 별로 계획적이지 못하다. 그는 공구를 어떻게 사용할 지 계획하기 전에 일단 가져가서 사용하는 경향이 있다. 기계공학 그룹의 다른 팀원들은 그를 '맥가이버'라고 부른다. 손수 무언가 만드는 솜씨가 뛰어나고, 한 시간 정도 여러 가지 부품들을 가지고 만지작거리는 것만으로 기계공학적 문제를 해결해낼 때가 많기 때문이다. 또한 그룹의 학생들은 저스틴이 실수를 해도 흔쾌히 용서해주곤 하는데, 그의 유머 감각이 항상 그들을 웃겨주고, 그가 실수를 바로잡는 방법을 항상 찾아내기 때문이다. 앤더스는 저스틴이 그룹을 이끌 때 기계공학 그룹이 가장 창의성을 발휘한다는 사실을 안다. 그러나 앤더스가 개입해서 과제 범위와 목표를 정해주지 않으면 작업이 급속도로 혼란에 빠지게 될 때도 있다.

- 역시 기계공학 그룹에 소속된 제롬은 조용하고 공손하며 예의바르다. 그는 12학년으로, 9학년 때부터 로봇공학 팀에서 활동했다. 그는 로봇공학 대회에 이미 참가했던 경험이 있으며, 그가 지난 3년간 배웠던 것들이 많은 부분에서 올해 팀이 하고 있는 작업의 바탕이 되었다. 그는 컴퓨터로 로봇을 설계하는 작업과 로봇을 제작하는 학생들이 설계도를 이해하고 따르도록 도와주는 일을 제일 좋아한다. 다른 팀원들이 그의 설계 중 일부분에 대해서 의문을 제기하면, "너는 우리가 그 부분을 어떻게 해야 한다고 생각하는데?"라고 묻는다. 그는 팀원들의 아이디어를 들어주고, 다른 팀원들도 찬성하면 자신은 그 아이디어가 잘 되지 않을 거라고 생각해도 실행한다. 시행착오를 허용하는 제롬의 방식은 종종 작업 진행을 늦추곤 한다. 어떤 아이디어가 잘 되지 않는 것을 확인하면, 만든 것을 분해하고 처음부터 다시 시작해야 하기 때문이다. 앤더스가 제롬에게 어째서 자신의 기획을 더 적극적으로 변호하지 않는지 묻자, 제롬은 다음과 같이 대답했다. "그건 제 스타일이 아니에요. 제가 모든 정답을 알고 있다고 어떻게 장담하겠어요? 우리는 모두 배우기 위해서 모인 거잖아요. 그렇죠? 그리고 항상 제 방식대로 해야 한다고 우기면, 우리가 어떻게 새로운 걸 배울 수 있겠어요?"

질문

1. 여러분의 프리아, 저스틴, 제롬의 리더십 스타일을 각각 어떤 식으로 설명하겠는가?

2. X이론과 Y이론의 가정에 근거할 때, 프리아, 저스틴, 제롬의 리더십 철학을 각각 어떻게 설명하겠는가?

3. 로봇공학 팀이 참가할 대회는 치열하고 스트레스가 많은 상황이 될 것으로 보인다. 이러한 상황에서 민주적인 리더가 권위적인 리더만큼 효과적일 것이라고 생각하는가?

3.3 리더십 스타일 진단지

목적

1. 자신의 리더십 스타일을 확인한다.
2. 자신의 리더십 스타일이 다른 리더십 스타일들과 어떻게 연관되는지 살펴본다.

작성법

1. 아래 각 항목에 대해, 자신이 동의하거나 동의하지 않는 정도를 나타내는 숫자에 동그라미 친다.
2. 머릿속에 바로 떠오르는 대로 작성한다. 정답이나 틀린 답은 없다.

문항 및 내용	전혀 아니다	별로 아니다	가끔 그렇다	어느 정도 그렇다	매우 그렇다
1. 직원들은 주의 깊게 감독해야 한다. 그러지 않으면 그들은 할 일을 하지 않을 가능성이 크다.	1	2	3	4	5
2. 직원들은 의사결정 과정에 참여하고 싶어 한다.	1	2	3	4	5
3. 복잡한 상황에서, 리더는 구성원들이 스스로 문제를 해결하도록 놓아두어야 한다.	1	2	3	4	5
4. 일반적으로 대부분의 직원들은 게으르다고 말하는 것은 타당하다.	1	2	3	4	5
5. 압박 없이 지도를 제공하는 것이 훌륭한 리더의 비결이다.	1	2	3	4	5
6. 리더십은 구성원들이 제 할 일을 하도록 비켜나 있을 것을 요구한다.	1	2	3	4	5
7. 일반적으로 조직의 목적 달성을 위해 직원들을 동기 부여하려면 그들에게 상벌이 주어져야 한다.	1	2	3	4	5
8. 대부분의 직원들은 리더로부터 지원을 받는 커뮤니케이션을 선호한다.	1	2	3	4	5
9. 일반적으로 리더는 구성원들이 스스로의 일을 평가하도록 내버려 두어야 한다.	1	2	3	4	5
10. 대부분의 직원은 자신의 일에 대해 불안해하고 지시를 필요로 한다.	1	2	3	4	5
11. 리더는 구성원들이 자신들의 일을 완수할 책임을 받아들이도록 도와야 한다.	1	2	3	4	5

문항 및 내용	전혀 아니다	별로 아니다	가끔 그렇다	어느 정도 그렇다	매우 그렇다
12. 리더는 구성원들에게 스스로 문제를 해결할 완전한 자유를 주어야 한다.	1	2	3	4	5
13. 리더는 그룹 구성원들의 성과를 최종적으로 판단하는 사람이다.	1	2	3	4	5
14. 구성원들이 자신의 열정을 찾도록 돕는 것은 리더의 임무이다.	1	2	3	4	5
15. 대부분의 상황에서 직원들은 리더로부터 의견을 거의 바라지 않는다.	1	2	3	4	5
16. 유능한 리더는 명령을 내리고 절차를 명확히 한다.	1	2	3	4	5
17. 사람들은 기본적으로 유능하며, 과업이 주어진다면 잘 해낸다.	1	2	3	4	5
18. 보통 구성원들은 내버려두는 것이 최선이다.	1	2	3	4	5

점수 집계

1. 1, 4, 7, 10, 13, 16번에 대한 점수를 합산한다(권위적 리더십).
2. 2, 5, 8, 11, 14, 17번에 대한 점수를 합산한다(민주적 리더십).
3. 3, 6, 9, 12, 15, 18번에 대한 점수를 합산한다(방임적 리더십).

총점

권위적 리더십 : _____

민주적 리더십 : _____

방임적 리더십 : _____

점수 해석

이 진단지는 자주 나타나는 세 가지 리더십 스타일을 측정하기 위한 것이다. 권위적 · 민주적 · 방임적 리더십 스타일이 그것이다. 자신의 점수들을 비교해 봄으로써, 여러분은 자신의 리더십 스타일에서 가장 지배적이고 가장 덜 지배적인 스타일이 무엇인지 결정할 수 있다.

점수가 26~30점이라면, 매우 높은 범위에 속한다.
점수가 21~25점이라면, 높은 범위에 속한다.
점수가 16~20점이라면, 중간 범위에 속한다.
점수가 11~15점이라면, 낮은 범위에 속한다.
점수가 6~10점이라면, 매우 낮은 범위에 속한다.

3.4 관찰 연습

리더십 스타일

목적

1. 권위적 · 민주적 · 방임적 리더십 스타일을 인지한다.
2. 이 세 가지 스타일을 비교해 본다.

작성법

1. 지난 10년 동안 자신이 경험했던 모든 코치, 교사, 음악 지휘자, 또는 매니저들 중에서, 권위적이었던 한 사람, 민주적이었던 한 사람 그리고 방임적이었던 한 사람을 각각 골라본다.

   권위적 리더(이름) _____

   민주적 리더(이름) _____

   방임적 리더(이름) _____

2. 다른 종이에, 이 리더들 각각의 독특한 특성들을 설명해 본다.

질문

1. 각각의 리더가 여러분에게 영향력을 끼침에 있어 어떻게 노력했는지에 관하여 어떤 차이점들을 발견했는가?

2. 이 리더들은 상과 벌의 사용에 있어 어떤 차이를 보였는가?

3. 다른 사람들이 각각의 리더에 반응한 방식에 대해 무엇을 관찰할 수 있었는가?

4. 여러분은 어떤 리더 밑에서 가장 생산적이었는가? 그 이유는?

3.5 성찰 및 실행 과제 워크시트

리더십 스타일

성찰

1. X이론과 Y이론의 가정들을 되돌아볼 때, 여러분은 자신의 리더십 철학을 어떻게 설명하겠는가?

2. 세 가지 리더십 스타일(권위적 · 민주적 · 방임적) 중에서, 어떤 스타일이 자신에게 가장 편하게 다가오는가? 여러분이 이 스타일을 사용할 때 사람들이 어떻게 반응하는지 설명해 보자.

3. 민주적 리더십의 양상들 중 하나는 구성원들이 스스로 책임지는 것을 돕는 것이다. 여러분은 다른 사람들이 스스로 돕는 자신의 능력을 어떻게 평가하는가?

실행 과제

1. 만약 여러분이 자신의 리더십 철학을 강화하려는 노력을 한다면, 인간 본성과 일에 대한 자신의 가정들에서 어떤 식의 변화를 주어야 할까?

2. 리더십 스타일 진단지에서 얻은 결과를 볼 때, 여러분은 어떤 점수들을 바꾸고 싶은가? 그렇게 바꾸기 위해서는 무엇을 해야 할까?

3. 자신의 리더십 스타일을 향상시키기 위해 할 수 있는 구체적인 활동 세 가지를 써 보자.

4. 만약 여러분이 이 변화들을 만들어 낸다면, 그것은 다른 사람들에게 어떤 파급 효과를 가져 오게 될까?

참고문헌

Book Report Network. (2019). Biography: The March for Our Lives founders. *20SomethingReads*. Retrieved from https://www.20somethingreads.com/authors/the-marchfor-our-lives-founders

Bryant, A. (2013, January 26). If supervisors respect the values, so will everyone else. *The New York Times*. Retrieved from http://www.nytimes.com/2013/01/27/business/victoria-ransom-of-wildfire-on-instilling-a-companys-values.html?_r=0

Coster, H. (2012, October 19). Victoria Ransom's wild ride. *Fortune*. Retrieved from http://tech.fortune.cnn.com/2012/10/19/victoria-ransom-wildfire/

Harms, P. D., Wood, D., Landay, K., Lester, P. B., & Vogelsang Lester, G. (2018). Autocratic leaders and authoritarian followers revisited: A review and agenda for the future. *The Leadership Quarterly, 29*, 105–122.

House, R. (1996). Path-goal theory of leadership: Lessons, legacy, and a reformulated theory. *The Leadership Quarterly*, 7, 323–352.

Lewin, K., Lippitt, R., & White, R. K. (1939). Patterns of aggressive behavior in experimentally created "social climates." *Journal of Social Psychology, 10*, 271–299.

March for Our Lives. (2019a). Retrieved from https://marchforourlives.com

March for Our Lives. (2019b). *Mission & story*. Retrieved from https://marchforourlives.com/mission-story/

McGregor, D. (1960). *The human side of enterprise*. New York, NY: McGraw-Hill.

Ouchi, W. G. (1981). *Theory Z: How American business can meet the Japanese challenge*. Reading, MA: Addison-Wesley.

White, R., & Lippitt, R. (1968). Leader behavior and member reaction in three "social climates." In D. Cartwright & A. Zander (Eds.), *Group dynamics* (pp. 318–335). New York: Harper, NY: Harper & Row.

CHAPTER 4

과업 및 관계 다루기

서론

훌륭한 의사는 병을 치료하는 데 유능할 뿐 아니라, 동시에 환자들에게도 마음을 쓴다는 것에 대부분의 사람들이 동의할 것이다. 이와 비슷하게, 훌륭한 교사는 자신의 과목 내용을 잘 알 뿐만 아니라, 동시에 학생들의 개인적인 삶에 대해서도 민감하다. 리더십에서도 이 같은 사실이 적용된다. 훌륭한 리더는 수행해야 할 일을 이해하고, 동시에 그 일을 수행하는 것을 돕는 사람들과 관계할 줄 안다.

리더들이 하는 일, 즉 그들의 행동을 볼 때, 우리는 그들이 두 가지 주요 행동을 한다는 것을 볼 수 있다. 그들은 (1) 과업(task)에 전념하고, (2) 사람들과의 관계(relationship)를 맺는 데 정성을 들인다. 리더의 성공의 정도는 이 두 가지 행동이 어떻게 나타나는지에 따라 결정된다. 상황은 각각 다를 수도 있지만, 모든 리더십 상황에서는 과업 행동과 관계 행동이 모두 어느 정도씩 요구된다.

지난 수십 년간, 리더들이 어떻게 행동하는지에 대해 많은 논문과 책이 쓰여 왔다(Blake & McCanse, 1991; Kahn, 1956; Misumi, 1985; Stogdill, 1974). 이 장의 주제들은 이 저작들에 대한 재검토를 중심으로 구성될 것이다. 리더십 행동의 본질은 과업 행동과 관계 행동이라는 두 가지 차원을 가진다. 어떤 상황은 강력한 과업 행동을 요구하고, 또 다른 상황은 강력한 관계 행동을 요구하지만, 모든 상황은 각각의 행동을 어느 정도씩 필요로 한다. 이와 같은 차원들은 서로 뗄 수 없이 얽혀 있기 때문에, 자신의 리더십 역할 안에서 과업 차원과 관계적 차원을 통합하고 최적화하는 것이 리더의 과제이다.

리더십에 대한 우리 자신의 과업 및 관계적 관점들을 탐색하는 방법 중 하나는 이 두 가지 분야에서 우리의 개인 스타일(personal styles)을 살펴보는 것이다. 우리 모두는 일과 휴식에 관해 독특한 습관들을 형성해 왔으며, 이것들은 수년에 걸쳐, 아마도 초등학교 때로 거슬러 올라갈 만큼 오랜 기간 동안 몸에 배어왔다. 과거에 뿌리를 박고 있는 이런 일과 휴식에 관한 습관들은 우리가 인간으로서 어떤 사람들인지, 그리고 우리가 어떻게 기능하는지와 같은 매우 실제적인 부분을 이루고 있다. 어린 시절 습관들 중 대다수는 세월을 지나 계속 우리와 함께하고 있으며 현재 우리의 개인 스타일에 영향을 미친다.

개인 스타일을 고려하는 데 있어서, 과업 지향적 행동과 관계 지향적 행동을 좀 더 상세하게 설명하는 것이 도움이 될 것으로 보인다. 과업과 관계에 대한 여러분의 성향은 어떤 것인가? 여러분은 개인의 삶에 있어서 과업 지향적인가, 아니면 관계 지향적인가? 여러분은 '일을 완수하는' 과정에서 더 많은 보람을 얻는가, 아니면 사람들과 관계하는 과정에서 더 큰 보람을 얻는가? 우리는 모두 일과 휴식을 어느 정도 함께 추구하는 혼합된 스타일을 지니고 있다. 이 장을 읽기 전에 여러분이 작성한 과업 및 관계 진단지를 통해 여러분의 개인 스타일을 확인할 수 있을 것이다. 이와 같은 설명은 각 개인이 어느 한쪽의 스타일이라는 것을 의미할 수도 있지만, 우리는 모두 이와 같이 양쪽의 행동을 어느 정도 드러낸다는 것을 기억하는 것이 중요하다.

과업 지향적 스타일과 관계 지향적 스타일

과업 지향적 스타일

과업 지향적(task-oriented)인 사람들은 목표 지향적이다. 그들은 성취하길 원한다. 이 사람들에게 일은 의미가 있고, 이들은 '할 일' 목록, 일정표 그리고 일일 계획표 같은 것들을 좋아한다. 이 타입의 사람에게 있어서 일을 성취하고 일을 하는 것이 그들의 존재 이유가 된다. 즉, 이 사람들의 존재 이유는 '행하는 것(doing)'으로부터 나온다. 이들의 '미결 서류함'은 결코 비어 있는 법이 없다. 휴가지에서도, 가능한 한 많은 것을 하려고 한다. 인생의 모든 방면에서, 이들은 '행하는 것'에서 의미를 찾는다.

정신과 의사 제이 로를리히는 자신의 책 일과 사랑 : 결정적 균형(*Work and Love: The Crucial Balance*, 1980)에서 생활을 규칙화하고 구조화하는 데 있어서 일이 어떻게 도움이 될 수 있는지를 보여 주고 있다. 과업을 처리하는 것은 사람들에게 통제와 자기극복의 느낌을 부여한다. 성취는 우리 자신의 이미지를 뚜렷하게 하고 스스로 자신을 정의하도록 도와준다. 경주를 하는 것이나 프로젝트를 완수하는 것과 같이, 어떤 목표에 도달하는 것은 사람들로 하여금 좋은 기분을 느끼게 만들어 준다. 그것은 바로 우리가 누구인지를 긍정적으로 표현하는 것이기 때문이다.

과업 지향적인 사람들에게 드러나는 몇 가지 분명한 사례를 보자면, 일일 플래너에 색깔 표식을 사용하는 사람들, 자기 집의 모든 방에 접착식 노트를 붙여 놓은 사람들, 또는 토요일 오전 10시가 되기 전에 세차를 해 놓고, 빨래를 해 놓고, 집을 청소해 놓는 사람들이다. 과업 지향적 사람들은 또한 장보기에서부터 반복적 웨이트 트레이닝 방법에 이르기까지 모든 일에 대한 목록을 만들 가능성이 있는 사람들이다. 이 사람들의 공통점은 목표를 달성하고 일을 완수하는 것에 대한 관심이다.

관계 지향적 스타일

관계 지향적(relationship-oriented) 사람들은 과업 지향적 사람들만큼 목표 지향적이지 않다는 점에서 그들과 다르다. 관계 지향적인 사람들은 '행하는 것(doing)'보다는 '존재하는 것(being)'에서 의미를 찾는다. 또한 임무를 찾아나서는 대신, 사람들과 어울리고 싶어 한다. 이들은 관계와 그 관계가 가져오는 기쁨을 즐긴다.

더 나아가, 관계 지향적 사람들은 종종 지금 현재를 지향하는 경향이 강하다. 이 사람들은 이루어야 할 어떤 미래의 목적보다는 현재 이 순간에서 의미를 찾는다. 집단 상황에서는, 다른 사람들과 함께 있는 것을 감지하고 느끼는 것이 이 사람들에게는 매력적인 것이다. 일부 사람들은 그들을 '관계 중독자들'로 묘사하기도 한다. 그들은 비행기가 이륙할 때 제일 늦게 휴대전화를 끄고 비행기가 착륙하면 가장 먼저 전화기 전원을 켜는 사람들이다. 기본적으로 그들은 연대감을 좋아한다.

업무 환경에서, 관계 지향적 사람들은 다른 사람들과 연결하거나 밀착되기를 원한다. 예를 들면, 관계 지향적 사람은 날씨, 스포츠, 또는 그 밖에 어떤 것에 대해 이야기를 나누려고 열심히 일하고 있는 사람에게 끼어들어 일을 중단시키는 것을 꺼리지 않는다. 문제를 해결할 때, 관계 지향적인 사람들은 그 문제를 처리하는 데 있어 다른 사람들과 이야기하고 관련하는 것을 좋아한다. 그들은 다른 사람들과 연결되는 것에서 만족을 얻는다. 그리고 집단 내부의 관계가 공고할 때 형성되는 신뢰감을 가치 있게 여긴다.

한 과업 지향적 친구는 관계 지향적인 사람을 다음과 같이 정확하게 묘사했다.

리더십 스냅숏

아이-젠 푸, 전국가사노동자연합 대표

아이-젠 푸는 전국가사노동자연합(NDWA)의 대표이자 '케어링 어크로스 제너레이션스(노인, 장애인 및 그 부양가족을 위해 미국의 장기치료 시스템의 혁신을 추구하는 연합단체-역주)'의 공동대표이다. 그가 이 일을 하게 된 계기는 할아버지를 간병하는 어려움을 목격한 경험이었다. 그의 할아버지는 뇌졸중을 겪은 후 양로원에서 다른 여섯 명의 노인 환자들과 한 방에서 살게 되었다. "그곳에서는 곰팡이와 죽음의 냄새가 났다"고 그의 책 존엄성의 시대(*The Age of Dignity: Preparing for the Elder Boom in a Changing America*)에서 회고한다(Poo, 2015, p. 2). 푸의 할아버지는 그곳에서 3개월 뒤 사망했다. 1996년 컬럼비아대학교를 졸업하고 푸는 가사 노동자들을 조직화하는 일을 시작했다.

푸는 선구적 사상가이자 사회 변혁가로서, 미래에 부양을 필요로 할 노인 인구가 급증하는 등의 인구 변화 추세가 불러올 영향을 전망한다. 85세가 넘는 미국 시민의 인구수는 향후 20년간 두 배 증가할 것으로 예측되며, 이에 따라 노인 부양에 대한 요구도 더욱 증가할 것이다. 푸가 보기에 혁신적인 가정 부양 솔루션은 미래 직장의 구조, 그리고 노인 부양에 대한 정부의 자원 관리 및 규제화와 상호 결합되는 문제 영역이다.

"우리는 주요 전환점들을 맞이할 때마다 반복해서, 국가가 성장하고 우리 개개인이 미국인으로서 기대하는 안전하고 생산적이며 충만한 삶을 위해서, 이에 필요한 사회 기반 시설에 투자해왔다"라고 푸는 말한다. "그리고 이러한 큰 계획들과 이를 실행하는 추진력은 반복해서 우리의 삶을 탈바꿈시켰을 뿐만 아니라, 미국의 경제까지 변화시켜 왔다. 사실 많은 경우 이런 기반 시설 투자 계획들이 바로 미국의 경제를 구성했고, 틀림없이 국가 경제를 구제해 주었다. 부양을 위한 기반 시설은 철도나 고속도로, 전기 혹은 인터넷 설비 등의 기반 시설과는 다른 문제라고 여겨질 수 있다. 나무를 베어내거나 전선을 깔아야 하는 것이 아니므로 말이다. 그러나 부양은 근본적인 사회 구성 요소 중 하나이다. 우리의 가장 기본적인 욕구를 생각해보면, 우리는 누구나 우선적으로 보살핌을 필요로 한다. 먹고, 씻고, 옷을 입을 수 없다면 인터넷이며 전기 설비가 무슨 필요가 있겠는가"(Poo, 2015, p. 143).

푸의 커리어는 관계중심 리더십과 과업중심 리더십을 모두 보여준다. 가사 노동자들의 욕구에 대해 알기 위해서 "그는 많은 시간을 공원이나 버스 등, 가사 노동자들이 모이는 장소들에서 보냈다. 그는 사회적으로 고립된 가사 노동자 여성들의 경험에 대해서 듣고, 학대받는 노동자들이 법적 도움을 받을 수 있도록 안내하고, 가사 노동자들이 경제에서 수행하는 필수적 역할에 대해 서술하고, 노동자들과 함께 가사 노동 산업에 관한 법률 기준의 틀을 마련했다"(MacArthur Foundation, 2019). 그들의 경험에 귀를 기울이고 관심을 쏟음으로써, 푸는 가사 노동자들에 대한 존중을 나타내고 가사 노동의 본질적인 존엄성을 인정했다.

"미국에서 가사 노동자로 일하는 250만 명의 여성들이 우리의 가족과 집안을 보살펴주는 덕분에 우리는 안심하고 매일 우리가 하는 일에 전념할 수 있습니다. 이 여성들은 바로 우리 아이들을 돌봐주는 유모, 우리 집안을 정리 정돈해주는 가정부, 우리 부모님을 보살피고 장애가 있는 가족이 독립적으로 생활할 수 있게 도와주는 간병인들입니다"라고 푸는 말한다(Fessler, 2018).

푸는 또한 가사 노동자들과 맺는 관계를 통해서 그들의 실제적인 욕구를 파악하고, 이들을 서로 비슷한 상황에 있는 사람들과 연결해줌으로써 보다 큰 정체성과 공동체 의식을 형성할 수 있도록 해준다. NDWA 대표로서 푸는 여성을 위한 신뢰와 권위 부여의 문화를 만들었다. 단체 직원들 다수는 원격 근무를 하기 때문에, 매년 두 차례 수련회를 열어서 모든 직원이 함께 모여 계획을 세우고 즐거움과 이야기를 나눈다. "함께 모였을 때 하는 중요한 일 중 하나가 개인적 차원에서 서로 연결하는 것입니다. 모두 친구가 돼야 하기 때문이 아니라, 서로 상대방의 맥락에 대해서 알기 위해서, 우리가 각자 왜 여기에 있고 살아온 이야기는 무엇인지 서로에게 묻습니다. 우리가 걸어온 개개인의 여정은 영감과 회복력이 끊임없이 솟아나는 우물과도 같습니다"라고 푸는 설명한다(Fessler, 2018).

푸는 이렇듯 사람을 돌보는 것을 근본으로 삼아 사회 활동가로서 일해왔다. 푸의 과업중심 리더십은 다양한 방식으로 나타난다. 첫째로, 그는 변화를 위해 효과적이고 통일된 목소리를 낼 수 있도록 가사 노동자들을 조직하는 방법들을 생각해냈다. NDWA 대표로서 그의 핵심 책무는 가사 노동을 바라보는 시각과 가사 노동의 가치에 대해 대중을 교육하고, 가사 노동자들의 근로 기준을 향상시키고, 가사 노동자 운동을 이끌어갈 새로운 리더들을 훈련하는 목표들을 달성하도록

돕는 것이다. 이를 위해서 푸는 NDWA의 임무에 계속 집중하며, 임무 수행을 뒷받침할 프로그램들을 개발하고, 이를 도와줄 직원들을 고용하고 작업 준비를 시킨다. "NDWA는 모든 하는 일에서 유색인종 여성의 목소리와 리더십을 그 중심에 둔다"(National Domestic Workers Alliance, 2016).

둘째로, 푸는 노동자들을 조직해서 가사 노동자의 권리를 인정하고 보호하는 법률 제정을 지지한다. 2010년, 뉴욕시는 잔업 수당, 일주일에 하루 휴일, 차별로부터 보호, 그리고 1년에 3일간의 유급 휴가를 근로자들에게 보장하는 가사 노동자 권리장전을 입법화했다. 푸와 함께 헌신적으로 일하는 노동자 및 지지자 집단이 7년간 힘겹게 법률제정 캠페인을 벌인 결과였다. 다양한 그룹들 간의 공통된 이해를 이용하는 푸의 능력 덕분에 가사 노동자들과 그들의 고용주들, 그리고 다른 노동조합들이 함께 단합해서 형성된 예상 밖의 연합체의 지지를 받았기 때문이기도 하다(MacArthur Foundation, 2019).

2014년 푸는 맥아더 재단(비영리단체에 보조금 및 투자금을 주는 개인 재단–역주)으로부터 '천재' 보조금을 받았고, 2012년에는 **타임**지가 선정한 '가장 영향력 있는 인물 100명' 중 한 명으로, 2015년에는 **포천**지가 선정한 '가장 훌륭한 리더 50명' 중 한 명이 되었다. 그는 과업중심 리더십으로 가장 주목을 받았지만, 푸가 그의 성공에 있어서 가장 중요한 요소라고 생각하는 리더십 행동은 바로 '경청'이다. "우리 단체에서 내는 제일 훌륭한 아이디어들은 멤버들의 말을 경청해서 나온 것들입니다"라고 그는 말한다. "정말로 말입니다 – 여성들에게, 특히 사회에서 가장 눈에 띄지 않는 곳에서 일해온 여성들에게 귀를 기울이면, 미국이라는 나라를 가장 훌륭하게 대표하는 정말 놀라운 이야기들을 듣게 됩니다. 경청은 곧 실천입니다. 이야기를 잘 들어주는 능력을 타고나야만 제대로 경청하는 사람이 될 수 있는 것이 아닙니다. 그것은 우리 모두가 배울 수 있고, 또한 배워야만 하는 것입니다"(Fessler, 2018).

"그는 여러분이 잔디를 깎거나 보트에 덮개를 씌우려고 하는데 손에 커피 머그를 들고 와 옆에 서서 얘기를 건네는 타입의 사람이죠." 관계 지향적인 사람은 '행하는 것'이 아니라 '관계하는 것' 혹은 '존재하는 것'에서 의미를 찾는다.

과업중심 리더십과 관계중심 리더십의 실제

앞에서, 여러분에게 과업 및 관계에 대한 자신의 개인 스타일을 생각해 보도록 했다. 이제, 여러분의 리더십 스타일의 과업 차원 및 관계적 차원을 살펴볼 것이다.

그림 4.1은 과업-관계의 연속선상에서 리더십 차원들을 설명하고 있다. 연속선상의 왼쪽 끝에 나타나는 과업 지향적 리더십(task-oriented leadership)은 절차, 활동 및 목표 성취에 뚜렷하게 초점을 두는 리더십을 나타낸다. 연속선의 오른쪽 끝에 나타나는 관계 지향적 리더십(relationship-oriented leadership)은 구성원들의 복지, 서로 간에 관계하는 방법 그리고 일하는 분위기에 일차적으로 초점을 두는 리더십을 나타낸다. 대부분의 리더십은 과업 및 관계 지향적 리더십 양 극단 사이의 중간 지점에 위치한다. 이런 리더십 스타일은 중간 범위 부분, 즉 두 가지 리더십 스타일을 혼합한 것이다.

남성과 여성 모두 두 가지 리더십 스타일을 사용한다. 그러나 사람들이 보기에 이들이 사용하는 스타일은 같은 방식으로 인식되지 않는다. 최근 미국 직장은 더욱 평등한 환경이 되었지만, 여성 리더들은 과업 지향적이기보다 관계 혹은 공동체 지향적일 것이라는 사회적 기대가 여전히 남아 있다(Eagly & Karau, 2002). 여성이 효과적인 리더로 인식되기 위해서는 양쪽 스타일 사이의 균형을 맞추는 데 특별히 주의해야 할 필요가 있다. 정, 서지빌과 카르크(2018)의 연구에 따르면, 여

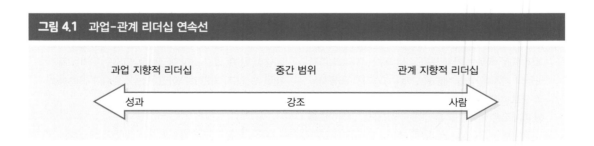

그림 4.1 과업-관계 리더십 연속선

과업 지향적 리더십　　　　　　중간 범위　　　　　　관계 지향적 리더십

성과　　　　　　　　　　　　강조　　　　　　　　　　　　사람

성 리더들은 양 스타일 간의 균형을 잡기 위해서 관계 지향적 행동과 과업 지향적 행동과 직결된, 외견상 서로 모순적으로 보이는 특성들을 보여준다. 예를 들어, 까다로우면서(과업) 배려하는(관계), 권위적이면서(과업) 참여적인(관계), 거리를 두면서(과업) 접근 가능한(관계) 면모를 보인다. 여성 리더들은 먼저 관계중심 스타일로 신뢰를 쌓은 뒤에 목표 달성을 위해서 권위적인 리더십을 발휘하는 등, 종종 상황에 따라서 행동을 바꾼다. 또한 이들은 관계 지향성을 유약함이 아닌 자신감을 반영하는 것으로 인식의 틀을 바꾸고자 한다. 여성 리더들은 관계 행동과 과업 행동을 공존시킴으로써 성과를 높이고, 공동 목표 달성을 위해 사람들을 결집시키고, 구성원들의 이해관계를 조율하고, 리더-구성원 간 관계를 구축한다.

이 장의 서두에서 논의한 대로, 훌륭한 리더는 완수해야 할 일을 이해하고 있으며, 그 일을 하게 될 사람들을 이해해야 할 필요성도 알고 있다. 리더십을 '수행하는' 과정은 리더가 과업과 관계를 모두 살필 것을 요구한다. 리더에게 있어서 구체적인 과제는 주어진 맥락이나 상황에서 얼마만큼의 과업과 얼마만큼의 관계가 요구되고 있는지를 결정하는 것이다.

과업중심 리더십

과업중심 리더십(task leadership) 행동은 목표의 성취를 촉진한다. 이것은 구성원들로 하여금 자신의 목적을 성취하도록 돕는 행동이다. 연구자들은 과업중심 리더십에 수많은 행동이 포함된다는 것을 발견했다. 이런 행동들은 종종 다른 형식으로 이름 붙여지지만, 이들은 항상 과업 완수에 관한 것이다. 예를 들면, 어떤 사람들은 과업중심의 리더십을 구조 주도(initiating structure)라고 부르는데, 이는 리더가 일을 조직화하고, 역할 책임들을 정의하고, 업무활동 계획을 짜는 것을 의미한다(Stogdill, 1974). 또 다른 사람들은 과업중심 리더십을 성과 지향(production orientation)으로 이름 붙였는데, 이는 리더가 성과와 직무의 기술적 측면을 강조한다는 것을 의미한다(Bowers & Seashore, 1966). 이 관점에서 몇 가지 예를 들자면 새로운 제품 개발, 작업량 문제 그리고 판매량 같은 측면에 관심을 기울인다. 과업중심 리더십을 부르는 세 번째 이름은 성과에 대한 관심(concern for production)이다(Blake & Mouton, 1964). 여기에는 정책 결정, 새로운 제품 개발, 작업량, 판매량 또는 조직이 성취하고자 하는 것이면 모두 포함된다.

간단히 말하면, 과업중심 리더십은 팀이 목표를 달성하는 데 있어서 그들을 돕기 위해 무엇인가를 하는 경우라면 언제든지 발생하는 것이다. 이것은 곧 진행될 회의에 대한 안건 목록을 나누어 주는 것과 같은 단순한 것일 수도 있고, 제품 개발 과정에 관한 수많은 품질 관리 기준을 설명하는 것과 같은 복잡한 것일 수도 있다. 과업중심 리더십에는 수많은 행동이 포함된다. 이 모든 행동들의 공통점은 목표 성취를 향해 나아가도록 사람들에게 영향을 미치는 것이다.

여러분이 예상하듯이, 사람들은 다양한 정도의 과업 지향적 리더십 능력을 보인다. 과업 지향성이 높은 사람들도 있고 덜 높은 사람들도 있다. 사람의 개인 스타일이 드러나는 지점이 바로 여기이다. 개인의 삶에서 과업 지향적인 사람들은 자연스럽게 그들의 리더십에서도 보다 더 과업 지향적이다. 반대로, 개인의 삶에서 과업 지향성을 드물게 보이는 사람들은 리더로서도 과업 지향적으로 일하는 것을 어렵게 여길 것이다.

과업 지향성이 높던 또는 높지 않던 간에, 개인이 기억해야 할 중요한 점은 리더로서 그는 항상 어느 정도의 과업 지향적 행동을 보여 줄 것을 요구받는다는 것이다. 어떤 사람들에게는 이것이 쉬울 것이고 또 다른 사람들에게는 도전적인 과제가 될 것이다. 하지만 어느 정도의 과업 지향적 행동은 각자의 효과적인 리더십 수행에서 필수적이다.

관계중심 리더십

관계중심 리더십(relationship leadership) 행동은 구성원들이 자기 자신에 대해, 서로 간에 그리고 그들이 처한 상황에 대해 편안함을 느낄 수 있게 돕는다. 예를 들면, 교실에서 어떤 교사가 모든 학생들이 서로의 이름을 알아야 한다고 요구할 때, 그 교사는 관계중심의 리더십을 보여 주는 것이다. 교사는 학생들이 자기 자신에 대해, 다른 학생들에 대해 그리고 그들의 환경에 대해 편안하게 느낄 수 있도록 돕고 있는 것이다.

연구자들은 관계중심 리더십의 의미를 명확히 하기 위해 여러 가지 방식으로 설명해 왔다. 어떤 연구자들은 이것을 배려 행동(consideration behavior)이라고 이름 붙였는데(Stogdill, 1974), 여기에는 동지 의식 형성, 존중, 신뢰, 리더와 그를 따르는 사람들 사이의 배려가 포함된다. 또 다른 연구자들은 관계중심 리더십을 구성원 지향성(employee orientation)을 가지는 것으로 설명하는데(Bowers & Seashore, 1966), 여기에는 직원들에게 인간 존재로서 관심을 주는 것, 개성을 존중하는 것, 개인의 욕구에 특별한 관심을 기울이는 것이 포함된다. 또 다른 연구에서는 관계중심 리더십을 단순하게 사람에 대한 관심(concern for people)이라고 정의하기도 한다(Blake & Mouton, 1964). 조직 내에서 사람에 대한 관심은 신뢰 구축, 좋은 근무 환경 제공, 공정한 임금 구조 유지, 좋은 사회적 관계를 촉진하는 것을 포함한다.

본질적으로, 관계중심 리더십 행동은 다음 세 가지에 관한 것이다. (1) 구성원들을 존엄과 존중으로 대하기, (2) 관계를 형성하고 사람들이 잘 어울리도록 도와주기, (3) 직장을 즐거운 곳으로 만들기 등이다. 관계중심 리더십 행동은 효과적인 리더십 수행에서 없어서는 안 될 부분이다.

급변하고 매우 다양한 사회 속에서, 리더의 과제는 모든 구성원들에게 귀를 기울이는 데 필요한 시간과 에너지를 찾아서 그들과 효과적인 관계를 맺는 데 필요한 행동을 하는 것이다. 개인적인 삶에서 관계 지향성이 높은 사람들에게, 리더십에서 관계 지향적이 되는 것은 쉬울 것이다. 반면, 과업 지향성이 높은 사람들에게는 리더십에서 관계 지향적이 되는 것은 큰 도전이 된다. 개인 스타일에 상관없이, 모든 리더십 상황은 어느 정도의 관계중심 리더십 행동을 요구하고 있다.

이 장의 앞부분에서 논의한 대로, 과업 및 관계중심 리더십 행동들은 서로 뗄 수 없이 얽혀있으며, 리더의 과제는 구성원들의 욕구에 효과적으로 적응할 수 있도록 이 두 가지 스타일을 최적의 방법으로 통합하는 것이다. 미국 육군에는 'Mission first, people always'라는 말이 있다. 이 말의 뜻은 부하들이 반드시 의욕을 갖고 주어진 목표나 프로젝트를 완수하도록 만들기 위해서 리더는 언제나 대인 관계와 팀의 관계를 육성해야 한다는 것이다. 신입직원이 많은 회사나 조직, 또는 새 교직원들이 있는 중학교에서는 과업중심의 리더십이 결정적으로 중요하다. 헬스장에서 운동 강사가 새로운 운동법을 가르치는 경우에도 그러하다. 혹은 심장 수술 후에 집에 돌아오는 환자의 붕대를 갈고 약을 주는 방식을 배워야 하는 가족들의 경우, 이들은 정확히 무엇을 어떻게 해야 하는지 보건전문인이 지시해주기를 원한다. 이런 상황에서 사람들은 자신들의 역할과 책임에 대해서 불확실하게 느낀다. 그리고 그들은 자신이 할 일을 명확히 해 주고 자신에게 기대되는 것이 무엇인지 말해 주는 리더를 원한다. 실제로, 거의 모든 집단이나 상황에서 일부 사람들은 리더로부터 과업에 대한 지시를 받기를 원한다. 이런 상황에서는 리더가 강력한 과업 지향적 리더십을 보여주는 것이 다른 무엇보다 더 중요하다.

반면에, 많은 집단이나 상황에서는 지시를 받는 것보다 다른 사람들과 어울리거나 관계하는 것을 더 원하는 사람들도 역시 존재한다. 예를 들면, 공장이나 교

과업 및 관계 중심 스타일에 대한 학생들의 시각

다음 사례들은 대학생이 쓴 개인 관찰기록이다. 이 글들은 현실의 경험에서 과업 및 관계 지향성이 가지는 뚜렷한 차이들을 보여 주고 있다.

과업이 좋아요

나는 분명히 과업 지향적인 사람이다. 어머니로부터 목록표에 대한 사랑을 물려받았고, 아버지는 나에게 한번 시작한 일은 끝낸다는 것의 가치를 심어 주셨다. 그 결과, 나는 내 삶의 모든 방면에서 정리정돈을 매우 잘한다. 나는 내가 해야 할 모든 활동을 색깔별로 분류한 플래너를 가지고 있고, 그 목록에서 한 일들을 지워 없애는 것을 즐긴다. 친구들 중 일부는 나를 일 중독자라고 부르지만, 나는 그렇지 않다고 생각한다. 나는 그저 해야 할 일이 많을 뿐이다.

하지만 내 룸메이트 스테프는 나와 완전히 다르다. 그는 그날 할 일들을 말로 읊어 대지만, 보통 (그 리스트 중에서) 아무것도 끝내지 못한다. 그것이 나와 관련된 일일 경우 매우 화가 난다. 예를 들면, 우리가 이사를 하고 약 한 달이 지났을 때까지 박스들이 여기저기 널려 있었다. 스테프는 매일 방을 정돈하겠다고 말했지만, 불행히도 대부분의 경우 실패했다. 그는 쉽게 정신을 빼앗겨 친구들과 놀러나가거나, 페이스북을 하거나, 유튜브를 보느라 짐 정리할 기회를 놓쳐 버리기 일쑤였다.

비록 스테프의 생활이 내게 스트레스를 주었지만, 나는 그것으로부터 배운 것이 있다. 나는 적절한 상황에서 즐거운 시간을 보내는 것을 매우 찬성하지만, 그렇게 계획적이고 일정에 얽매일 필요는 없다는 것을 깨닫는 중이다. 아

무리 세심하게 계획을 세워도, 뭔가가 항상 어긋나기 마련이다. 스테프가 나에게 그것을 가르쳐준 것인지, 또는 내가 그냥 나이를 더 먹어가는 것인지는 모르겠지만, 나는 어쨌든 그것을 배웠다는 것이 기쁘다.

-제시카 렘크

'하기'보다는 '존재하기'

나는 대단히 관계 지향적인 사람이다. 나는 과업을 완수하는 것이 중요하다는 것을 알지만, 사람들이 해내는 일의 질은 자신과 리더에 대해서 어떻게 느끼는지와 직접적으로 관련이 있다고 믿는다.

나는 작년에 방과 후 프로그램에서 5학년 아이들과 함께 일할 기회를 가졌다. 우리가 다룬 문제들은 여러 가지가 있었는데, 여기에는 학업, 행동, 감정 문제들, 그리고 안전한 가정환경을 가지지 못한 아이들(즉, 수도 또는 전기 설비가 없는 집, 신체적·감정적 학대, 가정 내 약물 중독)이 있었다. 우리 프로그램의 '목표'는 이 아이들이 교실에서 '능숙한' 학생들이 되도록 돕는 것이었다.

학교 경영진의 과업 지향적 리더들은 반복 학습, 플래시 카드, 그리고 퀴즈를 통해 학생들의 성적을 향상시킬 것을 강조했다. 학생들의 성적 향상은 중요한 문제였는데, 이는 우리 프로그램이 성공적인지를 통계적으로 측정하는 유일한 방법이었기 때문이었다. 이 어린 학생들이 마주하고 있는 개인적 시련들을 고려할 때, 나의 '관계 지향적인' 마음에서 그들의 성적을 향상시키는 일은 결코 우선순위가 아니었다. 이 아이들은 그들이 학업 과제를 맹목적으로 따르

기를 요구받을 경우 억눌려질 수 있는 많은 잠재능력과 지혜를 가지고 있었다. 게다가 그들은 스스로 어떻게 동기 부여하는지, 어떻게 스스로를 격려하는지, 혹은 인생의 많은 장애물 속에서 어떻게 일을 해내는지를 몰랐다.

대부분의 학생들이 어려워하고 싫어하는 학교 공부 대신에, 나는 학생들과 나의 관계, 그리고 학생들 사이의 관계를 구축하는 것에 집중했다. 우리는 토론, 역할 놀이, 댄스파티, 리더십 프로젝트를 이용해서 그들의 자신감과 감성지능을 심어줬다. 학생들은 학교와 지역사회를 향상시키기 위해 학교에서 쓰레기 줍기와 재활용하기를 시작하였고, 인근 양로원을 위한 카드 만들기 등의 봉사 프로젝트에 함께했다. 그해 연말에는 대부분의 학생들이 성적이 매우 향상되었다. 더 중요한 것은, 매일 '서로 칭찬해 주기' 모임에서 학생들은 자기 자신과 다른 학생들의 성공에 대해서 자부심으로 가득했다는 것이다.

내가 이 이야기를 통해서 전하고자 하는 요점은 내게는 관계 지향적 리더십이 과업보다 더 중요하다는 것이다. 나는 '하기'보다 '존재하기'를 훨씬 더 선호한다. 나는 정리를 잘하는 목표 지향적인 사람이 아니다. 나는 집에서 나설 때 거의 항상 잊어버린 뭔가를 가져오기 위해 두세 번 되돌아가야 하고, 내 집중력은 초파리의 집중력보다도 짧다. 하지만 나는 관계와 인간적 연결에 대한 열정이 나를 동기부여시키는 것이라고 느낀다.

－엘리자베스 매튜스

둘의 혼합

리더십 스타일 접근법은 리더를 과업 지향형과 관계 지향형 중 어느 한쪽이라고 분류한다. 나는 이런 리더십 스타일들이 있다는 것에 동의하지만, 모든 사람들이 명확하게 어느 한쪽으로 구분될 수 있다는 데에는 동의하지 않는다. 오하이오주립대학교 연구에서 말하는 '서로 다른 두 가지 연속선'이 이를 잘 설명하고 있다. 각각의 연속선에서 내가 어디에 위치해 있는지를 결정하는 데 있어서는, 나는 거의 비슷한 비율을 보인다고 해야 할 것이다. 놀랄 것도 없이, 나의 과업과 관계 진단지 결과는 이런 생각을 반영하고 있다. 나는 과업 및 관계 지향적 스타일 모두에서 41점씩을 얻었다. 나는 같은 정도로 과업 지향적이자 관계 지향적이

고, 어떤 상황이냐에 따라 각 스타일이 더 지배적으로 나타나기도 한다.

나는 다른 사람들과 어울리는 것을 즐기며, 모든 사람들이 행복하고 모두 함께 즐거운 시간을 보내도록 하지만, 다른 한 편으로 나는 매우 집중적이며 목표 지향적이다. 친구들과 영화관에 갈 때 나는 해야 할 일의 목록에 대해서 걱정하지 않는다. 반면 학교에서 그룹 프로젝트를 할 때 나는 그룹 구성원들과 친해지는 것에 그만큼 관심을 두지 않는다.

과제를 완수하는 것은 내게 무척 중요하다. 나는 항상 플래너를 가지고 다니는데, 그 이유는 부분적으로는 플래너 없이는 아무것도 기억하지 못하기 때문이기도 하고, 부분적으로는 플래너가 만족감과 마음의 평안을 가져다주기 때문이기도 하다. 나는 장보기, 집안일, 숙제, 목표에 대해서 해야 할 일들의 목록을 만든다. 나는 바쁠 때 활기차게 일하지만, 조직적이지 못할 때는 그렇지 못하다. 예를 들어, 이번 학기에 나는 20학점을 이수하고, 대학원 입학 원서를 내고, GRE 시험을 보고, 서점에서 일하고 있다. 나에게는 그렇게 많은 책임을 갖는 것이 마음의 위안을 준다. 나는 한가할 때 시간을 낭비하는 편이고 그런 느낌을 싫어한다.

하지만 나는 또한 매우 관계 지향적이라고 느끼기도 한다. 나의 과업 지향적 성격은 내가 사람들과 어떻게 상호관계 하는지에 별로 영향을 미치지 않는다. 나는 모든 상황에서 사람들이 편안하고 자신감 있도록 하는 것을 좋아한다. 나는 일을 완수하고 스케줄에 따르도록 나 스스로를 압박하지만, 그와 같은 압박을 다른 사람에게 가하는 것은 생각할 수도 없다. 만약 내가 일이 진행되지 않고 있는 어떤 그룹의 리더라면, 그들이 해야 할 일을 지시하는 것보다 나스스로 모범을 보일 것이다.

나는 '두 개의 연속선'이라는 아이디어가 정말 이해가 된다. 나는 상황에 따라서 과업 또는 관계에 초점을 둔다. 나는 분명 사람들과 즐기고 싶지만, 또한 사람들이 언제 사교를 하는 것이 적절하고, 언제 일을 해내는 것이 적절한지를 기억하는, '때와 장소'를 구별할 줄 아는 태도의 옹호자이기도 하다.

－샐리 존슨

실, 심지어 패스트푸드점과 같은 직장에서도, 리더가 자신의 친구가 되어 주고 인간적 차원에서 자신과 관계해 주기를 원하는 사람들이 있다. 이러한 구성원들은 기꺼이 일할 준비가 되어 있지만, 그들의 일차적 관심은 인정받고, 다른 사람들과 관계하는 느낌을 받는 것에 있다. 예를 들면 암 환자 지지그룹에 참가하는 사람들은 리더로부터 정보를 받는 것도 좋지만, 그보다 더 중요하게 리더가 자신과 공감해 주기를 바란다. 마찬가지로 주민 독서 모임에 참가하는 사람들은 책에 대해서 토론하고 싶어 하지만, 또한 리더가 자신들과 더 친밀한 방식으로 관계해 주기를 바란다. 이런 상황에서 리더는 관계 지향적 행동을 이용함으로써 사람들과 연결관계를 가질 필요가 있다.

유클, 고든, 테이버(2002)는 과업 및 관계 행동 말고도 효과적인 리더십과 관련 있는 세 번째 타입의 리더 행동을 확인했고, 이것을 **변화 행동**(change behavior)이라고 불렀다. 초기 리더십 측정 자료를 분석한 결과, 연구자들은 변화 행동이 비전 세우기, 지적 자극, 위험 감수, 외부 감시를 포함하는 것을 발견하였다. 이 세 번째 타입의 행동은 리더십 연구에서 별로 두드러지게 다루어지지는 않았지만, 그래도 리더들이 하는 일을 특징짓는 중요한 방식 중 하나이다. 변화 행동은 리더십 스킬 및 비전 창조와 밀접하게 연관되었으며, 이에 대해서는 제5장과 제7장에서 논의한다.

사회에서 가장 효과적인 리더는 구성원의 욕구를 인식하고 그에 맞춘다. 팀 리더이든, 교사이든, 또는 관리자이든 간에, 그들은 과업 및 관계중심 리더십을 적절하게 발휘한다. 각기 다른 사람들과 상황들은 서로 다른 정도의 과업중심 리더십과 관계중심 리더십을 요구하기 때문에, 이것은 그리 쉬운 과제가 아니다. 구성원들이 불확실하거나, 혼란을 겪거나, 길을 잃었을 때, 리더는 방향을 제시하고 과업 지향적 리더십을 보여 줄 필요가 있다. 동시에 리더는 구성원들의 결합관계와 애착에 대한 욕구를 알아보는 능력과 과업의 성취를 희생시키지 않으면서도 그런 욕구를 충족시켜 줄 수 있는 능력을 필요로 한다.

결국, 가장 훌륭한 리더는 과업을 수행하고 각각의 구성원들을 한 인간으로 보살핌으로써 그들이 목표를 달성하도록 돕는 리더이다. 우리는 이것을 하는 리더들을 알고 있다. 바로 우리의 신체적 능력을 향상시키기 위해 우리 얼굴이 파랗게 될 때까지 훈련을 하도록 압박하지만, 개인적인 문제를 세심하게 들어주는 코치

들이다. 또한 우리가 1초도 빈둥거리도록 내버려 두지 않지만, 직장이 즐거운 장
소가 되도록 해 주는 매니저들이다. 이 외에도 많은 리더들을 들 수 있겠지만, 요
지는 가장 훌륭한 리더는 일을 완수하게 하면서도, 그 과정에서 다른 사람들을 배
려한다는 것이다.

정리

훌륭한 리더는 과업 지향적이면서 관계 지향적이다. 일과 휴식에서 여러분의 개인 스타일을 이해하는 것은 여러분의 리더십을 더 잘 인식하도록 해 준다. 과업 지향적인 사람은 무엇이든 하는 것에서 의미를 찾고, 관계 지향적인 사람은 다른 사람들과 연결되는 것에서 의미를 찾는다. 효과적 리더십은 과업 지향적이면서 동시에 관계 지향적으로 양쪽 스타일을 모두 지닐 것을 요구한다.

주요 용어

개인 스타일(personal styles)
과업 지향적 리더십(task-oriented leadership)
관계 지향적 리더십(relationship-oriented leadership)
구성원 지향성(employee orientation)
구조 주도(initiating structure)

배려 행동(consideration behavior)
사람에 대한 관심(concern for people)
성과에 대한 관심(concern for production)
성과 지향(production orientation)

4.1 사례 연구 – 둘에서 하나로

마크 슈미트는 대학생 팀들을 고용해 야간에 사무실과 학교를 청소하는 '코에드 청소'라는 업체를 운영하고 있다. 불경기로 인해 코에드 청소회사는 고객들을 잃었고, 마크가 생각할 수 있는 모든 곳에서 경비를 절약했음에도 불구하고, 비용을 더 절감해야 한다는 결론에 다다랐다. 이에 따라 두 팀의 매니저 중 한 명을 해고하고, 나머지 매니저의 리더십 아래에 책임을 통합해야 할 상황이 되었다.

댄 칼리는 학교 건물을 청소하는 학교 담당 팀들을 관리하고 있다. 댄은 항상 이동하며 각 학교에서 일하고 있는 팀들을 방문한다. 직원들은 그를 능률적인 임무 완수자로 묘사한다. 그는 직원 모두가 따라야 하는 체크리스트를 만들고, 각 단계를 완수할 때마다 서명하며 확인하도록 요구한다. 댄은 프로세스 변화에 관한 대부분의 아이디어를 효율에 근거해서 주도한다. 일에서 뭔가가 잘못되면, 댄은 자신에게 이를 보고하도록 하고 문제 해결에 자신이 직접 관여한다. "댄은 굉장히 과업 지향적인 사람"이라고 팀 구성원 중 한 명은 말한다. "그보다 더 열심히 일하거나 일에 대해 그보다 더 많이 아는 사람은 없습니다. 그는 대부분의 사람들이 하루 걸려서 하는 것보다 더 많은 일을 한 시간 만에 해냅니다. 내가 여기서 일한 지 2년이 됐는데, 그가 손을 놓고 쉬거나 커피 한 잔 하는 걸 본 적이 없는 것 같습니다." 댄의 노력 덕분에 코에드 청소회사는 3년 연속 '최고의 청소 업체'로 인정받게 되었다.

애셔 롤랜드는 여러 사무실과 사업장을 청소하는 오피스 담당 팀들을 관리하고 있다. 애셔는 매일 밤 최대 10개 팀까지 작업을 하기 때문에, 그는 팀 구성원들이 각자 알아서 일을 수행하고, 발생하는 문제들에 대해 그에게 알려주도록 맡겨둔다. 그는 차례로 돌아가면서 각 팀 옆에서 함께 일하며 그들이 마주치는 문제들을 이해하려 하고, 그런 과정에서 직원 개개인을 알아간다. 그는 매달 한 번씩 팀들을 불러 모아 아침식사를 하는데, 여기서 그들은 스포츠, 날씨, 정치, 인간관계와 가족에 대해서, 그리고 시간이 날 때면 업무상의 문제들에 대해 이야기를 나눈다. 그의 팀 매니저 중 한 명은 그를 이렇게 묘사한다. "애셔는 굉장히 좋은 사람입니다. 그만큼 좋은 상사 밑에서 일해 본 적이 없습니다. 문제가 있을 때면 나는 언제나 가장 먼저 애셔를 찾아갑니다. 그는 항상 우리를 지지해 주고, 아이디어나 문제가 있으면 들어줍니다. 그리고 우리가 최선이라고 생각하는 방식으로 자신의 일을 관리할 수 있게 해 줍니다. 그는 우리가 옳은 일을 할 것이라고 믿으며, 우리는 그가 공정하고 정직할 것이라고 믿습니다."

마크는 댄과 애셔 둘 다 좋아한다. 그들은 둘 다 각자의 고유한 방식을 가지고 있는 훌륭한 매니저이다. 하지만 마크는 두 매니저들이 각자 가진 개인 스타일로 인해 다른 팀을 책임 맡을 경우 어떤 영향을 미칠지 그들의 능력에 대해서 걱정하고 있다. 그는 반드시 한 명은 해고해야 하는데, 어느 쪽을 해고해야 할지 잘 모르겠다.

질문
1. 이 장에서 다룬 아이디어들을 이용하여, 댄과 애셔의 리더십 스타일을 설명해 보자.

2. 자신들의 방식으로 스스로를 관리할 수 있는 것에 익숙한 애셔의 직원들은 댄의 과업 지향적 스타일에 어떻게 반응하겠는가?

3. 분명한 지시와 절차가 주어지는 것에 익숙한 댄의 직원들은 애셔의 관계 지향적인 스타일에 어떻게 반응하겠는가?

4. 만약 여러분이 코에드 청소회사의 직원이라면, 마크가 누구를 해고하길 원하는가? 여러분의 선택에 대해서 설명해 보자.

4.2 사례 연구 – 낮과 밤

앨리스와 헤더는 낮에는 인사처(HR) 처장과 차장으로서 재학생이 3만 명에 여러 캠퍼스와 교육 센터가 있는 대규모의 커뮤니티 칼리지에서 일한다. 그리고 밤과 주말에는 비즈니스 정장을 벗고 지역 비영리 조직인 '오퍼레이션 D.O.G.(ODOG)'를 함께 운영한다.

대학 경영진으로서 앨리스는 직속 부하들에게만이 아니라 대학 전체에 있어서도 리더십 역할을 한다. 직장뿐만 아니라 집에서도 다양한 프로젝트(그는 교외의 작은 소유지에서 채소를 키우고 나이 든 말들을 돌본다)로 항상 바쁜 그의 하루하루는 할 일 목록으로 가득차 있다. 가끔 여자 친구들끼리 주말 휴가를 갈 때, 일정 계획을 짜고, 호텔과 레스토랑 예약을 하고, 친구들이 모두 약속한 시간에 정한 장소로 모이도록 하는 것은 앨리스의 몫이다. 대학에서 앨리스는 인사처의 전반적인 관리와 일일 업무를 책임진다. 인사처 직원들이 반드시 마감 시한을 지키고, 프로젝트를 완수하고, 다양한 고객층의 욕구를 만족시키도록 만드는 것이 그의 일이다. 평균적인 하루 동안, 앨리스와 그의 팀은 복잡한 일련의 과업들을 수행한다. 여기에는 협상, 채용, 규정 해석, 규정 준수 및 보고, 급여 및 복리 관리, 상담 및 지도, 그리고 여러 캠퍼스에 걸쳐 발생하는 인사 문제들을 처리하는 것이 포함된다. 또한 학교 경영팀의 일원으로서 앨리스는 대학의 전략 기획에도 참여하고, 대학을 감독하는 교육위원회에도 깊이 관여한다. 성과의 비결은 팀의 개발에 있다는 것을 잘 알고 있는 앨리스는 직원 개개인에게 관심을 주고, 코칭, 권한 부여 및 신뢰 구축을 통해 팀원들을 의식적으로 리드한다.

20대 시절에 공격적 형태의 암을 이겨낸 헤더는 관계를 조성하려는 성향이 강하다. 젊은 시절 암과 투병했던 경험은 그의 연민 의식을 높이고 사람들 간의 연결을 중요시하는 시각을 형성하는 데 일조했다. 헤더는 차장으로서 많은 과업을 책임지지만, 놀랄 것 없이 자신의 주된 초점은 인사처와 학교 전체의 '문화 유지'에 있다고 설명한다. 여기에는 인맥을 구축하고 내외부의 고객들과 지속적인 소통을 유지하는 것이 포함된다. 또한 헤더는 대학 전체에 매니저들이 자신의 리더십, 갈등 해소법, 그리고 효과적인 커뮤니케이션 스킬을 개발하는 것을 지도한다. 이를 위해 그녀는 교육훈련과 일대일 상담을 진행하고, 다른 이들에게 심어 주고 싶은 리더십 행동의 모범을 보여준다.

앨리스는 자신이 처장으로서 맡은 모든 책무를 잘 해내고 함께 일하는 사람들을 잘 다루기 위해서 상당히 권위적이고 과업 지향적일 필요가 있다고 본다. 반면에 헤더는 HR의 부드러운 측면을 담당하며, 다른 직원들 및 대학 커뮤니티와 매일 상호관계 하는 과정에서 자신이 가진 관계중심 스킬과 연민 의식이 주요한 역할을 한다고 본다.

앨리스와 헤더는 대학 밖에서도 밀접하게 함께 하는 일이 있다. 그들이 새로 세운 비영리 조직 ODOG에서 하는 일이다. ODOG는 개를 키우는 사람들과 구조 단체들을 상대로 지원 자금을 제공하며, 치료 가능한 질환을 겪고 있는 개들을 돌보거나 새로운 입양 가족을 찾을 수 있도록 도와준다.

앨리스와 헤더는 모든 개들이 건강하고 행복한 삶을 살 기회를 누려야 한다고 믿는다. 건강상의 문제가 있는 개들은 보통 보호소에서 입양되어 나갈 확률이 낮다. 또한 저소득층 가정에서는 종종 치료 비용을 감당하지 못해서 어쩔 수 없이 키우던 개를 안락사 시키거나 보호소에 맡기게 된다. 이런 동물들을 일부 받아들이는 구조 단체들도 있지만, 외부의 자금 지원이 없으면 치료 비용을 감당하기 꺼려 하거나 불가능한 경우가 많다.

현재 ODOG의 스태프는 앨리스와 헤더뿐인데, 그들은 각각의 케이스를 개별적으로 검토하기 때문에 소유주들 및 그들의 동물들과 직접적으로 일해야 한다. 이런 과정 중에 종종 사람들의 삶과 경제적 상황에 대한 사적인 내용을 알게 되기 때문에, 헤더와 앨리스는 이들과, 그리고 이들의 반려견들과 신뢰 관계를 쌓을 필요가 있다. 동시에 그들은 동물 구조 단체 및 보호소, 수의사, 그리고 다른 지역 사회 구성원들과 만나서 파트너 관계를 구축하고 의료서비스를 확보한다. 각 환자의 치료 과정은 헤더 혹은 앨리스가 처음부터 끝까지 살펴보며, 간병 준비와 비용 관리를 돕는다.

또한 헤더와 앨리스는 모금 활동, 광고와 프로모션을 통한 인식 높이기, 회계 관리 및 보고, 규정 준수, 협상, 대중 강연, 프레젠테이션 등을 포함한 ODOG의 사업 경영 기능들도 총괄한다. 현재 앨리스와 헤더는 무보수로 ODOG에서 일하고 있으며, 모금액 전부 지원 대상자들에게 전달된다. 그들은 둘 다 ODOG를 성장시키고 그 영향권을 넓히기 위해서 노력하고 있다. 그들이 그리는 비전은 여러 지역으로 봉사 범위를 넓히고, 궁극적으로는 저소득층 가정에 할인된 가격으로 의료 서비스를 제공하는 전용 동물 진료소가 있는 보호소를 여는 것이다.

질문

1. 대학에서의 역할에 있어서, 앨리스와 헤더의 과업 및 관계 리더십 행동을 어떻게 분류하겠는가? 아래 표를 사용해서 이들이 각 타입의 행동을 취하는 성향을 (1점부터 10점까지, 10점을 강함으로 보고) 점수로 나타내 보자. 설명란에는 여러분이 매긴 점수를 뒷받침하는 행동 사례들을 적도록 한다.

행동 타입		점수(1~10)	설명
과업			
	앨리스		
	헤더		
관계			
	앨리스		
	헤더		

2. 1번에서 매긴 점수를 보았을 때, 여러분은 앨리스와 헤더의 리더십 스타일이 서로를 보완해 준다고 생각하는가? 그 이유는?

3. 오퍼레이션 D.O.G.의 리더로서, 이들의 과업 및 관계 행동의 중요성을 어떻게 평가하겠는가? 이러한 역할에 있어서 어느 한쪽의 행동이 더 중요하다고 생각하는가? 앨리스와 헤더는 비영리 조직을 운영하는 데도 대학에서 보여주는 것만큼 효과적인 리더가 될 것이라고 생각하는가? 자신의 판단에 대해 설명해 보자.

4.3 과업 및 관계 진단지

목적

1. 자신이 인생에서 과업 행동과 관계 행동을 얼마나 강조하는지 확인한다.
2. 자신의 과업 행동이 관계 행동과 어떻게 연관되는지 살펴본다.

작성법

아래 각 문항에 대해, 자신의 행동을 가장 적합하게 설명하는 정도를 나타내는 숫자에 동그라미를 친다. 자신을 특정 유형으로 분류하려고 하지 않도록 한다.

문항 및 내용	전혀 아니다	별로 아니다	가끔 그렇다	어느 정도 그렇다	매우 그렇다
1. 해야 할 일들에 대한 '할 일' 목록을 만든다.	1	2	3	4	5
2. 다른 사람들이 일을 즐겁게 느낄 수 있도록 노력한다.	1	2	3	4	5
3. 다른 사람들에게 지금 할 일에 집중하도록 독려한다.	1	2	3	4	5
4. 다른 사람들의 개인적인 행복에 대한 관심을 보인다.	1	2	3	4	5
5. 직무가 완수되어야 할 추진 일정표를 만든다.	1	2	3	4	5
6. 구성원들이 서로 잘 어울리도록 돕는다.	1	2	3	4	5
7. 성취된 것들에 대한 체크리스트를 가지고 있다.	1	2	3	4	5
8. 구성원 개개인의 특별한 욕구에 귀를 기울인다.	1	2	3	4	5
9. 다른 사람들에게 프로젝트를 위한 규칙과 요구 조건들을 강조한다.	1	2	3	4	5
10. 프로젝트에 대한 다른 사람들의 아이디어를 알아보는 데 시간을 들인다.	1	2	3	4	5
11. 프로젝트 마감 시한에 많은 주의를 기울인다.	1	2	3	4	5
12. 그룹 내 다른 구성원들에게 친근하게 대한다.	1	2	3	4	5
13. 그룹 구성원 각자의 직무 책임을 명확히 한다.	1	2	3	4	5
14. 다른 구성원들의 아이디어에 대해 지지를 표현한다.	1	2	3	4	5

문항 및 내용	전혀 아니다	별로 아니다	가끔 그렇다	어느 정도 그렇다	매우 그렇다
15. 그룹의 성과 기준을 강조한다.	1	2	3	4	5
16. 그룹 구성원들의 개인적인 관심사와 걱정거리에 대해 이야기를 나눈다.	1	2	3	4	5
17. 다른 구성원들이 목표에 집중하도록 만든다.	1	2	3	4	5
18. 모두가 각자 그룹에 고유한 기여를 한다는 것을 강조한다.	1	2	3	4	5
19. 규칙과 규정을 철저하게 지킨다.	1	2	3	4	5
20. 그룹 내 다른 사람들에게 긍정적 감정을 표현한다.	1	2	3	4	5

점수 집계

1. 홀수 문항들에 대한 점수를 합산한다(과업 점수).
2. 짝수 문항들에 대한 점수를 합산한다(관계 점수).

총점

과업 점수 : _____

관계 점수 : _____

점수 해석

이 진단지는 과업 지향 및 관계 지향 리더십 행동을 측정하기 위한 것이다. 점수들을 비교해 봄으로써, 어떤 스타일이 자신의 리더십 스타일에서 더 지배적인지 결정할 수 있다. 만약 과업 점수가 관계 점수보다 높으면, 여러분은 목표 성취에 더 많은 주의를 기울이고, 사람과 관련된 문제에는 다소 관심을 덜 주는 경향이 있다. 만약 관계 점수가 과업 점수보다 높으면, 여러분은 일차적으로 사람들을 다루는 것에 관심을 두는 경향이 있고, 이차적으로 과업에 관심을 두는 경향이 있다. 만약 두 점수가 서로 매우 비슷하다면, 리더십이 균형을 이루고 있으며, 두 가지 형태의 행동을 같은 정도로 보인다는 것을 의미한다.

점수가 40~50점이라면, 높은 범위에 속한다.
점수가 31~39점이라면, 비교적 높은 범위에 속한다.
점수가 21~30점이라면, 낮은 범위에 속한다.
점수가 10~20점이라면, 매우 낮은 범위에 속한다.

4.4 관찰 연습

과업 및 관계

목적

1. 리더십에는 어떻게 과업 행동과 관계 행동이 모두 포함되는지 이해한다.
2. 각기 다른 리더들의 과업 및 관계 행동들을 비교해 본다.

작성법

1. 다음 며칠 동안, 두 명의 다른 리더들(예 : 교사, 운동 코치, 합창단 지휘자, 레스토랑 매니저, 직장 상사)의 리더십 스타일을 관찰한다.
2. 그들 각각의 스타일에 대한 여러분의 관찰을 기록한다.

리더 1 (이름) _____

과업 행동	관계 행동
• _____ _____ • _____ _____ • _____ _____ • _____ _____	• _____ _____ • _____ _____ • _____ _____ • _____ _____

리더 2 (이름) _____

과업 행동	관계 행동
• _____ _____ • _____ _____ • _____ _____ • _____ _____	• _____ _____ • _____ _____ • _____ _____ • _____ _____

질문

1. 두 리더들 사이에서 어떤 차이점들을 관찰했는가?

2. 가장 과업 지향적이었던 리더에 대해서 어떤 점들을 관찰했는가?

3. 가장 관계 지향적이었던 리더에 대해서 어떤 점들을 관찰했는가?

4. 만약 여러분이 두 리더들의 입장에 선다면, 자신은 얼마나 효과적일 거라고 생각하는가?

4.5 성찰 및 실행 과제 워크시트

과업 및 관계

성찰

1. 이 장에서 논의된 내용과 여러분의 리더십 스타일을 되돌아볼 때, 과업 및 관계 지향적 측면에서 자신의 스타일을 어떻게 설명하겠는가? 자신의 강점과 약점은 무엇인가?

2. 과업 스타일 및 관계 스타일에 대해서 어떤 편견을 지니고 있는가? 그 편견은 자신의 리더십에 어떻게 영향을 미치는가?

3. 리더들이 마주하는 가장 어려운 과제 중 하나는 과업 행동과 관계 행동을 통합하는 것이다. 여러분은 이것이 자신의 리더십에서 어려운 일이라고 보는가? 여러분은 어떻게 과업 및 관계 행동들을 통합시키는가?

실행 과제

1. 여러분이 만약 리더십을 향상시키기 위해 변화한다면, 자신의 스타일에서 어떤 면들을 바꾸고자 하는가? 더 과업 지향적이기 위해 노력할 것인가, 아니면 더 관계 지향적이기 위해 노력할 것인가?

2. 여러분이 실행할 수 있는 세 가지 구체적인 과업 지향 또는 관계 지향 행동의 변화를 찾아보자.

3. 위와 같은 변화를 하는 데 있어서 어떤 장애를 만나게 될까?

4. 이와 같은 변화가 자신의 전반적인 리더십을 향상시킬 것이라는 것을 믿는다는 전제하에, 위의 실행 과제 3번에서 명시한 장애물들을 극복하기 위해 무엇을 할 수 있는가? (즉, 어떤 전략들을 사용할 수 있는가?)

참고문헌

Blake, R. R., & McCanse, A. A. (1991). *Leadership dilemmas: Grid solutions*. Houston, TX: Gulf Publishing.

Blake, R. R., & Mouton, J. S. (1964). *The managerial grid*. Houston, TX: Gulf Publishing.

Bowers, D. G., & Seashore, S. E. (1966). Predicting organizational effectiveness with a four-factor theory of leadership. *Administrative Science Quarterly, 11*(2), 238–263.

Eagly, A., & Karau, S. J. (2002). *Sex differences in social behavior: A social-role interpretation*. Hillsdale, NJ: Erlbaum.

Fessler, L. (2018, February 6). MacArthur genius Ai-jen Poo makes the economic case for listening. *Quartz at Work*. Retrieved from https://qz.com/work/

Kahn, R. L. (1956). The prediction of productivity. *Journal of Social Issues, 12*(2), 41–49.

MacArthur Foundation. (2019). *Ai-jen Poo*. Retrieved from https://www.macfound.org/fellows/924/

Misumi, J. (1985). *The behavioral science of leadership: An interdisciplinary Japanese research program*. Ann Arbor: University of Michigan Press.

Poo, A. (with Conrad, A.). (2015). *The age of dignity: Preparin for the elder boom in a changing America*. New York, NY: New Press.

Rohrlich, J. B. (1980). *Work and love: The crucial balance*. New York, NY: Summit Books.

Stogdill, R. M. (1974). *Handbook of leadership: A survey of theory and research*. New York, NY: Free Press.

Yukl, G., Gordon, A., & Taber, T. (2002). A hierarchical taxonomy of leadership behavior: Integrating a half century of behavior research. *Journal of Leadership & Organizational Studies, 9*(1), 15–32.

Zheng, W., Surgevil, O., & Kark, R. (2018). Dancing on the razor's edge: How top-level women leaders manage the paradoxical tensions between agency and communion. *Sex Roles, 79*(11–12), 633–650.

CHAPTER 5

리더십 스킬 개발하기

서론

기타 연주든, 비디오게임이든, 혹은 주식 투자이든지 간에, 삶의 대부분 활동에서 우리가 성공적이기 위해서는 스킬이 요구된다. 이는 리더십에 있어서도 마찬가지 이다. 즉, 스킬이 요구된다. 첫 장에서 살펴보았듯이, 리더십 스킬이란 리더가 업무 수행 중에 발휘하는 학습된 능력을 가리킨다(Katz, 1955). 리더십 스킬은 타인에 대한 영향력을 부여한다. 리더십 스킬은 성공적인 리더십에서 결정적인 요소이다.

리더십 과정에서 스킬은 핵심적인 역할을 하지만, 연구자들의 관심을 별로 받지 못했다(Lord & Hall, 2005; Mumford, Campion, & Morgeson, 2007). 리더십 스킬보다는 리더십 특성에 대하여 100년 넘게 연구가 집중되어 왔다. 그러나 지난 10년 동안 연구에 변화가 생겼고, 지금은 리더십 스킬이 연구자와 실무자들의 관심을 훨씬 더 많이 받고 있다(Mumford, Zaccaro, Connelly, & Marks, 2000; Yammarino, 2000).

리더십 스킬에는 다양한 것들이 있지만, 이 스킬들은 종종 스킬 그룹으로 분류하여 다루어진다. 이 장에서는 리더십 스킬을 세 가지 범주로 분류하는데, **관리 스킬, 대인관계 스킬, 개념화 스킬**이다(그림 5.1 참조). 이어지는 각 절에서는 각 스킬 그룹을 설명하고, 이것들이 각각 리더십 과정에 영향을 미치는 독특한 방법들을 살펴보고자 한다.

그림 5.1 핵심 리더십 스킬 모델

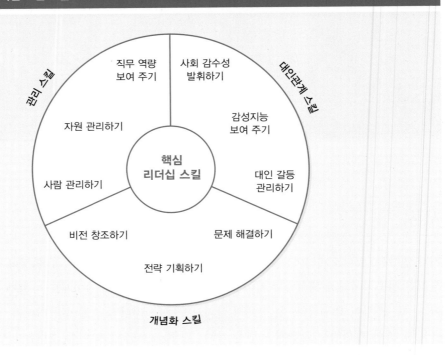

관리 스킬

관리 스킬(administrative skill)은 매력적이거나 신나는 일이 아니기 때문에 종종 평가절하되곤 하지만, 효과적인 리더십에 있어서 중요한 역할을 한다. 관리 스킬은 리더십을 발휘하는 데 있어서 평범하지만 결정적이고 중요한 측면을 완수하도록 도움을 준다. 어떤 사람들은 관리 스킬이 리더에게 요구되는 모든 스킬 중에서도 가장 기본이 되는 스킬이라고 주장하기도 한다.

관리 스킬이란 무엇인가? 관리 스킬은 리더가 조직의 목적과 목표를 수행하기 위해서 조직을 운영하는 데 필요한 역량을 말한다. 여기에는 계획하고, 업무를 편성하고, 적절한 인재에게 적정한 직무를 할당하고, 업무활동을 조정하는 것이 포함된다(Mann, 1965).

관리 스킬의 실제

이 책에서는 관리 스킬을 (1) 사람 관리하기, (2) 자원 관리하기, (3) 직무 역량 보여 주기의 세 가지 구체적인 스킬 군(群)으로 나누고 있다.

사람 관리하기

영리 혹은 비영리 조직의 리더에게 가장 많은 시간을 차지하는 것이 무엇이냐고 물어본다면, 누구든지 '사람을 관리하는 일(managing people)'이라고 대답할 것이다. 사람을 관리하는 스킬 없이 일을 해낼 수 있는 리더는 매우 적다. **배회 관리**(management by walking around)는 사람 관리의 핵심을 포착하는 표현이다. 효과적인 리더는 사람들과 소통하며, 할 일이 무엇이고 그 일을 하기 위해서 필요한 스킬은 무엇인지, 그리고 사람들이 일하는 환경에 대하여 이해하고 있다. 이를 알기 위한 최선의 방법은 관망자가 되기보다 참여자가 되는 것이다. 리더가 사람들을 효과적으로 다루기 위해서는, 직원들이 하나의 팀으로서 일하도록 도와주고, 최선을 다하여 일하도록 동기를 부여해 주며, 직원들 사이에 만족스러운 관계를 도모하고, 그들의 요구에 대응하는 것과 같은 많은 능력이 요구된다. 리더는 또한 구성원들의 긴급한 문제를 다루는 시간을 낼 필요도 있다. 구성원의 문제는 어떤 리더에게든 삶의 일상적이고 실제적인 일이다. 구성원들은 문제가 있을 때 무엇을 해야 할지에 대하여 리더에게 조언을 구하며, 리더는 이에 적절하게 대응해야 할 필요가 있다.

리더는 직원을 채용하고 유지하는 데에도 신경을 써야 한다. 또한 리더는 이사회뿐만 아니라, 일반 대중, 주주 혹은 조직에 이해관계가 있는 다른 외부 그룹과 같은 외부 구성요소와도 효과적으로 의사소통할 필요가 있다.

어느 대도시 지역사회에서 600명의 아이들을 위해 운영되는 방과 후 활동 프로그램의 책임자인 네이트 파커의 리더십을 살펴보자. 네이트의 프로그램은 80만 달러 상당의 정부 지원금으로 운영된다. 이 프로그램은 취약계층 아동과 그 가족을 위해서 학업, 체육 그리고 삶의 질을 높이는 활동을 제공한다. 네이트는 5개의 공립학교에서 방과 후 활동 프로그램 운영을 지원해 주는 매니저들을 데리고 있다. 네이트의 책임은 직원 미팅 계획 및 진행, 새 직원 모집, 근로계약 갱신, 보도자료 작성, 직원들과 일하기, 외부 지지단체들과의 관계 구축을 포함한다. 네이트는 시 정부와 그가 일하고 있는 지역의 학교 사이에 새롭고도 확고한 관계를 일구어 낸 것에 대해 큰 자부심을 느낀다. 그가 이 일을 하기 전에는, 학교들과 시 정부는 긴장 관계에 있었다. 단체들 사이에 효과적인 의사소통을 함으로써, 네이트는 아이들을 돌보기 위해서 지역사회 전체가 하나가 되어 일하도록 만들 수 있었다. 그는 지금 방과 후 활동 프로그램을 지원하는 시 전역 시스템 구축의 가능성을 연구하고 있다.

자원 관리하기

다른 사람들에게는 눈에 띄지 않겠지만, 리더는 종종 자원 문제를 다루는 데 상당한 시간을 소비해야만 한다. 자원은 조직의 생명선이며, 사람, 돈, 물자, 장비, 공간, 또는 그 외에 조직을 운영하는 데 필요한 모든 것을 포함한다. 자원 관리(managing resources)를 위해서 리더는 자원을 확보하고 할당하는 데 능숙해야 한다. 자원 확보는 장비 주문, 작업 공간 확보, 특별 프로젝트를 위한 자금 확보하기 등 넓은 범위의 활동을 포함할 수 있다. 예를 들어, 어느 중학교 크로스컨트리 팀의 코치는 낡은 유니폼을 바꾸고 싶었지만, 이를 위한 자금이 없었다. 새 유니폼을 구입하기 위해서 코치는 체육부장 교사와 추가 자금을 위한 교섭을 했다. 또한 코치는 후원회 소속 학부모들이 몇 차례의 성공적인 모금행사를 후원하도록 격려했다.

리더는 자원을 확보할 뿐만 아니라, 신입사원 모집이나 새로운 인센티브 프로그램, 또는 노후한 장비를 교체하기 위해서 자원을 할당해야 할 수도 있다. 리더는 자원을 관리하는 데 흔히 구성원의 도움을 받기도 하지만, 자원 관리에 대한 최종적인 책임은 리더에게 있다. 해리 S. 트루먼 대통령의 책상 푯말에 써져 있었듯이 '모든 책임은 내가 진다'.

직무 역량 보여 주기

직무 역량(technical competence)이란 우리가 수행하는 일, 또는 다른 사람들에게 맡기는 일에 대하여 전문 지식을 갖추는 것을 의미한다. 조직의 경우, 그것은 조직이 어떻게 기능하는지에 관한 복잡한 사항들을 이해하는 것을 포함한다. 직무 역량을 가진 리더는 조직에 대한 노하우를 가지고 있다. 즉, 그는 조직이 어떻게 작동하는지에 대한 복잡한 측면들을 이해한다. 예를 들어, 대학교의 총장은 교육,

연구, 학생 모집 및 유지에 대해서 잘 알아야 한다. 농구 코치는 드리블, 패스, 슈팅, 리바운딩의 기초에 대해서 잘 알고 있어야 한다. 영업 매니저는 영업사원이 팔고 있는 제품에 대해서 속속들이 이해하고 있어야 한다. 요컨대 리더는 구성원이 수행하는 업무활동에 대한 지식과 직무 역량을 가지고 있을 때 더 효과적인 리더가 될 수 있다.

직무 역량을 갖는 것의 중요성은 오케스트라 지휘자의 경우에서 볼 수 있다. 지휘자가 하는 일은 오케스트라의 연습과 연주를 지휘하는 것이다. 이를 위해서 지휘자는 리듬, 작곡 그리고 모든 악기와 그 연주법에 관한 직무 역량을 필요로 한다. 직무 역량은 지휘자가 많은 연주자들이 함께 성공적으로 연주를 하도록 지휘하는 데 필요한 이해력을 부여해 준다.

직무 역량은 때로는 '기능적 역량(functional competence)'이라고도 불리는데, 이는 특정한 기능이나 분야에서 유능하다는 것을 의미하기 때문이다. 누구도 삶의 모든 영역에서 유능할 필요는 없다. 마찬가지로 리더가 모든 상황에서 직무 역량을 갖추고 있어야 하는 것은 아니다. 그렇지만 조직 전반적인 수준에서의 기능과 활동들에 대한 직무 지식은 리더에게 매우 중요하다. 예를 들어, 디보니아는 작가, 그래픽 아티스트, 프로그래머, 테스터를 포함하는 대규모 비디오 게임 개발팀을 총괄한다. 디보니아의 배경은 그래픽 아티스트이지만, 팀이 직면하는 문제들을 예측하고 해결하기 위해서 그는 게임 개발의 각 영역들이 결과물에 어떻게 기여하는지 알아야만 한다. 직접 프로그램을 짜는 능력이 필요한 것은 아니지만, 프로그래머들이 문제를 풀어나가는 데 도움을 줄 수 있을 정도는 프로그래밍 기술을 이해할 필요가 있다.

대인관계 스킬

효과적인 리더십은 관리 스킬뿐만 아니라 대인관계 스킬을 요구한다(그림 5.1 참조). 대인관계 스킬(interpersonal skill)은 사람을 다루는 스킬이다. 이 능력은 리더로 하여금 조직의 목적을 이루기 위하여 부하, 동료, 상사들과 함께 효과적으로 일을 하도록 돕는다. 어떤 사람들은 대인관계 스킬의 중요성을 대단치 않게 생각하거나, '너무 감상적'이고 하찮은 것으로 폄하하지만, 리더십 연구에서는 효과적인 리더십을 위해서 대인관계 스킬의 중요성이 꾸준히 지적되어 왔다(Bass, 1990; Blake & McCanse, 1991; Katz, 1955).

대인관계 스킬의 실제

대인관계 스킬은 (1) 사회 감수성 발휘하기, (2) 감성지능 보여 주기, (3) 대인 갈등 관리하기의 세 부분으로 나뉜다.

사회 감수성 발휘하기

조직을 성공적인 변화로 이끌기 위해서 리더는 자신의 아이디어가 다른 사람의 아이디어와 얼마나 잘 맞는지 세심하게 헤아릴 필요가 있다. 사회 감수성(social perceptiveness)은 다른 사람들에게 무엇이 중요하고, 그들이 어떻게 동기 부여되고, 어떤 문제에 직면해 있으며, 변화에 어떻게 반응하는지에 대한 통찰과 인식을 포함한다. 아울러 서로 다른 조직 구성원들이 독특하게 필요로 하고, 목표로 삼거나, 요구하는 것들을 이해하는 것을 포함한다(Zaccaro, Gilbert, Thor, & Mumford, 1991). 사회 감수성을 가진 리더는 조직 안에서 제시된 모든 변화에 대하여 구성원들이 어떻게 반응할 것인지에 대해 예민한 감각을 가지고 있다. 말하자면, 사회 감수성을 갖춘 리더는 어떤 이슈에 대해서도 항상 직원들의 생각을 잘 파악하고 있다고 할 수 있다.

리더십은 결국 변화에 대한 것이며, 조직에 속한 사람들은 모든 것이 있는 그대로 유지되는 것을 좋아하기 때문에 종종 변화에 저항을 한다. 색다른 아이디어나 다른 규칙, 혹은 새로운 업무 방식은 사람들에게 익숙한 방식과 맞지 않기 때문에 종종 위협적인 것으로 간주된다. 사회 감수성이 있는 리더는 제시된 변화가 관련된 모든 사람에게 어떻게 영향을 미치는지를 이해할 경우에 변화를 보다 효과적으로 창조해 낼 수 있다.

사회 감수성의 중요성을 보여 주는 한 사례가 바로 2008년 미시간대학교의 봄 졸업식을 둘러싼 사건이다. 대학 당국은 이날 5,000명의 학생들이 졸업을 하고, 3만 명의 청중이 참석할 것이라고 예상했다. 전통적으로 미시간대학교의 봄 졸업식은, 그 규모 때문에 '빅 하우스'라고 통칭되는 축구 경기장에서 진행되었다. 그러나 경기장은 대대적인 수리가 진행 중이어서, 대학 당국은 어쩔 수 없이 졸업식 장소를 변경해야 했고, 인근 이스턴미시간대학교의 야외 경기장에서 졸업식을 갖기로 결정했다. 대학 당국이 장소 변경을 공표하자, 학생들과 학부모 그리고 동창생들은 즉각적으로 부정적인 반응을 보였다. 그들의 강력한 목소리로 인하여 한바탕 소란이 있었다.

분명한 것은 대학의 지도부는 졸업반 학생들과 그 가족들에게 졸업식 장소가 갖는 중요성을 인식하지 못했다는 것이다. 빅 하우스에서 졸업하는 것은 하나의 전통이었기 때문에 장소를 변경하는 것은 많은 사람에게 기분 상하는 일이었다. 총장실에 전화가 걸려 왔고, 신문에 논설이 실렸다. 학생들은 다른 대학교의 캠퍼스에서 졸업하고 싶지 않았다. 그들은 모교 캠퍼스에서 졸업할 자격이 있다고 생각했다. 일부 학생, 학부모 그리고 동창생들은 심지어 앞으로 동창들의 지원을 중단하겠다고 위협했다.

상황을 바로잡기 위해서 대학 당국은 다시 졸업식 장소를 변경했다. 이스턴미시간대학교에서 졸업식을 하는 대신에, 미시간대학교의 강의동과 도서관들로 둘러싸인 캠퍼스 중앙에 임시 야외무대를 세우는 데 180만 달러를 들였다. 졸업하는 학생들과 그 가족들은 추억과 전통이 깊이 새겨진 장소에서 졸업식을 올릴 수 있어서 기뻐했다. 대학은 학생들과 그 가족들의 굳은 믿음에 맞추어서 행사를 조정했기 때문에 결과적으로 성공할 수 있었다. 분명히 대학 당국이 처음부터 조금 더 사회 감수성을 발휘했더라면, 사건 초기에 일어난 불만과 소란을 피할 수 있었을 것이다.

감성지능 보여 주기

리더에게 중요한 또 하나의 스킬은 감성지능을 보여 주는 능력이다. 비록 감성지능이 하나의 개념으로 부상한 것은 25년도 채 안 되었지만, 감성지능은 많은 리더십 연구자와 실무자들의 관심을 사로잡았다(Caruso & Wolfe, 2004; Goleman, 1995; Mayer & Salovey, 1995). 감성지능은 자신과 타인의 감정을 이해하고, 이를 삶의 과제들에 적용하는 능력에 관련된 것이다. 구체적으로, 감성지능은 감정을 인식하고 표현하며, 사고를 촉진하기 위해서 감정을 이용하고, 감정을 이해하고 감정을 가지고 판단하며, 자기 내부에 있는 감정과 타인과의 관계에서 발생하는 감정을 효과적으로 관리하는 능력으로 정의할 수 있다(Mayer, Salovey, & Caruso,

리더십 스냅숏

코퀘즈 워싱턴, 펜실베이니아주립대학교 여자농구팀 감독

코퀘즈 워싱턴에게 성공할 재능이 있다는 것은 일찍부터 자명했다. 그는 미시간주 플린트에서 자랐는데, 고등학교를 다니면서는 일곱 가지 악기를 연주하고 2년 연속으로 여자농구 올스테이트 선발에 뽑혔으며 노트르담대학교에 장학생으로 입학 자격을 부여받았다. 그는 노트르담을 3년 만에 졸업하며 역사학 학위를 얻었다. 1년 동안 고향에서 고등학교 특수교육 교사로 일한 후, 모교로 돌아가 노트르담 로스쿨에서 법학박사 학위를 받았다.

하지만 그가 결국 어디로 가게 될지는 그 자신도 예상하지 못했다.

워싱턴은 재능 있는 농구선수였다. 비록 고등학교에서 뛰어난 선수였고 그 덕분에 노트르담 팀에서 뛸 수 있었지만, 그는 자신의 꿈은 항상 법조계였다고 말한다.

하지만 로스쿨을 마친 후에 그는 좌회전을 하는데, 잠시 동안 여자 프로농구 리그인 ABL(American Basketball League) 포틀랜드파워 팀에 선수로 스카우트된 것이다. 그 1년 후에 그는 뉴욕 리버티 팀의 선수로 WNBA(Women's National Basketball League)에 합류했고, 이어서 휴스턴으로 옮겨 코메츠 팀이 WNBA 타이틀을 따내는 데 일조했다. 그는 인디애나 피버 팀에 트레이드되어 팀이 최초로 플레이오프에 진출하도록 팀을 이끌었고, 그로 인해 WNBA 역사상 최초로 3개의 팀을 포스트시즌 토너먼트로 이끈 선수가 되었다.

전 팀 동료인 레베카 로보는 워싱턴을 이렇게 묘사한다. "배우기를 좋아했던 똑똑한 팀 동료였습니다. 그는 어떤 무리에도 잘 어울릴 수 있었고 모든 이들의 존경을 얻을 수 있었는데, 자기 정체성을 희생하지 않으면서 어울릴 줄 알았기 때문입니다"(Haverbeck, 2007).

WNBA 시즌은 여름에 열리는데, 이 때문에 워싱턴은 게임이 없는 시즌 동안에 노트르담에서 자신의

전 코치인 머펫 맥그로 밑에서 조수로 코칭 일을 시작할 수 있었다. "그는 경험이 하나도 없었지만, 나는 그가 아주 잘할 거라고 생각했습니다"라고 맥그로는 말한다. "나는 그에게 기회를 주고 싶었고 그가 코칭을 해 보도록 설득해 보고 싶었습니다. 그리고 그는 잘했습니다. 그가 자신의 열정을 찾았다고 생각합니다"(McKenna, 2013).

워싱턴의 법학 스킬이 발휘된 것도 이 시기였다. 그는 뉴욕의 한 로펌에서 변호사로 일하고 있었는데, WNBA 선수들이 조합을 만들기로 결정했을 때 그는 자신의 소송 스킬을 여기에 투입했다. 그는 WNBA 선수협회의 초대 회장이 되었으며, 첫 번째 단체교섭에 참여했다. 로보는 협상 과정에서 워싱턴을 '하늘이 보낸 선물'이었다고 말했다. "그는 분별력 있고 똑똑했고 게다가 법학 학위도 있었어요"(Haverbeck, 2007).

그가 조사하고 상황분석을 하고 전략을 개발하는 방법을 배운 것은 로스쿨이었고, 자신은 항상 변호사로 되돌아갈 것이라 생각했었는데, 어디선가 생각이 바뀌었다.

"나는 '세상에, 나는 코칭이 좋아. 나는 선수들과 맺는 관계가 좋아. 나는 체육관에 있는 게 좋아'라고 생각했어요"라고 워싱턴은 말했다. "나는 농구를 사랑했어요. 나는 농구공 주변에 있는 게 좋아요. 내가 코칭을 지금처럼 즐길 수 있을 거라고는 생각해 본 적이 없지만, 나는 정말로 코칭을 즐깁니다"(McKenna, 2013).

2007년에 워싱턴은 펜실베이니아주립대학교 여자농구팀 감독을 맡아달라는 요청을 받았다. 그 팀에서 그의 성공은 꾸준했다. 2019년까지, 그는 레이디라이온스 팀을 이끌며 NCAA(전미대학농구) 여자부 농구 챔피언십에 4년 연속 출전시키고, 2011년부터 2014까지 '빅 텐 콘퍼런스(미국 북동부의 14개 스포츠 명문대로 구성된 스포츠 연맹-역주)' 정규 시즌 챔피언십에

서 3연승을 거두었다. 워싱턴은 빅 텐의 올해의 코치 상을 3번 수상했다.

그러나 워싱턴을 코트에 붙잡아두는 것은 우승이 아니다. 그를 붙잡는 것은 선수들에게 멘토와 리더가 되는 기회이다.

"그들을 멘토링 하고, 그들이 힘 있고 역동적인 여성이 되도록 돕는 것이 바로 내가 가장 사랑하는 것입니다.

우리는 농구를 매개체로 이용하지만, 내가 가장 자랑스러워하는 것은 십중팔구 우리 학생들의 성취 능력입니다. 성취 능력은 타고나는 것이 아니라 개발되는 스킬이라는 것을 나는 수년 동안에 걸쳐 배웠습니다. 인내, 끈기, 믿음 등 성취자가 되기 위해 키워야 할 스킬은 정말 많습니다"(Nilsen, 2009).

그의 선수들은 이 철학에 호응한다. "저는 코치가 하는 제일 큰 일은 우리한테 뭘 하라고 말하기만 하는 것이 아니라 스스로 그것을 한다는 것이라고 생각합니다"라고 펜실베이니아주립대학교 선수 알렉스 벤틀리는 말한다. "코치는 직접 WNBA에서 뛰어 봤고, 이미 최고의 조직에서 코칭을 해왔습니다. 그는 게임이 뭔지를 잘 알고, 경기에 나가는 1학년 때부터 그가 아는 것들을 배우려 노력해 왔습니다.

그는 위대한 여성의 전형입니다. 우리는 코치를 보고 그처럼 되고 싶어 합니다. 그는 역할 모델이자 멘토입니다. 우리는 여성으로서, 언젠가 그처럼 되고 싶습니다"(McKenna, 2013).

워싱턴이 11년간 코치로 일한 후 펜실베이니아주립대학교를 떠났을 때, 그는 209회의 우승과 169회의 패배를 기록하고 팀을 네 차례에 걸쳐 NCAA 토너먼트 출전으로 이끌었다. 현재 그는 오클라호마대학교 여자농구팀의 부코치이다.

2000).

감성지능에 관한 연구의 바탕에 있는 전제는, 자신의 감정에 민감하고, 자신의 감정이 다른 사람에게 미치는 영향에 예민한 사람이 보다 효과적인 리더가 된다는 것이다. 감성지능의 발휘가 효과적인 리더십과 긍정적인 관련이 있다면, 자신의 감성스킬을 향상시키기 위하여 리더가 해야 할 일은 무엇인가? 시간이 지나도 상당히 안정적으로 유지되는 성격 특성과는 달리, 감성지능은 개발할 수 있는 하나의 스킬이다.

첫째, 리더는 자신의 감정적 반응을 알아채고, 감정이 일어나는 대로 그 느낌을 살핌으로써 자신의 감정을 인식하는 노력을 할 필요가 있다. 화가 났든, 기쁘든, 슬프든, 두려움을 느끼든 간에, 리더는 항상 자신이 어떤 감정을 느끼고 있고, 그러한 감정들을 유발하는 것이 무엇인지 분석할 필요가 있다. 이러한 주요 감정 상태들은 가벼운 정도에서부터 강렬한 정도에 이르기까지 다양한 범위에서 느낄 수 있다. 예를 들어, 자신이 느끼는 것은 만족인가 황홀인가? 불안인가 공포인가? 자신의 감정 상태에 주의하고 그것을 얼마나 정확하게 표현하는가에 따라서 여러분이 사람들과 상호작용하는 방식이 영향을 받을 수 있다(Bradberry et al., 2009). 예를 들면, 감성지능이 높은 관리자는 성과 리뷰를 받고 있는 직원에게 피드백을 보내기 전에 자신의 감정 상태를 확인함으로써 그가 '보낸' 메시지와 직원이 '받은' 메시지가 확실하게 일치하도록 만들 수 있다. 감성지능이 덜 발달한 관리자는 피곤하거나 짜증이 났을 때, 객관적 평가 기준에 관해서 자신이 의도하는 것보다 더 부정적인 메시지를 전달하고, 그 결과 직원이 불필요한 불안을 느끼도록 만들 수 있다.

둘째, 리더는 다른 사람의 감정을 인식하는 훈련을 해야 한다. 다른 사람의 감정을 읽을 줄 아는 리더는 사람들이 원하거나 필요로 하는 것에 대해 적절하게 대응을 할 준비가 잘 갖춰진 것이다. 달리 말하자면, 리더는 다른 사람과 공감할 필요가 있다. 리더는 그들의 감정이 마치 자신의 감정인 것처럼 다른 사람의 감정을 이해해야 한다. 예를 들어, 팀이나 부서를 관리하는 역할을 새로 맡게 되었을 때 새 리더는 직속 부하들이 느낄 수 있는 다양한 감정들을 예상하는 것이 현명할 것이다. 여기에는 새 리더의 관리 스타일에 대한 불확실함, 자신이 관리자로 승진하지 못한 것에 대한 실망, 혹은 필요한 변화가 드디어 일어날 것이라는 희망 등이 포함된다. 시간을 들여서 팀 구성원들과 그들의 욕구에 대해서 알아감으로써 관리자는 직원들 사이에서 신뢰를 구축할 수 있다.

흥미롭게도, 연구자들은 사람들이 좋은 소식보다 나쁜 소식을 전하는 것이 더 디다는 사실을 발견했다. 그 이유는 전달자 자신의 감정을 관리하기 위해서이기도 하지만, 또한 나쁜 소식을 전해 듣는 사람들이 무안해 하거나 마음 상하지 않도록 보호해주고 싶은 욕구 때문이기도 하다. 전달자가 소식을 알릴 준비를 하면서 전달 대상이 보일 수 있는 반응을 예측하는 것은 공감 능력을 보여주는 것이기도 하지만, 또한 리더가 소식을 알린 결과를 더 잘 관리할 수 있도록 도와주는 것이기도 하다(Dibble & Levine, 2010).

샐러베이와 메이어(1990)는 공감이 감성지능의 핵심적인 구성요소라고 주장했다. 공감과 이를 발휘하는 방법에 대해서는 제10장에서 더 자세히 논하고 있다.

셋째, 리더는 자신의 감정을 조절하고, 감정을 유용하게 사용하는 방법을 배울 필요가 있다. 리더의 감정은 그가 중대한 결정을 내릴 때마다 관여하게 된다. 직장에서 감정들은 전염된다. 한 사람이 느끼는 감정이 또 다른 사람의 감정적 반응을 일으키기 때문이다. 그러므로 감정은 집단이나 조직의 유익을 위해서 수용하고 관리해야 할 필요가 있다.

리더는 그룹의 감정적 가이드로서 역할을 한다. 다른 사람에게 세심하게 배려하고 자신의 감정을 적절하게 관리할 때, 리더는 집단 전체의 의사결정이 효과적일 가능성을 높이고 있는 것이다. 예를 들어, 영화 '브레이브하트'에서 윌리엄 월리스는 단단히 무장을 한 잉글랜드군에 대항해서 싸우기 위해 오합지졸의 스코틀랜드 병사들을 결집시키려고 한다. 스코틀랜드 병사들은 수적 열세와 잉글랜드군을 이길 수 없다는 믿음 때문에 도망치고 싶어 한다. 월리스는 이들을 겁쟁이라고 질책하는 대신에 그들의 두려움을 인정한다. 그는 도망치는 것도 하나의 선택지라는 그들의 주장과, 싸우면 죽을지도 모른다는 생각에도 동의한다. 그러나 월리스는 역전의 영웅인 자신이 보기에 그들은 '스코틀랜드의 아들들'이며, 그들의 싸움은 단지 한 번의 전투뿐만이 아니라 자유를 위한 장대한 투쟁이라고 말한다. 이 말에 고무된 스코틀랜드 병사들은 월리스를 뒤따라 전투에 참가한다.

여기서 요점은 감성지능을 갖춘 사람들은 감정을 이해하고, 그 이해를 그들이 리더로서 일하는 데 활용한다는 점이다. 요약하자면, 감성지능을 갖춘 리더는 자신과 다른 사람의 감정에 귀를 기울이고, 공동의 선을 위해서 그러한 감정들을 조절하는 데 능숙하다.

갈등 관리하기

리더는 갈등을 관리하는 스킬 또한 필요로 한다. 갈등은 불가피한 것이다. 갈등은 변화에 대한 필요를 발생시키며, 변화의 결과로서 일어나기도 한다. 정의하자면, 갈등은 두 명 이상의 사람들 사이에 현실적인 문제(예 : 어떤 절차를 따르는 것이 올바른가), 또는 관계적인 문제(예 : 주어진 관계 속에서 각 개인이 가지는 통제력)에 관한 인식의 차이를 두고 벌어지는 싸움이다. 갈등에 직면했을 때, 리더와 구성원들은 갈등에 수반하는 긴장, 논쟁, 스트레스 때문에 종종 불편함을 느낀다. 비록 갈등이 불편한 것이기는 하지만, 해롭거나 반드시 나쁜 것은 아니다. 갈등을 효과적이고 생산적인 방식으로 관리한다면, 결과적으로 스트레스가 감소하고, 창의적인 문제 해결이 늘어나며, 리더와 구성원, 팀 멤버들 사이의 관계가 더 단단해진다.

보통 갈등은 매우 복잡하기 때문에 다루기가 쉽지 않다. 따라서 제11장에서는 갈등의 구성요소들을 더욱 자세히 살펴보고, 의견 차를 건설적으로 해결하기 위해서 리더가 취할 수 있는 몇 가지 실제적인 의사소통 방법을 제시하고 있다.

개념화 스킬

관리 스킬이 일을 조직하는 것에 대한 것이고 대인관계 스킬이 사람을 효과적으로 다루는 것이라면, 개념화 스킬(conceptual skill)은 개념과 아이디어를 가지고 일하는 것에 대한 것이다. 개념화 스킬은 리더십의 사고 혹은 인지적 측면을 포함하며, 조직을 위한 비전이나 전략 기획을 창조하는 것 등에 있어서 매우 중요하다. 개념화 스킬을 가진 리더는 조직의 목표와 미션에서부터 문제를 해결할 최상책은 무엇인지에 이르기까지, 조직을 구축할 아이디어들을 생각해 내고 의사소통할 수 있다.

개념화 스킬의 실제

리더를 위한 개념화 스킬은 (1) 문제 해결하기, (2) 전략 기획하기, (3) 비전 창조하기의 세 부분으로 나눌 수 있다.

문제 해결하기

우리는 모두 문제 해결에 탁월한 사람들을 알고 있다. 이들은 무엇인가가 잘못되어가고 있거나 고쳐야 할 필요가 있을 때, 제일 먼저 문제 해결에 나서는 사람들이다. 문제를 해결하는 사람들은 문제가 있을 때 가만히 앉아 있지 않는다. 그들은 재빨리 '무엇이 잘못됐는가?'를 물으며, '어떻게 해결할 수 있는가?'에 대한 해답을 탐색할 준비가 되어 있다. 문제 해결 스킬은 효과적인 리더십을 위해서 필수불가결한 것이다.

문제 해결 스킬이란 무엇인가? 문제 해결 스킬(problem-solving skill)은 원하는 목표를 달성하기 위해 문제적인 상황을 바로잡는 행동을 취하는 리더의 인지능력을 일컫는다. 여기에는 문제를 파악하고, 이를 해결할 대안들을 고안하고, 대안들 중 최선의 해결책을 선택하고, 선택한 해결책을 실행하는 스킬이 포함된다(표 5.1

표 5.1 문제 해결의 단계

1. 문제를 파악하기
2. 해결 대안 고안하기
3. 최선의 해결책 선택하기
4. 해결책 실행하기

참조). 이러한 스킬들은 진공 속에서 기능하는 것이 아니라, 특정한 환경이나 맥락 속에서 실행되는 것이다.

1단계 : 문제를 파악하기. 문제 해결 과정에서 첫 번째 단계는 문제를 파악하거나 인식하는 것이다. 이 단계의 중요성은 아무리 강조해도 지나치지 않다. 문제를 직시하고 그것을 다루는 것은 성공적인 문제 해결의 핵심에 해당한다. 우리는 모두 매일 수많은 문제에 직면하지만, 어떤 사람들은 문제를 직시하거나 심지어 문제가 존재한다는 사실을 인정하는 것마저도 못한다. 또 다른 사람들은 무엇인가가 잘못되었다는 것은 인식하지만, 인식한 것에 대해서 아무런 대응을 하지 않는다. 문제 해결 스킬을 가진 사람들은 문제를 직시하고 그것을 해결한다.

어떤 문제들은 단순하고 정의하기 쉬운 반면, 어떤 문제들은 복잡하고 상당히 자세한 조사가 요구된다. 문제가 발생하는 것은 기대한 것과 실제로 일어나는 것 사이에 차이가 있을 때이다. 문제를 파악하려면 이러한 차이점을 인식해야 한다. 문제 해결의 이 인식 단계에서 우리가 묻는 질문은 '무엇이 문제인가?', '문제에 다양한 측면들이 있는가?', '문제의 원인이 무엇인가?'이다. 문제의 정확한 본질을 파악하는 것이 문제 해결 과정에서 다른 어떤 것보다 선행되어야 한다.

2단계 : 해결 대안 고안하기. 문제와 그 원인을 파악한 후, 그다음 단계는 문제를 해결할 수 있는 하나 이상의 대안을 고안하는 것이다. 문제는 종종 복잡하기 때문에, 문제를 바로잡는 방법에도 보통 여러 가지 방법이 있다. 해결 대안을 고안하는 단계에서는, 가능한 한 많은 해결책을 고려하고, 어떤 대안이든 하찮은 것으로 일축하지 않는 것이 중요하다. 예를 들어, 건강에 심각한 문제(예 : 암이나 다발성 경화증)가 있는 사람을 생각해 보자. 이 병에는 여러 가지 치료법이 있지만, 치료 과정을 선택하기 전에 의료 전문가와 상담을 하고 가능한 모든 치료법을 살펴보는 것이 중요하다. 각각의 치료법은 부작용이나 완치율이 다르다. 하나의 치료법을 택하기 전에, 가능한 모든 치료법을 충분히 고려해야 할 것이다. 문제 해결에서도 역시 마찬가지이다. 앞으로 나아가기 전에, 문제를 해결하기 위한 모든 대안을 고려하는 것이 중요하다.

3단계 : 최선의 해결책 선택하기. 문제 해결의 다음 단계는 문제에 대한 최선의 해결책을 선택하는 것이다. 특정 문제를 다루는 데 있어서 각각의 대안별로 대응하는 방법이 서로 다르기 때문에, 각 대안의 상대적인 장점과 단점을 검토할 필요가 있다. 어떤 대안은 간단하고 실행하기 쉬운 반면, 어떤 대안은 복잡하거나 관리하기 어렵다. 마찬가지로, 어떤 대안은 비용이 낮은 반면, 어떤 대안은 비용이 많이 들기도 한다. 주어진 문제에 적용할 특정 해결책의 가치를 판단하기 위해서는 다양한 기준이 적용될 수 있다. 최선의 해결책을 선택하는 것은 문제를 효과적으로 해결하는 열쇠가 된다.

최선의 해결안을 선택하는 것의 중요성은 결혼 문제로 어려움을 겪고 있는 부부의 가상적인 예를 통해서 볼 수 있다. 2년 이상 결혼생활에 어려움을 겪은 이 부부는 부부관계에서의 갈등을 해결하기 위해서 무엇인가를 해야 한다고 결심한다. 그들이 할 수 있는 일 중에는 결혼상담을 받거나, 개별적인 정신치료를 받거나, 별거를 하거나, 결혼은 유지하더라도 다른 사람과 사귀거나, 이혼을 하는 것이 포함된다. 각각의 해결책은 이 부부와 둘 사이의 결혼관계에 상이한 영향을 미칠 것이다. 위의 해결책 목록이 가능한 모든 해결책을 포괄하는 것은 아니지만, 이 목록은 주어진 문제에 대한 최선의 해결책을 선택하는 것의 중요성을 강조하고 있다. 우리가 선택하는 해결책들은 문제 해결의 결과에 대해서 우리가 어떻게 느낄 것인지에 큰 영향을 미친다.

4단계 : 해결책 실행하기. 문제 해결의 마지막 단계는 해결책을 실행하는 것이다. 문제를 정의하고 해결책을 선택하고 나면, 이제 해결책을 행동으로 옮길 때가 되는 것이다. 해결책을 실행한다는 것은 문제에 대해서 생각을 하는 것으로부터 문제에 대해서 무언가 행동을 하는 것으로 전환한다는 것을 의미한다. 이것은 도전적인 단계이기도 하다. 문제를 해결하기 위해서 새롭고 색다른 일을 하려고 할 때 다른 사람들의 저항을 받기 때문이다. 변화를 실행하려면 다른 사람들과 변화에 대해서 소통해야 하고, 변화로 인해 영향을 받게 되는 사람들의 바람과 요구에 맞추어 변화를 조절할 필요가 있다. 물론, 선택한 해결책이 문제를 해결하는 데 실패할 가능성은 언제나 존재한다. 심지어는 문제가 더 악화될 수도 있다. 그러나 실행의 단계에서 뒤돌아 설 수는 없다. 변화를 실행하는 일에는 언제나 위험이 따르지만, 문제 해결 과정을 완수하기 위해서는 반드시 무릅써야만 하는 위험이다.

문제 해결 스킬이 의미하는 바를 명확히 하기 위해서, 존과 크리스틴 스미스 부부가 식기세척기 때문에 곤란을 겪었던 예를 살펴보자. 스미스 부부의 식기세척기는 구입한 지 5년이 되었는데, 식기세척기가 더 이상 그릇을 깨끗하게 닦아주지 못하게 되었다. 상황을 분석한 결과, 스미스 부부는 문제가 여러 가지 원인과 관련되었을 수 있다는 결론을 내리게 되었다. 가루 세제가 아닌 액체 세제의 사용, 식기세척기 문의 밀폐 상태 불량, 불량 연수제, 식기세척기의 적재 기능 오작동, 온수기 고장 등이 그것이었다. 존은 어느 부분이 문제가 생긴 것인지 알 수 없으므로 다섯 가지 가능한 해결책을 모두 한꺼번에 실행해야 한다고 생각했다. 크리스틴의 생각은 달랐는데, 그는 원인을 규명하기 위해서 가능한 해결안을 한 가지씩 적용해 보자고 제안했다. 그들이 시도한 첫 번째 해결책은 세제를 바꾸는 것이었지만, 문제는 고쳐지지 않았다. 다음으로 그들은 식기세척기 문에 달린 밀폐 장치를 교체했다. 그러자 문제가 해결되었다. 문제를 신중하고 체계적으로 다룸으로써 스미스 부부는 식기세척기 고장의 원인을 발견할 수 있었으며, 많은 비용을 절약할 수 있었다. 그들의 문제 해결 전략은 효과적인 것이었다.

전략 기획하기

개념화 스킬에서 두 번째 주요 스킬은 전략 기획(strategic planning)이다. 문제 해결과 마찬가지로, 전략 기획은 주로 인지적인 활동이다. 리더는 집단이나 조직을 위한 효과적인 전략 개발을 위해서 아이디어를 고안하고 고려할 수 있어야 한다. 전략적이 된다는 것은 목적을 달성하기 위해서 가용한 자원과 인원에 기반을 두어서 면밀한 행동 계획을 개발하는 것을 요구한다. 이는 전시에 장군이 하는 일과 유사하다. 즉, 장군은 주어진 자원과 인력 그리고 완수해야 하는 임무를 가지고 적을 격퇴시킬 방안을 정교하게 계획한다. 마찬가지로, 운동 코치는 선수와 선수의 역량에 대한 지식을 바탕으로 상대 팀과 겨룰 수 있는 최선의 게임 플랜을 짠다.

요컨대, 전략 기획하기는 원하는 목표를 달성하기 위한 행동 계획을 기획하는 것이다.

전략적 리더십에 관한 연구 분석을 한 볼과 후이즈버그(2000)는, 전략적 리더는 학습능력, 적응력, 경영자로서의 지혜가 필요하다고 제시한 바 있다. **학습능력**은 새로운 정보를 흡수하고, 이 정보를 새로운 목표를 위해서 적용하는 능력을 포함한다. 학습능력은 기꺼이 새로운 아이디어를 시험하고 실패를 수용하는 자세를 의미한다. **적응력**은 환경의 변화에 재빨리 반응할 수 있는 것을 말한다. 리더는 변화에 개방적이고 수용하는 자세가 필요하다. 경쟁의 조건이 변화할 때, 효과적인 리더는 이에 맞추어 변화하는 능력을 발휘한다. **경영자로서의 지혜**를 갖는다는 것은 리더가 일하는 환경과 사람에 대한 깊은 이해를 갖고 있음을 가리킨다. 또한 관련된 모든 사람들을 위한 최선의 이익을 염두에 두고, 알맞은 시간에 알맞은 결정을 내리는 분별력을 갖추는 것을 의미한다.

전략 기획의 복잡성을 설명하기 위해서, 신생 의료기구 회사인 뉴디바이시즈가 회사 홍보를 위해 어떻게 전략적 사고를 사용했는지에 대한 사례를 살펴보자. 뉴디바이시즈는 수술팀이 수술 중에 오류를 줄이는 데 도움을 주는 외과용 스캐너를 개발했다. 당시에는 이와 같은 스캐너가 시판되지 않고 있었지만, 다른 두 회사에서 비슷한 제품을 개발하고 있는 중이었다. 제품의 잠재시장 규모는 거대했고, 미국 내 거의 모든 병원(약 8,000개)을 포함하였다. 궁극적으로는 모든 병원이 이 스캐너를 필요로 할 것이 명백했기 때문에, 뉴디바이시즈는 다른 회사들보다 먼저 이 시장을 확보하기 위해서 서둘러 움직여야 했다.

뉴디바이시즈는 자원이 제한된 작은 회사였기 때문에, 경영진은 전략 기획의 중요성을 잘 인식하고 있었다. 단 하나의 실수가 회사의 생존을 위협할 수 있었다. 영업사원들을 포함하여 뉴디바이시즈의 모든 직원이 회사 지분을 가지고 있었기에, 모든 직원들은 회사의 성공을 이루고자 강하게 동기부여되어 있었다. 영업사원들은 서로 경쟁하는 것이 아니라, 공동의 목표를 가지고 있었기 때문에 서로 효과적인 세일즈 방법을 기꺼이 공유하였다.

경영진은 매주 월요일 아침 3시간 동안 모여서 회사의 목표와 방향을 의논했다. 이때 많은 시간이 할애된 것은, 병원들을 상대로 경쟁사들의 스캐너보다 뉴디바이시즈의 스캐너가 필요한 이유에 대한 설득의 틀을 잡는 일이었다. 이 일을 더욱 어렵게 만든 것은, 뉴디바이시즈의 스캐너가 경쟁사의 것보다 안전하긴 했지만 더 비싸다는 점이었다. 뉴디바이시즈가 선택한 방법은 자사의 스캐너가 더욱 안전하며 의료과실 사건의 발생률을 줄여줄 것이므로 장기적으로는 병원에 절약이 될 것이라는 점을 강조하는 것이었다.

매니저들은 또한 병원들이 그들의 제품을 채택하도록 어떻게 설득할 것인가에 대한 전략을 개발했다. 그들은 병원에 연락을 해서 새 제품에 대한 홍보를 누구에게 해야 하는지 물었다. 홍보 대상이 외과 간호부장인가, 또 다른 병원 관리자인가? 더불어서 그들은 회사의 제한된 자원을 어떻게 배정할 것인지 분석했다. 회사의 웹사이트 품질을 높이는 데 더 많은 돈을 지출해야 하는가? 광고 담당 임원이 필요한가? 영업사원을 더 고용해야 하는가? 이 모든 질문이 많은 분석과 토론의 대상이 되었다. 뉴디바이시즈는 경영진이 한 번이라도 실수를 한다면 회사가 도산할 위험성이 크다는 사실을 알고 있었다.

이 사례가 보여 주는 것은 전략 기획이 다면적인 과정이라는 것이다. 그러나 전략적으로 계획을 함으로써, 리더와 구성원들은 그들의 목표를 달성하고 조직의 목표를 달성할 가능성을 높일 수 있다.

비전 창조하기

전략 기획과 유사하게, 비전 창조(creating vision)는 특별한 종류의 인지적이고 개념적인 능력을 필요로 한다. 비전의 창조는 강력한 미래의 비전을 가지고 사람들로 하여금 도전하도록 하는 능력을 요구한다. 비전을 창조하기 위해서 리더는 현재보다 더 나은 미래의 그림을 제시할 수 있어야 하며, 그러한 미래로 끌어줄 새로운 이상과 가치를 향하여 사람들을 움직일 수 있어야 한다. 리더는 비전을 표현하고 비전 추구에 사람들을 끌어들일 수 있어야 한다. 뿐만 아니라, 리더는 비전을 실천하고 비전이 제시하는 원칙을 모범으로 보여 줄 수 있어야 한다. 비전을 가진 리더는 '말'이 아니라 '행동'으로 보여야 한다. 비전을 세우는 것은 중요한 리더십 스킬이며, 이는 제7장에서 더 깊이 논의한다.

정리

최근, 리더십 스킬에 관한 연구는 연구자와 실무자들의 주목을 받고 있다. 스킬은 효과적인 리더가 되는 데 필수불가결한 것이다. 타고난 특성과 달리, 리더십 스킬은 **학습된** 역량이다. 누구든 학습을 통해서 리더십 스킬을 습득할 수 있다. 이 장에서는 세 가지 형태의 리더십 스킬인 관리 스킬, 대인관계 스킬, 개념화 스킬을 살펴보았다.

종종 따분한 것으로 여겨지는 **관리 스킬**은 효과적인 리더십에서 중요한 역할을 한다. 관리 스킬은 리더가 조직을 운영하고 그 목적을 수행하는 데 필요하고, 업무를 계획하고 조직하는 데 필요하다. 구체적으로, 관리 스킬은 사람들을 관리하고, 자원을 관리하며, 직무 역량을 발휘하는 것을 포함한다.

리더십 스킬의 두 번째 종류는 대인관계 스킬, 혹은 사람을 다루는 스킬이다. 이는 리더가 조직의 목표를 달성하기 위해서 부하, 동료, 상사와 함께 효과적으로 일하는 데 필요한 능력이다. 연구 결과는 대인관계 스킬이 효과적인 리더십에 있어서 근본적으로 중요하다는 것을 명확하게 보여 주고 있다. 대인관계 스킬은 사회 감수성 발휘하기, 감성지능 보여 주기, 대인 갈등 관리하기로 나눌 수 있다.

리더는 또한 **개념화 스킬**이 필요하다. 개념화 스킬은 개념과 아이디어를 가지고 일하는 것과 관련된다. 개념화 스킬은 인지적 스킬로서, 리더의 사고 능력을 강조한다. 개념화 스킬은 넓은 범위의 역량들을 다루지만, 이 장에서는 문제 해결하기, 전략 기획하기, 비전 창조하기로 분류하였다.

요약하자면, 관리 스킬, 대인관계 스킬, 개념화 스킬은 효과적인 리더십에서 중대한 역할을 한다. 연습과 노력을 통하여, 우리는 누구나 이 세 영역의 스킬들을 개선함으로써 보다 좋은 리더가 될 수 있다.

주요 용어

개념화 스킬(conceptual skill)
관리 스킬(administrative skill)
대인관계 스킬(interpersonal skill)
문제 해결 스킬(problem-solving skill)

사회 감수성(social perceptiveness)
전략 기획(strategic planning)
직무 역량(technical competence)

시어도어(테오) 헨더슨이 1년 365일 배고프거나 외롭거나 집이 없는 사람들에게 봉사하는 주간 쉼터이자 사회복지 조직인 로스 센터의 센터장이 된 것은 의외의 일이었다.

테오는 6명의 형제들과 함께 자랐다. 부모님은 가족을 가까스로 옷 입히고 먹여 살릴 정도로 가난했다. 테오의 아버지는 그를 매우 비판적으로 대하며, 항상 그가 머리가 좋지 않거나 힘이 약하거나 일을 열심히 하지 않는다고 말했다. 그 결과, 테오는 언제나 매우 의욕적으로 자신의 능력을 인정받기 위해서 노력했다. 그는 부모, 교사 혹은 다른 어떤 어른에게도 좀처럼 도움이나 지원을 요청하지 않았다.

테오가 17세에 혼자 아이를 키우는 아버지가 되자, 부모님들은 그에게 집을 나가라고 말했다. 테오는 자신과 어린 아들을 부양하기 위해서 잡역을 했고, 둘이서 노숙자 보호소에서 지낼 때도 여러 번 있었다. 테오는 굳은 의지만으로 고졸 학력 인증서를 따고 커뮤니티 칼리지의 파트타임 학생이 되었다.

5년이 걸렸지만 테오는 교육학 준학사 학위를 받고 졸업했다. 그러나 졸업 후 그는 실의를 겪었다. 교사가 되기 위해서는 학사 학위가 필요했지만 더 이상 대학을 다닐 형편이 못 되었기 때문이었다. 한 동창생이 그에게 주간 쉼터이자 사회복지 조직인 로스 센터에서 새로 생긴 자원 봉사 코디네이터의 자리를 맡을 사람을 찾고 있다고 알려주었다. 로스 센터는 매일 최대 300명의 사람들에게 아침과 점심 식사, 세탁 및 샤워 시설을 제공하고 사회복지 서비스를 받을 수 있도록 도와주었다. 자원 봉사 코디네이터는 자원 봉사자들을 모집하고 관리할 뿐만 아니라 훈련까지 제공하는 역할이었다. 동창생은 교육학을 전공한 테오가 이 자리에 맞을지도 모른다고 제안했다.

취업 면접 중에 센터장은 테오에게 자원 봉사 코디네이터로서 가장 먼저 무엇을 할 것인지 물었다. 그는 자신의 노숙자 시절을 회고하면서 다음과 같이 대답했다. "이곳을 찾아오는 사람들이 길거리에 있을 때, 그들과 눈을 마주치거나 인사하는 사람은 아무도 없습니다. 그들이 여기에 오면 모든 자원 봉사자와 직원들이 눈을 마주치고 인사를 해야 한다고 생각합니다. 이곳에 오는 사람은 누구나 소중하고 사랑받을 자격이 있는 사람이며, 소중하고 다정하게 대접받을 것이라고 그들이 믿게 만들 필요가 있습니다." 그는 채용되었다.

테오는 코디네이터 일을 훌륭히 해냈다. 그는 상당한 자율권을 가지고 자원 봉사자 모집 및 교육훈련을 위한 계획과 절차를 스스로 개발하고 실행했다. 그는 특히 자원 봉사자들에게 자신의 '길거리' 경험을 들려주기를 좋아했다. 그의 직무는 자원봉사자들을 조직의 필요에 맞게 배치하고, 조직 내 모든 일자리가 채워지도록 하는 것으로, 많은 조직 편성이 요구되었다. 하지만 테오는 빠른 속도로 성공적인 프로그램을 구축했다. 자원 봉사자들과 직원들은 그를 좋아했고, 많은 이들이 과제를 완수하는 그의 능력을 존경했다.

1년 후, (로스 센터 센터장) 린다는 테오에게 후임자를 찾아서 훈련시키라고 말했다. 테오를 쉼터의 일상적 운영을 총괄하는 운영팀장으로 승진시키고 싶었기 때문이었다. 그는 처음에는 승진을 받아들이는 것을 망설였다. "그런 일은 할 수 없어요. 내가 어떻게 쉼터를 운영하고 인사관리 같은 걸 할 수 있겠어요?"라고 그는 물었다. 린다는 "지금까지 해온 일이 바로 그거잖아요. 당신은 잘할 수 있어요"라고 대답했다.

그러나 테오는 운영팀장 일이 매우 힘겨웠다. 그는 많은 일을 그가 '반창고 붙이기'라고 부르는 방식으로 처리했다. 쉼터가 계속 돌아가도록 하기 위해서 여러 부서에서 필요로 하는 일들은 무엇이든 닥치는 대로 하는 것이었다. 그 결과, 테오는 자신이 여러 방향으로 분산되어 감을 발견했다. 린다는 테오가 연장을 들고 사다리에 올라가서 냉장고 압축기를 수리하려고 애쓰는 모습을 발견하고 그에게 다음과 같이 물었다. "테오, 이게 당신의 시간을 제일 잘 쓰는 방법일까요? 이

이론 적용

일을 담당하는 다른 사람은 없나요?" 이와 동시에, 직원들은 그가 너무 바빠서 그들이 염려하는 사안들이나 제안하는 개선점들을 들어주지 못한다고 느끼고 불만을 토로했다. 게다가 테오의 아들이 학교에서 문제를 겪고 있었고, 한낮에 자리를 벗어나 아들을 데리러 가야 할 때가 있었기 때문에 그는 더욱 더 업무가 밀린다고 느끼고 있었다. 많은 시간과 노력을 쏟았음에도 불구하고, 테오는 자신이 실패하고 있다고 여겼다. 그는 린다에게 다른 직장을 찾아야겠다고 말했다.

테오의 걱정을 알아차린 린다는 다른 종류의 관리직이 그에게 더 적합할지도 모른다고 생각했다. 따라서 이사회에서 로스 센터의 운영을 확장하고 새로운 시설을 지을 때가 왔다는 결정을 내렸을 때, 린다는 테오에게 새로운 일자리를 제안했다. 운영팀장 일을 잠시 내려놓고 새로운 시설을 짓는 일을 총괄하는 것이었다. 가능한 최선의 주간 쉼터를 기획하고 건설하기 위해서 각종 위원회, 건설업체, 기금 모금가, 지역의 지도층 인사들과 같은 그룹들을 이끄는 리더를 요구하는 자리였다. 혼자서 필요한 모든 작업을 하고 모든 결정을 내리는 것이 불가능한 일이었다. 전략적 기획을 하고, 목표를 완수하도록 다른 사람들을 이끄는 방법을 배워야만 했다.

테오는 이러한 기회가 주어진 것에 감사했지만, 자신은 그 일을 할 능력도 자격도 없다고 여겼다. "테오, 당신은 사람들이 할 일을 대신 해주는 게 아니라, 리더가 되어 사람들을 이끄는 방법을 배워야 해요"라고 린다는 그에게 말했다. "리더가 된다는 것은 일을 해주는 것이 아니라 다른 사람들이 목표를 완수하도록 도와주는 겁니다. 당신이 할 일은 우리에게 필요한 것들을 전부 갖춘 건물을 짓기 위한 의사결정 과정에서 다른 사람들을 리드하는 것이에요."

테오는 도전에 부응했다. 그는 경청하는 것으로 시작했다. 직원, 자원 봉사자, 쉼터 이용자들과 함께 모여 수차례 브레인스토밍을 하면서 쉼터에 필요한 편의 시설들이 무엇인지 결정했다. 그다음에는 새 건물을 짓기 위한 예산, 입지 선택, 기금 모금을 감독하는 위원회들을 결성했다. 더 나아가 쉼터를 자주 이용하

는 사람들과 자원 봉사자들로 구성된 팀을 짜고, 페인트 색부터 샤워실 타일까지 새 건물에 들어가는 모든 것을 고르는 것을 돕도록 했다. 이 팀을 통해서 테오는 쉼터에 두 가지 높이의 변기가 필요하다는 사실을 알게 되었다. 몸이 불편한 이용자들을 위해서는 높은 변기가, 가족용 화장실에서 아이들이 쓰기 쉽도록 하기 위해서는 낮은 변기가 필요했다. "변기에 대해서 세 시간 동안이나 회의를 하게 될 줄은 미처 몰랐지요"라고 그는 웃으면서 말했다.

위원회나 팀 구성원들 사이에 갈등이 생기거나 장애물에 직면했을 때, 테오는 직접 나서서 그들에게 무엇을 할지 지시하고 싶어 하는 자신의 성향을 억눌렀다. 그 대신 그들이 노력해서 해결책을 찾도록 하고, 의견 일치를 이루지 못할 때에 나서서 중재했다. 프로젝트가 진행되면서, 테오 자신이 중요한 결정을 내리는 경우도 생겼다. 건설업체, 도시 계획가, 납품업체 등을 응대할 때 위원회의 결정을 기다리기에는 너무 오래 걸리는 경우가 있었기 때문이다. 직접 결정을 책임지는 것과 다른 사람들에게 맡기는 것 사이에서 테오는 미묘한 균형을 잡아야했다.

새로 지은 쉼터가 열린 뒤, 테오는 운영팀장의 자리로 복귀했다. 테오는 불안감 대신에 새로 얻은 자신감을 가지고 일에 임했다. "전 항상 내가 모든 것을 통제해야 된다고 느꼈어요"라고 그는 털어놓았다. "하지만 새 쉼터를 짓는 일을 하면서 저는 사람들을 리드하기 위해서 통제권을 내려놓는 방법을 배웠습니다. 힘든 경험이었지만, 그런 경험 없이는 배울 수 없었을 겁니다. 쉼터의 일상적 운영에 있어서도 마찬가지라는 것을 이제는 알고 있습니다."

2년 후, 테오의 상사 린다는 이사회에서 퇴직 의사를 밝혔다. 이사회는 그의 후임을 찾는 데 일 년은 걸릴지도 모른다고 했지만, 그는 고개를 저었다. "완벽한 후임은 이미 마련되었어요. 그 사람은 우리 조직을 안팎으로 전부 꿰고 있고, 우리의 미션에도 헌신하며, 직원, 자원 봉사자, 쉼터 이용자들 모두가 그를 존경합니다."

린다가 테오에게 이사회가 그를 센터장으로 채용하

길 바란다고 알려줬을 때, 그는 깜짝 놀랐다. 하지만 이며 말했다. "준비돼 있어요."
이번에는 이의를 제기하지 않았다. 그는 고개를 끄덕

질문

1. 핵심 리더십 스킬 모델(그림 5.1)에 근거해 볼 때, 테오의 스킬을 어떻게 설명하겠는가? 그는 어떤 스킬에서 강하고, 어떤 스킬에서 약한가?

2. 테오는 운영팀장이 되었을 때보다 새로운 쉼터의 건설을 총괄하는 역할을 맡았을 때 더 성공적이었던 것으로 보인다. 그 이유는 무엇이라고 생각하는가?

3. 린다는 처음에 테오가 좋은 운영팀장이 될 것이라고 생각했다. 테오가 어떤 스킬들을 보여주었기 때문에 그렇게 생각했을까? 린다는 나중에 테오가 좋은 센터장이라고 될 것이라고 생각하게 되었다. 그가 어떤 스킬들을 배우고 개발했기 때문에 그렇게 생각하게 되었을까?

4. 테오가 로스 센터에서 일하는 동안, 그의 감성지능이 어떻게 성장했다고 생각하는가?

닐다 카야냐우파는 페루의 안데스 산맥 높은 곳에 있는 친체로 지역에서 자랐다. 그의 고향은 마추픽추의 유명한 유적지와 무역의 중심지로 붐비는 쿠스코 시 사이에 위치한 작고 가난한 시골 마을이었다. 닐다는 잉카의 후예이자 페루의 원주민인 케추아 민족의 일원으로, 어린 시절에는 집 근처의 고원지대에서 가족이 소유하는 양떼를 돌보면서 양치기 노파인 도냐 세바스티아나와 친하게 지냈다. 도냐는 실을 잣고 천을 짜는 데 숙련되었으며, 함께 양떼들을 돌보면서 어린 닐다에게 선조들로부터 물려받은 고대의 공예를 가르쳐 주었다. 5살에 실을 잣는 법을 배우고 6살에 무늬가 있는 천을 짜는 법을 배운 닐다는 빠른 속도로 숙련된 방직공이 되어 고대로부터 이어온 민족 전통의 아름다운 공예품을 만들어냈다(Wyland, 2019).

잉카는 직물 공예 전통이 풍부했고, 방대한 잉카 제국 전역에 직물을 생산하는 중심지들이 있었다. 아름답고 정교한 형형색색의 무늬들로 유명한 잉카의 직물은 종종 공동체에서 부와 높은 신분을 나타내는 역할을 했고, 잉카인들의 사회적·정치적·종교적 삶에서 없어서는 안 될 일부분이었다. 친체로 지역의 여성들은 종종 함께 모여서 천을 짜고 실을 잣고, 기법과 아이디어를 서로 공유했다. 닐다의 할머니를 비롯해서 많은 여성이 직물을 만들어 팔아서 가족의 변변찮은 농사 수입에 보태었다. 1970년대 초, 지역의 젊은 세대가 민족 전통의 직물 공예에 흥미를 잃었다고 우려하게 된 여성들이 모여서 작은 그룹을 만들었다. 이 나이든 여성 방직공들은 민족 고유의 지식을 보전하기 위해서는 무엇인가 해야 한다는 사실을 깨달았다. 그렇지 않으면 그들의 문화에서 중요한 일부분이 영원히 소실될 터였다.

이들은 오랜 전통을 전수하고 사라져가는 잉카 문화의 직물 문양들을 되찾는 일의 중요성을 알아차렸다. 이를 위해서 작은 그룹이 모여 방직 공동 사업체를 형성했고, 여성들은 함께 실을 잣고, 천을 짜고, 천연 염색을 하는 전통 기법들을 연구하고 배우며, 그들이 키우는 동물들(양, 알파카, 라마)의 털로 실을 만드는 기법들을 부활시켰다. 공동 사업체는 여성들이 만든 공예품을 페루의 성장하는 관광 산업 시장에 내놓기를 희망했다. 이로써 (대다수가 가난한) 방직공들을 지원해주고 독립적인 수입원을 제공하고자 했다.

이러한 성장 환경은 닐다의 열정에 불을 붙였고, 그는 어머니와 할머니들, 그리고 친체로 지역의 다른 어른들로부터 실을 잣고 천을 짜는 기법에 대해서 가능한 많은 것을 배우기 위해 노력했다. 아직 소녀였지만, 그는 자기 집 앞마당에서 모이는 공동 사업체의 리더 중 한 명이 되었다. 1970년대 초에 한 젊은 미국인 부부가 마을로 이사 왔는데, 그는 이들과 친하게 지내면서 직물 공예를 가르쳐 주었다. 인류학자와 민족식물학자였던 이 부부는 케추아 민족에게 직물 공예가 갖는 중요성에 대해서 배웠고, 방직 공동 사업체와 어린 닐다가 지원을 받아 친체로 지역의 실잣기와 천 짜기 전통에 초점을 둔 지역 문화 센터를 세우는 것을 도와주었다.

닐다는 천재로 여겨졌다. 14살 때, 그는 페루의 작은 고향 마을을 떠나 멀리 여행을 했다. 미국의 스미스소니언 연구소와 미국 자연사 박물관에서 직물 공예를 선보이기 위해서였다. 그는 친체로 지역의 소녀들 중에 드물게 고등학교를 다녔으며, 고향에서 처음으로 대학을 다닌 여성이 되었다. 방직으로 버는 수입이 교육비에 보탬이 되었다. 그는 1986년 쿠스코에 있는 산 안토니오 아바드국립대학교에서 석사 학위를 취득하고, 이후 캘리포니아 버클리에서 직물류 유물을 연구하는 장학금을 받았다. 닐다는 세계를 여행하면서 자신의 직물 공예 기술과 고향에서 나는 공예품에 대해서 가르치고, 시연하고, 홍보했다.

1980년대와 90년대에 걸쳐서 닐다는 해외 각국을 여행하며 잉카의 찬란한 직물 공예 전통 문화를 세계적으로 알렸다. 그는 하버드대학교, 코넬대학교, 버몬트대학교, 브라운대학교, 스미스소니언 연구소를 포함하는 수많은 그룹과 기관들에서 워크숍을 진행하고 강연을 했다.

닐다가 부재하는 동안, 그가 친체로 지역에 설립하는 것을 도왔던 문화 센터가 흔들리기 시작했다. 문화 센터를 유지하기 위해서, 닐다는 방직공들을 이끌고 1996년에 '쿠스코 전통 직물 센터(CTTC)'를 설립했다. 이 비영리 단체는 쿠스코 지역의 공동체들이 "직물 전통의 부활과 방직공, 특히 여성 방직공들의 자율권 신장"을 돕는 것을 목적으로 한다(CTTC, 2019). 여행 중에 쌓은 여러 인맥을 통해서 닐다는 CTTC에 대한 상당한 국제적·재단적 지원을 마련할 수 있었다. 그는 방직공들과 함께 그들의 목표를 수정하고 나아갈 길을 정했다. 닐다의 리더십하에 CTTC는 지역 공동체들과 파트너로서 일하기 시작했다. 우선은 마을 어른들과 함께 마을의 방직공들에게 직물 디자인과 방직 기법 및 지식을 가르쳤다. CTTC는 각 마을에 방직 센터를 만들어서 "집안일로부터 자유롭고 비를 피할 수 있는 곳에서" 방직공들이 모여 일할 수 있는 장소를 제공했다(CTTC, 2019). 현재 CTTC는 쿠스코 지역의 방직 공동체 10곳과 파트너 관계를 맺고 있다. 각 공동체의 방직공들은 선조 전래의 독특한 디자인과 전통을 되살리고, 고대의 기법을 되찾고, 천연 염료를 정제하는 과정을 연구한다. 방직공들은 점점 더 뛰어난 공예품을 생산했고, 이를 더 효과적으로 판매하기 위해서 CTTC는 옛 잉카 제국의 수도이자 지역의 관광 중심지인 쿠스코 시의 중심부에 가게와 사무실, 그리고 박물관을 열었다.

"센터에서 하는 일은 단지 페루의 전통 직물과 그 상징성 및 중요성을 보전하고 연구하는 것뿐만이 아닙니다. 우리의 또 다른 목표는 지역민들이 생산하는 직물을 위한 더 큰 수요를 창출하고 지역 사회에 새로운 경제를 창출하도록 돕는 것입니다"라고 닐다는 말한다(Van Buskirk & Van Buskirk, 2012b). CTTC는 훌륭한 품질과 유구한 전통을 강조함으로써 바로 그 일을 해냈다. 그 결과 CTTC 멤버들이 만들어내는 정교하고 독특한 공예품들은 세계적으로 인정받으며, 우수

한 기술로 그 가치를 높이 평가받는다(Van Buskirk & Van Buskirk, 2012b).

닐다의 노력은 페루 원주민들에게 중요한 공예 문화를 되살리는 것뿐만 아니라, 그 과정에서 방직공과 그 가족들을 빈곤으로부터 끌어올리는 것에도 기여했다. 방직은 옛날부터 '여자가 하는 일'로 여겨졌고 그 가치를 높이 평가받지 못했다. 그 결과 여성들은 경제적으로 취약했고 집안의 남성들, 그리고 농사를 해서 얻는 미미한 수입에 의존해왔다. 이제는 많은 여성이 가족의 주된 수입을 벌게 되었다. 권한과 자부심을 얻은 이 여성들은 지역 사회와 가정에서 중요한 지위를 갖는다.

"그들이 만든 직물을 공정한 가격으로 판매함으로써 많은 방직공과 그 가족들이 훨씬 더 나은 삶을 살 수 있게 되었습니다. 새로운 수입을 아이들과 땅에 투자할 수 있게 되었으니까요. 더 많은 아이들이 고등학교를 졸업할 수 있게 되었고, 이제는 쿠스코시에서 대학이나 학교에 다니는 젊은이들까지 있습니다. 지역민들은 더 나은 의료 서비스를 받을 수 있게 되었고, 집을 개축하거나 소유한 토지를 늘릴 수 있게 되었습니다"라고 닐다는 말한다(Hallum, 2018).

또한 방직공들은 그들의 전통과 직물, 그리고 자신에 대한 자부심을 새로이 찾게 되었다. 수백 년간 전통 의상을 입지 않았지만, 오늘날 CTTC 방직공들은 전통 의상을 입고 직물 공예품을 만듦으로써, 전통 문화를 되찾고 다른 사람들에게 영향을 끼치는 것을 자랑으로 여긴다(Hallum, 2018).

현재 결혼해서 두 아이를 가진 닐다는 세 권의 저서를 쓴 수상 작가이다. 그는 계속해서 세계를 여행하면서 CTTC 방직공들의 아름다운 공예품과 전통과 기법을 공유한다. 뿐만 아니라, 해외의 다른 지역 공동체들을 상대로, 그가 안데스 고산 지대의 고향 마을에서 이끌어온 성공을 어떻게 그들도 이룰 수 있는지 가르친다.

"장래에 무슨 일이 있을지는 아무도 모르는 건가 봅니다. 특히 작은 마을 출신이라면 말이죠"라고 그는 말한다. "하지만 변화를 가져오는 건 사람들 사이의 관계입니다. 어느 나라 말을 쓰던, 얼마나 교육받았건, 어

떤 사회에서 자라나서 세계 어떤 곳에서 살던 상관없 어요. 서로 공유함으로써 우리는 놀라운 일들을 할 수 있습니다"(Van Buskirk & Van Buskirk, 2012b).

질문

1. 핵심 리더십 스킬 모델(그림 5.1)에 근거해 볼 때, 닐다의 스킬을 어떻게 설명하겠는가?

2. 닐다가 리더로서 CTTC를 성공적으로 이끈 것에 가장 많이 기여한 스킬은 무엇이라고 생각하는가?

3. 닐다는 어떤 방식으로 감성지능을 보여주었다고 생각하는가?

4. 여러분이 보기에 이 이야기의 가장 큰 교훈은 무엇인가? 가장 영감을 주는 부분은 무엇인가?

5.3 리더십 스킬 진단지

목적

1. 자신의 리더십 스킬을 파악한다.
2. 자신의 강점과 약점을 보여 주는 리더십 스킬 프로필을 제공한다.

작성법

1. 이 진단지에 답할 때 자신을 리더의 역할에 대입시켜서 응답한다.
2. 각 항목에 대하여, 자신을 정확하게 설명한다고 느끼는 정도를 나타내는 숫자에 동그라미를 친다.

문항 및 내용	전혀 아니다	별로 아니다	가끔 그렇다	어느 정도 그렇다	매우 그렇다
1. 나는 내 업무의 상세한 면들을 효과적으로 다룬다.	1	2	3	4	5
2. 나는 보통 사람들이 새로운 아이디어나 제안에 어떻게 반응할 것인지 미리 알고 있다.	1	2	3	4	5
3. 나는 문제를 효과적으로 해결한다.	1	2	3	4	5
4. 나는 서식을 작성하고 세부 사항을 다루는 일이 수월하다.	1	2	3	4	5
5. 조직 사회의 구조를 이해하는 것이 내게는 중요하다.	1	2	3	4	5
6. 나는 문제가 발생하면 즉각적으로 대응한다.	1	2	3	4	5
7. 사람과 자원을 관리하는 것이 나의 강점 중 하나이다.	1	2	3	4	5
8. 나는 내가 속한 그룹의 감정적 기류를 감지할 수 있다.	1	2	3	4	5
9. 나에게는 큰 그림을 보는 것이 자연스러운 일이다.	1	2	3	4	5
10. 나는 나의 일과 관련하여 사람들이 요구하고 염려하는 사항들에 대응하는 것을 즐긴다.	1	2	3	4	5
11. 나는 감정적 에너지를 사용하여 다른 사람들에게 동기를 부여해 준다.	1	2	3	4	5
12. 회사를 위해서 전략적인 계획을 세우는 일이 나는 흥미롭다.	1	2	3	4	5

문항 및 내용	전혀 아니다	별로 아니다	가끔 그렇다	어느 정도 그렇다	매우 그렇다
13. 자원을 확보하고 배정하는 일은 나의 업무에서 도전이 되는 일이다.	1	2	3	4	5
14. 성공적인 갈등 해소의 열쇠는 나와 맞서는 상대방을 존중하는 것이다.	1	2	3	4	5
15. 나는 조직의 가치와 철학에 대해서 논의하는 것을 즐긴다.	1	2	3	4	5
16. 나는 우리가 진행하는 프로그램들을 지원하기 위해서 효과적으로 자원을 확보할 수 있다.	1	2	3	4	5
17. 나는 갈등 상황 속에서 합의점을 찾기 위해서 노력한다.	1	2	3	4	5
18. 나는 조직에서 변화를 가져오는 것에 대해서 유연하다.	1	2	3	4	5

점수 집계

1. 1, 4, 7, 10, 13, 16번에 대한 점수를 합산한다(관리 스킬).
2. 2, 5, 8, 11, 14, 17번에 대한 점수를 합산한다(대인관계 스킬).
3. 3, 6, 9, 12, 15, 18번에 대한 점수를 합산한다(개념화 스킬).

총점

관리 스킬 : _____

대인관계 스킬 : _____

개념화 스킬 : _____

점수 해석

리더십 스킬 설문은 크게 세 가지의 리더십 스킬인 관리 · 대인관계 · 개념화 스킬을 평가하도록 설계되었다. 자신의 점수를 비교함으로써, 나의 리더십의 강점과 약점이 어느 부문에 있는지 파악할 수 있다.

점수가 26~30점이라면, 매우 높은 범위에 속한다.
점수가 21~25점이라면, 높은 범위에 속한다.
점수가 16~20점이라면, 중간 범위에 속한다.
점수가 11~15점이라면, 낮은 범위에 속한다.
점수가 6~10점이라면, 매우 낮은 범위에 속한다.

5.4 관찰 연습

리더십 스킬

목적

1. 다양한 종류의 리더십 스킬에 대한 이해를 키운다.
2. 리더십 스킬이 어떻게 리더의 업무 수행에 영향을 미치는지 살펴본다.

작성법

1. 이 연습에서 할 과제는 리더를 관찰하고 그의 리더십 스킬을 평가하는 것이다. 리더는 상사, 관리자, 코치, 교사, 클럽 회장 등 리더십을 요구하는 위치에 있는 사람이라면 누구든지 될 수 있다.
2. 아래의 각 스킬 그룹과 관련하여, 리더에게서 관찰한 바를 기록한다.

리더 이름 : _____

관리 스킬	1	2	3	4	5
사람 관리하기	잘못함	약함	보통	잘함	아주 잘함
자원 관리하기	잘못함	약함	보통	잘함	아주 잘함
직무 역량 보여주기	잘못함	약함	보통	잘함	아주 잘함

부가 설명 :

리더 이름 : _____

대인관계 스킬	1	2	3	4	5
사회 감수성 발휘하기	잘못함	약함	보통	잘함	아주 잘함
감성지능 보여주기	잘못함	약함	보통	잘함	아주 잘함
대인 갈등 관리하기	잘못함	약함	보통	잘함	아주 잘함

부가 설명 :

리더 이름 : _____

개념화 스킬	1	2	3	4	5
문제 해결하기	잘못함	약함	보통	잘함	아주 잘함
전략 기획하기	잘못함	약함	보통	잘함	아주 잘함
비전 창조하기	잘못함	약함	보통	잘함	아주 잘함

부가 설명 :

질문
1. 관찰한 바에 근거하여, 리더의 강점과 약점은 무엇이었는가?

2. 관찰한 리더십 사례는 어떠한 상황에서 발생하였는가? 리더가 사용한 스킬의 종류에 이러한 상황이 영향을 미
   쳤는가? 이에 대하여 논의해 보자.

3. 만약 자신이 이 리더에게 코칭을 해 준다면, 그가 리더십 스킬을 개선할 수 있는 방법에 대하여 구체적으로 어
   떠한 점들을 말해 줄 것인지 논의해 보자.

4. 이 리더가 다른 상황에서도 동일한 강점과 약점을 보일 것이라고 생각하는지 논의해 보자.

5.5 성찰 및 실행 과제 워크시트

리더십 스킬

성찰

1. 자신에 대해서 알고 있는 바와 세 가지 영역(관리 · 대인관계 · 개념화 스킬)의 리더십 스킬 진단지에서 받은 점수에 근거하여, 자신의 리더십 스킬을 어떻게 설명하겠는가? 구체적으로 어떤 스킬이 강점이고, 어떤 스킬이 약점인가? 여러분이 리더로서의 역할을 하는 데 자신의 리더십 스킬이 어떠한 영향을 미칠 것이라고 생각하는가? 이에 대하여 논의해 보자.

2. 이 장에서는 감성지능을 대인관계 리더십 스킬 중 하나로 제시하고 있다. 이 가정에 동의하는지 반대하는지 논하라. 여러분의 리더십에 대해서 생각할 때, 자신의 감정이 리더로서 역할을 하는 데 도움이 되는가 방해가 되는가? 이에 대하여 논의해 보자.

3. 이 장에서는 리더십을 세 종류의 스킬 영역(관리 스킬 · 대인관계 · 개념화 스킬)으로 나누고 있다. 이 중 상황에 따라서 어떤 스킬들이 다른 스킬들보다 더 중요할 것이라고 생각하는가? 더 낮은 레벨의 리더십(예 : 감독자)에서 요구되는 스킬들이 더 높은 레벨의 리더십(예 : 최고경영자)에서 요구되는 것과 동일하다고 생각하는가? 이에 대하여 논의해 보자.

실행 과제

1. 리더십 스킬의 독특한 면 중 하나는 연습할 수 있다는 것이다. 자신의 관리 스킬을 개선하기 위해서 할 수 있는 것을 세 가지 나열하고 간략하게 설명해 보자.

2. 리더는 사회 감수성을 필요로 한다. 이 영역에서 자신을 평가하면서, 여러분이 다른 사람과 그들의 관점에 대해서 더 잘 인식할 수 있도록 도움을 줄 만한 구체적인 행동 두 가지를 찾아보고 이에 대하여 논의해 보자.

3. 여러분은 어떤 형태의 문제 해결자인가? 문제 상황을 천천히 다루는가 아니면 신속하게 대응하는가? 전체적으로, 자신이 보다 효과적으로 문제를 해결하는 사람이 되기 위해서 바꿀 수 있는 두 가지는 무엇인가?

참고문헌

Bass, B. M. (1990). *Bass & Stogdill's handbook of leadership: Theory, research, and managerial applications* (3rd ed.). New York, NY: Free Press.

Blake, R. R., & McCanse, A. A. (1991). *Leadership dilemmas: Grid solutions*. Houston, TX: Gulf.

Boal, K. B., & Hooijberg, R. (2000). Strategic leadership research: Moving on. *Leadership Quarterly, 11*(4), 515–549.

Caruso, D. R., & Wolfe, C. J. (2004). Emotional intelligence and leadership development. In D. V. Day, S. J. Zaccaro, & S. M. Halpin (Eds.), *Leader development for transforming organizations: Growing leaders for tomorrow* (pp. 237–266). Mahwah, NJ: Erlbaum.

Centro de Textiles Tradicionales del Cusco (CTTC). (2019). *By weavers, for weavers* . . . Retrieved July 16, 2019, from http://www.textilescusco.org/

Dibble, J. L., & Levine, T. R. (2010). Breaking good and bad news: Direction of the MUM effect and senders' cognitive representations of news valence. *Communication Research, 37*(5), 703–722. https://doi.org/10.1177/0093650209356440

Goleman, D. (1995). *Emotional intelligence*. New York, NY: Bantam Books.

Hallum, C. (2018, September 15). The Centro de Textiles Tradicionales del Cusco fights poverty. *Borgen Magazine*. Retrieved July 16, 2019, from https://www.borgenmagazine.com/centro-de-textiles-tradicionales-del-cusco/

Haverbeck, M. J. (2007, December 19). The making of Coquese Washington: The Lady Lions' new coach goes from humble beginnings in Flint, Mich., to Happy Valley. *BlueWhite Illustrated*. Retrieved June 7, 2013, from http://www.personal.psu.edu/mjh11/CoqueseWashington.html

Katz, R. L. (1955). Skills of an effective administrator.

Harvard Business Review, 33(1), 33–42.

Lord, R. G., & Hall, R. J. (2005). Identity, deep structure and the development of leadership skill. *Leadership Quarterly, 16*(4), 591–615.

Mann, F. C. (1965). Toward an understanding of the leadership role in formal organization. In R. Dubin, G. C. Homans, F. C. Mann, & D. C. Miller (Eds.), *Leadership and productivity* (pp. 68–103). San Francisco, CA: Chandler.

Mayer, J. D., & Salovey, P. (1995). Emotional intelligence and the construction and regulation of feelings. *Applied and Preventive Psychology, 4*(3), 197–208.

Mayer, J. D., Salovey, P., & Caruso, D. R. (2000). Models of emotional intelligence. In R. J. Sternberg (Ed.), *Handbook of intelligence* (pp. 396–420). Cambridge, MA: Cambridge University Press.

McKenna, K. (2013, March 1). Women's basketball: Coquese Washington transforms program with leadership. *The Daily Collegian*. Retrieved June 7, 2013, from http://collegian.psu.edu/archive/2013/03/01/WE_ARE_Coquese_Washington.aspx

Miller, C. C. (2010, October 10). Why Twitter's C.E.O. demoted himself. *The New York Times*, p. BU1.

Mumford, M. D., Zaccaro, S. J., Connelly, M. S., & Marks, M. A. (2000). Leadership skills: Conclusions and future directions. *Leadership Quarterly, 11*(1), 155–170.

Mumford, T. V., Campion, M. A., & Morgeson, F. P. (2007). The leadership skills strataplex: Leadership skill requirements across organizational levels. *Leadership Quarterly, 18*(2), 154–166.

Nilsen, D. (2009, November 13). Flint Hall inductee Coquese Washington followed folks' advice to explore, excel. *Flint Journal*. Retrieved June 7, 2013, from http://www.mlive.com/sports/flint/index.ssf/2009/11/flint_hall_inductee_coquese_wa.html#

Pigg, T. (2019, April 18). *Coquese Washington named WBB assistant coach*. University of Oklahoma Athletics. Retrieved July 19, 2019, from http://www.soonersports.com/ViewArticle.dbml?DB_OEM_ID=31000&ATCLID=211800447

Salovey, P., & Mayer, J. D. (1990). Emotional intelligence. *Imagination, Cognition, and Personality, 9*, 185-221.

Van Buskirk, E., & Van Buskirk, D. (2012a). Chinchero, Peru: A message from Nilda. *Descendants of the Incas*. Retrieved July 16, 2019, from http://www.incas.org/chinchero-peru-a-message-from-nilda

Wyland, S. (2019). Meet Smithsonian expert Nilda Callañaupa Alvarez [Blog post]. *WorldStrides*. Retrieved July 16, 2019, from https://worldstrides.com/blog/2016/04/meet-smithsonian-expert-nilda-callanaupa-alvarez/

Yammarino, F. J. (2000). Leadership skills: Introduction and overview. *Leadership Quarterly, 11*(1), 5-9.

Zaccaro, S. J., Gilbert, J., Thor, K. K., & Mumford, M. D. (1991). Leadership and social intelligence: Linking social perceptiveness and behavioral flexibility to leader effectiveness. *Leadership Quarterly, 2*(4), 317-331.

CHAPTER 6

강점 활용하기

서론

여러분이 무언가에서 최고의 기량이었을 때나 상황을 생각해 보자. 이제, 한 걸음 뒤로 물러나 그 상황에서 여러분이 그렇게 효과적이었던 이유가 무엇인지 설명해 보자. 여러분 **자신 또는 여러분 모습**의 어떤 면에 만족을 느꼈는가? 여러분의 어떤 **행동** 덕분에 그렇게 성공할 수 있었는가? 무엇 때문에 다른 사람들이 여러분에게 그렇게 반응했을까? 이 질문들에 대한 답은 바로 이 장의 중심 주제인 여러분의 강점과 연관되어 있다.

우리 모두에게는 각자 식별 가능한 리더십 강점, 즉 탁월하거나 잘해내는 분야가 있다. 하지만 우리는 종종 이러한 강점들을 알아보지 못하기도 한다. 그 결과, 우리는 강점을 제대로 활용하지 못하거나 아예 발휘하지 못할 때가 많다. 이는 주변 동료나 구성원들의 강점에 있어서도 마찬가지이다. 그들의 강점은 때때로 인식되기도 하지만, 자주 간과되기 일쑤이다. 리더로서 우리가 마주치는 과제는 우리 자신의 강점뿐 아니라 다른 사람들의 강점을 파악하고 이 강점들을 활용해 우리 조직과 구성원들이 더욱 효율적이고 생산적이며 만족할 수 있도록 만드는 것이다.

개인의 강점들을 파악하는 것은 특별한 과제인데, 이는 사람들이 흔히 자신들의 긍정적 측면들을 인정하는 것에 대해 주저하고 어색해하기 때문이다. 미국 문화에서, 자신의 긍정적 자질을 표현하는 것은 종종 자랑이나 자기 잇속을 차리는 일로 보인다. 사실, 많은 문화권에서 자기 자신에게 초점을 맞추는 것은 경멸받는 일이며, 겸손을 보이고 스스로를 낮추는 것이 미덕으로 간주된다. 이 장에서, 여러분은 자신의 강점 인정에 대한 그러한 거리낌을 잠시 접어 두고, 타인들을 리드하고 그들과 함께 일하는 데 있어 이런 강점들이 가지는 뗄 수 없는 역할을 이해하게 될 것이다.

이 장의 목표는 강점들을 이해하는 것이 어떻게 더 나은 리더를 만들 수 있는지를 탐색하는 것이다. 제일 먼저, 우리는 강점의 정의와 강점 기반 리더십의 **역사적 배경**을 통해 그 개념을 설명할 것이다. 우리는 강점을 어떻게 **확인하는지**를 알아보고, 강점을 **진단**하는 데 이용할 수 있는 여러 가지 측정방법을 설명할 것이다. 이 장의 마지막 부분에서는 더 유능한 리더가 되기 위해 여러분이 취할 수 있는 구체적인 전략을 포함한, **실제 상황**에서의 강점 기반 리더십의 개념을 살펴볼 것이다.

강점 기반 리더십

강점 리더십의 개발과 원칙을 논의하기 전에, 우리는 먼저 강점의 의미를 분명히 해야 할 필요가 있다. 강점(strength)이란 성공적 수행의 원인이 되는 개인의 자질이나 특성이다. 즉, 이것은 우리가 최고의 기량을 보일 때의 특징을 말한다.

강점 연구자들은 강점이란 뛰어난 일을 지속적으로 해낼 수 있는 능력이라고 말한다(Buckingham & Clifton, 2001 ; Rath, 2007). 이와 비슷하게, 린리(2008)는 확실하고 활기를 주며 최상의 수행을 가능하게 해 주는 기존의 능력이라고 강점을 정의한다.

강점이란 **응용된** 특성이다. 제2장에서 언급했듯이 특성이란 사람들의 유전된 특징이며, 강점의 경우에는 이런 특성들이 가장 높은 수준으로 발휘된 것이다. 예를 들면 사회성은 리더십 특성의 하나로 간주되지만, 사회적 관계를 만들고 유지하는 데 아주 능숙한 사람, 즉 우리가 '마당발'이라고 부르는 사람의 경우, 그 특성은 강점인 것이다.

강점은 스킬과도 다르다. 제5장에서 말했듯이, 스킬은 학습한 역량으로서 누구든지 스킬을 배울 수 있다. 강점이란 이미 가지고 있는 능력의 표출이며 사람마다다 다르다. 그러나 스킬이 강점으로 바뀔 수 있다. 예를 들면, 어떤 사람이 시간 관리와 정리법을 배운 다음 활용과 연습을 거듭하여 아주 능숙하게 되면 이 스킬이 하나의 강점으로 바뀔 수 있다.

간단히 말하면, 강점이란 우리를 유능하게 만들어주고 번창하도록 도와주는, 우리가 가진 긍정적 특성이다. 예를 들면, 안토니오는 그림과 디자인에 대한 재능을 타고났다. 그는 건축학을 공부하느라 대학교를 다니는 동안 수년 동안 건설현장 인부로 일했다. 그 결과 안토니오가 건축가가 되었을 때, 실제 건축의 개념을 더 완전하게 이해할 수 있었던 덕분에 건설현장에서의 경험은 그의 디자인 스킬을 더 강화해 주었다. 그의 고객들은 종종 그의 강점 중 하나로 '건축 친화적인' 디자인을 꼽았다.

역사적 배경

강점의 시각에서 리더십을 연구하는 것은 새로운 연구 분야이다. 이는 두 가지의 서로 겹치는 연구 발전의 결과로, 1990년대 후기에 주목을 받기 시작했다. 첫째로, 갤럽의 연구자들은 200만 명이 넘는 사람들에 대한 인터뷰를 포함한 방대한 연구를 통해 사람들의 잘못된 면이 아니라 사람들의 잘된 면, 즉 그들의 재능과 잘하는 것들을 설명하고자 했다(Rath, 2007).

둘째로, 학계의 연구자들은 심리학에서 질병 모델에 의해서만 인간 문제를 연구하는 데 의문을 제기하고 정신적으로나 신체적으로 건강한 사람들과 그들의 행복을 설명하는 연구를 시작했다. 이런 연구에서 **긍정심리학**이라는 새로운 분야가 탄생했다(Peterson & Seligman, 2003). 이 두 가지 발전은 각각 강점 기반 리더십의 떠오르는 인기를 설명하는 데 도움이 되었다.

갤럽

정치 여론조사를 수행하는 여론조사 기구로 가장 잘 알려진 갤럽(Gallup)은 사회과학의 다른 분야들에서도 연구를 수행하고 있다. 거의 40년 가까이, 사람들의 강점에 대한 연구는 갤럽에서 실행된 주요한 연구 주제의 하나였다. 이 일은 고인이 된 도널드 O. 클리프턴이 주도했는데, 그의 지휘 아래 성과 및 인간 강점에 대해 수백만 명의 사람들과 인터뷰가 진행되었다. 이 인터뷰 자료에 근거해, 갤럽 연구자들은 스트렝스파인더(StrenthFinder) 프로필을 설계하고 발표했다. 이것은 사람들의 재능과 잠재된 강점 판별을 위한 온라인 진단이다. 이 프로필은 후에 수석 개발자를 기려 '클리프턴 스트렝스 파인더'로 명명되었으며, 2007년 이래로는 '스트렝스파인더 2.0'으로 불리고 있다. 현재 이 프로필은 클리프턴스트렝스(CliftonStrengths)라고 부르고 있다. 이 장의 뒷부분에서 우리는 클리프턴스트렝스와 이것이 측정하는 구체적인 재능 기반 강점들에 대해 더 자세히 살펴볼 것이다.

클리프턴스트렝스는 세계에서 가장 널리 이용되는 자기진단 설문 중 하나이며, 현재까지 1,000만 명 이상의 사람들이 이용하였다. 이 진단은 수많은 대학과 조직에서 채택되어 사람들이 자신의 강점을 파악하고, 몰입도를 높이며, 성과를 향상시키는 데 도움을 주고 있다. 갤럽은 강점에 관한 이론을 발표하지는 않았지만, 클리프턴스트렝스의 광범위한 수용 및 사용은 효과적 리더십 개발과 성과 향상을 설명하는 요인들에 대한 논의에서 강점을 핵심 변수로 격상시켜 주었다.

긍정심리학

갤럽의 클리프턴스트렝스 프로필이 인기를 높여가고 있을 때, 심리학 분야에서는 주요한 변화가 일어나고 있었다. 연구자들은 심리학이 사람들의 잘못된 면과 약점뿐 아니라 사람들의 잘된 면과 긍정적 특성에도 연구의 초점을 확장할 것을 요구했다. 1998년 미국심리학회에서 마틴 셀리그먼이 한 연설에서 시작된 이런 확장된 관심은 곧 **긍정심리학**이라는 분야가 되었다(Fowler, Seligman, & Kocher, 1999). 10년 전 탄생 이래, 긍정심리학은 기하급수적으로 성장하여 신뢰할 수 있고 중요한 심리학 연구 분야 중 하나로 발전하였다.

특히, 긍정심리학(positive psychology)은 "무엇이 인생을 가장 살만한 것으로 만들어주는지에 대한 '과학적' 연구"로 정의될 수 있다(Peterson, 2009, p. xxiii). 개인의 약점 및 결함을 연구하는 대신(질병 모델), 긍정심리학은 개인의 강점과 개인을 풍요롭게 하는 요인에 초점을 맞춘다(Fredrickson, 2001; Seligman, 2002; Seligman & Csikszentmihalyi, 2000). 이것은 행복이나 기쁨과 같은 사람들의 긍정적 경험, 성격이나 재능 같은 사람들의 긍정적 특성, 그리고 영향을 주는 가족, 학교, 기업 등과 같은 긍정적 기관을 다룬다(Cameron, Dutton, & Quinn, 2003).

긍정심리학에서 가장 두드러지는 점은, 사람들의 긍정적 특성, 즉 **강점**을 연구하는 데 전념한다는 것이다. 이 점은 긍정심리학을 강점 기반 리더십의 이해에서 매우 유용한 것으로 만든다. 긍정심리학은 사람들의 강점 분석을 과학적 연구의 주류로 진입시켰다(Linley, 2008). 긍정심리학에서 나온 개념들과 이론들은 강점 기반 리더십이 어떻게 작동하는지를 배우는 것과 직접적으로 연관된다.

강점의 확인과 측정

역사적 배경에서 설명한 바와 같이, 강점에 대한 연구는 대부분 갤럽 관련 연구자와 긍정심리학 분야의 학자들에 의해 수행되었다. 이 연구들은 강점을 확인하는 수많은 방법과 개인 강점에 대한 광범위한 목록을 만들어 냈다. 이 부분에서는 다음 세 가지 주요 그룹에서 강점을 파악하는 방법을 살펴볼 것이다. (1) 갤럽 (2) VIA 인성연구소 (3) 영국의 응용긍정심리학센터. 서로 겹치는 부분이 많이 있지만, 각각의 연구 그룹은 개인 강점을 확인하고 측정하는 데 있어 독특한 관점을 제공한다. 모두 종합하면 이 연구들은 방대하고 구체적인 강점 목록, 강점을 어떻게 측정할지에 대한 명확한 그림, 그리고 강점을 어떻게 인간 행동의 이해에 이용할 수 있는지에 대한 폭넓은 시각을 제공해 준다.

갤럽과 클리프턴스트렝스 프로필

갤럽 연구자들은 엄청난 수의 임원, 영업직, 교사, 의사, 간호사 및 그 외의 직업인들을 인터뷰하여 그들의 강점과 그들이 일을 잘할 수 있게 만든 요인들을 조사하였다. 이 인터뷰의 목적은 높은 성과를 내는 개인들의 자질을 파악하는 것이었다. 인터뷰 결과, 갤럽 연구자들은 뛰어난 수행을 설명해 준다고 생각되는 34가지 유형 또는 테마를 추출해냈다(표 6.1 참조). 이 34가지 항목들은 '인간 재능 연구에서 나타난 가장 흔한 테마들'이다(Buckingham & Clifton, 2001, p. 12). 지난 10년 동안, 이 테마들은 업무 환경에서의 강점을 논의하는 데 있어 기준이 되어 왔다.

중요한 것은 갤럽 연구자들이 강점이 아니라 인간 재능 테마(themes of human talent)들을 확인하였다는 점이다. 재능은 성격 특성과 비슷하다. 즉, 재능은 비교적 안정되고 고정된 자질로, 쉽게 바뀌지 않는다. 강점은 재능으로부터 생겨난다. 강점 개발의 방정식은 재능 곱하기 투자이다(그림 6.1 참조). 강점은 이미 가지고 있는 어떤 재능을 기반으로, 추가적 지식, 스킬, 연습을 더하여 그 재능을 더 개발함으로써 이끌어내는 것이다(Rath, 2007). 예를 들어, 여러분은 다른 사람들과 손쉽게 의사소통하는 재능을 가지고 있을 수 있다. 만약 여러분이 시간을 투자하여

표 6.1 34가지 재능 테마

실행력	영향력	관계 형성	전략적 사고
성취	행동	적응	분석
정리	주도력	개발	회고
신념	커뮤니케이션	연결성	미래 지향
공정성	승부	공감	발상
심사숙고	최상화	화합	수집
체계	자기확신	포용	지적 사고
집중	존재감	개별화	배움
책임	사교성	긍정	전략
복구		절친	

그림 6.1 강점 방정식

재능(생각하거나 느끼거나 행동하는 타고난 방식)

×

투자(연습하고, 스킬을 개발하고, 지식 기반을 쌓는 데 보낸 시간)

=

강점(완벽에 가까운 수행을 일관되게 제공할 수 있는 능력)

효과적 커뮤니케이션의 복잡성에 대해 더 배우고 대중 연설 스킬 개발을 돕는 클럽인 '토스트마스터즈 인터내셔널'을 통해 그것을 연습한다면, 여러분은 커뮤니케이션 강점을 향상할 수 있을 것이다. 이와 비슷하게, 만약 여러분이 개척자의 재능을 타고났다면, 고정관념에서 벗어나는 사고를 하는 법을 공부하고 여러분의 조직에서 이러한 사고과정을 실행함으로써 그러한 재능을 여러분의 강점 중 하나로 개발할 수 있을 것이다. 요약하자면, 재능이 곧 강점은 아니지만, 지식, 스킬, 연습과 결합되었을 때 재능은 강점 개발의 근본을 제공해 준다.

갤럽의 관점에서 강점은 어떻게 측정될까? 갤럽의 클리프턴스트렝스는 177개 항목으로 된 설문으로서 '강점 개발의 잠재성이 가장 큰 분야들'을 확인해 준다(Rath, 2007, p. 31). 이 설문을 마치고 나면, 여러분은 각자 다섯 가지 가장 두드러진 재능을 포함한 목록을 받게 된다. 여러분은 이 재능을 더 향상시켜서 개인의 성장과 개발을 발전시킬 수 있다. 작성하는 데 약 30분이 걸리는 이 설문은 갤럽이 발행하는 강점 관련 책들(위대한 나의 발견 강점혁명-역주)의 뒷면에 표시된 접속 코드를 통해 접속할 수 있다. 또한 갤럽의 웹사이트 www.gallupstrengthscenter. com에서도 이용할 수 있다. 리더는 어떻게 자신의 리더십에서 강점들을 이용할 수 있을까? 강점 기반 리더십(*Strengths Based Leadership*)이라는 책에서, 래스와 콘치 (2008)는 클리프턴스트렝스 프로필상의 점수를 해석하는 방법을 설명한다. 이해를 돕기 위해, 그들은 리더십 강점의 네 가지 영역을 묘사하는 배치도를 만들어 냈다(표 6.2 참조). 네 가지 영역이란 실행력, 영향력 행사, 관계 형성, 전략적 사고이다. 이 영역들은 수천 개의 경영자 팀을 대상으로 한 인터뷰와 갤럽 재능 데이터 세트의 인자 분석으로부터 도출해 냈다. 이 네 가지 영역은 성공적 팀을 만들어 내는 데 도움이 되는 네 가지 강점을 의미한다.

효과적 팀은 폭넓은 강점 그룹을 지니고 있으며, 리더십 강점 영역 네 가지가 모두 나타날 때 가장 잘 작동한다(Rath & Conchie, 2008). 효과적 팀은 일반적으로 다재다능하며, 그룹 내 다양한 니즈를 실행할 각기 다른 멤버들을 보유하고 있다. 리더는 팀에 고유한 강점을 제공하지만, 리더가 네 가지 영역 강점을 모두 다 보여 줄 필요는 없다. 강력하고 응집력 있는 팀은 모두의 강점을 발휘시켜서 팀의 효과성을 높인다.

예를 들어, 10년 동안 성공적인 웨딩숍을 운영해 온 마리아 로페즈는 클리프턴 스트렝스 프로필을 진단하고서 자신의 주요 강점이 **전략적 사고** 영역에 있다는 것을 알았다. 마리아는 미래 지향적 사고와 신중한 계획으로 주변에 알려져 있다. 그는 웨딩드레스 트렌드를 예측하고 자신의 팀이 계속해서 변화하는 웨딩 시장에서 길을 찾아 나가는 것을 돕는 데 매우 뛰어나다. 마리아는 **관계 형성**에 주요 강점들을 지닌 클로디아를 고용했다. 클로디아는 직원 중 가장 긍정적인 인물이며 모든 사람과 잘 통한다. 매장에서 고객들을 마치 '가족'의 일원인 것처럼 상대하는 것이 클로디아이다. 매일의 매장 운영을 위해 마리아는 성실하고 **실행** 영역의 강점들을 활용해 일을 완수하는 크리스틴을 영입했다. 그는 매우 규율이 잡혀 있고 가게를 시내에서 최고의 것으로 만들려는 의지가 있었다. 마지막으로, 마리아는 **영향력 행사** 영역에 강점이 있는 이유로 브리아나를 고용했다. 브리아나는 항상 지역 사람들에게 가게를 홍보하고 있다. 그는 자신감 있고 아는 것이 많아서 다른 가게 주인들에게 신뢰할 수 있는 직업인으로 비춰지고 있다. 브리아나는 주도권을 잡고 다른 사람들을 지휘하는 것을 두려워하지 않기 때문에, 가게 안 사람들도 그를 좋아한다. 요약하면, 가게 주인인 마리아는 한 가지 영역에 강점을 지닌 리더이지만, 다른 영역에서 강점을 가진 직원들을 고용하는 지혜를 가졌다. 집합적으로, 마리아와 그의 팀이 가진 강점은 하나로 모여서 매우 성공적인 웨딩숍을 만들 수 있게 해 주었다.

VIA 인성연구소와 강점 진단

클리프턴스트렝스 프로필이 명성을 높여가던 시점에, 마틴 셀리그먼과 크리스토퍼 피터슨이 이끄는 VIA 인성연구소의 연구자들은 인성 강점들을 정의하고 개념화하는 긍정심리학 분야의 틀을 개발하는 프로젝트에 관여하고 있었다. 이 분류체계는 약점과 문제점 대신 사람들의 좋은 점에 초점을 맞추었다. 분류체계를 개발하기 위해, 그들은 유교, 불교, 힌두교, 유대교-그리스도교, 고대 그리스 그리고 이슬람의 철학적·영적 문헌들을 검토하여 덕목에 관해 여러 문화에 걸쳐 일관되게 등장하는 공통점이 있는지를 조사했다(Peterson & Park, 2009; Peterson & Seligman, 2004). 이 연구를 통해, 그들은 지혜, 용기, 인애, 정의, 절제, 초월이라는 여섯 가지 일반적인 핵심 덕목을 확인했다. 셀리그먼과 피터슨은 이 여섯 가지 덕목이 대표하는 기본 구조를 바탕으로 'VIA 인성 강점 분류'를 개발하였다(표 6.3 참조). VIA 분류체계는 여섯 가지 덕목 아래 정리된 24개 강점들을 포함하고 있다.

표 6.3에서 보듯이, VIA 분류체계에서 파악하는 24개 인성 강점은 갤럽의 클리프턴스트렝스 프로필에서 파악하는 강점과는 다소 차이가 있다(표 6.1 참조). 예를 들면, VIA 분류체계의 강점들인 '정의'와 '사랑'은 갤럽 목록에서 파악되는 강점들인 '연결성'과 '발상'보다는 더 포괄적이고 덕목 지향적인 것으로 보인다. 이에 더해서, 클리프턴스트렝스에 의해 그려진 강점들은 업무환경과 개인의 보다

표 6.3 VIA 인성 강점 분류

분류	강점
지혜 및 지식 인지 강점	1. 창의성 2. 호기심 3. 열린 마음 4. 향학열 5. 통찰력
용기 감성 강점	6. 진실함(진정성) 7. 용감성 8. 인내 9. 열정
인애 대인관계 강점	10. 친절 11. 사랑 12. 사회 지능
정의 시민 강점	13. 공정성 14. 리더십 15. 팀워크
절제 과잉에 대한 강점	16. 용서 17. 겸손 18. 신중 19. 자율
초월 의미에 대한 강점	20. 아름다움과 탁월함에 대한 인식 21. 감사 22. 희망 23. 유머 24. 종교성

출처 : Adapted from *A Primer in Positive Psychology*, by Christoper Peterson, 2006, pp. 142–146.

나은 수행에 더 가깝게 연결되지만, VIA 강점들은 어떤 사람의 인성 및 어떻게 하면 보다 나은 사람이 되는지에 더 직접적인 초점을 둔다.

VIA의 관점에서, 인성 강점들은 VIA 인성 강점 진단을 통해 측정되는데, 이것은 여러분의 인성 강점 프로필을 만들도록 디자인된 설문이다. 설문은 응답하는 데 약 30분이 소요되며 www.viacharacter.org에서 무료로 이용할 수 있다. 설문을 마치면 여러분의 다섯 가지 최고 강점을 확인해 주고 24개 인성 강점 점수 순위를 알려주는 보고서 및 피드백을 받게 된다.

영국의 응용긍정심리학센터(CAPP)는 긍정심리학의 원칙에 기초해서 갤럽의 클리프턴스트렝스나 VIA 인성 강점 진단의 관점과는 다른 강점에 대한 접근법을 개발했다. 오로지 구체적인 숫자의 강점을 확인하는 것에 초점을 맞추는 대신, CAPP 연구자들은 강점의 변화하는 성질을 강조하는 보다 역동적인 모델을 만들어 냈다(그림 6.2 참조). 그들은 또한 여러 가지 종류의 강점과 약점을 조사했다. CAPP는 강점들은 성격 특성들보다 더 유동적이며 우리가 경험하는 제각기 다른 상황들을 통해 일생에 걸쳐 나타날 수 있다고 주장했다.

CAPP의 관점에서, 강점들은 "우리가 잘하는 것들 그리고 그것을 활용할 때 우리에게 힘을 주는 것들"이라고 정의되었다(Linley & Dovey, 2012, p. 4). 이 정의의 세 가지 중심 요소는 CAPP의 설문('스트렝스 프로필')에서 다음과 같이 강점

그림 6.2 스트렝스 프로필 4M 모델

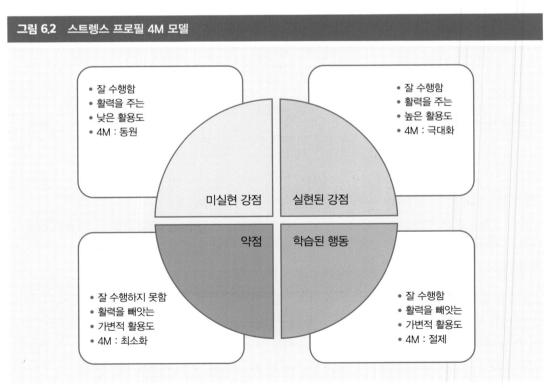

출처 : Centre of Applied Positive Psychology (CAPP), Coventry, UK: CAPP Press.

진단을 위한 기준이 되었다. (1) 수행-어떤 일을 얼마나 잘하는가, (2) 에너지/힘 -그것에서 얼마나 많은 활력을 얻어내는가, (3) 활용-그것을 얼마나 자주 할 수 있는가. 따라서 '스트렝스 프로필'은 에너지, 수행, 활용이라는 세 가지 차원에 관하여 60가지 강점을 진단한다. 이 차원들에 걸친 개인 점수를 종합하여, CAPP는 그 사람의 실현된 강점, 미실현 강점, 학습된 행동, 약점을 구분하는 피드백을 제공한다. '스트렝스 프로필'을 작성하는 데에는 약 20분이 걸리며, 이 진단은 www. strengthsprofile.com에서 유료로 제공되고 있다.

　CAPP의 강점에 대한 관점은 '스트렝스 프로필 4M 모델'이 잘 보여 준다(그림 6.2 참조). 이것은 각각 **실현된 강점, 미실현 강점, 학습된 행동, 약점**으로 명시된 사분면이다. 그림 6.2에서 볼 수 있듯이, 각각의 사분면은 수행, 에너지 발생 그리고 활용 차원들에 기반을 둔 속성들을 열거한다. 각 사분면은 서로 다른 개인 속성과 그것을 어떻게 활용할 수 있을지를 특징짓는다.

실현된 강점.　실현된 강점(realized strengths)이란 우리의 가장 강력한 자신이 되는 개인적 속성이다. 이것은 우리가 잘 수행할 수 있게 해 주기 때문에 이것을 사용할 때 우리는 활력을 얻는다. 예를 들어, 레이철의 강점 중 하나는 **내레이터**(서술자)이다. 그는 탁월한 이야기꾼이며 이야기를 이용해 자신의 메시지를 전달하고 자신의 가치관을 표현한다. 이 모델은 적절한 상황인 경우에 사람들이 이러한 실현된 강점을 **극대화**(maximize)하는 노력을 해야 한다고 제안한다.

미실현 강점.　미실현 강점(unrealized strengths)은 더 드러나지 않는 개인 속성들이다. 이것은 우리의 노력을 지원해 주고 우리가 목표를 성취하는 데 도움이 되기 때문에, 우리는 미실현 강점을 끌어내어 발휘할 때 기분이 좋아진다. 재비어의 미실현 강점 중 하나는 **창의성**이다. 그는 새로운 아이디어와 개념을 생각해 내는 소질이 있지만, 그냥 주변의 흐름을 따라가고 자신의 창의성을 표현하지 않을 때가 많다. 이 모델에서는 사람들이 이러한 강점들을 더 인지하고 더 자주 활용하도록, 즉 그것을 자원으로 **동원**(marshal)하도록 요구한다.

학습된 행동.　학습된 행동(learned behaviors)은 우리가 인생 경험을 통해 학습하여 깊이 내재화된 것들을 의미한다. 이것은 가치 있는 것이지만, 우리의 흥미를 북돋거나 영감을 주지는 않는다. 예를 들어, 수닐의 학습된 행동 중 하나는 **추진자**이다. 다섯 아이 중 맏이로서, 그는 대학을 졸업해야 한다는 의지가 강했다. 높은 자기주도성을 지닌 수닐은 자신이 하는 모든 일에서 성공하도록 끊임없이 자신을 채찍질하는데, 이는 종종 자신의 건강을 해치는 원인이 되었다. 수닐은 자신의 목표가 비현실적인 경우에도 이를 알아차리지 못하는 경우가 많고, 이런 목표를 성공시키지 못하면 자기 회의와 쓸모없다는 느낌으로 이어진다. 이런 행동은 힘을 빼앗고 우리에게 활력을 주지 못하기 때문에 이 모델에서는 이것을 제한 또는 **절제**(moderate)할 것을 제안한다.

약점. 약점(weaknesses)은 우리를 제약하는 속성이다. 이것은 종종 우리의 힘을 빼앗고 기준에 못 미치는 성과를 가져온다. 케일리의 약점 중 하나는 **무조건성**(조건 없이 받아들이기)이다. 그는 다른 사람들을 있는 그대로 진실하게 받아들이지 못하고, 그 대신 사람들을 평가하고 자신의 이상에 맞춰 변화할 것을 기대한다. 리더로서 그는 많은 분야에서 자신의 기준에 못 미친다는 이유로 항상 다른 사람들에게 불만을 느낀다. 이 모델에서는 효과적인 사람이 되려면 약점을 **최소화**(minimize)하여 그것을 상관없는 것으로 만들거나 그것의 영향을 줄이도록 조언한다.

앞에서의 강점 접근법들과 달리, CAPP 모델은 지시적이며 실용적이다. '스트렝스 프로필'은 강점을 증대시키고 약점을 최소화함으로써 사람들이 더욱 효과적일 수 있는 방법들을 제시한다. 이 모델은 개인들이 가능하면 실현된 강점을 활용할 것을 추천하지만, 또한 미실현 강점의 활용을 늘리는 방법들을 의도적으로 찾아볼 것도 권장한다. 다른 말로 하면, 우리는 강점을 활용해야 하지만 또한 미실현 강점도 표현할 방법을 찾아야 한다. 이에 더해서, 이 모델은 학습된 행동을 조정하고 약점의 사용을 최소화할 것을 추천한다. 우리는 강점들에 의해 활력을 얻으며(위쪽 두 사분면), 약점과 학습된 행동을 표현할 때 우리는 힘을 잃는다(아래쪽 두 사분면).

최근 회사의 새로운 웹사이트 개발 팀에 프로젝트 매니저 역할을 맡게 된 타마리아는 CAPP 모델 활용의 좋은 사례이다. 타마리아의 **실현된 강점**은 세부 사항과 조직에 대한 초점이고, 그의 **약점**은 자기 팀 내 몇몇 다른 멤버들만큼의 기술적 스킬은 지니지 못했다는 점이다. 어렸을 때 타마리아는 학교에서 학습에 어려움을 겪었는데, 그에 대처하는 방법 중 하나는 과제를 확실히 이해할 때까지 질문을 많이 하는 것이었다. 그것은 그가 지금까지도 취하는 **학습된 행동**이 되었다. 마지막으로, 타마리아의 **미실현 강점** 중 하나는 갈등 상황에서 문제해결을 하고 조정하는 능력이다.

그의 팀이 성공하기 위해서, 타마리아는 프로젝트의 과제와 기한들을 계획하는 데 있어 조직과 세부적인 내용에 주의를 기울이는 자신의 실현된 강점을 **극대화**해야 할 것이다. 기술적 스킬에 있어서의 약점에 대처하기 위해서, 그는 웹사이트의 기술적 개발 부분에 관여하는 것을 **최소화**하고 다른 팀 멤버들의 기술적 스킬에 의지해야 할 것이다. 팀 멤버들에게 그들이 무엇을 왜 하고 있는지를 자꾸 묻는다면(학습된 행동), 타마리아는 팀의 진도를 지연시키고 그가 지나치게 세세한 점까지 관리하려 한다고 느끼는 팀 멤버들의 불만을 사게 될 것이다. 이 경우, 그는 자신의 호기심을 **절제하여**, 정말로 응답이 필요한 질문들을 가려내거나 스스로 알아낼 수 있는 방법을 찾아야 할 것이다. 마지막으로, 팀으로 일한다는 것은 서로 상이한 의견 및 아이디어라는 결과를 가져올 수 있으므로, 타마리아는 분쟁 조정과 문제 해결이라는 자신의 미실현 강점을 **동원**하여 역동적인 웹사이트를 만들어 내는 동안 팀이 마찰 없이 함께 일하고 기한을 지킬 수 있게 해야 할 것이다.

요약하자면, 연구자들은 강점 파악을 위해 다음과 같은 세 가지 독창적인 진단 도구들을 개발했다. (1) 클리프턴스트렝스 (2) VIA 인성 강점 진단, (3) 스트렝스 프로필(표 6.4 참조). 이 진단 도구들은 각각 강점에 대한 독특한 접근법을 제공하며, 이들을 종합하면 강점의 의미를 정의하고 명확히 하는 데 도움이 된다. 이 설

표 6.4 강점 파악의 접근법

접근법	목적	강점 항목 수
능력의 강점 **갤럽 클리프턴스트렝스**	최상의 성과자들의 특성/강점을 파악한다.	24
인성의 강점 **VIA 인성 강점 진단**	덕목이 되는/도덕적인 인성 강점을 파악한다.	36
완전히 실현된 강점 **CAPP 스트렝스 프로필**	수행 향상을 위한 강점 및 약점을 파악한다.	60 이상

문들은 모두 온라인으로 접할 수 있으며, 여러분의 개인 강점들을 파악하고 탐색하는 데 유용한 자기진단 도구들이다.

강점 기반 리더십의 실제

강점은 어떤 식으로 리더십에서 활용될까? 강점의 관점에서 어떻게 리더십을 실행할 것인지에 대해 확립된 리더십 이론은 없지만, 강점 연구 결과들을 가지고 일상의 리더십 상황에 유용한 여러 가지 응용 방법을 얻을 수는 있다. 다음 부분에서는 여러분이 개인이나 업무 환경에서 강점들을 이용하는 몇 가지 구체적 방법을 논의할 것이다. 여기에는 다음과 같은 단계가 포함된다. (1) 여러분의 강점 발견하기, (2) 강점 개발하기, (3) 자신의 약점 대처하기, (4) 다른 사람들의 강점을 인지하고 활용하기, (5) 긍정적인 강점 기반 환경 조성하기. 이 단계들을 따르는 것이 곧 완벽한 강점 기반 리더가 되는 만병통치약은 아니지만, 여러분이 리더로서 자신과 다른 이들의 강점들을 최대화하는 데 도움이 될 것은 확실하다.

강점 발견하기

이 장의 앞부분에서 논의한 바와 같이, 강점들은 우리의 기본적인 성격 특성들로부터 생겨난다. 우리는 모두 고유의 성격 특성을 가지고 있으며, 따라서 모두 각자 고유한 강점들을 지닌다. 강점이 하나도 없는 사람은 없다. 심리학자 하워드 가드너(1997)가 제안한 바와 같이, 특출한 사람들은 "그들이 가진 뛰어난 '가공되지 않은 힘'보다는 자신의 강점을 파악하고 그것을 이용할 줄 아는 능력으로 인해 구분된다(p. 15)." 우리의 과제는 이러한 강점을 확인하고 우리의 리더십과 개인의 삶에서 그것을 효과적으로 이용하는 것이다.

강점을 발견하기 위해서 여러분은 자신이 가진 긍정적 속성들과 자신이 어떤 때에 활기를 느끼는지에 집중해야 한다. 그러기 위해서는, 자신의 약점이나 실패에 초점을 두는 대신 성공 경험에 주의를 집중해야 한다. 예를 들어, 여러분은 어떤 때에 컨디션이 최고조인가? 그때 자신의 어떤 면, 또는 다른 사람들과의 관계에 있어서 어떤 면 때문에 그렇게 느끼는가? 여러분의 최고 수행력의 이유는 무엇인가? 일이 정말 잘 풀릴 때, 그런 성공의 뒤에는 어떤 속성들이 있는가? 이 질문들에 답함으로써 여러분은 자신의 강점을 발견할 수 있을 것이다. 이는 강점 기반 리더십을 실행하는 데 있어 첫 단계이자 가장 중요한 단계이다.

강점을 발견하는 방법은 여러 가지가 있다. 첫째로, 여러분은 온라인으로 접근 가능한 강점 관련 설문-진단을 작성해 볼 수 있다(예: 클리프턴스트렝스, VIA 인성 강점 진단, 스트렝스 프로필). 각 설문은 여러분이 가진 가장 뛰어난 강점들에 대한 독특한 스냅숏을 제공해 준다. 둘째로, 여러분은 이 장에 등장하는 '리더십 강점 진단지'를 작성해 볼 수 있다. 이 설문은 실행, 혁신, 격려, 분석 그리고 중재 영역들에서 여러분의 상대적인 강점에 대한 구체적인 피드백을 제공해 줄 것이다. 셋째로, 여러분은 RBSE(Reflected Best Self Excercise)를 작성해 볼 수 있다 (Quinn, Dutton, & Spreitzer, 2003). RBSE는 https://positiveorgs.bus.umich.edu/cpo-tools/rbse/에서 찾을 수 있으며 아직 인지되지 못하고 탐색되지 않은 강점 분야를 파악하는 데 도움이 될 수 있다(Roberts et al., 2005). 넷째로, 여러분은 이 장 마지막의 성찰 및 실행 과제 워크시트에 등장하는 강점 발견하기 실습을 작성해 볼 수 있다. 이 실습에서는 여러분의 지인들이 여러분이 최고의 기량을 보일 때에 여러분의 강점이 무엇이라고 보는지를 말해 줄 수 있게 해 준다. 이것은 여러분이 자신의 강점이 무엇인지를 더 잘 인식할 수 있게 해 주는 강력한 실습도구이며, 여러분이 자신에 대해 아직 알아차리지 못한 것들을 배울 수 있게 해 줄 수도 있다. 다섯째로, 여러분은 자신의 가장 뛰어난 속성들이 무엇이라고 믿고 있는지에 대한 자기 진단을 해 볼 수 있다. 우리는 모두 직관적으로 자신이 어떤 것을 잘하는지에 대한 감이 있지만, 자신의 강점들에 대해 시간을 들여 의식적으로 깊이 생각해 보는 것은 우리가 자신의 강점들에 대해 더 완전히 인식할 수 있게 해 준다.

강점을 발견하는 이런 수많은 방법은 여러분이 가진 주요 강점을 확실하게 열거할 수 있게 해 줄 것이다. 이 과정은 깨달음을 주는 경험일 뿐 아니라 강점 기반 리더십을 개발하는 데 있어 필수적인 첫 걸음이다.

강점 개발하기

강점을 발견했다면, 그 지식을 가지고 무엇을 해야 할까? 이 정보를 어떻게 활용해야 더 뛰어난 리더가 될 수 있을까? 강점 개발은 여러 단계를 수반하는 다면적 과정이다. 첫째, 여러분은 자신의 강점을 인정하고 그것을 다른 사람들에게 공개할 준비가 되어 있어야 한다. 이 장을 시작할 때 논의했듯이, 본인의 긍정적 측면에 대해 공개적으로 말하여 표현하는 것을 꺼리는 문화 때문에, 우리는 자신의 강점을 다른 사람들과 말하는 것을 어렵게 여길 수도 있다. 하지만 강점을 표현하는 것은 다른 사람들이 우리의 리더십을 인식하게 만드는 데 있어 필수적이다.

다른 사람들에게 우리의 강점에 대해 이야기하는 것이 중요한 이유는 이것이 함께 일하는 과정에서 다른 사람들에게 우리가 어떻게 가장 유용한 역할을 할 수 있는지를 알게 해 줌으로써, 우리가 다른 사람들과 그들의 일에 도움이 될 수 있는 특별한 방식이 무엇인지를 명확히 해 주기 때문이다. 본질적으로, 강점의 공개는 바로 "이것이 내가 기여할 수 있는, 내가 가장 잘하는, 내가 여러분을 위해 할 수 있는 일입니다"라고 선언하는 것이며, 다른 사람들이 우리에게서 기대해야 할 것이 무엇인지를 알게 해 주는 것이다. 예를 들어, 타냐가 자신의 가장 뛰어난 속성은 **성취자**라는 것을 알렸을 때, 다른 사람들은 타냐가 업무에서 그저 그런 품질을 용인하지 않을 것이라는 것을 알게 된다. 그는 요구가 많고 다른 이들을 최고의 성과를 내도록 밀어붙일 것이다. 이와 비슷하게, 데이미언이 자신의 강점은 **경청**하는 것이라고 직원들에게 말하면, 그들은 데이미언이 문을 열어 놓고 그들의 문제나 걱정을 기꺼이 들어줄 것이라는 것을 알게 된다. 우리의 강점을 공개함으로써 우리는 다른 사람들에게 더 투명한 사람이 되며, 이것은 우리가 어떻게 행동할지와 그들이 우리에게 어떻게 행동할지를 예측할 수 있게 해 준다.

사람들이 강점을 공개하는 방법은 여러 가지가 있다. 어떤 사람들은 자신의 최고 강점 다섯 가지를 페이스북이나 다른 SNS에 올려놓거나, 이메일 서명에 달아 놓거나, 이력서에 열거해 놓아서 다른 사람들이 더 잘 알 수 있게 한다. 그림 6.3에서 어떤 사람들이 자신의 강점을 나누는 독특한 사례들을 볼 수 있다. 다른 이들에게 우리의 강점을 공개하는 것은 두려워하거나 부끄러워할 필요는 없으며, 비교적 간단하고 솔직한 방식으로 해낼 수 있다.

강점 공개에는 문화적 요소도 결부된다. 어떤 문화권에서는 드러내야 하는 강점이 다른 문화에서는 감추어야 하기도 한다. 예를 들면, 여러 서구 문화권에서는 여성들이 지적 능력을 인정하고 축하하기를 장려한다. 그러나 중동과 같이 종교적으로 보수적이고 가부장적인 사회에서는 여성이 지적 능력을 표현하는 것을 강점으로 보지 않는다. 학교에 다니는 것을 금지당하는 소녀들이 많다.

그림 6.3 강점을 표현하는 방법의 사례

제인 도, Ph.D.
컨설턴트

강점 :
정리력
공감
문제해결자
토론 리더
성취자

존 스미스, CPA
컨설턴트

강점 :
적응
긍정
행동
최상화
정리

　강점 공개와 더불어, 여러분은 강점에 기초하여 다른 사람들과 일관되게 일하는 방법을 연습해야 한다. 예를 들어, 만약 여러분의 강점이 **혁신가**라면, 리더십에 있어 창의성을 발휘하는 방법들을 찾아본다. 예를 들면, 브레인스토밍이라든지 여러분의 그룹 또는 조직을 위한 비전 창조 같은 일들을 주저하지 않는다. 이와 비슷하게, 만약 여러분의 강점이 **심사숙고하는 것**이라면, 프로젝트에 구조와 질서를 제공하는 여러분의 능력이 활용될 수 있는 자리를 찾아야 한다. 주변 사람들이 아직 시험되지 않은 아이디어들을 생각해 낼 때 여러분은 조심성 있고 실용적인 태도를 가지고 신중하게 생각하여 만들어 낸 관점을 보태 줄 수 있다. 요점은 여러분이 강점을 통해 리드해야 한다는 것이다. 여러분이 가진 강점은 다른 사람들에게 영향을 주는 데 있어 여러분이 가장 잘 기여할 수 있는 것들을 의미한다. 갤럽의 앤더슨(2004)은 다음과 같이 제안했다. "최고 중의 최고는 자신이 향상시키고 성취하고 더 잘하고 싶은 분야를 개발하고 거기에 강점을 활용하는 방법들을 만들어 내는 사람들이다(p. 7)."

　강점 연마의 좋은 사례가 세계에서 가장 부유한 사람 중 한 명인 워렌 버핏이다. 버핏은 **끈기, 실용, 신임**으로 잘 알려져 있는데, 그는 이 강점들을 이용해 다국적 복합 기업인 버크셔 해서웨이를 성공으로 이끌었다(Buckingham & Clifton, 2001). 그의 끈기는 그가 장기적 관점에서 성공을 거둘 것이라고 믿은 기업들에만 투자하는, 이제는 유명해진 '20년 관점'을 취할 수 있게 했다. 그의 실용적인 면은 그가 어떻게 자신이 이해하는 서비스 및 제품을 다루는 회사들(예 : 아메리칸 익스프레스)만을 선별했는지를 설명해 준다. 마지막으로, 버핏의 신임 능력은 그가 평판 좋고 믿음직한 임원들에게 회사 운영을 위임할 수 있게 해 주었다. 확실히, 버핏은 자신의 강점들을 인지하고 매일 이 강점들을 실행할 수 있도록 자신의 역할을 만들어 냈다(Buckingham & Clifton, 2001).

자신의 약점 대처하기

리더는 자신의 강점을 알아보고 활용할 수 있어야 할 뿐만 아니라 자신의 약점도 확인하고 대처할 수 있어야 한다(MacKie, 2016). 하버드대학교 리더십 교수 존 P. 코터는 "위대한 리더십은 현실로부터 도망치지 않습니다…. 어려움을 함께 하는 것이 사람들에게 영감을 주어 상황을 개선시키는 행동을 하게 합니다"(Blagg & Young, 2001).

이 책에서 설명하는 일부 모델은 여러분의 약점을 최소화하는 것을 옹호하지만, 약점을 이해함으로써 약점을 개선시키고, 약점이 여러분의 리더십에 부채로 작용하는 상황을 인식하도록 도와준다. 예를 들면, 라이자는 온라인으로 제품을 판매하는 회사에 전자상거래 웹사이트를 개발해주는 작은 기업을 가지고 있다. 그의 강점은 구조적, 프로세스 지향적 사고법과 기술적 전문성이다. 그는 안전하고 좋은 사용자 경험을 제공하는 웹사이트를 개발하기 위한 수많은 세부사항을 예견하고 관리하는데 능숙하다. 그러나 라이자는 자신이 하는 일을 고객들에게 보통의 '일반인' 용어로 설명하지 못한다. 제안서와 프레젠테이션에서 기술 용어나 자질구레한 세부사항을 사용하여 고객을 잃기 일쑤다. 라이자의 경우에는 자신의 약점을 줄이는 것만으로는 충분하지 않은 것이 그가 말을 하지 **않을** 수는 없다. 그것이 새로운 비즈니스를 만들어내는 방법이기 때문이다. 그는 고객들과 더 잘 소통하는 방법을 찾아내야 한다.

몇 개의 가능성 있는 프로젝트를 놓친 다음 라이자는 고객의 피드백을 들어보니 그들은 라이자가 제안하는 것이 "너무 복잡하다"고 했다. 라이자는 마케팅 전문가 줄리를 영입하여 고객을 개발하고 제안 설명을 돕도록 했다. 줄리는 라이자가 하는 일의 기술적 부분을 잘 이해하여 잠재 고객들이 이해하기 쉬운 말로 바꿀 줄 알았다. 줄리가 의사소통과 사교능력이 뛰어나서 라이자는 줄리가 하는 것을 보면서 함께 일하며 자신이 고객들과 더 효과적으로 소통하는 법을 배우고 있다는 것을 알게 되었다.

리더십 스냅숏

스티브 잡스, 애플 창립자

스티브 잡스는 의심할 여지없이 명석한 사람이었지만, 컴퓨터 천재가 되기에는 기술적 능력을 지니지 못했다. 사실, 잡스는 컴퓨터 코드를 작성하거나 프로그래밍 하는 법을 알지 못했다. 하지만 그는 세계에서 가장 성공적이고 많은 이익을 벌어들인 컴퓨터 회사를 만들어 내는 데 무려 두 번이나 성공했다.

잡스는 창의성, 팀 빌딩, 전략적 비전 그리고 영향력을 포함한 여러 가지 주목할 만한 강점들을 지녔다. 그는 직관적 비전을 가졌고, 다른 누구도 꿈꾸지 못했던 제품들과 애플리케이션들을 상상했다. 그가 1980년대에 동업자 스티브 워즈니악과 함께 애플을 설립했을 때, 그는 최초의 가정용 컴퓨터로 마케팅 되는 매력적이고, 단순하고, 비싸지 않은 컴퓨터를 만들어 내려 했다. 잡스는 독특한 운영 소프트웨어에서부터 제품 덮개의 색깔에 이르기까지 이 컴퓨터의 탄생의 모든 세부 사항을 직접 꼼꼼하게 챙겼다.

잡스는 불굴의 의지와 카리스마를 이용해 자기 자신과 다른 사람들에게 거의 어떤 것이라도 확신을 심어 주는, 영향력을 행사하는 사람이었다. 그는 규칙이란 깨지기 위해 존재하는 것이라고 믿었으며, 1984년에 애플은 진정 혁명적 제품이었던 매킨토시를 출시하며 그 믿음을 실현했다. 매킨토시는 현재까지도 표준이 된 그래픽, 아이콘, 마우스 그리고 포인트-클릭 테크놀로지를 활용했다.

하지만 잡스는 완벽하지는 않았다. 그는 대립을 일으키기 일쑤였는데, 이 성격은 차후 애플의 이사회에 의해 그가 자기 회사에서 쫓겨나는 결과를 가져왔다.

잡스는 자기 길을 계속 찾아갔고, 자신의 예지력 스킬과 완벽을 향한 열정을 이용해 넥스트 컴퓨터를 만들어 냈다. 넥스트는 훌륭한 상품으로 인정받았지만 소비자들에게는 외면받았다.

이에 굴하지 않고, 잡스는 픽사 애니메이션 스튜디오를 인수하며 영화 애니메이션 영역으로 확장하였고 자신의 비전, 열정 그리고 영향력으로 새로운 산업을 일으켰다. 그의 리더십 아래 픽사는 영화 애니메이션에 혁명을 일으켰고 잡스를 억만장자로 만들어 주었다.

그동안 그의 옛 회사 애플은 일이 잘 풀리지 않았다. 잡스가 떠난 지 10년 만에, 애플은 파산 직전이었다. 회사는 넥스트 컴퓨터 회사를 사들이고 잡스를 컨설턴트로 영입하기로 결정했다. 그러나 그는 곧 CEO 자리를 맡았다. 그는 제일 먼저 자신의 또 다른 강점인 집중력을 활용했다. 그는 애플의 생산 제품을 프린터, 컴퓨터, 소프트웨어 등의 24종에서 전문가용 및 가정용 랩톱과 데스크톱 컴퓨터로 축소시켰다.

잡스는 거기에서 멈추지 않았다. 그로부터 14년 동안, 그는 아이팟, 아이패드, 아이폰을 상상해 냈다. 창의성, 테크놀로지, 엔지니어링의 개가를 통해 애플은 소비자들이 생각지도 못하거나 필요한지도 몰랐던 기기들을 생산해 냈다. 잡스는 이런 기기들이 직관적이고 간단하게 사용할 수 있어야 한다고 고집했으며, 스크린을 위한 특수 유리의 생산에서부터 메탈 덮개의 폭에 이르기까지 모든 세부 사항을 감독했다.

결국에 잡스의 비전은 퍼스널 컴퓨터, 애니메이션 영화, 음악, 통신기기, 태블릿 컴퓨터, 디지털 출판 그리고 소매 유통이라는 7개 산업에서 혁명을 일으켰다. 1997년 그가 애플로 복귀했을 때, 그는 자신이 직접 "다르게 생각하라"라는 회사의 새 광고 캠페인을 창조했다. 이것은 애플을 위한 미션 선언일 뿐 아니라 리더로서 자신의 강점을 선언한 것이기도 했다.

리더에게 있어서 강점을 최대한 활용하는 것이 중요하지만 약점을 이해하는 것도 효과적인 리더십에는 역시 중요하다. 라이자의 경우에는, 의사소통의 문제점을 대처해야만 했으며 이를 피해가는 방법이 없었다. 자신의 약점을 직접 개선하는 노력을 하든지 아니면 다른 사람이 강점을 공헌할 기회로 삼든지 하여 여러분의 리더십을 향상시킬 수 있다.

다른 사람들의 강점을 인식하고 활용하기

자신의 강점을 활용하는 것에 더해서, 리더는 자신을 따르는 사람들의 강점들을 알아보고 활용할 수 있어야 한다. 리더는 사람들이 무엇을 잘하는지를 알고 그 일을 할 수 있게 도와주어야 한다. 그룹 역학과 개인들이 효과적 그룹 내에서 맡는 역할들을 연구하는 교육자들은 종종 "사람들은 자신이 가장 잘하는 것을 하게 마련이다"라고 말한다. 이 말의 뜻은 보통 자신이 잘하는 것, 그리고 마음 편히 하는 것을 할 수 있을 때 사람들이 그룹에 참여하게 되고 긍정적으로 기여하게 된다는 것이다. 사람들은 자신의 강점을 통해 그룹에 기여할 수 있을 때 마음이 편해진다.

이것의 좋은 사례는 메리 케이 화장품 회사이다. 메리 케이 애시는 능숙한 동기부여자이자 트레이너였으며, 제품 다섯 가지와 여성들에게 스스로 미래를 통제할 수 있게 하여 자신의 삶을 바꾸는 영감을 불어넣는 꿈을 가지고 회사를 설립했다(Mary Kay, n.d.). 그는 직접 판매를 전문으로 하는 다단계 마케팅 회사를 설립하고, 판매원 각자가 자신의 판매 목표와 기여 수준을 스스로 결정하게 했다. 여성 판매원이 다른 여성을 선발하고 훈련하여, 서로 업무적으로 돕도록 하였다. 애시는 판매원들에게 자신은 그들이 모두 "내가 중요한 사람이라고 느끼게 해주세요"라고 써 붙인 모습을 상상하며 매사에 있어서 그렇게 행동한다고 말했다. 애시는 격려를 통해 자신감을 찾은 여성 공동체를 만들었으며, 그 결과 메리 케이 회사는 2018년 도매 판매액이 32.5억 달러를 넘는, 현재 세계에서 여섯 째로 큰 네트워크 마케팅 회사가 되었다(DSN Staff, 2018).

리더는 사람들이 무엇을 잘하는지를 어떻게 알 수 있을까? 종종 사람들은 매우 솔직하고 스스럼없이 자신의 강점을 표현하기도 한다. 예를 들어 미아는 새로운 업무 프로젝트에 합류할 때 "저는 필기를 잘하니까 앞으로 회의 시간에 기록은 제가 하겠습니다"라고 말할 때가 많다. 이와 비슷하게, 조시는 지붕 설치 프로젝트

첫날이면 종종 "저는 네일건 일을 빨리 하니까, 지붕 널빤지 못 박기는 저에게 맡겨 주세요"라고 말한다. 확실히, 때때로 구성원들은 리더에게 공개적으로 자신의 강점을 알려준다. 이런 일이 일어나면, 리더는 가능한 경우 이 사람들의 강점을 인정하고 업무 환경에서 그 강점을 이용하게 하는 직무를 맡기는 것이 중요하다.

강점을 알아본다는 것은 말하기는 쉬워도 실제로 리더가 구성원의 강점을 못 보고 지나치는 일은 드물지 않다. 종종 구성원의 강점은 리더가 알아보기 쉽지 않거나 심지어 그 자신들도 잘 모르는 경우가 있다. 그런 경우 리더에게는 어려운 과제가 생기는데, 구성원이 명쾌하게 말해 주는 대신 리더가 스스로 관찰한 바에 따라 구성원의 강점을 알아내야 하기 때문이다. 코델리아는 자신의 방향과 목표에 확신이 없이 그저 할 일을 해나가던 대학원생이었다. 어떤 어려운 감상문 과제에서 A++를 받았을 때, 그는 기뻐했고 특히 글쓰기에 있어서 **창의성**이 자신의 강점이라는 것을 알고 놀랐다. 코델리아와 지도교수는 그가 과제에서 보여 준 것으로부터 글쓰기 강점을 인식하게 되었다. 후안은 사무실에서 컴퓨터 문제를 해결하는 재주가 있는데, 이는 그의 강점이 **테크놀로지** 분야에 있음을 시사해 준다. 또는 애슐리의 경우를 보면, 그는 성실하고, 항상 자리에 있으며, 절대 반대를 하지 않는다. 그는 **일관성, 친절함, 재미의 추구**라는 강점들을 가진 훌륭한 팀 멤버이다. 그는 자신이 일하는 스포츠센터에서 단결심을 조성한다. 이 모든 사례에서, 유능한 리더는 구성원의 강점을 확인하고 더욱 효과적인 팀을 만드는 데 이를 활용하려 노력할 것이다.

그러나 주의할 점은 다른 사람들의 강점이 항상 직접적으로 확인 가능하지는 않을 수 있다는 점이다. 사람들은 자신들이 가진 전반적인 능력을 드러내지 못하는 상황에 있을 수 있고, 이 때문에 구성원들이 가진 강점들이 겉으로 보이지 않을 수도 있다. 따라서 구성원들이 장점을 드러낼 수 있도록 평소의 업무나 활동 영역 바깥에서 기회를 찾아보는 것이 중요하다. 예를 들어, 제프는 골프 카트 제조업체의 조립라인에서 골프 카트의 차체에 좌석을 부착하는 일을 한다. 이 직무는 매우 반복적이며 구조화되어 있고, 제프는 조립라인의 다른 직원들과 마찬가지로 다른 직원들과 거의 상대하는 일 없이 근무 시간의 대부분을 자기 자리에서 보낸다. 하지만 최근 제프는 상사의 허락 아래 공장 내 다른 직원들과 함께 지역 리그에 참여하는 소프트볼 팀을 조직했다. 제프는 팀 멤버들을 모집하고, 모든 연습 시간을 계획하고, 팀에 연습 및 경기 스케줄을 알리고 팀 유니폼 구입을 준비하고, 전단지와 사내 소식지를 통해 팀의 경기를 공장 안에서 홍보한다. 그 결과, 제프와 일하는 많은 사람이 조립라인의 일상에서는 볼 수 없었을 **조직화, 포용성, 커뮤니케이션** 영역에서의 그의 강점을 알아볼 수 있었다.

이 장의 앞부분에서 논의한 대로, 고성과를 내는 팀이나 업무 그룹은 실행력, 영향력 행사, 관계 형성, 전략적 사고의 네 가지 영역에서 강점을 가진다(표 6.2 참조). 리더가 자신의 강점뿐 아니라 구성원들의 강점을 인식하고 있을 때, 그는 이 정보를 이용하여 각각의 영역을 대표하는 강점을 지닌 사람들로 짜여진 업무 그룹을 디자인할 수 있다. 구성원의 고유한 강점을 아는 것은 리더로 하여금 그룹의 전체적 목표에 대한 개개인의 기여를 극대화하는 업무 배정을 할 수 있게 해 준다(Rath & Conchie, 2008). 만약 리더가 실행력이 높고 새 아이디어가 실현되게 하는 법을 아는 사람인 반면에 관계 형성은 그다지 그의 강점이 아니라면, 리더는 그 영역에서 강점을 가진 구성원을 찾아내야 한다. 또는 만약 리더가 사람들과 관계를 맺고 지휘하는 면에서 강점을 지녔다면, 그는 실행과 전략적 사고에서 강점을 가진 사람들을 찾아볼 수 있을 것이다. 구성원의 강점을 아는 것은 리더가 효과적 그룹을 만드는 데 있어 도움이 될 소중한 도구이다.

긍정적인 강점 기반 환경 조성하기

강점 기반 리더십을 만드는 마지막 방법은 사람들의 강점이 필수적인 역할을 하는 긍정적 업무 환경을 조성하고 촉진하는 것이다. 긍정적 조직학 분야에서 이루어진 다수의 연구에 의하면 긍정적 업무 환경을 조성하는 기업 및 조직들은 직원들에게 긍정적인 심리적 영향을 주고, 그 결과 직원들의 수행에도 이로운 영향을 미친다(Cameron, 2012; Dutton & Ragins, 2007). 이와 비슷하게, 연구 결과들에 의하면 강점을 활용할 기회가 주어질 때 직원들은 더 높은 생산성과 충성심을 보이며, 회사는 더 낮은 이직률을 보인다(Clifton & Harter, 2003). 짧게 말하자면, 일하는 환경이 긍정적일 때 사람들은 더 나은 기분을 느끼고 더 잘 일한다.

캐머런(2012)은 자신의 책 **긍정리더십**(*Positive Leadership*)에서 긍정적 업무 환경 조성을 원하는 리더는 환경, 관계, 커뮤니케이션, 의미의 네 가지 부분에 신경을 써야 한다고 주장한다. **긍정적 환경**을 만들어 내려면, 리더는 직원들 사이에 연민, 용서 그리고 감사 같은 덕목들을 키워 주어야 한다. 이런 자질들이 존재할 때, 사람들은 기운을 얻고 더 생산적이게 된다. 리더는 또한 사람들의 강점을 칭찬할 수도 있다. 이것은 사람들이 스스로가 소중히 여겨진다는 느낌을 받게 하고 조직에 대한 기여를 존중받는다고 느끼게 해 준다. 리더가 **긍정적 관계**를 조성하기 위해서는 부정적 이미지와 약점보다는 사람들이 가진 긍정적 이미지와 강점들을 강조해야 한다. 누군가의 강점을 인정하고 그것에 기초하여 관계를 키우는 모습을 보이는 것은 다른 사람들도 그렇게 하도록 촉진하며, 그 결과 긍정적 관계들이 잘 자라는 환경이 발전하게 된다. **긍정적 커뮤니케이션**을 개발하기 위해서는, 리더는 지원을 해 주고, 부정적인 말 대신 긍정적인 말을 하고, 다른 이들을 부정적으로 평가하는 것을 줄여야 한다. 긍정적 커뮤니케이션은 사람들이 연대감을 더 느낄 수 있게 해 주고 자신들의 강점을 이용하도록 격려해 준다. 마지막으로, 리더는 직원들의 가치관과 그들이 하는 일의 장기적 영향 사이의 연결성을 강조함으로써 조직 내에 **긍정적 의미**를 조성할 수 있다. 자신이 하는 일의 의미를 찾고 그것을 가치 있는 것으로 보는 직원들은 더 높은 참여와 생산성을 보인다.

수많은 조직들이 긍정적인 강점 기반 조직 환경 조성을 채택해 왔다. 예를 들면, 500개가 넘는 대학교에서 학생들의 학업, 교직원 그리고 학내 문화에 강점 기반 관점의 차원들을 포함시켜 왔다. 이 학교들에는 아주사퍼시픽대학교, 베일러대학교, 산호세주립대학교, 텍사스A&M대학교, 텍사스테크대학교, 아칸소대학교, 미네소타대학교가 포함된다. 체계적 프로그램으로서 강점을 채택한 기업들 중에는 포천 500대 기업에 포함되는 베스트바이(전자제품 소매 판매 회사-역주), 칙필레(패스트푸드 체인 회사-역주), 시스코(네트워킹 장비 회사-역주), 코카콜라, 페이스북, 힐튼, 마이크로소프트, 화이자를 들 수 있다.

정리

강점 기반 리더십이 최근 몇 년간 많은 관심을 받은 이유는 이것이 리더들이 선택하고 리드하는 방식과 구성원들의 수행에 상당한 영향을 미칠 수 있다는 연구자들의 믿음이 있기 때문이다. 이장에서 우리는 사람들의 강점 그리고 더 유능한 리더가 되는 데 있어 이러한 강점들을 어떻게 활용할 수 있는지를 탐색해 보았다. 우리는 모두 강점들을 가지고 있지만, 종종 강점들은 인지되지 못하고 활용되지 않고 있다. 강점의 이해는 더 나은 리더로 만들어줄 수 있다.

강점은 성공적 수행의 이유가 되는 개인의 속성 또는 성질이다. 간단하게 말하면, 강점이란 우리가 최고의 기량을 보일 때 우리가 하는 것이다. 강점은 종종 타고난 재능으로부터 시작되며 지식, 스킬, 연습을 통해 더 개발될 수 있다. 강점 개발의 방정식은 **재능 곱하기 투자이다**(Rath, 2007).

강점 기반 리더십은 두 가지 연구 성과의 결과로 최근 주목받기 시작했다. 첫째, 도널드 O. 클리프턴이 이끈 갤럽은 사람들의 강점과 일을 잘하게 만든 요인에 대해 수백만 명의 사람들을 인터뷰했다. 인터뷰 결과를 가지고서, 갤럽은 뛰어난 수행을 설명하는 34개 테마를 추출했다. 둘째, 학계에서는 질병 모델 대신에 건강한 사람들과 그들의 건강한 또는 행복한 이유에 더 초점을 맞춘, 긍정심리학이라고 불리는 새 분야를 만들어냈다. 이 새로운 분야에서 눈에 띄는 것은 사람들의 긍정적 특성, 즉 강점에 대한 연구이다. 갤럽과 긍정심리학 연구들을 종합해 보면 강점 기반 리더십의 점점 커지는 인기의 이유를 알 수 있다.

사람들의 강점은 여러 가지 방식으로 측정되어 왔다. 여기서 기준이 되는 것은 갤럽의 **클리프턴스트렝스**인데, 이것은 개인의 다섯 가지 가장 높은 재능을 네 가지 영역(실행력, 영향력 행사, 관계 형성, 전략적 사고)에 걸쳐 확인하는 177개 문항으로 된 설문이다. 강점은 또한 VIA 인성 강점 진단을 이용하여 측정할 수도 있다. 이것은 개인의 최고 다섯 가지 인성 강점과 24가지 덕목 기반 인성 강점의 순위표를 제공해 준다. 세 번째 측정도구인 CAPP의 **스트렝스 프로필**은 개인의 에너지, 수행 그리고 활용도에 기초하여 60가지 강점의 상대적 정도를 진단하고 그 사람의 실현된 강점, 미실현 강점, 학습된 행동, 약점에 대한 피드백을 제공해 준다.

강점 기반 리더십의 실행에 관해 확립된 이론은 없지만, 개인이 리더십에서 강점을 활용하는 간단한 방법들은 여러 가지가 있다. 첫째로, 리더는 자신의 강점이 무엇인지 발견해야 한다. 이는 앞서 제시한 설문이나 다른 자기진단 활동을 통해 할 수 있다. 그 목적은 자신의 강점에 대한 확실한 목록을 완성하는 것이다. 둘째로, 리더는 자신의 강점을 인정하고 다른 사람들에게 그 강점을 공개할 수 있어야 한다. 본인의 강점을 다른 이들에게 공개하는 것에 대해 어색함을 느낄 수도 있지만, 이는 다른 사람들이 우리의 능력을 인지하게 하는 데 있어 필수적이다. 우리는 다른 사람들에게 자신을 투명하게 만들고 강점으로부터 리드해야 한다. 셋째로, 리더는 다른 사람들의 강점을 알아보고 활용하는 협력된 노력을 해야 한다. '사람들은 자기가 잘하는 것을 하게 마련'이기 때문에, 리더는 다른 사람들이 자신들의 강점을 발견하도록 돕고 그런 강점들을 활용해서 더 생산적인 팀을 만들어 낼 의무가 있다. 마지막으로, 리더는 사람들의 강점을 필수적 역할로 이용하게 하는 업무 환경을 조성함으로써 강점 기반 리더십을 실천할 수 있다. 이것은 긍정적 환경, 긍정적 관계, 긍정적 커뮤니케이션, 긍정적 의미를 구성원들에게 만들어줌으로써 이룰 수 있다(Cameron, 2012). 연구 결과에 의하면 사람들은 일하는 환경이 긍정적일 때 더 기분 좋게 느끼고 일을 더 잘한다.

요약하면, 강점 기반 리더십은 더 유능한 리더가 되는 것에 관한 독특한 접근법을 제시하는 새로운 연구 분야이다. 만병통치약은 아니지만, 강 점 개념은 리더십 도구상자에 더할 수 있는 혁신 적이고 가치 있는 관점을 제공해 준다.

주요 용어

강점(strengths)

갤럽(Gallup)

긍정심리학(positive psychology)

미실현 강점(unrealized strengths)

실현된 강점(realized strengths)

약점(weaknesses)

인간 재능 테마(themes of human talent)

학습된 행동(learned behaviors)

6.1 사례 연구 – CEO가 될 준비가 되었는가?

자신이 일하던 비영리단체인 비긴 더 퓨처 재단에서 최고경영자 자리에 지원해 보라고 요청했을 때, 크리스틴 요르겐스는 충격을 받았다. 비긴 더 퓨처 재단은 40년 동안 9개 카운티를 아우르는 지역에서 도시 및 농촌의 빈곤층 아동들이 학교와 인생에서 성공할 수 있도록 도와 왔고, 그 CEO 자리는 큰 책임이었다.

크리스틴은 CEO가 되는 꿈을 꾼 적이 없었다. 그는 경제적으로 힘들게 삶을 꾸린 한 가정의 일곱 자녀 중 하나로 농촌의 작은 농장에서 자랐다. 고등학교 때 그는 동네 식당에서 처음에는 접시 닦이로, 그다음에는 웨이트리스로 일하기 시작했고, 대학에서 사회복지를 공부하면서도 거기에서 일을 계속 했다.

대학교 마지막 해에 그는 비긴 더 퓨처 재단에 인턴으로 들어가 중학생들을 위한 방과 후 프로그램을 감독하는 일을 맡았다. 크리스틴은 결과적으로 비긴 더 퓨처 재단에서 12년을 더 일하게 되었는데, 그의 동료들 여럿은 그를 '영원히 떠나지 않은 인턴'이라고 농담한다. 친근하고 다가가기 쉬운 사람인 그는 조직이 맡긴 일은 무엇이든 기꺼이 떠맡아 했다. 그는 리셉셔니스트로 일했고, 보조금 유치자가 되었고, 홍보 및 마케팅 일도 도왔으며, 나중에는 새 프로그램의 개발과 착수 그리고 그 프로그램들을 지원하는 기부자들과 일하는 자리를 맡게 되었다.

그는 프로그램 개발에 강했는데, 종종 간과되던 지역 자원들을 활용하는 방법들을 찾아냈다. 그의 프로그램 '공부 친구들'은 지역 대학의 과외교습 자원자와 어린이들을 짝지어 일주일에 세 번씩 만나서 30분 동안 과외교습을 하고 그다음 30분은 오락 및 놀이를 하는 것이었다. 크리스틴은 또한 '걸파워'라는 프로그램도 추진했는데, 이것은 중학교 여학생들이 주말마다 관심 있는 진로의 지역 내 여성 전문직업인 또는 여성 기업인과 함께 보낼 수 있게 해 주었다.

크리스틴의 열정은 특히 기부자들에게 전염성이 있었다. 그의 프로그램들은 모두 성공적으로 후원받았고, 잠재적 기부자들은 종종 후원할 의향이 있는 새 프로그램에 대한 아이디어를 가지고 크리스틴을 찾아왔다.

하지만 모든 성공에도 불구하고, 크리스틴은 자신이 CEO 재목이라는 확신이 없었다. 그는 자신을 운이 좋아 몇몇의 훌륭한 기회에 끼어들 수 있었던 시골뜨기라고 생각했다. 이사회는 새 CEO가 갖춰야 할 자격이 무엇인지에 대해 명확했다. 전략적 사고, 가장 가난한 사람들에서부터 가장 부유한 사람들까지 사회의 모든 계층의 사람들과 함께 일할 수 있는 능력, 사람들을 관리하는 능력, 아이들의 빈곤 탈출을 돕는다는 조직의 미션에 대한 헌신이 그 자격 요건이었다. 크리스틴은 비영리단체 감독에 관한 직접적인 경험이 없었고 조직의 일상적 관리에 관한 경험이 더 많이 필요하다고 느꼈다.

이사회의 제안에, 그는 강점 진단을 받았고 자신의 강점이 전략적 계획, 관계 형성, 창의성, 연민 그리고 영향력 행사에 있다는 것을 알았다. 이에 더해, 이사회 멤버들은 그가 이 조직과 그들이 돕는 아이들에 대해 깊은 지식과 헌신을 지녔다는 점을 지적했다. 크리스틴의 망설임에도 불구하고, 이사회는 크리스틴이 적임자라고 확신했다.

질문

1. 강점은 경험에 의해 향상될 수 있는 타고난 특성이라고 여겨진다. 크리스틴의 배경에서 어떤 경험들이 그의 강점들을 개발하는 데 도움이 되었는가?

2. 진단에 의해 확인된 강점들 중, 어느 것들이 크리스틴의 일에서 직접 관찰할 수 있는 것이었나? 그렇지 않은 강점도 있었는가?

3. 크리스틴은 자신이 약점도 있음을 인정했다. 특히 조직의 일상적인 관리 부분에서의 약점이 그 예이다. 이 문제를 해결하는 데 있어 그의 강점 중 어떤 것을 어떻게 활용할 수 있을까?

4. 자신의 강점을 보충하고 몇 가지 공백을 채우기 위해 크리스틴은 다른 사람들로부터 어떤 강점들을 찾아내야 할까?

사회학자 브레네 브라운 박사는 널리 인정받는 사상적 지도자, 환호받는 베스트셀러 저자, 교사, 연구자, 인기 있는 연사로서 작은 제국을 구축하였으며, 수치심, 취약성, 용기, 공감 같은 어려운 주제를 연구하는 데 있어서 수많은 팔로워가 그를 따르고 있다.

텍사스 출신의 원기왕성한 은발머리이며, 비즈니스 정장보다 카우보이용 부츠와 청바지와 나막신을 더 좋아하는 브레네는 휴스턴대학교 사회학과 교수이다. 그는 뉴욕타임스 베스트셀러 1위 저서를 5권이나 저술했다. 그의 TED 강연 '취약성의 힘(The Power of Vulnerability)'은 3,900만 명이 시청하여 TED 최다 시청 5위 안에 들었다. 2019년에는 생애 최초로 넷플릭스 특집 프로그램 '브레네 브라운: 용기 호출'을 주관했다(Brown, 2019a).

브레네는 자신을 단순히 '연구 교수'라고 자처하지만 그는 사업가, CEO, 엄마이자 아내이기도 하다. 그는 취약성, 용기, 수치심, 공감력을 실습하는 훈련, 인증 프로그램인 The Daring Way를 설립하여 운영한다.

오늘의 브레네가 있기까지의 여정은 그의 어린 시절에 시작했다. 카산드라 브레네 브라운 가족은 휴스턴에서 뉴올리언스로 다시 휴스턴으로, 워싱턴 DC로, 또 다시 휴스턴으로 여러 차례 이사했다. 브레네는 적응하고 소속감을 느끼기가 쉽지 않았다. 브레네가 유치원에 들어갔을 때 브라운 가족은 막 뉴올리언스로 이사했으며, 이곳에서는 바로 그해에 인종 차별 대우를 폐지하기 시작했다. 브레네는 새로 친구를 사귀려고 열심이었으나 백인 동급생 생일 파티에서는 제외되기 일쑤였고 흑인 동급생 파티에는 가게 되었다. 이런 일은 분명히 브레네의 이름 카산드라를 같은 반의 다른 흑인 여학생도 사용하고 있고, 파티 초대장이 홈룸 학급 명부에 있는 이름 스캔을 근거로 보내지기 때문인 것처럼 보였다. 파티에 가서 친구들과 재미있게 어울리려고 해도 아웃사이더로 느끼지 않을 수 없었다.

가족이 또 이사해도 달라지지 않았다. 부모들은 성공회 신자였지만 뉴올리언스에서 동네를 옮겼을 때 브레네를 천주교 학교로 전학시켰다. 나중에 브레네가 십 대였을 때 가족이 다시 휴스턴으로 돌아오자 학교에서는 또 '새로 온 아이'가 되었다. 학교에 적응하려고 노력해도 뒤쳐졌으며 소속감이 생기지 않았다. 고등학생 때 부모의 결혼이 깨어지자 브레네의 분리감은 더 깊어졌고 유일하게 가졌던 진짜 소속감이 흔들렸다.

그럼에도 불구하고 브레네는 용감하고 호기심 많은 소녀였으며 강인하고 거리낌 없이 말하는 아이로 자랐다. 그는 이때를 돌아보며 형성기 수년간이 나중의 성공에 도움이 되었다고 말했다.

"내가 어디에도 소속된 곳이 없기 때문에 저의 직업에서 성공했습니다. 처음에는 어린이였을 때, 그리고 십 대 때. 내가 소속되지 못한 것을 이겨내는 주요한 방법이 사람 연구라는 것을 알게 되었습니다. 나는 패턴과 연결을 잘 찾아냈습니다. 나는 사람들의 행동에서 유형을 인식하고 그 유형을 그 사람의 느낌과 행동으로 연결할 줄 알았습니다. 나의 길을 찾게 되었습니다"라고 말했다. "나는 나의 유형 인식 스킬로 사람들이 무엇을 원하는지, 무슨 생각을 하는지, 또는 무엇을 하고 있는지를 예측할 수 있었습니다. 올바른 일을 말하는 방법이나 올바른 방법을 제시할 줄 알게 되었습니다. 나는 능숙한 적응자, 카멜레온이 되었습니다"(Brown, 2017, p. 16).

고등학교 졸업 후 몇 년간은 불안정한 반란의 시기였다. 히치하이킹으로 유럽 각지를 여행하며 바텐더나 웨이트리스 역할을 하면서 다양한 인생 경험을 쌓았으며 일련의 자기파괴적 행동에 빠져들기도 했다. 대학에서 낙제한 뒤에 29살에 텍사스(오스틴)대학교 사회학과를 1등으로 졸업하자마자 휴스턴대학교 대학원으로 진학하여 석사와 박사 과정을 마쳤다.

브레네는 연구하는 내내 사회사업에 대한 열정을 발견했고, 정성적 연구의 개념을 발견하였다. 그는 **근거이론**(grounded theory)이라고 알려진 방법론에 관심을 가지고 훈련을 받았는데, 이 방법은 이론보다는 주제에서 출발하여 연구 참가자들과의 토의를 바탕으로 한 데이터 수집, 분석 절차를 통해 유형과 이론이 나타나게 된다. 근거 이론 모형은 브레네의 스토리텔링 재능 및 그가 십 대 때 적응 메커니즘으로 개발한 경청, 관찰 스킬과 잘 맞았다. 그는 "나는 정성적 연구의 풍요함과 깊이에 매료되었습니다. 스토리텔링은 나의 DNA예요. 이야기를 포착함으로써 연구한다는 아이디어를 거부할 수 없었어요. 스토리는 영혼이 있는 데이터인데 근거 이론만큼 그 점을 존중하는 연구 방법론은 없답니다"라고 말했다(Brown, 2019b).

불행하게도, 근거 이론 모델은 더 분명하고 측정 가능한 정량적 연구 결과에 더 높은 가치를 부여하는 전통적 학술 연구와는 아주 다르다. 다른 연구자들이 그에게 박사 학위 논문에 그 방법을 쓰지 말라고 말리며 조언했지만 브레네는 밀고 나갔다. 그가 채택한 연구 방법에서처럼 브레네는 데이터에서 스토리(이야기)가 생성되어 자신이 탐구하는 것을 형성하도록 했으며, 수치심 감정 연구를 시작했다.

"나는 수치심에 관한 연구를 하기로 계약한 것은 아니에요. 수치심은 우리가 경험하는 가장 복잡하고 다면적인 감정의 하나입니다. 내가 이 감정을 이해하는 데 6년이 걸렸을 뿐 아니라 이 감정은 너무 강력하여 사람들은 단지 '수치심'이라는 말만 들어도 불편하고 회피하게 됩니다"라고 말했다. "나는 무심코 연결 관계의 구조 분석에 관해 알고 싶은 흥미가 생겼어요… 연구 참가자들이 용기를 내서 자신의 이야기, 경험, 지혜를 공유해주었기 때문에 나는 경력과 인생을 결정하는 여정을 밟게 되었습니다(Brown, 2019b).

연구 방법론 선택과 마찬가지로, 브레네는 수치심을 주제로 하는 것도 만류되었다. 그러나 그는 직감과 데이터들이 열어 놓은 길을 믿고 결국 승리했다. 그는 연구를 똑같이 어려운 다른 분야: 취약성, 용기, 소속감으로 확대했다. 그는 연구 주제로서뿐 아니라 자신에게도 매우 어려운, 정의하기 곤란한 분야를 기꺼이 연구했다.

브레네는 박사학위를 받은 다음, 휴스턴대학교의 교수직을 수락하고 강의하며 연구를 계속했다. 그는 수치심 연구 참가자들로부터 자신의 연구 결과를 공유하도록 요청받았다. 학계에서는 연구 결과는 대개 학술 저널에 동료 리뷰 논문으로 발표된다. 그러나 브레네는 연구를 더 널리 알리고 싶어 더 주류적 형태로 출판하기로 결정했다. 이런 야망이 학문적 커리어와 균형 맞추기 어렵다는 것을 알고 대학에 사직서를 냈다. 학과장이 사직원을 수리하려 하지 않자 브레네는 파트타임으로 일하겠다고 제안했으나 전례가 없다고 하며 거절되었다. 브레네가 입장을 굽히지 않자 결국 학과장, 교무처장과 총장의 축복을 받았다. 그는 돈을 빌려 2004년에 첫 번째 책 **여성과 수치 : 손 뻗치기, 진실 말하기, 연대 구축하기**(Women and Shame: Reaching out, Speaking truths and Building Connection)을 펴냈다. 책은 꽤 잘 팔려서 유명한 출판사가 재출간하며 브레네는 작가로서 커리어를 시작하였다.

브레네는 2017년에 펴낸 책 **진정한 나로 살아갈 용기**(Braving the Wilderness)에서 자신의 여정을 이렇게 요약했다. "규범에 맞추어 사는 것이 정말로 내가 바라는 삶이었는가? 아니었다. 정성적 연구방법 논문은 안 된다고 했지만 나는 어쨌든 했다. 사람들이 수치심 연구를 하지 말라고 했지만 나는 그래도 했다. 교수를 하면서 동시에 사람들이 읽고 싶어 할 만한 책을 쓰는 일은 할 수 없다고 해도 나는 어쨌든 해냈다"(Brown, 2017, p. 18).

브레네가 출판에서 성공하자 강연 기회가 열렸다. 그의 사람들을 몰입시키는 자기 성찰적인 개성과 잔인할 정도로 솔직하게 그러면서도 따뜻하게 자신의 경험담을 공유하여 다른 사람과 관계 맺는 능력이 뛰어나다. 텍사스 스타일의 진지한 위트로 그는 대부분의 사람들이 불편해 하는 주제를 유머와 경쾌함을 적절히 배합한다. 그는 사람들로부터 인기 있는 연사, 트레이너, 퍼실리테이터이며 한 번 부르려면 10만 달러를 내야 한다. 그의 연구는 여러 분야로 응용되며 굉장히 폭넓은 고객, 최고위급 경영자, 교육가, 엔지니어, 정신건강 전문가, 학부모 등 굉장히 폭넓은 고객을 가지고 있다. 타임지는 심지어 브레네를 "감정에 관한 최고의 두뇌를 가진 한 사람"이라고 하며 "브레네는 다른 사람들이 주지 않는 것을 주는데, 그는 정성적 데이터와 근거 이론에 충분한 온기와 유머를 섞어서 사람들을 단순히 훈련시키는 것이 아니라 감동을 주는 능력을 갖고 있다"고 했다(Luscombe, 2018).

브레네는 점점 성공을 일구어나가면서도 자신이 어떤 사람인지를 알고 자신을 정확히 있는 그대로-욕설을 포함하여-드러내는 여자로서의 철저한 진정성을 유지했다. 그는 자신이 하는 일에 강한 신념을 갖고 있으며, 심지어 그것이 불편하고 자신의 행동과 반응을 자세히 들여다봐야 하기도 하지만, 일상생활에서 실천할 의지와 용기를 가지고 있다. 브레네는 자신에게 도전하며 그가 어때야 하는지, 어떤 것을 토의해야 하는지에 대한 자신들의 이상형에 '맞추려고' 가두려는 사람들에게 대항하였다. 옷을 달리 입으라든지 청중들의 관점에 맞추어 의견을 절충하라는 요구를 해오는 행사 주관자들도 있다. 비즈니스 그룹은 그에게 '신앙'을 화제로 삼지 말아달라는 요청을 하기도 하고, 종교 그룹은 그가 욕설을 해서 청중들을 언짢게 하지 않을까라는 우려를 말하기도 한다. 그는 그래도 진정한 자신이 어떤 사람인지 (그대로) 보여줄 것을 택했다.

"나 자신이 진정하거나 용기 있다고 느껴지지 않는데 강단에 서서 진정성이나 용기에 대해 말할 수는 없는 일이다. 그런 일은 내게 체질적으로 불가능하다"라고 그는 말했다. "나는 비즈니스를 하는 사람으로서 비즈니스를 하는 사람들에게 이야기하고자 강단에 서는 것이 아니다. 나의 가슴에서 그들의 가슴으로 이야기를 전달하고자 하는 것이다. 나는 그런 사람이다"(Brown, 2017, p. 24).

질문

브레네 브라운은 자신의 강점을 충실히 따름으로써 상당한 성공을 이루고 충성심 있는 팔로워를 만들었다. 2개의 TED 강연 영상을 보고 브레네가 어떻게 활동하는지 그와 잘 친해 두기 바란다.

The Power of Vulnerability(취약성의 힘) (www.ted.com/talks/brene_brown_on_vulnerability)
Listening to Shame(수치심에 귀 기울이기) (www.ted.com/talks/brene_brown_listening_to_shame)

1. 사례 연구 내용과 TED 강연에서 알게 된 브레네와 그가 한 일을 바탕으로:

   a. 표 6.1의 강점 목록에서 여러분이 생각하는 브레네 브라운의 강점 다섯 가지를 고르고 설명해 보자.

   b. 앞의 질문에 대한 대답을 바탕으로 표 6.2에 있는 리더십 강점 네 가지 영역(실행력, 영향력, 관계 형성, 전략적 사고) 중에서 어느 것이 브레네에게 가장 잘 적용된다고 생각하는가? 어느 영역이 가장 강하다고 생각하는지 설명해 보자.

2. 사례 연구 내용과 TED 강연 비디오에서 알게 된 브레네와 그가 한 일을 바탕으로:

    a. VIA 인성 강점(표 6.3) 중 어느 것을 브레네 브라운의 속성으로 하겠는가?

    b. VIA 분류(표 6.3) 각 항목마다 브레네에게 몇 점을 주겠는가? [1점(최저)에서 5점(최고) 척도에서]

3. CAPP 관점을 적용하면 강점은 '우리가 잘할 줄 아는 것으로 사용할 때 활력을 주는 것'이라고 정의된다. CAPP 카테고리에 대한 정의를 바탕으로:

    a. 브레네 브라운의 '실현된 강점'을 찾아 적어보자.

    b. 브레네 브라운의 '미실현 강점'은 무엇이라고 생각하는가?

    c. 이 모델에서 정의하는 어떤 '학습된 행동'을 찾아냈는가?

    d. 이 모델에서 정의하는 어떤 '약점'을 찾아냈는가?

6.3 리더십 강점 진단지

목적

1. 자신의 리더십 강점들에 대한 이해를 키운다.
2. 선별된 수행 영역들에 대한 자신의 강점들의 순위를 매긴다.

작성법

1. 자신이 어떤 사람인지를 서술하는 데 있어 아래 문항들이 얼마나 맞아떨어지는지를 고려하여 응답한다.
2. 각 문항에 대해, 자신을 잘 묘사한다고 생각되는 정도를 표시하는 숫자에 동그라미를 친다.

문항 및 내용	전혀 아니다	별로 아니다	가끔 그렇다	어느 정도 그렇다	매우 그렇다
1. 나는 다른 사람과 함께 일할 때 활기찬 참여자이다.	1	2	3	4	5
2. 브레인스토밍은 내 강점 중 하나이다.	1	2	3	4	5
3. 나는 동료들이 일에 있어 좌절하고 있을 때 격려하는 것을 잘한다.	1	2	3	4	5
4. 나는 우리가 하는 일을 '왜' 하는지 알고 싶어한다.	1	2	3	4	5
5. 나는 다른 사람들의 의견에 반대할 때 공통점을 찾으려 한다.	1	2	3	4	5
6. 나는 프로젝트에서 세부사항을 실행하는 것을 즐긴다.	1	2	3	4	5
7. 나는 문제해결에서 창의적인 접근법을 탐색하길 좋아한다.	1	2	3	4	5
8. 나는 다른 사람들이 그들의 성취에 대해 기분 좋게 느끼도록 하기 위해 특별히 애쓴다.	1	2	3	4	5
9. 복잡한 문제나 이슈를 검토하는 것은 내 강점 중 하나이다.	1	2	3	4	5
10. 나는 갈등 상황에서 중재자 역할을 한다.	1	2	3	4	5
11. 나는 일이 완수될 때까지 한 가지 과업을 계속한다.	1	2	3	4	5
12. 나는 다른 사람들과 함께 일할 때 필요한 경우 변화를 주도한다.	1	2	3	4	5

문항 및 내용	전혀 아니다	별로 아니다	가끔 그렇다	어느 정도 그렇다	매우 그렇다
13. 나는 다른 사람들의 개인적 행복에 대한 관심을 표현한다.	1	2	3	4	5
14. 나는 일을 할 때 여러 가지 대안을 고려하길 좋아한다.	1	2	3	4	5
15. 나는 융통성 없는 사람들과 효과적으로 의사소통한다.	1	2	3	4	5
16. 나는 일이 완수될 수 있도록 아이디어를 끝까지 진행하려고 노력한다.	1	2	3	4	5
17. 나는 업무 관련 프로젝트를 위한 비전을 창조하는 것을 좋아한다.	1	2	3	4	5
18. 나는 그룹이 하나로 유지되도록 돕는 '접착제' 역할을 한다.	1	2	3	4	5
19. 나는 어떤 문제 해결을 시도하기 전에 문제의 세부 사항들을 탐색하기를 좋아한다.	1	2	3	4	5
20. 나는 다양한 의견을 가진 사람들로부터 최선의 아이디어를 끌어낼 수 있다.	1	2	3	4	5
21. 나는 일을 완수할 수 있도록 '해야 할 일' 목록 만들기를 좋아한다.	1	2	3	4	5
22. 나는 고정관념에서 벗어난 생각을 한다.	1	2	3	4	5
23. 다른 사람들을 격려하는 것은 나에게 쉬운 일이다.	1	2	3	4	5
24. 나는 업무 프로젝트에 들어가기 전에 미리 생각을 정리하길 좋아한다.	1	2	3	4	5
25. 갈등이 있을 때 나는 의견의 일치를 잘 끌어낸다.	1	2	3	4	5
26. 나는 일이 완수될 수 있도록 스케줄을 짜고 활동을 조정하는 것을 즐긴다.	1	2	3	4	5
27. 나는 다른 사람들이 고려해 볼 새로운 아이디어를 개발하는 데 소질이 있다.	1	2	3	4	5
28. 나는 다른 사람들이 프로젝트에 참여하도록 격려하는 데 소질이 있다.	1	2	3	4	5

이론 적용

문항 및 내용	전혀 아니다	별로 아니다	가끔 그렇다	어느 정도 그렇다	매우 그렇다
29. 나는 여러 가지 다른 관점에서 문제를 탐색하는 것을 좋아한다.	1	2	3	4	5
30. 나는 동료들이 의견 일치에 도달하도록 돕는 것을 잘한다.	1	2	3	4	5

점수 집계

1. 1, 6, 11, 16, 21, 26번 항목의 점수를 합산한다(실행자 점수).
2. 2, 7, 12, 17, 22, 27번 항목의 점수를 합산한다(혁신자 점수).
3. 3, 8, 13, 18, 23, 28번 항목의 점수를 합산한다(격려자 점수).
4. 4, 9, 14, 19, 24, 29번 항목의 점수를 합산한다(분석자 점수).
5. 5, 10, 15, 20, 25, 30번 항목의 점수를 합산한다(중재자 점수).

총점

_____ _____ _____ _____ _____
　　실행자　　　　　　　혁신자　　　　　　　격려자　　　　　　　분석자　　　　　　　중재자

점수 해석

리더십 강점 진단지는 실행력, 혁신, 격려, 분석, 중재라는 영역에서 여러분의 강점을 측정하도록 디자인되었다. 점수의 순위를 평가함으로써 여러분은 자신의 가장 큰 강점이 있는 영역과 가장 약한 영역을 파악할 수 있다. 특정 영역에서의 높은 점수는 여러분이 어디에서 강한지를 보여 주고, 낮은 점수는 여러분이 약한 영역을 보여 준다. 이 장에서 논의한 대로, 모든 사람은 각자 다수의 강점을 지닌다. 리더십 강점 진단지에서 드러난 강점들에 더해서, 여러분은 본인의 강점들 모두에 대한 더욱 완전한 그림을 얻기 위해 다른 강점 진단지들도 작성해 볼 수 있다.

　　26~30점은 매우 높은 범위에 속한다.
　　21~25점은 높은 범위에 속한다.
　　16~20점은 중간 범위에 속한다.
　　11~15점은 낮은 범위에 속한다.
　　6~10점은 매우 낮은 범위에 속한다.

6.4 관찰 연습

강점

목적

1. 사람들의 강점들을 인지하는 방법을 배운다.
2. 리더십 과정에서 강점의 역할에 대한 이해를 얻는다.

작성법

1. 이 연습에서, 여러분의 임무는 어떤 리더를 현장에서 관찰하는 것이다. 이 리더는 교사, 감독자, 코치나 매니저, 또는 리더십이 관여하는 자리의 어느 누구라도 될 수 있다.
2. 그 리더를 현장에서 관찰한 바에 따라, 리더가 가진 강점들의 영역과 구성원들이 가진 강점들의 영역을 확인한다.

질문

1. 표 6.3에 열거된 덕목 기반 강점들에 의하여, 리더가 보여 준 두 가지 강점을 지목한다. 이 강점들은 어떻게 그 리더나 구성원들에게 영향을 미쳤는가?

2. 그룹 구성원들이 어떤 강점들을 보여 준 것으로 생각되는지, 그리고 이 강점들이 어떤 식으로 리더의 리더십을 보완하거나 방해가 될 수 있는지에 대해 이야기해 보자.

3. 이 상황의 구성원은 다른 사람들에게 자연스럽게 자신들의 강점에 대해 표현할 수 있었을 것이라고 생각하는가? 이에 대해 토의해 보자.

4. 만약 여러분이 이 상황의 리더를 코치할 수 있다면, 사람들이 강점을 잘 표현할 수 있는 긍정적 환경을 만들기 위해 그가 취할 수 있는 구체적 방법들은 무엇이 있을까?

6.5 성찰 및 실행 과제 워크시트

강점

성찰

1. 이 연습에서 여러분은 여러분의 강점을 아는 몇 명의 지인을 인터뷰하도록 요구한다.
   - 첫째, 마음 편히 여러분에 대한 피드백을 요청할 수 있는 사람 세 명을 정한다(예 : 친구, 직장동료, 가족).
   - 둘째, 이 사람들 각자에게 다음을 하도록 요청한다.
     a. 여러분을 최상의 기량에 있는 것을 보았을 때나 상황을 떠올린다.
     b. 여러분이 무엇을 하고 있었는지 간략하게 이야기한다.
     c. 이 상황에서 여러분이 왜 잘할 수 있었는지 생각하는 바를 설명한다.
     d. 이 이야기에 근거해, 이 상황에서 여러분이 다른 사람들에게 기여한 독특한 이익이 무엇이었는지를 설명한다.
   - 셋째, 이 사람들이 준 답변들을 바탕으로, 반복해서 나타나는 테마 두세 가지를 확인한다. 이 테마들이 바로 여러분의 강점들을 의미한다.

2. 다른 사람들이 여러분의 강점이라고 파악한 것들(1번)에 대한 여러분의 반응은 무엇인가? 다른 사람들이 여러분에 대해 파악한 강점들은 여러분 자신의 관점과 일치하는가? 그것들은 리더십 강점 진단지상의 여러분의 점수와 어떤 면에서 일치하는가?

3. 이 장에서는 리더가 자신의 강점들을 다른 이들에게 공개하는 것이 중요하다고 제안하고 있다. 리더로서, 여러분은 자신의 강점을 다른 사람들에게 공개하는 것에 대해 어떻게 느끼는가? 다른 사람들의 그들 자신의 강점을 여러분에게 표현할 때 여러분은 어떻게 반응하는가?

실행 과제

1. 이 장의 진단지와 여러분 자신의 성찰에 근거하여, 자신의 대표적 강점 다섯 가지를 열거하는 명함을 만들어 보자.

2. 리더십 강점의 네 가지 영역(표 6.2 참조) 중에서, 여러분은 어떤 영역이 가장 강한가? 이 강점 영역들을 보완하기 위해 어떻게 구성원들로부터 도움을 구할 수 있는지에 대해 이야기해 보자.

3. 여러분이 어떤 수업에서 한 학기 동안 완수해야 하는 봉사학습 프로젝트에서 그룹 리더가 되었다고 상상해 보자. 긍정적 환경, 긍정적 관계, 긍정적 커뮤니케이션, 긍정적 의미를 만들어 내기 위해 여러분이 할 수 있는 것이 구체적으로 어떤 것들인지 파악하고 토의해 보자.

참고문헌

Anderson, E. C. (2004). *StrengthsQuest: Curriculum outline and learning activities*. Princeton, NJ: Gallup Organization.

Blagg, D., & Young, S. (2001, February 1). What makes a good leader. *Harvard Business School Alumni Stories*. Retrieved from https://www.alumni.hbs.edu/stories/Pages/story-bulletin.aspx?num=3059

Brown, B. (2017). *Braving the wilderness: The quest for true belonging and the courage to stand alone*. New York, NY: Random House.

Brown, B. (2019a). *Official bio*. Retrieved from https://brenebrown.com/media-kit/

Brown, B. (2019b). *Research*. Retrieved from https://brenebrown.com/the-research/

Buckingham, M., & Clifton, D. (2001). *Now, discover your strengths*. New York, NY: Free Press.

Cameron, K. S. (2012). *Positive leadership: Strategies for extraordinary performance* (2nd ed.). San Francisco, CA: Berrett-Koehler.

Cameron, K. S., Dutton, J. E., & Quinn, R. E. (2003). Foundations of positive organizational scholarship. In K. S. Cameron, J. E. Dutton, & R. E. Quinn (Eds.), *Positive organizational scholarship* (pp. 3–14). San Francisco, CA: Berrett-Koehler.

Clifton, D. O., & Harter, J. K. (2003). Investing in strengths. In K. S. Cameron, J. E. Dutton, & R. E. Quinn (Eds.), *Positive organizational scholarship* (pp. 111–121). San Francisco, CA: Berrett-Koehler.

DSN Staff. (2018, May 2). DSN announces the 2018 Global 100! *Direct Selling News*. Retrieved from https://www.directsellingnews.com/dsn-announces-the-2018-global-100/

Dutton, J. E., & Ragins, B. R. (2007). *Exploring positive relationships at work*. Mahwah, NJ: Erlbaum.

Fowler, R. D., Seligman, M. E. P., & Kocher, G. P. (1999). The APA 1998 annual report. *American Psychologist, 54*(8), 537–568.

Fredrickson, B. L. (2001). The role of positive emotions in positive psychology: The broaden-and-build theory of positive emotions. *American Psychologist, 56*, 218–226.

Gardner, H. (1997). *Extraordinary minds: Portraits of exceptional individuals and an examination of our extraordinariness*. New York, NY: Basic Books.

Linley, A. (2008). *Average to A+: Realising strengths in yourself and others*. Coventry, UK: CAPP Press.

Linley, A., & Dovey, H. (2012). *Technical manual and statistical properties for Realise2*. Coventry, UK: CAPP Press.

Luscombe, B. (2018, November 1). America's reigning expert on feelings, Brene Brown now takes on leadership. *Time*. Retrieved from http://time.com/5441422/expert-feelings-Brene-brown-leadership/

MacKie, D. (2016). *Strength-based leadership coaching in organizations: An evidence-based guide to positive leadership development*. London, UK: Kogan Page.

Mary Kay. (n.d.). *About Mary Kay: Our founder*. Retrieved from https://www.marykay.com/en-us/about-mary-kay/ourfounder

Peterson, C. (2006). *A primer in positive psychology*. New York, NY: Oxford University Press.

Peterson, C. (2009). Foreword. In S. J. Lopez & C. R. Snyder (Eds.), *Oxford handbook of positive psychology* (p. xxiii). New York, NY: Oxford University Press.

Peterson, C., & Park, N. (2009). Classifying and measuring strengths of character. In S. J. Lopez & C. R. Snyder (Eds.), *Oxford handbook of positive psychology* (pp. 25–34). New York: Oxford University Press.

Peterson, C., & Seligman, M. E. P. (2003). Positive organizational studies: Lessons from positive psychology. In K. S. Cameron, J. E. Dutton, & R. E. Quinn (Eds.), *Positive organizational scholarship* (pp. 14–28). San Francisco, CA: Berrett-Koehler.

Peterson, C., & Seligman, M. E. P. (2004). *Character strengths and virtues: A handbook and classification.* New York, NY: Oxford University Press; Washington, DC: American Psychological Association.

Quinn, R. E., Dutton, J., & Spreitzer, G. (2003). *Reflected Best Self Exercise: Assignment and instructions to participants* (Product number 001B). Ann Arbor: University of Michigan Regents, Positive Organizational Scholarship Research Group.

Rath, T. (2007). *Strengths Finder 2.0.* New York, NY: Gallup Press.

Rath, T., & Conchie, B. (2008). *Strengths based leadership: Great leaders, teams, and why people follow.* New York, NY: Gallup Press.

Roberts, L. M., Spreitzer, G., Dutton, J., Quinn, R., Heaphy, E., & Barker, B. (2005, January). How to play to your strengths. *Harvard Business Review*, pp. 75–80.

Seligman, M. E. P. (2002). *Authentic happiness: Using the new positive psychology to realize your potential for lasting fulfillment.* New York, NY: Free Press.

Seligman, M. E. P., & Csikszentmihalyi, M. (2000). Positive psychology. *American Psychologist, 55*(1), 5–14.

CHAPTER 7

비전 창조하기

서론

효과적인 리더는 사람들의 행동을 끌어주는 강력한 비전을 창출한다. 리더십의 맥락에서 비전(vision)이란 어떤 이상적인 미래 상태의 정신적 모델이다. 비전은 가능한 미래의 그림을 제시한다. 비전은 변화를 수반하며, 사람들로 하여금 더욱 높은 탁월성의 수준에 도달하도록 도전하게 한다. 동시에 비전은 사람들에게 의미와 목적을 제공하여 인도하는 철학과 같기도 하다. 여기서, 가끔 같은 의미로 사용되는 **비전**과 **미션**을 구분하는 것이 중요하다. 비전은 이상적 미래 상태의 **정신적 모델**(mental model)로, 리더 개인이 만들 수도 있고 함께 일하는 팀이 만들 수도 있다. 미션은 그 이상적 미래 상태에 **도달하는 방법**이다. 즉 비전을 성취하기 위해서 '하는 것'이 바로 미션인 것이다. 예를 들어, 회사의 사명선언문은 고객 만족도 향상, 신제품 개발, 재생 가능 에너지 자원을 더 많이 사용하기 등, '특정 산업 분야에서 세계적인 리더가 되기(이것이 바로 회사의 비전이다)' 위해 '현재 하고 있는 것'을 설명할 수 있다.

리더의 도전 과제는 조직 구성원들과 같이 만들고자 하는 미래에 대한 장기적인 비전을 개발해서 구성원들이 공유할 수 있도록 하는 것이다. 피터 센게(1990)는 때때로 리더들은 '고착화된 정신적 모델'을 가지고 있어서 주변 환경 속에서 새로운 가능성을 알아보는 능력이 제약될 수 있다고 했다. 리더를 제약할 수 있는 것은 사람의 본성에 대한 가정, 조직의 내부 정치, 위험 감수에 대한 자세 등, 갖가지 고정 관념이다. 조직이 성장하고 번창하기 위해서 리더는 변화할 줄 알고, 구성원들과 자신의 경험과 외부 환경으로부터 배울 수 있어야 한다.

비전을 개발하는 데 있어서, 리더는 미래의 긍정적인 결과를 가시화하며 이것을 다른 사람들에게 전달할 수 있다. 이상적으로는 리더와 집단 또는 조직의 구성원이 이 비전을 공유하는 것이다. 이러한 가능한 미래의 그림이 항상 아주 명료한 것은 아니지만, 비전 자체는 리더가 다른 사람들에게 어떻게 영향을 미치고, 다른 사람들이 그의 리더십에 어떻게 반응하는가에 있어서 중대한 역할을 한다.

지난 25년간, 비전은 리더십에 대한 문헌에서 주요한 주제가 되어 왔다. 비전은 훈련과 개발에 관한 문헌에서 두드러진 역할을 했다. 예를 들어, 코비(1991)는 성공하는 사람들의 일곱 가지 습관 중 하나로 비전을 제시했다. 그는 성공하는 사람들은 "끝을 생각하며 시작한다"고 주장했다(p. 42). 즉, 그들은 자신의 목표, 가치 그리고 인생의 사명을 깊이 이해하고 있으며, 이와 같은 이해는 성공하는 사람들이 하는 모든 일의 바탕이 된다는 것이다. 리더십 평가도구로 널리 사용되고 있는 '리더십 실행진단(Leadership Processes Inventory)'을 개발한 쿠제스와 포스너(2003)는 비전을 모범적인 리더십의 다섯 가지 실행항목 중 하나로 보았다. 분명하게 비전은 최근의 리더십 훈련과 개발에서 중요한 측면이 되고 있다.

또한 비전은 많은 일반적인 리더십 이론에서 중심적인 역할을 한다(Zaccaro & Banks, 2001). 예를 들어, 변혁적 리더십 이론(transformational leadership theory)에서, 비전은 탁월한 리더십 성과를 설명하는 네 가지 주요 요인 중 하나로 인식되고 있다(Bass & Avolio, 1994). 카리스마적 리더십 이론(charimsatic leadership theory)에서, 비전은 조직 변화의 핵심으로 강조되고 있다(Conger & Kanungo, 1998; House, 1977). 카리스마적 리더는 그의 비전과 비전의 가치를 구성원들의 자아개념과 연결 지음으로써 변화를 불러일으킨다. 예를 들어, 테레사 수녀는 그의 카리스마를 통해서 가난하고 힘없는 자들을 위해 일하고자 하는 비전을 추종자들이 믿는 개인적 헌신과 자기희생의 신념과 연결 지었다. 어떤 이론들은 비전이 리더십을 정의하는 특징이라고 보기 때문에 이론 자체를 비전 리더십 이론이라고 명명한다(Nanus, 1992; Sashkin, 1988, 2004).

효과적인 리더십에서 비전이 하는 역할을 더 잘 이해하기 위해서, 이 장에서는 다음과 같은 질문들을 다룰 것이다. "비전의 특성은 무엇인가?", "비전은 어떻게 표현되는가?", "비전은 어떻게 실행되는가?" 이러한 질문들에 대한 논의에서, 우리는 여러분이 리더의 역할을 하게 되는 어떤 맥락에서든지 실행 가능한 비전을 개발하는 방법에 초점을 둘 것이다.

비전

리더가 비전을 갖는 것이 가장 중요하다는 전제하에서, 비전은 어떻게 형성되는가? 비전의 주요 특성들은 무엇인가? 비전 리더십에 관한 연구문헌은 비전에 다섯 가지 특성이 있다고 제시한 바 있다. 그림, 변화, 가치, 지도, 도전이 그것이다 (Nanus, 1992; Zaccaro & Banks, 2001).

그림

비전은 현재의 상태(status quo)보다 더 나은 미래의 그림(picture)을 창조한다. 비전은 구성원이 신념을 갖고 행동하도록 하는 미래에 대한 생각이다. 비전은 집단이나 조직이 나아가야 할 방향에 대한 이상적인 이미지를 그리고 있다. 이는 보다 신나고, 보다 긍정적이거나, 보다 영감을 주는 상황의 이미지일 수도 있다. 대체적으로 이러한 마음속 이미지는 사람들이 공동의 목표를 성취하기 위해서 생산적으로 일을 하는 시간과 장소에 대한 것이다. 구성원들에게는 구체적인 비전이 이해하기 더 쉽지만, 리더가 항상 충분하게 개발된 비전을 갖고 있는 것은 아니다. 때때로 리더의 비전은 구성원에게 대략적인 방향만을 제공하거나, 제한된 안내를 해 줄 뿐이다. 또 어떤 때에는 리더 자신이 사람들을 어디로 이끌고 있는지에 대한 기본 골자만을 가질 때도 있다. 최종적인 그림은 수년 동안 드러나지 않을 수도 있다. 그러나 리더가 미래에 대한 매력적이고 고무적인 그림을 그릴 수 있을 때, 이는 그가 사람들을 이끄는 능력에 중대한 영향을 미칠 수 있다. 마틴 루서 킹 목사가 1963년 워싱턴 행진 중에 연설한 '나에게는 꿈이 있습니다'는 얻기 위해 노력할 만한 이상적 미래의 완벽한 예를 보여준다. "나에게는 꿈이 있습니다. 언젠가 이 나라가 일어나 '우리는 모든 인간이 평등하게 태어났다고 하는 진리가 자명하다고 믿는다'라는 건국이념의 참뜻을 실현하리라는 꿈입니다."

변화

비전의 또 다른 특성은 바로 현재의 상태 속에서 변화(change)를 제시하며, 조직이나 시스템을 미래에 더 긍정적인 상태로 움직이게 한다는 것이다. 비전은 과거의 방식보다 더 나은 새로운 방식을 가리켜준다. 비전은 과거 시스템의 가장 좋은 특징들을 취하고, 새로운 목표를 추구하는 과정에서 그것들을 강화시킨다.

변화는 규칙, 절차, 목표, 가치, 또는 의식 절차를 포함하여 다양한 형태로 일어날 수 있다. 비전은 변화를 의미하므로, 리더는 그가 표현하는 비전에 대한 저항을 드물지 않게 경험한다. 심지어 어떤 리더들은 비전에 따른 변화를 촉구할 때 "불만을 부추긴다"는 비난을 받는다. 예를 들어, 킹 목사는 앞서 언급한 1963년의 연설에서 다음을 강조했다. "우리는 또한 현재의 극도로 시급함을 미국 전 국민들에게 다시 한 번 알리고자 이 신성한 장소에 모였습니다. 지금은 열을 식히는 사치를 누릴 때도, 점진주의라는 진정제를 주입할 때도 아닙니다. 지금이야말로 민주주의의 약속을 실현시킬 때입니다." 그의 연설은 많은 사람에게 영감을 불러일으켰지만, 연설을 들은 모든 사람이 행동을 촉구하는 그의 호소를 받아들이지는 않았다. 그러나 보통 비전은 강력한 설득력이 있으며, 낡은 방식을 버리고 리더의 비전이 제시하는 긍정적인 변화의 일부분이 되도록 사람들을 고취시킨다.

가치

비전의 세 번째 특성은 가치(value), 즉 사람들이 보람을 느끼거나 바람직하게 생각하는 생각, 신념 혹은 행동방식에 관한 것이다. 집단이나 조직 내 변화를 주장하기 위해서는 자신과 다른 사람, 그리고 조직의 가치에 대한 이해가 요구된다. 비전은 이러한 가치들의 변화에 관한 것이다. 예를 들어, 만약 리더가 내세우는 비전이 회사 내 모든 사람들이 중요하다는 점을 강조한다면, 여기서 표방되는 지배적인 가치는 인간의 존엄성이다. 마찬가지로, 리더가 개발한 비전이 회사 내 모든 이들의 평등을 제시한다면, 이때 표방되는 지배적인 가치는 공정성과 정당성이다. 비전은 가치에 근거한다. 비전은 일련의 어떤 새로운 이상들을 향한 긍정적인 변화와 움직임을 주장한다. 그렇게 함에 있어서 비전은 가치를 다루어야 한다.

다음 사례는 비전 리더십의 중심에 가치가 있음을 보여 준다. 크리스 존스는 중서부의 한 작은 시골 지역의 고등학교 축구 코치로 새로 부임했다. 존스가 코치가

리더십 스냅숏

로잘리 지포니엘로, 임파워더칠드런 공동창립자

1999년 여름, 뉴저지의 교사 로잘리 지포니엘로가 인도로 여행을 가기로 결정했을 때, 그는 한 번의 여행이 인도의 빈민 아동을 교육하는 데 자신의 삶을 헌신하게 만들 것이라고는 상상하지 못했다.

인도에서 지포니엘로는 콜카타에 테레사 수녀가 세운 장애아동 고아원인 다야단에서 여름 동안 자원봉사를 하기로 했다. 그는 특수교육 분야의 경험을 발휘해서 몇몇 아이들이 처음으로 스스로 음식을 먹고 걸을 수 있게 가르쳤다. 그때 그는 인생을 바꾸는 결정을 내렸다. "집으로 돌아갔을 때 나는 조기 퇴직을 하고, 가진 물건들을 처분하고 콜카타로 돌아와서 눌러 살기로 했습니다"라고 지포니엘로는 말한다(O'Neil, 2004).

그는 다야단으로 돌아와서 2년 동안 사랑의 선교회와 함께 일하며 언어교육 프로그램과 아이들에게 스스로 먹고, 옷을 입고, 씻는 방법을 가르치는 프로그램을 실행했다.

그다음 해에, 그는 친구인 재닛 그로샌들러와 함께 다야단을 위한 기금 모금을 위해 뉴저지주 잭슨시에 있는 비영리단체인 '임파워더칠드런(ETC)'을 공동창립했다. 처음에 지포니엘로의 일과 ETC의 기금은 소년 고아원, 불우아동을 위한 학교, 정신장애 청년들을 위한 요양원, 십 대 여자 아이들을 위한 교육센터를 포함한 여러 활동을 위해 보내졌다.

그러나 지포니엘로는 콜카타 고아원의 아이들이 매일 음식과 옷을 제공받는 동안 '거리의' 아이들은 종종 먹지도 못하고 가장 기본적인 생활필수품도 없이 생활하고 있다는 점을 관찰했고, 그는 ETC와 자신의 활동을 도시의 가장 가난하고 힘없는 시민들을 돌보는 일로 넓히기로 결정했다(Empower the Children, 2004).

그는 근처 사무실 빌딩의 계단에서 점심시간 동안에 집 없는 아이들을 교육하던 지역주민인 리나 다스와 함께 일하기 시작했다. 다스는 자기 학생들에게 건강에 좋은 간식을 주고 벵갈어와 영어 알파벳을 가르쳐 주었다(Weir, 2012).

2006년 1월, 임파워더칠드런의 후원 아래, 지포니엘로와 다스는 방 하나짜리 빈민가 건물에서 그들의 첫 학교를 열었다. 그들은 영감(inspiration)을 뜻하는 벵갈어를 따서 이 학교의 이름을 프레이로나라고 지었다. 4년 후 그들은 학교를 2층 건물로 옮기고 십 대 소녀와 동네 여성들을 위한 재봉 수업을 포함한 직업 교육을 추가했다.

프레이로나 1이 문을 연 지 2년 후, 그들은 프레이로나 2라는 두 번째 학교를 열었다. 지붕은 비가 새고 창문도 없는 방 하나짜리 건물이었지만, 그 학교에 다니는 90명의 학생들에게는 학교가 전혀 없는 것보다는 나은 것이었다(Weir, 2012).

3년도 안 돼서 그들은 이번에는 깨끗한 3층 건물을 사들여 세 번째 학교를 열었다. 이 건물에 자리한 프레이로나 3은 2009년 1월에 문을 열었고 60명의 아이들에게 세 가지 교육 프로그램을 제공하는 한편, 더 나이 많은 학생들과 그 어머니들에게 직업교육 프로그램도 제공하고 있다.

지포니엘로는 프레이로나 학교에서 가르치며, 자율권한과 사랑의 교육 방법론을 이 학교들에 심어 주었다. 아직도 교육자들이 매질을 통해 훈육하는 나라에서, 그의 철학은 일부 교사들에게는 도전 과제였다.

"나는 교사들에게 이렇게 말합니다. '여러분이 아이들을 사랑한다면, 그들은 여러분을 위해 노력할 것입니다. 아이들은 여러분을 기쁘게 하고 싶어 하고 여러분이 그들을 자랑스러워하게 만들고 싶어 할 것입니다. 그들에게 올바른 형태의 관심을 주는 것은 우리의 책임입니다'"라고 지포니엘로는 설명한다. "행복한 아이들은 똑똑한 아이들이 됩니다. 그게 바로 우리가 아이들에게 오직 사랑만을 주는 이유입니다"(Weir, 2012).

ETC의 활동은 다양한 나라에서 다양한 삶을 살아온 자원봉사자들을 끌어들였고, 이들은 콜카타의 현장에서 일하는 것에서부터 교육과정을 개발하고 자기의 모국에서 모금을 하는 등 모든 종류의 일을 하고 있다.

지포니엘로는 매년 여섯 달씩 미국에 돌아가서 전국을 돌며 강연을 하고 ETC를 위한 모금활동을 한다. 생긴 지 10년도 더 지난 지금 이 조직은 교사 급여를 위한 기금, 아이들을 위한 옷과 따뜻한 식사, 물품을 기부하고, 미국, 멕시코, 케냐에 있는 기관들을 포함하여 여러 다양한 기관에 문화 공연, 무용, 미술 프로그램들을 후원하고 있다.

되었을 때, 선수 명단을 가까스로 채울 정도로 선수들의 수가 부족했다. 그의 비전은 학생들이 좋아하고 학부모들과 학교 공동체에 자부심을 불러일으켜 주는 강력한 축구 프로그램을 만드는 것이다. 그는 훌륭한 신체조건 유지, 자율훈련, 게임의 모든 면에서의 스킬, 단결심, 축구를 하는 전체 과정에서의 재미에 가치를 두었다. 요컨대 그는 일류의 최상급 축구 프로그램을 원했다.

5년에 걸쳐서, 축구를 하는 선수의 수가 15명에서 95명으로 늘어났다. 학부모들은 존스가 너무나 훌륭한 코치였기 때문에 아이들이 축구를 하러 가기를 원했다. 선수들은 코치가 자신들을 소중한 인격체로 대우해 줬기 때문에 팀을 좋아한다고 말했다. 그는 모두에게 매우 공정했다. 그는 규율에 엄격했지만 재미도 중요하게 여겼다. 축구 연습은 언제나 힘들었지만 재미가 없거나 단조롭지는 않았다. 그의 프로그램 때문에 학부모들은 팀의 회식과 다른 특별 활동들을 지원하기 위한 자금후원 클럽을 만들었다.

존스 코치의 팀이 항상 이긴 것은 아니었지만, 그의 선수들은 축구를 하면서 중요하고 오래 지속되는 교훈들을 배웠다. 존스 코치는 개인의 성장, 능력, 동료애, 공동체 의식을 촉구하는 비전을 가진 효과적인 코치였다. 그는 이러한 강력한 가치를 둘러싸는 프로그램을 개발했으며, 그의 비전이 결실을 맺도록 할 수 있었다.

지도

비전은 구성원들이 제대로 진행하고 있을 때와 길에서 벗어났을 때를 알 수 있도록 방향을 알려주는 지도(map), 즉 따라야 할 계획된 경로를 제공한다. 사람들은 자신이 제대로 경로를 따르고 있다는 것을 알 때 확신과 평정심을 느끼곤 하는데, 비전은 이러한 자신감을 제공한다. 또한 비전은 사람들이 자신의 장·단기적 목표를 향해서 나아갈 길을 제시하는 지도를 가지고 있다는 것을 알게 하여 위안을 준다. 이것을 효과적으로 하는 사람으로는 스티븐 리츠가 있다. 교육자이가 혁신가인 리츠는 "우리는 채소… 그리고 학생을 키웁니다"라는 구호를 가지고 도시 농작물 재배를 주도하는 '그린 브롱크스 머신'을 설립했다. 리츠가 설립한 프로그램은 취약계층 학생들이 학교에 계속 다니고 인생에서 성공하도록 돕고자, 빈곤과 식량 불안정과 같은 장애를 극복할 수 있게 해주는 실용적인 기술을 가르친다. 프로그램에서 운영하는 실내 학습 농장에서 학생들은 식물 재배 램프 시스템을 설치하고, 자전거를 이용한 발전기를 만들고, 모종을 심고, 식물을 가꾸고 수확하는 방법을 배운다. 조리실에서는 요리사들이 아이들에게 자가 재배한 채소를 가지고 음식 만드는 방법을 가르쳐준다.

동시에, 비전은 사람들에게 의미와 목적의식을 부여하여 길잡이가 되는 철학을 제공한다. 사람들은 조직의 가장 중요한 목표, 원칙, 가치를 알고 있을 때, 보다 쉽게 정체성을 확립하고 자신들이 조직 내 어디에 적합한지 알게 된다. 더 나아가, 보다 큰 목적을 보는 것은 사람들로 하여금 조직을 위하여, 그리고 자기의 이익을 넘어선 보다 큰 것을 위해서 그들이 기여하는 것의 가치를 알아볼 수 있도록 해 준다. 비전이 갖는 가치는 사람들에게 자신의 일이 갖는 의미를 보여 준다는 데 있다.

도전

비전의 마지막 특성은 비전이 사람들로 하여금 현재의 상태를 넘어서서 다른 사람에게 유익한 무엇인가를 위해 도전(challenge)하도록 한다는 점이다. 비전은 사람들로 하여금 가치 있는 대의를 위해 스스로 헌신하도록 도전하게 한다. 존 F. 케네디 대통령은 1961년 취임사에서 미국 국민들에게 다음과 같은 말로 도전을 요구했다. "국가가 당신을 위해서 무엇을 할 수 있는가를 묻지 말고, 당신이 국가를 위해서 무엇을 할 수 있는가를 물으라." 이와 같은 도전이 사람들에게 영감을 불러일으킬 수 있었던 이유는 그들에게 자기의 이익을 넘어서 더 큰 국익을 위해서 일할 것을 요청했기 때문이었다. 케네디의 비전은 미국에 커다란 영향을 끼쳤다.

뚜렷한 도전적 요소가 있는 비전을 가진 조직의 예로는 백혈병·임파종 학회의 팀 인 트레이닝 프로그램이 있다. 이 프로그램의 주요 목적은 암 연구, 대중 교육, 환자 지원 프로그램을 위한 기금을 모으는 것이다. 팀 인 트레이닝 프로그램의 일부로서, 마라톤(42.195km) 달리기 혹은 경보 대회에 응모한 참가자들은 팀 인 트레이닝 직원들로부터 개인적으로 특화된 코칭과 신체 단련 훈련을 받는 대가로 암 연구를 위한 자금을 모금하도록 요구받는다. 1980년대 말에 처음 시작한 이래로, 이 프로그램은 암 연구를 위해서 6억 달러 이상을 모금했다. 최근 한 참가자는 팀 인 트레이닝에 대하여 다음과 같이 말한다. "나 스스로를 조금 더 채찍질하는 동시에, 그 과정에서 의미 있는 무엇인가를 이루기 위해 내가 할 수 있는 일을 발견해서 감명을 받았습니다." 다른 사람을 위해서 선행을 하도록 도전을 받았을 때, 사람들은 종종 감명을 받고 그 일에 헌신하게 된다. 개선하고자 하는 것이 자신이 속한 집단이든, 조직이든, 지역 공동체이든 상관없이, 사람들은 다른 사람을 돕도록 도전받기를 좋아한다.

요약하자면, 비전에는 다섯 가지 주요 특성이 있다. 첫째, 비전은 현재의 상태보다 더 나은 미래에 대한 마음속의 **그림** 또는 이미지이다. 둘째, 비전은 **변화**를 나타내고, 일하는 새로운 방식을 가르쳐 준다. 셋째, 비전은 **가치**에 바탕을 둔다. 넷째, 비전은 방향을 알려주고 의미와 목적을 제공하는 **지도**이다. 마지막으로, 비전은 더 나은 것을 위해서 변화하도록 하는 **도전**이다.

비전의 실제

조직을 위한 비전을 가진 리더가 있다는 것은 중요하다. 그러나 그 비전을 현실로 만드는 데에는 커뮤니케이션과 행동이 요구된다. 이 절에서 우리는 리더가 어떻게 다른 사람들에게 비전을 표현할 수 있는지, 그리고 그 비전을 명확하고 이해 가능한 것 그리고 현실로 만들기 위해 리더가 취할 수 있는 구체적인 행동은 무엇이 있는지 탐색해 볼 것이다.

비전 표현하기

리더가 비전을 **가지는** 것도 매우 중요하지만, 그에 못지않게 중요한 것은 리더가 그의 비전을 다른 이들에게 **표현하는** 능력, 즉 설명하고 묘사하는 능력이다. 비전을 표현하는 데 다른 사람들보다 더 능숙한 사람도 있지만, 모든 리더가 자신의 비전을 소통하는 방식을 개선할 수 있는 방법들이 있다.

첫째, 리더는 비전을 전달할 때 그것을 청중에 **맞추어서** 표현해야 한다. 심리학자들에 따르면 대부분의 사람들은 일관성을 추구하며, 변화할 필요에 직면하게 되었을 때는 요구되는 변화가 자신의 현재 상태와 지나치게 차이가 나지 않을 때에만 변화한다(Festinger, 1957). 리더는 사람들이 수용할 수 있는 범위 내에서 비전을 적절히 맞추어서 표현할 필요가 있다(Conger & Kanungo, 1987). 만약 비전이 너무 많은 것을 요구하거나 너무 큰 변화를 주장한다면, 그 비전은 거부당할 것이다. 반대로 비전이 현재의 상태를 반영하여 표현되고, 지나치게 큰 변화를 요구하지 않는다면, 그 비전은 수용될 것이다.

리더는 또한 비전이 추구할 만한 가치가 있는 이상을 어떻게 나타내는지 강조함으로써 비전의 **가치를 돋보이게** 할 필요가 있다. 비전에 담긴 가치를 제시하는 것은 개인과 집단 구성원들이 자신의 일을 보람 있게 느끼도록 도와준다. 또한 비전의 가치는 집단 구성원이 자신보다 더 큰 것과 동일시하도록 하고, 더 큰 공동체와 연결되도록 해 준다(Shamir, House, & Arthur, 1993).

또한 비전을 표현하는 데에는 **적절한 언어를** 선택하는 것이 요구된다. 리더는 사람들에게 동기를 부여해 주고 영감을 불러일으키는 **단어와 상징을** 사용해야 한다(Sashkin, 2004; Zaccaro & Banks, 2001). 비전을 묘사하는 단어는 긍정적이고, 고무시키고, 희망적이며, 비전의 가치를 강조하는 방식으로 비전을 묘사할 필요가 있다. 존 F. 케네디 대통령의 취임연설은 리더가 그의 비전을 표현하기 위해서 어떻게 영감을 불러일으키는 언어를 사용했는지 보여 주는 사례이다.

비전을 표현하고 집단을 결합하려고 노력할 때 리더들은 종종 상징을 이용한다. 이의 좋은 사례가 바로, 1997년 미시간대학교의 미식축구 팀과 코치진이 존 크라카우어의 저서 **희박한 공기 속으로**(*Into Thin Air*)와 '에베레스트 산 정복'을 자신들이 성취하고자 하는 것의 은유로 선택하게 된 사례이다. 존 크라카우어는 비록 다섯 명의 등산가들이 목숨을 잃었지만, 성공적으로 에베레스트 정상에 오른 등산 팀의 도전적인 원정의 체험 수기를 저술했다. 미시간대학교의 한 코치가 말하기를, "미식축구와 등산에는 놀라울 정도로 유사한 점들이 많습니다…. 산 위로 높이 올라갈수록 더 힘들어지지요. 축구경기 시즌 동안 시합을 오래 할수록, 자신이 바라는 대로 시합을 뛰는 것이 더 힘들어집니다." 시즌 내내, 코치들은 큰 업적을 달성하기 위해서는 굉장한 훈련과 인내, 강인함과 팀워크가 요구된다는 사실을 자주 강조하였다. 그들의 임무가 '산을 정복하는 것', 즉 시즌 우승을 획득하는 것이라는 사실을 모두에게 상기시켜 주기 위해서, 탈의실 문 위에는 등반용 훅과 피톤(등산할 때 바위틈 같은 곳에 박아 카라비너를 거는 쇠못, 하켄-역주)을 걸어 놓았다. 이 사례에서 등산의 이미지는 그해 경기 시즌에 코치들이 품었던 비전을 표현하는 훌륭한 방법이었다. 등산의 이미지는 탁월한 선택이었다는 사실이 증명되었다. 팀은 1997년 전미대학경기협회 전국선수권에서 우승을 하였다.

비전은 또한 사람들을 비전과 연결 짓고, 비전 추구 과정의 일부분이 되도록 해 주는 **포용적인 언어를 사용**하여 다른 사람들에게 설명할 필요가 있다. '우리', '우리의'와 같은 표현은 포용적인 단어로, '그들', '그들을'과 같은 단어보다 사용하기에 더 낫다. 이러한 언어 사용의 목적은 사람들의 참여를 끌어내고 공동의 목표를 두고 공동체를 구축하는 것이다. 포용적인 언어는 이러한 결과를 도출하는 데 도움을 준다.

일반적으로, 비전을 명백하게 표현하기 위해서는 리더가 **청중에 맞추어** 표현하고, 비전의 **내재적 가치**를 강조하고, 희망을 주는 **단어와 상징**을 선택하고, **포용적인 언어**를 사용하는 것이 요구된다. 리더가 이러한 일을 할 수 있다면, 그는 비전이 받아들여지고 목표가 달성될 기회를 높이게 될 것이다.

비전 실행하기

비전을 창조하고 표현하는 데 이어서, 리더는 비전을 **실행**할 필요가 있다. 아마도 리더의 능력이 진정으로 시험을 받는 것은 비전의 실행 단계에서일 것이다. 비전의 실행은 장기간에 걸쳐서 리더가 상당한 노력을 기울이는 것이 요구된다. 리더가 '말을 그럴듯하게 하기'는 할 수 있지만, 비전을 실행하는 리더는 '행동으로 실천'한다. 가장 중요한 점은, 비전을 실행하는 데 있어서 리더는 다른 사람들에게 비전이 내세우는 태도, 가치, 행동의 모범이 되어야 한다는 것이다. 리더는 비전에서 표명되는 이상들의 살아있는 표본이다. 예를 들어, 만약 비전이 매우 인간적인 조직을 촉진하려 한다면, 리더는 모든 행동에서 공감과 배려와 같은 특성을 발휘할 필요가 있다. 마찬가지로, 만약 비전이 공동체적 가치를 촉진하려 한다면, 리더는 다른 사람에 대한 관심과 더 넓은 공동체의 공동선에 대한 관심을 보여 줄 필요가 있다. 리더가 **비전을 실행하는 행동**을 보여 줄 때, 사람들과 신뢰를 구축할 수 있다. 이러한 신뢰는 사람들로 하여금 같은 종류의 가치들을 표현하도록 고취시킨다.

또한 비전을 실행하는 것은 리더로 하여금 다른 사람들을 위해 높은 수준의 성과 목표를 세우도록 한다. 도전적인 목표를 세우는 것은 사람들이 임무를 완수하도록 동기를 부여해 준다. 높은 기대와 가치 있는 목표를 세우는 한 사례를 '희망의 마라톤' 이야기에서 볼 수 있다(글상자 7.1 참조). 암을 이겨내고 다리를 절단

희망의 마라톤

© shutterstock

테리 폭스는 캐나다 매니토바주 위니펙에서 태어나, 브리티시컬럼비아주 밴쿠버 인근에 있는 캐나다 서해안의 작은 동네인 포트 코퀴틀램에서 자랐다. 다양한 스포츠에 참여했던 활동적인 청소년 폭스가 골원성육종(골암의 일종) 진단을 받았을 때 그는 불과 18세였다. 암의 전이를 막기 위해서, 의사들은 1977년에 그의 오른쪽 다리를 무릎 위 15

센티미터 위치에서 절단했다.

병원에 있는 동안, 폭스는 다른 암 환자들의 고통을 보고 너무나 마음 아파했다. 이 중 많은 환자는 어린아이들이었다. 그는 암 연구 기금을 모으기 위해서 캐나다를 횡단해서 달리기로 결심했다. 그는 이 횡단을 '희망의 마라톤'이라고 불렀다.

18개월 뒤, 5,000킬로미터를 넘게 달리면서 준비를 한 폭스는, 1980년 4월 12일 뉴펀들랜드주 세인트존스 시에서 별다른 주목을 받지 못한 채 달리기를 시작했다. 처음에는 관심을 모으는 것이 어려웠지만 곧 열기가 늘었고, 그의 달리기 경로를 따라서 기금이 모이기 시작했다. 그는 매일 42킬로미터를 달리며 캐나다의 대서양 연안 지역과 퀘벡주, 그리고 온타리오주의 일부를 통과했다. 캐나다 국민들이 절대로 잊지 못할 여정이었다.

1980년 9월 1일, 143일에 걸쳐 5,373킬로미터를 달려온 폭스는 온타리오주 선더베이 시 근처에서 달리기를 멈출 수밖에 없었다. 암이 폐로 전이되어 나타났기 때문이다. 폭스가 22세의 나이로 숨진 1981년 6월 28일, 온 나라가 슬픔에 빠졌다.

캐나다의 영웅은 떠나갔지만, 그가 남긴 유산은 막 시작했을 뿐이었다. 해마다 캐나다 전국 9,000개 소 이상의 지역에서 개최되는 '테리 폭스 경주'를 통해서, 지금까지 전세계적으로 8억 달러가 넘는 금액이 암 연구를 위해서 그의 이름 아래 모금되었다(Terry Fox Foundation, 2019).

한 테리 폭스는 암 연구에 대한 관심을 높이고 기금을 모으기 위해서 캐나다 횡단 달리기를 시도했다. 폭스는 비전을 가지고 있었고 자신과 다른 사람들을 위해 매우 도전적인 목표를 세웠다. 그에게는 용기와 결단이 있었다. 불행히도 그는 횡단을 완성하기 전에 숨졌지만, 그의 비전은 아직도 살아 있다. 현재 테리 폭스 재단은 계속 번창하고 있다.

비전을 실행하는 과정은 빠르게 일어나는 것이 아니며 지속적인 노력을 필요로 한다. 비전의 실행은 단계적인 과정이며, 한꺼번에 일어나는 것이 아니다. 이 때문에, 리더는 항상 목표를 계속 주시해야만 한다. 그럼으로써 리더는 사람들이 보다 큰 목표에 도달하기 위해서 매일 노력하도록 격려하고 지지해 주는 것이다. 리더 혼자서는 비전을 실행할 수 없다. 리더는 다른 사람들과 함께 일하고 실행 과정에서 그들에게 권한을 부여해 주어야 한다. 목표를 성취하기 위해서 리더는 다른 이들과 노력을 함께 하고 협력하는 것이 매우 중요하다.

정리

유능한 리더라면 사람들로 하여금 더욱 탁월한 수준을 향한 노력에 도전하도록 만드는 강력한 비전을 가지고 있을 것이다. 비전은 이상적인 미래 상태의 정신적 모델이다. 비전은 현재보다 더 나은 미래의 그림을 제공하며, 가치에 기반을 두고, 일련의 새로운 이상을 향한 변화를 주장한다. 비전은 사람들에게 방향을 알려주는 지도로서 기능을 한다. 비전은 또한 사람들로 하여금 더 큰 공동의 선을 위해 헌신하는 데 도전하도록 만든다.

첫째로, 효과적인 리더는 다른 사람들에게 비전을 명확하게 표현한다. 이는 리더가 청중의 태도와 가치에 맞추어 비전을 표현할 것을 요구한다. 둘째로, 리더는 비전이 추구할 만한 가치가 있는 이상을 어떻게 나타내고 있는지 강조함으로써 비전의 내재적 가치를 강조한다. 셋째로, 유능한 리더는 비전을 표현하는 데 있어서 동기를 부여하고 고무시키는 언어를 사용한다. 마지막으로, 리더는 포용적인 언어를 사용하여 사람들의 참여를 이끌어내고 공동체를 형성한다.

리더에게 도전적인 과제는 비전을 실행하는 어려운 과정들을 수행하는 것이다. 비전을 실행하기 위해서 리더는 비전에서 표현되는 이상과 가치의 살아 있는 모범이 되어야 한다. 아울러, 그는 사람들에게 높은 수준의 수행을 기대하고, 그들이 목표를 달성할 수 있도록 격려하고 권한을 부여해 주어야만 한다.

주요 용어

그림(picture)

비전(vision)

도전(challenge)

지도(map)

변화(change)

컬럼비아대학교의 명망 있는 언론대학원 학우들은 닉 기번스를 "핏줄에 잉크가 흐르는 골수 신문기자"로 묘사했다. 취재기자로 10년을 일한 후, 닉은 인구 약 10만 명 정도인 중간 규모의 미국 중서부 도시에 있는 한 신문사에서 사회부장을 맡아 많은 수의 지역소식 담당 기자와 작가를 감독하게 되었다.

그 신문사를 소유하고 있는 대형 미디어그룹의 회장이 미팅을 위해 그를 본사로 와달라고 요청했을 때, 그는 들떴다. 미팅 내용을 듣기 전까지는 그랬다는 말이다. 회사는 일간 신문의 인쇄를 중단하고, 그 대신 디지털본을 발행하려고 했다. 닉의 신문은 일주일에 단지 세 번 인쇄될 것이다. 나머지 요일에는 뉴스가 전자신문으로 배달될 것이다. 그 결과, 신문사 인력의 75퍼센트가 일자리를 잃게 되었다. 회장은 닉이 충격받고 실망하는 모습을 보고 말했다. "닉, 우리는 당신이 그 신문사에서 이 일을 실행할 수 있는 유일한 편집장이라고 생각합니다."

차를 몰아 집으로 돌아오는 세 시간 동안, 닉은 신문사에서 변화는 피할 수 없는 것이라는 사실을 깨달았다. 독자들이 인터넷에서 뉴스를 찾기 시작함에 따라 신문사들은 지난 10년 동안 구독자와 수익을 잃어 가고 있었다. 신문의 디지털 버전은 생산 및 배달 비용이 더 적었다. 디지털로 간다는 아이디어가 마음에 들지는 않았지만, 닉은 그 형식이 무엇이 되었든지 자신은 뉴스를 전달하고 지역사회에 정보를 제공하는 일의 중요성을 강하게 믿고 있다는 것을 마음속으로는 알고 있었다.

신문을 디지털 형식으로 바꾸는 데 성공하기 위해 닉은 그의 직원들뿐 아니라 일반 대중들도 뉴스에 관한 뿌리박힌 문화와 믿음 체계를 변화시켜야만 했다. 이를 위해, 그는 밑바닥부터 시작해서 완전히 새로운 뭔가를 만들어 내야 했다. 이것은 과거를 슬퍼하는 대신 미래에 대한 활력으로 가득 찬 사람들을 외부에서 영입할 것을 요구했다.

그의 계획은 세 단계로 된 접근법이었다. 첫째로, 그는 신문사 전 직원에게 3개월 후에는 모두가 현재의 일자리를 잃게 될 것이며 신문사 내의 새 일자리에 다시 지원해야 할 것이라고 알렸다. 첫 번째 자격 요건은 '지역 언론의 미래를 구축하고 그 움직임에 기여할' 의지가 있을 것이었다. 만약 여러분이 과거를 놓아줄 수 없다면, 여러분은 앞으로 나아갈 수가 없다고 그는 동료들에게 말했다. 결국에는 닉이 신문사 안에서 '가장 뛰어나고 똑똑한' 사람들이라고 믿었던 기존 직원들이 새 일자리의 거의 80퍼센트를 채웠다.

둘째로, 닉은 사무실을 회사가 120년간 자리했던 건물에서 시내 한 건물의 1층에 있는 더 작고 매우 공개적인 공간으로 옮겼다. 사무실은 벽이 모두 창문으로 된 코너에 위치했고, 신문사의 내부 일하는 모습이 지나가는 행인들에게 드러나 보였다. 닉은 신문사의 운영이 매우 가시적이어서 신문사가 그저 '사라진' 것처럼 보이지 않게 했다.

닉의 세 번째 접근법은 그가 '높은 용서 요인'이라고 부른 것이었다. 그들이 만들고 있는 것은 새롭고 시도되지 않은 것이었고, 그는 그 과정에서 실수도 상당히 많이 하게 될 것이라는 것을 알았다. 그는 새로 꾸려진 직원들에게 자신은 완벽함을 기대하는 것이 아니라 단지 헌신과 투지를 기대한다고 강조했다. 예를 들면, 실책 중 하나가 신문에서 지역행사를 총망라한 긴 리스트를 없앤 것이었는데, 이는 지역사회에서 엄청나게 격렬한 항의를 초래했다. 이를 바로잡기 위해, 직원들은 지역사회의 불만을 잠재우기 위한 지역행사 일정표 전용 웹사이트를 만들고 행사 주최자들이 관련 정보를 전자식으로 제출하도록 하기로 했다. 직원 한 명은 대학생 인턴들이 제출안을 편집하고 웹사이트를 업데이트하는 것을 감독하였다.

신문사가 디지털 형식으로의 전환을 발표했을 때, 그 반응은 거칠었다. 독자들은 구독 취소를 하고, 광고주들은 무더기로 떨어져 나갔다. 변화 후 2년이 지

낳는데, 신문사는 서서히 독자들을 되찾고 있고 웹 사이트 방문 수도 증가하고 있다. 영업 직원들은 B.T.(Behavioral Targeting, 웹사이트 광고 용어로 '고객행동기반 타게팅 광고'의 뜻–역주)와 소셜미디어 를 이용해서 꼭 적합한 이용자에게 도달할 수 있는 디지털 광고를 어떻게 만들어 낼 것인가에 대하여 광고 주들에게 성공적으로 가르치기 시작했다.

질문

1. 이 사례 연구에서 닉 기번스의 비전은 무엇인가? 그것은 신문사 사주가 가진 비전과 어떻게 비슷하거나 다른가? 리더가 상사의 비전을 실행해야 할 때 직면하는 특수한 도전 과제에 대해 토의해 보자.

2. 닉이 신문사의 일하는 모습을 대중에게 공개하고자 한 이유는 무엇이라 생각하는가? 이것은 그의 비전과 어떤 관계가 있는가?

3. 비전은 대체로 사람들의 가치관을 변화시킬 것을 요구한다. 이 사례 연구에서 강조한 가치 변화 요구는 어떤 것들이 있는가?

4. 닉 기번스는 신문사를 위한 그의 비전을 얼마나 잘 표현했는가? 만약 여러분이 닉의 입장이라면, 이 경우 여러분의 비전을 어떻게 표현하겠는가?

5. 여러분은 닉의 리더십 아래 이 신문사가 번창할 것이라고 생각하는가? 그 이유는?

카케냐 은타이야의 미래는 5세 때 정해졌다. 사춘기에 이르렀을 때 결혼할 상대와 약혼한 것이다. 마사이족은 이른 결혼과 가정을 가지는 것만이 여자아이의 장래를 확실히 하는 것이라고 믿었고, 카케냐의 고향 마을에서 부모들은 딸들을 어린 나이에 값진 소와 맞바꾸어 시집을 보냈다. 마사이족 소녀의 삶에서 중요하게 다루어지는 행사인 '의식'을 치르고 나면 소녀들은 결혼을 했다. 아이에서 여성으로의 전환을 표시해주는 이 의식의 내용은 절대로 공개적으로 논의되지 않았다. 서구에서 '여성 생식기 손상(FGM)'으로 알려진 이 의식은 위험하고 매우 고통스러운 절단 시술로, 마취약도 없이 종종 비위생적인 환경에서 실행되었다.

12세가 될 때까지, 카케냐는 다른 마사이족 소녀들과 마찬가지로 아침 일찍 일어나서 농사일을 했고, 어머니와 아내가 되기 위한 끊임없는 훈련을 받았다. 걸을 수 있는 나이가 되어서부터 그는 빗자루로 집을 청소하고, 땔감을 줍고, 강에서 물을 기어 나르고, 가족의 식사를 만들었다.

집안일을 다 하고 난 다음에야 카케냐는 학교에 갈 수 있었다. 그가 학교에 다닌 것은 교육을 받지 못하고 힘겨운 삶을 살아온 어머니의 강력한 권고에 의해서였다. 어머니는 가족이 먹을 농작물을 키우고 가축을 돌보면서 열심히 농사일을 했다. 여성들은 재산을 소유하는 것이 허용되지 않았기 때문에 집안의 모든 재산은 어머니의 남편, 즉 카케냐의 아버지의 소유였다. 아버지는 인근 도시에서 일하는 경찰관으로, 집에는 1년에 한 번만 돌아왔다. 아내가 키운 가축과 농산물을 팔기 위해서였는데, 그는 그렇게 번 돈을 친구들과 술을 마시는 데 썼다.

카케냐는 교사가 되는 것이 꿈이었다. 하지만 그는 '의식'을 치르고 나면 결혼을 할 것이고, 그 꿈은 사라져버릴 것이라는 사실을 알고 있었다. 8학년을 마칠 무렵, 그는 아버지에게 한 가지 제안을 했다. 결혼을 미루고 학교를 계속 다니는 것을 허락해 준다면 의식을 치르겠다, 하지만 만약 허락하지 않는다면 가출을 해버려서 '의식을 치르지 않은 그 여자애의 아버지'라는 평생 가는 수치를 안기겠다는 것이었다(Ntaiya, 2012).

카케냐의 아버지는 그 조건을 받아들였고, 그는 고통스러운 시술을 견뎌냈다. 간호사를 불러온 어머니의 선견지명 덕분에 카케냐는 빠르게 회복했고, 교사가 되겠다는 더욱 더 단호한 결심을 가지고 3주 후 고등학교에 복귀했다. 그는 해외 대학교 몇 군데에 입학 지원서를 냈고, 미국 버지니아주 린치버그 시에 있는 랜돌프메이컨여자대학으로부터 장학금을 제안받았다. 그러나 대학에 가려면 비행기 표 값을 마련해야 할 뿐만 아니라, 또 하나의 장애물이 있었다. 아버지가 뇌졸중으로 쓰러져서 딸을 대변해서 말하지 못하게 된 것이었다. 그의 고향 마을에서는 아버지 세대의 남성들이 모두 그의 아버지와 다름없이 여겨졌고, 따라서 친아버지의 허락을 받지 못하게 된 카케냐는 그들을 설득해야만 했다. 이것은 쉬운 일이 아니었는데, 마을 어른들의 대체적인 의견은 장학금을 받아서 대학 유학을 가는 기회가 '여자애에게는 헛된 낭비'라는 생각이었기 때문이었다(Gleissner, 2017).

카케냐는 한 가지 꾀를 내었다. 그는 마을 촌장이 좋다고 말한다면 다른 사람들도 그에 따를 것이라는 걸 알고 있었다. '해가 뜨기 전에 찾아오는 사람은 좋은 소식을 가져올 것이고, 그런 사람에게 안 된다는 말을 하면 절대 안 된다'라는 마사이족의 전통 믿음을 활용해서, 그는 매우 이른 아침에 촌장을 찾아가서 유학 허락을 청했다. 그는 유학을 마치면 돌아와서 마을을 돕는 데 대학 교육을 쓰겠다고 약속하면서 자신의 입장을 호소했다. 촌장은 유학을 허락했지만, 또한 마을 남자들 중 15명의 지지를 더 모아 오도록 시켰다. 그래서 그는 매일 아침 한 명씩 방문을 하고, 마침내 마을 전체의 지지를 얻어냈다. 마을 어른들은 돈을 모아서 그에게 필요한 비행기 표를 사주었다. 그는 마을에서 처음으로 대학에 가는 소녀가 되었다(National Geographic, n.d.).

대학교는 그의 세상과 의식을 넓혀 주었다. "내가 13살에 치룬 의식이 여성 생식기 손상이라고 불린다는 사실을 배우게 되었다. 그것이 케냐에서 법적으로 금지되었다는 사실도 배웠다. 교육을 받기 위해서 내 몸의 일부를 거래할 필요가 없었다는 사실을 알게 되었다. 어머니가 재산을 소유할 권리를 갖고 있다는 사실 또한 배웠다. 어머니가 여자라는 이유로 학대받을 필요가 없다는 사실을 깨달았다. 이러한 사실들이 나를 분노하게 만들었다. 나는 무엇인가 하고 싶었다"(Ntaiya, 2012).

카케냐는 외교정치학 학위를 취득했고, 유엔인구기금의 첫 청년 고문이 되어 세계를 여행하면서 소녀 교육 및 청소년을 위한 대변자로 일했다. 유엔에서 한 일로 힘을 얻은 카케냐는 진정한 '아동권 신장'을 위한 정책과 프로그램을 만드는 방법을 찾게 되었고, 피츠버그대학교 대학원에서 교육학을 공부해서 박사학위를 취득했다.

집에 올 때마다 고향 마을에서 FGM과 조혼 풍습이 계속되는 모습이 뇌리에서 떠나지 않았던 그는, 돌아와서 마을을 돕기로 한 약속을 되풀이하면서 마을 사람들에게 가장 필요한 것이 무엇인지 물었다. "마을의 여성들과 대화를 하자 그들은 '여자애들을 위한 학교가 정말로 필요하다'라고 말했다…. 그들이 여자아이들을 위한 학교를 원했던 이유는, 아이가 등교하는 길에서 강간을 당하면 아이 엄마의 잘못으로 돌리기 때문이다. 아이가 결혼하기 전에 임신을 하면 그 어머니의 탓이 되어 어머니가 두들겨 맞는 처벌을 당했다. 마을 어머니들은 '우리 딸아이들을 안전한 장소에 있게 하고 싶다'고 말했다"(Ntaiya, 2012).

어느 정도 구슬림이 필요했지만, 마을 어른들은 소녀들을 위한 학교를 지을 땅을 기증하기로 했고, 카케냐는 재빨리 학교를 세웠다. 그는 두 가지 입학 조건을 정했다. 첫 번째는 아이에게 FGM을 치르게 하지 않겠다는 부모의 동의였다. 많은 부모가 이 요구 조건에 반대했다. 이에 대응해서 학교는 FGM이 여자아이의 삶

에 어떤 영향을 미치는가에 대해서 부모들을 교육함으로써 그들의 지지를 얻고자 노력했다. 두 번째 조건은 적어도 고등학교를 졸업할 때까지 아이들을 결혼시키지 않는다는 조건이었다.

카케냐는 학생이 10명은 입학하기를 기대했다. 학교를 열자 100명의 학생들이 도착했다. 이들을 모두 수용할 수 없었던 학교는 30명의 소녀들을 받아들였다. 이 중에는 학대받거나 고아가 된 아이들도 있었고, 딸을 학교에 보낸 적이 없는 보수적인 가족의 아이들도 있었다. 이 학생들은 배우고자 하는 결의가 있었지만 기운이 없었다. 그들은 배가 고팠고, 집안일을 하고 학교까지 먼 길을 걸어서 오느라고 지쳐 있었다. 카케냐는 학생들이 먹을 음식을 마련했지만, 정말로 필요한 것은 기숙 시설이라는 것을 알고 있었다. 학생들은 여전히 등하교 중에 폭행, 강간 및 납치의 위험에 노출되어 있었다. 학교가 진정으로 성공하려면, 소녀들이 안전하다고 느끼고, 쉴 수 있고, 영양이 풍부한 식사를 할 수 있는 환경이 필요했다.

"나는 다시금 깨닫게 되었다. 내가 대학에 가기 위해서 도움이 필요했던 것처럼, 내가 품은 꿈을 실현시키는 것은 나 혼자서는 할 수 없다는 사실을. 그래서 나는 10년도 더 전에 나를 도와주었던 마을 어른들을 다시 찾아갔다. 내가 성공하려면 또 다시 그들의 지원이 필요했기 때문이었다. 나는 종교 지도자, 학부모, 그리고 다른 학교의 교사 몇 명과 함께 지역 위원회를 결성했다. 나에게 필요한 것은 나의 목표를 이루도록 도와줄 원군을 정부와 지역 사회에서 찾는 것이었다. 특히 학교의 반 FGM 정책을 실시하도록 도와줄 촌장의 지지가 필요했다. 그는 처음에는 그 정책에 반대했지만 나는 끈질기게 그를 설득했고, 이제 그는 우리의 가장 든든한 아군이 되었다"(Ntaiya, 2018).

놀랄 것 없이, 카케냐는 여전히 학교에 대한 반대에 부딪혔다. 반대하는 사람들은 전통을 고수하는 사람들뿐만이 아니었다. 일부 서구 교육자들은 학생들에게 직설적인 성교육을 하는 그의 접근법에 반대했다.

반대에 대처하기 위해서, 그는 긍정적인 측면들에 집중했다. 그를 뒷받침해준 것은 많은 보수적인 아버

지들이 딸들을 학교에 보내고 나서 생각을 바꾸게 되었다는 사실이었다. 그 사례로 카케냐는 리넷과 그 아버지의 이야기를 든다. "몸포시는 여자아이들을 위한 교육을 믿지 않았다. 사실, 몸포시 자신도 학교에 다닌 적이 없었다. 하지만 리넷의 어머니는 리넷의 능력을 믿었고, 딸을 입학시키려고 우리 학교로 데려왔다. 나는 리넷이 우리 학교에 딱 맞는 학생이라는 사실을 알아차렸다. 몸포시도 딸의 능력을 믿도록 만들어 줄 방법만 찾으면 되었다. 그래서 나는 리넷의 성적에 대해서 알려주겠다는 핑계로 몸포시를 학교로 불러내었다. 그는 학교로 와주었고, 딸이 얼마나 촉망되는 학생인지 인식하기 시작했다. 학교를 방문할 때마다 그는 딸과 돈독한 관계를 쌓았다. 그는 단지 딸의 성적을 확인하는 것이 아니라, 리넷을 잠재력이 충만한 한 사람으로서 인정하게 되었다. 그래서 리넷이 8학년을 졸업하고 국내 최상위 고등학교 중 한 곳에 합격했을 때, 몸포시는 넘쳐나는 자부심으로 온 마을 사람들에게 딸이 얼마나 똑똑한지 자랑했다. 그 모습이 상상이 되는가? 그는 새 학교에 리넷을 직접 데리고 갔다. 오늘날 리넷은 오스트레일리아에서 대학을 다니고 있고, 몸포시는 지역에서 우리 학교의 가장 열렬한 지지자가 되었다"(Ntaiya, 2018).

2008년, 그는 소녀들을 교육하고 '해로운 인습들'을 폐지하며 '지역 사회를 증진시키는' 미션을 가진 '카케냐의 꿈'을 창설했다. 카케냐의 꿈은 전체론적으로 세 가지 방향의 활동을 하는 조직으로, '탁월성을 위한 센터'들과 '탁월성을 위한 네트워크'를 운영한다. 전자는 기숙학교들이고, 후자는 멘토링, 장학금, 튜터링, 취업 상담, 대입 지원 원조를 제공하는 동문회 프로그램이다.

세 번째 활동 방향은 '건강 및 리더십 훈련'부로, 시골 지역의 소년 소녀들에게 인생 스킬 교육을 제공하는 주말 및 일주일 캠프를 운영한다. 이것은 조직에서 중요한 측면으로, 진정한 변화를 위해서는 소년들 역시 여성에 대한 생각을 달리 하도록 교육할 필요가 있다는 카케냐의 이해에서 비롯되었다. 그는 성평등, 건강 및 인권에 기초한 포용적인 교육과정을 만들기 위해서 '아임 워스 디펜딩(I'm Worth Defending, 성폭행 예방 활동을 하는 케냐의 비영리 조직—역주)'과 파트너십을 결성했다. 2018년을 기준으로 1만 명이 넘는 소년 소녀들이 건강 및 리더십 훈련 캠프에 참여했다(Kakenya's Dream, n.d.).

"우리의 프로그램이 번성한 이유는 그것이 지역 사회의 것이기 때문입니다. 지역 사회가 프로그램을 지지하고, 프로그램의 일부분이기 때문이지요"라고 카케냐는 말한다. "여기에는 마을 촌장님도 포함됩니다. 촌장님은 처음에는 학교를 짓겠다고 나선 여자를 두고 어떻게 할지 몰라 했어요. 마을 남자들 중 일부도 그랬지요. 여자가 학교를 짓는다니, 한 번도 없었던 일이라고 말입니다. 그들이 보기에 이건 한 여자가 벌린 일이었습니다.

그러던 사람들이 이제는 우리가 가지게 된 것을 너무나 자랑스러워합니다. 제가 일찍이 배웠던 것 중에 가장 큰 것은 바로 그들과 같은 문지기들, 문화의 지킴이들이 중요하다는 점이었다고 생각합니다…. 그러니까 내가 모임을 열면 그들이 와서… 대화가 흘러가다 태도가 바뀌어 '이건 우리 아이디어다'라고 말하는 겁니다. 그다음부터는 제 메시지를 그들이 나서서 주장하게 됩니다. 그러면 그건 그들 자신의 메시지가 되는 것이지요. 메시지는 그들의 것이 되고, 그걸 가지고 앞으로 나아가는 것도 바로 그 사람들입니다. 그러면 저는 말이지요, 전 그걸로 만족합니다"(Harvard T.H. Chan School of Public Health, 2018).

질문

1. 이 장에서는 "카리스마적 리더는 그의 비전과 가치를 구성원들의 자아개념과 연결 지음으로써 변화를 불러일으킨다"라고 설명한다. 카케냐 은타이야는 이것을 어떻게 해냈는가?

2. 여러분은 카케냐의 비전을 어떤 식으로 설명하겠는가?

    a. 이 장에 따르면, 비전에는 다섯 가지 특성이 있다. 바로 그림, 변화, 가치, 지도, 도전이다. 카케냐의 비전에서는 위 특성들이 각각 어떤 방식으로 표현되는가?

    b. 카케냐의 인생 동안, 어릴 때 자신을 위해서 그린 비전에서부터 오늘날 세계적으로 표현하는 비전에 이르기까지, 그의 비전이 거쳐 온 진화에 대해서 논의해 보자. 이 비전의 구체적인 특성들과, 수년간 그 특성들이 어떤 방식으로 진화하고 향상되었는지에 대해서 논의해 보자.

3. 문화적 난관을 두고 볼 때, 비전을 표현하는 것은 카케냐의 성공에 있어서 대단히 중요한 요소였다. 이 장에서 설명하는 비전 표현의 네 가지 요소를 사용하여, 카케냐가 어떤 어려움에 직면했고, 그가 어떻게 비전 표현을 통해서 어려움을 극복했는가?

4. *신뢰성 구축하기, 비전을 완수하도록 사람들에게 동기 부여해주는 높은 수준의 성과 목표 세우기, 그리고 사람들에게 권한을 부여해 주기*는 카케냐의 비전에서 어떤 역할을 하였는가?

7.3 리더십 비전 진단지

목적

1. 집단이나 조직을 위해 비전을 창조하는 자신의 능력을 평가한다.
2. 비전이 어떻게 형성되는지 이해하는 데 도움을 준다.

작성법

1. 자신이 속해 있는 직장이나 학교, 사회단체나 종교 단체, 또는 음악이나 스포츠 조직에 대해서 잠시 생각해 본다. 만약 자신이 리더이고, 그 집단이나 조직을 위해서 비전을 만들어야 한다면, 무엇을 하겠는지 생각해 본다. 이 비전을 염두에 두고 다음 설문을 완성한다.
2. 아래의 척도를 이용해서, 각 항목에 대하여 자신이 동의하거나 반대하는 정도를 나타내는 숫자에 동그라미를 친다.

문항 및 내용	전혀 아니다	별로 아니다	가끔 그렇다	어느 정도 그렇다	매우 그렇다
1. 나는 어떻게 우리 그룹을 더 좋게 만들 수 있는지 마음속에 그림을 가지고 있다.	1	2	3	4	5
2. 나는 우리 그룹을 개선시킬 수 있는 여러 가지 변화를 상상할 수 있다.	1	2	3	4	5
3. 나는 우리 조직을 더 튼튼하게 만들어 줄 비전을 가지고 있다.	1	2	3	4	5
4. 나는 더 나은 상태를 만들기 위해서 현재의 상태를 어떻게 바꿀 수 있는지 알고 있다.	1	2	3	4	5
5. 나에게는 우리 조직을 개선하기 위해서 어떠한 단계를 거쳐야 하는지 명확하게 보인다.	1	2	3	4	5
6. 나는 더 수준 높은 탁월함을 달성하기 위해 우리 조직에서 어떠한 일이 이루어져야 하는지 분명한 그림을 가지고 있다.	1	2	3	4	5
7. 나는 이 조직이 미래에 어떤 모습을 하고 있어야 하는지 분명한 그림을 가지고 있다.	1	2	3	4	5
8. 나는 어떠한 핵심가치를 강조하면 우리 조직이 개선될지를 명확하게 알고 있다.	1	2	3	4	5
9. 나는 우리 그룹에서 강조되어야 할 도전적인 목표들을 인식할 수 있다.	1	2	3	4	5
10. 나는 우리 그룹이 수행을 더 잘할 수 있도록 고무시켜 줄 수 있는 여러 가지 것들을 상상할 수 있다.	1	2	3	4	5

점수 집계

동그라미 친 항목들의 점수를 합산한다(비전 능력 스킬).

총점

비전 능력 스킬 : _____

점수 해석

리더십 비전 진단지는 리더로서 비전을 창출하는 능력을 측정하도록 설계되었다.

점수가 41~50점이라면, 매우 높은 범위에 속한다.
점수가 31~40점이라면, 높은 범위에 속한다.
점수가 21~30점이라면, 중간 범위에 속한다.
점수가 10~20점이라면, 낮은 범위에 속한다.

7.4 관찰 연습

리더십 비전

목적

1. 현재 활동 중인 집단이나 조직의 리더가 비전을 구성하는 방법을 이해한다.
2. 리더가 자신의 비전을 표현하고 실행하기 위해서 사용하는 전략들을 파악한다.

작성법

1. 이 과제를 위해서, 인터뷰를 진행할 리더십의 위치에 있는 두 인물을 선택한다. 이들은 직장, 학교, 혹은 사회에서 공식적이거나 비공식적인 직위를 가진 리더들일 수 있다. 유일한 선택의 기준은 이 리더가 목표를 향하여 나아가도록 사람들에게 영향을 미치는지 여부이다.
2. 각 리더와 전화를 통하거나 직접 만나서 30분간 인터뷰를 진행한다. 리더에게 조직을 위해서 그가 가지고 있는 비전을 묘사해달라고 요청한다. 또한, "여러분은 자신의 비전을 어떻게 표현하고 실행하는가?"라는 질문을 한다.

리더 #1 (이름) :

비전 내용   비전 표현   비전 실행

리더 #2 (이름) :

비전 내용   비전 표현   비전 실행

질문

1. 두 리더 사이에서 관찰되는 차이점과 유사점은 무엇인가?

2. 리더들은 구체적인 가치를 표방하였는가? 만약 그렇다면 어떤 가치였는가?

3. 리더들은 비전을 촉진하기 위해서 어떤 독특한 상징을 사용하였는가? 만약 그렇다면 어떤 상징이었는가?

4. 리더들은 어떠한 행동으로 자신의 비전을 다른 사람들에게 모범으로 보여 주었는가?

7.5 성찰 및 실행 과제 워크시트

리더십 비전

성찰

1. 스티븐 코비(1991)는 효과적인 리더는 "끝을 생각하며 시작한다"(p. 42)고 주장했다. 이러한 리더는 자신의 목표와 인생에서의 사명을 깊이 이해한다. 여러분이 갖고 있는 가치와 삶의 목표를 어떻게 묘사하겠는가? 여러분 리더십은 이러한 가치에 의해서 어떠한 영향을 받는가?

2. 비전을 창조하는 것은 보통 사람들로 하여금 다른 가치와 다르게 일하는 방식들을 받아들이도록 설득함으로써 그들이 변화하도록 노력하는 것을 내포한다. 여러분은 이러한 방식으로 사람들에게 영향을 미치는 것이 편안한가? 이에 대하여 논의해 보자.

3. 이 장에서 논의했듯이, 효과적인 비전은 강력한 상징을 통해서 표현될 수 있다. 자신이 이러한 일을 할 수 있는 사람이라고 생각하는가? 비전을 강화시키고 비전이 성공적으로 실현되도록 도와줄 수 있는 언어와 상징을 만들어 내는 능력을 가지고 있는가?

실행 과제

1. 리더십 비전 진단지의 결과 점수로 볼 때, 집단을 위해서 비전을 창출하는 자신의 능력을 어떻게 평가하는가? 다른 사람들과 함께 비전을 창조하고 실행하는 능력을 개선할 수 있는 구체적인 방법들을 찾아보자.

2. 훌륭한 리더는 비전을 행동으로 실천한다. 여러분이 리더로서 실천하는, 또는 실천할 수 있는 이상과 가치는 무엇인지 설명해 보자.

3. 여러분이 현재 속해 있거나 과거에 속했던 집단이나 조직에 대해서 잠시 생각해 본 다음 설명해 본다. 만약 자신이 이 집단이나 조직의 리더였다면 사용했을 비전을 묘사하는 간략한 선언문을 작성해 보자.

Bass, B. M., & Avolio, B. J. (1994). *Improving organizational effectiveness through transformational leadership*. Thousand Oaks, CA: Sage.

Conger, J. A., & Kanungo, R. N. (1987). Toward a behavioral theory of charismatic leadership in organizational settings. *Academy of Management Review, 12*(4), 637–647.

Conger, J. A., & Kanungo, R. N. (1998). *Charismatic leadership in organizations*. Thousand Oaks, CA: Sage.

Covey, S. R. (1991). *Principle-centered leadership*. New York, NY: Simon & Schuster.

Empower the Children. (2004). *How one person made a difference*. Retrieved June 8, 2013, from http://www.etc-empowerchildren.org/Organization.htm#OnePerson

Festinger, L. (1957). *A theory of cognitive dissonance*. Stanford, CA: Stanford University Press.

Festinger, L. (1957). *A theory of cognitive dissonance*. Stanford, CA: Stanford University Press.

Gleissner, M. (2017). *Everyday impact: Kakenya Ntaiya*. Image Impact International. Retrieved July 19, 2019, from https://imageimpact.org/everyday-impact-kakenya-ntaiya/

Green Bronx Machine. (n.d.). *About us*. Retrieved July 19, 2019, from https://greenbronxmachine.org/about-us/

Hall, E. (2015, February 24). Kakenya Ntaiya exchanged female genital mutilation for an education, now runs school for girls in Kenya. *The World Today*. Retrieved July 19, 2019, from https://www.abc.net.au/news/2015-02-25/exchang ingfemale-genital-mutilation-for-an-education/6261740

Harvard T.H. Chan School of Public Health. (2018, March 8). *Voices in leadership: Kakenya Ntaiya, founder and president of the Kakenya Center for Excellence* [Video and transcript]. Retrieved July 19, 2019, from https://www.hsph.harvard.edu/voices/events/kakenya-ntaiya-founder-and-president-of-the-kakenya-center-for-excellence/

House, R. J. (1977). A 1976 theory of charismatic leadership. In J. G. Hunt & L. L. Larson (Eds.), *Leadership: The cutting edge* (pp. 189–207). Carbondale: Southern Illinois University Press.

Kakenya's Dream. (n.d.). Retrieved from https://www.kakenyasdream.org

King, M. L. (1963). "*I have a dream . . .*" [Speech at the March on Washington]. Retrieved July 19, 2019, from https://www.archives.gov/files/press/exhibits/dream-speech.pdf

Kouzes, J. M., & Posner, B. Z. (2003). *The leadership challenge* (3rd ed.). San Francisco: Jossey-Bass.

Nanus, B. (1992). *Visionary leadership: Creating a compelling sense of direction for your organization*. San Francisco: Jossey-Bass.

National Geographic. (n.d.) Kakenya Ntaiya: Advocate for women and girls. Retrieved July 19, 2019, from https://www.nationalgeographic.org/find-explorers/kakenya-ntaiya

Ntaiya, K. (2012, October). Kakenya Ntaiya: A girl who demanded school [Video and transcript]. *TEDxMidAtlantic*. Retrieved July 21, 2019, from https://www.ted.com/talks/kakenya_ntaiya_a_girl_who_demanded_school/transcript

Ntaiya, K. (2018, November). Empower a girl, transform a community [Video and transcript]. *TEDWomen 2018*. Retrieved July 21, 2019, from https://www.ted.com/talks/kakenya_ntaiya_empower_a_girl_transform_a_community/transcript

O'Neil, J. (2004, February 1). Going global: Want to see the world—and help kids read at the same time? These NEA-Retired members are continuing a lifetime of public service — while seeing the world with new eyes. *NEA Today*. Retrieved August 21, 2013, from http://www.accessmylibrary.com/coms2/summary_0286-20297851_ITM

Sashkin, M. (1988). The visionary leader. In J. A. Conger & R. N. Kanungo (Eds.), *Charismatic leadership: The elusive factor in organizational effectiveness* (pp. 122–160). San Francisco, CA: Jossey-Bass.

Sashkin, M. (2004). Transformational leadership approaches: A review and synthesis. In J. Antonaki, A. T. Cianciolo, & R. J. Sternberg (Eds.), *The nature of leadership* (pp. 171–196). Thousand Oaks, CA: Sage.

Senge, P. (1990). *The fifth discipline: The art and practice of the learning organization*. New York, NY: Doubleday/Currency.

Shamir, B., House, R. J., & Arthur, M. B. (1993). The motivational effects of charismatic leadership: A self-concept based theory. *Organization Science*, 4(4), 577–594.

Terry Fox Foundation. (2019). Retrieved from https://www.terryfox.org/

Weir, R. M. (2012, February). Empowering Calcutta's children. *Encore Magazine*, pp. 35–37.

Zaccaro, S. J., & Banks, D. J. (2001). Leadership, vision, and organizational effectiveness. In S. J. Zaccaro & R. J. Klimoski (Eds.), *The nature of organizational leadership: Understanding the performance imperatives confronting today's leaders* (pp. 181–218). San Francisco, CA: Jossey-Bass.

CHAPTER 8

건설적 환경 조성하기

서론

앞에서 이야기한 바와 같이, 리더는 일과 사람을 모두 돌보아야 한다. 또한 리더는 스스로 표현하고 실행할 수 있는 비전을 가지고 있어야 한다. 마찬가지로 중요한 것은, 리더는 반드시 그룹이나 조직의 사람들을 위해 건설적인 **환경**을 조성할 수 있어야 한다는 점이다.

건설적 환경

환경이란 어떤 팀이나 조직의 분위기를 말한다. 이것은 조직 안에서 일이 돌아가는 방식에 대한 사람들의 공통된 인식이라고 정의된다(Reichers & Schneider, 1990). 이것은 그룹의 활동, 절차, 전제에 대해 사람들이 공통적으로 가지는 인식을 포함하며, 이런 인식은 변동될 수 있다. 예를 들면 다음과 같다. "여기는 느긋한 곳이다. 사람들이 급하게 뛰어다니지 않는다. 이 사람들은 내가 프로젝트에 도움이 필요하면 자기 일을 멈추고 내 질문에 답해줄 것이다." 혹은 "여기는 불친절한 곳인 것 같다. 사람들은 서로 눈을 마주치지 않고 웃어보이지도 않는다. 대화를 나누는 모습을 거의 볼 수 없다." 긍정적인 환경은 사람들이 조직에서 자기가 하는 역할에 대해 얼마나 지원받고, 인정받고, 격려받고 있다고 느끼는지에 의해 형성된다. 건설적 환경이란 바로 그런 것이다. 그룹 구성원들의 만족과 그들 개인의 최고 기량 성취를 고무하는 환경을 말한다.

환경은 조직 문화와도 관련이 있다. 조직 문화는 조직 내에서 널리 퍼진 믿음, 가치 및 전통으로 만들어진다(Schein, 2010). 조직 문화는 그룹 또는 조직 안에서 발생하는 수많은 상호작용을 통해서 오랜 기간에 걸쳐 형성되는 것이다. 문화를 강화시키는 것은 조직의 구성원들이다. 구성원들이 오랜 기간 어려운 과제를 처리하고 업무를 서로 조정하면서 함께 일하는 일정한 방식들이 자리잡기 때문이다. 이러한 가치와 전제는 '여기서 일하는 방식'으로서 신입 멤버들에게 전수된다.

리더가 건설적 환경을 조성할 때, 리더는 그룹 구성원들이 각자의 가장 높은 수준의 우수함을 발휘할 수 있도록 돕게 된다(Larson & LaFasto, 1989). 건설적 환경을 조성하려면 리더는 네 가지 요소, 즉 구조 제공하기, 규범을 명확하게 제시하기, 응집성 키우기, 우수성의 기준 촉진하기를 고려해야 한다.

환경의 실제

구조 제공하기

그룹 안에서 일하는 것은 혼돈스럽고 어려울 수 있기 때문에, 리더가 그룹 구성원들을 위한 어떤 구조(structure) 같은 것을 제공해 주는 것이 도움이 될 수 있다. 구조를 제공한다는 것은 그룹 구성원들에게 일을 하기 위한 일종의 건축 도면을 주는 것과 비슷하다고 할 수 있다. 도면은 그룹의 활동들이 목적하는 것에 형태와 의미를 부여해 준다. 조직 내에 구조를 심는 것은 사람들에게 안심, 방향성, 안정의 느낌을 제공해 준다. 자신들이 어디에 속하고, 이루어야 할 목표가 무엇인지 이해하는 데 도움이 된다. 가령, 에베레스트 산을 오르는데 팀원들이 각자 맡은 역할도 모르고 분명한 등반 계획도 따르지 않는다면 무서운 여정이 될 것이다. 구조가 없는 그룹에서 일하는 것은 관계된 모든 사람들에게 어려운 일이다.

리더는 어떻게 그룹에게 구조를 만들어 줄 수 있을까? 첫째, 리더는 그룹에게 그룹의 목표를 알게 해 주어야 한다. 리더가 과제와 책임에 대해 분명한 그림을 제시해 줄 때, 그룹 구성원들은 더 나은 방향감을 얻게 된다. 예를 들어, 군대에서 병사들은 어떤 특정한 미션(mission)을 수행하라는 명령을 받는다. 그 미션은 그들이 해내야 할 임무를 설명하고, 그들이 하는 모든 다른 활동에 구조를 제공해 준다. 또 다른 예로, 리더가 의제를 제공하는 그룹 미팅이 있다.

대부분의 대학교 강의 첫날에 교수들은 강의계획서를 나누어 주고 그것에 대해 설명한다. 학생들에게는 강의계획서 검토가 중요한 일인데, 강의계획서가 그 수업의 구조에 대한 정보를 제공해 주기 때문이다. 강의계획서는 교수, 강의 목적, 과제물, 시험, 출석 요건, 시험 일정에 대한 세부 사항들을 제공해 준다. 어떤 교수들은 주별 강의 주제 일정까지 포함시켜서 학생들이 더 효과적으로 강의에 준비할 수 있도록 돕기도 한다. 강의계획서는 앞으로 성취할 것에 대한 구조를 제공함으로써 강의의 분위기를 조성한다. 학생들은 보통 수업이 앞으로 어떻게 진행될지, 그리고 그들에게 요구되는 것은 무엇인지에 대해 확신하는 마음으로 첫 강의를 마치게 된다.

리더는 또한 구성원 개개인이 특별히 그룹에 기여할 수 있는 방식들을 확인해 줌으로써 구조를 제공할 수 있다. 리더는 구성원들이 그룹 안에서 하는 역할과 어떻게 하면 생산적인 그룹의 일원이 될 수 있는지 이해하도록 도와준다. 효과적인 그룹들은 개인 각자의 재능을 이용하고, 그 결과 매우 많은 것을 이루어낸다. 이것을 시너지(synergy)라고 하는데, 바로 그룹으로서의 결과물이 개인의 기여 총합보다 더 클 때를 가리킨다. 리더의 과제는 구성원 각자가 어떻게 그룹의 미션에 기여할 수 있는지를 알아내고, 그룹이 이러한 기여들을 인정하도록 격려하는 것이다. 예를 들어, 어떤 사람들은 아이디어를 생각해 내는 데 뛰어나고, 또 다른 사람들은 의견 일치를 끌어내는 데 재주가 있다. 덧붙여서, 어떤 사람들은 의제를 구성하는 일을 잘하고, 다른 사람들은 미팅에 적절한 준비물들을 확보하는 일에 능숙하다. 개인들은 각각 다른 재능을 지니고 있고 각자 독특한 기여를 한다. 유능한 리더는 전체 그룹의 이익을 위해 이러한 재능들을 발견하는 방법을 알고 있다. 제6장에서 어떻게 리더가 구성원들이 강점을 이용하도록 도울 수 있는지를 설명한 바 있다.

규범을 명확하게 제시하기

그룹의 구조를 세우는 일에 더해서, 리더는 그룹의 규범을 명확하게 해 주어야 할 필요가 있다. 규범(norms)이란 그룹 구성원들 사이에서 인정되고 공유되는 행동의 규칙이다. 사회심리학자들은 수년 동안 규범이 그룹의 성과와 효과에 있어 중요한 역할을 한다고 주장해 왔다(Cartwright & Zander, 1968; Harris & Sherblom,

2007; Napier & Gershenfeld, 2004). 규범은 우리가 그룹 내에서 어떻게 행동해야 하는지를 알려주는 로드맵과 같다. 규범은 우리에게 무엇이 적절하고 무엇은 부적절한지를 말해 주고, 무엇이 옳고 그른지 그리고 무엇이 허용되고 안 되는지를 알려준다(Schein, 1969). 규범은 저절로 생겨나는 것이 아니다. 사람들 사이에서, 그리고 구성원들과 리더 사이에서의 상호작용의 결과물이다. 예를 들어, 하루 종일 진행되는 교육 세미나에서 참가자들과 세미나 리더는 모든 사람이 휴대전화를 꺼놓고, 일정이 끝나기 전에 먼저 자리를 뜨지 않을 것을 합의할 수 있을 것이다. 또는 어느 보험회사 직원들은 주중에는 '비즈니스 캐주얼' 방식의 드레스 코드가 적절하며 금요일에는 청바지도 괜찮다고 결정할 수도 있다. 규범은 리더가 구성원을 대하는 방식 그리고 구성원들이 서로를 대하는 방식의 결과로 생겨난다.

규범이 중요한 이유는 그것이 그룹이 어떻게 작동하는지와 그룹의 성공 여부에 매우 강력한 영향을 미치기 때문이다. 예를 들면, 학생들이 중간에 손을 들거나 토의에 의견을 제시하지 않는 규범이 굳어진 교실 환경은 아주 지루할 수 있다. 주간 직원회의에서 사람들이 항상 옆 사람과 속닥거리는 것이 허용된다면 응집성이 결여되고 아마도 매우 비생산적인 환경이 만들어질 것이다. 긍정적 예를 보자면, 어느 소기업 환경에서 서로 다른 사람의 업무를 도와주는 규범이 발달한다면 이는 매우 유용하고 고무적일 수 있을 것이다. 리더는 규범이 항상 존재한다는 것을, 그리고 규범이 미묘하거나 말로는 표현되지 않는 경우라도 그룹의 생산성에 영향을 미친다는 사실을 인지할 필요가 있다.

리더는 그룹 규범의 형성에 상당한 영향을 끼칠 수 있으며, 또한 형성된 규범을 파악하고 건설적인 것으로 만들어줄 수 있다. 리더가 건설적인 규범을 만들어 낼 때, 이것은 전체 그룹에 긍정적인 영향을 줄 수 있다. 다음 사례는 어떻게 리더가 그룹 규범에 긍정적인 영향을 미치는지를 보여 준다. 여름방학을 맞아 집에 돌아간 대학생 맷 스미스는 동생의 야구 팀 코치가 그만두게 되면서 그 자리를 맡아달라는 부탁을 받았다. 팀의 코치가 되기 전에, 맷은 연습을 몇 번 지켜보고서 그 팀에 작용하는 규범을 알아보게 되었다. 여러 가지 다른 것들도 있었지만, 무엇보다 그는 팀 구성원들이 자주 15~30분 정도 연습에 늦게 오고, 야구화나 글러브 없이 오기도 하고, 훈련 중에도 많이 농땡이를 부린다는 점을 보았다. 전반적으로, 아이들은 팀에 대해 별로 관심이 없거나 자신들이 하는 일에 자부심이 없는 것으로 보였다. 맷은 이 팀을 코칭하는 것은 매우 힘든 일이 될 것이라는 것을 알았다.

맷이 코치가 되고 나서 몇 주가 흐른 뒤, 팀의 규범은 차차 변화했다. 맷은 지속적으로 연습 시작 시간을 지킬 것을 강조했고, 연습시간에 '자기 물건'을 챙겨오도록 독려했고, 훈련을 열심히 하는 선수들을 칭찬했다. 여름이 끝날 즈음이 되자, 그들은 다른 팀이 되어 있었다. 선수들은 연습 시간을 즐기게 되었고, 열심히 노력했고, 경기 결과도 좋았다. 가장 중요한 것은, 그들이 자기 팀이 '최고'라고 생각하게 된 것이었다.

이 사례에서, 예전 코치의 지도 아래 작용하던 규범은 팀과 팀의 목표에 방해가 되었다. 맷의 리더십 아래에서, 선수들은 새로운 규범을 세워 그 결과 더 나은 성과를 낼 수 있게 되었다.

규범은 그룹의 기능에서 중요한 요소이다. 규범은 그룹의 초기에 형성되고, 변화하기 어려울 때도 있다. 리더는 규범 형성에 많은 주의를 기울여야 하며 그룹의 효과성을 극대화시킬 수 있는 규범을 만들도록 노력해야 한다.

응집성 키우기

리더가 건설적인 환경을 조성하는 세 번째 방법은 응집성을 키우는 것이다. 응집성은 종종 정의하기 어렵지만 고성과 그룹의 필수적인 구성요소로 생각된다 응집성(cohesiveness)은 '우리'라는 느낌을 가지는 것이라고 설명할 수 있다. 즉 어떤 무리를 하나로 뭉쳐 주는 접착제 같은 것, 또는 그룹 안에 존재하는 단결심을 말한다. 응집성은 그룹 구성원들이 개인 관점을 표현하고, 피드백을 주거나 받고, 자신과 다른 의견도 수용하고, 의미 있는 일을 편히 할 수 있도록 만들어 준다(Corey & Corey, 2006). 응집성이 있는 그룹 안에서는, 구성원들이 서로 각자에 대해, 그리고 전체 그룹에 대해서 특별한 연결을 느낀다. 구성원들은 그룹에 감사하고, 반대로 그룹 또한 구성원들을 감사히 여긴다. 구성원들은 그룹 및 그룹의 목표와 동질감을 느끼고 그룹의 일원으로 인정받는다는 만족감을 느낀다.

응집성은 그룹에게 있어서 여러 가지 긍정적인 결과와 연관된다(그림 8.1 참조)(Cartwrite, 1968; Shaw, 1976). 첫째, 높은 응집성은 **참여도 증가** 및 구성원들 사이의 **상호작용 향상**과 자주 연관된다. 사람들은 응집성 있는 그룹 안에서는 더 적극적으로 이야기하고 더 세심하게 경청하는 경향이 있다. 또한 그들은 자신의 의견

그림 8.1 　응집성 있는 그룹의 긍정적 결과

- 구성원들의 참여도가 높아진다.
- 구성원들 사이의 상호작용이 좋아진다.
- 그룹 구성원이 보다 일관되게 유지된다.
- 그룹 모임에 더 잘 참석한다.
- 구성원들이 서로에 대해 긍정적인 감정을 키운다.
- 구성원들이 서로에게 영향을 준다.
- 구성원들이 그룹 규범을 더 잘 따른다.
- 그룹 내 행동이 더 목표 지향적이다.
- 구성원 만족도가 높아진다.
- 구성원들의 생산성이 높아진다.

출처 : Cartwright, 1968; Shaw, 1976.

을 더 많이 표현하고 다른 사람들의 의견도 더 잘 받아들이는 경향이 있다.

둘째, 응집성이 높은 그룹 안에서는 구성원이 보다 일관되게 유지되는 경향이 있다. 구성원들은 서로에 대해 긍정적인 감정을 키우고 그룹 모임에 더 기꺼이 참여하게 된다. 예를 들면, 응집성 있는 '알코올 중독자 갱생회'에서 구성원들은 서로를 향한 강력한 지지를 표현하며, 모임 출석률도 매우 한결같다.

셋째, 응집성이 높은 그룹은 구성원들에게 강한 **영향력**을 행사할 수 있다. 구성원들은 **그룹 규범**을 더 잘 따르고 그룹을 위해 보다 목표 지향적인 행동을 취한다. 매우 성공적인 크로스컨트리 경주 팀에서는, 모든 멤버들이 서로를 지원해 주고 각자가 최고 기량을 낼 수 있도록 밀어준다.

넷째, 응집성 있는 그룹에서는 **구성원 만족도**가 높다. 구성원들은 더 안정감을 느끼고 그룹에 참여하는 것에서 즐거움을 찾는 경향이 있다. 학생 때 여러분이 가장 좋아했던 수업을 생각해 보자. 그것은 아마도 매우 응집성 있는 수업이었고 여러분은 학기가 끝나는 것이 싫을 정도로 그 수업을 많이 즐겼을 것이다.

마지막으로, 응집성 있는 그룹의 구성원들은 보통 응집성이 낮은 그룹에 비해 더 **생산적**이다. 응집성이 높은 그룹의 구성원들은 대인관계 문제나 대립 등을 해결하는 데 많은 시간을 허비하지 않으면서 자신의 에너지를 그룹의 목표에 집중시킬 수 있다. 예를 들면, 응집성이 있는 프로젝트 팀에는 무리에 편승해서 빈둥거리는 사람은 없다. 모든 사람이 팀 목표 성취를 위해 함께한다.

대니얼 브라운의 책 배를 탄 청년들(*The Boys in the Boat*)에서 묘사하는 워싱턴대학교 조정팀은 다양한 사람들이 어떻게 하나의 그룹으로 모여 건설적인 환경을 만들어내고, 그 덕분에 성공을 경험했는가를 보여주는 좋은 사례이다. 조정에서는 9명의 선수들이 한 팀으로 노를 저어 배를 움직이는데, 팀원 각자가 동료들과 완벽한 시너지를 내야만 한다. 벌목꾼, 조선소 노동자, 농부 등의 아들들로 이루어진 워싱턴대학교 조정팀은 미국 동부와 영국의 일류 대학 팀들을 이기고, 마침내는 1936년 베를린 올림픽에서 아돌프 히틀러를 대표하는 독일 조정팀을 상대로 우승을 거두었다. 그들의 성공에 중추적이었던 것은 팀원 각자에게 역할이 있고, 서로서로 궤를 같이 하여 그 역할에 적응했다는 점이었다. "팀원 모두가 결합해서 하나의 매끄럽게 움직이는 기계가 되었다. 그들은 실로 움직임의 시, 노젓기의 교향곡이었다"(Brown, 2013, p. 249).

게다가 팀원들은 하나의 공통된 목표를 공유하고 있었고, 우승이라는 통일된 목표를 추구하기 위해서 각자의 이익을 버렸다. 그러나 궁극적으로 그들을 우승팀으로 만들어 준 것은 그들이 서로를 신뢰하고 있었다는 점이었다.

응집성 있는 그룹이 되는 것은 많은 조직들이 추구하는 것이지만, 응집성에 관해서 주의할 것이 있다. 우선, 그룹 구성원들이 서로 극도로 가까워질 때 집단사고(groupthink)라고 불리는 폐쇄적인 사고방식이 형성될 수 있다. 집단사고는 대안적인 아이디어나 관점을 비판적으로 평가하는 것보다 구성원 전원의 의견이 일치하는 것을 더 중요시한다. 그룹 구성원들은 '풍파를 일으키기'가 두려워서 그룹의 결정에 의문을 제기하는 대신에, 결국에는 안 좋은 결과를 낳을 수 있는 아이디어에 찬성할 수도 있다. 그룹 안에서 한두 명 정도는 외부의 조언과 생각을 차단해버리는 그룹의 경향에 주의하는 것이 항상 도움이 된다.

응집성의 긍정적 결과들을 두고 볼 때, 리더는 어떻게 해야 그룹에 응집성이 생기도록 도울 수 있을까? 그룹 응집성은 즉석에서 생겨나는 것이 아니라, 시간을 두고 차츰 형성되는 것이다. 리더는 자신의 리더십에 다음의 행동들을 포함시킴으로써 그룹 내에 응집성을 키우는 데 일조할 수 있다.

• 그룹이 신뢰의 분위기를 만들도록 돕는다.

- 그룹 구성원들이 능동적으로 참여하도록 격려한다.
- 수동적이거나 내성적인 구성원이 참여하도록 격려한다.
- 경청하는 태도를 갖추고 그룹 구성원들을 있는 그대로 받아들인다.
- 그룹 구성원들이 각자의 개인 목표들을 성취할 수 있도록 돕는다.
- 안전한 분위기에서 다양한 관점들을 자유롭게 표현하도록 장려한다.
- 그룹 구성원들이 리더십 책임을 공유할 수 있게 한다.
- 리더와 구성원 사이의 상호작용만이 아니라, 구성원과 구성원 사이의 상호작용을 조성하고 장려한다(Corey & Corey, 2006).

리더가 이 목록에 있는 일 중 몇 가지를 해낼 수 있을 때, 그 그룹은 응집성을 키워낼 가능성이 높아진다.

록 콘서트를 주최해서 스페셜 올림픽을 위한 돈을 모금하는 목표를 가진, 다섯 명의 봉사학습 과정 학생들에 관한 사례를 살펴보자. 이 그룹에 포함된 학생들은 각각 다음과 같았다. 청각 장애가 있으며 대학 생활에서 소외감을 느꼈던 존, 이 과목에서 A를 받으려는 기대가 큰, 활동적인 학생 에밀리, 나이가 많고 자기 의견이 매우 뚜렷한 빌, 록 밴드에 관심이 많은 자유분방한 애비, 그룹 프로젝트에서 다른 학생들과 함께 일해야 하는 것이 못마땅한 우수한 학생 데인이다.

처음 모임들에서, 이 그룹은 매우 일관성 없고 낮은 그룹 응집성을 보였다. 그룹에서 음악적 재능이 있는 두 사람(에밀리와 애비)은 콘서트를 열어서 200달러를 모으기 위해 자신들이 모든 일을 해야 할 것으로 생각했다. 존은 아무 말도 하지 않았고, 빌과 데인은 주변부에 머무르는 태도를 보였다. 초기 모임에서 그룹 구성원들은 의욕도 없고 서로에 대해 부정적인 감정을 가지고 있었다. 하지만 담당 교수의 권장에 따라 에밀리가 존에게 다가가서 그룹 활동에 참여시키도록 노력한 다음부터 서서히 변화가 일어났고 그룹은 긍정적인 방향으로 움직이기 시작했다. 존은 사람들이 손에 드는 특수 마이크에 대고 말해줘야만 그들이 하는 말을 들을 수 있었기 때문에, 에밀리는 존과 의사소통하는 것을 어려워했다. 에밀리는 그룹 밖에서 약 한 시간 정도 존과 시간을 보냈고, 곧 그와 의미 있는 관계를 만들어 낼 수 있었다. 그와 동시에, 처음에 존이 그룹에 기여하지 못할 것이라고 확신했던 빌은 에밀리와 존이 매우 사이좋게 지내는 것을 보고 생각을 바꾸기 시작했다. 에밀리가 마이크를 통해 존과 이야기했으므로, 빌은 자신 또한 그 방법을 써 봐야겠다고 생각했다.

지역 밴드 세 팀과 인맥이 있던 애비는 콘서트에서 연주할 좋은 밴드를 찾는 일에 힘을 쏟았다. 엔지니어링 전공인 존이 포스터를 만들고 전단지를 돌려 콘서트를 홍보하자는 아이디어를 내자, 그룹 내 에너지에 초점이 생겼다. 존이 제안을 낸 지 2주 안에, 그룹은 커뮤니티 전체에서 대대적인 홍보를 마쳤다. 존, 빌, 데인의 되살아난 에너지는 잘 활용되었고, 그룹은 이전의 기대치보다 훨씬 더 큰 성과를 거두었다.

프로젝트를 마칠 즈음, 그룹은 스페셜 올림픽을 위해 450달러를 모금했고, 서로 친구가 되어 헤어졌다. 존은 이 그룹 프로젝트가 자신의 대학 생활에서 가장 의미 있는 경험 중 하나였다고 말했다. 데인은 콘서트에 온 사람들 중 자신이 아는 사람들이 가장 많았다고 생색을 냈다. 빌은 그룹의 성과가 자기 예상보다 훨씬 나았다는 사실에 열광했다. 애비는 그 밴드를 고용했다는 점과 콘서트가 성공적이었다는 점에 기뻐했고, 에밀리는 자신의 리더십과 그룹의 성공에 대해 자랑스러워했다.

위의 사례에서 봉사학습 그룹은 시작할 때는 응집성이 낮았지만, 프로젝트가 끝날 때에는 높은 응집성을 보여 주었다. 그룹 구성원들이 서로 신뢰를 구축하고, 내성적이고 수동적인 구성원들은 참여하도록 격려를 받았기 때문에 응집성이 만들어진 것이다. 그룹 구성원들은 각자 상대방의 의견을 경청하고 존중하는 법, 그리고 저마다 특별한 사람이라는 점을 받아들이는 법을 배웠다. 이 사례에서 리더들이 배울 점은 그룹이 응집성을 키우도록 도움을 주라는 것이다. 그렇게 할 때, 결과는 기대를 훨씬 더 능가할 수 있다.

우수성의 기준 촉진하기

마지막으로, 리더는 우수성의 기준(standards of excellence)을 촉진함으로써 건설적 환경을 조성한다. 라슨과 라파스토(1989)는 그들의 대표적인 연구에서 매우 성공적인 팀 75개의 특징들을 분석한 바 있다. 이 연구에는 드베이키-쿨리 심장외과 팀, 챌린저 호 사고 조사 팀, 1966년 노트르담 챔피언십 축구 팀, 심지어는 맥도널드 치킨 맥너겟 팀 같은 유명한 팀들이 포함되었다. 연구자들은 분석을 통해 우수성의 기준이 팀의 성공과 연관된 결정적인 요소라는 것을 발견했다.

우수성의 기준이란 무엇인가? 이 기준은 그룹 또는 조직 내에 존재하는, 성과에 대한 명시적·암시적 기대치를 말한다. 우수성의 기준은 구성원들이 효과적으로 기능하는 데 필수적인 여섯 가지 요소를 포함하고 있다.

1. 그룹 구성원들이 알아야 할 것과 습득해야 할 스킬
2. 그들이 보여 주어야 할 결단력과 노력
3. 그룹 구성원들이 서로를 어떻게 대해야 하는지
4. 마감 시한은 얼마나 중요한지
5. 그룹 구성원들이 이루어야 할 목표
6. 이 목표들을 달성하거나 그러지 못했을 때의 결과(Larson & LaFasto, 1989, p. 95)

본질적으로, 우수성의 기준이란 어떤 그룹에서 바람직한 성과의 기준점으로 정립된 것을 말한다. 우수성의 기준의 좋은 사례 한 가지로, 미시간주 칼라마주의 제약 회사인 업존 컴퍼니의 슬로건을 들 수 있다(그림 8.2 참조). 1885년에 설립된 업존은 사람의 엄지손가락 압력으로 부스러질 수 있는 '분절 알약'을 발명하며 제약 산업의 혁신을 가져온 것으로 유명하다. 이 혁신 외에도, 수년간 업존은 다른 수많은 의약품을 발견했고, 세계에서 가장 큰 제약 회사들 중 하나로 성장했다. 수년간 이 회사 전체에서 사용된 내부 슬로건은 "높은 품질을 유지하자"였다.

"높은 품질을 유지하자"는 우수성의 기준이 무엇인지, 그 본질을 포착하고 있

그림 8.2 우수성의 기준 슬로건

출처 : Used as Courtesy of the WMU Archives and Regional History Collections.

다. 이 슬로건은 명확하고, 직접적이고, 강력하다. 이것은 직원들로 하여금 우수성의 기준으로서 품질을 유지해야 할 책임을 심어 준다. 슬로건은 직원들이 이러한 기준을 향해 일관되게 노력할 것을 강력하게 시사하고 있다. 덧붙여서, "높은 품질을 유지하자"는 직원과 회사 모두에게 가치가 있는 긍정적인 기대치를 강조한다. 품질은 회사가 직원들에게 요구하는 성과의 중요한 기준점이 된다.

팀 리더 600명 이상, 그리고 6,000명 이상의 팀 구성원을 대상으로 한 연구에서 라파스토와 라슨(2001)은 리더가 성과에 영향을 주고 우수성의 기준을 촉진할 수 있는 몇 가지 구체적인 방법을 확인했다. 이들의 주장에 의하면, 성과에 영향을 미치려면 리더가 '세 가지 R'을 강조해야 한다. (1) 결과 요구하기(Require results), (2) 결과 검토하기(Review results), (3) 결과 보상하기(Reward results)이다.

> 1. **결과 요구하기.** 리더는 팀 구성원들에게 분명하고 구체적인 기대치를 설명할 필요가 있다. 함께 일하는 데 있어, 리더와 팀 구성원들은 상호 간의 목표를 확립하고 이 목표와 관련된 결과를 성취하는 데 필요한 구체적인 목적들을 확인해야만 한다. 명확한 기대치가 없다면 팀 구성원들은 허둥거리게 되고 자신들에게 요구되는 것이 무엇인지 확실히 모르게 된다. 자신들에게 기대되는 결과가 무엇인지에 대해 확신이 없는 것이다. 결과를 요구하는 것은 성과 관리에 있어서 매우 중대한 첫걸음이다(LaFasto & Larson, 2001).

예를 들어, 어떤 연구 과목을 수강하는 학생들이 네다섯 명의 다른 사람들과 그룹을 짜서 학기 말까지 하나의 '활용 프로젝트'를 수행할 것을 요구받았다. 교수는 학생들이 해야 할 것이 무엇인지 분명히 알고 있었지만, 학생들은 활용 프로젝트가 무엇인지, 또는 이것을 어떻게 진행시켜야 할지에 대해 아무것도 몰랐다. 몇 명의 학생들이 명확한 가이드라인이 없는 것에 좌절감을 표현하고 나서, 교수는 활용 프로젝트란 어떤 연구 결과를 가지고 현실 상황에 적용시켜 보는 것이라고 설명했다. 교수는 학생들이 해야 할 일들이 무엇이고, 프로젝트에 요구되는 깊이는 어느 정도이며, 보고서에 포함시켜야 할 프로젝트의 주요 사항들은 무엇인지 등을 정리한 프로젝트 평가 기준을 만들었다. 이러한 확실한 지시가 있자, 활용 프로젝트에 대한 학생들의 걱정은 줄어들었고, 각자 그룹에서 더 효과적으로 일할 수 있었다.

이 사례에서, 교수는 처음에 분명하지 않은 결과를 요구했다. 그가 기대치를 확실히 전달하고 나자, 학생들은 그 결과를 만들어 낼 수 있었다. 명확한 목적과 지시사항을 전달하는 것은 고품질의 성과를 향한 첫 번째 단계이다.

2. **결과 검토하기.** 결과를 요구하는 것에 더해서, 리더는 또한 결과를 검토해야 한다. 라파스토와 라슨(2001)에 의하면, 리더는 건설적 피드백을 주고 수행상의 문제점들을 해결함으로써 이를 실행하게 된다.

그룹 구성원들이 우수성의 기준을 유지하는 데 도움이 되고자 한다면, 리더는 반드시 건설적인 피드백을 제공해야 한다(표 8.1 참조). 건설적 피드백은 그룹 구성원의 성과에 대한 솔직하고 직접적인 의사소통이다. 이것은 심술궂거나 가부장적인 것이어서도, 지나치게 친절하거나 잘난 체하는 것이어서도 안 된다. 건설적 피드백은 그룹 구성원들이 자신이 해야 할 일을 옳은 방식으로, 적절한 속도로 하고 있는지를 알 수 있게 도와준다. 쉬운 일은 아니지만, 건설적 피드백을 제공하는 것은 모든 사람이 배울 수 있는 스킬이다. 제대로 실행된 생산적 피드백은 그룹 구성원들이 자기 자신을 솔직하게 바라보고, 자신이 계속 유지하거나 향상시켜야 할 것들이 무엇인지 알 수 있게 해 준다(LaFasto & Larson, 2001).

두 명의 레스토랑 매니저(매니저 A와 B)와 그들의 서빙 스태프에 관한 다음의 사례를 보자. 매니저 A는 매우 직설적이고 때로는 심술궂기까지 한 것으로 유명했다. 그는 레스토랑이 잘되길 바랐지만, 그의 성과 리뷰는 항상 엉망이었다. 매니저 A는 무자비하게 솔직했고, 외교적으로 행동하는 법을 몰랐다. 만약 어떤 스태프가 느리거나 비효율적으로 일을 하면, A는 그에게 아주 확실하게 그 사실을 말해 주었다. 사실 스태프 구성원들은 매니저 A가 그들을 공격한다고 종종 여겼다. 매니저 A는 사람들이 일을 잘하길 원했지만, 그는 어떻게 그런 행동을 만들어 내는지를 알지 못했다. 그는 직원들에게 이런 말을 자주 했다. "여기서는 사탕발림한 말은 하지 않아요. 누가 일을 잘 못하면, 나는 그대로 말을 할 겁니다!"

이에 반해, 매니저 B는 서빙 스태프를 대하는 데 있어 매우 조심스러웠다. 매니저 B는 스태프에 대해 신경을 썼고, 이것은 그의 성과 리뷰에서도 드러났다. 만약 서빙 스태프가 무슨 잘못을 하면, 매니저 B는 항상 그에 대해 언급을 했지만, 결코

표 8.1 건설적 피드백 제공을 위한 팁

사람들은 비대립적이고 건설적인 방식으로 전달된 피드백에서 많은 이득을 얻는다. 안타깝게도, 우리들 대부분은 이러한 방식으로 피드백을 전달하는 스킬을 타고나지 못했다. 하지만 건설적 피드백을 제공하는 능력을 키울 수 있게 해 주는 몇 가지 간단한 커뮤니케이션 방법들이 있다.

1. 행동에 대해서 말한다.

개인적 특성에 초점을 맞출 것이 아니라, 사례를 들어 문제가 되는 행동을 설명한다. 예를 들어, "왜 너는 제시간에 도착할 줄을 모르니?"라고 하는 대신, 리더는 "제인, 내가 보니 너는 지난 3일 동안 아침에 지각을 했는데, 그 이유를 설명해 줄 수 있겠니?"라고 말할 수 있다.

2. 자신이 관찰한 바를 구체적으로 설명한다.

관찰이란 일어난 일을 목격한 내용이고, 해석은 일어난 일에 대한 분석이나 의견이다. 상대방에게 여러분이 본 것에 대해 어떻게 생각하는지가 아니라 무엇을 보았는지 이야기함으로써, 보다 더 사실에 입각하면서 덜 비판적인 관찰을 제공할 수 있다. 예를 들면, "댄, 실수가 이렇게 많은 걸 보니 네가 이 보고서를 마감이 닥쳐서 급하게 쓴 거 같아"라고 하는 대신, 리더는 "댄, 네가 제출한 보고서에서 몇 가지 사실관계 오류하고 문법 오류를 발견해서 표시를 해 두었어"라고 말할 수 있다.

3. '나(I)' 언어를 사용한다.

'너(you)'에 관한 문장보다 '나(I)'에 관한 문장을 사용하는 것이 상대방의 방어적 반응을 줄일 수 있다. 예를 들어, "다른 사람들이 일하는 중인데 음악을 듣다니 너는 배려가 없구나"라고 하는 것보다는, "조, 우리 자리들이 좁게 붙어 있어서 네가 컴퓨터로 음악을 틀어 놓으면 나는 집중이 잘 안 돼"라고 말하는 것이 원하는 변화를 이끌어 낼 가능성이 높다.

4. 침착하고 감정적이지 않은 언어로 피드백을 준다.

'…해야 할 필요가 있다'는 식의 말(예 : "너는 이런 점을 개선할 필요가 있어")이나 분노, 불만 또는 실망을 드러내는 톤을 사용하는 것을 피하라. "그 소프트웨어를 제대로 배우기만 한다면 당신 일을 더 잘할 수 있을 텐데요"라고 하는 대신, 리더는 "그 소프트웨어를 사용하는 법을 이해했으니 이제 당신은 훨씬 더 빨리 일할 수 있을 겁니다"라고 말해야 한다.

5. 명확한 의사소통이 이루어졌는지 확인한다.

상대방으로부터 피드백을 구해서 여러분이 전달하고자 한 내용을 그가 이해했는지 확인한다. 예를 들어, "앤, 다 알아들은 거 맞죠?"라고 할 것이 아니라, 리더는 "앤, 물품 주문하는 절차를 알겠어요? 내가 빠트린 게 있는지 확인해 보게 당신이 다시 설명해 볼래요?"라고 말할 수 있다.

심술궂은 방식으로 하지는 않았다. 칭찬이나 비판을 할 때, 피드백은 항상 객관적이었고 결코 극단적이지 않았다. 그의 피드백은 상대방을 공격하는 법이 없었다. 매니저 B는 지속적으로 스태프를 평가했지만, 그것은 항상 그들이 기분 좋게 여기고 더 노력할 수 있게 만드는 방식이었다.

매니저 A와 매니저 B는 각자 스태프에게 피드백을 주는 방식이 매우 달랐다.

리더십 스냅숏

낸시 듀벅, 바이스 미디어 CEO

낸시 듀벅은 보스턴대학교를 졸업한 후 20년간, 보스턴의 WGBH 방송국과 NBC사의 홍보부서를 포함해서 다양한 방송사와 미디어 기업에서 일했다. 이어서 그는 히스토리 채널의 역사 프로그램 편성국장으로 임용되었고, 진급을 거듭해서 결국에는 모회사인 A&E의 정상에 올랐다. 그의 리더십 밑에서 A&E는 '덕 다이너스티', '폰 스타스', '아이스 로드 트러커스'와 같은, 새로운 시청자 층을 겨냥한 프로그램들을 통해서 대단한 성공을 거두었다(Battan, 2019). A&E에서 듀벅은 '정력적인 사업가 여성'으로 알려졌다(Rose, 2012). 그의 밑에서 일하는 사람들에게 그녀는 매력적인 리더로, 이들은 "종종 그의 사업가로서의 본능뿐만 아니라 일을 즐겁게 만드는 그의 능력을 언급하곤 한다"(Rose, 2012). 이러한 경영 스킬과 대인관계 스킬의 조합, 아울러 수년간의 경험이 있었기에, 듀벅은 그다음의 경력 이동을 위한 좋은 입지에 있었다.

듀벅이 2018년에 바이스 미디어의 CEO 자리를 제안받았을 때, 그는 남편과 장시간 동안 철저하게 토론을 했다. 듀벅에게는 다른 선택지들도 있었지만, 젊고 에너지가 넘치는 세계적인 거대 미디어 기업을 이끄는 것은 그에게 너무나 흥미로운 도전이었다. 1994년에 창립된 바이스 미디어는 캐나다의 디지털 미디어 및 방송 회사로서 14개 채널을 가졌고 뉴스, 잡지, 음반, 케이블 TV 프로그램, 광고, 영화를 만들었다. 한 달 동안의 웹트래픽 기록은 이 기업이 6,850만 명의 시청자를 가지고, CNN 디지털, 복스 미디어, 뉴욕 타임스 미디어에 이어서 네 번째로 큰 규모를 가진다는 사실을 보여준다(Jarvey, 2018). 섹스와 마약을 포함해서 '엣지 있는' 콘텐츠로 잘 알려진 바이스 미디어는 청년 지향적이고 '쿨'하다는 평판을 받는다. 듀벅은 2018년 4월에 바이스 미디어의 지휘를 맡았다. CEO로 출근한 첫날, 듀벅은 전 직원들에게 이메일을 보내서 자기소개를 하고, '대담한' 콘텐츠를 만들어낸 바이스 미디어의 실적을 칭찬했다(Battan, 2019).

듀벅은 어려운 상황을 이어받은 참이었다. 첫째로, 창립 25년 만에 바이스 미디어는 몬트리올 주재의 인쇄 잡지사로 시작해서 60억 달러의 자산 가치와 전 세계 39개 지사에 3,000명의 직원으로 구성된 기업으로 급성장했다. 바이스는 폭발적으로 규모를 성장하면서 케이블 TV, 뉴스, 음악, 브랜드 콘텐츠를 담당하는 부서들이 생겼지만, 그다지 구조가 잡혀있지 않았다. 동시에, 바이스는 성희롱을 용인하는 것으로 보이는 '불량한 남성 중심 문화'를 가졌다는 평판이 있었다.

듀벅은 일을 시작하고 처음 몇 달 동안 직원들의 말을 경청하며 보냈다. 그는 직원들로부터 배우고, 내부 구조의 혼란과 수익 감소와 같은 회사의 문제점들에 대처하는 계획이 곧 마련될 것이라고 직원들을 안심시켜 주었다. 2018년 가을, 그는 채용 동결을 단행했다. 직원 이탈을 통해서 전체 직원 수가 자연적으로 줄어들 것을 기대하고 내린 결정이었다. 2019년 2월, 그는 회사 직원의 10%를 해고하고 전 부서에 걸쳐 약 250개 직책을 없앨 것이라고 발표했다. 듀벅은 또한 사업을 재구조화하고 있다. 그는 "바이스의 웹 출판물에 대한 강조를 줄이고, 신세대가 주를 이루는 시청자 층과 반(反)문화 정신을 중심으로 한 필름, 방송 및 브랜드 콘텐츠에 더 많은 노력을 기울이고 있다"(Spangler, 2019).

듀벅에게 재구조화만큼 어려운 또 하나의 과제는 성희롱과 성 불평등이 만연한 조직 문화를 쇄신하는 것이다. 2017년 뉴욕 타임스의 조사에서 당시 바이스의 사장을 포함해서 바이스 직원들이 연루된 성희롱 및 명예 훼손 고발이 관련된 합의 사건이 네 건 발견되었다. "이에 덧붙여, 주로 20대 및 30대 초반의 여성 24명이 회사에서 원치 않는 키스, 신체를 더듬는 행위, 외설적 발언, 성관계 제안 등의 성희롱을 경험하거나 목격했다고 말했다"(Steel, 2017). 뉴욕 타임스는 고발

대상이 된 사람들이 직장 내 성희롱이 불법화되기 전에 성인이 된 나이 많은 남성들이 아니라, 성평등이 더 보편화된 시대에 자란 2~30대 및 40대의 남성들이었음을 지적했다. 2014년부터 2016년까지 바이스에서 일했던 저널리스트 케일라 루블은 다음과 같이 말했다. "1950년대에 있었을 법한 것과는 다른 형태였지만, 그곳에는 여전히 여성혐오가 존재했습니다… 이건 의식을 일깨우는 일입니다"(Steel, 2017).

듀벅이 최고 리더십 역할을 맡기 전부터 바이스는 이러한 문제들을 해결하고자 몇 가지 조치를 취했다. 여성운동가 글로리아 스타이넘과 '타임즈 업(헐리우드 여성들이 성폭력 및 성차별에 대응하고자 결성한 공동단체–역주)' 소속 변호사 로베르타 카플란을 포함한 '다양성과 포용성' 자문단이 회사 스태프와 모임을 갖고 바이스의 근무 환경에 대해서 의논했다. 그리고 새롭게 부모가 된 직원들한테 더 나은 유급 휴가를 제공하거나 유색인종 및 새 부모들의 소그룹을 만드는 등의 변화를 추천했다. 또한 바이스는 인적자원 부서장을 새로 채용하고 '회사의 가치관과 부합하지 않는' 행동을 한 직원 세 명을 해고했다. 이에 더해서, 바이스는 2018년 말까지 성별 임금 평등을 달성하는 데 전념하겠다고 발표했다(Jarvey, 2018). 그러나 가장 중요한 변화는 듀벅을 영입하는 것이었다. 카플란에 따르면, "남성 중심적이고 마초적인 곳이라는 느낌이 강했던 이 회사에서 낸시는 커다란 상징적 역할을 합니다. 특히 거기서 오랫동안 일을 해오고 변화를 꺼려하는 무리에게 말이지요"(Jarvey, 2018).

상징적 존재로서의 역할 외에도, 듀벅은 바이스의 환경을 변화시키기 위해서 몇 가지 행동을 취했다. 그는 구조를 제공하고, 규범을 명확히 하고, 응집성을 키우고, 우수성의 기준을 촉진하고 있다. CEO로서 그는 조직 전체의 분위기를 정립하고, 성희롱이 용인되지 않을 것이라고 되풀이해서 공언했다. 이로써 그는 새롭게 자리 잡은 방침들, 그리고 이 방침들을 집행하는 임무를 맡은 인적자원 부서장에 대한 공개적인 지지를

보여준다. 한 여성 직원은 다음과 같이 말했다. "남자들이 회사를 떠나고 있어요. 그게 제일 마음에 들어요. 그가 와줘서 집안을 치워준 겁니다"(Battan, 2019). 듀벅은 또한 본사에서 자신의 존재를 인식시켰다. 그는 전 CEO로부터 인계받은 집무실에서 블라인드를 없앴다. 문자 그대로, 그리고 상징적으로, 집무실의 가시성을 높이기 위해서였다. "처음 2주 정도는 사람들이 집무실에 왔다가 갈 때 문을 닫고 나가더군요. 그러면 내가 자리에서 일어나서 집무실 문을 다시 열어 놓았습니다. 그러면 또 사람들이 문을 닫고, 또 내가 문을 열곤 했습니다"라고 그는 말한다(Jarvey, 2018).

그는 직원들을 경청하기 위해서 로스앤젤레스, 토론토, 런던 지사를 순회 방문했고, 이것이 그가 맡은 회사가 어떤 곳이며, 적극적으로 개입해서 일하는 리더를 직원들이 얼마나 간절히 필요로 하는지 알아보는 데 도움이 되었다. 바이스 직원들에게 보낸 자기소개 이메일에서 그는 다음과 같은 말로 그들을 안심시켰다. "기업이 돌아가는 데 필요한 톱니바퀴들을 굴리는 일은 너무나 지루해 보이고, 그런 일을 하느니 눈알을 굴리는 사람들도 있지요? 나는 그런 일을 하는 걸 정말 좋아하고, 굉장히 중요한 일이라고 생각합니다"(Battan, 2019). 듀벅은 바이스에 보다 성숙하고 안정된 스타일의 리더십을 가져왔다. 그러나 바로 그가 바꾸고자 하는 위협적인 직장 환경을 조성하는 데 기여한, 자신만만하고 자유분방한 리더십 스타일을 가진 전임 CEO 셰인 스미스에 대해서 듀벅은 공개적으로 존중을 표한다. 듀벅은 회사 내부의 신뢰를 구축하고자 노력하고 있다. 이를 위해서 그는 집무실에 있는 시간을 늘리고, 직원 피드백을 듣는 정기 모임을 열고, 주저 없이 직원들을 칭찬하고 회사의 성공적인 부상에 기여한 그들의 공을 인정해준다. 궁극적으로 듀벅은 바이스의 내부 환경을 변화시킬 필요와 '엣지 있는' 바이스라는 외부의 평판을 유지시킬 욕구 사이의 균형을 추구하고 있다. "우리가 바이스를 '탈–바이스화'할 수는 없습니다"(Battan, 2019).

매니저 A의 피드백은 파괴적이고 약화시키는 방식이었고, 매니저 B의 피드백은 건설적이고 성과 향상에 도움이 되는 방식이었다. 그 결과, 서빙 스태프는 매니저 B 아래서 일하는 것은 좋아했지만 매니저 A 아래서 일하는 것은 싫어했다. 스태프는 매니저 A가 책임자일 때보다 매니저 B가 책임자일 때 더 좋은 성과를 보여 주었다.

결과 검토의 두 번째 부분은 성과상의 문제를 해결하는 일이다. 라파스토와 라슨(2001)은 다른 무엇보다도, 유능한 리더들의 두드러진 특징은 팀 구성원의 부족한 성과에 기꺼이 정면으로 부딪치고 해결하려는 태도라는 것을 발견했다. 분명히, 그룹 안의 사람들은 리더가 다른 그룹 구성원들이 '정상 궤도'를 지키도록 해 주길 원한다. 일부 그룹 구성원들이 태만하거나 제 할 일을 하지 않는다면, 리더는 그 상황을 해결할 할 필요가 있다.

그룹으로 일하는 것은 공동의 노력이다. 모두가 참여해야만 하는 것이다. 그룹 구성원들은 상호 의존적이며, 모든 구성원이 그룹 목표를 성취하기 위해 노력할 책임을 가진다. 일부 구성원이 자신의 몫을 해내지 못할 때, 이는 그룹 내 모든 사람에게 영향을 미치게 된다. 그렇기 때문에 어떤 그룹 구성원이든 부족한 성과를 보일 때 리더는 반드시 이를 해결해야만 한다. 만약 리더가 이에 실패한다면, 기여를 하고 있는 그룹 구성원들은 마치 자신의 일이 중요치 않다고 여겨져서, 화가 나고 무시당했다고 느끼게 될 것이다.

그룹 구성원의 부족한 성과에 정면 대응하는 일은 리더에게 많은 것을 요구하는, 어렵고 감정적으로 힘든 과정이다(LaFasto & Larson, 2001). 이것은 결코 쉽지 않은, 그러나 리더십에서 꼭 필요한 부분이다. 유능한 리더는 상황을 앞서서 주도하며 문제가 생기면 그에 정면으로 맞선다. 문제적 상황에서, 리더는 성과가 낮은 구성원들과 의사소통을 해서 그들의 행동이 어떻게 그룹의 목표 달성을 방해하는지를 설명해야만 한다. 또한 리더는 어떤 부분들이 달라져야 할지 설명해야 한다. 변화할 점들을 명확하게 알린 다음, 리더는 성과가 낮은 구성원들의 행동을 지켜볼 필요가 있다. 만약 이 사람들이 만족스러운 변화를 보인다면, 그들은 계속 그룹에 남을 수 있다. 만약 어떤 구성원이 변화하기를 거부한다면, 리더는 그가 그룹을 떠나도록 조언할 필요가 있다. 리더가 행동 문제들에 대해 제때 대처할 때, 성과 문제를 지닌 사람과 그룹 전체 모두에게 이익이 된다.

여기서, 피드백 과정에는 권력차가 작용할 수 있으며, 피드백을 주는 사람과 받는 사람 간에 편견이 존재할 수 있다는 점을 인식하는 것이 중요하다. 법률계, 의료계, 경제계 등의 직업적 환경에서 이러한 권력차는 여성과 소수집단이 평가를 받을 때 불균형적으로 영향을 주는 것으로 드러났다(Casad & Bryant, 2016; Dayal, O'Connor, Qadri, & Arora, 2017; Williams, Multhaup, Li, & Korn, 2018). 미국변호사협회에서 지원한 한 연구에 따르면, (백인과 유색인종을 포함해서) 여성 변호사와 유색인종 남성 변호사들은 동료들과 같은 정도의 인정과 존중을 받기 위해서 '기준을 월등히 뛰어넘는' 성과를 보여야 했다고 보고했다(Williams et al., 2018). 학자들이 응급의학과 레지던트 359명의 스킬을 상급 의사들이 직접 관찰하고 평가한 결과를 살펴본 결과, 남성과 여성 레지던트는 비슷한 수준의 스킬과 지식을 가지고 연수를 시작하지만, 연수 과정이 진행됨에 따라 여성 레지던트들이 남성 레지던트들보다 일관적으로 낮은 평가를 받았다는 것을 밝혀졌다(Dayal et al., 2017). 이러한 일관된 경향은 평가 과정에 편견이 내재함을 시사한다. 기술 분야에서는 남성과 여성 직원들의 업무 평가 248건을 비교한 결과, 남성과 여성 모두 건설적인 조언을 받지만, 여성이 받는 업무 평가가 비판적인 피드백을 포함하는 경우가 더 많았으며, 자기주장을 줄이라는 조언은 여성들에게만 주어진다는 사실이 드러났다(Snyder, 2014). 여성과 유색인종에 대한 평가에서 그들의 행동이 '규범에 반한다'는 암시가 주어질 때, 이러한 피드백은 평가 대상자들에게 잘 수용되지 않는다(Casad & Bryant, 2016; Williams et al., 2018). 따라서 리더들은 피드백을 줄 때 권력차와 편견이 작용할 수 있음에 주의하고, 반드시 모든 구성원에게 동등한 기준이 적용되도록 하는 것이 중요하다. 그래야만 그룹 구성원들이 발전과 진급의 기회가 균등하다고 보고 이를 추구할 동기를 느끼게 되기 때문이다.

3. **결과 보상하기.** 마지막으로, 유능한 리더는 결과를 성취한 것에 대해 그룹 구성원들에게 보상을 준다(LaFasto & Larson, 2001). 유능한 리더가 되는 데 요구되는 행동들 중 다수는 (규범을 확립하는 것 같이) 추상적이고 (그룹 응집성을 키우는 것 같이) 어려운 것들이다. 하지만 이는 결과에 대해 보상하는 것에는 해당이 되지 않는다. 결과에 대한 보상은 매우

현실적이고 간단한 과정이다. 이것은 모든 리더가 할 수 있는 일이다.

리더십 효과성에 대한 한 유명한 컨설팅 작업에서, 쿠제스와 포스너(2002)는 결과에 대한 보상이 모범적인 리더들의 다섯 가지 주요 실천 항목 중 하나라고 주장했다. 리더는 그룹 구성원들의 기여를 알아보고 개개인의 우수함을 인정해주는 표현을 할 필요가 있다는 것이 그들의 주장이다. 여기에는 그룹 구성원들에게 관심을 기울이고, 격려를 해 주고, 개인별로 감사의 표현을 하는 것들이 포함된다. 이러한 표현들은 축하 회식같이 드라마틱할 수도, 또는 짧은 이메일 칭찬같이 간단한 것일 수도 있다. 리더가 그룹 구성원들을 인정하고 격려할 때, 구성원들은 존중받고 있다고 느끼며, 그룹 정체성과 공동체 정신이 높아지게 된다.

성과에 대한 보상의 좋은 사례로, 어느 비영리 조직의 리더가 구성원 중 한 명인 크리스토퍼 울프에게 어떤 식으로 보상을 주었는지를 살펴보자. 크리스토퍼는 이사회의 적극적인 멤버로, 15년 동안 계속해서 기꺼이 자신의 통찰력과 전문 지식을 나누어 왔다. 그의 기여에 대한 감사의 표시로, 이사회 회장은 크리스토퍼의 기여를 형상화한 티셔츠들을 맞췄다. 셔츠의 앞면에는 크리스토퍼의 수많은 긍정적 기여를 상징하는, 양 의상을 입은 늑대의 만화를 그려 넣었다. 셔츠 뒷면에는 'The Wolf Pack'이라는 문구와 함께 이사회의 다른 구성원들의 이름들을 새겼다. 크리스토퍼와 이사회 멤버들 모두에게 셔츠 한 장씩이 주어졌는데, 모두가 매우 좋아했다. 티셔츠는 간단하고 저렴한 것이었지만, 크리스토퍼와 그의 동료들 모두를 긍정적으로 인정해 주는 독특한 방식이었다.

정리

건설적 환경 조성은 효과적인 리더십에서 미묘하지만 필수적인 부분이며, 그룹이나 조직이 효과적으로 기능할지에 있어 중요한 역할을 한다. 건설적 환경 조성은 회사 내에서 직원들을 위해 긍정적인 환경을 만드는 것과 비슷하다. 이를 위해서는 리더가 **구조를 제공**하고, **규범을 명확하게 해**주고, **응집성을 키우고**, **우수성의 기준을 촉진**시켜야 한다.

리더는 구체적인 목표를 세우고, 확실한 과제들을 주고, 책임을 분명히 하는 것으로 **구조를 제공**한다. 구성원들 각자가 소속감을 느끼고 자신이 그룹의 전체 목표에 기여하고 있음을 알도록 돕는 것 역시 구조를 제공하는 역할을 한다.

리더는 긍정적인 **그룹 규범**의 발달을 돕는 데

있어 중대한 역할을 한다. 효과적인 그룹들은 생산적으로 일할 수 있게 해 주는 긍정적 규범들을 정립한다. 그룹의 규범이 부정적이거나 비생산적일 경우, 리더는 그룹 구성원들이 변화하고 새로운 규범을 만들어 내도록 도와야만 한다. 그룹이 긍정적 규범을 정립하는 것을 도움으로써, 리더는 그룹이 성과를 극대화하는 것을 촉진하게 된다.

건설적 환경 조성의 세 번째 측면은 응집성 키우기이다. 응집성은 강력한 동지의식과 단결심을 느끼는, 고성과 그룹들의 특별한 성질이다. 응집성은 수많은 긍정적 결과와 연관되어 있으며, 그룹 구성원들이 서로를 신뢰하고, 서로의 의견을 경청하고 존중하고, 서로를 특별한 사람들로 받아들이도록 돕는 리더에 의해 만들어진다.

마지막으로, 건설적 환경 조성을 위해 리더는 우수성의 기준을 촉진한다. 매우 효과적인 팀들은 강력한 우수성의 기준을 갖추고 있다. 그들은 원하는 성과를 위한 기준점들을 확립했다. 리더가 결과를 요구하고, 결과를 검토하고, 결과에 보상을 할 때 우수성의 기준이 가장 확실하게 정립된다.

요약하면, 건설적 환경 조성은 리더의 많은 노력을 포함하는 복잡한 과정이다. 긍정적인 분위기를 조성하는 리더는 그 대가로서 놀랄 만한 그룹 성과를 발견할 것이다.

주요 용어

구조(structure)
규범(norms)
미션(mission)
시너지(synergy)

우수성의 기준(standards of excellence)
응집성(cohesiveness)
집단사고(groupthink)

8.1 사례 연구 – 두 수업 이야기

에보니 엘리스는 같은 강의실에서 연속으로 2개의 커뮤니케이션 수업을 수강하는데, 두 수업은 완전히 다르다.

첫 번째는 대인관계 커뮤니케이션 수업인데, 이 학교에서 30년 동안 가르쳐 온 나이 많은 스티브 가드너 교수가 가르친다. 수업 첫날 그는 수업 시간에 지켜야 할 규칙들을 말로 설명해주고, 인쇄물로도 나누어 주었다. 휴대전화는 반드시 꺼 놓을 것, 문자 주고받기 금지, 수업 필기 용도로 사용하지 않는 이상 노트북 컴퓨터는 덮어 놓을 것 등이다. 수업은 정시에 시작하고 끝나며, 수업 종료 전에 강의실을 나가는 것도 안 된다.

두 번째 수업은 더 젊은 40대의 마리사 모건 교수가 가르치는 조직 커뮤니케이션 과목으로, 이 수업의 규칙은 매우 다르다. 규칙이 없는 것이 규칙이다. 이 교수는 학생들이 수업 시간에 노트북을 사용해도 상관하지 않는다. 문자를 주고받거나 잡담을 해도 내버려 둔다. 모건 교수는 첫날에 수업에서 배우는 것은 학생들의 책임이며, 각자 자신이 가장 잘 학습하는 방법을 알고 있으리라 믿는다고 말했다. 학생들이 늦게 들어오거나 일찍 나갈 때에도, 그는 항상 그 학생들에게 "안녕" 하고 인사한다.

에보니는 대인관계 커뮤니케이션 수업을 매우 좋아한다. 가드너 교수의 수업 방식은 그 반 학생들 75명 전원이 그와 함께 수업에 참여하고, 학생들끼리 서로를 경청하도록 만드는 데 성공했다. 학생들과 교수 모두 개개인의 속내를 종종 밝히곤 하며, 수업에는 유머와 웃음이 넘치곤 한다. 대형 수업임에도 불구하고 대부분의 학생들이 서로 이름을 알고 있으며, 가드너 교수 역시 학생들의 이름을 기억한다. 많은 학생은 수업 밖에서도 같이 어울린다. 그의 수업에서 학생들은 격주로 자신의 의견을 설명하는 리포트를 제출하고, 중간시험과 기말시험을 본다.

에보니에게 조직 커뮤니케이션 수업의 분위기는 뚜렷하게 차이가 난다. 즉흥적이고 통제가 안 되는 분위기이다. 모건 교수는 강연도 때때로 하지만, 수업 시간 대부분은 그냥 강의실에 와서 학생들이 원하는 것이라면 무엇이든지 주제로 삼아 토론한다. 학생들은 서로 이름을 모르고 수업 밖에서 어울리는 일도 거의 없다. 모건 교수도 과제를 주지만, 이 과제들은 짧은 개인 관찰 보고서들이고, 점수가 매겨지는 대신 제출 여부만 체크된다. 학생들의 최종 학점은 학생 개개인이 선택한, 대인관계 커뮤니케이션 관련 주제에 대한 발표에 좌우된다.

에보니는 두 교수의 각기 다른 스타일이 조직 커뮤니케이션 수업 발표에 훌륭한 주제가 되겠다고 생각한다. 더 많은 정보를 얻기 위해서, 그는 양쪽 교수를 인터뷰해서 그들의 수업 관리가 왜 그렇게 다른지 알아보았다.

가드너 교수는 자신의 교수 철학을 이렇게 설명한다. "나는 학생들이 이 수업이 특별하며 그 주제가 중요하고 가치 있다고 생각하길 바랍니다. 나는 모든 학생들의 이름을 알고 있고, 학생들은 나를 이름으로 불러도 좋고 직함으로 불러도 좋습니다. 내가 진심으로 바라는 것은, 기차를 탔을 때와 마찬가지로, 출발 시점부터 수업이 가고자 하는 방향으로 학생들이 동석해서 같이 움직여 주는 것입니다. 나는 학생들이 서로를 경청하게 함으로써 공동체를 만들어 가려고 노력합니다. 수업의 재미와 기운은 그들이 형성하는 동지 의식에서 나옵니다. 하지만 서로를 경청하기 위해서는, 학생들이 수업에 완전하게 참석해야 합니다. 완전하게 참석하기 위해서는, 완전히 집중해야 합니다. 내가 볼 때, 문자를 주고받거나 노트북을 켜 놓는 것은 그 학생들이 그룹과 관계를 끊거나 단절된 것으로 비춰집니다. 관심이 공동체가 아니라 자기 자신에게 있는 것이지요."

모건 교수는 자신의 목표가 필수 과목 내용을 다루는 동시에 수업을 가르치는 경험을 즐기는 것이라고 말한다. "나는 학생들이 딱 가라앉거나 헤엄칠 수 있을 만큼의 자유를 줍니다. 이런 자유가 있음으로써 나는 학생들에게 아이디어들을 제시해 줄 수 있고, 학생들은 그것에 대해 원하는 대로 자유롭게 토론을 합니다. 내 생각에는 오늘날의 학생들은 매우 다면적이라서, 수업 중에 문자를 주고받거나 노트북을 사용하면서도 자기만의 방식을 찾아서 배울 수 있습니다 학생이 수업 중에 인터넷 서핑을 하다가 무엇인가 중요한 것을 발견해서 언급했는데 그것이 우리 토론에 크게 도움이 되는 경우도 많습니다. 교수로서 나의 역할은 학생들에게 그들이 배울 내용을 제시하는 것이라고 봅니다. 그 내용의 얼마만큼을 흡수하는지는 학생들 각자의 책임입니다."

에보니는 또한 두 명의 학생을 인터뷰했는데, 이들은 자기처럼 두 수업을 모두 수강하고 있다. 이언은 가드너 교수의 수업이 아주 마음에 든다고 말했는데, 그 이유는 자신에게 요구되는 것이 무엇인지, 그리고 수업 중 행동의 규범이 무엇인지를 알 수 있기 때문이라고 했다. 그러면서 "학교에서 내 이름을 알고 있는 교수는 그 분밖에 없어요."라고도 말했다. 가드너 교수의 채점 구조는 그가 겪었던 대부분의 다른 수업들과 비슷했으며, 이언은 학기 중에 자신이 얼마나 잘하고 있는지를 가늠할 수 있게 해 주는 여러 개의 채점 과제가 있다는 점도 좋아했다. 모건 교수의 수업에 대해서는, '괜찮은' 수업이지만 학생들이 수업 중에 문자를 주고받는 것이 집중을 방해한다고 여겼고, 학점이 한 번의 큰 과제에 전적으로 좌우된다는 점에서는 스트레스를 받는다고 했다.

브리앤 역시 가드너 교수의 수업을 제일 좋아했다. 그는 모건 교수의 수업은 '약간 와일드'하고, 교수가 토론을 통제하지 않아서 수업이 주제를 벗어나기 때문에 배우는 게 별로 없다고 말한다. 모건 교수는 학생들의 모든 과제물에 세심하게 코멘트를 달아주지만, 과제들이 그의 강연과, 그리고 더 중요하게는 최종 성적과 어떻게 연관되는지 분명하지 않다고 말한다. 브리앤은 기말 발표가 흥미로운 도전 과제이지만 수업 내용과 무관하고 자신의 전공과도 관련이 없다고 느낀다.

이언은 이렇게 말했다. "둘 다 좋은 수업이죠. 아주 다르긴 하지만."

질문

1. 각 교수는 수업에서 건설적 환경을 조성하기 위해 어떤 식의 구조를 제공했는가?

2. 각 수업의 그룹 규범을 설명해 보자.

3. 각 교수는 자신의 수업에서 응집성을 키우기 위해 어떤 행동을 취했는가?

4. 각 교수는 수업에서 어떤 우수성의 기준을 정립했는가?

5. 여러분이라면 어느 수업의 분위기에서 가장 잘할 수 있는가? 그 이유는?

8.2 사례 연구 – 법정 문화에 도전하기

교통법원 판사로서 비교적 부담 없는 업무를 담당했던 빅토리아 프랫 판사는 뒤이어서 뉴저지주 뉴어크 시의 형사법원 2부를 맡게 되었다. 2부는 마약에 중독된 매춘부, 소규모 마약 거래자, 가게에서 좀도둑질을 한 노숙자 등 비폭력적이고 상습적인 경범죄자들을 다루는 법원이다. 판사로서는 달갑지 않은 보직이었는데, 사건 처리량이 많은 데다가 사건들이 처리하기 어렵고, 매번 같은 이들이 피고인으로 기소되어 재판받으러 오는 것이 상당한 좌절감을 가져다주기 때문이었다.

일을 힘들게 만드는 것은 재범 사건들뿐만이 아니라, 법원 직원들의 낮은 의욕과 사고방식 때문이기도 했다. 프랫 판사가 설명하기를, "직원들의 자세가 매우 나빴습니다. 그리고 자세가 그렇게 나쁜 이유는 형사법원 2부에 배정된 직원들은 모두 그곳에 배정되는 것이 처벌을 받는 것과 같다고 이해했기 때문이었습니다. 경찰관들은 징계 처분에 직면하고 있었고… 국선변호사와 검사는 보직순환 중에 30일간 징역형을 복무하고 있다는 느낌이었습니다"(Pratt, 2016).

프랫 판사가 이 힘든 보직을 맡게 된 당시, 뉴어크 시는 형사법원 2부에 체제 혁신을 목표로 하는 시범 프로그램을 도입했다. 이 시범 프로그램인 '뉴어크 커뮤니티 솔루션스'는 뉴욕 시 브루클린의 성공적인 레드훅 커뮤니티 사법정의센터를 본따서 만들어졌다. 레드훅 센터는 사법 개혁을 추구하는 비영리 조직인 법원혁신센터와 알렉스 칼라브리스 판사가 함께 설립한 프로그램이었다. 레드훅의 접근법은 "교도소를 반복적으로 드나드는 순환을 끊기 위하여 사회봉사 명령, 사회복지시설의 분노 조절 및 갈등 해소 프로그램 등에 의무 참가, 장기적 약물 치료와 같은 신속한 제재"를 부과하는 것이었다(Rosenberg, 2015). 센터에서 프로그램을 성공적으로 완수하면 징역을 면할 수 있었다. 피고인들은 자주 법원에 출석해서 프로그램 진행도를 설명해야 했고, 의무적으로 소변 검사를 받았다. 검사에서 마약 사용이 검출되거나 예약 시간에 법원에

출석하지 않을 경우, 피고인들은 원래 받았을 것보다 훨씬 더 긴 기간의 징역형을 받았다.

레드훅 센터를 방문했을 때 프랫 판사는 칼라브리스 판사가 이루어낸 일뿐만 아니라 그 일을 해낸 방식에 감명을 받았다. 칼라브리스 판사는 피고인들을 직접적으로 상대했다. 그는 판사석을 높은 곳이 아니라 피고의 눈높이에 두고 앉아서 평범하고 이해하기 쉬운 언어를 쓰고, 아주 사소한 성과에 대해서도 피고인들을 축하했다. 그는 피고인들에게 미래의 계획을 묻고, 무엇이 자신들에게 가장 좋을 것이라고 느끼는지 물었다. 칼라브리스 판사는 '범죄자는, 판사의 판결 내용과는 무관하게, 자신이 존중받고 공정한 대우를 받았다고 느낄 때 사법 당국의 지시를 따르고 더 이상 범죄를 저지르지 않을 가능성이 높아진다'는 생각에 입각한 '절차 공정성'을 실천하고 있었다(Rosenberg, 2015). 절차 공정성의 네 가지 수칙은 중립(피고인들은 사법 과정이 공정함을 믿을 것), 존중(피고인들을 반드시 존중할 것), 이해(피고인들은 사법 절차가 어떻게 진행되고 그 결과는 무엇인지, 그리고 그들이 무엇이 해야 하는지 명확히 이해할 것), 발언(피고인들에게 발언의 기회가 주어질 것)이다.

프랫 판사는 이러한 상호작용이 법정에서 이루어지는 것을 목격한 적이 없었다. 동력을 얻은 그는 레드훅과 맺는 새 파트너십을 환영하고, 그 결과 세워진 프로그램인 뉴어크 커뮤니티 솔루션스를 자신이 새로 맡은 형사법원 2부의 문화를 변화시키는 기회로 반겼다.

뉴어크 커뮤니티 솔루션스의 중요한 한 측면은 '커뮤니티 법원'을 만들어서 지역 사회의 신뢰를 구축하고 승인을 얻어내는 것이었다. 사법정의가 어떻게 기능해야 한다고 생각하는지, 지역 사회 구성원들의 의견을 묻기 위해서 몇 차례 공판이 열렸다. 지역 주민들의 대답은 처벌보다는 일자리나 마약 중독 치료 등을 통해서 피고인들이 생산적인 삶을 살도록 도와주는 것에 주력해야 한다는 것이었다. 사람들은 피고인들을

범죄자로서만 보지 않았다. 그들은 지역 사회의 일원이었고, 어렸을 때 동네 공원에서 놀던 아이들이었다. 지역 사회와 사법부 간의 대화와 피드백을 유지하기 위해서 지역 자문회가 개설되었다.

뉴어크 커뮤니티 솔루션스는 새로 만든 프로그램이었기 때문에, 레드훅 프로그램의 초석이 된 심리 검사, 상담 및 그룹 치료와 같은 서비스를 갖추지 못했다. 그래도 프랫 판사는 단념하지 않고 자신이 할 수 있는 일을 최대한 해냈다. 그는 절차 공정성의 개념들을 실천하고, 칼라브리스 판사가 피고인들과 상호작용하는 방식을 본보기로 삼았다.

그는 모범을 보여주면서 법원 직원, 변호사, 경찰관들이 법정 참가자들을 대하는 방법을 교육했다. 그는 법정에서 피고인들에게 정중히 말하고, 단순한 언어로 (스페인어를 쓰기도 하면서) 기소 내용과 그 결과, 그리고 피고인들은 무엇을 해야 하는지 설명해 주었다. 그는 피고인들에게 색다른 과제들을 시켰다. 예를 들어 자신에 대한 글을 쓰도록 하고, 법정에 다시 출석해서 그것을 소리 내서 읽도록 하는 것이었다. 그는 이 글쓰기 과제가 피고인들에게 발언권을 주고, 그가 피고인들을 더 잘 이해할 수 있도록 돕고, 그가 묻는 심도 있는 질문들에 대해서 피고인들이 숙고하고 대답할 수 있는 방법을 제공하는 중요한 방식이라고 믿었다. 자기가 쓴 글을 소리 내서 읽도록 요구하는 것은 피고인들이 과제를 더 진지하게 다루도록 독려하기 위해서였다.

프랫 판사는 20년간을 약물 중독자로 보내온 한 남자의 사례에 대해 이야기한다. 판사는 이 피고인에게 아들한테 편지를 쓰는 과제를 주었다. 피고인이 법정에서 읽은 편지는 다음과 같이 시작했다. "천국에 있는 사랑하는 아들아, 16살밖에 안 된 너를 너무나도 일찍 잃고 나서부터 나는 올바른 길을 찾지 못했단다." 법원 직원은 그들이 "바라보고 있는 것은 마약쟁이를 넘어서서" 깊은 상심을 약물을 통해서 지우려 하는 한 남자라는 사실을 깨달았고, 이제 진정한 문제를 적절히 해결하기에 보다 나은 입장에 설 수 있었다(Fields, 2019).

프랫 판사가 취한 행동들이 결실을 맺기까지는 오래 걸리지 않았다. 그가 형사법원 2부를 맡게 된 지 얼마 안 되었을 때, 한 나이 든 남자가 헤로인 소지로 기소되어 프랫 판사 앞에 불려왔다. 판사는 그에게 마약에 중독이 된 지 얼마나 되었는지 물었다. 그가 30년간 마약을 해왔다고 말하자, 판사는 사적인 차원에서 그에게 질문들을 하기 시작했다. "나는 늙고 말라비틀어진 약물 중독자라는 단면을 넘어서서 인간적인 측면에 도달하고 싶었습니다"라고 프랫 판사는 그때의 대화에 대해서 회고하면서 말했다.

판사는 그에게 가족이 있는지 물었다. 그는 32세의 아들이 있다고 답했다.

"그렇다면 아들의 인생 대부분을 아버지가 되어주지 못한 채로 보내왔군요"라고 프랫 판사는 논리적으로 말했다. 피고인은 눈물을 흘리기 시작했다. 옛 체제하에서 프랫 판사는 그에게 징역형을 내려야 했을 것이다. 그 대신, 판사는 그에게 2주 뒤에 돌아오라고 말하고, 그를 위한 약물 중독 치료 프로그램을 찾아주었다. 2주 뒤, 남자는 판사에게 지시받은 대로 법정에 다시 나타났다. "판사님은 제가 스스로에게 베푼 것보다 더욱 큰 온정을 보여주셨습니다"라고 그는 말했다. "그래서 좀 더 도움을 받으려고 다시 왔습니다"(Rosenberg, 2015).

프랫 판사는 법정을 변화시키는 과정에서 여러 장애물에 직면했다. 프로그램이 성공하려면 법원 전체의 사고방식과 큰 그림을 보는 능력에 상당한 변화가 필요했다. 그의 동료들과 법관들 그리고 변호사들은 뉴어크 프로그램의 가치에 대해서 회의적이었고, 프랫 판사에게 자신이 "사회복지사가 아니라 판사"임에 주의하라고 충고했다(Pratt, 2016). 법정에 뿌리박힌 문화를 바꾸는 것은 시간이 걸리는 일이었지만, 프랫 판사는 마침내 그의 주변에 새로운 접근법의 가치를 알아보는 사람들을 끌어 모았다.

형사법원 2부의 담당 검사 허버트 워싱턴에게는 동료들을 설득하는 것이 더 어려운 작업이었다. "동료들 중 일부는 우리가 하고 있는 일이 진정한 검찰 업무가 아니라고 생각합니다"라고 워싱턴은 말했다. "하지만 나는 그래도 좋다고 생각합니다. 사법정의는 복지와는 다른 것입니다. 사법정의란 범죄에 대해 적절한 처벌을 주는 것을 뜻하기 때문입니다. 그러나 형사법원 2부에서 검찰은 그것과는 다른 사고방식이 필요합니다. 법정에 오는 사람을 그가 처한 상황으로부터 벗어나도록 도와주는 방법을 모색하는 것이지요."(Rosenberg, 2015).

팟캐스터 조나단 필즈(2019)와의 인터뷰에서 프랫 판사는 그동안 일궈온 변화를 다음과 같이 요약했다. "[이전과는] 완전히 다른 환경입니다. 우리가 추구하는 것은 단지 유죄 선고를 받아 내거나 무죄로 풀려나도록 하거나의 문제가 아니라, 더욱 심층적인 문제를 해결하는 방법을 찾는 것입니다… 전통적으로 검찰의 성공 기준은 유죄 선고를 얼마나 받아냈는가입니다. 하지만 이제 검사들은 어떻게 하면 피고인이 다시 법정에 오는 것을 막을 수 있고, 판사가 수락할 만한 검찰 측 제안은 어떤 것인가라는 관점에서도 사건을 살펴야 합니다."

프랫 판사는 검사와 변호인이 각자 변론할 때 어떤 종류의 정보를 고려하고 판사인 자신에게 제공해야 하는지 조언해 준다고 말한다. 예를 들면 피고인이 고등학교를 졸업했는지, 노숙인지인지, 가정 상황은 어떠한지 등의 정보가 필요하다. 그가 지적하듯이, 노숙자에게 벌금형을 내리는 것은 "무의미하다." 애초에 돈이 없으니 벌금을 낼 수 없고, 따라서 징역을 받을 수밖에 없게 만들 뿐이다(Fields, 2019).

뉴어크 프로그램은 또한 피고인들이 더 큰 그림을 볼 수 있도록 해주는 도구를 제공한다. 프랫 판사는 법정에 오게 된 남자들에게 종종 독서 과제를 주었는데, 흑인 남성이 사회에서 사라져가는 이유에 대한 찰스 블로우의 논평 칼럼을 읽는 것이었다. 압도적으로 많은 수의 피고인들이 블로우의 논평 기사 속에서 자기와 똑같은 모습과 경험을 발견했다. 그들은 자신의 이야기를 할 수 있는 장소가 필요하다는 것을 깨닫고, 이를 위해서 '파이어 넥스트 타임' 그룹을 결성했다. 한 젊은 아프리카계 미국인 교수가 이끄는 이 그룹은, 종종 다양한 종파와 갱단에 소속된 남자들이 각자의 경험을 서로 나누고, 각자의 의사 결정 과정을 서로 지원해 주는 안전한 공간을 형성했다. 그룹 멤버들은 종종 정해진 미팅이 끝나고 나서도 모임실 밖에 같이 앉아 대화를 계속 나눈다.

뉴어크 프로그램은 피고인들뿐만 아니라 범죄의 피해자들과도 일한다. 모든 지역 주민들에게 피해자 지원 네트워크와 사회 복지 서비스를 제공하는 커뮤니티 센터에는 누구든지 방문해서 지원을 요청할 수 있다. 그러나 프랫 판사가 강조하는 것은 피고인들의 회복과 재활을 목표로 삼지 않고서는 범죄의 순환이 끊어지지 않는다는 것이다.

"내가 이 일을 하는 것은 피해자들을 위해서입니다. 그들이야말로 내가 이 일을 하는 이유인 거죠. 이 사람들이 풀려난 뒤, 법정에서 그들이 저지른 일에 대해 엄격하게 처벌을 받고 난 후, 이 사람들은 같은 지역 사회로 돌아가서 피해자들과 같이 살아가야 하기 때문입니다"(Fields, 2019).

뉴저지주 하원의원 도널드 페인 주니어는 2018년 3월 미국 하원 연설에서 뉴어크 커뮤니티 솔루션스의 성과를 인정하면서, 이 프로그램 덕분에 "이웃 동네들이 더 안전해지고, 교도소 수감자 수가 감소하고, '사법정의'에 대한 지역 주민들의 인식이 나아지도록" 도왔다고 말했다. 그는 이 프로그램을 미국 전역의 도시들의 모범으로 언급하면서, 이 프로그램은 "지역 커뮤니티에 투자함으로써 우리는 합리적이고 사려 깊은 형사 사법 제도 개혁의 기반을 닦을 수 있다는 것"을 보여준다고 지적했다.

질문

1. 긍정적인 환경은 사람들이 자신의 역할에 있어서 지지받고, 인정받고, 격려받는다고 느끼는 정도에 의해 형성된다. 프랫 판사가 법정에서 이러한 환경을 어떻게 조성했는지 혹은 조성하지 않았는지 설명해 보자.

2. 건설적인 환경을 조성하려면 구조를 제공하는 것이 중요하다. 이 책에서 설명한, 리더가 구조를 제공하는 다음 세 가지 방법에 관하여, 프랫 판사가 법정에서 각 방법을 어떻게 적용했는지 설명해 보자.
   a. 구체적인 목표들을 정한다.
   b. 명확한 과제를 준다.
   c. 책임을 명확히 한다.

3. 이 장에서 논의했듯이, "규범은 리더가 구성원들을 대하는 방식 그리고 구성원들이 서로를 대하는 방식의 결과로 생겨난다… 리더가 건설적인 규범을 만들어낼 때, 이것은 전체 그룹에 긍정적인 영향을 줄 수 있다." 프랫 판사는 어떻게 이러한 개념을 이용해서 법원 스태프와 피고인 모두를 상대로 법정 문화를 변화시켰는지 설명해 보자.

4. '우리'라는 느낌을 가지는 것으로 설명되는 응집성은 형사 법원과는 어울리지 않는 것으로 보일 수 있다. 이 장에서 설명한 응집성의 개념을 복습하고, 프랫 판사가 법정에서 건설적인 환경을 만드는 데 응집성이 어떻게 기여하는지 설명해 보자.
   a. 이 장에서는 응집성을 키우는 리더십 행동들을 아래와 같이 설명했다. 아래 행동들 중에서 여러분이 생각하기에 프랫 판사에게 가장 유용했던 것은 무엇이며, 그는 그 행동들을 어떻게 응용했는가?
   i. 신뢰의 분위기를 만든다.
   ii. 그룹 구성원들이 능동적으로 참여하도록 격려한다.
   iii. 수동적이거나 내성적인 구성원이 참여하도록 격려한다.
   iv. 경청하는 태도를 갖추고 그룹 구성원들을 있는 그대로 받아들인다.
   v. 그룹 구성원들이 각자의 개인 목표들을 성취할 수 있도록 돕는다.
   vi. 안전한 분위기에서 다양한 관점들을 자유롭게 표현하도록 장려한다.
   vii. 그룹 구성원들이 리더십 책임을 공유할 수 있게 한다.
   viii. 리더와 구성원 사이의 상호작용만이 아니라 구성원과 구성원 사이의 상호작용을 조성하고 장려한다.
   b. 그림 8.1은 응집성 있는 그룹의 긍정적 결과들을 설명한다. 이 중에 어떤 결과들이 프랫 판사의 사례에 해당되는지 가려내고 설명해 보자.

5. 프랫 판사는 형사 법원 2부의 문화를 변화시키기 위해서 우수성의 기준을 촉진하는 여섯 가지 필수적 요소들을 어떻게 적용하였는가?

8.3 조직 환경 진단지

목적

1. 자신의 리더십이 다른 사람들에게 어떻게 영향을 미치는지 이해한다.
2. 그룹이나 조직의 환경 조성에 있어 자신의 강점과 취약점을 이해하는 것을 돕는다.

작성법

1. 아래 각 문항에 대해, 명시된 행동을 자신이 얼마나 자주 하는지를 표시한다.
2. 머리에 바로 떠오르는 대로 응답한다. 정답이나 틀린 답이 있는 것은 아니다.

문항 및 내용	전혀 아니다	별로 아니다	가끔 그렇다	어느 정도 그렇다	매우 그렇다
1. 그룹 구성원들에게 명확한 과제를 준다.	1	2	3	4	5
2. 그룹 미팅이 시작하고 끝나는 시간을 지킬 것을 강조한다.	1	2	3	4	5
3. 구성원들이 전체 그룹의 가치를 존중하도록 장려한다.	1	2	3	4	5
4. 구성원들이 자기 능력을 최대한 발휘하도록 장려한다.	1	2	3	4	5
5. 모든 사람들에게 그룹의 목표를 명확히 한다.	1	2	3	4	5
6. 그룹 구성원들에게 그룹 규범을 몸소 실천해 보인다.	1	2	3	4	5
7. 그룹 구성원들이 서로를 경청하고 존중하도록 장려한다.	1	2	3	4	5
8. 누군가 일을 훌륭하게 하면 반드시 인정을 한다.	1	2	3	4	5
9. 구성원들에게 그룹이 수행하는 과제들의 전체 목적을 강조한다.	1	2	3	4	5
10. 그룹 구성원들에게 효과적인 의사소통을 보여준다.	1	2	3	4	5
11. 구성원들이 서로의 차이점을 존중하도록 장려한다.	1	2	3	4	5
12. 우수성의 기준을 촉진한다.	1	2	3	4	5
13. 그룹 구성원들이 자신들이 그룹에 존재하는 목적을 이해하도록 돕는다.	1	2	3	4	5

문항 및 내용	전혀 아니다	별로 아니다	가끔 그렇다	어느 정도 그렇다	매우 그렇다
14. 구성원들이 그룹의 규칙에 대해 합의하도록 장려한다.	1	2	3	4	5
15. 구성원들이 서로를 특별한 개인으로 받아들이도록 장려한다.	1	2	3	4	5
16. 그룹 구성원들의 일에 대한 솔직한 피드백을 해 준다.	1	2	3	4	5
17. 구성원들이 그룹 내 자신의 역할을 이해하도록 돕는다.	1	2	3	4	5
18. 누군가 이야기를 하면 다른 구성원들이 경청할 것을 기대한다.	1	2	3	4	5
19. 구성원들이 서로 동지 의식을 키우도록 돕는다.	1	2	3	4	5
20. 일을 잘 못하는 구성원에게 어떻게 더 잘할 수 있는지를 보여 준다.	1	2	3	4	5

점수 집계

1. 1, 5, 9, 13, 17번에 대한 점수를 합산한다(구조 제공).
2. 2, 6, 10, 14, 18번에 대한 점수를 합산한다(규범 명시).
3. 3, 7, 11, 15, 19번에 대한 점수를 합산한다(응집성 키우기).
4. 4, 8, 12, 16, 20번에 대한 점수를 합산한다(우수성의 기준 촉진).

총점

구조 제공 : _____

규범 명시 : _____

응집성 키우기 : _____

우수성의 기준 촉진 : _____

점수 해석

이 진단지는 건설적 환경 조성과 관련된 네 가지 요소인 구조 제공, 규범 명시, 응집성 키우기, 우수성의 기준 촉진을 측정하기 위한 것이다. 이 점수들을 비교해 봄으로써, 리더로서 건설적 환경을 조성할 때 자신의 강점은 무엇이고 취약점은 무엇인지를 알아볼 수 있을 것이다.

　　점수가 20~25점이라면, 높은 범위에 속한다.

　　점수가 15~19점이라면, 비교적 높은 범위에 속한다.

　　점수가 10~14점이라면, 비교적 낮은 범위에 속한다.

　　점수가 5~9점이라면, 낮은 범위에 속한다.

8.4 관찰 연습

건설적 환경 조성

목적
1. 리더가 어떻게 그룹이나 조직의 건설적 환경을 조성하는지에 대해 이해한다.
2. 구체적 요소들이 어떻게 효과적인 그룹 성과에 기여하는지를 알아본다.

작성법
1. 이 연습에서는, 어떤 리더가 미팅, 실습, 수업, 또는 그 밖의 그룹 관련 활동을 진행하는 것을 관찰한다.
2. 해당 그룹의 모임 1회를 전부 참관하고, 아래에 여러분이 관찰한 것을 기록한다.

리더의 이름 :

그룹 이름 :

그룹의 구조(조직)에 대한 관찰 :

그룹의 규범에 대한 관찰 :

그룹의 응집성에 대한 관찰 :

그룹의 우수성의 기준에 대한 관찰 :

질문
1. 리더는 어떤 방식으로 그룹 구성원들에게 그룹 목표를 명확히 했는가?

2. 리더는 어떻게 각기 다른 그룹 구성원들의 특별한 재능을 이용했는가?

3. 이 그룹의 긍정적 규범과 부정적 규범에는 어떤 것들이 있었는가? 리더는 이 규범들을 어떻게 강화했는가?

4. 이 그룹의 응집성에 대한 평가를 한다면, 1(낮음)~5(높음)까지의 점수 중 몇 점을 주겠는가? 리더는 그룹의 단결심을 어떤 식으로 촉진하거나 촉진하지 못했는가?

5. 우수성의 기준을 촉진하는 주요 요소로 결과에 대한 보상이 있다. 리더는 성과에 대해 그룹 구성원들에게 어떻게 보상을 했는가?

8.5 성찰 및 실행 과제 워크시트

건설적 환경 조성

성찰

1. '조직 환경 진단지'에서 얻은 점수를 가지고 볼 때, 그룹이나 조직의 건설적 환경 조성에 있어 자신의 강점과 취약점은 어떤 것들인가? 토론해 보자.

    강점 :

    취약점 :

2. 이 장(224~225쪽)에서 사례로 보여 준, 응집성을 키워낸 봉사학습 그룹에 대해 어떻게 생각했는가? 응집성은 어떤 방식으로 그룹들 내에서 중요한 역할을 한다고 생각하는가? 여러분은 그룹 내 응집성을 직접 경험해 본 적이 있는가? 이에 대해 논의해 보자.

3. 이 장에서, 그룹 규율과 규범은 효과적인 팀에 있어 매우 중요하다고 강조되었다. 이에 동의하는가? 그 이유를 설명해 보자. 그룹의 규율에 적응하는 데 있어서 자신의 욕구와 능력이 어떠한지 간략히 이야기해 보자.

4. 건설적 환경 조성의 중요한 측면 중 하나는 다른 사람을 인정하는 것이다. 여러분은 리더로서 다른 사람들을 보상하거나 칭찬하는 것이 자연스러운가? 이에 대해 논의해 보자.

실행 과제

1. 여러분이 어떤 수업에서 그룹 프로젝트의 리더로 정해졌고, 첫 미팅을 준비하고 있다고 상상해 보자. 이 장에서 읽은 것들을 바탕으로, 그룹의 건설적인 환경 조성을 돕기 위해 자신이 취할 수 있는 다섯 가지 중요한 행동을 이야기해 보자.

2. 이 장에서는 건설적 환경 조성을 위해서는 리더가 그룹 구성원들이 어떻게 행동해야 할지에 대한 본보기가 되어야 한다고 말한다. 여러분이 그룹에서 중요하다고 여기는 세 가지 가치는 무엇인가? 그룹 구성원들에게 어떻게 이 가치들을 보여 줄 것인가?

3. 고성과 팀들은 강력한 우수성의 기준을 가지고 있다. 다른 사람들에게 '우수한 품질을 유지'하도록 장려하는 것에 대해 얼마나 편안하게 느끼는지에 대해 이야기해 보자. 여러분이 어떤 리더십 행동을 강화해야 다른 사람들이 자기 능력을 최대로 발휘해서 일하도록 강화할 수 있을까?

Battan, C. (2019, January). Saving Vice. *Elle, 34* (5), 96–100.

Brown, D. J. (2013). *The boys in the boat: Nine Americans and their epic quest for gold at the 1936 Berlin Olympics*. New York, NY: Viking.

Cartwright, D. (1968). The nature of group cohesiveness. In D. Cartwright & A. Zander (Eds.), *Group dynamics: Research and theory* (3rd ed., pp. 91–109). New York, NY: Harper & Row.

Cartwright, D., & Zander, A. (Eds.). (1968). *Group dynamics: Research and theory* (3rd ed.). New York, NY: Harper & Row.

Casad, B. J., & Bryant, W. J. (2016, January 20). Addressing stereotype threat is critical to diversity and inclusion in organizational psychology. *Frontiers in Psychology*, 7(8). Retrieved July 21, 2019, from https://www.frontiersin.org/articles/10.3389/fpsyg.2016.00008/full

Corey, M. S., & Corey, G. (2006). *Groups: Process and practice* (7th ed.). Pacific Grove, CA: Brooks/Cole.

Dayal, A., O'Connor, D. M., Qadri, U., & Arora, V. M. (2017). Comparison of male vs female resident milestone evaluations by faculty during emergency medicine residency training. *JAMA Internal Medicine, 177*(5), 651–657. Retrieved July 21, 2019, from https://jamanetwork.com/journals/jamainternalmedicine/fullarticle/2607209

Fields, J. (2019, February 26). A radically human take on justice [Audio podcast episode]. *Good Life Project* [Podcast series]. Retrieved July 21, 2019, from https://www.goodlifeproject.com/podcast/judge-victoria-pratt/#podcast_content

Harris, T. E., & Sherblom, J. C. (2007). *Small group and team communication* (4th ed.). Boston, MA: Pearson.

Jarvey, N. (2018, October 31). Vice's adult in the room: Nancy Dubuc's plan to fix a media pioneer (and keep its youth cred). *The Hollywood Reporter*. Retrieved July 21, 2019, from https://www.hollywoodreporter.com/features/nancy-dubuc-reveals-her-plans-clean-up-vice-1156270

Kouzes, J. M., & Posner, B. Z. (2002). *The leadership challenge* (3rd ed.). San Francisco, CA: Jossey-Bass.

LaFasto, F. M. J., & Larson, C. E. (2001). *When teams work best: 6,000 team members and leaders tell what it takes to succeed*. Thousand Oaks, CA: Sage.

Larson, C. E., & LaFasto, F. M. J. (1989). *Teamwork: What must go right/what can go wrong*. Newbury Park, CA: Sage.

Napier, R. W., & Gershenfeld, M. K. (2004). *Groups: Theory and experience* (7th ed.). Boston, MA: Houghton Mifflin.

Payne, D. (2018). *Speech praising Newark Community Solutions* [Video]. Center for Court Innovation. Retrieved from https://www.courtinnovation.org/programs/newarkcommunity-solutions/more-info

Pratt, V. (2016, October). How judges can show respect [Video and transcript]. *TEDNYC*. Retrieved July 21, 2019, from https://www.ted.com/talks/victoria_pratt_how_judges_can_show_respect/transcript

Reichers, A. E., & Schneider, B. (1990). *Organizational climate and culture*. San Francisco, CA: Jossey-Bass.

Rose, L. (2012, December 5). A&E's Nancy Dubuc on "Liz & Dick": I'd do it again. *The Hollywood Reporter*. Retrieved July 21, 2019, from https://www.hollywoodreporter.com/news/women-entertainment-nancy-dubuc-lifetime-397376

Rosenberg, T. (2015, June 23). The simple idea that could transform U.S. criminal justice. *The Guardian*. Retrieved July 21, 2019, from https://www.

theguardian.com/us-news/2015/jun/23/procedural-justice-transform-us-criminal-courts

Schein, E. H. (1969). *Process consultation: Its role in management development*. Reading, MA: Addison-Wesley.

Schein, E. H. (2010). *Organizational culture and leadership* (4th ed.). San Francisco, CA: Jossey-Bass.

Shaw, M. E. (1976). *Group dynamics: The psychology of small group behavior* (2nd ed.). New York, NY: McGraw-Hill.

Snyder, K. (2014, August 26). The abrasiveness trap: High achieving men and women are described differently in reviews. *Fortune*. Retrieved July 21, 2019, from http://fortune.com/2014/08/26/performance-review-gender-bias/

Spangler, T. (2019, February 1). Vice Media to axe 10% of staff, laying off about 250 employees, amid revenue slowdown. *Variety*. Retrieved July 21, 2019, from https://variety.com/2019/digital/news/vice-media-layoffs-250-employees-1203125890/

Steel, E. (2017, December 23). At Vice, cutting-edge media and allegations of old-school sexual harassment. *The New York Times*. Retrieved July 21, 2019, from https://www.nytimes.com/2017/12/23/business/media/vice-sexual-harassment.html?_r=0&module=inline

Williams, J. C., Multhaup, M., Li, S., & Korn, R. (2018). *You can't change what you can't see: Interrupting racial and gender bias in the legal profession*. American Bar Association and Minority Corporate Counsel Association. Retrieved July 21, 2019, from http://www.abajournal.com/files/Bias_interrupters_report-compressed.pdf

CHAPTER 9

다양성과 포용성

서론

리더십은 스킬, 명확한 비전, 그리고 건설적 조직 환경을 구축하려는 강한 헌신을 요구한다. 리더는 또한 다양성과 포용성, 그리고 이것들이 조직의 성과에 미치는 핵심 역할을 이해해야 한다. 이 책에서 지금까지 논의한 여러 리더십 개념(예를 들면 과업 행동, 목표 설정, 강점)에 관련된 리더십 행동들이 비교적 간단하다면, 다양성과 포용성을 다루는 일은 더 넓은 범위의 리더십 실천을 요구하는 다차원적 과정이다. **다양성**(diversity)과 **포용성**(inclusion)이라는 용어는 분명히 구별되는 개념들을 나타내지만, 사실 이들은 상호 연관된 과정이다. 핵심 리더십 개념으로 흔히 논의되지는 않지만, 다양성과 리더십은 효과적 리더십에서 아주 중요한 역할을 한다.

다양성이라는 단어를 들으면 사람들은 매우 다양한 반응을 보인다. 다양성이라는 말은 어떤 사람들에게는 다양한 관점, 태도, 인생 경험을 가진 사람들이 모임으로써 풍부해지는 상황을 암시한다. 또 다른 사람들에게는 불공평, 불공정, 배제의 느낌을 상기시킨다. 더 나아가, 어떤 사람들은 다양성이 가져다주는 긍정적 결과들을 받아들이지만, 또 다른 사람들은 자신과 상이한 사람들에게 적응해야 하는 부담을 못마땅해 한다. 다양성이라는 단어에 대한 여러분의 반응이 무엇이든, 여러분은 리더의 역할을 맡았을 때 다양성 문제를 다룰 준비가 되어 있어야 한다. 다양성과 포용성을 어떻게 접근하느냐가 여러분이 리더로서 성공하는 데 영향을 줄 것이다.

이 장에서는 다양성과 포용성을 받아들이는 것이 어떻게 더 유능한 리더를 만들어줄 수 있는지 살펴본다. 먼저, **다양성**과 **포용성**을 정의하고 이 용어들의 일반적 사용법을 논의한다. 그다음, 다양성과 포용성의 개념이 시간이 지나면서 사회에서 어떻게 점점 더 중요해졌는지 간략한 역사를 살펴본다. 또한 포용성을 개념화하는 틀과 포용성 실천 모델을 제공한다. 마지막으로, 포용성을 개선하는 의사소통 방법과 다양성과 포용성을 받아들이려 할 때 부딪칠 수 있는 장애들을 논의한다.

다양성과 포용성

정의

다양성과 **포용성**은 복잡한 과정들을 통칭하는 용어들이다. 두 용어를 자세히 살펴보면 왜 이들이 밀접한 관련이 있고, 리더들이 자신의 그룹이나 조직에서 다양성 문제를 다룰 때 왜 두 가지 개념을 모두 다 잘 알고 있어야 하는지 이유를 알게 될 것이다.

다양성. 가장 일반적인 의미로 다양성(diversity)은 '여러 가지' 혹은 '차이(서로 다름)'에 관한 것이다. 다양성이 중요한 이유는 우리가 점점 더 지구촌화된 세계에서 널리 연결되어 살고 있기 때문이다(Hunt, Layton, & Prince, 2015). 연구자들은 여러 방식으로 다양성을 정의하였다(Mor Barak, 2014). 예를 들면, 다양성은 종종 한 집단을 구성하는 사람들이 여러 인종, 성별, 종교가 섞여 있음을 말할 때 많이 사용된다. 해리슨과 신(2006)은 다양성을 "하나의 사회적 단위에 속한 구성원들 간 차이점들의 합계량"(p. 196)으로 정의한다. 다양성 학자 퍼드맨(2014)은 다양성이 어떤 집단이나 조직 안에서 서로 다른 정체성과 문화를 가진 개인들로 구성된 복수의 집단을 나타낸다고 했다. 비슷하게, 헤링과 헨더슨(2015)은 다양성이란 전통적인 집단 구성원과는 어떠한 점에서든 상이한 사람들을 포함하기 위한 정책과 실천을 가리킨다고 했다. 이런 관점에서, 다양성은 구성원 모두의 가치와 스킬을 수용하는 조직 문화를 만드는 것을 뜻한다. 헤링과 헨더슨은 다양성이란 집단 간의 차이를 존중하는 것을 넘어서서 동등성, 공평성, 불평등의 문제를 다루는 것을 포함한다고 주장한다. 공평성에서 대해서는 이 장의 뒷부분에서 더 자세하게 논의할 것이다.

딜로이트와 빌리 진 킹 리더십 이니셔티브가 다양한 배경을 가진 개인 3,700명을 대상으로 한 연구(Dishman, 2015)에 따르면, 밀레니엄 세대(1980~2000년 출생)는 베이비 붐 세대(1946~1964년 출생)와 X-세대(1965~1979년 출생)와는 다른 방식으로 다양성을 정의한다. 밀레니엄 세대는 다양성을 집단 내에서 서로 다른 배경과 관점이 섞여 있는 상태로 본다. 그와 반면에 베이비 붐 세대와 X-세대는 다양성을 모든 집단 구성원을 성별, 인종, 종교, 민족, 성적 지향에 관계없이 공정하게 대하고 보호하는 과정으로 본다. 밀레니엄 세대는 다른 세대에 비해서 공정성의 문제보다는 개인의 독특한 경험, 팀워크, 협력에 더 초점을 맞추는 경향이 있다. 퓨 연구소(2018)의 보고에 따르면 Z-세대(2000년 이후 출생자)가 미국 내에서 가장 인종적·민족적으로 다양한 그룹으로, 48% 이상이 유색인이다. Z-세대는 직장 내 다양성에 대해 더욱 포용적 관점을 가질 것으로 기대되는데, 그 이유는 보다 어린 시절부터 서로 다른 인종들과 문화들에 노출되었기 때문이다.

이 장에서 우리는 다양성을 집단이나 조직에 속하는 구성원 간의 차이점들의 총량이라고 정의한다. 로덴(1996)이 제시한 것처럼, 다양성의 일차적 차원은 연령, 성별, 인종, 정신 및 신체적 능력, 민족, 성적 지향을 포함한다(표 9.1 참조). 이러한

표 9.1 다양성의 차원	
일차적 차원	**이차적 차원**
나이	지리적 위치
성별	군대 및 직장 경험
인종	가족 상태
정신적·신체적 능력	소득
민족	종교
성적 지향	교육 제1언어 조직 내 역할 및 직위 의사소통 및 업무 스타일

출처 : Based on Loden (1996).

핵심 차원들을 사회적 정체성(social identities), 즉 우리가 집단에 소속됨에서 오는 자아 개념의 일부분이라고도 일컫는다(Tajfel & Turner, 1986). 이차적 차원에는 지리적 위치, 군대 및 직장 경험, 가족 상태, 소득, 종교, 교육, 모국어, 조직 내 역할과 지위, 의사소통과 업무 스타일이 포함된다. 다양성의 일차적 차원은 더욱 강력하고 변화가 덜한 반면, 이차적 차원은 변화할 수 있고, 덜 가시적이며, 우리 삶에 미치는 영향력이 더 약하다.

포용성. 포용성(inclusion)은 서로 다른 개인들을 한 그룹이나 조직의 일부로 체화시키는 과정이다. 이것은 남들과 다른 사람들이 자신을 전체의 일부로 느끼는 환경을 조성하는 것이다. 포용성을 보여주는 예를 들자면, 장애를 가진 학생이 정규 학교 수업에 참가하고 받아들여지고 있다고 느낄 수 있도록 편의를 제공하는 것이다. 마찬가지로 포용성이란 다수가 소수의 의견을 수용하고 발언의 기회가 적은 사람들에게 발언권을 주는 것이다. 부이슨(2014)에 따르면, 직장에 포용성이 존재할 때에는 "다양한 배경을 가진 모든 사람이 존중받고, 인정받는다고 느낀다." 그리고 "아무도 조직 안에 자신의 자리가 없다고 생각하지 않을 것이다. 누구도 '나는 어떻게 하지?'라고 묻지 않을 것이다"(p. 299). 더욱이, 퍼드맨(2014)은 사람들이 포용성을 경험하는 것은 개인적으로 잘 대우받고 있다고 느낄 때뿐 아니라, 자신과 정체성을 같이 하는 사람들이 집단으로서 존중받을 여겨질 때에도 그렇다고 시사한다.

포용성의 기본 토대는 셔츠(1958)의 연구에 서술되어 있는데, 그는 포용성을 (통제 및 애정과 함께) 사람들이 대인 관계에서 느끼는 인간의 기본 욕구로 상정했다. 우리에게는 어딘가에 소속되고, 받아들여진다고 느끼고, 다른 사람과 연결되고 싶은 욕구가 있다. 그러나 독특한 개인으로서의 자아의식을 잃을 정도까지 그렇기를 바라는 것은 아니다. 포용성은 자신이 집단의 완전한 일원이라고 느끼면서도 동시에 자신의 정체성을 유지하는 것을 의미한다. 이는 소속감과 고유성 사이의 균형을 요구한다(Shore et al., 2011).

셔츠(1958)의 주장에 따르면, 우리는 남들과 의사소통하는 방식을 통해서 포용성의 욕구를 표현하며, 우리가 '집단 내'에 있고 싶은 욕구와 남들이 '우리를 포용'해주길 원하는 정도가 같을 때 스트레스를 덜 받는다. 이것이 의미하는 것은, 리더가 양팔을 벌려 사람들을 포용해야 하지만, 개인들 간의 차이가 억제되거나 없어지지 않을 정도로 해야 한다는 것이다.

공평성 이 과정에서 한 가지 또 고려할 것은 공평성(equity)이다. 이것은 일부 집단, 특히 인종적 소수자들이 프로그램, 재무적 자원, 일자리에 남들과 동등하게 접근하지 못했던 역사적인 불평등을 인정하는 것이다. 공평성은 개인이 모두 같은 곳에서 출발하지 못한다는 것을 인정한다. 공평성은 **평등**(equality)과는 다르다. 평등은 모든 사람이 동등한 자원을 받고, 교육, 의료 서비스, 일자리에 똑같이 접근할 수 있고, 처음부터 똑같은 대우를 받도록 보장하는 것을 목표로 한다(Streitmatter, 1994). 평등의 관점은 우리 사회에서 사회적 격차를 초래한 차별과 체제적 불평등을 인정하지 않는다.

예를 들어, 예술 분야에서 공평성을 구현하는 가치관, 정책, 실천은 예술 정책 개발에 모든 사람들, 특히 인종/민족, 연령, 장애, 성적 지향, 성별, 성별 정체성, 사회경제적 지위, 지리, 시민권, 종교에 근거해서 제대로 대표되지 못했던 사람들이 대표되도록 보장한다. 또한 접근 가능하고 활발한 표현의 장을 제공하며, 프로그램과 재무적·정보적 자원의 공정한 배분을 포함하여 예술가들을 위한 지원을 제공한다(Americans for the Arts, n.d.).

요컨대, 다양성은 차이를 인정하는 데 초점을 맞추고, 포용성은 그 차이를 수용하는 데 관심을 가지며, 공평성은 역사적으로 불이익을 당한 사람들에게 평등한 자원 접근을 제공하는 것을 목표로 한다. 마이어스(2012)가 적절히 표현한 것처럼, 다양성은 '파티에 초청받는 것'이고 포용성은 '춤을 추자고 요청받는 것'이다(p. 13). 같은 비유를 계속하면 공평성은 모두 다 댄스 레슨을 받을 기회를 갖도록 보장하는 것이다. 리더들은 종종 다양성의 가치를 인정하면서도 다양성을 지원하는 포용적 환경을 조성하는 데 어려움을 겪는다. 다양성 있는 그룹이나 조직을 갖는 것과, 각 개인이 그룹이나 조직 내에서 긍정적인 방식으로 포용되고 충분히 기여할 수 있도록 준비시켜 주는 것은 전혀 별개의 일이다. 이 장의 뒷부분에서는 리더들이 여러 가지 환경에서 다양성을 접근하는 방법을 이해하도록 도와주는 포용성의 구조를 제공한다.

다양성에 대한 접근

다양성의 복잡함을 더욱 잘 이해하기 위해서, 다양성이 과거에 어떻게 다루어졌는지 간략히 설명하고, 이것이 오늘날 다양성의 의미에 어떤 영향을 미쳤는지 논의하겠다. 다양성 문제를 다루는 것은 유독 현재만의 일은 아니며, 모든 세대의 리더들에게 중심 과제의 하나였다.

미국에서 다양성은 민주적 국가 체제의 초석에 있었다. 미국은 원래 다른 곳에서 종교적 박해를 피해서 온 사람들이 만든 나라였다. 자유 추구라는 이러한 이상에 끌려 가치관, 전통, 종교가 모두 서로 달랐던 수많은 이민자 집단들이 미국으로 몰려왔다. 나라가 발전하면서 다양성은 미국 내에서 소외된 사람들의 욕구를 다루는 것도 역시 의미하게 되었다. 선조들이 노예로서 미국에 오게 되었던 아프리카계 미국인과 이미 미국 땅에서 살고 있던 아메리카 원주민들이 이에 포함된다. 심지어 오늘날에도 사람들이 새로 입국하여 정착하고 사회적 풍경을 계속 바꾸어나가면서 미국의 다양성은 계속 변화하고 있다(Healey & Stepnick, 2017). 민주적 국가를 건설하는 것은 다양성에 관련된 문제들을 인정하고 다룸으로써 만 가능한 것이다.

다문화주의(multiculturalism), 집단 간 관계, 사회 내 다양성 등에 관한 많은 글이 쓰였지만, 우리가 이 장에서 소개하는 정보 중 많은 부분은 직장의 영역에서 일어나는 다양성과 포용성에 관한 연구에서 온 것이다. 직장에 한정된 것일지라도, 그 어떤 조직의 리더에게 있어서도 중요한 연구이다. 특히 미국 내 직장의 다양성의 역사적 발전에 관한 연구는 다양성에 대한 관점이 더 넓은 사회에서 어떻게 발전했는지를 반영하기 때문에 더욱 그렇다. 하비(2015)는 직장 내 다양성에 관한 접근법이 세 시기에 걸쳐 변하고 진화했다고 말하는데, 바로 다양성 초기(1960년대와 1970년대), 다양성 존중기(1980년대와 1990년대), 그리고 21세기의 다양성 관리와 포용성(2000년부터 지금까지)이다(표 9.2 참조).

초기 - 1960년대와 1970년대. 이때는 미국의 민권 운동 시기였다. 이 시기 동안 아프리카계 미국인에 대한 차별을 멈추고 미국 헌법에 명시된 법적 권리를 확보하려는 노력이 있었다. 또한 연방정부가 일련의 이정표적 평등 고용 기회 법률을 통과시킨 때이기도 했다. (1) **동일임금법**(1963)은 여성과 남성이 동일 노동에 대해 동

표 9.2 다양성에 대한 관점의 변화

시기	관점	비유	중점
1960년대,1970년대	정부가 불평등 문제를 다룸	용광로	동화
1980년대,1990년대	차이 수용의 이점을 인정	샐러드	차별화(다문화주의)
2000년~현재	서로 다른 의견과 통찰을 존중	스모가스보드	포용(통합)

출처 : Adapted from Harvey, C. P. (2015). Understanding workplace diversity: Where have we been and where are we going? In C. P. Harvey & M. J. Allard (Eds.), *Understanding and managing diversity: Readings, cases, and exercises* (pp. 1-7). Boston, MA: Pearson; Thomas, D. A., & Ely, R. J. (1996, September-October). Making differences matter: A new paradigm for managing diversity. *Harvard Business Review.*

일한 임금을 받아야 한다고 말한다. (2) **민권법**(1964)은 인종, 성별, 민족, 종교, 피부색에 따른 고용상의 차별을 금지한다. (3) **행정 명령**(1961~1965)은 연방정부 자금을 받은 조직이 전에 차별을 받았던 집단들에 속한 사람들을 채용하고 승진시키는 데 발전이 있음을 보여주는 차별 시정 조치 계획을 제출하도록 요구했다. (4) **연령차별법**(1975)은 40세 넘는 노동자가 나이 때문에 직장에서 차별받지 않도록 보호했다.

이 초기 기간 중에 다양성의 초점은 인종이나 성별 때문에 남들과 다르다고 인식되고 차별과 배제의 대상이었던 사람들이 겪었던 '잘못을 바로 잡는 것'에 있었다(Harvey, 2015). 또한 이때는 정부가 조직들로 하여금 직장 내 개인과 집단들 간의 불공평에 대처하도록 강제하기 시작하던 시기였다. 토마스와 일리(1996)는 이 초기 기간은 차별과 공정성에 초점을 두었다고 주장한다. 편견 때문에 특정 인구 집단들은 다른 집단과 동등한 대우를 받지 못했다. 연방정부 명령에 따르기 위해 조직들은 모든 사람이 똑같이 대우받고 누구도 다른 사람보다 불공평한 혜택을 받지 않도록 해야 했다.

이 시기에는 흔히 다양성에 대해서 생각할 때, 많은 것이 하나로 섞이거나 이질적 사회가 동질적으로 되는 것을 비유하여 **용광로**(melting pot)라는 용어를 사용했다. 사회학적으로, 다양성은 서로 다른 문화권에서 온 사람들이 다수자 집단의 관습에 적응하고, 또한 많은 경우 그 관습을 채택하기를 기대하는 동화의 과정으로 생각되었다(Blaine, 2013). **동화**(assimilation)는 다양한 문화권에서 온 사람들을 모아서 단일한 미국 문화를 만들어 내는 과정에 초점을 맞춘다. 힐리와 스텝닉

(2017)은 동화란 흔히 점진적으로 공정하게 다양한 문화가 혼합되는 것으로 생각하지만, 사실은 지배적인 영어와 영국식 문화 스타일 속에 다른 문화들이 녹아들 것을 요구한고 지적한다. 동화는 다양한 개인들이 화합하도록 도와주지만, 소수 문화에 속한 사람은 지배적 문화를 채택하기 위해 자신의 가치관과 전통 중에 많은 것 혹은 대부분을 포기할 것을 요구한다.

다양성 존중기 - 1980년대와 1990년대.   이 시기에는 다양성에 대한 새로운 접근법으로 차이의 수용과 찬양을 강조하였다(Thomas & Ely, 1996). 이 기간의 다양성 접근법은 인종과 성별을 강조하는 것을 넘어서 여러 차원(성적 지향, 연령, 신체 및 정신 능력 등(표 9.1 참조)으로 확대되었다. 공정과 평등을 강조하는 것에 더하여, 조직들은 사회가 점점 더 다문화적으로 되고 있다는 점, 그리고 인력의 다양성을 지지함으로써 경쟁력에서 우위를 가질 수 있다는 점을 인식했다. 학자들의 연구는 직장 내 다양성이 이직률 감소, 창조적 사고 증진, 문제 해결 향상, 의사 결정 개선과 같은 조직의 긍정적 결과와 어떻게 관련되는지에 초점을 맞추었다. 조직들은 다양성이 단순히 공정성의 문제가 아니라 경제적으로도 타당하다는 것을 알게 되었다(Thomas & Ely, 1996).

이 시기의 다양성에 대한 비유는 용광로가 아니라 서로 다른 개인 혹은 문화와 그들 각자의 고유한 특징들이 함께 섞인, 다양한 재료로 구성된 샐러드에 가까운 것이 되었다. 다문화적 접근은 차이를 인정하고 수용한다. 각 개인이나 문화가 조직에 각자 독특하게 기여하는 것들을 강조하고, 차이를 섞어서('녹여서') 단일한 전체로 만들려 하지 않았다(Harvey, 2015). 더욱이 이 시기의 다양성은 다원주의(pluralism), 즉 다른 문화권 사람들이 한 사회의 일부가 되기 위해 자신의 전통과 가치관을 희생할 필요가 없다는 인식을 강조했다. 다원주의는 모든 인종, 계급, 종교, 배경의 사람들이 자신의 정체성, 관습, 전통을 포기하지 않고 하나의 사회에서 공존할 수 있다는 뜻이다. 다원적 사회는 차이를 소중히 여기고 찬양한다.

21세기의 다양성 관리와 포용성 - 2000년부터 지금까지.   이 시기에도 다양성은 조직들과 사회 전반의 주요 관심사로 지속되고 있다. 인종, 성별, 민족, 성적 지향 그리고 다른 면에서의 차이와 관련한 개인 간의 그리고 집단 간의 불평등은 해소되지 않고 있다. 1960년대와 1970년대에 만들어진 법률들이 직장에서의 다양성을 달성하려는 노력에서 여전히 중요한 역할을 하고 있다. 동시에 다문화주의는 오늘날 더 광범위하게 받아들여지고 찬양되고 있다.

다양성에 관해 지난 20년간 새로운 점은 포용적 조직을 만드는 데 중점을 두고 있다는 것이다. 하비(Harvey, 2015)는 오늘날 사람들은 조직과 개인이 다양성으로 혜택을 볼 수 있다는 것을 인식하고 있다고 지적한다. 더욱이 그는 오늘날 다양성은 그 범위가 더욱 넓어지고 관리하기가 점점 더 어려워졌다고 지적한다. 노동자 구성의 변화, 다양한 사회적 정체성을 인정할 필요성, 그리고 포용적 조직 문화 만들고 유지하는 어려움 때문이다. 다양성에 대한 새로운 접근 방법은 사람들 사이의 차이를 인정하고 그 차이를 존중하면서 조직 안에 통합시키는 것이다. 모든 사람들은 자신이 '다름에도 불구하고'가 아니라 '다르기 때문에' 한 팀에 있다고 느낀다(Thomas & Ely,1996).

많은 것을 하나로 녹이는 용광로 또는 차이를 함께 뒤섞은 샐러드와 대조하여, 오늘날의 다양성은 여러 가지 서로 다른 음식들의 독특한 특징을 찬미하는 스모가스보드로 생각할 수 있다. 이런 시각에서 본 다양성은 사람들의 고유한 특징을 받아들이고 즐기며, 사람들이 남들의 편익을 위해 자신의 고유한 특징을 깎아내릴 필요가 없다는 것을 의미한다. 또한 사람들이 더 큰 집단이나 조직의 일부가 되기 위해 자신의 문화적 정체성을 부정할 필요가 없다는 뜻이기도 하다. 다양성이란 조직이 여러 가지 독특한 요소들로 구성되었고, 이 요소들이 종합되어 그 조직을 독특하게 만듦을 뜻한다.

다양성은 조직의 성과에 긍정적인 영향을 미친다. 코미베스와 동료들은 "다양성 있는 집단이 동질적 구성원으로 된 집단보다 생산성이 높고, 품질과 창의성이 더 높은 의사결정을 하고, 환경 변화에 더 잘 적응하고, 집단사고에 덜 빠진다"는 것을 발견했다(Komives, Wagner, & Associates, 2016, p. 118; Johnson & Johnson, 2009).

이 점과 관련하여, 수백 개의 국제적 조직을 대상으로 한 맥킨지의 연구는 다양성이 더 많은 리더십을 갖춘 조직들이 더 좋은 재무적 성과를 낸다고 밝혔다. "성별 다양성에서 상위 25%에 속한 기업들이 업종별 전국 중위 기업보다 재무적 성과가 15% 더 높았다. 인종/민족 다양성에서 상위 25%에 속한 기업들의 재무적 성과는 전국 업종 중위 기업보다 35% 더 높았다"(Hunt et al., 2015, p.1). 이 관계는 상관관계이며 인과관계는 아니다. 그러나 연구에서 알 수 있는 것은 "다양성이 높은 기업은 최고 인재를 얻을 가능성이 높아지고, 고객 지향, 직원 만족도 및 의사결정을 향상시켜서, 결국 이익을 높이는 선순환을 하게 된다"(Hunt et al., 2015, p. 1).

지난 50년간 다양성에 대한 우리의 관점은 바뀌어왔지만, 다양성 문제를 다루어야 하는 사회적 필요성은 변함이 없었다. 현재의 다양성 문제에 대한 접근법은 다양성에 관련된 문제들을 다루는 방법으로서 포용성 과정에 주목한다. 포용성은 서로 다른 문화적 특징을 가진 사람들이 자기 목소리를 내면서 남들과 통합되고 연결된 느낌을 갖도록 하는 것이다(Ferdman, 2014). 다음 절에서는 포용성 과정을 이해하는 구조를 설명한다.

포용성의 개념 틀

사회심리학자 매릴린 브루어(1991)는 개인들에게는 집단의 일원이 되는 것과 관련하여 두 가지 상반된 욕구가 있다고 주장했다. 첫째, 개인들은 동화되고 포용되고 싶은 욕구가 있다. 둘째, 그들은 자신을 집단으로부터 차별화하고 싶은 욕구도 있다. 포용성에 관한 셔츠(1958)의 초기 연구와 유사하게, 사람들은 포용성과 차별화 사이에 최적의 균형을 추구한다.

사람들이 이 두 욕구를 어떻게 균형 잡는지를 더 잘 이해하기 위해 쇼어와 동료들(2011)은 포용성의 개념 틀을 개발했다. 표 9.3에서 보여주는 이 개념 틀은 속함(즉, 포용되기를 원함)의 수준이 고유성(uniqueness)(즉, 자신의 정체성을 유지하려는 욕구)과 어떻게 상호 작용하는지 설명해주며, 그 결과를 4분면으로 보여주고 있다.

배제 사분면(왼쪽 위)은 그룹이나 조직 내에서 소외되거나 제외되었다고 느끼는 개인들을 나타낸다. 그들은 그룹의 일부라고 느끼지 못하고, 존중받는다는 느낌을 갖지 못한다. 조직이 다양한 직원들의 고유한 특징들을 알아보고 존중해주지 않고, 이들을 조직의 내부자로 받아들이지 못할 때 배제가 발생한다. 예를 들면 어떤 은행에서 여성 부행장이 아이디어를 내면 남성 부행장들이 폄하하고, 은행의 전략계획회의에 거의 초대받지 못하는 경우를 들 수 있다. 사실상, 배제는 다

표 9.3 포용성의 개념 틀

	낮은 소속감	높은 소속감
고유성에 낮은 가치 부여	**배제** 작업 그룹 내에서 고유한 가치를 가진 조직의 내부자로 인정되지 않는다. 다른 직원 혹은 그룹이 내부자이다.	**동화** 개인이 조직의/지배적 문화 규범에 순응하고 자신의 고유성을 낮추면 내부자로 대우해준다.
고유성에 높은 가치 부여	**차별화** 조직의 내부자로 대우해주지는 않지만, 개인의 고유한 특징들이 그룹/조직의 성공을 위해 중요하고 필요하다고 본다.	**포용** 내부자로 대우해주고, 작업 그룹 내에서 고유성을 유지할 것을 용인/장려한다.

출처 : Shore, L. M., Randel, A. E., Chung, B. G., Dean, M. A., Holcombe Ehrhard, K., & Singh, G. (2011). Inclusion and diversity in work groups: A review and model for future research. *Journal of Management, 37*(4), 1266.

양성 문제를 다루는 데 완전히 실패했다는 것을 나타낸다.

차별화 사분면(왼쪽 아래)은 독특하고 존중받는다고 느끼지만 동시에 소외되고 내집단의 일부가 아니라는 느낌도 가지는 개인들을 가리킨다. 차별화가 발생하는 것은 조직이 남들과 다른 구성원들의 고유한 특징들을 받아들이고 존중하지만 이들이 조직의 완전한 구성원이 되게 하는 데에는 실패했을 때이다. 예를 들면, 어떤 고객서비스센터가 스페인어 사용 고객이 많아져서 스페인어를 사용하는 직원들을 채용하지만, 이 직원들이 불만 전화 응대에 사용하는 대화법과 같은 조직의 현안에 대한 의견 제시를 요청받지 않으면 차별화가 발생할 수 있다. 다양성이라는 면에서 차별화는 절반만 달성하는 셈이다. 개인의 다름은 인정하면서도 그들을 완전히 받아들이지는 않기 때문이다.

동화 사분면(오른쪽 위)은 내부자이고 조직의 내집단에 속한다고 느끼지만 자신의 고유한 특징들을 조직으로부터 별로 존중받지 못한다고 느끼는 사람들을 나타낸다. 동화의 사례를 들자면, 한 원주민 미국인 대학생이 수업에 100% 참여하고 받아들여지지만 자신의 고유한 유산은 다른 학생들에 의해 인정받지 못하고, 다른 학생들은 그가 자신의 문화유산을 포기하고 지배적 집단 속에 섞여들기를 기대하는 경우가 있을 것이다. 다양성 면에서, 동화는 조직이 팔을 벌려 누구든지 다 받아들이려는 시도를 나타낸다. 그러나 그 조직은 구성원들의 고유성을 인정하는 데 실패한다는 비판을 받을 수 있다. 그들은 남들과 다른 개인들을 받아들이기는 하지만 충분히 존중하지는 못한다.

포용 사분면(오른쪽 아래)은 소속감을 느끼면서 자신의 고유한 신념, 태도, 가치관, 배경 등을 존중받는 개인들을 가리킨다. 이 사분면은 다양성을 다루는 최적의 방식을 나타낸다. 간략히 말하면, 다른 사람들을 받아들이며 동시에 그들에게 소중한 정체성이나 문화적 특색을 포기하도록 요구하지 않고 있는 그대로의 그들을 존중하는 것을 의미한다(Ferdman, 1992). 포용의 사례로 어느 작은 농촌 고등학교 학생들이 그 지역의 가족들과 함께 살러 온 아랍계 난민 출신의 전학생들을 환영하는 경우를 들 수 있다. 학생들은 '국제클럽'을 만들어 새로 온 학생들로부터 시리아어를 배우고, 시리아인 학생들에게는 영어를 가르쳐주고, 서로의 문화에 관해 토의한다. 사회과학 교사는 시리아인 학생 한 명이 자신의 경험에 관해 발표한 것을 토대로 시리아에 대한 연구 프로젝트를 만들어 모든 학생들을 참여시켰다. 또 다른 시리아인 학생은 노래에 재능이 있어서 합창부에 들어갔는데, 합창부 교사는 그에게 고향 나라의 노래 하나를 골라달라고 해서 겨울 합창회에서 부르기

리더십 스냅숏

어설라 번스, 제록스 코퍼레이션 CEO

제록스가 2009년 어설라 번스를 CEO로 지명하자, 이 회사는 포천 500대 기업 중에서 최초로 여성이 연달아서 CEO가 된 회사가 되었다. 번스가 이 220억 달러 기업의 최고위직으로 승진한 것은, 제록스에서 40년도 더 전에 시작한 다양성과 포용성 경영의 증거이다.

1964년 뉴욕주 로체스터에 있는 제록스 본사 부근에서 인종 폭동이 일어나자, 제록스의 설립자 조 윌슨은 흑인 지도자들과 만나서 사람들이 폭동을 일으킨 이유가 취업을 할 수 없기 때문이라는 것을 알게 되었다. 제록스는 그것을 바꾸기로 약속하고, 회사 전반에 지령을 내려 인종 차별을 규탄하고, 소수자 채용을 명령했으며, 매니저에게 자신이 채용한 소수자의 성공을 책임지도록 했다("Xerox a Success", 1991). 뿐만 아니라, 제록스는 로체스터 시 흑인 지역에서 소수자가 소유하고 운영하는 공장에 자금과 컨설팅을 제공했고, 제록스에 부품을 공급하는 이 공장은 지역의 실업자들에게 일자리를 제공해주었다(Friedman & Deinard, 1990).

제록스의 프로그램은 채용 문제를 뛰어 넘어서, 제조실에서부터 중역실까지 모든 층위에서 회사 전반이 다양성과 포용성에 헌신하는 것이었다. 1974년까지 제록스는 소수자 인력을 3%에서 14.6%로 늘렸다(Friedman & Deinard, 1990).

그러나 단순히 흑인 직원을 더 많이 채용한 것만은

아니었다. 회사 전반에 내려진 지령에도 불구하고 제록스의 흑인 사원들은 여전히, 특히 승진에 있어서, 불평등한 대우를 경험했다. 더구나, 흑인 사원들은 백인 사원들이 서로에게 지원, 정보, 멘토링을 공유하는 비공식적 인맥의 일부가 되지 못했기 때문에, 종종 일자리와 승진 기회에 대한 정보로부터 차단되었다. 이 때문에 제록스 내 여러 사업장의 흑인 사원들이 서로의 집에 모여서 비공식적 지원그룹을 이루었다. 이러한 흑인 코커스(본래는 정치 용어로 미국 정당 내 모임 혹은 분파를 의미함-역주) 그룹은 회사 내 흑인 사원에 대한 평등한 동등한 대우를 옹호하고 투쟁할 뿐 아니라, 제록스의 '다양성을 위한 경영' 프로그램의 특징으로 자리 잡게 된 소수자 코커스 그룹들을 만들어냈다.

코커스 그룹들은 자기 옹호 활동을 하며, 소수자들이 사내에서 발전하는 것을 막는 문제점들을 경영진에게 알려준다. 제록스에는 현재 흑인, 히스패닉, 아시아인, 여성, 흑인 여성, LGBT 직원들의 요구에 부응하는 6개의 코커스 그룹이 있다.

1991년까지 제록스는 미국 내 인력의 소수자 비율을 25.7%로 올리는 데 성공했다. 고위 임원들의 소수자 비율은 17%였다. 프로그램은 성과를 거두었지만 아직도 할 일은 많다. 회사의 고위 임원의 8.5%만이 여성이고 소수자와 여성 사원들은 상위 직책보다는 중하위 직책이 더 많다. 아프리카계 미국인인 번스는 1980년에 하계 소수자 인턴십 프로그램의 일환으로 제록스에 채용되었는데, 그가 말하기를 그 시절에는 다양성 프로그램이 "성별에까지 적용되지는 않았다."

"어느 날 보니 아프리카계 미국인 남성들에게는 사정이 나아졌다는 걸 깨달았죠…. 그들은 회사의 리더가 되어 있었습니다. 그러나 어느 인종도 여자들은 매우 적었습니다. 그래서 우리는 '오 맙소사'라고 말한 거죠. 여성 문제에 대해서 무언가 해야겠다고 말입니다"라고 번스는 말한다. "그때 우리가 알게 된 것은 포용성이란 개념은 어느 한 그룹을 포용하는 것이 아니라는 것이었습니다. 어느 한 그룹에만 초점을 맞추면 바로 다른 그룹을 배제하게 되기 때문입니다"(Solman, 2014).

여성 코커스 그룹을 통해서 제록스 경영진은 여성들이 제조 부서들에서 최고위 직책을 맡고 유지하는 것을 가로막는 한 가지 장애물은 경직된 근무교대 스케줄이라는 사실을 알게 되었다. 경직된 스케줄은 자녀들의 주 부양자이기도 한 여성들이 제조 부문에서 일하기 힘들게 만들었다. 경영진은 "여성들이 제조 부문에서 일을 잘 못하는 것이 아니라" 회사가 허용하는 것보다 "더 유연한 근무시간을 필요로 한다"는 것을 알게 되었다고 번스는 말한다(Solman, 2014).

번스는 2017년에 CEO 역할을 내려놓았다. 그가 떠날 때 제록스의 직원 수는 14만 명이었고, 180개가 넘는 국가에서 사업을 펼쳤다. 미국에서는 소수자들이 회사 인력의 31%를 구성한다. 회사의 임원과 매니저 중 19%가 소수자들이다. 여성은 회사 임원과 고위 경영진의 37% 가까이 달한다(Xerox, 2017).

제록스는 복사기 메이커로서 우위에 올랐지만, 디지털 이미징과의 경쟁과 더불어 복사기 시장이 위축하는 것을 목격했다. 그 결과, 제록스는 비즈니스 모델을 극적으로 바꾸었다. 지금은 고객 서비스 분야에서 사업을 하며 더욱 글로벌 지향적인 회사가 되었다. 그 과정에서 제록스는 다양한 문화권, 배경, 경험을 가진 공급자, 고객, 파트너들을 갖게 되었다. 그들과 연결을 가능케 하기 위해 제록스는 먼저 자사 내부에 있는 다양성과 연결되어야 했다.

제록스 임원들은 회사의 다양성 덕분에 제록스가 새로운 시장으로 성공적으로 전환할 수 있었다고 주장한다. 문제점들과 도전 과제들을 다양한 관점에서 접근할 수 있기 때문이다. "문제를 해결하거나 기회를 붙잡는 데에는 세계의 자원들을 더 많이 포함시키는 것이 더 적게 포함시키는 것보다 낫다는 것을 제록스는 예전에 발견했습니다"고 번스는 말한다.

"우리의 전반적인 접근법은 다양성을 갖추는 것이 단지 좋은 일이라고 생각해서 하는 것이 아닙니다. 다양성은 좋은 사업성과를 가져옵니다. 기술회사가 선두를 지키는 방법은 사고방식과 접근법, 배경, 언어, 문화에 있어서 가능한 많은 차이와 넓은 폭을 갖추도록 노력하는 것입니다"(Solman, 2014).

로 하고 연습하고 있다. 가장 중요한 것은 이 학교의 학생들이 받아들여지고, 참여하고, 편안함을 느낀다는 것이다. 그들이 쌓은 우정은 새로운 공동체 의식을 만들어 냈다.

표 9.3에서 보여주는 포용성의 개념 틀은 포용성을 (1) 개인이 남들과 갖는 연결성(즉 소속감)과 (2) 한 사람의 개인성(즉 고유성)이라는 두 가지 요소의 통합으로 설명하고 있기 때문에, 다양성을 다루는 방식들을 이해하는 데 유용하다. 포용성의 개념 틀이 더욱 도움이 되는 점은, **차별화**가 주로 사람들 사이의 차이에 초점을 맞추고 있고, **동화**가 사람들이 전체와 연결되는 것에 주로 초점을 맞추고 있음을 강조해주기 때문이다.

다양성과 포용성의 실제

포용성 실천 모델

포용성은 모든 사람을 그룹 혹은 조직에 통합시키는 데 필수적이므로, 그다음 문제는 포용성 과정이 어떻게 실제로 작용하는가이다.

이 과정을 이해하기 위해 퍼드맨(2014)은 포용성을 개개인의 포용성 경험을 중심으로 한 다차원적 과정으로 취급할 것을 제안한다. 간단히 말하면 포용성은 개인이 그것을 경험할 때 존재한다. 이것은 개인, 그룹, 리더, 조직, 사회를 포함하는 여러 차원에서 이루어지는 포용의 실천의 결과로 발생한다(그림 9.1 참조). 퍼드맨의 체계는 한 차원에서 실천되는 포용이 다른 차원에서 실천되는 포용과 어떻게 연관되는지 보여준다.

그림 9.1에서 모델의 위쪽이 보여주듯이, 한 사회나 공동체가 포용성에 대해 생각하고 다루는 방식은 개인이 그것을 경험하는 방식에 영향을 준다. 예를 들면, 아랍계 미국인 비율이 높은 미시간주 디어본 같은 곳의 시 위원회가 이슬람교에서 신성한 달인 라마단을 인정하는 것을 지지한다면, 디어본의 중동 출신 주민들은 자신들의 무슬림 유산이 존중되고 인정받는다고 느낄 것이다.

모델의 아래쪽으로 이동하면, 조직의 정책과 실천도 역시 포용성 경험에 영향을 미친다. 예를 들면, 소매상점의 신입직원 교육 프로그램이 동성애자, 양성애자, 혹은 성전환자 고객을 받아들이는 것을 장려한다면, 이런 고객들은 이 가게에

그림 9.1 포용성의 체계 : 다차원적 분석 틀

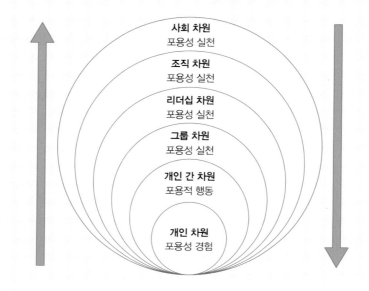

출처 : Adapted from Ferdman, B. M. (2014). The practice of inclusion in diverse organizations. In B. M. Ferdman & B. R. Deane (Eds.), *Diversity at work: The practice of inclusion* (pp. 3–54). San Francisco, CA: Wiley.

서 쇼핑하는 것을 환영받는다고 느끼도록 도와줄 수 있을 것이다.

리더십 차원은 모든 차원에서의 포용성을 촉진하는 데 필수적이며, 리더는 포용적 분위기를 조성하고 구성원들이 포용성 실천에 책임지도록 해야 한다. 예를 들면, 주로 남성들로 구성된 부서의 직원회의에서 부서장이 불만을 품은 여성 직원에게 자신의 의견을 발언할 시간을 준다면, 그 직원은 자신의 의견도 중요하게 여겨진다고 느낄 것이다. 아울러 자기와 다른 의견일지라도 남을 경청하고 그들의 의견을 존중하는 방식을 그룹 구성원들에게 보여주는 모범이 될 것이다.

포용성의 또 다른 형태는 그룹의 차원에서 일어난다. 그룹 구성원들이 "서로 다른 가치관과 관점, 업무 및 학습 유형을 가진 개인들이 그룹에 참여하면서 무엇이 중요하고 집단이 어떻게 기능해야 하는지에 대해 서로 다른 생각을 가질 수 있다는 것을, 그리고 서로 다른 의사소통 스타일을 존중해야 한다"는 것을 적극적으로 인식하지 않으면, 그룹 효과성에 지장을 가져오는 오해를 경험할 수 있다(Komives et al., p. 119).

그룹의 모든 구성원에게 자신의 의견을 발언할 동등한 기회를 주고, 개인의 차이를 인정하고 존중하며, 과업에 대한 협력적 작업을 장려하고, 갈등을 생산적으로 다루는 것을 가능하게 하는 규범을 확립할 때, 그룹에서의 포용성이 촉진된다. 그룹에 속한 사람들에 관한 오래된 격언이 있다. "그룹 때문에 병들고, 그룹 덕분에 낫는다." 포용적으로 기능하는 그룹은 구성원들에게 긍정적으로 작용하며, 해롭지 않다. 구성원들은 받아들여진다고 느끼고, 편안해하며, 자신이 독특하고 존중받으며 활기차다고 느낀다. 이것이 포용적 그룹 실천의 강점이다.

개인 간 차원은 아마 포용성 실천이 가장 흔하게 일어나는 곳일 것이다. 우리는 사람들과의 대인 의사소통을 통하여 우리가 포용되고 싶다는 욕구, 상대방을 포용하겠다는 우리의 의지, 그리고 상대방으로 하여금 우리를 포용하게 할 의향 등을 알린다. 예를 들면, 대학 캠퍼스에 살고 있는 신입생 외국인 학생이 룸메이트가 자기를 파티에 초청해주기를 바라면서도 막상 초청을 받으면 참석할 수 없는 핑계를 댈 수 있다. 그 학생은 포용되고 싶다는 욕구를 표현하지만, 포용이 될 때는 불편해져서 뒤로 물러나고 싶은 것이다. 개인 간 포용성은 상대방의 의견을 묻고 그들이 누구인지 관심을 가지면서도, 그들이 개인으로서 자신의 공간을 유지할 수 있도록 해 줄 때 발생한다.

개인 차원에서의 포용성 경험은 그림 9.1에서 설명하는 개념 틀의 토대이다. 퍼드맨, 바레라, 앨런 및 브엉(2009)은 이 경험을 "개인이 일하는 환경에서, 개인으로서 그리고 특정 정체성 집단의 일원으로서, 안전하고, 신뢰받고, 수용되며, 존경받고, 지지받고, 존중받으며, 충만하고, 참여하며, 진정성 있다고 느끼는 정도"로 설명한다(p. 6). 개인의 포용성 경험은 다른 차원들에서의 포용성 실천에 의해 영향을 받으며, 개인의 포용성 경험 역시 다른 차원들에 영향을 줄 수 있다(그림 9.1 참조).

구조 내 여러 차원에서의 포용성이 다른 차원들에 미치는 영향을 이해하기 위한 예로, 미국에서 동성 결혼이 합법화되어 동성 부부에게도 이성 부부와 똑같은 법적 권리를 부여한 사례를 보자. 이것은 하위 차원에서의 다른 포용성 실천에도 영향을 줄 수 있다. 조직 차원에서는, 이 새로운 법적 지위가 건강 보험이나 가족 휴가와 같은 복지 혜택을 동성 부부에게도 이성 부부와 똑같이 허용한다. 만약 조직의 리더가, 예를 들어 동성 부부가 공개적으로 조직의 행사에 참가하는 것을 격려하거나, 다른 구성원들이 배우자와 함께 하는 식사에 초대하는 등, 동성 부부에 대한 포용성을 실천한다면, 그 리더는 구성원들에게 포용적 행동의 모범을 보여준다. 그룹 차원에서는, 동성 부부가 아이를 입양할 때 직장 동료들이 베이비 샤워(출산을 앞두었거나 아이를 낳았을 때 파티를 열고 선물을 주는 행사-역주)를 주최한다. 개인 간 차원에서는, 직장 동료들이 동성 결혼을 한 동료와 함께 그 배우자에 관해 이야기를 나누면서 여타 직장 동료들과 똑같은 방식으로 유대감을 형성할 것이다. 마지막으로, 이와 같은 포용성이 동성 배우자를 가진 개인으로 하여금 매일 함께 일하는 사람들이 자신의 성적 지향과 결혼을 수용하고 존중한다고 느끼게 해 줄 것임을 우리는 알 수 있다. 결과적으로, 그는 자신의 의견과 조언이 존중받고 있다고 느낄 것이다. 자신의 성적 지향 때문에 남들이 자신을 부정적으로 혹은 상이하게 바라보지 않는다고 느끼기 때문이다. 포용성이 위에서 아래로, 사회와 공동체 차원에서 시작하여 개인 차원에서 끝나는 것이다.

그림 9.1에서 보다시피, 퍼드맨의 체계는 포용성의 영향력이 개인 차원에서 사회 차원으로 거꾸로 올라가는 것을 나타내기도 한다.

동성 부부의 사례는 포용성이 이처럼 위를 향해서 영향을 끼치는 데도 적용된다. 동성 배우자를 가진 개인은 수용되고 존중받는다고 느끼기 때문에 자신과 상이한 사람들과 포용적 행동에 점점 더 참여하게 된다. 동성 부부의 포용적 행동은 모범이 되어 그들이 속한 그룹의 구성원들 사이에 수용과 존중을 촉진할 수 있다. 그룹의 다수가 포용적 행동에 참여하게 되면, 그 영향으로 그룹의 리더들이 구성원들과 동일한 포용성 실천을 채택할 수 있다. 다시금 동성 배우자를 가진 직원의 예를 통해서 설명하자면, 이 직원이 기혼자 동료들과 동일하게 의료 및 휴가 복지 혜택을 받기 원한다고 해보자. 이 직원은 자신의 동성애 관계를 받아들이는 부서의 다른 동료 직원들에게 자기가 원하는 것을 이야기한다. 그 결과, 부서 회의에서 직원들이 회사의 복지 규정을 동성 부부도 포함하는 것으로 변경하자고 부서장에게 제안한다. 부서장은 이 문제를 상사에게 가져가고, 궁극적으로 회사의 오너들에게 전달되고, 오너들은 그 방침을 채택한다. 회사가 동성 부부를 수용하면 결과적으로 그 회사가 운영되는 지역도 회사의 포용성 실천에 의해 영향을 받는다. 회사의 포용성 실천 때문에 더 많은 동성애자 직원들이 그곳에 취업하고, 그 결과 지역사회에도 동성 부부가 늘어날 수 있다. 동성 부부들이 지역사회에서 이

웃으로, 친구로, 주민으로 참여하게 되면서, 그들 주변의 사회에서 동성애 관계가 더 수용되고 존중될 것이다.

이 사례는 포용이 여러 차원에서 일어날 수 있고 또한 일어나야 한다는 것을 보여준다. 그러나 리더가 수행해야 하는 과제는 구성원들 사이에 포용심을 조성하고 다양성과 포용성에 대한 조직의 접근에 영향력을 행사하는 것이다. 다음 절에서는 리더가 이런 일을 하는 데 도움이 되는 몇 가지 실천 방안을 논의한다.

다양성과 포용성을 증진시키는 리더십 실천 방안

퍼드맨과 동료 학자들(2014, 2009, 2011)이 개발한 작업 그룹에서의 포용성을 측정하기 위한 설문은 포용성 경험의 여섯 가지 핵심 요소를 포착했다(표 9.4 참조). 이 요소들은 포용성의 재료와 같은 것이다. 구성원들은 이 요소들을 경험할 때 자신이 포용되었다고 느낀다. 이 요소들은 리더들이 사람들에게 포용성을 제공하기 위해서 해야 하는 행동과 의사소통의 훌륭한 청사진을 제공해 준다.

1. 안전하다고 느끼기

개인들이 안전하다고 느끼게 하려면, 리더가 구성원들을 위협적이지 않은 방식으로 대하는 것이 중요하다. 한 개인이 남들과 다르다고 느끼는 상황에서 리더가 하는 핵심적 역할은 그 사람의 생각이 남들과 달라도 자신이 물리적으로나 심리적으로 해를 입지 않을 것이며, 남들과 다른 생각을 표현해도 비웃음이나 비난을 받지 않을 것이라고 알려 주는 것이다. 개인이 다수 의견과 정반대 의견을 가져도, 그는 부정적 반향을 겪지 않을 것이라고 안심할 수 있다. 이것은 괴롭힘의 의혹이 제기되는 상황에서는 특히 중요한데, 피해자는 상사가 자신을 믿어주지 않을까 봐, 가해자에게 아무런 조치를 취하지 않을까 봐, 또는 '말썽꾼'으로 보일까 봐, 그런 행동을 보고하기를 주저하기 때문이다. 리더는 구성원들 모두가 자신이 전체의 일부라고 느낄 수 있는 방식으로 각 구성원들과 의사소통할 필요가 있다. 각 개인들은 자신의 독특성 때문에 그룹에서 거부되지 않을 것이라고 알고 있을 때, 안전하다고 느끼게 된다.

2. 관여하고 참여하고 있다고 느끼기

안전하다는 느낌에 더하여, 관여하고 참여하고 있다는 느낌에서도 포용성이 발생

	표 9.4	포용성 경험의 요소

요소	예시
1 안전하다고 느끼기	• 나는 구성원들이 물리적으로, 심리적으로 안전하다고 느끼도록 돕는가? • 나는 구성원들이 집단의 완전한 일원이라고 느끼도록 돕는가? • 나는 구성원들이 부정적 반향에 대한 염려 없이 반대 의견을 표현하도록 돕는가?
2 관여하고 참여하고 있다고 느끼기	• 나는 구성원들을 완전한 참가자, 즉 내부자로서 대하는가? • 나는 구성원들이 일할 수 있도록 정보와 자원에 대한 접근권을 주는가? • 나는 구성원들이 우리 팀의 일부라고 느끼도록 돕는가?
3 존중받는다고 느끼기	• 나는 내가 대접받기 원하는 것처럼 구성원들을 대하는가? • 나는 구성원들에게 내가 그들을 신뢰하고 마음을 쓴다는 것을 알려 주는가? • 나는 사람들을 소중한 집단 구성원으로서 대하는가?
4 영향력 있다고 느끼기	• 나는 구성원들의 생각과 관점이 집단에 영향을 줄 수 있도록 하는가? • 나는 구성원들이 의사 결정에 참여하도록 하는가? • 나는 중요한 이슈에 대해 구성원들의 관점을 경청하는가?
5 진정성 있고 온전하다고 느끼기	• 나는 구성원들이 그룹 안에서 진정으로 자신이 되도록 허용하는가? • 나는 구성원들이 그룹 안에서 완전히 솔직할 수 있다고 알려 주는가? • 나는 구성원들이 정직하고 투명하도록 장려하는가?
6 다양성을 인정하고, 챙기고, 존중하기	• 나는 모든 구성원을 차별 없고 공정하게 대하는가? • 나는 구성원들에게 내가 그들을 신뢰하고 마음을 쓴다는 것을 알려 주는가? • 나는 구성원들이 정직하고 투명하도록 장려하는가?

출처 : Adapted from Ferdman, B. M. (2014). The practice of inclusion in diverse organizations. In B. M. Ferdman & B. R. Deane (Eds.), *Diversity at work: The practice of inclusion* (pp. 3-54). San Francisco, CA: Wiley.

한다. 구성원들이 이런 느낌을 갖도록 도와주는 것이 리더들에게는 하나의 도전이며 보람이기도 하다. 관여하고 참여하고 있는 구성원들은 생산성과 만족도가 더 높기 때문이다. 이러한 구성원들은 주변의 기운을 북돋는다. 문화적 차이는 구성원들이 그룹 내에서 남들에게 어떻게 인식되는지에 영향을 줄 수 있다. 예를 들면, 어떤 문화권 출신 직원들은 자기 발언을 잘 하지 않거나 집단 프로젝트에 기여를 덜 하고, 따라서 다양한 구성원들이 있는 팀에서 간과되거나 능력이 약한 팀원으로 간주될 수 있다. 그들의 출신 문화에서 공개적으로 반대하는 것을 불손하게 여기거나 여자가 남자의 의견에 따르기를 기대하는 등의 겸양하는 규범이 강하다면, 그들은 생각을 나누거나, 자기주장을 하거나, 그룹의 생각에 반대하는 것이 불편할 수 있다.

리더는 개인들이 그룹의 노력에 참여하고 몰입하도록 돕는 방법을 찾아야 한다. 개인이 자신의 일을 좋아 하고, 자유롭게 참여하고, 팀의 일원임을 즐기면, 그는 점점 더 관여하고 참여하고 있다고 느낄 것이다. 제6장에서 논의한 것처럼, 사람들의 강점을 인정하는 것은 리더가 구성원들의 참여를 장려하는 훌륭한 방법이다. 이에 더하여, 리더는 구성원들을 내부자, 즉, 조직 내에서 벌어지고 있는 일들을 알 자격이 있는 중요한 사람으로 대해야 한다. 리더는 정보를 자유롭게 공유하여 구성원들이 그룹이나 조직의 활동에 완전한 참가자처럼 느끼도록 해야 한다. 사람들은 자신이 그룹의 완전한 일원이고 자신의 참여가 중요하다는 것을 알고 있을 때 자신이 관여하고 참여하고 있다고 느낀다.

3. 존중받는다고 느끼기

"내가 대접받기 원하는 것처럼 남을 대접하라"는 황금법칙은 리더가 구성원들이 존중받는다고 느끼게 할 수 있는 방법의 핵심이다. 리더가 자신을 구성원의 입장에 놓고 보면, 인정받고 가치 있고 필요한 사람으로 여겨진다는 것의 의미를 실감할 수 있다. 우리는 어느 누구도 단정적 평가나 고정관념의 대상이 되거나, 비웃음 받거나, 고립되거나, 부정이나 무시를 당하거나, 하찮게 여겨지는 것을 좋아하지 않는다. 구성원들은 자신이 그룹에 소속되고 연결되기를, 리더가 자신을 믿어주고 챙겨 주기를, 그리고 자기가 그룹의 필수적 일부분이라고 느끼기를 바란다.

4. 영향력 있다고 느끼기

포용성 경험에 기여하는 또 하나의 요소는 영향력을 갖고 있다는 느낌이다. 우리는 모두 쟁점이 되는 사안들에 대해 고유한 생각과 입장을 갖고 있다. 사람들은 자신의 생각을 표현하고 남들이 그것을 경청해 줄 때 자기가 존재함을 그리고 의미 있음을 느낀다. 개인이 직원회의에 참가했을 때 남들이 그의 의견을 경청하면, 그는 자신이 의미 있다는 느낌을 갖는다. 만일 그 의견이 그룹의 방향에 영향을 미친다면, 정말로 자신이 의미 있다는 느낌을 갖게 할 것이다. 우리는 모두 영향력을 갖고 싶어 하며, 자신의 독특한 스타일을 발휘하고 싶어 하고, 세상에 관여하고 우리의 노력이 무언가 의미 있기를 원한다.

리더들에게 결정적으로 중요한 것은 구성원들이 영향력에 대한 욕구, 즉 남에게 영향을 주는 방식으로 자기를 표현하고자 하는 욕구를 갖고 있음을 인정하는 것이다. 유능한 리더가 구성원들이 영향력 있다고 느끼도록 만들어주는 것은 구성원들이 경청되고 영향을 주기를 바란다는 것을 인정할 때이다. 구성원들이 조직의 중요한 토의에 참여하게 하고 그들의 의견과 제안을 실질적이고 가치 있는 것으로 인정하면 구성원들은 영향력 있다고 느낄 수 있다. 구성원들이 영향력 있다고 느끼게 하는 또 다른 방법은 그들을 그룹의 의사 결정에 참여시키는 것이다. 구성원들이 결정에 참여할 수 있게 되면, 그들은 의미 있다는 느낌과 주체성을 느낀다. 주체성을 갖는다는 것은 과정에 영향을 미치고, 살아 있음과 영향력을 느낀다는 것이다. 주체성을 가짐으로써 구성원들은 포용되었다고 느끼게 된다.

5. 진전성 있고 온전하다고 느끼기

어떤 그룹이나 조직에도 그 그룹이나 조직의 사명, 규범, 가치관에 동화하라는 어느 정도의 압력은 언제나 있기 마련이다. 이런 압력은 구성원들에게 긴장을 조성하는데, 그룹에 받아들여지기 위해 개인 혹은 개인이 동일시하는 집단의 고유한 특징들을 감추거나 줄일 필요가 있기 때문이다. 예를 들면, 디트로이트에 있는 포드 자동차 공장의 노동자로 받아들여지기 위해, 어떤 사람은 자신이 외국산 차를 운전한다는 사실을 감추려 할지도 모른다. 또는 파트너의 부모가 매우 진보적이고 총기 권리에 관한 전국총기협회의 입장에 반대한다면, 자신이 열렬한 사냥꾼이고 오랫동안 전국총기협회 회원이라는 점을 밝히고 싶어 하지 않을 수 있다.

자기 자신이고 싶어 하는 것과 그룹의 일부가 되고 싶어 하는 것 사이의 이런 긴장은 진정하고 온전하다고 느끼는 것에 역효과를 낳을 수 있다. 구성원들의 이런 긴장에 대처하기 위해서 리더는 개인들이 편안하게 느끼는 선에서 최대한 솔직하고 투명해질 수 있는 분위기를 조성할 수 있다. 투명하고 진정한 자신이 되려면, 구성원들은 리더로부터 신뢰받는 느낌을 가져야 한다. 리더는 서로 완전히 투명한 것이 처벌받지 않고 보상받는 환경을 만들어야 한다. 이런 환경의 그룹이나 조직에 있을 때 우리는 고유하면서 동시에 연결되어 있다고 느낀다. 더 큰 단체에 동화되기 위해서 자아의식을 잃도록 요구받지 않는 상황인 것이다.

예를 들어, 소규모 사립대학에 다니는 앤지는 혼혈인이지만 피부색이 매우 밝기 때문에 동료 학생 대부분은 그가 백인이라고 생각한다. 그가 캠퍼스 활동에 매우 적극적이지만, 그의 인종은 거의 화제에 오르지 않고, 앤지는 이에 관해 다른 학생들과 이야기할 필요를 느끼지 않는다. 다만 그는 학생들이 민족을 근거로 편견이나 고정관념에 사로잡힌 말을 들으면 자신의 의견을 밝히고 싶을 때가 많지만, 그렇게 하지는 않는다. 최근 학교 총장이 앤지에게 유색인 학생 대표로서 학교의 인종차별반대위원회에 참여해달라고 부탁했다. 앤지는 망설이고 있다. 그러면 자신의 인종을 공개하게 되고, 일부 다른 학생들이 그를 대하는 방식을 바꿀지도 모르기 때문이다. 그러나 그는 위원회에 참여하면 자기 자신에게 더 진실한 것임을 알고 있다. 자기가 캠퍼스에서의 일부 인종차별적 태도에 변화를 일으킬 수 있기 때문이다. 총장은 앤지에게 자신의 고유한 다인종적 관점을 남들이 인정하는 것의 중요성에 대해서 오랫동안 이야기하며, 남에게 진정하고 투명하게 자신을 드러내도록 격려했다. 총장은 앤지가 이미 캠퍼스 커뮤니티에서 매우 존경받고 활동적인 멤버이기 때문에, 다른 학생들이 인종차별에 대한 변화를 수용하는 데에도 영향을 미칠 것으로 믿는다고 말했다.

6. 다양성을 인정하고, 챙기고, 존중하기

포용성 경험의 마지막 요소는 리더와 다양성에 직접적으로 관계된다. 어떤 그룹이나 조직에서든 사람들은 공정하게 대우받고 싶어 하며, 자신의 사회적 정체성 혹은 자신이 속한 사회 집단의 정체성 때문에 차별받고 싶어 하지 않는다. 연구에 의하면 다양한 그룹 구성원들을 모아서 협력 작업을 할 때, 이들의 사회적 정체성을 인정하는 것이 중요하다. 직원들은 자신의 사회적 정체성(인종, 국적, 성별 정체성 등)에 대해 공개적으로 이야기하고, 자신의 정체성과 그로부터 오는 고유한 관점들을 찬양하고, 그룹 구성원들이 가진 다양한 배경과 스킬이 상호 간에 유익할 수 있는 방법을 함께 논의할 수 있어야 한다(Hofhuis, van der Rijt, & Vluf, 2016; Ospina & Foldy, 2010).

조직 내에서 다양성을 이해하고 수용하는 리더십을 갖는 것은 혁신을 위해서 매우 중요하다. "리더십이 다양성을 타고나거나 습득하지 못한다면, 또는 '스피크업(speak up, 발언하는–역주)' 문화를 조성하지 못하면, 장래성 있는 아이디어가 별로 시장에 나오지 못할 것이다. 여성, 소수 민족, 성적 소수자, Y세대에서 나오는 아이디어는 별로 지지받지 못한다. 56%의 리더들은 자신이 개인적으로 그 필요성을 느끼지 않는 아이디어는 중요하게 여기지 않기 때문이다. 이런 생각은 조직의 리더 중 대다수가, 예를 들어 백인 남성에 이성애자일 경우 또는 서로 비슷한 교육과 사회경제적 배경 출신이라면, 조직을 질식시킬 수 있다. 간단히 말하면, 조사 자료가 보여주는 것은 동질성이 혁신을 억누른다는 것이다"(Hunt et al., 2015, p. 13).

리더로서 우리는 모든 구성원들에게 공정한 마음과 개방적 자세로 대할 책임이 있다. 그러나 다양성을 다루는 일은 공정성만의 문제가 아니다. 설사 갈등을 낳더라도, 차이를 인정하고 충분히 받아들이는 것이기도 하다. 리더는 차이로 인한 갈등을 당사자들에게 상호 유익한 방식으로 해결해야 한다. 마지막으로, 리더는 사람들이 다양한 방식으로 서로 다르다는 것을 인정하고, 한 사람 한 사람 모두의 개성을 존중하는 데 주의를 기울일 필요가 있다.

다양성과 포용성의 수용을 막는 장애물

불행하게도, 리더는 다양성과 포용성을 성공적으로 수용하려는 노력을 흔히 방해하는 장애물에 부딪힐 수 있다. 개인과 조직 양쪽의 차원과 조직 차원에서 발견할 수 있는 이 다섯 가지 장애물은 바로 자민족중심주의, 편견, 무의식적 선입견, 고정관념, 특권이다. 리더가 조직에서 효과적으로 다양성과 포용성을 개발하려면, 반드시 이 장애물들에 정면으로 맞서야 한다.

자민족중심주의

자민족중심주의(ethnocentrism)는 말 그대로 개인이 타인과 세계를 관찰할 때 자신의 (민족적, 인종적, 문화적) 집단을 그 중심에 놓는 경향이다. 자민족중심주의는 자신의 문화가 타인의 문화보다 낫거나 더 당연하다는 인식이다. 사람들은 자기 자신의 신념, 태도, 가치관에 타 집단보다 더 높은 우선순위와 가치를 부여하는 경향이 있기 때문에 타인의 고유한 관점을 인정하지 못하는 경향이 있다. 자민족중심주의는 보편적 경향이며 우리는 각자 어느 정도는 자민족중심적이다.

자민족중심주의는 사람들이 자신과 다른 문화권 출신 사람들을 주관적 또는 비판적으로 평가하는 인식의 창이다(Porter & Samovar, 1997). 예를 들면, 일부 미국인들은 미국의 민주적 원칙들이 다른 나라의 정치적 신념보다 우월하다고 생각한다. 이들은 종종 타 문화들의 복잡함을 이해하지 못한다. 자민족중심주의 때문에 우리는 우리 자신의 문화적 가치와 일하는 방식이 올바르고 당연하다고 생각하는 경향이 있다(Gudykunst & Kim, 1997).

자민족중심주의는 효과적인 리더십에 중대한 장애가 될 수 있다. 타인의 관점을 충분히 이해하거나 존중하는 것을 막기 때문이다. 예를 들어, 어떤 사람의 문화가 개인의 성취를 중요시한다면, 그 사람은 집단(즉, 여러 사람이 전체로서 함께 일하는 것)을 강조하는 문화권 출신 사람을 이해하기 어려울 수 있다. 마찬가지로, 권위의 존중을 강하게 믿는 사람이라면 권위에 도전하거나 권위 있는 사람의 의견을 쉽게 따르지 않는 사람을 이해하기 힘들 것이다. 자민족중심주의가 강할수록 우리는 타인의 문화적 전통이나 관습에 덜 개방적이고 관대하게 된다.

숙련된 리더는 자민족중심주의와 연관된 문제들을 피할 수 없다. 리더는 자신의 자민족중심주의를 인식할 줄 알아야 할 뿐만 아니라, 타인의 자민족중심주의 역시 이해하고 어느 정도는 감수해야 한다. 사실은 이것은 리더가 균형을 잡아가야 하는 문제이다. 한편으로는 자신의 일처리 방식에 자신감을 갖고 독려할 필요가 있고, 또 한편으로는 타 문화권 방식이 갖는 타당성에도 민감할 필요가 있다. 능숙한 리더는 자민족중심주의를 극복하려는 것과 자신의 문화적 가치를 고수할 때를 아는 것 사이의 섬세한 경계선을 타고 다닐 수 있다.

편견

자민족중심주의와 밀접한 관계에 있는 것이 편견이다. 편견(prejudice)이란 다른 개인이나 집단에 대하여 개인이 가지고 있는, 잘못되거나 입증되지 않은 정보에 근거하며 대체적으로 고착된 태도, 믿음, 혹은 감정이다. 편견은 우리가 기존의 결정이나 경험에 근거하여 타인에 관하여 내리는 판단을 가리키며, 변화나 반대 증거에 저항하는 완강한 일반화를 수반한다(Ponterotto & Pedersen, 1993).

편견은 흔히 인종이나 민족성의 맥락(예를 들어, 유럽계 미국인 대 아프리카계 미국인)에서 생각되지만, 성별, 연령, 성적 지향, 다른 독립된 맥락에도 적용된다. 편견은 긍정적인 경우(예를 들면, "스위스 사람들이 스키를 제일 잘 탄다"와 같이, 충분한 근거 없이 다른 문화를 높이 평가하는 것)도 있지만, 대개는 부정적이다 (예를 들면, "여자는 너무 감정적이다").

자민족중심주의와 마찬가지로 우리는 모두 어느 정도 편견을 가지고 있다. 우리가 가진 편견은 때로는 불완전하게 고착된 우리의 태도를 흔들리지 않고 일정하게 유지할 수 있도록 해 준다. 때로는 익숙한 방식으로 타인을 관찰하는 구조를 제공함으로써 사람들의 불안을 줄여주기도 한다. 편견이 야기하는 주요 문제 중 하나는 그것이 타인 지향적이지 않고 자기 지향적이라는 것이다. 편견은 타인을 희생하여 나의 균형을 유지시키도록 도와준다. 게다가 편견적 태도는 남들의 다채로운 면모와 특징들을 알아보는 능력을 제한하는 장막을 형성하기 때문에 타인에 대한 이해를 방해한다. 편견은 종종 타인에 대한 조악하고 비하적인 언사 속에서 드러난다. 자민족중심주의와 편견은 둘 다 타인의 경험을 이해하고 인정하는 우리의 능력을 방해한다.

자신의 편견과 싸우는 데 더하여, 리더는 구성원들의 편견을 다뤄야 하는 도전에 직면한다. 그들의 편견은 리더 자신 혹은 리더의 문화에 대한 것일 수 있다. 또한 구성원들이 문화적으로 다른 몇 개의 집단에 속해 있어서 서로에 대한 편견을 가지고 있는 경우도 드물지 않다. 편견은 특정 집단들이 다른 집단들에 대해서 우위를 차지하는 결과를 낳을 수 있으며, 또한 차별적 행동, 정책, 관행의 패턴이 조직의 일부가 되어 차별당하는 사람들에게 영구적으로 불리한 조건이 지속되는 체제적 차별(systemic discrimination)을 초래하기도 한다. 체제적 차별은 한 산업이나 직종 혹은 지리적 영역 전체에 광범위한 영향을 미칠 수 있다.

숙련된 리더는 자기 조직 내에 체제적 차별이 존재하는지 생각하고, 인식하고, 대처할 필요가 있으며, 다양한 차이를 보여주는 구성원들과 집단들을 데리고 포용성을 형성하는 방법들을 찾아야 한다.

선입견

사례 연구 6.2에서 우리는 카산드라 브레네 브라운이 뉴올리언스에서 학교에 다니던 어린 시절, 흑인 반 친구들의 생일 파티에는 자주 초대받았지만 백인 반 친구들 파티에는 그렇지 못했다는 것을 배웠다. 그 이유는 초대할 아이들을 부모들이 결정했는데 이들은 학급 명부를 보고 인종이 드러나 보이는 이름의 아이들을 초청했기 때문이었다.

이것은 **선입견의 좋은 사례이다. 암묵적 편견**이라고도 하는 선입견(unconscious

bias)은 우리가 그렇게 하고 있다고 의식적으로 알지 못한 채 사람들에 대한 태도나 고정관념을 갖는 것을 가리키는 용어이다. '암묵적' 생각과 느낌은 우리가 미처 인식하지 못하거나 그 성질에 대해서 오해하고 있다는 것을 뜻한다. 때로는 이런 암묵적 태도가 우리 명시적으로 믿는 것과 상충하기도 한다(Devine, 1989). 연구에 의하면 선입견은 자동적으로 발생하며, 뇌가 우리의 개인적 배경, 경험, 기억, 문화적 환경의 영향하에 사람 및 상황에 대한 재빠른 판단과 평가를 내릴 때 유발된다(Byyny, 2017). 선입견은 어떤 사람에게는 유리하지만 다른 사람에게는 불리한 결과를 초래할 수 있다.

예를 들어, 채용 심사를 하면서 우리는 무의식적으로 우리와 연령, 성별, 민족이 비슷하거나, 같은 지역에서 살았다거나, 같은 학교를 다녔다거나, 근무 경력이 비슷한 후보를 면접자로 선택할지도 모른다. 선입견의 가장 흔한 예시 중에는, 백인들에게 흑인이 종종 범죄를 연상시키면서도 자신이 그런 연상을 하고 있음을 깨닫지 못한다는 것을 보여주는 연구들이 있다(Oliver, 1999).

편견에 대한 앞의 논의에서와 마찬가지로, 리더는 자기 자신의 선입견뿐 아니라 구성원들의 선입견도 인식하는 것이 매우 중요하다. 선입견을 확인하는 한 가지 방법은 그린왈드, 바나지 및 노섹이 개발한 '암묵적 연상 테스트(Implicit Association Test, IAT)'와 같은 진단 도구를 통해서이다(Blindspot, 2017). IAT는 인종, 무기, 몸무게, 나이, 성별, 직업, 피부색을 포함하는 몇 가지 영역에서 개인이 가진 암묵적 편견을 측정한다. 하버드의 프로젝트 임플리시트(Project Implicit) 웹사이트(https://implicit.harvard.edu/implicit)에서 무료로 IAT 온라인 진단이 가능하다.

선입견에 대해 알고 대처하는 또 한 가지 방법은 다른 사람들, 특히 사회적으로 다른 집단에 속한 사람들과 논의하는 것이다. 자신의 선입견을 공유하는 것이 남들도 안심하고 자신의 선입견을 탐색하는 데 도움을 줄 수 있다. 선입견 문해력 증진을 위한 토의와 훈련이 선입견을 최소화하는 데 효과적임이 입증되었고, 선입견 교육을 실시하면 직장에서 선입견의 영향을 감소시킬 수 있다(Carnes et al., 2012).

선입견은 유연한 것이어서, 새로운 연상관계를 개발하고자 의도적으로 관심과 시간을 들이면 변화시킬 수 있다. 이를 위해서는, 행동하거나 의사 결정을 하기 전에 혹시 선입견이 개입되지 않았는지 시간을 들여 의식적으로 생각해볼 필요가 있다. 고정관념과 차별을 줄이기 위한 최소한의 개입도 효과가 있다는 근거가 존재한다(Byyny, 2017).

고정관념

고정관념(stereotype)이란 개인의 고착된 믿음으로, 한 가지 비슷한 특징을 가진 사람들을 서로 닮은 한 무리로 분류하는 것이다. 고정관념은 복잡한 정보에 반응하여 그것을 일반화하거나 포괄적 범주로 묶음으로써 의미를 만들어내도록 해준다. 정보를 신속하게 처리하는 한 가지 방법인 것이다.

　고정관념은 한 무리의 사람들을 각 개인들의 독특성을 인정하지 않고 모두 똑같다고 치부하는 것이다. 모두 똑같다고 딱지 붙이는 것은 일부 개인들에게 있어서는 사실이 아닌 것을 그렇다고 가정하는 결과를 초래한다. 고정관념은 정보를 일반화하는 방법을 제공하지만 그 과정에서 '과잉일반화'가 일어날 수 있으며, 개인들에게 해당되지 않는 특징이나 성질을 가졌다는 딱지가 붙을 수 있다. 예를 들면, "야간근무 노동자들은 게으르다"라고 말하는 것은 그 시간대에 일하는 모든 노동자를 게으르다고 특징짓지만, 실제로는 한두 명에게만 해당되는 것일 수 있다. 자신이 가진 인식이나 정보를 바탕으로 특정 민족 혹은 문화의 일원들에 대해 고정관념을 적용한다면, 그 집단의 일부에 대해서는 맞을지 모르나 모두에 대해서는 맞지 않을 것이다.

　고정관념이 조금은 유용할 수도 있다. 고정관념은 타인에 관한 부분적 정보를 제공해주기 때문에 어떤 상황에서는 불확실함을 줄여줄 수 있다. 예를 들면, 여러분이 뉴잉글랜드 패트리어트 팀 팬인데 이 팀의 셔츠를 입고 있는 사람들을 발견한다면, 패트리어트 팀의 경기에서 그 사람들 옆에 편한 마음으로 앉을 수 있다. 입은 옷에 근거해서 그들이 자기와 같은 것들을 믿는다고 미리 단정하기 때문이다. 이와 비슷하게, 만약 네덜란드 계통의 부모에게 새로 사귀는 파트너가 '훌륭한 네덜란드 여자'니까 마음에 들 거라고 말한다면, 이것은 긍정적인 고정관념을 이용하여 파트너에 관한 일정한 정보를 부모에게 주는 것이다. 이러한 고정관념은 제한된 정보만 제공하기 때문에, 곧바로 "그것 말고 어떤 사람인지 좀 더 말해봐"와 같은 의문을 제기하게 만들 것이다. 각 개인은 고정관념을 훨씬 더 넘어선 존재이다. 그러므로 우리는 항상 우리가 내리는 정신적 평가에 의문을 갖고 모든 사람의 고유한 특징을 찾아야 한다.

리더들에게 고정관념은 다양성과 포용성에 대한 장애물이다. 고정관념은 개별 구성원들을 하나의 단일한 유형으로 분류하여 리더가 각 개인의 고유한 장점과 자질을 알아보지 못하게 하기 때문이다. 고정관념은 정신적 지름길이기 때문에, 리더는 개별 구성원에 대해 더 깊이 있게 생각하는 것을 피하게 된다. 예를 들면, 세 개의 수업을 가르치는 대학 교수가 각 수업에서 일부 학생들과의 경험을 바탕으로 한 수업은 '좋은 수업', 다른 둘은 '나쁜 수업'이라고 딱지 붙인다면, 그 고정관념에 의해서 '나쁜' 수업의 개별 학생들이 가진 많은 좋은 점들, 그리고 '좋은' 수업의 학생들이 가진 부정적인 점들을 보지 못하게 될 것이다.

고정관념은 리더가 구성원들을 어떻게 대우하는가에 중요한 영향을 미친다. 구성원들을 포용하고 이들을 완전히 수용하려면, 리더가 구성원 한 사람 한 사람의 개별적이고 미묘한 차이에 주의를 기울이고 개방적일 필요가 있다. 예를 들어, 제인 도우가 포용되기 위해서는 성별을 인정하는 것보다 더 많은 것이 필요하다. 그가 아이 넷이 있는 싱글 맘, 파트타임 대학생, 이라크 전쟁에서 남편을 잃은 아내, 그리고 유방암으로 투병 중인 여성이라는 것을 이해해야 하는 것이다. 제인 도를 여성으로 분류하는 것은, 그가 처한 독특한 상황을 정확하게 설명하는 데 완전히 실패한다. 리더가 구성원들에게 대해 고정관념을 갖는 것은 그들을 좁은 범위 속에 넣어서 단순하고도 공허한 딱지 밑에 가둬버리는 것이다.

특권

포용성에 대한 마지막 장애는 특권이다. 특권(privilege)이란 개인이나 집단이 나이, 인종, 민족, 성별, 계급 또는 다른 문화적 차원을 바탕으로 누리는 우위로서, 그것을 가진 쪽이 갖지 않은 쪽에 권력을 행사하게 해준다. 특권은 일부 사람들이 다른 사람들과 비교하여 가지는 불공평한 우위라고 말하기도 한다. 그것이 존재하는 상황에서 특권은 타인을 배제하고 불리한 입장에 놓는다. 예를 들어, 전 세계 여러 국가에서 지배 계급의 특권을 가진 사람들은 가난한 사람들에 대해 정치적·경제적·사회적 권력을 갖고 있으며, 빈곤 계층은 착취당하고 자신들의 상황을 뛰어넘을 기회를 갖지 못한다. 또 다른 예를 들자면, 미국에서 짐 크로 법이 존재했던 시절에는 특권을 지닌 백인 시민들이 흑인 시민에 대해 권력을 가졌고, 그 결과 흑인 시민들은 고용과 경제에서 교육에 이르기까지 모든 면에서 큰 고통을 겪었다. 특권은 그것을 가진 사람에게는 인식되지 않는 경우가 많지만, 갖지 않은 사람에게는 매우 잘 보이는 편이다.

특권은 포용성을 가로막는 장애물이기 때문에, 리더는 자기 성찰을 통해 자신이 구성원을 포함한 남들과 비교하여 어떤 식으로든 특권을 가지지 않는지 알아내야 한다. 리더십 상황에서는 리더와 구성원 간의 권력 차가 있기 때문에, 리더는 흔히 자신이 갖고 있는 특권을 알아차리지 못하곤 한다. 게다가 특권 문제는 그것을 갖지 않은 사람이 다루기에는 매우 어려울 수 있다. 리더는 자신이 가진 권력을 약화하고 싶지 않기 때문에 특권이 있다는 것을 부인하거나 인정하지 않을 수 있기 때문이다.

특권을 가진 사람들은 때로는 자신이 가지고 있는 지위와 권력이 특권이 아니라고 주장한다. 오히려 그들은 그것이 자신의 노력, 역량, 경험의 결과라고 믿는다. 예를 들면, 부유한 부모에게 태어나 좋은 학교에 다닌 사람들은 대학을 졸업하고 나서 좋은 직장에 취직할 확률이 높다(Rivera, 2015). 누군가가 특권을 가진 사람에게 그들의 특권에 대해 문제를 제기하면, 이들은 자신들이 열심히 노력하고 오랜 시간을 투자했기 때문에 좋은 직장을 갖게 되었다고 말할 것이다. 리베라(2015)는 특권 있는 사람들은 다른 영향력 있는 사람들과 맺은 인맥 덕분에 좋은 직장에 들어갈 때가 많다고 지적한다.

불행하게도, 특권을 가진 사람들은 그 특권이 자신들의 삶을 특권 없는 사람들의 삶과 얼마나 다르게 만드는지 모를 때가 많다. 어떤 사람들은 가난한 사람들이 자신들의 상황에서 벗어날 정도로 충분히 열심히 일하지 않았기 때문에 그들이 게으르고 도움받을 자격이 없다고 생각한다. 이렇게 생각하는 사람들은 가난이 뛰어넘기 어려운 조건이라는 것을 모를 수 있다. 예를 들면, 자신이 두 아이의 엄마라고 상상해 보자. 교통사고 때문에 남편은 일도 못 하고 항상 누군가의 돌봄을 받아야 하는 만성적 건강 문제를 갖게 되었다. 약간 있는 돈은 남편의 치료비로 다 쓰인다. 복지 수당과 장애인 연금을 받는데도 집세와 관리비를 내고 식구를 먹여 살릴 식료품을 사기는 어렵다. 일하고 싶어도 주중에 아이들이 학교에 가 있는 시간 동안만 가능하다. 자동차가 없기 때문에 걷거나 대중교통을 이용해야 하고, 따라서 집에서 다닐 수 있는 직장은 거리에 제약이 있다. 무엇이든 작은 문제가 생기면 가까스로 유지하고 있는 균형이 깨질 수 있다. 병원에 가게 된다든지, 예기치 못한 청구서가 날아오거나 비용이 늘어나는 일 등이다. 이 엄마와 그 가족이 가난에서 벗어나는 길은 거의 불가능해 보인다. 그가 처한 상황은 너무나 다루기 힘든 것이어서, 아무리 의욕을 갖고 열심히 일하더라도 해결할 수 없을 것 같다.

특권을 갖고 있으면 특권 없는 사람들이 겪는 경험을 보지 못하게 된다. 개인들과 그들이 처한 특별한 상황들을 비판하지 않고 이해하는 능력이 없으면, 리더는 결국 그들을 포용하는 대신 배제하게 된다.

종합하자면, 다양성과 포용성을 수용하는 것을 가로막는 장애물들(즉, 자민족 중심주의, 편견, 선입견, 고정관념, 특권)은 우리와 다른 사람들을 받아들이고 긍정하는 것의 어려움을 강조해준다. 리더는 장애물이 발생하면 즉시 구성원들과 함께 대처해야 할 뿐만 아니라, 다양성에 대한 자신의 선입견에 대해서도 비판적으로 살펴보고 자신의 삶에서 이런 장애물들을 제거하도록 노력해야만 한다. 퍼드맨의 체계에서 배운 것처럼, 포용성은 유동적인 과정이며 개인뿐만 아니라 사회적 차원에서도 일어나야 하는 것이다.

정리

이 장은 리더가 조직에서 다양성과 포용성을 수용하는 방법을 논의한다. **다양성**은 효과적 리더십에서 핵심적 역할을 하며, **그룹 혹은 조직 내에 존재하는 서로 다른 개인들**이라고 정의한다. **포용성**은 남들과 다른 사람들을 그들이 전체의 일부분이라고 느낄 수 있는 방식으로 **그룹 혹은 조직에 포함시키는** 과정이라고 정의한다. 다양성은 차이를 인정하는 데 초점을 맞추고, 포용성은 그 차이를 수용하는 데 관심을 둔다.

미국에서 직장 내 다양성 문제는 역사적으로 세 시기에 걸쳐 발달했다. 초기(1960년대와 1970년대)에는 이정표적인 평등 고용 법률이 제정되었고, 차별과 공정성에 초점을 맞추었다. 둘째, 다양성 존중기(1980년대와 1990년대)에는 다원주의와 직장 내 다양성이 가져다주는 경쟁력의 우위가 강조되었다. 셋째, 21세기의 다양성 관리와 포용의 시기(2000년부터 지금까지)에는 사람들 간의 차이를 인정하고, 존중하고, 조직에 통합시키는 것을 강조하고, 다양성 문제에 대처하는 방법으로 포용성에 주목하고 있다.

연구자들은 포용성의 과정이 작동하는 방법을 설명하기 위해 포용성의 개념 틀을 개발했다. 이 구조는 포용성을 개인의 소속감의 수준(즉, 연결되고 싶은 욕구)과 고유성의 수준(즉, 자신의 정체성을 유지하려는 욕구) 간의 상호 작용으로 설명한다. 리더에게 있어서 다양성을 관리하는 일은 구성원들이 연결성과 개성 사이에서 경험하는 긴장을 관리하는 것이다. 개인의 포용성 경험은 여러 차원, 즉 개인, 그룹, 리더, 조직, 사회적 차원에서의 포용성 실천의 결과로 발생한다. 포용성은 사회에서 개인 차원으로 내려가며, 다시 거꾸로 개인에서 사회 차원으로 올라간다.

연구자들은 리더가 구성원들에게 포용성을 제공하기 위해 어떻게 행동하고 의사소통해야 하는지에 대한 청사진을 보여주는 포용성 경험의 여섯 가지 요소를 확인했다. 구성원들이 안전하다고 느끼게 하려면, 리더는 구성원들을 위협적이지 않은 방식으로 대하여야 한다. 구성원들이 관여하고 참여하고 있다고 느끼게 하려면, 리더는 구성원들의 강점을 인정하고 그들이 조직의 완전한 일원임을 알도록 해주어야 한다. 구성원들이 존중받는다고 느끼게 하려면, 리더는 황금법칙을 실천하여 구성원에 대한 신뢰와 관심을 보여야 한다. 구성원들이 영향력 있다고 느끼게 하려면, 리더는 남에게 영향을 주고 싶어 하는 구성원들의 욕구를 인정하고 그들이 의사 결정에 참여할 수 있도록 해주어야 한다. 구성원들이 진정하고 온전하다고 느끼도록 하려면, 리더는 구성원들이 편안하게 느끼는 선에서 솔직하고 투명해질 수 있는 분위기를 조성하여야 한다. 마지막으로 구성원들이 인정과 관심, 존중을 받는다고 느끼게 하려면, 리더는 모든 구성원에게 열린 마음을 보여주고, 한 사람 한 사람의 개성을 존중해야 한다.

리더와 구성원이 다양성을 수용하는 것을 가로막는 장애물로는 자민족중심주의, 편견, 선입견, 고정관념, 특권이 있다. 이 장애물을 없애거나 완화시키는 것이 리더의 도전 과제이다. 다양성 문제에 대처하는 것은 리더와 구성원 간의 상호작용적 과정이지만, 다양성에 효과적으로 대처하고 포용성을 구축하는 것은 분명히 리더에게 부과되는 책임이다. 유능한 리더는 다양성의 중요함을 인식하고, 다양성을 자신의 리더십에서 한 초점으로 삼는다.

주요 용어

고정관념(stereotype)

공평성(equity)

다문화주의(multiculturalism)

다양성(diversity)

다원주의(pluralism)

동화(assimilation)

사회적 정체성(social identities)

선입견(unconscious bias)

용광로(melting pot)

자민족중심주의(ethnocentrism)

체제적 차별(systemic discrimination)

특권(privilege)

편견(prejudice)

포용성(inclusion)

스프링필드 고등학교 스포츠 팀은 1944년 개교 이래 '레드스킨스'라고 불리었다. 스프링필드는 인구 7,000명의 소도시로 약 95%가 백인이고, 한때 아메리카 원주민 부족들이 번성했던 중서부 지역에 있으며, 주민들은 관광 안내책자에 이 사실을 자랑스럽게 강조하고 있다. 그래서 아메리카 원주민 조상을 둔 지역의 한 가족이 학교 이사회를 찾아와서 '레드스킨스'라는 말을 쓰는 것이 모욕적이기 때문에 스프링필드 고교 스포츠 팀의 이름을 변경할 것을 요청하자 도시는 뜨거운 논쟁으로 불타올랐다.

학교 운동부는 70년 동안 레드스킨스라는 이름으로 경기를 해왔고, 많은 사람들이 그 이름을 지역으로부터 떼어낼 수 없는 일부분이라고 느꼈다. 사람들은 개인적으로 레드스킨스와 동일시했으며, 스포츠 팀과 팀명은 이 작은 도시의 문화 속에 새겨져 있었다. 레드스킨스 로고가 들어간 깃발이 가정집과 가게들 밖에 걸려 있었고, 미소 짓는 레드스킨스 마스코트가 그려진 스티커가 많은 차량의 창문을 장식했다.

"주민들이 이사회를 찾아와서 말했습니다. '나는 레드스킨으로 태어났고 죽을 때에도 레드스킨으로 죽겠다'라고 한 이사회 임원은 회상한다. "그들은 그 이름이 결코 모욕하려는 의도가 없었고, '정치적 올바름'이 화제가 되기 전에 선정된 것이었으며, 그 명칭은 지역에서 번성했던 아메리카 원주민들을 기리는 것이다'라고 주장했습니다."

그러나 지역의 다른 아메리카 원주민 가족과 개인들 몇몇이 명칭 변경에 찬성하며 나섰다. 한 사람은 '레드스킨'이라는 단어를 사용하는 것은 본질적으로 인종적 비방이다. 그리고 인종적 비방으로서 명칭을 변경할 필요가 있다"라고 지적했다. 이 문제는 전국적으로 주목을 받았고, 주(州) 외부에서 온 발언자들이 아메리카 원주민 마스코트의 부정적 영향을 논의했다.

그러나 변경에 대한 반대는 강렬했다. '나는 자랑스러운 레드스킨입니다' 그리고 '내가 레드스킨이 아니라고 말하지 말라'라는 구호가 적힌 티셔츠와 범퍼 스티커가 시내에 나타나기 시작했다. 이사회 회의에서는 명칭 유지를 찬성하는 사람들이 변경을 찬성하는 사람들이 발언할 때 야유하고 말을 가로막았으며, 스프링필드 출신이 아니면 이사회 회의에서 발언을 허용해서는 안 된다고 주장했다.

이사회는 결국 스프링필드 고교 학생들이 운동부의 명칭을 새로 선정하도록 하는 발의를 5대 2로 승인하였다. 학생들은 새로운 이름을 선택할 기회를 즉각 받아들여 여러 가지 제안의 디자인과 로고를 만들었다. 마침내 전교생 투표를 통해서 운동부는 '레드호크스'가 되었다.

그러나 아직도 화가 난 일부 주민 집단이 명칭 변경을 두고 속을 썩이고 있었다. 이들은 학교 이사회 임원 해임 청원을 시작해서 해임 투표를 실시하기에 충분한 수의 서명을 받았다.

"아이들이 운동부의 이름과 상징을 바꾸는 일을 하는 동안, 어른들은 명칭 변경에 찬성한 5명의 이사회 임원들을 해임하는 선거를 하는 거죠"라고 해임된 임원 한 명이 말했다.

남은 두 명의 임원은 둘 다 운동부 후원 조직의 열렬한 회원이었는데, 이들은 (두 명이 전원 참석한) 특별 이사회를 열고 명칭을 다시 '레드스킨스'로 되돌리기로 투표했다.

그때 주(州)의 민권부와 고등학교체육위원회가 개입했다. 그들은 스프링필드 고교 이사회에 명칭 변경은 번복할 수 없으며, 학교 운동부는 앞으로 4년간 팀 명칭 없이 '스프링필드'로 출전해야 한다고 결정했다.

4년이 지나는 동안 새로운 학교 이사회 임원들이 선출되었고, 논쟁은 가라앉았다. 기간이 지나자 학생들은 다시 투표를 통해 '스프링필드 레드호크스'가 되었다. 한 주민은 다음과 같이 말한다. "아이들은 아무렇지도 않게 받아들였어요. 이제 10년이 지났고, 애들은 완전히 한 세대가 지나서 전에 이름이 달랐다는 걸 전혀 모릅니다. 자기들은 레드호크스이고, 항상 언제나 레드호크스였다고 생각하죠.

"받아들이지 못한 건 어른들이었습니다. 아직도 잊지 못한 일부 사람들이 있어요. 여기 철물점 한 곳은 아직도 스프링필드 레드스킨스 티셔츠와 다른 물건들을 팔고 있습니다. 이 사람들은 레드스킨스라는 이름에 아무런 경멸의 뜻이 없다고 믿고 있어요."

질문

1. 여러분은 스포츠 팀의 명칭이 바뀌어야 한다는 주장에 찬성하는가?

2. 퍼드맨의 포용성 실천 모델(표 9.4)이 이 사례에서 어떻게 작용했는지 설명하라. 포용성 실천의 영향력이 모델의 상하 양방향으로 전파되었는가?

3. 이 사례에서 학교 이사회와 지역 사회는 다양성과 포용성을 받아들이는 데 있어서 어떤 장애를 겪었는가?

4. 표 9.3의 포용성의 개념 틀에서 여러분은 스프링필드의 아메리카 원주민 주민들을 어느 사분면에 놓겠는가? 스프링필드 고등학교의 아메리카 원주민 학생들은 어떠한가?

5. 스포츠 팀 이름을 바꿈으로써 학교 이사회가 포용성 실천을 보여주었다고 여러분은 생각하는가? 만약 그렇다면 어떤 실천을 보여주었는가?

6. 스포츠 팀 명칭 변경에 대한 주민들의 저항에서 특권은 어떤 역할을 하는가?

9.2 사례 연구 – 미치 랜드루 : 상징적 진보

뉴올리언스 시장 미치 랜드루는 시의 300주년을 '우리를 더 낫게 해줄 무언가를 만드는' 방식으로 기념하고 싶었다(Winfrey, 2018).

뉴올리언스 시는 불황과 대규모 원유 유출 사고, 그리고 네 번의 허리케인이 남긴 황폐로부터 재건과 회복을 여전히 진행하고 있었다. 그때 친구 한 명이 랜드루에게 로버트 E. 리의 동상을 철거하자는 제안을 했다. 남부 연맹과 그 지도자들을 기념하기 위해 시내에 세운 4개의 유명한 동상 중 하나였다. 랜드루는 뉴올리언스에서 태어나고 자랐으며 부모는 백인이었다. 그가 자란 동네는 다양한 인종과 민족이 사는 곳으로, 그는 풍요로운 뉴올리언스 문화 속에서 성장했다. 그의 아버지는 루이지애나 주의회 의원이었는데, 1960년대 인종분리주의 법안들에 반대투표를 했던 몇 안 되는 사람들 중 한 명이었다.

랜드루는 처음에는 친구의 제안을 받아들이기 주저했다. 그러나 그는 동상들의 역사와 누가 어떤 목적으로 동상들을 세웠는지 조사하기 시작했다. 이것이 뉴올리언스 시 역사에서 중요한 시기에 하나의 중대한 상처를 치유할 기회라는 사실을 깨달은 그는 4개의 동상을 모두 철거하기로 결정했다. 거의 2년에 가까운 노력, 그리고 상당한 논쟁과 어려움 끝에, 마지막 동상이 2017년 5월 19일에 철거되었다. 그날 랜드루 시장은 다음 연설을 통해서 자신이 왜 뉴올리언스 시와 시민들에게 이것이 그토록 중요하다고 느꼈는지 설명했다:

와 주셔서 감사합니다.

우리가 사랑하는 뉴올리언스 시의 혼은 수천 년에 걸쳐 발전한 역사에 깊이 뿌리 내리고 있습니다. 그 뿌리는, 좋은 일이든 나쁜 일이든, 한 걸음 한 걸음마다 함께 길을 걸어온 다양한 사람들 안에 자리 잡고 있습니다. 그 역사의 중심부에는 아메리카 원주민들의 이야기, 촉토족과 호마족과 치티마차족의 이야기가 담겨 있습니다. 에르난도 데 소토와 르네-로베르 카블리에 드 라 살의 이야기도, 아카디아 사람들과 아일레노 사람들의 이야기도, 세네갈비아에서 노예로 끌려왔던 사람들의 이야기와 유색인종 자유민들의 이야기도, 아이티인들과 독일인들의 이야기도, 프랑스 제국과 스페인 제국의 이야기도 담겨 있습니다. 이탈리아, 아일랜드, 쿠바, 남아메리카, 중앙아메리카, 베트남에서 온 사람들, 그리고 또 너무나 많은 사람들의 이야기가 담겨 있습니다.

여러분이 아시다시피, 뉴올리언스는 참으로 여러 민족의 도시입니다. 이곳은 하나의 용광로이며 여러 문화가 끓어 넘치는 가마솥입니다. 미국 고유의 모토인 '에 플루리부스 우눔(e pluribus unum)' – 다수로부터 우리는 하나 된다 – 이 말을 이곳만큼 유려하게 표현해주는 곳은 세상 어디에도 없습니다. 그러나 우리 시에는 우리가 반드시 직면해야만 하는 다른 진실들도 담겨 있습니다. 뉴올리언스는 미국에서 제일 규모가 큰 노예 시장이었습니다. 뉴올리언스 항구에서 수십만 명의 영혼들을 사고팔고, 미시시피강 상류로 실어 보내 강제 노역과 비참함과 강간과 고문의 삶을 살도록 했습니다. 미국 땅에서 4,000명에 가까운 우리의 동료 시민들이 린치 당했고, 그중 루이지애나주에서 죽임을 당한 사람들만 540명이었습니다. 바로 이곳 루이지애나 주법원에서 '분리되었으나 평등하다'는 법리가 성역화되었습니다. 이곳 뉴올리언스에서 '프리덤라이더(Freedom Riders, 인종분리정책 반대 운동 그룹–역주)'들이 피투성이가 되도록 구타당했습니다. 문제의 기념물들은 역사라고 말하는 사람들이 있습니다만, 제가 방금 이야기한 것 역시 실제 역사이고, 뼈아픈 진실입니다.

그리고 이 진실은 곧바로 이런 의문들을 떠올리게 합니다. 어째서 노예선 기념물은 없는 것일까? 어째서 린치 사건이나 노예 경매를 기억하기 위해 눈에 잘 보이는 기념비들을 공공장소에 세우지 않은 것일까? 어째서 우리가 살아온 이 기나긴 역사의 장을, 뉴올리언스 땅에서 벌어진 이 모든 고통과 희생과 수치의 역사를 기억할 것은 아무것도 없는 것일까? 역사와 기념물들의 수호자를 자임하고 나선 사람들은 이러한, 역사에 대한 배임과 다름없는, 누락에 의한 거짓말에 대해서는 이상하게 침묵을 지킵니다. 역사를 기억하는 것은 역사를 숭배하는 것과는 다른 것인데 말이지요.

미국과 뉴올리언스는 멀고 굴곡진 길을 걸어왔고, 그 과정에서 거대한 비극도 위대한 승리도 있었습니다. 그러나 우리는 우리가 살아온 진실을 두려워해서는 안 됩니다. 미국흑인역사문화박물관의 준공식에서 조지 W. 부시 대통령이 말했던 것처럼, "위대한 국가는 역사를 감추지 않습니다. 과오를 직면하고 바로잡습니다." 그래서 저는 오늘, 우리가 '남부 연맹의 잃어버린 대의'를 기리는 이 4개의 기념물을 철거하기로 결정한 이유에 대해서 말씀드리고 싶습니다. 뿐만 아니라, 이 과정이 어떻게, 그리고 어째서, 우리를 치유와 상호 이해로 나아가도록 해줄 수 있는지에 대해서도 말씀드리고 싶습니다. 그러면 몇 가지 사실들로 시작하겠습니다.

역사적 기록이 분명히 알려주고 있는 것은, 로버트 E. 리, 제퍼슨 데이비스, P.G.T. 보러가드 동상들이 세워진 것이 단순히 이 인물들을 기리기 위해서가 아니라, '잃어버린 대의의 컬트(The Cult of the Lost Cause)'로 알려진 운동의 일환이었다는 사실입니다. 이 '컬트'의 목적은 단 하나였습니다. 기념물 건설과 다른 방법들을 통해서 진실을 감추고 역사를 다시 쓰는 것이었습니다. 그들이 감추고자 한 것은 바로

남부 연맹이 인류의 반대편이었다는 진실입니다. 우리 시가 설립된 지 166년 후, 남북전쟁이 끝난 지 19년 뒤에 처음 세워졌고, 오늘 우리가 철거한 이 기념물들에는 우리 시의 역사를, 그리고 전쟁에 패한 남부 연맹의 이념들을 새로운 이미지로 쇄신하고자 하는 뜻이 담겨 있었습니다. 자명한 사실은 이 동상들이 기리는 인물들은 미합중국을 위해서 싸운 것이 아니라, 그에 반대해서 싸웠다는 것입니다. 그들은 전사였을지는 모르지만, 남부 연맹의 대의를 위해서 싸웠을 때, 그들은 애국자가 아니었습니다. 이 동상들은 단지 돌과 금속으로 만들어진 것이 아닙니다. 그저 선한 역사를 순수하게 기념하는 것도 아닙니다. 이 기념물들은 허구적이고 건전하게 가공된 남부 연맹을 찬양하는 것을 목적으로 삼고 있습니다. 사실은 남부 연맹이 죽음과 노예제와 테러를 대표했다는 것에는 눈을 감고 말입니다.

남북전쟁 후, 이 동상들은 테러리즘의 일부분이었습니다. 누군가의 앞마당에 세워놓은 불붙은 십자가와 다름없었습니다. 이들을 세워놓은 목적은, 그 그늘 아래를 걷는 모든 사람들에게 우리 시의 주인이 바뀌지 않았음을 경고하는 강력한 메시지를 보내는 것이었습니다. 만약 여러분이 아직도 남부 연맹의 진정한 목표에 대해 의심한다면, 전쟁이 발발하기 불과 몇 주를 앞두고 남부 연맹 부통령 알렉산더 스티븐스가 했던 말을, 남부 연맹의 대의는 노예제와 백인우월주의를 유지하는 것에 있음을 분명하게 밝혔던 그의 말을 들려드리겠습니다. 지금은 '초석 연설'로 널리 알려진 연설에서 그는 다음과 같이 말했습니다. 남부 연맹의 "초석은 다음과 같은 위대한 진리를 기반으로 한다. 바로 흑인은 백인과 동등하지 않다는 진리, 우월한 인종에 복종하는 노예제가 흑인의 자연적이고 정상적인 상태라는 진리이다. 우리가 새로이 수립하는 이 정부는 세계 역사상 처음으로 이러한 위대한

물리적 · 철학적 · 도덕적 진리 위에 기초하고 있다."

자, 이 충격적인 말이 여러분 귀에 울리고 있는 동안…. 저는 여러분의 손에 쥐어진 거짓된 서사를 조심히 떼어내고 싶습니다. 우리 역사에 대한 이 거짓된 서사가 우리를 약화시킨다고 생각하기 때문입니다. 그리고 우리가 오래 전 그릇된 방향으로 들었던 길을 바로잡고 싶습니다. 우리는 진실성을 가지고 우리나라의 건국이념에 더 가깝게 이어질 수 있습니다. 더 나은 도시와 더 완벽한 연합국을 향해서, 더 분명하고 더 올곧은 길을 만들어갈 수 있습니다.

작년, 버락 오바마 대통령은 이 같은 생각을 반향하며 우리 역사에서 모든 것을 맥락화하고 기억할 필요에 대해 말했습니다. 그는 한 바위에 대해 이야기했습니다. 노예 경매대로 사용되었던 이 바위에는 1830년 어느 날 앤드루 잭슨과 헨리 클레이가 그것을 밟고 서서 연설을 했다는 기념 표지가 새겨져 있었습니다. 오바마 대통령은 다음과 같이 말했습니다. "이 유물이 역사에 대해서 우리에게 말해주는 것이 무엇인지 생각해봅시다. 수년간 매일같이 그 위에 사람들이 묶여서 가축처럼 매매되고 경매에 붙여졌던 이 바위. 수천 명이 맨발로 걸어왔던 비극의 발길에 닳은 이 바위. 이 바위를 두고 오랫동안 우리가 중요하다고 여긴 단 하나의 것, 우리가 표지를 새겨 역사로서 기념하기로 택했던 유일한 것은, 그 위에서 두 권력자들이 기억에 잘 남지도 않는 연설을 했다는 것이었습니다."

하나의 바위, 하나의 돌덩이에 담긴 2개의 이야기는 모두 역사의 일부였습니다. 한 이야기는 기록으로 남겨졌지만, 한 이야기는 잊혀졌습니다. 아니, 의도적으로 무시한 것인지도 모릅니다. 오늘의 저에게는 분명하게 보이지만…. 오랫동안 저는, 뉴올리언스에서 가장 다양성 있는 동네에서 자랐음에도 불구하고, 오랫동안 시민 평등권을 위해 싸워온 가족의 자랑스러운 역사

에도 불구하고…. 저는 이 동상들을 생각 한 번 없이 수백만 번 지나쳤을 것입니다. 그러므로 저는 그 누구도 비판하거나 심판하려는 것이 아닙니다. 우리는 모두 인종 문제에 관해서 각자 자신만의 여정을 밟아가기 때문입니다.

단지 제가 바라는 것은, 진실을 보도록 도와준 저의 소중한 친구 윈튼 마살리스에게 제가 귀를 기울였던 것처럼, 여러분도 귀를 기울여 주셨으면 합니다. 그는 저에게 우리의 배제적인 태도 때문에 뉴올리언스를 떠나간 모든 사람들을 생각해 볼 것을 부탁했습니다. 또 다른 친구는 저에게 흑인 부모의 입장에서 이 4개의 동상들을 생각해보라고 말했습니다. 5학년 딸에게 로버트 E. 리가 누구이고, 그가 왜 우리의 아름다운 도시 위에 우뚝 서있는지 설명해야 하는 흑인 부모의 관점을 말입니다. 여러분은 할 수 있겠습니까? 여러분이라면 그 어린 소녀와 눈을 맞추고, 로버트 E. 리의 동상이 네게 용기를 주기 위해서 세워졌다고 설득할 수 있겠습니까? 여러분은 소녀가 로버트 E. 리의 이야기를 듣고 영감과 희망을 얻을 거라고 생각하십니까? 이 동상들이 소녀에게 한없는 가능성으로 찬 미래를 보여줄까요? 소녀에게 미래의 가능성이 제한된 것이라면, 그것은 곧 여러분과 저의 미래도 마찬가지라는 생각을 해본 적이 있습니까? 우리는 모두 이 아주 간단한 질문들의 답을 알고 있습니다. 우리가 이 아이와 눈을 맞출 때, 이때가 바로 뼈아픈 진실에 우리가 초점을 맞추는 순간입니다. 이 순간에 우리는 무엇이 옳고 우리가 무엇을 해야 하는지 알게 됩니다. 우리는 이 진실로부터 멀어질 수 없습니다.

저는 이 동상들을 철거하는 일이 어려울 것이라는 사실을 알고 있었습니다. 하지만 여러분이 저를 시장으로 뽑아주신 건 옳은 일을 하기 위해서이지, 쉬운 일을 하기 위해서가 아니었습니다. 그리고 이것이야말로 올바른 일입니다. 이 남부 연맹의 기념물들을 옮기는 일은, 누

군가로부터 무엇인가를 빼앗고자 하는 일이 아닙니다. 정치적 목적으로 하는 것도 아니며, 누구를 탓하거나 보복하고자 하는 것도 아닙니다. 우리의 모든 문제를 한순간에 해결하려는 어수룩한 시도도 아닙니다.

다만 이것은 우리 뉴올리언스가 도시로서 그리고 시민으로서, 인정과 이해와 화해를 할 수 있다는 것을, 그리고 가장 중요하게는, 굴절된 것을 똑바로 하고, 잘못된 것을 바로잡음으로써 우리를 위해 보다 나은 미래를 택할 수 있다는 것을 전 세계에 보여주는 것입니다. 그렇게 하지 않는다면 우리는 불화와 분열과 폭력으로 그 대가를 계속 치르게 될 것입니다.

남부 연맹을 우리 시에서 가장 눈에 띄고 명예로운 장소에서 문자 그대로 받침대 위에 모셔놓는 것은 우리의 온전한 역사를 왜곡시켜 읊어대는 것입니다. 그것은 우리의 현재를 모욕하는 것이며, 우리의 미래를 해치는 처방약과 같습니다. 역사는 바꿀 수 없습니다. 동상처럼 옮길 수도 없습니다. 지나간 일은 돌이킬 수 없습니다. 남북전쟁은 끝났고, 남부 연맹은 패했고, 그 덕분에 우리는 더 나아졌습니다. 분명 우리는 이 어두운 시대로부터 충분히 멀어졌고, 남부 연맹의 대의가 잘못되었음을 인정할 수 있게 되었다고 확신합니다.

그리고 21세기에 들어선 지도 10년이 넘은 지금, 아프리카계 미국인에게, 아니, 그 누구에게도, 나라를 파괴하고 자신의 인간성을 부인하고자 싸웠던 인물들을 우러러보는 동상들이 자기 땅을 점령하고 있는 모습을 지나다니도록 요구하는 것은 비뚤어지고 부조리한 것으로 보입니다. 수백 년 전 생겼던 상처들이 아직도 아물지 않은 이유는 애초에 그 상처들이 제대로 낫지 못했기 때문입니다. 여기에 본질적인 진리가 있습니다. 바로 우리가 서로 떨어져 있을 때보다 함께 할 때가 더 낫다는 것입니다.

불가분성이 우리의 본질입니다. 이것이야말

로 뉴올리언스의 시민들이 세상에 가져다준 선물이 아니겠습니까? 우리의 음식 문화에서, 음악에서, 건축물들에서, 우리가 누리는 삶의 기쁨과 우리가 즐기는 죽음의 축전에서, 우리가 하는 모든 것들에서 우리는 아름다움과 품위를 발합니다. 우리는 재즈라는 멋진 것을 세상에 선사했습니다. 시대를 걸쳐 다양한 문화들로부터 발전해온, 미국의 가장 고유한 예술 형태입니다. 세컨드 라인, 마르디 그라스 축제, 머팔레타, 세인츠 미식축구팀, 검보와 레드 빈스 앤 라이스를 생각해 보십시오. 정말이지, 한번 생각해 보세요.

우리가 사랑하는 모든 것들이 가마솥 속에서 만들어졌습니다. 온갖 것들을 던져 넣고 더 나은 무엇인가를 창조하고 생산해냈습니다. 이 모든 것들은 우리의 역사적 다양성의 산물들입니다. '다수로부터 우리는 하나 된다'는 것을, 그렇게 해서 더 나아진다는 것을, 바로 우리가 증명하고 있습니다! 우리는 여럿으로부터 하나가 되었고, 우리는 정말로 그것을 사랑합니다! 그럼에도 불구하고 우리는 여전히 옳은 일을 하지 않을 구실들을 너무나 많이 찾고 있는 것으로 보입니다. 다시 한번, 부시 대통령이 했던 말을 기억하십시오. "위대한 국가는 역사를 감추지 않습니다. 과오를 직면하고 바로잡습니다."

우리가 얼마나 서로를 의지하는지, 우리가 얼마나 서로를 필요로 하는지, 우리는 망각하고 부인합니다. 역사에 대한 부인에 물들인 고결한 대의들을 가공해냄으로써 우리의 침묵과 비(非)행동을 정당화시킵니다. 우리는 아직도 '기다려, 너무 빠르잖아'라고 말할 방법을 찾아냅니다. 그러나 마틴 루서 킹 목사가 말했듯이, "'기다려'라는 말은 거의 항상 '절대 안 돼'를 의미했습니다." 우리는 더 이상 기다릴 수 없습니다. 우리는 변해야만 합니다. 지금 변해야 합니다.

기다림은 끝났습니다. 이것은 단지 동상에 관한 것이 아닙니다. 우리의 태도와 행동에 관한 것이기도 합니다. 우리가 이 동상들을 철거하고 난 뒤, 보다 열려 있고 포용적인 사회가 되기 위해 변화하지 않는다면, 이 일은 모두 소용없는 일이 되어버릴 것입니다. 우리 중 일부는 이 동상들을 매일 지나치면서 그 아름다움을 경배했을 수도 혹은 아예 동상들을 보지 못했을 수도 있습니다. 하지만 우리 이웃들, 동료 미국 시민들 중 많은 이들에게는 이 동상들이 매우 뚜렷이 보입니다. 이 동상들은 문자 그대로도 비유적으로도 긴 그림자를 드리우고, 많은 사람들에게는 그것이 고통스러울 정도로 잘 보입니다. 그리고 남부 연맹이 전달하고자 했고, 잃어버린 대의의 컬트가 전달하고자 하는 메시지가 그들에게 아주 분명하게 전해집니다.

이번 주 초, 잃어버린 대의의 컬트가 세운 P.G.T 보러가드의 동상이 철거되었을 때, 세계적으로 유명한 음악가 테런스 블랜차드는 아내 로빈과 귀여운 두 딸과 함께 그 모습을 지켜보았습니다. 테런스는 시티 파크 가장자리에 있는, 미국의 가장 위대한 영웅이자 애국자 중 한 명인 존 F. 케네디 대통령의 이름을 딴 고등학교에 다녔습니다. 하지만 학교에 가려면 테런스는 그의 인간성을 부인하고자 싸웠던 인물을 기리는 동상을 지나가야만 했습니다.

그는 다음과 같이 말했습니다. "저는 결코 그 동상들을 자랑스럽게 바라본 적이 없습니다…. 그 동상들을 거기에 세운 것은 우리를 존중하지 않는 사람들일 것이라고 저는 항상 느꼈습니다. 동상이 철거되는 것을 제 생전에 보게 되리라고는 결코 생각지도 못했습니다. 세상이 변하고 있다는 징조입니다." 그렇습니다, 테런스, 세상은 변하고 있습니다. 한참 전에 일어났어야 할 변화입니다. 지금이야말로 테런스와 로빈의 놀라운 발자취를 따라 뉴올리언스의 다음 세대들에게 새로운 메시지를 전할 때입니다.

미래에 대한 메시지, 다음 300년과 그것을 넘어선 미래에 대한 메시지입니다. 뉴올리언스

의 여러분, 이 기회를 놓치지 않도록 합시다. 그리고 전국의 나머지 지역에서도 똑같은 일을 할 수 있도록 도와줍시다. 지금이야말로 선택을 할 시간이기 때문입니다. 지금이야말로 이곳을 우리가 항상 되었어야 할 도시, 우리가 처음부터 옳은 일을 했더라면 만들어졌을 우리의 시가 실제로 되도록 만들 시간입니다.

우리는 잠시 멈춰서 스스로에게 물어야만 합니다. 우리 역사의 바로 이 시점에서, 허리케인 카트리나, 리타, 아이크, 구스타프를 겪고, 국가적 불경기를 거쳐, BP 석유유출의 참사가 있은 후, 토네이도가 지나가고 난 이 시점에서, 만약 우리의 이야기를 기록하는 기념물들을 세우거나 이런 특별한 장소들을 기획하는 기회가 주어진다면…. 이 동상들이 정말로 우리가 세계에게 보여주고 싶은 것들일까요? 이것이 진짜 우리의 이야기입니까?

우리는 역사를 지운 것이 아닙니다. 이 기념물들이 상징하는 잘못된 이미지를 바로잡고, 우리 아이들과 미래 세대를 위해 더 나은, 더 완전한 미래를 만듦으로써, 우리가 이 도시의 역사의 일부가 되고 있는 것입니다. 그리고 이 남부 연맹의 기념물들이 백인우월주의의 상징으로 처음 세워졌을 때와 달리, 우리는 이제 새로운 상징들을 만들어 낼 기회뿐만 아니라, 모두 함께 한 국민이 되어 그것들을 만들 기회를 맞이하고 있습니다. 축복받은 우리의 땅에서 우리는 모두 민주주의라는 탁상에 평등한 인간으로 모였습니다. 우리는 모든 시민들에게 미국의 고유한 유산으로서 생명과 자유와 행복의 추구가 보장되는 미래를 위해 헌신할 것을 다시 약속해야 합니다.

이것이야말로 미국을 진짜로 위대하게 만드는 것이며, 오늘날 그 어느 때보다 중요한 것은 이 가치들을 굳건히 지키면서 '여럿으로부터 우리는 하나 된다'라는 자명한 진리를 함께 말하는 것입니다. 우리가 오늘 이 장소들을 미합중

국을 위해 되찾는 이유가 바로 그것입니다. 우리는 둘이 아니라 한 나라이기 때문입니다. 일부만을 위한 것이 아닌… 모두를 위한 자유와 정의를 가진 우리는 불가분한 하나인 것입니다. 우리는 모두 한 나라의 일부로서, 모두 하나의 깃발, 즉 미합중국의 국기에 충성을 맹세합니다. 그리고 뉴올리언스 시민들도 여기에 함께합니다. 전심전력으로 말입니다. 진정한 애국심은 바로 이러한 단합과 이러한 진실에 뿌리를 두고 번성하는 것입니다. 남부 연맹이라 명명된 4년간의 짧은 역사적 일탈을 숭배하는 대신, 우리는 뉴올리언스라고 명명된 이곳에 담긴 우리의 풍요롭고도 다양한 300년 역사의 모든 것을 축하하고, 앞으로 300년간 이어질 기풍을 다질 수 있습니다.

수십 년간 공개 토론이 있었습니다. 분노, 불안, 기대, 굴욕과 좌절이 있었습니다. 지역 공동체의 주도하에 3개의 서로 독립된 위원회가 공개 청문회를 열고 철거를 승인했습니다. 정당하게 선출된 뉴올리언스 시의회가 두 차례 활발한 공개 청문회를 열어 6-1로 찬성투표를 했습니다. 13명의 각기 다른 연방 판사와 주 판사가 검토를 마쳤습니다. 정부의 입법, 행정, 사법 모든 기관이 엄중하게 작동한 결과, 기념물들은 법에 따라 철거되었습니다. 따라서 이제는 하나로 합쳐 치유하고 우리가 할 더 커다란 과제에 집중할 때입니다. 새로운 상징을 세우는 일 뿐만 아니라, 이 도시를 무엇이 가능하고 우리가 미국인으로서 어떤 사람이 될 수 있는지를 아름답게 발현시켜주는 곳으로 만듭시다.

한때 망명했고 투옥되었다가 지금은 모든 이들로부터 사랑받는 넬슨 만델라가 아파르트헤이트 철폐 후 말한 것을 상기합시다. "고통을 참을 수 없고 폭로가 우리 모두에게 충격적이라면, 그것은 우리가 무슨 일이 있었는지에 대해 공통된 이해를 갖고 국가의 인간성을 꾸준히 회복하는 과정을 틀림없이 시작하고 있기 때문입니다." 우리가 헤어지기 전에 다시 한번 진실을 분명히 말해 둡시다.

남부 연맹은 역사와 인류의 반대편에 있었습니다. 남부 연맹은 우리나라를 조각내고 우리의 동료 미국 시민들을 노예로 예속시키려 했습니다. 이것이 우리가 결코 잊어서는 안 되는 역사이며, 결코 다시는 받침대 위에 올려놓고 숭배해서는 안 되는 역사입니다 공동체로서 우리는 뉴올리언스의 남부 연맹 기념물 철거가 의미하는 것을 반드시 인식해야 합니다. 지금이야말로 우리 역사의 고통스러운 부분을 살펴보고, 과거의 잔재와 결별할 때라는 사실을 우리가 인정한다는 것입니다.

그렇게 하지 않으면, 우리가 정말로 잃어버리는 대의는 바로 여러 세대에 걸쳐 해 온 용감한 투쟁과 자기성찰이 될 것입니다. 그렇게 하지 않으면, 우리의 가장 위대한 에이브러햄 링컨 대통령이 했던 불후의 언명을 실천하지 못하게 될 것입니다. 링컨 대통령은 열린 마음과 명확한 목적을 가지고 오늘날 우리를 불러 한 국민으로 뭉치라고 말하고 있습니다. 그는 우리에게 말했습니다. "누구에게도 악의를 품지 않고, 모든 이에게 관용을 베풀며, 옳은 일에 확고히 임하여, 하나님이 보여주시는 옳음에 따라, 우리가 하고 있는 일을 완수하도록 노력해 갑시다…. 국가의 상처를 봉합하고… 우리 국민들 사이에 그리고 모든 국가들과 정의롭고 유구한 평화를 이루고 간직하기 위한 모든 노력을 합시다."

감사합니다. (Landrieu, 2017)

1. 어떤 이들은 리더십에는 공동선을 향해 사람들이 움직이도록 하는 도덕적 차원이 있다고 주장한다. 여러분은 랜드루 시장의 연설에 도덕적 차원이 있다고 생각하는가? 만약 그렇다면, 랜드루 시장이 장려하는 가치들은 무엇인가? 그가 옹호하는 가치들에 대한 장애물과 불리한 면들은 무엇인가?

2. 동상 철거와 연설을 통하여 랜드루 시장은 남부 연맹의 상징물에 위엄을 부여하는 것에 강력한 반대를 표명한다. 여러분은 그의 행동이 뉴올리언스 시 안에 더 강한 포용심을 조성했다고 보는가? 동상과 그것들의 내재적 메시지에 대한 여러 다른 인식들이 지역 내의 여러 다른 집단에 어떤 영향을 주었을지 논의하라.

3. 이 장에서는 다양성과 포용성에 대한 다섯 가지 장애로서 자민족중심주의, 편견, 선입견, 고정관념, 특권을 논의했다. 동상들은 어떤 면에서 이 다섯 가지 장애를 상징하고 있었는가?

4. 표 9.2는 다양성에 대한 비유를 시기별로 설명하고 있다. 랜드루 시장의 연설에서 사용된 비유와 강조점은 무엇이며, 이러한 접근법이 다양성과 포용성에 어떤 함의를 갖는가?

5. 여러분이 지역 사회, 학교 또는 직장에서 매일 보는 여러 가지 상징물을 생각해보라. 그중 한두 가지를 골라서 각 상징물에 대하여 공동체의 여러 다른 멤버들이 어떤 인식들을 가질 수 있는지 논의하라.

9.3 문화적 다양성 인식도 설문지

목적

1. 문화적 다양성에 관한 자신의 태도와 관점을 알아본다.
2. 자신의 편견과 선입견을 깨닫고 이해하도록 돕는다.
3. 직장 내 다양성에 대한 자신의 접근법의 잠재적 결과를 이해하도록 돕는다.

작성법

1. 각 문항을 읽고 여러분의 믿음이나 행동을 가장 잘 묘사하는 것에 동그라미를 친다.
2. 최대한 솔직하게 대답하도록 한다. 정답이나 틀린 답은 없다.

문항 및 내용	전혀 아니다	별로 아니다	가끔 그렇다	어느 정도 그렇다	매우 그렇다
1. 나는 내가 가진 편견/선입견과 그것이 나의 생각에 미치는 영향을 알고 있다.	1	2	3	4	5
2. 나는 다양성 영역에서 나의 강점과 약점을 정직하게 분석하고 스스로를 향상시킬 수 있다.	1	2	3	4	5
3. 누군가가 말하거나 암시한 것을 이해하지 못할 때, 나는 거기에 선한 의도가 있음을 가정하고 설명을 요구한다.	1	2	3	4	5
4. 남들이 인종적/민족적/성적으로 무례한 말이나 농담을 하면 나는 이의를 제기한다.	1	2	3	4	5
5. 누군가가 모욕이나 차별을 당하는 것을 보면 나는 나서서 이의를 제기한다.	1	2	3	4	5
6. 어떤 집단에 대해서든지 개별 집단을 경멸하는 농담에 나는 참여하지 않는다.	1	2	3	4	5
7. 나는 유색인 친구가 있다고 해서 내가 문화적 역량(상이한 문화의 사람들과 잘 일할 수 있도록 해주는 상호문화적 지식과 스킬–역주)을 갖추었다고 생각하지 않는다.	1	2	3	4	5
8. 내가 사귀는 그룹 내에 다양성이 부족하면 남들을 배제하는 것으로 인식될 수 있다는 것을 나는 이해한다.	1	2	3	4	5

문항 및 내용	전혀 아니다	별로 아니다	가끔 그렇다	어느 정도 그렇다	매우 그렇다
9. 나는 다른 문화권 사람들이 서로를 지원하고 하나의 집단으로서 연결될 필요가 있다는 것을 알고 있다.	1	2	3	4	5
10. 나는 내가 직접 사실을 확인할 때까지 개인이나 개별 집단에 대해 단정 짓지 않는다.	1	2	3	4	5
11. 나는 다양한 민족 출신의 다양한 능력을 가진 친구들이 여러 명 있다.	1	2	3	4	5
12. 나는 나와 생김새가 다른 사람들과 쉽게 친해지며, 의사소통을 수월히 할 수 있다.	1	2	3	4	5
13. 나는 나와 생각과 신념이 다른 사람들이 어떤 생각과 신념을 갖는지 관심이 있으며, 그들의 의견에 동의하지 않아도 그것을 존중한다.	1	2	3	4	5
14. 나는 나와 다른 사람들도 남들이 반드시 경청하고 받아들이도록 만들려고 노력한다.	1	2	3	4	5
15. 나는 고정관념을 강화하는 언어를 알고 회피한다.	1	2	3	4	5
16. 나는 나의 민족에 관해 남들이 갖고 있는 고정관념을 알고 있다.	1	2	3	4	5
17. 나는 나와 문화적으로 다른 사람들이 문제점과 관심사에 대해 발언하는 것을 격려하고, 그들이 발언하는 문제점과 관심사를 유효한 것으로 인정한다.	1	2	3	4	5
18. 나는 어떤 문제에 대해 논의하거나 생각할 때, 남들이 나와 똑같은 반응을 할 것이라고 가정하는 것을 피한다.	1	2	3	4	5
19. 나는 내가 나의 성장환경의 산물이라고 이해하며 내 신념과는 달라도 유효한 신념이 있다고 믿는다.	1	2	3	4	5
20. 나는 남들과 상호작용하거나 타인의 역량이나 능력에 관한 결정을 내릴 때 신체적 특징을 고려하지 않는다.	1	2	3	4	5
21. 나는 남들이 나에 관해 고정관념을 가지고 있다는 것을 알며, 그들의 인식을 극복하기 위해 노력한다.	1	2	3	4	5

문항 및 내용	전혀 아니다	별로 아니다	가끔 그렇다	어느 정도 그렇다	매우 그렇다
22. 나는 나와 문화적으로 다른 사람들에게 영향을 주는 팀 의사결정을 할 때 그들을 참여시킨다.	1	2	3	4	5
23. 나는 나와는 다른 사람들과 교류할 기회를 적극적으로 찾으며 그들과 친밀한 관계를 형성하려고 노력한다.	1	2	3	4	5
24. 나는 '색맹론(color blindness, 인종을 무시하는 것이 이상적이라는 관점-역주)'이 반생산적이며 개인의 문화나 역사를 폄훼한다고 믿는다.	1	2	3	4	5
25. 나는 어떤 집단에 속한 개인의 행동이나 태도를 그 집단의 것으로 일반화하는 것을 피한다.	1	2	3	4	5
26. 나는 다양한 배경의 직원 혹은 학생들이 남들과 동등한 스킬과 역량을 갖추고 있음을 적극적으로 표현한다.	1	2	3	4	5
27. 나는 차별 행동을 정당화함으로써 피해자를 위로하려고 하지 않는다. 나는 발생한 일에 대한 피해자의 평가를 받아들인다.	1	2	3	4	5
28. 나는 다른 문화들에 대해 배우고 그 풍부함을 인정하며, 다른 문화의 명절과 행사들을 존중하려고 노력한다.	1	2	3	4	5
29. 나는 주류 문화 밖에 있는 사람들에게 부정적 영향을 주는 정책과 관행들이 있다고 믿는다.	1	2	3	4	5
30. 나는 내재화된 인종차별의 정의와 그것이 유색인에게 미치는 영향을 이해한다.	1	2	3	4	5
31. 나는 인종이란 사회적 개념이며 과학적 사실은 아니라고 믿는다.	1	2	3	4	5
32. 사람들이 나와 어떻게 상호작용하고 나를 얼마나 신뢰하는가는 그들의 경험과 배경에 의해 영향을 받는다는 것을 나는 알고 받아들인다.	1	2	3	4	5

출처 : Adapted from Special Populations and CTE Illinois Leadership Project. (2016). *Cultural Diversity Self-Assessment*. Retrieved from http://illinoiscte.org/index.php/resources/cultural-competency-module

점수 집계

설문지에 동그라미 친 숫자를 더한다. 이 수치가 여러분의 문화적 다양성 인식도 점수이다.

총점

문화적 다양성 인식도 점수 : _____

점수 해석

이 자기진단은 문화적 다양성과 포용성에 관한 여러분의 신념과 행동을 측정하기 위한 것이다. 이 진단지에서 높은 점수를 얻었다면, 편견에 대해 매우 잘 인식하고 있으며 자신의 행동이 사람들에게 주는 영향을 잘 알고 있다는 것을 의미한다. 점수가 높은 사람들은 다양성을 존중하는 방식으로 다른 사람들과 관계를 맺는다. 이 진단지에서 낮은 점수를 얻었다면, 편견에 대해 인식하지 못하고 있으며 자신의 편향된 행동이 사람들에게 주는 영향에 대해 충분히 인식하지 못하고 있다는 것을 의미한다. 점수가 낮은 사람들은 다양성을 존중하지 않는 방식으로 다른 사람들과 의사소통한다.

점수가 130~160이면, 매우 높은 범위에 속한다.
점수가 100~129이면, 높은 범위에 속한다.
점수가 70~99이면, 보통 범위에 속한다.
점수가 40~69이면, 낮은 범위에 속한다.
점수가 0~39이면, 매우 낮은 범위에 속한다.

9.4 관찰 연습

다양성과 포용성

목적

1. 다양성과 포용성의 차원에 관해 알도록 한다.
2. 리더가 직장에서 다양성과 포용성을 다루는 방법을 이해한다.

작성법

1. 이 연습에서 할 과제는 리더 한 사람을 인터뷰하여 다양성과 포용성에 관한 그의 견해를 물어보는 것이다. 인터뷰 대상은 회사, 학교, 혹은 지역 사회에서 공식적 권한을 가진 사람(예를 들면, 회사의 감독관, 매니저, 교사, 교장, 복지사업 책임자, 은행 지점장, 소상공업체 사장)이어야 한다.
2. 전화 또는 대면으로 30분 동안 진행되는 반구조적 인터뷰를 실행한다.
3. 인터뷰 질문은 스스로 생각해서 준비하도록 한다. 필요하면 다음 질문들에서 아이디어를 얻어가도 좋다.
   - 귀하의 직무에 대해 말해주십시오. 현 직책은 얼마 동안 수행했습니까? 어떻게 해서 이 일을 하게 되었습니까?
   - 다양성이라는 말을 들으면 무슨 생각이 떠오릅니까? 귀하의 조직에서는 다양성을 어떻게 다루고 있습니까? 귀하의 일터에서 다양성이 얼마나 중요하다고 생각합니까? 왜 그렇습니까?
   - 귀하의 조직 내에서 다른 영역보다 다양성이 떨어지는 영역이 있습니까? 조직에서 이 문제를 해결해야 한다고 생각합니까?
   - 귀하가 감독하는 사람들 간의 다양성과 관련해서 직면하는 도전 과제는 무엇입니까?
   - 직원/구성원 중에서 남들과 다른 사람들을 귀하는 어떻게 대하고 있습니까? 귀하는 의사 결정에 모든 사람들을 참여시키고 있습니까?
   - 소수자인 직원/구성원이 진정으로 포용되고 있다고 느끼게 하려면 어떤 방법이 가장 좋을까요?

질문

1. 관찰한 바에 근거하면 여러분이 인터뷰한 리더에게 다양성과 포용성은 얼마나 중요한가?

2. 리더가 구성원들에게 접근하는 방법을 설명한다면 여러분은 표 9.2에서 어느 비유(즉, 용광로, 샐러드, 스모가스보드)를 사용하겠는가? 비유를 설명하기 위해서 구체적 예를 들어 보자.

3. 리더가 남들에 대한 고정관념을 갖고 있다고 생각하는가? 이 고정관념이 그의 리더십에 어떤 방식으로 영향을 주는가?

4. 리더는 남들과 다른 개인들이 조직의 일부라는 느낌을 가질 수 있도록 하기 위해 어떠한 노력을 하는가? 연관성이 있는 구체적 예를 들어 보자.

5. 이 사람이 리드하는 방식에 어떤 식으로든 특권이 관련되어 있다고 생각하는가? 자신의 판단에 대해 변론해 보자.

9.5 성찰 및 실행 과제 워크시트

다양성과 포용성

성찰

1. 다양성이라는 말에 대한 여러분의 반응은 무엇인가? 우리 사회의 중요한 문제라고 생각하는가, 아니면 과장되어 있다고 보는가? 다양성에 대한 자신의 생각을 설명해 보자.

2. 표 9.1에서 보여주는 문화적 다양성의 여섯 가지 일차적 차원(즉, 연령, 성별, 인종, 정신 및 신체적 능력, 민족, 성적 지향)에 관해 성찰해 보자. 이 중 여러분이 받아들이기 가장 쉬운 유형의 다양성은 어느 것이고, 받아들이기 가장 어려운 유형은 어느 것인가? 그 이유는? 자신의 생각에 대해 설명해 보자.

3. 포용성의 개념을 탐구하는 한 가지 방법은 포용성에 대하여 갖는 자신의 느낌에 대해 성찰하는 것이다. 집단 상황에서, 여러분은 남들이 여러분을 얼마나 포용해주기 원하는가? 자신이 그룹이나 팀에서 다른 사람들에 의해 포용되었다는 느낌이 들었을 때와 배제되었다는 느낌이 들었을 때를 개인적 사례를 들면서 각각 논의해 보자. 한 상황에서는 포용되었다고 느꼈고, 다른 상황에서는 그렇지 않다고 느꼈던 이유는 무엇인가? 상세히 설명하고 토의해 보자.

4. 여러분이 오늘에 이르기까지 지나온 상황들을 생각해 보자. 누군가 여러분이 특권을 누렸다고 할 만한 경우가 여러분의 과거에 있었는가? 아니면 여러분은 자신이 특권을 갖지 않았다고 말하겠는가? 여러분이 보기에 여러분의 동료들은 특권을 가지고 있는가? 특권에 관한 자신의 생각을 논의해 보자.

행동

1. 문화적 다양성 인식도 진단지에 대한 자신의 응답을 살펴보고, '거의 아니다' 또는 '전혀 아니다'라고 답한 것 중 세 개를 골라보자. 이 문항들에 대한 자신의 응답에 근거하여 여러분의 리더십에서 사람들에게 더 포용적이 되려면 자신이 무엇을 할 수 있는지 논의해 보자.

2. 여러분이 그룹 봉사 교육 프로젝트의 리더로 선발되었다고 잠시 상상해 보자. 그룹 구성원들이 심리적으로 안전하다고 느끼도록 하기 위해서 여러분은 그들에게 무슨 말을 할 것인가? 어떤 방식으로 그들이 의사결정에 참여하게 할 것인가? 그룹에서 남들과 가장 다른 사람들이 내부자라고 느끼는 동시에 고유성을 유지하도록 격려하는 방법은 무엇일까? 이에 대하여 논의해 보자.

3. 이 장에서 논의한 것처럼, 고정관념은 우리와는 다른 사람들을 포용하는 데 종종 방해가 된다. 여러분이 가끔 남들(예를 들면, 백인 남성 경찰, 히잡을 쓴 무슬림 여성, 성전환 남성)의 속성으로 여기는 흔한 고정관념은 어떤 것들인가? 이러한 고정관념을 어떻게 바꿀 수 있을까? 이러한 고정관념을 없애기 위해 여러분 자신에게 어떤 메시지를 보낼 것인가? 이에 대하여 논의해 보자.

참고문헌

Americans for the Arts. (n.d.). Cultural equity. *Definitions*. Retrieved from https://www.americansforthearts.org/about-americans-for-the-arts/cultural-equity/definitions

Blaine, B. E. (2013). *Understanding the psychology of diversity* (2nd ed.). Thousand Oaks, CA: Sage.

Blindspot. (2017). *The Implicit Association Test*. Retrieved from http://blindspot.fas.harvard.edu/IAT

Booysen, L. (2014). The development of inclusive leadership practice and processes. In B. M. Ferdman & B. R. Deane (Eds.), *Diversity at work: The practice of inclusion* (pp. 296−.329). San Francisco, CA: Wiley.

Brewer, M. B. (1991). The social self: On being the same and different at the same time. *Personality and Social Psychology Bulletin, 17*(5), 475−.482.

Byyny, R. L. (2017). Cognitive bias: Recognizing and managing our unconscious biases. *The Pharos, 80*(1), 2−.6.

Carnes, M., Devine, P., Isaac, C., Manwell, L., Ford, C., Byars-Winston, A., . . . Sheridan, J. (2012). Promoting institutional change through bias literacy. *Journal of Diversity in Higher Education, 5*(2), 63−.77.

Devine, P. G. (1989). Stereotypes and prejudice: Their automatic and controlled components. *Journal of Personality and Social Psychology, 56*(1), 5−.18.

Dishman, L. (2015, May 18). Millennials have a different definition of diversity and inclusion. *Fast Company*. Retrieved from http://www.fastcompany.com/3046358/the-new-rules-ofwork/millennials-have-a-different-definition-of-diversityand-inclusion

Ferdman, B. M. (1992). The dynamics of ethnic diversity in organizations: Toward integrative models. In K. Kelly (Ed.), *Issues, theory, and research in industrial/organizational psychology* (pp. 339−.384). Amsterdam, Netherlands: Elsevier Science.

Ferdman, B. M. (2014). The practice of inclusion in diverse organizations. In B. M. Ferdman & B. R. Deane (Eds.), *Diversity at work: The practice of inclusion* (pp. 3−.54). San Francisco, CA: Wiley.

Ferdman, B. M., Barrera, V., Allen, A., & Vuong, V. (2009, August). Inclusive behaviors and the experience of inclusion. In B. G. Chung (Chair), *Inclusion in organizations: Measures, HR practices, and climate*. Symposium presented at the 69th Annual Meeting of the Academy of Management, Chicago, IL.

Ferdman, B. M., & Deane, B. R. (Eds.). (2014). *Diversity at work: The practice of inclusion*. San Francisco, CA: Wiley.

Friedman, R. A., & Deinard, C. (1990). *Black caucus groups at Xerox Corporation (A)*. HBS No. 9-491-047. Boston, MA: Harvard Business School.

Gudykunst, W. B., & Kim, Y. Y. (1997). *Communicating with strangers: An approach to intercultural communication* (3rd ed.). New York, NY: McGraw-Hill.

Harrison, D. A., & Sin, H. (2006). What is diversity and how should it be measured? In A. M. Konrad, P. Prasad, & J. K. Pringle (Eds.), *Handbook of workplace diversity* (pp. 191−.216). Thousand Oaks, CA: Sage.

Harvey, C. P. (2015). Understanding workplace diversity: Where have we been and where are we going? In C. P. Harvey & M. J. Allard (Eds.), *Understanding and managing diversity: Readings, cases, and exercises* (pp. 1−.7). Boston, MA: Pearson.

Harvey, C. P., & Allard, M. J. (2015). *Understanding and managing diversity: Readings, cases, and exercises*. Boston, MA: Pearson.

Healey, J. P., & Stepnick, A. (2017). *Diversity and society: Race, ethnicity, and gender* (5th ed.). Thousand Oaks, CA: Sage.

Herring, C., & Henderson, L. (2015). *Diversity in*

organizations: A critical examination. New York, NY: Routledge.

Hirshberg, J. J., & Ferdman, B. M. (2011, August 16). Leadermember exchange, cooperative group norms, and workplace inclusion in workgroups. In M. Shuffler, S. Burke, & D. Diaz-Granados (Chairs), *Leading across cultures: Emerging research trends from multiple levels*. Symposium presented at the 71st Annual Meeting of the Academy of Management, San Antonio, TX.

Hofhuis, J., van der Rijt, P. G. A., & Vluf, M. (2016). Diversity climate enhances work outcomes through trust and openness in workgroup communication. *SpringerPlus, 5*, 714.

Hunt, V., Layton, D., & Prince, S. (2015, January). *Diversity matters*. McKinsey & Company. Retrieved from https://www.mckinsey.com/business-functions/organization/our-insights/why-diversity-matters

Johnson, D. W., & Johnson, F. P. (2009). *Joining together: Group theory and skills* (10th ed.). Boston, MA: Allyn & Bacon.

Komives, S. R., Wagner, W., & Associates. (Eds.). (2016). *Leadership for a better world: Understanding the social change model of leadership* (2nd ed.). San Francisco, CA: Jossey-Bass.

Landrieu. M. (2017, May 23). Mitch Landrieu's speech on the removal of Confederate monuments in New Orleans. *The New York Times*. Retrieved from https://www.nytimes.com/2017/05/23/opinion/mitch-landrieus-speech-transcript.html

Loden, M. (1996). *Implementing diversity*. Boston, MA: McGraw-Hill.

Mor Barak, M. E. (2014). *Managing diversity: Toward a globally inclusive workplace* (3rd ed.). Thousand Oaks, CA: Sage.

Myers, V. A. (2012). *Moving diversity forward: How to go from well-meaning to well-doing*. Washington, DC:

American Bar Association.

Oliver, M. B. (1999). Caucasian viewers' memory of black and white criminal suspects in the news. *Journal of Communication, 49*(3), 46-0.

Ospina, S., & Foldy. E. G. (2010). Building bridges from the margins: The work of leadership in social change organizations. *The Leadership Quarterly, 21*(2), 292-07.

Pew Research Center. (2018, November 13). *Early benchmarks show "post-Millennials" on track to be most diverse, best-educated generation yet*. Retrieved from https://www.pewsocialtrends.org/2018/11/15/early-benchmarks-show-post-millennialson-track-to-be-most-diverse-best-educated-generation-yet/psdt-11-15-18_postmillennials-00-00/

Ponterotto, J. G., & Pedersen, P. B. (1993). *Preventing prejudice: A guide for counselors and educators*. Newbury Park, CA: Sage.

Porter, R. E., & Samovar, L. A. (1997). An introduction to intercultural communication. In L. A. Samovar & R. E. Porter (Eds.), *Intercultural communication: A reader* (8th ed., pp. 5-6). Belmont, CA: Wadsworth.

Rivera, L. A. (2015). *Pedigree: How elite students get elite jobs*. Princeton, NJ: Princeton University Press.

Schutz, W. C. (1958). FIRO: *A three dimensional theory of interpersonal behavior*. New York, NY: Holt, Rinehart & Winston.

Shore, L. M., Randel, A. E., Chung, B. G., Dean, M. A., Holcombe Ehrhard, K., & Singh, G. (2011). Inclusion and diversity in work groups: A review and model for future research. *Journal of Management, 37*(4), 1262-289.

Solman, P. (2014, September 15). How Xerox became a leader in diversity-nd why that's good for business. *PBS NewsHour* [Television broadcast]. New York, NY: NewsHour Productions.

Special Populations and CTE Illinois Leadership

Project. (2016). *Cultural Diversity Self-Assessment*. Retrieved from http://illinoiscte.org/index.php/resources/culturalcompetency-module

Streitmatter, J. (1994). *Toward gender equity in the classroom: Everyday teachers' beliefs and practices*. New York: State University of New York Press.

Tajfel, H., & Turner, J. C. (1986). An integrative theory of intergroup conflict. In S. Worchel & W. Austin (Eds.), *Psychology of intergroup relations* (pp. 2–4). Chicago, IL: Nelson-Hall.

Thomas, D. A., & Ely, R. J. (1996, September–ctober). Making differences matter: A new paradigm for managing diversity. *Harvard Business Review*. Retrieved from https://hbr.org/1996/09/making-differences-matter-a-new-paradigm-for-managing-diversity

Winfrey, O. (2018). Oprah talks to former New Orleans mayor Mitch Landrieu: Mitch Landrieu talks with Oprah about the need for every American to reckon with our country's complicated past. *Oprah.com*. Retrieved from http://www.oprah.com/inspiration/oprah-talks-to-former-new-orleans-mayor-mitch-landrieu_1

Xerox a success in diversifying its work force. (1991, November 3). *Boston Globe*. Retrieved from http://articles.sun-sentinel.com/1991-11-03/business/9102140547_1_affirmative-action-xerox-minorities

Xerox. (2017). *Global citizenship report*. Retrieved from https://www.xerox.com/corporate-citizenship/2017/workplace/diversity.html

CHAPTER 10

외집단 구성원 경청하기

서론

일반적으로 사람들은 갈등을 좋아하지 않는다. 그렇기 때문에 어떤 그룹 또는 조직의 구성원이지만 자신이 속한 집단에 동화되지 못하는 개인들, 즉 외집단 구성원들을 우리는 '문제아' 혹은 '불평분자'로 바라보는 경향이 있다. 그러나 사실 우리는 모두 한 번쯤은 외집단 구성원일 때가 있다. 외집단 구성원이라는 용어는 대상을 묘사하는 것이지 경멸하는 표현이 아니다. 외집단이 생기는 것은 흔하고 불가피한 것이기 때문에, 그들을 경청하고 대응하는 것은 리더가 마주쳐야 하는 가장 어려운 과제 중 하나이다. 리더가 이 과제에 실패할 때, 외집단 구성원들은 자신의 가치가 평가 절하된다고 느끼며, 그들이 공동의 이익에 독특하게 기여할 수 있는 것들이 발현되지 못한다. 좋은 리더는 그룹 내 모든 구성원들, 특히 외집단 구성원들에게 귀를 기울이는 것의 중요함을 알고 있다.

개인들이 집단을 이루어 하나의 목표를 이루고자 하는 상황이라면 어디에서나 외집단을 흔히 찾아볼 수 있다. 외집단은 일상에서 자연스러운 현상이다. 지역, 공동체, 국가 수준까지, 외집단은 모든 종류의 상황에서 존재한다. 거의 모든 상황에서, 한 명 이상의 개인이 '합류하지' 않는 일이 발생한다면, 그 그룹의 성과는 나쁜 쪽으로 영향을 받게 된다. 외집단 구성원은 매우 흔하기 때문에, 리더가 되고자 하는 사람이라면 누구나 이들과 어떻게 일해야 하는지를 아는 것이 중요하다.

외집단 구성원들은 많은 일상의 만남에서 볼 수 있다. 학교에서 외집단 구성원들은 종종 자신이 학생 집단의 일부라는 것을 믿지 않는 아이들이다. 예를 들어,

그들은 운동, 음악, 클럽 등의 활동에 참여하고 싶어 하지만, 여러 가지 이유로 인해 참여하지 않는다. 직장에서는, 경영진의 비전에 동의하지 않거나, 중요한 의사결정 위원회에서 제외된 사람들로 이루어진 외집단 구성원들이 있다. 프로젝트 팀에는, 더 큰 그룹의 활동에 참여하길 거부하는 구성원들이 외집단 구성원이 될 수 있다. 더 큰 차원에서는, 미국에서 티파티 운동가들은 세금 제도와 큰 정부에 환멸을 느끼는 사람들을 대변하는 외집단이다.

그러나 외집단 구성원들이 언제나 스스로를 제외키는 것은 아니다. 역사적으로 미국에서는 여성과 흑인들이 시민권, 투표권, 재산 소유권, 대학 교육 등으로부터 제외되었고, 나중에 가서야 백인 남성들과 동등한 권리를 획득했다. 이러한 외집단들은 수십 년간 인간의 본질적 존엄성에 근거해서 동등한 권리를 주장했다. 그들은 불공평한 법률에 대한 반대론을 펼치고, 인종 차별 대우 철폐 운동의 경우에는 연방정부의 명령을 무시하는 주(州)들의 권한 남용을 비판했다. 이 외집단들은 비윤리적인 사회 규범에 도전하고 미국을 보다 포용적인 국가로 만드는 데 중대한 역할을 했다.

위의 사례들에서처럼, 외집단들은 다른 가치 있는 기능들을 수행할 수 있다. 외집단 구성원들은 그룹이 가정하는 것들에 의문을 제기하고, 그룹의 의견에 순응하는 압력에 저항하며, 다수가 옹호하는 제안들에 도전하는 대안적 관점들을 제공함으로써 그룹의 의사결정 과정이 집단사고에 의해 지배되는 것을 막을 수 있도록 도와준다. 외집단 구성원들은 그룹의 구성원들 대다수가 직면하고 싶지 않은 불편한 사실들을 제기할 수 있다. 예를 들면, 신제품을 개발하고 판매할 때 발생하는 환경 비용, 그룹이 실행한 연구가 불충분하며 다시 실행할 필요가 있다는 점, 혹은 학교 마스코트가 인종차별적 요소를 함축하고 있을지도 모른다는 사실 등이 있다. 또한 외집단 구성원들은 다수자 집단이 가지고 있는 편견들을 확인하는 데 도움이 되는 질문들을 제기할 수 있다. "이 위원회에는 왜 여성 위원이 한 명도 없는가?" 혹은 "지난 5년간 우리 학교 재학생들의 다양성이 더 이상 증가하지 않은 이유는 무엇인가?"와 같은 질문들이다.

외집단이 형성되고 유지되는 이유는 다양하지만, 외집단 구성원들에 대해서 기억해야 하는 중요한 점은, 이들은 전체 그룹과 대립하는 것으로 보이지만 종종 가치 있는 기여를 할 수 있으며, 이들의 기여를 가능하게 하는 포용적인 환경을 조성하려는 노력이 필요하다는 점이다. 제9장에서 논의하였듯이, 포용성이란 자신이 다수자 집단과는 다르다고 느끼는 사람들이 스스로를 전체의 일부분으로 느끼도록 함으로써 그들을 그룹이나 조직 안에 포용하는 과정이다. 외집단 구성원들을 '곤란한' 존재로 보는 것보다 전체와는 '색다른' 존재로 보고, 이들이 가진 색다른 가치관과 스킬을 그룹 전체가 인정하고 받아들이도록 해야 한다. 이것은 물론 하기 힘든 일이지만, 외집단 구성원들을 경청하는 것으로부터 시작한다.

이 장에서는 리더가 외집단 구성원들을 경청하는 것이 왜 중요한지 살펴볼 것이다. 여기서 언급할 문제들은 '외집단에는 누가 있는가?', '외집단은 왜 생기는가?', '외집단의 파급효과는 무엇인가?', '리더는 어떻게 외집단에 대응해야 하는가?'이다. 외집단에 대한 이러한 논의는 소속감과 공동체를 키우고 더 큰 그룹의 목표를 이루기 위해 리더가 취할 수 있는 구체적인 전략들을 강조한다. 외집단은 부정적으로 생각되는 경향이 있지만, 이 장에서 취하는 관점은 외집단이 해로운 것이 아니며, 리더는 **외집단 구성원을 경청하고 큰 그룹의 활동 안으로 그들을 '끌고 들어와야'** 할 의무와 책임이 있다는 것이다. 어떤 이들은 이러한 입장에 이의를 제기하고, 어떤 이들은 순진한 생각이라고 말할 것이다. 그러나 그룹 또는 조직 내 구성원 개개인의 고유한 내재 가치는 과소평가되어서는 안 된다. 외집단 구성원들이 너무 극단적이거나, 그들을 다루는 것이 비효율적이거나, 단순히 그들 자신이 포용되기를 원하지 않기 때문에 외집단 구성원을 포기해야 할 경우들도 있을 테지만, 이 장에서 주장하는 바는 대부분의 상황에서 리더는 외집단 구성원을 경청하고 포용하는 의무를 가진다는 것이다.

외집단 구성원

외집단 구성원을 정의하는 방법은 여러 가지가 있다. 먼저 주의할 점이 있는데, 외집단 구성원이 누구인지 확인하기 전에 리더 자신의 편견에 유념할 필요가 있다. 제9장에서 논의했듯이, 사람들은 종종 무의식적인 편견의 영향을 받는다. 사람들은 나이, 성별, 민족 또는 다른 특징들에 있어서 자신과 비슷한 사람들과 같이 일하는 것을 선호하며, 자신과 차이가 나는 사람들과는 시간을 적게 보내는 경향이 있다(Tajfel, Billig, Bundy, & Flament, 1971). 이처럼 차이가 나는 사람들은 의도하든 의도하지 않든 외집단을 형성하게 된다. 예를 들어, 교사가 반에서 특히 마음에 들어 하는 학생들이 있을 때, 결과적으로 다른 학생들은 자신들이 그만큼 사랑받지 못하고 가치가 없다고 느낄 수 있다. 리더는 그 지위 자체로서 개인들이 주요 그룹에 끼지 못한다고 느끼도록 만드는 힘을 가지고 있는 것이다. 또 다른 주의점은 외집단에 딱지를 붙이는 행동을 삼가야 한다는 것이다(Link & Phelan, 2001). '게으른', '교육받지 못한' 혹은 '호전적인'과 같은 딱지를 특정 그룹에 한번 붙이고 나면, 그러한 인식을 지우기가 어렵다. 리더는 또한 서로 다른 그룹 구성원들을 지칭할 때 '우리'와 '그들'과 같은 대명사를 사용하는 데 주의해야 한다. 구성원들을 명백하게 구분 짓고 한 그룹이 다른 그룹보다 편애를 받는다는 생각을 강화시키기 때문이다. 마지막으로, 리더는 내집단과 외집단 사이의 경계가 투과성이 있다는 사실을 인식해야 한다. 양 집단의 구성원들은 아마도 다른 집단의 구성원들과 어느 정도는 특징과 믿음을 공유할 것이며, 어떤 사안에 대해서는 자신이 속한 집단보다 '다른' 집단에 속한 사람들과 더 친밀감을 느낄 수 있다.

여기서 외집단 구성원(out-group members)이라는 용어는, 그룹 또는 조직 내 개인으로서 그 그룹의 일부로 자신을 동일시하지 않는 사람을 가리킨다. 그들은 단절되어 있고, 그룹의 목표를 향해 일하는 것에 완전히 몰두하지 않는다. 그들은 그룹의 의지에 반대하고 있을 수도 있고, 또는 단순히 그룹의 목표에 무관심할 수도 있다. 그들은 자신이 받아들여지지 않았거나, 소외되거나, 심지어 차별을 받는다고 느낄 수도 있다. 마치 자신이 반에서 소외되고 있다고 느끼기 때문에 다른 아이들을 괴롭히는 학생처럼 말이다. 덧붙여, 그들은 자신의 잠재적 자원이 그룹에 의해 완전히 받아들여지지 않았기 때문에 자신이 무력하다고 생각할 수도 있다.

외집단은 많은 형태로 나타난다. 자신의 목소리가 무시된다고 생각하는 소수집단, 또는 자신의 아이디어가 인정받지 못하고 있다고 생각하는 사람들일 수 있다. 단순히 리더나 주요 그룹 내 다른 사람들과 동일시하지 못하는 사람들일 수도 있다. 때때로 외집단 구성원들은 사회적 태만을 보여 주기도 한다. 즉 그룹 내에서 빈둥거리거나 자신의 능력치 아래로 일하는 경향이 있는 사람들이다. 요약하자면, 외집단 구성원들은 그룹과 자신의 사이가 나쁘다고 느끼는 사람들이다. 예를 들면, 전부 남자로 구성된 이사회의 유일한 여성 멤버는 다른 멤버들이 자신의 아이디어를 진지하게 고려하지 않는다거나 이슈에 대한 관점을 인정하지 않는다고 느낄 수 있다.

외집단은 어떻게 생기는가

외집단이 생겨나는 이유는 여러 가지가 있다. 첫째, 어떤 외집단들은 사람들이 다수의 사회적 · 정치적 · 윤리적 입장과 의견을 달리 하기 때문에 생긴다. 이들은 자신이 더 큰 집단과 반대의 입장에 있다고 느끼는 것이다. 조직 환경에서 의사결정을 해야 할 때에는, 시간적 제약과 일을 진행해야 하는 필요성 때문에 의견 일치가 이루어지기 어려울 때가 많다. 의견 일치가 없으면, 개인들은 다수 또는 소수의 관점을 따르게 된다. 이 소수는 흔히 외집단으로 비추어진다. 투표에 의해 의사결정이 이루어진 경우일지라도, 그 결과는 자주 승리자와 패배자를 만들어 내며, 패배자들은 흔히 자신을 외집단 구성원으로 여기게 된다. 의사결정을 투표로 하는 것은 결과에 도달하기 위한 바람직하고 민주적인 접근법으로 여겨지지만, 결과적으로 그룹의 다른 사람들과 보조가 맞지 않는다고 느끼는 개인들이 항상 생긴다는 단점이 있다.

외집단 형성의 두 번째 이유는 사회 정체성 이론(social identity theory)으로 설명될 수 있다. 이 이론은 일부 개인들이 우세한 그룹 구성원들의 믿음, 규범, 또는 가치와 동일시하지 못하기 때문에 외집단들이 발생한다고 제안한다. 집단에 대한 연구(Hogg & Abams, 1988; Tajfel & Turner, 1979, 1986)에 의하면, 집단 내 개인들은 흔히 어떤 사회적 정체성을 나누게 되고, 그 정체성에 의거해 서로를 대하게 된다(Abrams, Frings, & Randsley de Moura, 2005). 집단 환경에서 구성원들은 다른 구성원들의 사회적 정체성을 포용하고 집단의 관심사를 자신의 것으로 만든다. 예를 들어, 암 환자들을 위한 후원 단체에서는, 구성원들이 아마도 병과 싸우는 암 생존자라는 한 가지 공통된 동질감을 받아들일 것이다. 사람들은 이 그룹에 소속되어 있다는 것, 그리고 서로 경험을 나누는 것에서 의미를 찾는다. 그들은 서로를 공유된 경험을 나눈 사람으로 본다. 하지만 만약 이들 중 한 명이 더 심각한 종류의 암으로 고생하고 있어서 자신이 생존자라고 느끼지 않는다면, 그 사람은 외집단 구성원이 될 수도 있다. 외집단은 어떤 집단 내의 개인들이 그 집단과 동일시하지 못해서, 그 결과 우세 집단의 현실을 포용하지 못하게 될 때 발생하는 것이다.

정체성 문제와 깊이 관련되어 있는 외집단 형성의 세 번째 이유는, 사람들이 더 큰 집단에 의해 **배제되고** 있다고 느끼기 때문이다. 이들은 그룹 내에서 자신이 어디에 어울리는지, 또는 다른 사람들이 필요로 하는 사람인지를 알지 못한다. 그룹 구성원들은 자신이 너무 나이 많거나, 너무 어리거나, 너무 보수적이거나, 너무 진보적이거나, 또는 그저 그룹 다수와 확연히 다르다고 생각할 수도 있다. 예를 들면, 어느 고등학교 대표 축구팀에서 1학년 선수들은 상급생들과 어떻게 어울려야 하는지 궁금해 할 수도 있을 것이다. 비슷한 예로, 대부분 여학생으로 이루어진 대학교 간호학과의 남학생 한 명은 자신이 다른 학생들과 다르다고 느끼고 어떻게 학과에 어울릴지 궁금해 할 수도 있다. 이러한 상황들에서, 사람들은 흔히 그룹 전체에서 자신이 소외되었다고 느낀다. 덧붙여, 그들은 자신이 무력하고 나약하다고 여길 수도 있다. 자신이 그룹의 일부가 아니라고 생각하고 그룹으로부터 제외되었다고 느끼는 것은 즐겁지 않은 일이다. 우리는 모두 포용되고 싶은 욕구를 가지며, 이러한 욕구가 채워지지 않을 때 불안감을 느낀다.

외집단 발생의 네 번째 이유는, 어떤 사람들은 집단 다수와 관계하는 데 필요한 **의사소통 스킬이나 사회적 스킬이 부족하기** 때문이다. 어떤 집단이든지, 그룹에서 동떨어진 행동을 하는 한두 명이 있는 것은 흔한 일이다. 예를 들어, 대학생 그룹 프로젝트 팀에서 너무 말을 많이 하거나 그룹 토론을 장악해 버려서 나머지 사람들로부터 외면받는 학생이 한 명 있을 수 있다. 또는 매우 독단적으로 행동하는 학생이 있을 수도 있고, 계속해서 주제와 상관없는 말을 하는 학생이 있을 수도 있다. 이런 타입의 사람들은 말이나 행동을 통해 자신이 그룹 내 나머지 사람들과 다름을 분명히 드러낸다. 이들은 마치 그룹의 규범에 적응하는 것이 불가능한 것처럼 보인다. 노력을 한다 해도, 이 사람들은 종종 바깥쪽에서 들여다보고 있는 자신을 발견하게 되는 경향이 있다. 이들은 그룹에 합류하고 싶어도 어떻게 어울리는지를 모르기 때문에 어려움을 느낀다. 이런 경우, 의사소통 스킬과 사회적 스킬이 부족하다는 점 때문에 이 사람들은 외집단 구성원이 된다. 현실에서 외집단이 생기는 이유는 매우 다양하다. 어떤 이유든 모두 타당한 것이다. 이런 이유들에 대한 이해를 하는 것이 외집단 문제를 해결하기 위한 노력의 첫 단계이다.

외집단의 파급효과

앞서 논의했듯이, 외집단 구성원들은 긍정적인 결과를 가져올 수 있지만, 또한 여러 가지 나쁜 영향을 미칠 수도 있다. 외집단의 부정적인 면 중 몇 가지는 상대적으로 대수롭지 않은 것들인데, 예를 들면 조직 생산성에 사소한 비효율성을 일으키는 것 등이 있다. 다른 부정적인 면들은 더 중요한 것들로서, 이를테면 충돌을 만들거나 파업을 일으키는 것 등이다.

그렇다면 리더는 왜 외집단의 부정적 파급효과에 대해 염려해야 할까? 첫째, **외집단은 공동체 형성에 방해가 된다**. 공동체의 본질은 모든 사람이 같은 지점에 서서 같은 방향을 향해 움직이도록 장려하는 것에 있다. 공동체는 사람들을 한데 모으고, 그들이 비슷한 아이디어, 가치, 의견들을 표현할 수 있는, 그리고 자기 팀의 구성원들에 의해 경청될 수 있는 자리를 제공한다. 공동체는 사람들이 큰일을 성취할 수 있게 해 준다. 사람들이 손에 손을 잡고 공동의 이익을 위해 공유된 비전을 추구할 수 있게 해 준다. 공동체를 통해 사람들은 집단 내 모든 사람들의 더 큰 이익을 촉진할 수 있다.

하지만 본래적으로 외집단 구성원들은 공동체와 충돌하거나 공동체를 피하는 사람들이다. 어떤 사람들은 공동체가 위협적이거나 낯설거나 흥미롭지 못하다고 느낄 수 있고, 따라서 공동체로부터 떨어지려는 욕구가 있다. 그들의 행동은 공동체가 공동의 목표를 이루기 위해 가능한 모든 자원을 사용하는 것에 방해가 된다.

다음의 사례는 한 대학교 사회 수업에서 일어난 일이다. 이 이야기는 외집단이 어떻게 공동체에 부정적인 영향을 미칠 수 있는지를 보여 준다. 사회사업개론은 캠퍼스에서 높은 명성을 가진 인기 있는 수업이다. 매 학기마다 이 수업의 주요 과제는 모든 학생이 참여해야 하는 그룹 봉사 프로젝트이다.

어느 학기에, 허리케인 카트리나가 남부 지역에서 재난을 일으키고 나서 몇 달이 지났을 때였는데, 몇 명의 학생들이 봄방학 동안 뉴올리언스에서 구조 작업을 하는 봉사 프로젝트를 제안했다. 분명히 이 프로젝트에 대한 필요성이 있었고, 프로젝트는 모든 학생들의 재능과 스킬을 사용하게 될 것이었다. 이를 성공시키기 위해, 학생들은 많은 양의 계획과 모금활동을 해야만 했다. 위원회를 구성하기로 했고 티셔츠도 디자인했다. "함께 상황을 더 낫게 할 수 있어요"라는 주제가 좋다는 합의가 이루어진 듯 보였다.

그런데 일부 학생들이 참여하기를 원하지 않으면서 이 수업에는 문제가 생겨났다. 한 학생은 구조 작업은 민간 부문이 아니라 정부가 해야 할 일이라고 생각한다고 지적했다. 또 다른 학생은 뉴올리언스에는 이미 수많은 자원봉사자들이 있고, 따라서 자신들이 사는 도시의 남측 지역에서 청소 작업을 하는 것이 더 나은 봉사가 되지 않느냐고 주장했다. 또 다른 학생 두 명은 멕시코 칸쿤에 가고 싶다며 봄 방학 동안 빈곤층을 위해 봉사한다는 아이디어를 좋아하지 않았다.

이 학생들은 의견의 일치를 이루지 못했다. 뉴올리언스 방문은 취소되었고, 티셔츠도 인쇄하지 못했고, 학생들은 봉사 프로젝트로 각자 40시간씩 지역 초등학교에서 개인지도를 하게 되었다. 학생들은 외집단 구성원들과 합의를 이끌어내지 못했고, 외집단의 욕구와 필요는 나머지 학생들이 뉴올리언스 프로젝트를 추구하는 것을 막았다. 외집단의 관심사가 학생들이 공동체와 그에 따르는 이익들을 경험하는 것을 막은 것이다.

리더십이 외집단을 염려해야 하는 두 번째 이유는 **외집단이 그룹 시너지에 부정적인 영향을 미친다**는 것이다. 그룹 시너지는 공통된 목표를 향해 일하는 그룹 구성원들에 의해 만들어지는 긍정적인 에너지를 말한다. 이것은 스스로 증식하는 가산적인 종류의 에너지이다. 그룹 시너지는 효과적인 그룹과 고성과 팀들의 가장 놀라운 특징들 중 하나이다. 시너지를 지닌 그룹은 그렇지 못한 그룹에 비해 훨씬 더 많은 것들을 성취한다. 그룹 시너지는 단순히 각 개개인의 기여를 합산한 것이 아니다. 이것은 개개인의 기여의 합과 또 뭔가를 더한 것이다. 바로 이 '플러스 무엇'이 고성과 그룹들이 기대치보다 훨씬 더 많이 성취할 수 있게 만들어 주는 것이다.

불행하게도, 외집단은 그룹이 시너지를 발휘하는 것을 막는다. 외집단은 **그룹에 에너지를 더하는 것이 아니라 그룹으로부터 에너지를 빼앗아버린다**. 만약 외집단 구성원들이 속상해하고 요구가 많다면, 그들은 보다 더 많은 에너지를 그룹으로부터 빼앗아간다. 이 에너지는 그룹의 목표들을 향해 이용되지 못하고, 따라서 생산성에 부정적인 영향을 미친다. 공통된 목표를 이루기 위해 함께 일하는 대신, 외집단 구성원들은 홀로 서서 자신의 일을 하려고 한다. 이것이 그룹에 해가 되는 이유는 외집단 구성원들의 특별한 기여가 공동의 이익을 위해 발현되거나 논의되거나 이용되지 못하기 때문이다. 그룹 내 모든 사람은 그룹에 이익이 될 수 있는 저마다의 재능과 능력을 가지고 온다. 외집단이 형성되면, 일부 그룹 구성원들의 개별적 기여가 이용되지 못하게 되고, 그룹 시너지는 위험에 빠지게 된다.

한 출판회사의 마케팅 팀에 관한 사례가 이 문제를 설명하는 데 도움이 될 것이다. 이 팀은 그 도시의 음식과 외식에 관한 새 출판물 콘셉트를 기획하는 임무를 맡았다. 팀원 중 전에 잡지 관련 일을 한 적이 있었던 두 명은 새 출판물의 내용에 대해서 강한 주장을 폈다. 또 한 팀원은 수년간 외식업계에서 일했고 자신의 경험에 기반을 두어서 잡지의 내용에 대해 다른 생각을 했다. 잡지나 외식업계 관련 경험이 없는 마케팅 간부 한 명이 회사 내 지위가 높다는 이유로 그 팀의 책임자로 발령받았다. 다섯 번째 멤버는 그 회사에 새로 들어온 사람이었다.

불행하게도, 시작부터 이 위원회의 각기 다른 그룹들 사이에는 불편한 관계가 있었다. 두 전직 잡지 간부들은 지역 레스토랑 리뷰와 시내 모든 식당에 대한 세부 목록을 포함하는 외식 가이드를 만들고 싶어 했다. 외식업계 출신 작가는 더 고급 취향을 반영한, 음식 트렌드와 지역 셰프들에 대한 기사에 푸드스타일리스트가 만들어낸 아름답고 군침 도는 사진으로 이루어진 화려한 잡지를 만들어야 한다고 생각했다. 아직 사내 문화를 배우는 중인 신입 직원은 의견을 내길 망설이며 그 대신 자기는 팀 리더가 최선이라고 여기는 것을 지지하겠다고 말했다. 정년퇴임이 4개월 남은 팀 리더는 팀원들이 서로 알아서 협의해서 앞으로 진행시킬 최선의 합의안을 도출해야 한다고 믿었다. 잡지 간부 두 명은 신입 직원을 몇 차례 점심식사에 데려가서 자기들 편으로 끌어들이려 했다. 회의를 몇 주 동안 계속한 뒤에, 팀은 회사의 이사회에 어떤 콘셉트를 발표해야만 했다. 새 잡지의 방향에 대해 이 팀은 의견 일치를 끌어내지 못했고, 그 때문에 각각의 그룹은 이사회에 따로 콘셉트를 발표했다. 팀이 한 가지 확실한 기획을 만들어 내지 못했다는 것에 격노한 회사 대표는 모든 멤버들을 프로젝트에서 쫓아냈다.

이 사례에서, 팀 리더는 다양한 외집단 구성원들을 끌어 모아 하나의 그룹으로 만드는 것에 실패했다. 그는 외집단 구성원들 개개인의 특별한 기여(예 : 과거의 잡지 경험, 요식업계 경험, 마케팅 노하우)를 인정하고 그 기여들을 전체 그룹의 이익을 위해 이용할 필요가 있었다. 리더가 성공적으로 외집단 구성원들에 대응하지 못했기 때문에, 그룹 시너지는 줄어들었고, 결국 프로젝트는 중단되었다.

외집단이 리더의 관심사여야 할 세 번째 이유는 **외집단 구성원들이 다른 이들로**

부터 마땅히 받아야 할 존중을 받지 못한다는 점이다. 윤리적 리더의 중심적 신조 중 하나는 각각의 구성원을 존중하여 대할 의무이다. 보샹과 보위(1988)가 지적한 바 있듯이, 사람들은 다른 이의 목표를 위한 수단으로서가 아니라, 각자의 목표를 지 닌 자주적인 개인으로 대우받을 필요가 있다. 윤리적으로 행동한다는 것은 타인 의 의사 결정과 가치를 존중한다는 것을 의미한다. 그렇게 하지 못한다면 다른 사 람들을 누군가의 목적을 위한 수단으로 대한다는 것을 뜻한다.

리더는 외집단 구성원들에 대응할 윤리적 책임이 있다. 이 사람들은 이유 없이 외집단에 속하게 된 것이 아니다. 이들은 소외되거나, 받아들여지지 않거나, 차별 받는다고 느낄 정당한 근거가 있거나, 아니면 단순히 참여하지 않기로 선택했을 수도 있다. 이유가 무엇이든지, 외집단 구성원들은 리더와 다른 그룹 구성원들이 마땅히 경청해야 할 사람들이다.

정리하자면, 외집단의 파급효과는 상당하다. 외집단이 존재할 때, 그들은 공동 체, 그룹 시너지 그리고 외집단 구성원들 자신들에게 부정적인 영향을 끼친다. 모 든 리더의 도전과제는 그룹과 그 목표를 향상시키는 방식으로 외집단 구성원들에 대응하는 것이다.

외집단 구성원의 실제

효과적 리더십에 관한 수많은 생각이 추상적인 데 반해, 리더가 어떻게 외집단 구 성원들에 대응해야 하는지에 대한 다음의 전략은 실질적이다. 이 전략들은 리더 가 외집단 구성원들을 보다 효과적으로 다루기 위해 취할 수 있는 구체적인 단계 들이다. 이 전략들을 읽으면서 자신의 리더십을 향상시키기 위해 이를 어떻게 쓸 수 있을 것인지 생각해 보자.

전략 1 : 외집단 구성원들을 경청하라

다른 무엇보다도, 외집단 구성원들은 자신의 말을 들어주기를 원한다. 그들이 스 스로를 무력하다든지, 소외당한다든지, 아니면 차별받고 있다고 느끼는지와 상관 없이, 외집단 구성원들은 다른 사람들의 경청을 필요로 한다. 분명, 일부 사람들 이 자신의 목소리가 무시당하고 있다고 느낀다는 사실은 외집단이 왜 존재하는가

하는 문제의 중심에 있다. 외집단 구성원들은 자신이 표현하고 싶어 하는 아이디어, 태도, 감정 등이 있다. 이것들을 표현할 수 없었거나 앞으로 표현할 수 없게 될 것이라고 믿을 때, 그들은 그룹으로부터 떨어져 나가게 된다.

경청(listening)은 리더가 외집단 구성원들에 대응할 수 있는 가장 중요한 방법 중 하나이다. 이는 사람들이 무엇을 이야기하는지에 주목할 것을 요구하는 일이기도 하지만, 사람들이 의미하는 바에 주의를 기울일 것을 요구하는 일이기도 하다. 경청은 간단하면서도 동시에 집중, 열린 마음, 관용을 요구하는 복잡한 과정이기도 하다. 경청은 외집단 구성원들이 자신의 관점을 자유롭게 표현할 수 있게 하기 위해 리더가 자기의 편견을 한쪽으로 치워 둘 것을 요구한다.

경청하기에 재능이 있는 리더의 예로, 1889년 시카고에 헐 하우스를 세운 제인 아담스를 들 수 있다. 산업화, 이민 및 도시 과밀화 문제에 대한 해결책으로서, 아담스는 '세틀먼트 하우스(settlement house)'로 불리는 입주 공동체를 세웠다. 이곳에서는 훈련된 직원들이 새로 도착한 이민자들에게 미국 문화에 동화되는 것을 도와줄 자원을 제공했다. 그 과정은 항상 주거, 보육, 직업, 언어교육 등을 비롯한 이민자들의 욕구에 경청하는 것으로 시작했다. 이민자들을 경청함으로써, 아담스와 그의 동료들은 언어적 · 문화적 장벽을 뛰어넘는 유대감을 형성하고, 이로써 미국에 새로 도착한 이민자들이 환영받는다고 느끼고 자신들의 새로운 커뮤니티에 투자하고 싶도록 만들어 주었다(Metzger, 2009).

외집단 구성원들이 리더가 자신의 말에 귀를 기울인다고 생각하게 되면, 그들은 인정을 받은 기분이 들고 그룹 다수에 연결된 느낌을 받게 될 것이다. 분명히, 경청은 리더의 최우선 순위가 되어야만 한다.

전략 2 : 외집단 구성원들에게 공감을 나타내라

경청과 비슷하게, 리더는 또한 외집단 구성원에게 공감을 보여야 한다. 공감(empathy)은 특별한 종류의 경청이라 할 수 있는데, 단순한 경청보다 더 많은 것을 요구한다. 공감하기 위해서 리더는 외집단 구성원들의 입장이 되어 보려 노력하고 그들이 세상을 보는 식으로 보려 노력해야 한다. 공감은 리더가 외집단 구성원들의 감정을 이해하기 위해 자신의 감정을 잠시 내려두는 과정이다. 공감력 있는 리더의 한 사례로, 로스앤젤레스의 '홈보이 인더스트리즈'를 창립한 그레그 보일 목사를 들 수 있다. 홈보이 인더스트리즈는 세계에서 가장 규모가 큰 갱단 중재, 갱생 및 사회 복귀 프로그램이다. 1980년대 후반과 90년대 초, 로스앤젤레스에서 갱단에 의한 살인이 폭증하자 이에 대응해서 보일 목사는 갱단 멤버들과 모임을 갖기 시작했다. 목사는 그들의 이야기를 듣고, 그들이 갱단으로 들어가는 다양한 이유들을 이해하고, 그들을 통제되어야 하는 사회 문제로서가 아니라 인간으로서 대했다. 헌신적인 직원들과 멘토들을 데리고, 보일 목사는 갱단 멤버들이 표현한 욕구에 근거해서 그들을 위한 갱생 및 직업훈련 프로그램들을 만들었고, 사회에서 있을 자리가 없다고 느끼던 그들이 다시금 사회 속에 자리 잡을 수 있다는 희망을 찾도록 도와주었다(Homeboy Industries, 2019).

어떤 사람들은 다른 이들보다 공감을 더 잘할 수 있는 선천적 능력이 있지만, 공감은 누구나 학습을 통해 향상시킬 수 있는 스킬이기도 하다. 공감을 보여 주는 기법으로는 반복해 말하기, 다른 말로 바꾸어 표현하기, 반영하기, 지지하기 등이 있다(표 10.1 참조). 이런 기법들을 사용함으로써, 리더는 외집단 구성원들을 이해할 수 있다.

전략 3 : 외집단 구성원들의 독특한 기여를 인정하라

기대 이론(expectancy theory)(Vroom, 1964)에 의하면 다른 사람들에게 동기부여를 하는 첫 단계는 그들에게 자기 일을 할 능력이 충분하다는 것을 알게 해 주는 것이다. 사람들이 자신에게 맡은 일을 할 능력이 있음을 알 때 동기부여가 강화된다. 이는 외집단 구성원들에게 특히 해당되는 사실이다. 외집단 구성원들은 리더가 그룹 전체에 대한 자신의 기여를 인정해 줄 때 더욱 동기부여가 된다. 우리 모두는 자신의 기여가 정당하고 다른 이들이 우리를 진지하게 받아들여주길 원한다. 외집단 구성원들은 자신의 아이디어가 중요하고 자신이 그룹에서 중요한 존재라고 믿길 바란다.

수많은 상황에서, 외집단 구성원들은 보통 다른 사람들이 자신의 장점을 알아주지 않는다고 믿는다. 이런 걱정들을 해소하려면, 리더가 외집단 구성원들의 특별한 능력과 자원을 확인하고 이를 그룹 프로세스에 통합시키는 것이 중요하다. 예를 들어, 만약 어떤 외집단 구성원이 어떤 어려운 임무를 수행하기 위한, 급진적이지만 궁극적으로는 성공적인 방법을 제안한다면, 리더는 그 사람에게 고마움

표 10.1 공감을 표현하는 방법

리더는 네 가지 의사소통 기법을 통해서 공감을 표현할 수 있다:

1. 반복해 말하기

다른 사람이 말로 한 것을 자신의 개인적인 생각이나 믿음 같은 것을 추가하는 것 없이 반복해 말함으로써, 상대방의 관점을 직접적으로 인정하고 입증하게 된다. 예를 들어, "당신은…느낌이라고 말씀하시는군요" 또는 "당신은…하다고 여기는 것 같군요"라고 말하는 것이다.

2. 다른 말로 바꾸어 표현하기

이 의사소통 기법은 다른 사람이 말한 것을 자신의 어휘로 정리해 말하는 것이다. 이는 상대방이 이야기한 것을 내가 이해하고 있다는 것을 전달하는 데 도움이 된다. 예를 들면, "다른 말로 하자면, 여러분이 이야기한 것은…"라든지, "다른 식으로 말하면…라고 제안하는 것이죠?"라고 하는 것이다.

3. 반영하기

다른 사람이 표현했거나 표현하지 않은 감정이나 태도 등에 대한 거울 또는 울림통 같은 역할을 함으로써, 무언가가 어떻게 표현되었는지, 또는 말 뒤에 숨어 있는 감정의 정도에 초점을 맞출 수 있다. 이 기법은 상대방이 자신의 감정을 이해하는 것을 돕고 그 감정을 확인하고 설명할 수 있게 하는 데 도움이 된다. 예를 들어, "그래서 여러분이 그 일에 대해 좀 혼란스럽고 화가 나 있군요" 또는 "여러분은 그 과정에 겁이 나 있다고 보는데, 제가 맞게 본 건가요?"라고 말하는 것이다.

4. 지지하기

이 의사소통 기법은 상대방이 '홀로 표류'하는 중이 아니라는 것을 알게 하기 위해 이해, 위로, 긍정적 시선 같은 것들을 표현하는 것이다. 예를 들어, "여러분 같은 태도라면, 분명히 잘할 수 있을 겁니다"라든지, "여러분의 발전 속도는 놀라워요"라고 말하는 것이다.

을 표시하고 그 아이디어가 창의적이며 해 볼 가치가 있음을 알게 해줘야 한다. 리더는 외집단 구성원들에게 그들이 하는 일이 중요하다는, 즉 그룹 전체에게 의미가 있다는 점을 상기시켜줘야 한다.

또 다른 예는 한 대학교 수업에서 학생들이 봉사 학습 프로젝트를 해야 하는 이야기로, 외집단 구성원들의 특별한 기여를 인정하는 일의 중요성을 보여 준다. 소규모 집단 커뮤니케이션 강의의 한 팀은 프로젝트를 위해 지역사회의 한 노부인을 위해 휠체어 경사로를 만들기로 했다. 프로젝트 초기 단계에서, 그룹 구성원 중 한 명(알리사)이 참여를 안 하려고 해서 그룹의 의욕이 떨어졌다. 알리사는 자기가 수공 도구를 사용하는 일에 서툴다며, 수작업으로 하는 일을 하지 않겠다고 말했다. 팀의 다른 멤버들은 프로젝트를 위해 이미 많은 계획 작업을 했고, 알리사의 도움 없이 그대로 진행하기를 원했다. 그 결과, 알리사는 자신이 거부당했다고 느꼈고 이내 그룹에서 소외되었다. 그룹에 실망감을 느낀 알리사는 프로젝트의 목적과 다른 구성원들의 성격을 비판하기 시작했다.

어느 시점에서, 그룹의 리더 중 한 명이 알리사와 그가 하는 말에 더 관심을 기울이기 시작하기로 결심했다. 알리사의 수많은 걱정을 듣고 난 다음, 그 리더는 비록 알리사가 수작업은 잘 못하더라도 두 가지 훌륭한 재능을 가지고 있다는 것을 알아냈다. 알리사는 음악을 잘했고, 맛있는 점심도 만들 줄 알았다.

리더가 일단 이것들을 알아내고 나자, 그룹은 바뀌기 시작했다. 알리사는 참여하기 시작했다. 경사로 공사에서 알리사가 기여한 것은 다른 사람들이 경사로를 만드는 동안 모든 그룹 멤버와 노부인의 가장 좋아하는 음악을 30분 동안 연주하는 것이었다. 이에 더해서, 알리사는 그룹 구성원 각각의 식성에 맞는 훌륭한 샌드위치와 음료도 제공했다. 프로젝트 마지막 날이 되자, 알리사는 자신이 그룹의 일부라고 충분히 느꼈고, 맛있는 음식에 대한 칭찬도 많이 들었기 때문에, 수작업도 같이 돕기로 결심했다. 그는 즐거운 얼굴로 경사로 주변의 쓰레기를 치우기 시작했다.

비록 알리사의 재능이 경사로 공사와 직접적인 연관은 없었지만, 그는 성공적인 팀을 만드는 데 실질적인 기여를 했다. 모든 구성원들이 그룹에 포용되었고, 한 명의 외집단 구성원의 재능이 발굴되어 이용되지 못했더라면 실패했을 수도 있을 공동체 형성 프로젝트에서 각자 유용한 역할을 해냈다.

전략 4 : 외집단 구성원들이 포용되었다고 느낄 수 있게 하라

윌리엄 슈츠(1966)는 소집단의 경우에 우리가 느끼는 가장 절실한 대인관계 욕구는 자신이 그 집단에 소속하는지를 아는 것이라고 지적한 바 있다. 내가 '인(in)'이냐 '아웃(out)'이냐의 문제이다. 외집단의 본질상 그 구성원들은 외곽에 위치하며 액션의 주변부에 있다. 외집단 구성원들은 소속되었다거나, 포용되었다거나, '인'이라고 느끼지 못한다. 슈츠는 사람들은 다른 사람들과 연결되어야 할 필요를 가진다고 주장했다. 사람들은 집단에 속하기를 원하지만, 자신의 정체성을 잃어버릴 정도로 너무 집단의 일부가 되기를 원하지는 않는다. 사람들은 소속감을 원하지만, 자아의식을 잃을 정도로 너무 지나친 소속감을 원하지도 않는다.

항상 쉬운 일은 아니겠지만, 리더는 외집단 구성원들이 더 포용될 수 있도록 도움을 줄 수 있다. 리더는 외집단 구성원들이 보내는 커뮤니케이션 신호를 관찰하고 이에 적절하게 반응하려 노력할 수 있다. 예를 들어, 만약 어떤 사람이 그룹의 가장자리에 앉는다면, 리더는 의자들을 둥글게 배치해서 그 사람을 그 안에 앉도록 권유할 수 있을 것이다. 만약 어떤 사람이 그룹 규범을 따르지 않는다면(예 : 휴식 시간에 다른 사람들처럼 밖으로 나가지 않는다든지), 리더는 직접 외집단 구성원에게 밖에서 다른 사람들과 함께하기를 권유할 수 있을 것이다. 비슷하게, 만약 어떤 그룹 구성원이 매우 과묵하고 의견을 내지 않는다면, 리더는 그 구성원의 의견을 물어볼 수 있을 것이다. 외집단 구성원이 포용되도록 돕는 방법에는 여러 가지가 있지만, 기본적인 것은 리더가 외집단 구성원들의 니즈에 신경을 쓰고 이에 대처를 해서 외집단 구성원들이 그룹 전체의 일부임을 알 수 있도록 도와주는 것이다.

전략 5 : 외집단 구성원들과 특별한 관계를 만들어라

외집단에 대한 가장 잘 알려진 연구를 수행한 한 연구자 그룹은 **리더-구성원 교환 이론**(*leader-member exchange theory, LMX theory*)을 개발했다(Dansereau, Graen, & Haga, 1975; Graen & Uhl-Bien, 1995). 이 이론의 대전제는 바로 리더가 자신을 따르는 사람들 개개인과 특별한 관계를 형성해야 한다는 것이다. 유능한 리더는 모든 그룹 구성원들과 양질의 관계를 맺고 있다. 이는 외집단 구성원들이 전체 그룹의 일부가 되는 결과를 가져온다.

특별한 관계는 좋은 커뮤니케이션, 존경, 신뢰를 바탕으로 세워진다. 이것은 흔히 대본대로의 역할을 벗어나서 다양한 책무를 맡으려는 의지가 있는 외집단 구성원들을 리더가 알아볼 때 시작된다. 덧붙여, 특별한 관계는 리더가 외집단 구성원들에게 참여하고 새로운 것들을 시도해 보라는 도전을 해 줄 때 생겨날 수도 있다. 만약 외집단 구성원이 이러한 도전과 책무를 받아들인다면, 그것은 리더와 외집단 구성원 사이의 관계를 향상시키는 첫 단계가 될 것이다. 그 결과는 외집단 구성원이 자신이 인정받았음을, 그리고 그룹 내 다른 사람들과 더 연결되었음을 느끼게 되는 것이다.

다음은 특별한 관계가 어떻게 외집단 구성원들에게 이익이 될 수 있는지를 보

리더십 스냅숏

에이브러햄 링컨, 미국 제16대 대통령

일리노이주 스프링필드 출신의 시골 순회 변호사였던 에이브러햄 링컨이 제16대 미국 대통령이 된 것은 의외였다. 그는 9세 때 어머니를 여의었고, 아버지와는 가까운 사이가 아니었다. 어렸을 때 그는 정규 교육은 별로 못 받았지만 열렬한 독서가였다. 비록 우울한 기질을 지니기는 했지만, 그는 이야기꾼으로서의 재주와 기운을 북돋우는 유머 감각으로 잘 알려졌다. 로스쿨을 졸업한 후, 그는 미국 하원의회에서 한 임기를 일하고 난 다음 미국 상원의원직에 두 번 연속 출마했지만 모두 낙선했다.

1860년, 그는 공화당의 대통령 후보로 선출되었다. 이때 그가 물리친 강력한 예비 후보들은 뉴욕주 상원의원 윌리엄 수어드, 오하이오주 주지사 새먼 체이스 그리고 미주리주 출신 정치인 에드워드 베이츠였다. 일리노이주 시골에서 온, 목소리가 부드러운 무명의 변호사가 후보로 선출될 것이라고 아무도 예상하지 못했지만, 전당대회에서 세 차례의 투표 끝에 링컨은 공화당 후보로 떠올랐다. 링컨은 대통령 선거에서 승리했고, 그가 임기를 시작하기 전에 6개의 남부 주가 아메리카 합중국에서 분리 독립하여 남부 연방을 결성했다.

링컨은 노예제의 문제와 노예제도를 확대할 것인지, 유지할 것인지 아니면 철폐할 것인지를 놓고 둘로 갈라져버린 나라에서 대통령 임기를 시작했다. 이와 관련해서, 링컨은 대담한 리더십 결정을 내렸다. 그는 내각에 대통령 예비선거에서 그의 반대편이었던 네 명의 숙적들뿐 아니라 세 명의 민주당원들을 뽑았다. 그들은 모두 링컨보다 유명하고 교육을 더 잘 받은 사람들이었다(Goodwin, 2005).

링컨의 내각은 대통령의 결정에 도전하기를 반복하는, 이질적이고 모두 자존심 강한 정치인들의 집합이었다. 그들은 각자 나라에 대해, 특히 노예제에 대해서로 매우 다른 철학을 가지고 있었다. 일부는 노예제의 확산을 제한하기를 강력히 주장했다. 다른 이들은 노예제를 철폐해야 한다고 주장했다. 처음에 내각 멤버들은 대통령을 긍정적으로 보지 않았다. 예를 들면, 법무장관 베이츠는 링컨을 선하지만 무능한 행정가로 보았다. 육군장관 에드윈 스탠턴은 처음에는 그를 업신여겼지만 점차 최고사령관으로서 그의 능력을 존경하게 되었다(Goodwin, 2005).

링컨은 자신과 의견이 다른 사람들과 함께 일하고 이질적 의견을 가진 사람들을 통합하는 놀랄만한 능력을 가지고 있었다(Goodwin, 2005). 예를 들어, 남북전쟁 발발 당시, 국무장관 수어드는 섬터 요새 전투에 대한 링컨의 대응을 놓고 서면을 통해 직접적으로 비판했다. 그는 행정부에 정책이 부재하며 그 접근법은 중단해야 한다고 주장했다. 이에 대해, 링컨은 수어드에게 편지를 써서 수어드를 모욕하지 않으면서 자신의 입장을 설명했다. 편지를 보내라고 시키는 대신, 링컨은 수어드에게 몸소 편지를 전달했다. 그것은 링컨이 "다루기 힘들지만 중요한 부하, 장군 또는 상원의원에 대처하는 전형적인 행동이었다. 자신의 정책과 그에 대한 책임을 확고하게 주장하지만, 적을 만들 수도 있는 개인적 묵살은 피하는 방식으로 했다"(McPherson, 2005). 시간이 지나면서, 수어드는 실제로 대통령과 가까워졌고 링컨의 가장 강력한 지지자 중 한 사람이 되었다.

더 큰 의미에서, 링컨의 리더십은 또한 깊이 분열된 한 국가를 통합하는 일에 대한 것이기도 했다. 1858년, 대통령에 당선되기 훨씬 전에 링컨은 일리노이주 의사당에서 미국 상원의원 후보직을 수락하며 그의 유명한 '분열된 집' 연설을 했다. 신약성서의 한 구절(마가 3장 25절)을 근거로, 그는 이렇게 말했다. "스스로 분열된 집은 제대로 서 있을 수 없습니다. 나는 이 정부가 절반은 노예이고 절반은 자유인 채로 영원히 버틸 수는 없다고 믿습니다. 나는 미합중국이 해산될 것이라고 예상하지 않습니다. 나는 이 집이 무너질 것이라고 생각하지 않습니다. 하지만 나는 우리가 분열을 중단할 것이라고 생각합니다. 미합중국은 모두가 노예가 되거나, 모두가 자유인이 될 것입니다." 여러 면에서 이 연설은 링컨의 리더십 스타일과 국가를 약화시키고 파괴하는 노예제의 영향을 다룰 그의 역할을 암시하였다.

여 주는 사례이다. 마고 밀러는 센트럴 고등학교의 보건교사였다. 그는 또한 비공식적인 교내 상담교사이자 사회복지사, 갈등 중재인 그리고 학생들을 위한 다방면의 친구이기도 했다. 마고는 학교에서 어떤 그룹에도 속하지 않는, 심하게 비만인 학생들이 몇 명 있음을 알아챘다. 이 문제를 해결하기 위해, 그는 이 학생들 몇명과 다른 학생들을 불러서 방과 후에 운동장에서 그와 함께 운동을 하도록 했다. 이 학생들 중에는 학교에서 과외활동 참가가 처음인 아이들도 있었다. 학생들과 마고는 자신들을 브렉퍼스트 클럽이라고 지칭했는데, 동명의 영화에 나오는 캐릭터들처럼 자기들도 잡다하게 섞인 무리이기 때문이었다. 학기 말이 되자, 모임은 전교생을 대상으로 5킬로미터 뛰기/걷기 대회를 성황리에 개최했다. 5킬로미터를 완주한 한 과체중 여학생은 마고와 브렉퍼스트 클럽이 자기가 겪었던 가장 좋은 경험이라고 말했다. 마고가 학생들과 만들어 낸 특별한 관계가 외집단 학생들을 참여하게 하고 학교 공동체 안에서 자신의 참여에 대해 좋은 기분을 가질 수 있게 해 준 것은 분명했다.

전략 6 : 외집단 구성원들에게 목소리를 내며 행동할 수 있는 권한을 줘라

외집단 구성원들에게 목소리를 주는 것은 그들이 그룹 내 다른 구성원들과 대등한 위치에 설 수 있게 해 준다. 이는 리더와 다른 그룹 구성원들이 외집단 구성원들의 아이디어와 행동을 믿는다는 것을 뜻한다. 외집단 구성원들이 목소리를 가질 때, 그들은 자신들의 관심사가 인정받음을, 그리고 자신들이 리더와 그룹에게 영향을 줄 수 있다는 것을 알게 된다. 외집단 구성원들이 의사표현을 하고 그룹의 일에 대해 목소리를 내게 할 수 있도록 리더가 자신의 리더십에 충분한 자신감이 있을 때, 그 과정은 놀라운 것이다.

다른 사람들에게 행동할 수 있는 권한을 부여하는 것은 리더가 외집단 구성원들이 더 참여적이고, 독립적이고, 자기 행동에 책임을 지게 한다는 뜻이다. 여기에는 그들이 그룹의 일에 참여하게 하는 것(예 : 계획, 의사결정)이 포함된다. 진정한 권한 부여는 리더가 통제권의 일부를 포기하고 외집단 구성원들에게 통제권을 더 주는 것을 요구한다. 이것이 리더에게 있어 권한 부여가 매우 어려운 과정인 이유이다. 마지막으로, 다른 이들에게 권한을 부여하는 것은 리더십의 더 큰 도전 과제 중 하나이지만, 외집단 구성원들에게는 가장 큰 이익을 제공하는 과제 중 하나이기도 하다.

여기서 지적할 중요한 점은 외집단 구성원들이 항상 포용되기를 원하는 것은 아니라는 것이다. LMX 이론에 의하면, 구성원들은 얼마나 리더와 함께 잘 일하는가에 따라 내집단 혹은 외집단의 일부분이 된다(Northouse, 2019). 내집단 구성원들은 종종 그룹이나 부서를 돕기 위해서 추가적인 역할과 과업을 맡곤 한다. 그 결과, 이러한 직원들은 리더로부터 더 많은 관심과 지원을 받고, 직장에서 더 큰 동기 부여와 더 높은 직업 만족도를 경험한다(Malik, Wan, Ahmad, Naseem, & Rehman, 2015). 어떤 직원들은 리더와 그만큼 어울리지 못하거나, 리더를 좋아하지 않거나, 자신이 책임지는 역할이나 조직에 대한 참여를 늘리는 것에 관심이 없을 수도 있다. 그러므로 이런 직원들은 외집단의 구성원이 되고, 리더로부터 관심과 지원을 더 적게 받는다. 이러한 직원들은 파트타임 직원, 직장 밖에서의 의무와 책임으로 바쁜 부모, 혹은 퇴임이 가까워져서 필요한 과업들을 해치우고 퇴근 시간에는 집에 가고 싶어 하는 사람일 수도 있다.

정리

오늘날의 사회에서, 어떤 문제 해결이나 임무 달성을 위해 사람들이 모이는 곳이라면 어디에서나 외집단은 흔히 발생하는 일이다. 일반적으로, 외집단이라는 용어는 자신들이 집단 전체의 일부라고 느끼지 못하는 사람들을 일컫는다. 외집단 구성원들은 보통 단절되거나, 받아들여지지 않거나, 차별받거나, 무력하다고 느끼는 사람들이다.

외집단은 많은 이유로 생겨날 수 있다. 어떤 경우에는 사람들이 전체 그룹에 반대 의견을 가지기 때문에 생겨난다. 또 어떤 경우에는 그룹 내 일부 개인들이 그룹 전체와 동일시하지 못하거나 전체 그룹의 현실을 받아들이지 못하기 때문에 생겨난다. 어떤 경우에는 사람들이 포용되지 않는다고 느끼거나 외집단 구성원들의 의사소통 및 사회적 스킬이 부족하기 때문에 생기기도 한다.

이들이 발생하는 이유에 관계없이, 외집단의 부정적인 파급 효과는 상당히 클 수 있다. 우리가 외집단에 신경을 써야 하는 이유는 그들이 공동체 형성에 방해가 되고 그룹 시너지에 부정적 영향을 미치기 때문이다. 이에 더해서, 외집단 구성원들은 '내집단' 구성원으로부터 마땅히 받아야 할 존중을 받지 못한다.

외집단에 효과적으로 대응하는 데 있어 리더가 취할 수 있는 전략은 여러 가지가 있다. 리더는 외집단 구성원들을 경청하고, 공감을 보이고, 그들의 특별한 기여를 인정하고, 외집단 구성원들이 포용될 수 있도록 돕고, 그들과 특별한 관계를 맺고, 외집단 구성원들에게 표현의 기회를 주며, 그들이 행동할 수 있는 권한을 부여할 필요가 있다. 이 전략들을 사용하는 리더는 외집단과의 만남에 있어 더욱 성공적일 것이고, 보다 유능한 그룹 리더가 될 수 있을 것이다.

주요 용어

경청(listening)
공감(empathy)

사회 정체성 이론(social identity theory)
외집단 구성원(out-group members)

10.1 사례 연구 – 넥스트 스텝

넥스트 스텝은 서부 해안지역에 있는 어느 큰 대학교의 커뮤니케이션 대학원 학생들이 운영하는 학생 조직이다. 넥스트 스텝의 미션은 학생들의 취업이나 진학 준비에 도움이 되는 기회들을 제공하는 것이다. 이 그룹이 후원하는 연간 행사들로는 이력서 작성개발 워크숍, 지역주민들이 자신들의 커리어 경력에 대해 이야기하는 경력 개발의 날, 그리고 면접 스킬 관련 워크숍 등이 있다.

모임 장소 대여, 강사비, 워크숍 다과 준비 같은 비용을 대기 위한 기금을 마련하기 위해 넥스트 스텝은 1년에 두 번씩 빵 바자를 연다. 가을학기 빵 바자를 신통치 않게 마친 후, 일부 넥스트 스텝 회원들은 새로운 기금 마련 방법을 찾을 것을 제안한다. 그들은 빵 바자는 회원들이 돈을 쓰게 하고 적은 수익을 위해 너무 많이 일하게 만든다고 주장한다.

넥스트 스텝 회장 제임스는 그룹의 다음 모임 때 새 기금 마련 활동을 토의 안건으로 올리기로 결정한다. 그 모임에서, 마케팅 및 시각디자인이 전공인 브레나는 겨울학기 기금 마련 방법으로 티셔츠를 팔자고 제안한다. 브레나는 대학 내 사람들이 티셔츠 사는 것을 좋아한다고 믿으며 자신이 학생들의 마음에 들 디자인을 만들어 낼 수 있을 거라고 자신한다. 역시 마케팅 전공인 맬러리는 그 티셔츠 홍보를 돕겠다고 자원한다. 그룹의 회원인 마크는 자기가 일하고 있는 실크스크린 인쇄소에서 직원 할인을 이용해 티셔츠를 저렴하게 인쇄할 것을 제의한다.

넥스트 스텝의 다른 회원들이 티셔츠를 이용한 기금 마련에 찬성하는 목소리를 내고, 토론은 티셔츠의 디자인으로 옮겨간다. 제임스는 브레나와 맬러리에게 학생들을 대상으로 티셔츠 구매에 대한 관심도와 어느 정도 가격이면 살 의향이 있는지를 조사하는 일을 맡긴다. 브레나는 또한 티셔츠 디자인 시안을 만들어서 다음 모임 때 가져오고, 그동안 마크는 구입가격 선택안을 알아오기로 한다.

제임스는 새 기금 마련 방법이 가고 있는 방향에 대해 긍정적인 느낌을 가지며 모임을 마치고 나오지만, 차에 책을 싣는 동안 근처에서 어떤 대화를 우연히 듣게 된다. 넥스트 스텝의 회계 담당자인 니콜이 티셔츠 판매 계획을 "바보 같다"고 하는 것이다. 그는 자기라면 절대로 학생단체에서 셔츠를 사지 않을 거라면서 넥스트 스텝은 셔츠를 인쇄하는 데 돈만 날리게 될 거라고 말한다. 넥스트 스텝의 서기인 어슐라는 다른 넥스트 스텝 회원들을 "누가 하는 말을 무작정 받아들이는 범생이들"이라고 부르며 니콜의 말에 동의하고 아무도 티셔츠를 사지 않을 거라고 맞장구를 친다. 제임스는 충격을 받는다. 제임스는 모임에서 니콜이나 어슐라가 계획에 반대하는 말을 하는 것을 들은 기억이 없을 뿐 아니라, 그들은 모임에서 아무 말도 하지 않았다. 제임스는 넥스트 스텝의 간부 두 명이 그룹에 대해 그렇게 부정적으로 이야기하는 것에 걱정이 들고, 이것이 티셔츠 판매로의 변경 때문인지 다른 이유가 있는 것인지 궁금해진다. 그는 머릿속으로 다음 모임 때까지 무기명 투표를 준비해야겠다고 마음먹는다. 이 아이디어가 마음에 안 드는 회원들이 공개되지 않으면서 반대 의사를 표시할 기회를 확실히 가질 수 있게 하기 위해서이다.

그동안 브레나, 맬러리, 마크는 학생 여론을 조사하고 적정한 티셔츠 가격을 알아내고 넥스트 스텝 회원들이 고려해 볼 매력적인 모형들을 만드는 데 성공한다. 제임스는 티셔츠 위원회가 쏟은 노력이 만들어 낸 긍정적 결과물들이 티셔츠 판매에 대한 니콜과 어슐라의 생각을 바꾸는 데 도움이 될 거라고 자신한다.

그러나 그다음 날 제임스가 학생회관의 한 칸막이 사무실에서 일하고 있을 때 니콜이 들어온다. 그가 자리에서 나와 니콜에게 인사를 할 새도 없이, 넥스트 스텝의 학생 연락 담당자 토드가 니콜에게 다가와서 이렇게 말한다. "그 아첨꾼들이 티셔츠 판매에 얼마나 열성을 쏟고 있는지 알아? 정말이지, 너무 바보 같아. 그래도 우리 보고 도우라고 할 사람은 없으니 다행이지!" 학생 연락 담당자로서, 토드는 그룹 내에서 중추적 역할을 한다. 그는 다른 학생 모임들에게 이 단체가 하는 일들을 홍보하고 새 회원들을 모집하는 책임을 맡고 있다. 그가 지금 하는 말은 제임스를 더 불안하게 만든다.

제임스는 행동을 취하기로 결심하고, 그가 근처에 있었다는 것을 모르는 니콜과 토드에게 다가간다. 제임스는 잡담을 나눈 후, 그들에게 이틀 후에 있을 넥스트 스텝 모임에 대해 상기시킨다. 니콜은 눈을 굴리고 자기도 모임에 대해 알고 있다고 말한다. 제임스는 모든 일이 괜찮은지 묻는다. 니콜은 이렇게 대답한다. "모든 게 괜찮아. 나는 그냥 이 티셔츠 판매에 그렇게 몰두하는 게 바보 같아. 우리는 모두 학업 때문에 바쁘고, 이 단체 일은 그저 내 이력서에 올릴 활동 경력의 하나일 뿐이야. 나는 왜 우리가 그냥 쉽고 머리 안 써도 되는 빵 바자를 계속 할 수 없는 건지 이해할 수 없어." 토드도 동의의 표시로 머리를 끄덕이며 이렇게 말

한다. "그래, 제임스. 네가 학생단체 회장이 된 이유가 단체의 사명을 정말로 좋다고 믿어서라고 말하지는 못할 거야. 그저 여름에 일자리에 지원할 때 보여 주기용이란 걸 모두 알아." 그들의 태도에 깜짝 놀라기는 했지만, 제임스는 자기가 넥스트 스텝의 사명에 믿음을 가지고 있으며 기금마련 활동과 관련하여 조금이라도 우려가 있다면 모두 다음 모임에서 확실하게 언급하도록 하겠다고 대답한다.

다가올 모임을 준비하면서, 제임스는 단체의 사명과 활동에 대해 열의를 가진 사람들과 지지 의사가 없는 사람들 사이에, 적어도 간부들 사이에서는, 어떤 분열이 존재하는 것 같다고 결론짓는다. 그는 니콜, 어슐라, 토드가 보여 준 태도를 다른 넥스트 스텝 회원들도 가지고 있는지, 또는 그들이 소수집단인 것인지 알고 싶다. 만약 그들이 소수가 아니라면, 그리고 분열이 보다 더 깊은 것이라면, '이것이 넥스트 스텝에게 의미하는 것은 무엇일까?'라고 제임스는 생각한다.

질문

1. 이 장에서는 외집단이 형성되는 여러 가지 이유를 논의하고 있다. 어슐라, 니콜, 토드가 외집단인 것으로 보이는 이유에 대한 가장 좋은 설명은 무엇인가? 그들이 넥스트 스텝에 미치는 파급 효과는 무엇인가? 그들의 걱정은 정당한가? 이에 대해 토의해 보자.

2. 의사결정에 모든 멤버가 포함될 수 있게 하려면 기금 마련 전략에 대한 처음의 모임을 어떻게 진행할 수 있었을까?

3. 넥스트 스텝에 대한 외집단 구성원들의 말로 표현된 감정을 고려할 때, 이 상황에서 외집단에 대응하는 리더의 여섯 가지 전략 중에서 더 적절하거나 더 효과적인 특정 전략이 있다고 생각하는가?

4. 제임스를 제외한 다른 멤버들은 넥스트 스텝에서 집단 정체성과 단결심을 조성하는 데 어떻게 도움이 될 수 있을까?

5. 이 상황에서, 어슐라, 니콜, 토드를 포용하기 위한 시간과 노력은 그만한 가치가 있다고 생각하는가? 여러분의 답을 변론해 보자.

10.2 사례 연구 – 캠퍼들의 불만

사태의 발단은 노숙자가 공원에서 밤을 지내는 것을 금지하는 조례안을 시청에서 심사하고 있다는 소식이 노숙자들의 귀에 들어갔을 때였다. 낮에 공원에서 잠을 자는 것은 이미 법적으로 금지되어 있었다. 새 조례안이 목표하는 것은 도시 주민들에게 공원을 보다 매력적인 장소로 만들고자 하는 것이었다. 공원에 가지 않는 이유에 대해서 많은 주민은 공원이 안전하지 못하다고 느끼거나 공원에서 자리를 차지하고 있는 노숙자들이 많아서 불편하기 때문이라고 말했다.

심사 중인 이 조례안으로 인해서 노숙자들은 자신들이 갈 곳이 없다고 느끼게 되었다. 이들 중 대부분은 자발적으로 노숙자가 되기를 선택한 것이 아니었다. 미국 전역의 많은 지역이 그렇듯이, 도시에는 저소득층의 형편에 맞는 주택이 안정적으로 공급되지 못하는 상황이었다. 빈곤선에 근접한 삶을 사는 사람들이 빌리거나 살 수 있을 만한 가격의 집을 찾는 것은 거의 불가능했고, 보조금으로 지은 주택들은 공급이 충분하지 않았기 때문에 이러한 주택에 입주하기 위한 대기자 명단은 수년을 기다려야 했다.

또한 도시에는 노숙자를 위한 쉼터 시설도 충분하지 않았다. 유일한 쉼터는 종교단체에서 운영하는 곳으로, 남성들은 여성들과 아이들로부터 분리되어 각각 다른 장소에서 자는 구조로 되어 있었고, 가족이 함께 묵을 수 있는 시설은 없었다. 게다가 이 쉼터는 마약 복용과 음주를 엄격히 금지하는 무관용 정책을 실시했고, 동성 커플은 받아들이지 않았으며, '숙박객들'이 쉼터에서 묵으려면 매일 예배에 참석해야 했다. 또한 쉼터에서 지내는 기간도 3개월로 제한되었다.

많은 도시 주민의 인식 속에서 노숙자들은 마약 또는 알코올 중독자, 정신 질환자, 혹은 '자의에 의한 무직자'로 여겨졌다. 불행히도, 새 조례안에 대한 소식은 노숙자들로 하여금 도시의 지도자들 역시 이와 같은 방식으로 자신들을 바라본다고 믿게 만들었다.

한 노숙자 부부의 경우, 이들은 15년간 임대해서 살던 집이 호우로 침수되어 철거 판정을 받았기 때문에 집 대신에 텐트에서 살게 되었다. 다발성 경화증을 앓고 있는 아내는 휠체어가 필요했다. 남편은 어느 제조업체에서 일했는데, 낮 동안에 아내를 돌볼 수 있도록 야간작업을 맡았다. 그들의 형편에 맞으면서 휠체어를 타고 지낼 수 있는 주택은 도시 안에서 찾을 수 없었다. 아내가 남편의 보살핌을 필요로 했기 때문에 노숙자 쉼터에도 갈 수 없었다. 그래서 이 부부는 중고품 할인점에서 산 텐트에서 살기로 결정했다. 이들은 공원 안에 텐트를 치고, 며칠마다 법을 어기고 있다는 경찰의 통보를 받으면 짐을 꾸려 새 자리로 옮기면서 도시 내 여러 공원들을 전전했다.

부부는 자신들이 혼자가 아니라는 사실을 발견했다. 도시에는 그들과 같이 방랑하는 캠퍼들이 넘쳐났다. 이 중에는 암을 치료하느라 직장과 저축예금을 모두 잃고 노숙자가 된 여성도 있었다. 세 자녀의 어머니도 있었는데, 아파트 주인이 올린 집세를 낼 형편이 못 되어서 살 곳을 잃었다. 그는 3개월을 쉼터에서 지내면서 새로 살 집을 찾았지만, 기한 내에 집을 구하지 못했다.

많은 노숙자가 서로 이야기를 나누기 시작했고, 이들은 곧 그룹을 조직해서 세 명의 리더이자 대변인을 선정했다. 이 리더들은 시 공무원들과 만나서 조례안이 어떻게 노숙자들에게 더 큰 해를 입힐지 설명하기 위한 만남을 요구했다. 시 당국은 그들의 호소를 들어주지 않았다. 시 행정 담당관과 시장은 노숙자 그룹에게 조례안이 필요하다고 말했다. 소수자 집단보다는 (우연치 않게도 재산세를 내는) 도시 주민 대다수에게 혜택이 되는 변화이기 때문이었다. 이들은 노숙자들이 '몇 가지 간단한 규칙만 지킨다면' 쉼터에서 묵을 수 있으며, 규칙을 지킬 수 없는 사람들은 자신의 의지에 따라서 그러한 선택을 하는 것이라고 시사했다.

시 당국의 반응은 노숙자들이 우려했던 바, 즉 자신들이 처한 상황의 복잡성이 이해되거나 중요하게 생각되지 않는다는 사실을 확인해 줄 뿐이었다. 그날 저녁, 약 30명 정도로 구성된 노숙자 캠프가 도시 중심에 위치한 공원에 생겨났다. 시청 바로 맞은편이었다. 다음 날, 캠프 규모는 두 배로 늘어났다. 그룹의 리더들은 언론을 통해서 노숙자들이 공원에 모여 캠핑하는 이유가 새 조례안과 도시의 미비한 노숙자 쉼터 시설, 그리고 도시의 지도자들이 노숙자들을 무시하는 전반적인 태도에 항의하기 위해서라고 설명했다. 언론에서 캠프의 인원들 몇 명을 인터뷰하고, 이들은 자신이 노숙자가 된 경위를 이야기했다. 노숙자 그룹은 조례안을 철회하고 시 당국이 노숙하는 주민들에게 적절하고 저렴한 주택을 찾도록 도와줄 계획을 개발할 때까지 공원을 떠나지 않겠다고 말했다.

언론의 관심과 함께 캠프는 커져갔고, 노숙자를 비롯해서 이들과 연대해서 캠프에 동참하는 지지자들까지 포함해서 수백 명의 사람들이 공원에 모였다. 노숙자 문제는 도시의 여론을 양극화시켰다. 어떤 사람들은 노숙자들을 지지했고, 노숙자 캠프에는 이들이 보낸 음식, 옷, 생수, 다른 보급품들이 쇄도했다. 다른 사람들은 도시의 공원 안에서 자는 것을 금지하는 조례안에 찬성했고, 노숙자 캠프가 다른 지역들로부터 더 많은 노숙자를 끌어들이고 시의 자원에 지나친 부담을 가하기 때문에 공중위생을 위협한다고 보았다. 시 선출 위원 여덟 명 중 두 명은 시위에 가담해서 노숙자 그룹과 함께 공원의 텐트에서 잠을 잤다. 이들은 노숙자 그룹과 시 당국 사이에서 해결책을 중재하고자 노력했다. 그러나 나머지 위원들은 이들이 대중의 관심과 정치적 목적을 위해서 상황을 이용하고 있다고 비난했다.

노숙자 캠프가 생긴 지 2주 뒤, 조례안에 대한 투표가 시 위원회 회의에서 실시되었다. 의회에는 수백 명의 사람들이 참석했고, 각자 4분간 발언을 할 기회가 주어졌다. 많은 노숙자가 자신의 이야기를 들려주고, 그들이 보기에 제약적이고 차별적인 쉼터의 상태에 대해서 설명하고, 시에서 주택을 충분히 제공할 필요성에 대해 말했다. 다른 발언자들은 조례안을 지지하는 주장을 펼치며, 쓰레기와 썩은 음식을 방치하고 있는

노숙자 캠프의 무질서하고 비위생적인 상태가 노숙자들이 공공 재산도 사유 재산도 존중하지 않는다는 사실을 반증한다고 말했다. 위원회의 요구에 따라 시 경찰서장은 싸움이나 마약 과다 복용 등의 소란 때문에 캠프지로 경찰이 호출된 횟수를 보고했다. 회의는 다음날 새벽까지 진행되었다. 마지막 발언자는 노숙자들을 옹호하는 두 위원들 중 한 명이었다. 그는 동료 위원들에게 더 큰 그림을 볼 것을 간곡히 부탁했다. 문제는 단지 공원에서 잠을 자는 사람들이 아니었다. 공원의 노숙자 문제는 시 당국이 다루지 못하고 있는 더 큰 문제의 징후였다. 그 문제는 저렴한 주택의 부족, 그리고 생활 임금과 정신 질환자들을 위한 의료복지의 필요성이었다. 해결책은 공원에서 잠자는 것을 금지하는 것이 아니라, 공원에서 잠을 잘 필요가 없도록 대안을 제시하는 것이었다.

위원회는 더 많은 연구조사가 필요하다고 말하면서 조례안에 대한 결정을 미루기로 했다. 그러나 논쟁은 그것으로 끝나지 않았다. 노숙자들은 회의가 끝난 후에도 2주간 공원에서 캠프를 유지했는데, 그동안에 기록적인 폭염과 폭우를 겪었다. 캠프는 나날이 더 비위생적이고 비참한 곳이 되어갔다. 마침내 시 당국은 캠퍼들에게 하나의 선택지를 주었다. 캠프의 비위생적인 상태와 도시법에 의거해서, 시 당국은 강제로 캠프를 철거하기로 했다. 노숙자들은 노숙자 쉼터 근처에 시가 소유하는 공터로 캠프를 옮길 수 있었다. 쉼터의 샤워 및 세탁 시설을 사용하고 식사를 제공받을 수 있지만, 대신 마약과 음주를 금지하는 규칙을 준수해야만 했다.

캠퍼들 중 몇몇은 캠프를 옮겼지만, 옮기지 않은 사람들은 시가 단행한 철거 과정에서 얼마 안 되는 소유물들을 잃고 말았다. 시 당국이 트랙터와 덤프트럭을 불러서 공원 안의 텐트와 임시 주거지와 함께 남은 물건들을 치워가도록 했기 때문이다. 철거업자들은 시끄럽고 적극적인 시위에 맞닥뜨렸고, 그 결과 몇 명이 체포되었다. 그러나 결국 대부분의 노숙자들은 들고 나를 수 있는 몇 가지 물건들을 가지고 묵을 만한 다른 곳을 찾아 헤맸다.

질문

1. 위의 사례에서 외집단 구성원들은 누구인가? 하나 이상의 외집단이 있는가?

2. 이 장에서는 외집단이 형성되는 여러 가지 이유를 설명한다. 노숙자들이 외집단 구성원이 된 이유에 대한 가장 좋은 설명은 무엇인가?

3. 노숙자들이 외집단 구성원이 된 것과 관련하여 무의식적 편견이나 고정 관념이 어떤 역할을 하였는가?

4. 이 장에서는 리더가 외집단 구성원들을 그룹 안에 포용하도록 노력해야 한다고 강력히 권고한다. 시장과 시 위원들은 어떤 방식으로 이러한 노력을 했는가? 그들의 노력은 충분하였는가? 자신의 답을 변론해 보자.

5. 리더가 어떻게 외집단 구성원들에게 대응해야 하는지에 대한 전략들 중에 위의 상황에서 사용된 것은 무엇인가? 사용되지 않은 전략들은 무엇인가? 여러분은 이것이 결과에 영향을 미쳤다고 생각하는가?

10.3 공동체 만들기 진단지

목적
1. 외집단 구성원들에 대한 자신의 태도를 확인한다.
2. 자신이 리더로서 외집단 구성원들에게 어떻게 대응하는지를 탐구한다.

작성법
1. 이 진단지에 응할 때에는 자신을 리더의 역할에 놓고 생각한다.
2. 아래 각 문항에 대해, 동의 또는 반대하는 정도를 나타내는 숫자에 동그라미를 친다.

문항 및 내용	전혀 아니다	별로 아니다	가끔 그렇다	어느 정도 그렇다	매우 그렇다
1. 일부 그룹 구성원이 나머지 사람들과 잘 어울리지 못한다면, 그들을 포용하려고 노력하는 편이다.	1	2	3	4	5
2. 일부 그룹 구성원들이 그룹 내 다수에게 고집을 부리면, 짜증이 난다.	1	2	3	4	5
3. 나와 생각이 다른 사람들과 그룹으로서의 일체감을 키우는 것은 내가 리더로서 해야 할 필수적인 일이다.	1	2	3	4	5
4. 그룹 내 일부가 나머지 사람들의 진행을 방해하거나 막는 색다른 아이디어를 내는 것이 귀찮다.	1	2	3	4	5
5. 만약 일부 그룹 구성원들이 그룹 내 다수와 동의하지 못한다면, 나는 보통 그들에게 특별한 관심을 기울인다.	1	2	3	4	5
6. 때때로 나는 그룹 미팅에 별 관심을 안 보이는 사람들을 무시하기도 한다.	1	2	3	4	5
7. 그룹 내 의사결정을 할 때, 나는 상이한 관점을 가진 구성원들의 이익을 포용하려고 항상 노력한다.	1	2	3	4	5
8. 외집단 구성원들과 완전한 의견 일치를 이루려 노력하는 것은 시간 낭비이다.	1	2	3	4	5
9. 나는 그룹의 모든 사람이 소수의 관점을 경청하도록 격려하는 것에 높은 우선순위를 둔다.	1	2	3	4	5
10. 그룹 구성원 사이에 의견 차이가 있으면, 나는 보통 그것을 투표로 해결함으로써 그룹이 앞으로 나아갈 수 있도록 한다.	1	2	3	4	5
11. 극단적(또는 급진적) 아이디어를 가진 사람들의 말을 경청하는 것은 나의 리더십에 있어서 가치 있는 일이다.	1	2	3	4	5

문항 및 내용	전혀 아니다	별로 아니다	가끔 그렇다	어느 정도 그렇다	매우 그렇다
12. 자신이 소외되었다고 느끼는 그룹 구성원이 있다면, 그것은 보통 그의 잘못이다.	1	2	3	4	5
13. 나는 외집단 구성원들(즉, 그룹에서 제외되었다고 느끼는 사람들)에게 특별한 관심을 기울인다.	1	2	3	4	5
14. 그룹 다수가 원하는 것에 상충하는 문제들을 언급하는 일부 그룹 구성원들에게 나는 불만을 느낀다.	1	2	3	4	5

점수 집계

1. 짝수 문항에 대한 점수를 합산한다. 이때, 점수표의 좌우를 거꾸로 해서 계산한다(즉, 1점은 5점으로, 2점은 4점으로, 4점은 2점으로, 5점은 1점으로, 3점은 그대로 계산한다).
2. 홀수 문항 점수를 합산하고, 여기에 위 1단계에서 전환해서 합산한 짝수 문항 점수를 더한다. 이 총점이 여러분의 리더십 외집단 점수이다.

총점

외집단 점수 : _____

점수 해석

이 진단지는 외집단 구성원에 대한 대응을 측정하기 위한 것이다.

- 이 진단지에서 높은 점수를 얻었다면, 외집단 구성원들이 그룹에 포용되고 그 일부임을 느끼도록 도우려 노력한다는 것을 의미한다. 다양한 관점을 지닌 사람들을 경청하고, 효과적인 그룹 작업을 위해서는 소수 입장을 듣는 것이 중요할 때가 많다는 것을 아는 사람일 가능성이 높다.
- 중간 정도의 점수를 얻었다면, 외집단 구성원들을 그룹에 포용하는 것에 보통 정도의 관심을 보인다는 것을 의미한다. 그들을 포용하는 것에 관심이 있기는 하지만, 외집단 구성원들의 문제를 여러분의 리더십에 있어 우선순위로 두지는 않는다. 외집단 구성원들의 외집단 행동을 자신들이 자초한 일이라고 생각하고 있을 수도 있다. 만약 그들이 여러분을 찾아온다면, 아마도 가능한 한 그들과 일하려 할 것이다.
- 이 진단지에서 낮은 점수를 얻었다면, 아마도 외집단 구성원들이 그룹 전체의 일부가 되도록 돕는 일에 거의 관심이 없다는 것을 의미한다. 그룹 전체의 다수나 진행을 방해하는 외집단 구성원들의 행동을 짜증스럽고 귀찮게 대할 수도 있다. 외집단 구성원들을 돕는 것을 자기 시간의 낭비라고 여기기 때문에, 아마도 그들을 무시하고 그들의 기여 없이 그룹을 앞으로 진행시키는 쪽으로 의사결정을 해 나갈 가능성이 높다.

  점수가 57~70점이라면, 매우 높은 범위에 속한다.
  점수가 50~56점이라면, 높은 범위에 속한다.
  점수가 45~49점이라면, 중간 범위에 속한다.
  점수가 38~44점이라면, 낮은 범위에 속한다.
  점수가 10~37점이라면, 매우 낮은 범위에 속한다.

10.4 관찰 연습

외집단

목적

1. 외집단을 알아보고 그들이 어떻게 생겨나는지를 배운다.
2. 리더십 과정에서 외집단의 역할을 이해한다.

작성법

1. 이 연습에서 해야 할 일은 실제의 외집단을 확인하고 관찰하고 분석하는 것이다. 외집단은 여러분의 직장, 사적인 모임, 수업 그룹, 지역사회 그룹, 또는 운동 팀 등에 있을 수 있다.
2. 아래의 각 항목에 대해 자신이 경험한 외집단에서 관찰한 것들을 기록한다.

   외집단을 발견한 그룹의 이름과 그룹에 대한 설명 :

   외집단 구성원들의 행동에 대한 관찰 :

   리더의 행동에 대한 관찰 :

질문

1. 외집단 구성원들의 정체는 무엇인가? 그들은 스스로를 어떻게 보는가?

2. 그룹의 나머지 구성원들은 외집단 구성원들을 어떻게 대했는가?

3. 이 외집단을 다루려는 데 있어 가장 어려운 점은 무엇인가?

4. 이 외집단 구성원들을 전체 그룹에 통합시키기 위해 리더는 무엇을 해야 하는가?

10.5 성찰 및 실행 과제 워크시트

외집단

성찰

1. '공동체 만들기 진단지'에서 얻은 점수를 바탕으로, 외집단 구성원들에 대한 자신의 태도를 논의해 보자.

2. 이 장에서 이야기한 바대로, 외집단은 그룹 내 공동체 형성에 방해가 된다. 리더에게 있어 공동체 형성은 얼마나 중요하다고 생각하는가? 이에 대해 논의해 보자.

3. 외집단 구성원들을 참여시키는 한 가지 방법으로 권한 부여가 있다. 여러분은 권한 부여를 얼마나 잘할 수 있다고 생각하는가? 여러분이 다른 이들에게 권한 부여를 꺼리게 만드는 것들은 무엇인가? 이에 대해 논의해 보자.

실행 과제

1. '공동체 만들기 진단지'의 항목들을 기준으로 삼아, 자신이 외집단 구성원들에게 배려와 관용을 보여 주기 위해 취할 수 있는 구체적인 행동 세 가지를 적어 보자.

2. 이 장의 마지막 부분에서, 외집단 구성원들에 대응하는 여섯 가지 전략이 소개되었다. 여러분이 자신의 리더십을 사용하는 방법에 있어 가장 강력하다고 여기는 순서로 여섯 가지 전략을 나열해 본다. 여섯 가지 전략 모두에서 더 효과적이기 위해서 자신이 할 수 있는 일들을 구체적으로 설명해 보자.

3. 여섯 명의 다른 학생들과 수업 프로젝트를 하고 있다고 가정해 보자. 그룹은 투표를 통해 지역사회의 '빅브라더 빅시스터' 프로그램을 위한 모금 운동을 하기로 결정했다. 그룹 중 두 명이 자기들은 이 프로젝트에 열정을 느끼지 못하며, 차라리 해비타트 같은 다른 조직을 위한 일을 하고 싶다고 말했다. 그룹이 이미 합의된 프로젝트를 가지고 진행하는 동안, 그 아이디어를 좋아하지 않았던 두 명의 학생은 미팅에 빠지기 시작했고, 참석하는 경우에도 매우 부정적이었다. 리더로서, 이 외집단을 돕고 참여시키기 위해 여러분이 할 수 있는 다섯 가지 구체적인 행동을 기술해 보자.

참고문헌

Abrams, D., Frings, D., & Randsley de Moura, G. (2005). Group identity and self-definition. In S. A. Wheelan (Ed.), *Handbook of group research and practice* (pp. 329–350). London, UK: Sage.

Beauchamp, T. L., & Bowie, N. E. (1988). *Ethical theory and business* (3rd ed.). Englewood Cliffs, NJ: Prentice Hall.

Dansereau, F., Graen, G. G., & Haga, W. (1975). A vertical dyad linkage approach to leadership in formal organizations. *Organizational Behavior and Human Performance, 13*(1), 46–78.

Goodwin, D. K. (2005). *Team of rivals: The political genius of Abraham Lincoln*. New York, NY: Simon & Schuster.

Graen, G. B., & Uhl–Bien, M. (1995). Relationship-based approach to leadership: Development of leader-member exchange (LMX) theory of leadership over 25 years: Applying a multi-level, multi-domain perspective. *Leadership Quarterly, 6*(2), 219–247.

Hogg, M. A., & Abrams, D. (1988). *Social identifications: A social psychology of intergroup relations and group processes*. London, UK: Routledge.

Homeboy Industries. (2019). *Our founder Father Greg*. Retrieved from https://homeboyindustries. org/our-story/father-greg/

Link, B. G., & Phelan, J. C. (2001). Conceptualizing stigma. *Annual Review of Sociology*, 27, 363–385. http://dx.doi.org/10.1146/annurev.soc.27.1.363

Malik, M., Wan, D., Ahmad, M., Naseem, M., & Rehman, R., ur. (2015). The role of LMX in employees' job motivation, satisfaction, empowerment, stress, and turnover: Cross country analysis. *Journal of Applied Business Research, 31*(5), 1897–2000.

McPherson, J. M. (2005, November 6). "Team of rivals": Friends of Abe. *The New York Times*. Retrieved June 11, 2013, from http://www.nytimes.com/2005/11/06/books/review/06mcpherson.html?pagewanted=all&_r=0

Metzger, J. (2009). *What would Jane do?* City-building women and a tale of two Chicagos. Chicago, IL: Lake Claremont Press.

Northouse, P. (2019). *Leadership: Theory and practice* (8th ed.). Thousand Oaks, CA: Sage.

Schutz, W. (1966). *The interpersonal underworld*. Palo Alto, CA: Science & Behavior Books.

Tajfel, H., Billig, M., Bundy, R., & Flament, C. (1971). Social categorization and intergroup behavior. *European Journal of Social Psychology, 1*(2), 149–178.

Tajfel, H., & Turner, J. C. (1979). An integrative theory of intergroup conflict. In S. Worchel & W. G. Austin (Eds.), *The social psychology of intergroup relations* (pp. 33–47). Monterey, CA: Brooks-Cole.

Tajfel, H., & Turner, J. C. (1986). The social identity theory of inter-group behavior. In S. Worchel and L. W. Austin (Eds.), *Psychology of intergroup relations* (pp. 7–24). Chicago, IL: Nelson-Hall.

Vroom, V. H. (1964). *Work and motivation*. New York, NY: Wiley.

CHAPTER 11

갈등에 대처하기

서론

갈등은 집단 및 조직 안에서는 피할 수 없는 것이며, 모든 리더에게 있어 어려운 과제이자 진정한 기회를 부여하는 것이기도 하다. 잘 알려진 저서 **예스를 이끌어내는 협상법**(*Getting to Yes*)에서 피셔와 유리(1981)는 갈등에 대처하는 것이 우리 모두에게 있어 일상적인 일이라고 주장한다. "사람들은 모두 다르다. 그래서 다름에서 비롯되는 문제들을 다루기 위해 협상을 한다"(Fisher, Ury,& Patton, 1991, p. xvii). 이 책은 만약 사람들이 진정성 있는 방식으로 협상을 할 의사가 있다면 어느 갈등 상황에서라도 상호 합의가 가능하다고 주장한다.

단순한 의미에서 갈등을 생각해 보면, 우리는 사람들, 집단, 조직, 문화, 또는 국가 사이의 싸움을 생각하게 된다. 갈등은 서로 반대되는 힘들이 서로 다른 방향으로 잡아당기는 것과 관련 있다. 많은 사람들은 갈등이 파괴적이고, 스트레스를 유발하며, 피해야만 하는 것이라고 믿는다.

제5장에서 이미 언급한 것처럼, 갈등은 불쾌한 것일 수 있지만, 해로운 것은 아니며, 반드시 나쁜 것도 아니다. 갈등은 리더십 상황에서 항상 존재하며, 놀랍게도 종종 긍정적 변화를 만들어 내기도 한다. 우리가 이 장에서 다룰 중요한 질문은 "어떻게 하면 갈등을 피하고 변화를 제거할 수 있을까?"가 아니라, "어떻게 갈등을 관리하고 긍정적 변화를 만들어 낼 수 있을까?"이다. 리더가 갈등에 효과적으로 대처할 때, 문제해결은 향상되고, 대인관계는 더 돈독해지며, 갈등을 둘러싼 스트레스는 감소하게 된다.

의사소통은 갈등에 대처하는 데 있어 중심적 역할을 담당한다. 갈등은 둘 또는 그 이상의 편들 사이의 상호작용 과정이며, 이는 사람들 사이의 효과적인 상호작용을 필요로 한다. 효과적인 의사소통을 통해, 리더와 그를 따르는 사람들은 갈등을 성공적으로 해결하여 긍정적 결과를 가져올 수 있다.

이 장에서는 갈등을 다루는 방식들을 강조하게 될 것이다. 첫째, 우리는 갈등을 정의하고 갈등에서 의사소통이 가지는 역할을 설명할 것이다. 그다음, 우리는 갈등의 여러 가지 종류를 논의하고, 피셔와 유리(1981)의 효과적 협상에 대한 생각들 그리고 갈등 해결을 돕기 위한 그 밖의 다른 전략들을 살펴볼 것이다. 이 장의 마지막 부분에서는 갈등에 접근하는 여러 방식 및 이들의 장단점을 살펴볼 것이다.

갈등

개인 내(intrapersonal) 갈등, 개인 간(interpersonal) 갈등, 사회 간(societal) 갈등 등, 갈등은 여러 가지 시각에서 연구되어 왔다. 개인 내 갈등은 한 개인 내부에서 생기는 불일치를 가리킨다. 이것은 흔히 성격의 역학과 내적 갈등을 일으키는 요인 등에 관심 있는 심리학자들과 성격 연구자들에 의해 연구되어 왔다. 개인 간 갈등은 개인들 사이에 일어나는 불화를 가리킨다. 이것이 우리가 조직 내 갈등에 대해 이야기할 때 초점을 맞추게 될 갈등 형식이다. 사회 간 갈등은 사회나 국가 사이에서 일어나는 충돌을 말한다. 이 분야의 연구는 주로 국제 분쟁이나 전쟁, 평화 등에 초점을 맞추고 있다. 이스라엘과 팔레스타인 사이에 계속되는 위기가 사회 간 갈등의 좋은 사례이다. 이 장에서는 효과적 리더십에서 중대한 역할을 하는 대인관계 과정으로서의 갈등에 초점을 둘 것이다.

월멋과 호커(2011)의 작업에 근거한, 다음의 정의가 갈등을 가장 잘 설명하고 있다. 갈등(conflict)은 두 명 이상의 상호의존적인 개인들 사이에서 지각되는, 신념, 가치 및 목표에 대한, 또는 존중, 통제권 및 결합관계를 향한 욕구에 대한, 서로 양립할 수 없다고 여겨지는 차이를 놓고 벌어지는 투쟁이다. 이 정의는 갈등의 몇 가지 특수한 측면을 강조하고 있다.

첫째, 갈등은 투쟁(struggle)이다. 이것은 서로 반대되는 힘들이 한데 모인 것이다. 예를 들면, 어떤 리더와 상급 직원이 모든 직원들이 주말에 일을 해야 하는지를 두고 서로 반대 의견을 내세운다면 갈등이 생긴 것이라고 볼 수 있다. 비슷한 예로, 학교 교장과 학부모가 학교 시스템에 적용할 성교육의 종류에 대해 의견을 달리 하는 것도 갈등이라 할 수 있다. 간략히 말해서, 갈등은 서로 반대하는 편들 사이의 충돌과 관련된 것이다.

둘째, 갈등이 생기기 위해서는 당사자들 사이에 **상호의존**의 요소가 있어야만 한다. 만약 리더가 다른 리더들 및 구성원들과 관계없이 온전히 독립적으로 기능할 수 있다면, 갈등이 생길 이유가 없을 것이다. 누구든지 자기 일을 하면 될 것이고, 경쟁을 할 아무런 부분이 없기 때문이다. 하지만 리더는 홀로 고립되어 일하지 않는다. 리더는 그를 따르는 사람들이 필요하고, 따르는 이들은 리더를 필요로 한다. 이런 상호의존성은 갈등이 일어나기 더 쉬운 환경을 만들어 낸다.

두 편의 사람들이 상호의존적인 경우, 그들은 "이 관계에서 나는 얼마만큼의 영향력을 원하는가?"라든지 "나는 상대방으로부터 어느 정도의 영향을 받아들일 준비가 되어 있는가?" 같은 질문들에 맞닥뜨리게 된다. 우리가 가지는 상호의존성 때문에 이런 질문들은 피할 수가 없다. 실제로, 윌멋과 호커(2011)는 이 질문들이 대부분의 갈등 상황에 스며들어 있다고 주장한다.

셋째, 갈등은 항상 **감정적**(affective) 요소, 즉 정의 중 '느껴지는' 것에 해당하는 부분을 지닌다. 갈등은 감정적인 과정으로서, 양쪽 이해 당사자 모두에게 감정을 유발하는 일이다(Brown & Keller, 1979). 크게 논쟁이 될 여지가 있는 어떤 문제 (예 : 파업을 할 권리 등)에 대한 우리의 신념이나 가치가 도전을 받으면, 우리는 마음이 상하고 자신의 입장을 방어하는 것이 중요하다고 느끼게 된다. 우리의 감정이 다른 이들의 감정과 충돌할 때, 우리는 갈등에 빠지게 된다.

갈등과 연관된 주요 감정들이 항상 분노나 적대감인 것은 아니다. 그보다는, 일련의 다양한 감정들이 갈등에 수반된다. 호커와 윌멋(1995)은 많은 사람들이 갈등 상황 중에 외로움, 슬픔, 또는 단절감을 느낀다는 것을 발견했다. 어떤 사람들에게 있어서는, 갈등이 버림받았다는 감정을 유발한다. 다른 사람들과의 인간적인 끈이 끊어졌다는 기분을 느끼는 것이다. 이러한 감정들이 흔히 갈등 상황을 둘러싸게 되는 불쾌함을 만들어 낸다.

넷째, 갈등은 양립할 수 없을 것으로 보이는 개인들 사이의 **차이**와 연관된다. 갈등은 개인들의 신념, 가치 그리고 목표의 차이에 의해, 또는 개인들의 통제권이나 지위, 연결감 등을 향한 욕구의 차이에 의해 발생한다. 갈등이 발생할 기회는 끝도 없는데, 이는 우리가 저마다 구체적인 관심사와 생각을 지닌 유일무이한 사람이기 때문이다. 이러한 차이점들은 지속적으로 갈등의 씨앗을 키워낸다.

요약하자면, 이 네 가지 요소들, 즉 투쟁, 상호의존, 감정 그리고 차이는 개인 간 갈등의 결정적 요소이다. 갈등 관리의 복잡함을 더 잘 이해하기 위해, 우리는 이제 의사소통이 갈등에서 가지는 역할을 살펴보고 갈등의 대표적인 두 종류를 검토할 것이다.

의사소통과 갈등

리더십 상황에서 갈등이 존재할 때, 이 갈등은 의사소통을 통해 발견되고 표현된다. 의사소통은 사람들이 자신의 의견 차이나 다름을 표현하는 데 사용하는 수단이다. 의사소통은 또한 갈등이 성공적으로 해결되는 장소, 또는 악화되어 부정적 결과가 초래하는 장소를 제공하기도 한다.

갈등을 이해하기 위해서, 우리는 의사소통을 이해할 필요가 있다. 사람들 사이에 의사소통이 이루어질 때, 이는 두 가지 관점에서 일어나게 된다. 한 가지는 **내용** 차원으로, 또 다른 한 가지는 **관계** 차원으로 특징지을 수 있다(Watzlawick, Beavin, & Jackson, 1967). 의사소통의 **내용 차원**(content dimension)은 돈, 날씨, 토지 등과 같은 객관적이고 관찰 가능한 측면과 관련된 것이다. **관계 차원**(relationship dimension)은 당사자들이 서로에 대한 결합관계를 보는 인식을 가리킨다. 인간의 의사소통에서, 이 두 가지 차원은 항상 붙어 있다.

이 두 가지 차원을 설명하기 위해, 가상의 한 매니저가 구성원에게 하는 다음의 말을 생각해 보자. "업무 중에는 휴대전화 문자를 삼가세요." 이 메시지의 **내용** 차원은 규칙, 그리고 매니저가 그 구성원에게 원하는 행동을 가리킨다. 이 메시지의 **관계** 차원은 매니저와 구성원이 어떻게 연계되었는지를 가리킨다. 즉, 구성원에 대한 매니저의 권한, 구성원에 대한 매니저의 태도, 매니저에 대한 구성원의 태도 그리고 서로에 대한 각자의 감정을 가리키는 것이다. 내용만으로는 여러 가지 해석이 가능하기 때문에, 내용 차원이 어떻게 해석될 것인지를 절대적으로 암시하는 것은 관계 차원이다. 매니저와 구성원에게 메시지의 정확한 의미는 그들 사이 관계의 결과로 해석된다. 만약 매니저와 구성원 사이에 긍정적인 관계가 존재한

그림 11.1 다양한 종류의 내용 및 관계 차원의 갈등

다면, "업무 중에는 휴대전화 문자를 삼가세요"라는 내용은 구성원의 직무 성과에 대해 진심으로 염려하는 매니저의 우호적인 요청이라고 구성원이 해석할 가능성이 높다. 하지만 만약 매니저와 구성원 사이의 관계가 피상적이거나 껄끄럽다면, 구성원은 이 메시지의 내용을 명령하길 좋아하는 상사가 내리는 딱딱한 지시라고 해석할 수도 있는 것이다. 이 예시는 메시지의 의미가 언어에만 있는 것이 아니라 자신들의 관계를 대입한 개인들의 메시지 해석에도 달렸음을 보여 준다.

내용 차원과 관계 차원은 갈등을 들여다볼 수 있게 해 주는 일종의 렌즈를 제공해 준다. 그림 11.1에서 보여 주는 것처럼, 갈등에는 두 가지 종류가 있다. 내용 문제에 대한 갈등과 관계 문제에 대한 갈등이다. 두 가지 갈등 모두 집단이나 조직환경에서 흔히 볼 수 있는 것들이다.

내용 차원의 갈등

내용 갈등(content conflict)은 정책이나 절차 같은 문제에서 의견을 달리하는 리더와 다른 사람들 사이의 투쟁을 포함한다. 특정 규칙의 이점이나 불리한 점에 대해 누군가와 토론하는 것은 대부분의 조직에서 흔하게 일어나는 일이다. 종종 이런 토론은 매우 격렬해질 수도 있다(예 : 업무 중의 인터넷 서핑에 대해 두 직원이 서로 말다툼을 하는 것). 갈등이 내용 차원의 것이라고 볼 수 있는 경우는 의견 차이의 중심이 (1) 신념 및 가치에 대한 것일 때, 또는 (2) 목표 및 그 목표를 이루는 방법에 대한 것일 때이다.

신념 및 가치에 대한 갈등

우리는 각자 인생의 기본 철학을 이루는 신념과 가치를 지닌 독특한 시스템을 갖고 있다. 우리는 서로 다른 교육 및 직업 경험, 가족 환경을 지닌 사람들이다. 우리가 다른 사람들과 의사소통을 할 때, 우리는 다른 이들의 관점이 종종 자신의 관점과는 매우 다르다는 사실을 인식하게 된다. 만약 우리가 다른 사람이 말하고 있는 것이 우리 자신의 관점과 양립할 수 없다고 인식한다면, 신념이나 가치에 대한 갈등이 일어날 가능성이 크다.

신념의 차이에서 생기는 갈등은 여러 가지로 나타날 수 있다. 예를 들면, PETA(동물 보호 단체)의 구성원들은 신약 실험에서 동물을 이용하는 것에 대해 강력하게 믿는 제약업계의 연구자들과 갈등 관계에 있다. 신념에 관한 갈등의 또 한 가지 사례는, 교사나 간호사들은 자신들이 불공정한 근무 환경 때문에 파업을 할 권리가 있다고 믿는 반면, 어떤 사람들은 이런 종류의 직장인들은 어떤 이유에서든지 그들의 서비스를 중지하지 못하게 해야 한다고 생각할 때이다. 두 사례 모두에서, 한 개인이 자신의 **신념**이 그 문제에 대해서 또 다른 개인이 취하는 입장과 양립할 수 없는 것이라고 여길 때 갈등이 일어난 것이다.

갈등은 또한 사람들이 각기 다른 **가치**를 가지기 때문에 발생할 수도 있다. 어떤 사람의 가치가 또 다른 사람의 가치와 충돌할 때, 이는 까다롭고 다루기 힘든 상황을 만들어 낼 수 있다. 이를 보여 주기 위해서, 집안에서 처음으로 대학생이 된 에밀리와 그의 어머니 사이의 문제를 다룬 다음의 사례를 고려해 보자. 대학교 4학년을 시작하면서 에밀리는 캠퍼스 안을 돌아다니고 직장 출퇴근에도 이용하기 위해 자동차를 사도 괜찮을지 어머니에게 물었다. 자동차 값을 마련하기 위해, 에밀리는 학점을 더 적게 이수하고, 아르바이트 직장에서 더 많이 일하고, 그다음 해로 졸업을 미루겠다고 말했다. 에밀리는 졸업에 대한 자신감이 있고, 1년 늦게 졸업하는 것이 '별일 아니라고' 생각한다. 하지만 에밀리의 어머니는 그렇게 생각하지 않는다. 어머니는 에밀리가 졸업을 할 때까지는 자동차를 사지 않길 원한다. 어머니는 자동차가 주의를 산만하게 해서 에밀리의 학업을 방해할 것이라고 생각한다. 에밀리는 가족 중 처음으로 대학 졸업장을 따는 사람이기 때문에, 어머니에게 에밀리가 제때 졸업하는 것은 대단히 중요한 일이다. 마음속으로 어머니는 에밀리가 학교에 오래 다닐수록 졸업 후 에밀리가 갚아야 할 학자금 대출이 늘어날

리더십 스냅숏

후마이라 바찰, 파키스탄의 교육가

후마이라 바찰은 위험한 열정을 지닌 25세의 여성이다. 단지 57퍼센트의 아동들만 초등학교에 들어가는 자신의 나라 파키스탄에서 그는 아이들, 특히 여자아이들을 교육시키길 원한다.

탈레반이 소녀들을 위해 공개적으로 교육권리 운동을 하던 파키스탄의 십 대 소녀 말랄라 유사프자이에 가한 2012년의 총격 사건에 비추어볼 때, 바찰의 안전을 염려하지 않을 수 없다. 하지만 그는 두려워하지 않는다.

바찰이 9학년이었을 때, 그는 자신이 사는 마을 모아치고트를 둘러보고 아이들이 학교에 가거나 공부하는 대신 거리에서 놀고 있는 것을 보았다. 14세에 불과했지만, 그는 그것이 잘못된 것이라고 생각했다. 그가 사는 동네에는 사립학교나 공립학교가 없었고, 바찰이 교육을 받을 수 있었던 것은 그의 어머니가 옷을 바느질하거나 2달러씩을 받고 장작더미를 팔아서 자식들을 다른 곳의 학교로 보냈기 때문이었다.

바찰은 교육받기 위해서 투쟁을 해야 한다는 것이 어떤 것인지 알았다. 그의 아버지는 "어차피 결혼하고 애들을 낳을 것"밖에 없다고 말하며 그가 학교에 가는 것을 원하지 않았다(Rahi, 2010).

하지만 그의 어머니는 생각이 달랐다. 그 자신은 교육을 받지 못했지만, 자식들은 교육을 받아야 한다고 믿었다. 어머니는 스스로 딸의 교육비를 대려고 일을 했고 바찰의 아버지에게는 그가 어디 있는지를 숨기면서 몰래 학교로 보냈다. 바찰이 9학년 입학시험을 치르려 한다는 것을 알았을 때, 아버지는 몹시 화를 내고 어머니를 때려서 팔을 부러지게 했다. 그럼에도 어머니는 딸의 책가방을 챙겨서 그를 시험장으로 보냈고, 바찰은 시험에 통과했다.

"그 중요한 순간에 내 어머니의 지원이 근본적으로 지금의 나를 만들어 주었습니다"라고 바찰은 말한다(Faruqi & Obaid-Chinoy, 2013).

바로 그해 그가 아직 학교에 다니고 있을 때, 바찰은 자신이 문을 연 작은 사설학교에 동네 학생들을 모집하기 시작했다. 그는 심지어 집집마다 돌아다니며 부모들에게 아이들을 학교에 보내라고 설득했다. 문전박대를 당하고 생명에 위협을 느낀 것이 한두 번이 아니었다.

"교육은 기본적인 욕구이며 모든 인간의 기본권입니다"라고 그는 말한다. "나는 우리 공동체가 교육을 바라보는 방식을 바꾸길 원하고 죽는 날까지 이 일을 계속 할 것입니다"(Temple-Raston, 2013).

파키스탄의 교육 비율은 암울하다. 옆 나라 인도보다 절반 정도를 교육에 소비하고 있다. 만약 여러분이 파키스탄 시골에 사는 소녀라면, 교실 안은 구경도 못해 봤을 확률이 크다. 파키스탄에는 14세 미만의 여자아이 인구가 3,200만 명이 넘는데, 그중 학교에 다니는 아이들은 1,300만 명이 되지 않는다(Faruqi & Obaid-Chinoy, 2013).

2003년, 바찰과 다섯 명의 친구들은 진흙 바닥으로 된 방 2개짜리 건물에 학교를 만들고 '꿈재단'이라고 명명했다. 단지 10년 만에, 꿈재단은 22명의 교사와 1,200명의 학생을 거느린 정식 학교가 되었다. 아이들은 수업료로 하루에 1루피씩을 낸다. 학교는 5부제로 운영되고, 컴퓨터 교습과 하루 종일 일을 하고 저녁에 학교에 오는 '노동 소년들'을 위한 수업을 포함한다. 꿈재단은 또한 남녀 모두를 위한 성인 문해능력 교실도 운영한다.

그러나 바찰과 학교는 여자아이들의 교육에 특히 관심을 가진다. 바찰은 종종 일터로 아버지들을 찾아가서 딸들을 학교에 보내기를 설득하곤 한다. 그는 여자아이들이 왜 십 대가 되면 학교에 더 이상 오지 않는지를 묻는다. 아버지들은 명예와 문화에 대해서 그리고 여자아이들이 학교에 갈 때 어떻게 남자들이 쳐다보고 수군대는지를 말한다. 바찰은 이해가 간다. 한때 그가 사는 마을의 남자들은 그가 교육을 받는다고 해서 비도덕적이라고 불렀고 그의 남자 형제들과 아버지는 가족의 수치를 끝내기 위해 이사를 가길 원했다(Faruqi & Obaid-Chinoy, 2013).

바찰은 자신의 성전에 동맹으로 만들기 위해 어머니들에게 접근한다. 그는 어머니들에게 그들이 받아온 불공정한 대우를 딸들도 겪길 원하느냐고 묻고 딸들이 교육을 꼭 받게 해서 그들이 더 나은 삶을 살도록 도와달라고 호소한다.

바찰의 어머니는 자신의 딸들이 교육을 받게 하기 위해 희생한 것을 후회하지 않는다. 그는 이렇게 말한다. "여자에게 교육은 필수적입니다. 그들(그의 딸들)

은 교육 덕분에 지금의 가능성에 이를 수 있었습니다. 그렇지 않았다면 어딘가에서 남편을 위해 죽도록 일하고 있을 겁니다"(Rahi, 2010).

그리고 말랄라 유사프자이에 대한 공격에도 불구하고, 바찰은 자신의 안전에 대해 걱정하지 않는다고 말한다.

"오히려 그 반대입니다"라고 그는 말한다. "이 상황을 바꾸려고 목소리를 높인 사람들은 단지 한 명의 말랄라 또는 한 명의 바찰이 아닙니다. 변화를 일으키려 노력하고 있는 다른 많은 여성들이 있습니다. 만약 그들이 100명의 후마이라를 죽인다고 해도, 우리를 멈추게 할 수는 없을 것입니다"(Temple-Raston, 2013).

것이라고 걱정한다.

에밀리와 어머니 사이의 가치 갈등은 자동차를 가지고 싶다는 에밀리의 욕구와 관련되어 있다. 이 경우에, 두 인물은 모두 서로에 대해 매우 상호 의존적이다. 자동차를 사겠다는 자신의 결정을 실행하기 위해, 에밀리는 어머니의 동의를 필요로 한다. 딸이 4년 만에 졸업을 하게 만들려면, 어머니는 에밀리의 협조를 필요로 한다. 둘 다 상대방의 가치를 자신의 가치와 양립 불가한 것으로 보고 있으며, 따라서 갈등이 불가피하다. 분명히, 에밀리와 어머니 사이의 갈등은 그들의 서로 다른 가치와 이 차이들이 어떻게 자신들의 관계에 영향을 미치는지에 대한 개인 간 의사소통을 요구한다.

목표에 대한 갈등

흔히 볼 수 있는 두 번째의 내용 관련 갈등 타입은 개인들이 서로 다른 **목표**를 가질 때 생겨난다(그림 11.1 참조). 연구자들은 그룹 목표와 관련해 일어나는 갈등의 두 가지 종류를 발견했다. (1) 절차적 갈등과, (2) 실질적 갈등이다(Knutson, Lashbrook, & Heemer, 1976).

절차적 갈등(procedural conflict)은 어떤 목표를 이루기 위한 시도에서 취하고자 하는 접근방법과 관련한 개인들 사이의 의견 차이를 말한다. 본질적으로, 이것은 하나의 합의된 목표에 대한 최선의 수단을 놓고 일어나는 갈등이다. 어떤 목표를 이룰 것이냐에 관한 것이 아니다. 절차적 갈등은 입사 면접을 진행하는 가장 좋은 방법이 무엇인지 결정한다든지, 새로운 영업 영역을 알아내는 방법을 고른다든지, 광고비를 사용하는 등의 수많은 상황에서 관찰될 수 있다. 각각의 경우, 갈등은 개인들이 목표를 어떻게 성취할지에 대해 합의하지 못할 때 발생할 수 있다.

실질적 갈등(substantive conflict)은 개인들이 목표의 실체 자체와 관련하여, 또는 목표가 무엇인지에 관련하여 의견 차이를 보일 때 생겨난다. 예를 들어, 어떤 비영리 봉사 단체의 이사회 구성원 두 명이 모금 운동의 전략과 범위에 대해 매우 다른 시각을 가지고 있을 수 있다. 비슷한 예로, 어떤 소기업에서는 동업자 두 명이 시간제 직원들에게 의료보험 혜택을 제공할 것인지를 두고 심하게 의견을 달리 할 수도 있다. 국제적으로 보면, 아프가니스탄에서는 탈레반과 탈레반이 아닌 사람들이 여자아이들에게 교육 기회가 주어져야 하는지에 대해 각각 다른 시각을 가지고 있다. 이것들은 실질적 갈등을 설명할 수 있는 사례의 극히 일부에 지나지 않다. 그러나 이 사례들은 갈등이 둘 또는 그 이상의 당사자들이 그룹이나 조직의 목표가 무엇이어야 하는지에 대해 의견을 달리하는 것에서 발생할 수 있다는 점을 보여 준다.

관계 차원의 갈등

"나는 그 사람하고 잘 안 맞는 것 같아요. 우리는 성격 충돌이 있어요"라고 누군가 말하는 것을 들어본 적이 있는가? 성격 충돌이라는 말은 관계 차원의 갈등을 다르게 설명하는 방법이다. 우리는 종종 무엇에 대해 이야기하는지가 아니라(내용 문제에 대한 갈등), 그것을 어떻게 이야기하는지에 따라 다른 사람과 불편한 사이가 된다. 관계 갈등(relational conflict)은 우리가 서로 어떻게 관계하는가에 대해 서로에게 느끼는 차이를 말한다. 예를 들면, 직원회의에서 어떤 매니저가 직원들의 말을 자르고 비판적인 어조로 이야기하고 있다고 하자. 직원들은 매니저를 무시하며 휴대전화로 문자를 보내기 시작한다. 매니저와 직원들 모두 무시와 무례를 당했다고 느끼기 때문에 갈등이 발생하게 된다. 이것은 보통 어느 한쪽에 의해 일어나는 것이 아니라, 양쪽 사이의 관계에 의해 생겨난다. 관계 갈등은 보통 (1) 존중, (2) 통제권, (3) 친밀관계의 문제에 대한 개인 간의 양립할 수 없는 의견 차이와 연관되어 있다(그림 11.1 참조).

관계 갈등과 존중의 문제

존중과 인정에 대한 욕구는 매슬로(1970)에 의해 인간 욕구계층의 주요 욕구 중 한 가지로 확인된 바 있다. 우리는 각자 존중에 대한 욕구를 가진다. 즉, 우리는 자기가 중요하고, 유용하고, 가치 있다고 느끼길 원한다. 자신의 주변에 어떤 영향이 되길 원하고, 다른 사람들이 자신을 존중할 만한 가치가 있는 사람으로 봐주길 바란다. 우리는 무엇을 하고 어떻게 행동하는지를 통해, 특히 직장 동료들과의 관계에서 어떻게 행동하는지를 통해, 존중에 대한 욕구를 충족시키려고 한다.

대인관계에서 존중에 대한 욕구가 충족되지 않을 때, 자신이 원하는 식으로 다른 이들이 나를 봐주지 않기 때문에 관계 갈등을 경험하게 된다. 예를 들어, 어떤 관리자 보좌관이 조직의 전체적 목표에 대한 자신의 특별한 기여를 관리자가 인정해 주지 않는다고 생각한다면, 그는 관리자와 반복되는 갈등을 겪게 될 것이다. 비슷하게, 만약 새로 온 동료들이 선임자의 수년간 경험으로부터 나오는 지혜에 대한 존경을 보이지 않는다면, 선임들은 마음이 상할 것이다. 마찬가지로, 젊은 후임들은 문제에 대한 자신들의 참신한 접근법에 대한 인정을 원하지만 변화를 원하지 않는 선임들이 이를 무시할 수도 있다.

내가 존중의 욕구를 원하는 것과 동시에, 다른 사람들 또한 그들의 존중 욕구를 채우기를 원한다. 만약 우리가 서로에게 채워 줄 수 있는 존중의 양이 한정적이라면(또는 별로 없다면), 각자의 존중 욕구가 충돌할 것이다. 상대방의 존중에 대한 욕구를 나 자신의 욕구와 경쟁하는 것으로 보거나 한정된 자원을 나에게서 빼앗아갈 무언가로 보게 될 것이다. 이를 설명하기 위한 예시로, 두 명의 직원이 적극적으로 참신한 아이디어와 제안을 내놓고 있는 직원회의를 생각해 보자. 만약 그 중 한 명은 의견에 대한 인정을 받았는데 다른 한 명은 그러지 못했다면 갈등이 생길 수 있다. 이 갈등이 심해지면, 둘 사이 작업 관계의 효과와 의사소통이 감소할 수도 있다. 주어질 수 있는 존중(타인으로부터의 인정)이 부족한 것으로 보이면, 충돌이 발생한다.

우리는 모두 인간으로서, 직장이나 공동체에서 우리가 하는 기여에 대해 인정을 받고 싶어 한다. 인정을 받지 못한다거나 '마땅한 몫'을 받지 못하고 있다고 느낄 때, 우리는 무시당했다고 느끼고 다른 사람들과 관계 차원에서 갈등을 겪는다고 느끼게 된다.

관계 갈등과 통제권의 문제

대인 간 갈등에서 통제권 문제를 둘러싼 투쟁은 매우 흔한 일이다. 우리는 각자 다른 사람들, 그리고 우리를 둘러싼 상황들에 대해 영향력을 가지고 싶은 욕망이 있다. 통제권을 가진다는 것은 사실, 자기 행동의 효능에 대한 기분을 높여 주고 무력함의 기분을 최소화해 준다. 권한은 자기에 대해 자신감을 느낄 수 있게 해 준다. 하지만 다른 사람들이 나를 방해한다거나 나의 통제권을 제한한다고 여기게 되면, 대인 간 갈등이 종종 뒤따른다.

대인 간 갈등은 한 사람의 통제 욕구가 다른 이의 통제 욕구와 양립 불가할 때 일어난다. 어느 경우에서건, 우리는 각자 다양한 수준의 통제권을 찾으려 한다. 어떤 사람들은 아주 많은 양을 원하는 반면, 또 다른 사람들은 아주 조금만 가지고도 만족한다(심지어 적은 통제권에 더 만족하기도 한다). 덧붙여서, 통제권에 대한 욕구는 시간에 따라 변할 수도 있다. 예를 들어, 어떤 사람이 느끼는 다른 사람들이나 일에 대한 통제의 욕구가 매우 높은 때가 있다고 하자. 또 다른 때에는 똑같은 그 사람이 다른 이들이 지휘하는 것을 더 원할 수도 있다. 권한 문제를 두고 관계 갈등이 발생하는 것은 특정 시기에 어떤 사람이 가지는 통제 욕구(많든 적든)가 다른 사람이 그 시기에 가지는 통제 욕구(많든 적든)와 충돌할 때이다. 예를 들어, 만약 주말 계획에 대한 결정을 내리려는 친구의 욕구가 여러분의 욕구와 양립할 수 있는 것이라면, 갈등은 일어나지 않을 것이다. 그러나 만약 친구와 여러분 모두 주말 계획을 통제하고 싶어 하는데 각자의 관심사가 다르다면, 곧 갈등에 처한 자신을 발견하게 될 것이다. 통제권에 대한 싸움이 발생하면, 당사자들은 각자 서로에 대한 통제권을 높이거나 상대방의 통제권을 깎아내리려고 노력하게 되고, 그들 사이의 의사소통은 부정적이고 어려워질 수 있다.

관계 차원의 통제권에 대한 갈등의 생생한 사례를 하나 살펴보자. 대학교 2학년인 로렌 스미스가 봄방학 동안 무엇을 할지를 놓고 부모와 싸우는 내용이다. 로렌은 친구들과 함께 플로리다 걸프만 연안에 가서 학업의 짐으로부터 휴식을 가지기를 원한다. 그의 부모는 반대한다. 로렌은 학업 성적이 좋으므로 자신이 마땅히 갈 만하다고 생각한다. 부모는 플로리다 해변에서 보내는 봄방학 여행은 단순한 '큰 파티'이고 하나도 좋을 것이 없다고 생각한다. 다른 선택으로, 그들은 캘리포니아에 사는 조부모님 집을 방문하는 경비를 대주겠다고 제안한다. 로렌은 단호하게 플로리다로 갈 것이라고 한다. 로렌의 학비를 대주고 있는 부모는 만약 플로리다로 간다면 대학 등록금을 더 이상 대주지 않겠다고 위협한다.

위 사례에서, 양측은 결과에 대한 통제권을 원한다. 로렌은 자기 인생의 주도권을 쥐고 싶고 자기가 하거나 하지 않을 일을 직접 결정하고 싶어 한다. 동시에, 그의 부모는 자신들의 생각에 가장 좋은 쪽으로 그를 이끌고 싶어 한다. 로렌과 그 부모는 상호의존하고 서로를 필요로 하지만, 로렌이 봄방학에 무엇을 해야 하는지를 결정할 통제권에 대한 욕구를 상대방이 방해하고 있다고 느낌으로써 갈등에 부딪쳤다.

통제권에 대한 갈등은 리더십 상황에서 흔한 일이다. 위 사례의 부모들처럼, 리더 역할은 어느 정도 내재된 수준의 통제권과 책임을 동반한다. 리더들이 통제권을 놓고 서로 충돌하거나 리더와 구성원 사이에 통제권 문제가 존재할 때, 대인 간 갈등이 생겨난다. 이 장의 뒷부분에서 우리는 통제권 문제에서 발생하는 관계 갈등에 대처하는 데 특히 도움이 될 몇 가지 갈등 관리 전략을 소개할 것이다.

관계 갈등과 친밀관계의 문제

관계에서 통제권을 원하는 것에 더해, 우리는 모두 대인관계에서 포함되길 바라고, 상대방이 나를 좋아하길 바라고, 애정을 받길 원한다(Schutz, 1966). 만약 친밀감에 대한 욕구가 관계에서 충족되지 않는다면, 우리는 좌절감을 느끼고 갈등의 감정들을 경험하게 된다. 물론 어떤 사람들은 대인관계에서 매우 가깝고 친밀하게 되길 선호하는 반면, 또 다른 사람들은 보다 덜 친밀하고 더 거리를 두길 선호한다. 어느 경우이든지, 다른 사람들이 따뜻함과 애정을 향한 자신의 욕망과 양립할 수 없는 방식으로 행동하면, 갈등의 감정들이 생겨나게 된다.

친밀관계 문제에 대한 관계 갈등은 다음 사례의 풋볼 코치 테리 존스와 선수 중 한 명인 대니 라슨의 이야기를 통해 보여 줄 수 있다. 초보 쿼터백인 대니는 고등학교 2학년 동안 존스 코치와 돈독한 관계를 만들었다. 한 해 동안, 대니와 존스 코치는 풋볼 프로그램을 향상시키는 방법들에 대해 학교 안팎에서 매우 생산적인 대화를 수없이 나누었다. 여름 방학 동안, 코치는 대니를 자신의 페인팅 사업에 고용했고, 그들은 아주 친밀하게 함께 일했다. 대니와 테리 모두 함께 일하는 것을 좋아했고 서로를 상당히 잘 알게 되었다. 하지만 가을에 풋볼 연습이 시작되자 둘 사이에 곤란한 일이 생기기 시작했다. 연습을 시작하고 처음 몇 주 동안, 대니는 마치 존스 코치가 자신의 가장 친한 친구인 것처럼 행동했다. 존스 코치님이라고 부르는 대신 테리라고 불렀고, 선수-코치 역할을 거부했다. 존스 코치가 대니와의 방학 동안의 친한 관계에서 벗어나 코치로서의 정당한 책임을 떠맡으려는 시도를 하자, 대니는 친밀함과 따뜻함을 잃었다는 느낌을 경험했다. 이 경우에서 대니는 거부 또는 친밀관계의 상실을 느꼈으며, 이는 관계 갈등을 만들어 냈다.

관계 갈등은—그것이 존중, 통제권, 또는 친밀관계에 대한 것인지에 상관없이—공공연하게 드러나는 경우가 드물다. 미묘하다는 특성으로 인해, 이 갈등은 흔히 알아보거나 대처하기가 쉽지 않다. 갈등이 인지된 경우일지라도 관계 갈등은 종종 무시되는데, 이는 많은 사람들이 자기가 인정, 통제권 또는 친밀관계를 더 원한다는 점을 공개적으로 표현하는 것을 어려워하기 때문이다.

커뮤니케이션 이론가들에 의하면, 관계 문제는 내용 문제에 불가분하게 연관되어 있다(Watzlawick et al., 1967). 이는 내용 문제를 논하는 동안 종종 관계 갈등이 수면 위로 떠오를 것임을 의미한다. 예를 들면, 두 리더 사이에 처음에는 새로운 직원 건강 프로그램의 내용에 대한 갈등으로 보일 수도 있었던 것이 사실은 둘 중 누가 궁극적으로 그 프로그램 개발에 대한 공을 가져갈지에 대한 싸움일 수도 있다. 이미 언급한 대로, 관계 갈등은 복잡하며 해결되기 쉽지 않은 것이다. 하지만 관계 갈등을 표현하고 이에 정면으로 맞서면, 해결 과정 전반을 상당히 향상시킬 수 있다.

갈등 다루기의 실제

의사소통은 조직에서 다양한 갈등을 관리하는 데 있어 중심이 된다. 다른 사람들과 의사소통 통로를 열어둘 수 있는 리더는 다른 이들의 신념 및 가치, 존중, 통제권, 친밀관계를 향한 욕구를 이해할 가능성을 더 많이 가진다. 더 많은 이해가 생기면, 이런 흔한 종류의 갈등 중 상당수가 더 해결하기 쉽고 협상의 여지가 있는 것으로 보일 것이다.

이 절에서 우리는 갈등 해결에 대한 서로 다른 접근법들을 살펴볼 것이다. 첫째는 피셔와 유리의 원칙에 입각한 협상, 둘째는 차별화, 세분화, 체면 세우기라는 의사소통 전략, 셋째는 킬먼과 토머스의 갈등 접근 스타일이다. 앞에서 논의한 대로, 갈등은 다면적이고 복잡할 수 있다. 모든 갈등을 해결할 수 있는 마법의 무기는 존재하지 않지만, 여러 가지 접근법을 아는 것은 리더가 갈등 해결을 위한 효과적인 전략을 취하는 데 도움이 될 것이다.

피셔와 유리의 갈등 접근법

이것은 세계에서 가장 인정받는 갈등 협상 접근법 중 하나는 로저 피셔와 윌리엄 유리에 의해 개발되었다. '하버드 협상 프로젝트'의 연구 결과를 가지고, 피셔와 유리(1981)는 갈등 협상을 위한 간단하고 단계적인 방법을 개발했다. 원칙에 입각한 협상(principled negotiation)이라고 부르는 이 방법은 경쟁적인 흥정이나 과도한 수용을 통해서가 아니라 사안 자체의 공과에 따라 결정할 것을 강조한다. 원칙에 입각한 협상은 점잖게, 그리고 다른 이들이 나를 이용하는 일 없이, 자신의 공정한 몫을 얻어 내는 방법을 보여 준다(Fisher & Ury, 1981).

그림 11.2에서 설명하는 것과 같이, 피셔와 유리의 협상 방법은 네 가지 원칙으로 이루어져 있다. 각각의 원칙은 협상의 기본 요소 네 가지 중 하나에 직접적인 초점을 맞춘다. 이 네 가지 요소는 사람, 이해관계, 선택지, 기준이다. 유능한 리더는 갈등 상황에서 이 네 가지 원칙을 자주 이해하고 적용하는 사람들이다.

원칙 1 : 사람을 문제로부터 분리한다

이 장의 앞부분에서, 우리는 갈등이 어떻게 내용 차원과 관계 차원을 가지는지 이야기했다. 이와 비슷하게, 피셔와 유리(1981)는 갈등이 문제 요인(problem factor)

그림 11.2　피셔와 유리의 원칙에 입각한 협상 방법

| **사람을**
문제로부터
분리한다 | 입장이 아닌
이해관계에
초점을 맞춘다 | 상호의 이득을
위한 **선택지**를
만들어낸다 | 객관적 **기준**을
사용할 것을
고수한다 |

출처 : Adapted from Fisher, R., & Ury, W. (1981). *Getting to yes: Negotiating agreement without giving in*. New York, NY: Penguin Books, p. 15.

과 사람 요인(people factor)으로 구성된다고 주장한다. 갈등을 효과적으로 다루기 위해서는, 이 두 가지 요인 모두가 다루어질 필요가 있다. 특히, 피셔와 유리는 사람 요인이 문제 요인으로부터 분리되어야 한다고 주장한다.

사람과 문제는 서로 얽혀 있기 때문에, 갈등 상황 동안에 사람들을 그 문제로부터 분리하는 것은 쉽지 않은 일이다. 예를 들어, 만약 어떤 리더와 부하직원이 그 부하의 부정적 성과리뷰를 놓고 열띤 대화를 나누고 있다면, 그들이 서로의 관계와 각자의 역할을 언급하는 일 없이 리뷰를 논의하기는 매우 어려울 것이다. 우리가 각자 가진 성격, 신념, 가치는 우리가 겪는 갈등과 복잡하게 뒤섞여 있다. 하지만 원칙에 입각한 협상에서는 사람과 문제가 서로에게서 구분되어 풀어질 필요가 있다고 말한다. 사람을 문제로부터 분리함으로써, 우리는 비로소 다른 사람들의 특수함을 알아볼 수 있게 된다. 모든 사람은 다양한 상황에서 자신만의 뚜렷한 생각과 감정들을 가진다. 우리는 모두 다르게 세상을 보기 때문에, 갈등에 대해 다양한 감정적 반응을 겪는다. 문제의 **사람** 측면에 직접적으로 초점을 맞춤으로써, 우리는 갈등을 겪는 상대방의 성격과 특유한 욕구들을 더 의식할 수 있게 된다.

아마도 가장 중요한 것은, 사람을 문제로부터 분리시키는 것이 우리가 갈등 기간 동안의 관계에 더 주의를 기울이도록 고무한다는 점이다. 갈등은 관계를 압박할 수 있다. 따라서 갈등 중의 행동이 어떻게 상대방에 영향을 미치는지에 대해 인식하는 것이 중요하다. 서로를 '두들겨대는' 대신에, 함께 그리고 서로 옆에서 일하며 문제에 공동으로 맞서는 것이 유용하다. 사람을 문제로부터 분리해 낼 때, 우리는 문제해결을 위해 다른 이들과 함께 노력하게 된다. 피셔와 유리(1981)는 갈등에 있는 사람들은 "서로 옆에 서서 상대방이 아니라 문제를 공격하는 것으로 자신들을 볼"(p. 11) 필요가 있다고 주장한다. 사람을 문제로부터 분리하는 것은 우리가 관계를 파괴하는 대신 그것을 보살피고 강화할 수 있게 해 준다.

앞서 말한, 부정적 성과 리뷰에 대한 상사와 부하직원의 갈등을 생각해 보자. 사람을 문제로부터 분리하기 위해서는 상사와 부하 모두 개인적 속성 대신 성과 기준과 행동 문제에 초점을 두고 부정적인 리뷰를 논의해야만 한다. 리뷰는 그 직원이 성과 목적을 달성하지 못했음을 지적했다. 상사는 "당신은 할 일을 하지 않았군요"라고 말할 수도 있지만, 사람을 문제로부터 분리하려면 상사는 그 대신 부하가 어떻게 요구 조건들을 충족하지 못했는지를 설명해야 할 것이다(예 : "당신이 연락을 취한 횟수가 요구 기준에 미치지 못했군요."). 반면에, 부하직원은 목표가 비현실적이었다고 느낄 수도 있다. 그것이 상사의 탓이라고 말하는 대신(예 : "당신이 불가능한 목표치를 정했잖아요."), 부하는 이 기준들이 어떻게 비현실적인지에 대한 사유를 대며 자신의 의견을 분명히 해야 한다(예 : "이 목표치가 세워졌을 때에는 불경기가 고려되지 않았습니다."). 이런 식으로 문제에 초점을 맞춤으로써, 상사와 부하는 관계를 유지하면서도 성과 리뷰 문제에 정면으로 부딪치는 것이다.

원칙 2 : 입장이 아닌 이해관계에 초점을 맞춘다

아마도 가장 잘 알려진, 두 번째 원칙은 갈등의 이해 당사자들이 반드시 그저 서로의 입장들이 아니라 이해관계에 초점을 맞춰야 한다고 강조한다. **입장**(positions)은 특정 갈등에서 우리가 서는 위치 또는 관점을 대표한다. **이해관계**(interests)는 우리의 입장 뒤에 있는 것을 의미한다. 다른 말로 하면, 입장은 갈등에서 서로 반대하는 관점이고, 이해관계는 관련된 사람들이 가진, 이 갈등과 연관 있는 욕구와 가치를 가리킨다. 피셔와 유리(1981)의 주장에 의하면 "입장은 당신이 결정한 것이다. 이해관계는 당신이 그렇게 결정하도록 만든 것이다"(p. 42).

이해관계에 초점을 맞추는 것은 당사자들이 그 갈등의 특수한 토대를 분석하도록 북돋움으로써 갈등 협상을 확장시킨다. 어떤 입장 뒤에 있는 이해관계들을 알아보기 위해서는, 사람들을 움직이는 원동력이 되는 기본적인 관심사들을 살펴보는 것이 유용하다. 우리가 가지는 관심사들은 안전, 소속, 인정, 통제권, 경제적 안정 등에 대한 욕구들을 포함한다(Fisher & Ury, 1981). 이런 기본적인 욕구에 주의를 기울이고 사람들이 이것들을 충족시킬 수 있게 돕는 것이 갈등 협상의 중심이다.

이해관계에 집중하는 것은 또한 서로 대립하는 당사자들이 '진짜' 갈등을 고심하는 데 도움이 된다. 이해관계와 입장 **모두**를 다루는 것은 갈등 협상을 더 확실하게 하는 데 도움이 된다. 로버트 테리(1993)는 자신의 진정성 리더십 모델에서 리더가 "어떤 갈등 상황에서 **진짜로, 정말로** 일어나고 있는 것은 무엇인가, 그리고 그것에 대해 우리가 해야 할 일은 무엇인가?"라는 질문을 해야 할 도덕적 책임을 가진다고 주장한다. 리더가 실제로 일어나고 있는 일이 무엇인지 알지 못하는 한,

그의 행동은 부적절할 것이고 심각한 결과를 초래할 수도 있을 것이다. 이해관계에 초점을 맞추는 것은 갈등의 중심에 있는 것이 무엇인지를 알아내는 좋은 방법이다.

대학 교수인 스미스 박사와 그의 학생인 에린 크로 사이에 수업 출석을 놓고 벌어진 다음의 갈등을 생각해 보자. 스미스 박사는 의무적 출석 방침을 갖고 있지만, 학기 중 두 번의 결석을 허용하고 있다. 거기서 결석 횟수가 1회 더해질 때마다 학생의 성적은 10%씩 감점된다. 에린은 모든 과제물과 시험에서 A를 받은 매우 총명한 학생이다. 하지만 그는 다섯 번의 결석을 했고 벌칙을 받고 싶지 않았다. 출석 방침에 따라서, 스미스 박사는 에린의 성적을 A에서 C로, 30% 깎아야 할 것이다. 이 갈등에서 에린의 입장은 결석에도 불구하고 그가 훌륭한 일을 해내었으므로 벌칙을 받아서는 안 된다는 것이다. 스미스 박사의 입장은 출석 방침은 정당하며 에린의 성적은 감점되어야 한다는 것이다.

이 사례에서, 각각의 입장에 대한 토대가 되는 몇 가지 이해관계들을 탐구하는 것은 충분한 가치가 있다. 예를 들면, 에린은 매우 과묵하며 수업에 참여하는 것을 좋아하지 않는다. 그는 18학점 단위 시간을 채우며 2개의 아르바이트를 하고 있다. 반면에, 스미스 박사는 학내 우수교수상을 두 번이나 받은 인기 있는 교수이다. 그는 20년의 경험이 있고 학교수업 방법론 분야에서 뛰어난 출판 기록을 갖고 있다. 이에 더해서, 스미스 박사는 학생들이 자기를 좋아해 주길 바라는 욕구를 가졌고, 도전받는 것을 좋아하지 않는다.

에린과 스미스 박사의 이해관계들을 알고 나면, 수업 출석을 둔 그들 사이의 갈등이 눈에 보이는 것보다 더 복잡하다는 것을 더 쉽게 볼 수 있다. 만약 이 갈등이 입장들만 가지고 협상함으로써 합의된다면, 그 해결책은 상대적으로 단순한 쪽일 것이며, 에린은 아마도 벌칙을 받게 되고 양측 모두 불만족스럽게 될 것이다. 하지만 만약 에린과 스미스 박사 양쪽의 이해관계가 완전히 살펴진다면, 상호 만족스러운 결과를 얻을 확률이 훨씬 더 높아질 것이다. 스미스 박사는 에린이 출석에 영향을 미치는, 그러나 그의 경제적 행복과 안전에 있어서는 중요한 다수의 의무가 있다는 점을 인정하게 될 가능성이 크다. 반면, 에린은 스미스 박사가 출석과 수업 참여를 통해 학생들 사이에 응집성을 키워 주는 모범적인 선생이라는 것을 깨달을 수 있을 것이다. 스미스 박사의 통제권과 인정에 대한 욕구는 에린의 출석

률과 수업에 참여하지 않는 태도로 인해 도전을 받았다.

　에린과 스미스 박사의 숙제는 자신들의 이해관계에 초점을 맞추고, 이것을 서로에게 의사소통하고, 갈등을 해결하기 위한 독특한 접근법들에 마음을 열어 놓는 것이다.

원칙 3 : 상호의 이득을 위한 선택지를 만들어 낸다

피셔와 유리(1981)가 제시한 효과적 갈등 협상의 세 번째 전략은 상호의 이득을 위한 선택지를 만들어 내는 것이다. 이것은 실행하기 어려운 일인데, 인간들은 자연적으로 갈등을 '이것 아니면 저것'이라는 식의 문제로 보기 때문이다. 우리는 이기거나 아니면 지는 것이다. 내가 원하는 것을 얻든지, 아니면 상대방이 원하는 것을 얻게 된다. 우리는 결과가 우리 아니면 상대편, 둘 중 한쪽에만 유리할 것이라고 느끼고, 그 외에 다른 가능한 선택은 보지 못한다.

　하지만 양측을 모두 만족시킬 수 있는 새로운 선택지를 만들어 냄으로써, 갈등을 고정된 선택권 문제로 보는 경향을 극복할 필요가 있다. 원칙에 입각한 협상법에서는 갈등에 대한 창의적인 해결책들을 열심히 생각해 보고 찾아보아야 한다고 강조한다. 우리는 선택지를 확장시키고, 어떤 한 가지의 최선책이 있을 것이라고 생각을 제한하지 말아야 한다.

　갈등 이해 당사자들의 이해관계에 초점을 맞추는 것은 이런 종류의 창의적 사고로 이어질 수 있다. 우리의 이해관계가 어디에서 겹쳐지고 딱 들어맞는지를 탐색함으로써, 우리는 양측 모두에 이득이 되는 해결책들을 확인할 수 있다. 이렇게 이해관계를 만족시키는 과정은 적대적일 필요가 없다. 우리는 서로의 이해관계에 대해 배려하고, 양측 모두의 이해관계를 충족시키는 것이 더 어려워지는 것이 아니라 더 쉬워질 수 있게 함으로써 서로를 도울 수 있다. 앞에서 나온 스미스 박사와 에린의 사례를 사용하자면, 에린은 스미스 박사가 가지는 일관성 있는 출석 방침에 대한 욕구를 인정하고, 수업에 덜 열성적인 학생들에게 벌칙을 주는 방침이 있는 것은 중요하다는 점을 이해한다고 박사에게 말할 수 있을 것이다. 에린은 자신의 높은 과제물 수준이 스미스 박사로부터 자기가 얼마나 많이 배웠는지를 보여 주는 증거이며, 자신은 반드시 해야 하는 다른 의무들을 고려했을 때 가능한 한 열심히 수업에 열성을 보였다고 설득해야 한다. 스미스 박사는 결석 때문에 벌칙을 받은 다른 학생들에게 불공평할 것이므로 에린의 결석을 무시해버리기는 꺼려진다고 설명해야 한다. 두 사람은 에린의 성적을 C 대신에 B로 하기로 합의할 수도 있을 것이다. 어느 한쪽도 '승리'하지는 못하겠지만, 양쪽 모두 각자의 특수한 이해관계를 고려했을 때 가장 최선의 타협이 이루어졌다고 여기게 될 것이다.

원칙 4 : 객관적 기준을 사용할 것을 고수한다

마지막으로, 피셔와 유리(1981)는 효과적 협상에서는 각기 다른 이해관계들을 협의하는 데 있어 객관적인 기준을 사용할 것이 요구된다고 말한다. 협상의 목표는 압력이 아니라 원칙에 근거를 둔 해결책에 이르는 것이다. 갈등 당사자들은 편향되지 않은 렌즈를 가지고 자신들의 갈등을 바라볼 수 있게 도와줄 객관적 기준을 찾아야 한다. 객관적 기준은 여러 가지 형태를 가질 수 있으며, 다음과 같은 것들이 포함된다.

- **선례** : 문제가 과거에 어떻게 해결되었는지를 보기
- **전문적 기준** : 갈등과 연관한 직업이나 업계를 바탕으로 한 행동을 규정하는 규칙이나 기준이 있는지를 결정하기
- **법원 결정 사안** : 갈등의 법률 절차나 법적 영향을 보기
- **도덕적 기준** : 윤리적인 고려 또는 '올바른 일을 하기'에 근거해 갈등을 해결할 것을 생각해 보기
- **전통** : 갈등을 숙고하는 데 있어 이미 확립된 관행이나 관습을 살펴보기
- **과학적 판단** : 사실과 증거들을 고려하기

예를 들면, 만약 어떤 직원과 상사 사이에 월급 인상 금액을 놓고 의견 차이가 있다면, 직원과 상사 모두 비슷한 지위와 업무 성과 기록을 가진 다른 직원들의 월급 인상을 고려해 볼 수 있을 것이다. 기준을 효과적이고 공정하게 사용하면, 그 결과는 보통 지혜롭고 공평한 것으로 간주된다(Fisher & Ury, 1981).

정리해 보자면, 원칙에 입각한 협상 방법은 갈등을 다루는 데 이용할 수 있는 네 가지 실용적인 전략을 제시한다. 사람을 문제로부터 분리하기, 입장이 아닌 이해관계에 초점 맞추기, 상호의 이득을 위한 선택지 만들어 내기, 객관적 기준을 사용할 것을 고수하기이다. 이 전략들 중 어느 것도 모든 문제나 갈등을 위한 만병

통치약이 될 수는 없지만, 이들을 함께 적용한다면 갈등 상황에 관계된 모든 사람들에게 유리할 가능성이 높은 방식으로 갈등을 합의하는, 일반적이고 잘 입증된 접근법을 제공할 수 있다.

갈등 해결을 위한 의사소통 전략

이 장 전체에 걸쳐, 우리는 갈등의 복잡성과 이를 해결하려 할 때 발생하는 어려움을 강조해 왔다. 보편적 해결책이나 간단한 길은 없다. 슈미트와 타넨바움(1960)은 입장이나 의견의 차이에 대처하는 데 있어서 정해진 옳은 방법은 없다고 지적한다. "다양한 상황에 따라서, 차이를 피하거나, 억누르거나, 분명한 갈등으로 표출하거나, 더 풍부한 문제 해결에 활용하는 것이 가장 유익할 수 있다"(p. 108). 실제로, 갈등에 대한 즉각적인 치료제를 제공한다고 주장하는 몇몇 가판대 타입의 책들을 제외하고는, 단지 소수의 자료만이 해결책에 대한 현실적인 테크닉들을 제공할 뿐이다. 이 절에서는, 갈등 해결 과정에서 중요한 역할을 하는 몇 가지 실용적인 의사소통 접근법을 설명할 것이다. 차별화, 세분화, 체면 세우기이다. 이러한 의사소통 전략의 사용은 갈등의 불안을 줄여 주고, 갈등 당사자들이 더 일찍 해결책을 찾도록 도와주고, 관계를 강화시켜준다.

차별화

차별화(differentiation)는 갈등의 초기에서 일어나는 과정을 설명하는 것이다. 이것은 당사자들이 갈등의 성격을 정의하고 서로에 대한 자신들의 입장을 명확히 하는 것을 돕는다. 차별화는 갈등 해결에서 매우 중요한데, 이것이 갈등의 성격과 변수들을 확립하기 때문이다. 차별화는 개인들이 각자 자신의 입장을 설명하고 또 더 정교하게 만들도록 요구하는데, 이때 서로의 유사점보다는 차이점들에 자주 초점을 두게 된다. 이것은 갈등을 해결해나가는 과정에서 필수적인 부분이다(Putnam, 2010). 차별화는 갈등 과정 중에서 어려운 시기를 대표하는데, 이것은 갈등이 식혀지기보다는 갈등이 심화되는 것과 연관되기 때문이다. 이 시기 동안, 갈등이 성공적으로 해결되지 않을 것이라는 두려움이 생겨날 수 있다. 차별화는 또한 처음에는 갈등을 개인화시켜서 사람들이 그 갈등의 원인이 바로 자기 자신이라는 감정과 감상을 느끼게 만들기 때문에 어려운 부분이기도 하다(Folger,

Poole, & Stutman, 1993).

차별화의 가치는 그것이 갈등을 정의해 준다는 데 있다. 차별화는 양측 당사자들이 고려 대상인 문제에 대해 얼마나 서로 차이를 가지는지를 깨달을 수 있게 도와준다. 이러한 차이들에 대한 인식은 갈등 해결에 유용한 것인데, 이것이 갈등에 초점을 주고, 갈등 속 문제에 대한 양쪽 당사자들의 이해관계에 신빙성을 부여하고, 또한 본질적으로 갈등을 객관화하기 때문이다. 피셔와 유리(1981)의 협상 방법과 일치하는 부분으로, 차별화는 문제로부터 사람을 분리하는 한 가지 방식이 된다.

차별화를 보여 주는 한 가지 사례로 어떤 그룹 프로젝트를 살펴보자. 그룹 구성원들은 멤버 중 한 명인 제니퍼가 그룹 모임에 거의 오지 않는다고 교수에게 불평한다. 모임에 오는 경우에도, 그는 그룹 토의에 참여를 하지 않는다. 교수는 제니퍼와 이야기를 나누는데, 제니퍼는 그룹이 계속해서 자신의 근무 스케줄과 충돌하는 때로 모임 시간을 잡는다며 자신을 변호했다. 그는 그들이 자신을 제외시키려고 일부러 그런다고 믿고 있다. 교수는 학생들이 한데 모여 앉을 수 있는 자리를 마련하고, 서로에게 자신들의 각기 다른 관점을 설명하게 했다. 그룹 구성원들은 제니퍼가 모임에 참여할 수 있도록 근무 일정을 조정하고자 하는 마음이 없어 보였고, 그 때문에 제니퍼는 자신들만큼 학업 성취에 대한 관심이 없는 것이라 믿게 됐다고 말했다. 반면에 제니퍼는 그가 학교를 다니는 동시에 생계를 위해 일을 할 수밖에 없다는 점을 다른 사람들이 존중하지 않는다는 생각이 들고, 자신은 근무 일정을 조정할 수 있는 완전한 통제권이 없다고 말했다.

위 사례에서, 그룹 구성원들이 문제를 분석하려는 시도를 할 때 차별화가 일어났다. 참여자 개개인이 그룹이 왜 갈등을 겪고 있는지에 대한 자신의 느낌을 이야기해야 했기 때문에, 이것은 어려운 과정이었다. 양측은 결국 상대방의 다른 관점들을 이해하게 되었다. 그룹과 제니퍼는 주마다 그들이 모일 수 있는 확실한 시간을 정했고, 제니퍼는 자신의 상사에게 그 시간에 자신은 일할 수 없음을 분명히 했다.

세분화

세분화(fractionation)는 큰 갈등을 더 작고 다루기 쉬운 조각들로 분해하는 기술을 가리킨다(Fisher, 1971; Wilmot & Hocker, 2011). 차별화와 마찬가지로, 세분화는 보통 갈등 해결 과정의 초기에 일어난다. 이것은 의도적인 과정으로서, 참여자들이 큰 갈등을 작은 갈등으로 '축소'한 다음 큰 갈등의 한 부분에만 맞서기로 합의하는 것을 포함하게 된다. 갈등을 세분화하는 것은 여러 가지 이유로 유용하다. 첫째, 세분화는 갈등을 더 작고, 덜 복잡한 갈등으로 축소함으로써 갈등을 줄여 준다. 사람들이 자신이 마주하고 있는 갈등이 어떤 거대하고 형체가 없는 어려움의 덩어리가 아니라, 구체적이고 분명한 어려움들로 이루어진 것임을 알게 하는 것은 유용한 일이다. 둘째, 세분화는 갈등에 초점을 부여한다. 큰 갈등을 좁힘으로써, 사람들은 한번에 아주 많은 문제를 풀려고 하는 대신, 문제들에 명확성과 의미를 부여하게 된다. 셋째, 갈등을 축소하는 것은 그 분쟁의 감정적 강도를 줄이는 데 도움이 된다. 작은 갈등은 가벼운 감정적 무게를 수반한다(Wilmot & Hocker, 2011). 마지막으로, 세분화는 갈등 당사자들 사이에 더 나은 작업 관계를 촉진한다. 갈등의 축소판을 해결하기로 합의함으로써, 당사자들은 문제해결을 위해 서로 함께 노력할 의지를 확인하게 된다.

세분화의 한 가지 사례로, 입학률 저조로 인해 폐교할 위기에 처한 한 사립학교의 연륜 있는 이사장 데이비드 스테드먼의 이야기를 살펴보자. 학교 이사회 구성원들은 데이비드의 리더십과 학교의 방향에 대해 못마땅해 하며, 데이비드도 이사회에 실망하고 있다. 이 학교는 지난 3년 동안 적자예산으로 운영되어 왔고 확보해 두었던 기부금도 거의 모두 써버린 상태였다. 학교 이사회 구성원들은 문제를 한 가지 방식으로 보았다. 학교에는 더 많은 학생들이 필요하다. 데이비드는 그것이 그렇게 간단하지 않다는 것을 알고 있다. 저조한 입학률 뒤에는 학생 유치 방법, 학생 유지, 기금 모금, 마케팅, 학교의 시대에 뒤떨어진 장비, 게다가 학부모와 학교 사이의 나쁜 감정까지 많은 문제가 있다. 이런 걱정거리들 외에도, 데이비드는 매일매일 꾸려가야 하는 학교 운영과 학생들의 교육과 관련한 의사결정에 대한 책임이 있다. 데이비드는 이사회 구성원들을 주말여행에 초대하여 거기서 함께 학교가 처한 무수히 많은 문제점을 상세히 설명하고 그 긴 리스트를 모두가 함께 해결할 세 가지 문제로 좁혔다. 그들은 적극적인 학생 유치 계획안, 기금 모금 노력 그리고 자녀들을 학교에 계속 다니게 하기 위한 학부모 대상 내부 마케팅에 착수하기로 합의했다.

궁극적으로, 이 여행은 데이비드와 이사회 모두에게 이득이 되었다. "학교에 대해 무엇을 해야 하나"라는 큰 갈등은 그들이 다룰 수 있는 세 가지 구체적인 분야로 좁혀졌다. 이에 더해서, 학교 이사회는 학교 운영의 복잡함과 어려움에 대해 알게 되었고, 데이비드는 이사회와 그 구성원들의 기여에 대한 부정적 감정들을 누그러뜨렸다. 그들의 갈등을 세분화한 결과로, 데이비드 스테드먼과 학교 이사회는 더 나은 업무 관계를 키웠고 향후 문제에 대해 노력할 의지를 확인하게 되었다.

체면 세우기

갈등 해결에서 리더를 도울 수 있는 세 번째 스킬은 체면 세우기이다. 체면 세우기(face saving)는 위협에 대한 반응으로서 자신의 자아 이미지를 설정하거나 유지하기 위한 의사소통 시도를 가리킨다(Folger et al., 1993; Goffman, 1967; Lulofs, 1994). 체면 세우기 메시지는 한 개인이 자신이 타인들에게 어떻게 보이는가를 설정하는 데 도움이 된다. 체면 세우기 메시지의 목표는 자아 이미지의 보호이다.

갈등은 종종 위협적이고 불안을 유발하는데, 이런 갈등의 당사자들은 자신들이 취한 입장에 대해서 다른 사람들이 자신들을 어떻게 보는지에 대해 걱정을 할 수도 있다. 자신에 대한 이런 우려는 갈등 해결에서 역효과를 낳을 수 있는데, 이것이 초점을 실질적인 문제에서 개인적인 문제로 옮기기 때문이다. 갈등의 중심적인 관심사에 맞서는 대신, 체면 세우기의 관심사는 당사자들이 갈등에 관계된 자신들의 자아 이미지를 다루게 만든다.

사람들이 상대방의 자아 이미지를 보존하는 방식으로 의사소통을 하면, 대인간 갈등을 덜 위협적인 것으로 만들 수 있다. 갈등의 문제는 당사자들에 대한 위협을 최소화하는 태도를 가지고 논의되어야 한다. "당신이 좋은 주장을 했다고 생각하지만, 나는 다르게 봅니다"와 같이, 체면 세우기 메시지를 사용함으로써, 상대방이 멍청하거나 우둔하다고 느끼게 만드는 일 없이 상대방의 관점을 인정하는 것이다. 단지 논쟁을 이기기 위해 상대방의 자아 이미지를 훼손하는 대신 서로의 자아 이미지를 지지하고자 노력하면, 갈등의 위협은 줄어들게 된다. 사람들이 다른 이들에게 어떻게 보이길 원하는지, 갈등이 어떻게 그런 욕망을 위협하는지 그리고 의사소통이 어떻게 그런 위협을 최소화할 수 있는지를 아는 것이 중요하다(Lulofs, 1994).

갈등을 해결하기 위한 노력에서, 두 가지 이유로 인해 체면 세우기는 당사자들이 꼭 고려해야 할 대상이다. 첫째, 가능하다면 당사자들은 갈등 중 대화가 체면 위협적인 문제로 옮겨가는 것을 피하려는 노력을 해야 한다. 사람을 문제로부터 분리하라는 피셔와 유리(1981)의 원칙과 비슷하게, 이것은 내용 문제에 초점을 맞추고 상대방의 자아 이미지를 시험하지 않는 상호작용을 유지함으로써 지킬 수 있다. 둘째, 갈등의 말기에 체면 세우기 메시지는 실제로 당사자들이 갈등 시기 동안 어떻게 이해했는지에 대해 서로 확인하고 지지하는 것을 돕는 데 이용될 수 있다. 체면 세우기 메시지는 다른 사람들에게 그들이 갈등 상황 동안 적절하게 행동했고 그들의 관계가 아직 건강하다는 것을 확인시켜 줄 수 있다.

다음의 사례는 체면 세우기가 어떻게 갈등 해결에 영향을 줄 수 있는지를 보여 준다. 어느 대학병원에서, 1,000명의 간호사들이 협상 결렬 후 파업을 시작하자 상당한 혼란이 일어났다. 갈등의 문제는 급여, 초과근무 강요, 직원이 부족한 부서의 의무적 담당 근무였다. 간호사들과 관리자들 사이에 많은 욕설과 개인적 비방이 오고갔다. 상황상 각자 자기들이 하는 것이 타당한 것이라는 대중에 대한 이미지를 설정하고자 하는 양측 모두의 노력에 의해 초기 협상들이 저지되었다. 그 결과, 급여와 초과근무라는 실질적 문제가 아닌, 이런 이미지와 옳고 그름의 문제가 갈등의 초점이 되었다. 만약 당사자들이 서로를 물어뜯는 것을 피했더라면, 어쩌면 그 갈등은 더 일찍 해결되었을 수도 있다.

이러한 어려움들에도 불구하고, 체면 세우기 메시지는 이 갈등에서 긍정적인 효과를 가졌다. 협상을 하는 도중에, 병원은 지역 신문에 병원 측의 제안과 왜 이 제안이 오해되고 있다고 생각하는지를 설명하는 전면 광고를 실었다. 광고의 마지막에, 병원 측은 다음과 같이 썼다. "우리는 여러분의 파업할 권리를 존중합니다. 파업은 여러분의 우려나 불만을 의사소통하는 평화적이고 강력한 수단입니다." 이 성명은 운영진이 자기들의 체면을 세우고자 한다는 점을 보여 주었지만, 동시에 간호사들이 파업을 하는 것은 비도덕적인 것이 아니며 병원 측은 기꺼이 간호사들의 행동을 받아들이고 계속해서 그들과 일하는 관계를 이어나갈 의지가 있다는 것을 표현함으로써 간호사들의 체면을 세워 주는 시도이기도 했다. 비슷하게, 파업이 끝나며 양측이 발표한 미디어 메시지들은 서로 상대방의 자아 이미지를 확인해 주는 것을 포함했다. 상당한 급여 인상을 얻어낸 간호사들은 승리를 주장하거나 병원 측이 협상에서 졌다는 지적을 하려고 하지 않았다. 차례대로 직원들을 초과근무에 사용할 통제권을 유지한 병원은 자신들이 이긴 부분을 강조하거나 파업을 한 간호사들이 전문가답지 못한 행동을 했다고 생각한다는 점을 알리려고 하지 않았다. 요점은 이 조용한 체면 세우기 메시지들이 양측이 자신들에 대해 좋은 기분을 느끼고, 유능한 의료인으로서의 이미지를 재설정하고, 업무 관계를 회복하는 데 도움이 되었다는 것이다.

갈등 해결에는 지름길이란 없다. 이것은 지속적인 의사소통을 요구하는 복잡한 과정이다. 차별화, 세분화, 체면 세우기를 의식함으로써, 리더는 갈등 해결 과정에서 자신의 능력과 스킬을 향상시킬 수 있다.

킬먼과 토머스의 갈등 접근 스타일

사람들이 갈등을 다루는 방식에는 여러 가지가 있고 이런 다양한 스타일은 갈등의 결과에 영향을 미친다는 것에는 의심의 여지가 없다. 갈등 스타일(conflict style)은 갈등에 접근할 때 사람들이 사용하는 정형화된 반응이나 행동으로 정의된다. 블레이크와 무톤(1964)의 작업 결과를 바탕으로 킬먼과 토머스(1975, 1977)가 개발한 갈등 스타일 모델은 가장 널리 인정되고 있는 것들 중 한 가지이며, 이 장 뒷부분의 '갈등 스타일 진단지'의 바탕이 된다.

킬먼-토머스 모델은 다섯 가지 갈등 스타일을 정의한다. (1) 회피, (2) 경쟁, (3) 수용, (4) 절충, (5) 협력이 그것이다. 이 모델(그림 11.3 참조)은 자기주장과 협조성의 두 가지 차원에서 갈등 스타일을 설명한다. **자기주장**(assertiveness)은 자신의 관심사를 만족시키려는 시도를 가리키며, **협조성**(cooperativeness)은 다른 이들의 관심사를 만족시키려는 시도를 말한다. 각각의 갈등 스타일은 갈등에 맞서는 데 있어 한 사람이 어느 만큼의 자기주장과 어느 만큼의 협조성을 보이는지에 따라 특징지어진다.

갈등 상황에 있을 때, 어떤 사람의 개인적 스타일은 보통 이 다섯 가지 스타일이 섞인 것이다. 그럼에도 과거의 경험이나 상황적 요인들 때문에, 어떤 사람들은 다른 갈등 스타일들보다 어느 한 가지 스타일에 많이 의존할 수도 있다. 이 스타일을 이해하는 것은 상황이 요구하는 가장 적절한 갈등 스타일을 선택하는 데 도움이 될 것이다.

그림 11.3 갈등 접근 스타일

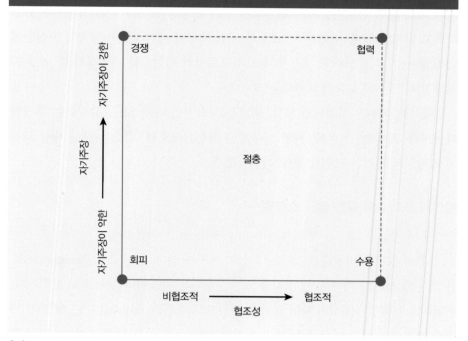

출처 : Reproduced with permission of authors and publisher from Kilmann, R. H., & Thomas, K. W. Interpersonal conflict-handling behavior as reflections of Jungian personality dimensions. *Psychological Reports*, 1975, 37, 971–980. © *Psychological Reports*, 1975.

회피

회피(avoidance)는 자기주장이 약하면서 비협조적인 갈등 스타일이다. 회피 스타일을 선호하는 사람들은 수동적이고 갈등 상황을 직접 정면으로 맞서기보다는 무시하려는 경향이 있다. 그들이 사용하는 전략은 갈등이 존재한다는 것을 부정하기, 갈등을 모면하기 위해 농담을 이용하기, 또는 화제를 바꾸려고 하기 같은 것들이다. 회피는 자신의 이익 추구에 대해 자기를 주장하지도 않고, 다른 이들의 이익 추구를 돕는 데 협조적이지도 않다.

장단점 갈등 관리를 위한 스타일로서 회피는 보통 역효과를 낳으며, 종종 스트레스와 더한 갈등으로 이어진다. 갈등을 계속해서 회피하는 사람들은 짜증, 불만, 화 또는 분노 등의 감정들을 자기 안에 억누르게 되고, 이는 더한 불안을 만들어낸다. 회피는 본질적으로 갈등에 대한 정적인 접근법이다. 이것은 문제해결이나 갈등을 예방할 수 있는 변화를 만드는 데 아무런 일도 하지 않는다.

그러나 회피가 유용할 수도 있는 일부 상황이 있다. 예를 들면, 문제가 그다지 중요하지 않는 사소한 것이라거나 갈등으로 인한 잠재적 피해가 너무 클 때가 있다. 또한 회피는 당사자들이 앞으로 갈등을 어떻게 하면 잘 해결할 수 있을지를 생각할 수 있게 해 주는 냉각의 시간을 제공해 주기도 한다. 예를 들어, 만약 존이 자기 휴대전화를 벽에 집어던질 정도로 여자친구에게 화가 나 있다면, 그는 문제에 대해 여자친구와 이야기하려 하기 전에 잠시 드라이브를 하며 화를 식혀야 할 수도 있다.

경쟁

경쟁(competition)은 자신의 목표를 추구하는 데 있어서는 **자기주장**이 매우 강하지만 다른 이들이 목표를 이루는 것을 돕는 데에는 비협조적인 사람들의 갈등 스타일이다. 이 사람들은 자기 자신의 목표를 달성하기 위해 다른 이들을 조종하거나 설득하는 것으로 투쟁을 해결하려고 한다. 경쟁적 스타일은 본질적으로 승리 아니면 패배 식의 갈등 전략이다. 예를 들면, 크리스는 상습적으로 미팅에 지각을 하므로, 지각의 이유가 무엇이든 상관없이, 그는 나쁜 사람이라고 웬디가 그를 설득시키려고 한다면, 이것은 승리 아니면 패배 식의 갈등 스타일이다.

장단점   어떤 상황에서는, 경쟁이 긍정적 결과를 초래할 수 있다. 이것은 신속하고 결단력 있는 행동이 요구될 때 유용하다. 또한 경쟁은 창의성을 만들어 내고 성과를 향상시키는데, 이는 경쟁이 당사자들로 하여금 최선을 다하도록 만들기 때문이다.

하지만 일반적으로 갈등에 대해 경쟁적으로 접근하는 것은 생산적일 때보다는 역효과를 낳는 경우가 더 많기 때문에, 가장 유리한 선택이 아니다. 선택할 수 있는 해결 수단이 어느 한쪽이 상대방을 '이기는' 것으로 제한되고, 따라서 승자와 패자가 생겨난다. 지배와 통제권으로 갈등을 해결하려는 시도는 종종 불안정한 상황과 적대적이고 파괴적인 의사소통을 낳게 될 것이다. 마지막으로, 경쟁은 거절의 성격을 가진다. 경쟁에서 사람들은 타인의 관심사와 욕구를 인정하는 데 실패하기 때문이다.

수용

수용(accommodation)은 자기주장은 약하지만 협조적인 갈등 스타일이다. 어떤 사람이 수용을 할 때 상대방에게 전달하는 바는 본질적으로 "당신이 옳다는 데 동의합니다. 이 문제는 잊어버립시다"라는 내용이다. 수용은 '타율적인' 접근법이며, 다른 사람들의 욕구를 매우 세심하게 보살피고 자기 자신의 욕구는 무시할 것을 요구한다. 이 스타일을 사용하면, 개인은 다른 이들을 따름으로써 문제를 해결한다.

장단점 수용은 갈등이 필연적으로 만들어 내는 불쾌한 감정으로부터 벗어날 수 있게 해 준다. 다른 사람들에게 항복함으로써, 개인은 갈등이 만들어 내는 불만족스러움을 줄일 수 있다. 문제가 당사자들 중 어느 한쪽에게 더 중요한 것이거나 관계에서 조화가 가장 중요한 목표일 경우에 이 스타일은 생산적 방법이 된다.

수용의 문제점은 이것이 사실상 승리 아니면 패배 방식의 전략이라는 것이다. 수용이 일부 다른 접근법들보다 갈등을 더 빨리 해결할 수도 있지만, 그 결점은 순조로운 관계를 유지하기 위해 수용하는 사람이 자신의 가치 또는 더 나은 결정까지도 희생하게 된다는 점이다. 수용은 타인들이 주도권을 잡도록 허락하는 순종적 스타일이다. 수용하는 사람은 또한 자신의 의견과 감정을 표현하는 데 실패하고 그들의 기여가 충분하게 고려되지 않는다는 점에서 패배하게 된다.

예를 들어, 제니의 남자친구는 스포츠 광팬이며 항상 집에서 텔레비전으로 스포츠 경기를 시청하길 원하는데, 제니는 영화관이나 클럽에 가는 것 같은 뭔가를 하고 싶어 한다. 하지만 그를 기쁘게 하기 위해 제니는 집에서 풋볼을 시청한다.

절충

그림 11.3이 보여 주듯이, 절충(compromise)은 경쟁과 수용 사이 중간 즈음에서 일어나며 자기주장과 협조성 모두 어느 정도 발휘된다. 많은 사람들이 절충을 '쌍방양보(give and take)'의 제안으로 본다. 절충하는 사람들은 자신들의 욕구와 다른 이들의 관심사를 모두 보살핀다. 그림 11.3의 대각선 축에서, 절충은 회피와 협력 스타일의 중간 지점에 위치한다. 이것은 절충하는 사람들이 대립을 완전히 무시하지는 않지만, 그렇다고 문제를 가지고 최대한의 노력을 기울이지도 않는다는 것을 시사한다. 사람들은 이 스타일을 자주 선택하는데, 양측 당사자들의 관심사를 일부 충족시키면서 타협안을 신속하게 찾기 때문이다.

　절충은 자신의 목표와 다른 이들의 목표를 함께 배려할 것을 요구하기 때문에, 긍정적인 갈등 스타일이다. 절충은 다른 갈등 스타일들이 실패했거나 그 갈등을 해결하는 데 적합하지 않을 때 가장 잘 맞는 경향이 있다. 많은 경우, 절충은 당사자들 사이에 동등한 힘의 균형을 강제할 수 있다.

절충 스타일의 단점 중 하나는 그것이 갈등을 충분히 해결하지 못한다는 점, 그리고 '도망치기 쉬운 방법'이 될 수 있다는 점이다. 해결에 도달하기 위해, 갈등 중인 당사자들은 종종 자신들의 요구, 개인적 생각 및 감정들을 충분히 표현하지 않게 된다. 빠른 해결을 위해 혁신적인 해결안들이 희생되고, 조화에 대한 욕구가 갈등에 대한 가장 최선의 방안을 찾아낼 욕구를 대체한다. 그 결과, 어느 쪽도 완전히 만족하지 못한다. 예를 들어, 패트는 캠핑 휴가를 가고 싶어 하고, 마이크는 집에서 노는 '집콕 휴가'를 즐기고 싶어 한다. 결국 두 사람은 해변과 동물원으로 당일치기 여행을 하는 휴가를 보내기로 합의했다.

협력

협력(collaboration)은 가장 선호되는 갈등 스타일로서, 자기주장과 협조성을 모두 필요로 한다. 이것은 양측이 갈등에 대한 어떤 긍정적인 해결을 보기로 합의하고 서로 상대방의 관심사를 충분히 배려하면서도 자신의 관심사를 희생하거나 억누르지는 않는 것이다. 각자가 적당히 만족하고 그 해결책을 지지할 수 있을 때까지는 갈등이 완전히 해결되지 않은 것이다. 협력은 인간 갈등의 불가피함을 인정하기 때문에, 이상적인 갈등 스타일이다. 협력은 갈등에 정면으로 맞서고, 그다음 갈등을 이용해서 생산적인 결과물을 생산해 낸다.

장단점　양쪽 모두 승자가 되고, 의사소통이 만족스럽고, 관계는 강화되고, 협상된 해결책은 종종 장기적으로 봤을 때 비용 효율이 더 높기 때문에, 협력의 결과물은 긍정적이다.

안타깝게도, 협력은 가장 성공하기 어려운 스타일이다. 협력은 당사자들의 에너지와 힘든 노력, 그리고 공동의 권한을 요구한다. 협력을 통해 의견 차이를 해결하는 것은 개인들이 서로의 차이를 연구하고, 합의점들을 확인하고, 상호 만족스러운 해결책을 선택할 것을 요구한다. 이를 위해서는 흔히 당사자들이 긴 대화를 통해 존재하는 문제들에 대한 완전히 새로운 대체방안들을 탐색해야 한다. 예를 들어, 어느 주택가의 주민들이 동네에 있는 성인 오락 시설이 문을 닫거나 떠나게 만들고자 한다. 시설 주인은 이를 거절한다. 주민들은 시 당국자들과 함께 그 시설을 이전시킬 수 있는 대체 장소를 찾아내고, 시에서는 시설 주인에게 이전하는 대신 세금 우대 조치를 해 준다.

갈등 접근의 다섯 가지 스타일인 회피, 경쟁, 수용, 절충, 협력은 다양한 갈등 상황에서 관찰될 수 있다. 각각의 스타일에는 장단점이 있지만, 당사자들의 욕구를 충족시키는 동시에 그 상황이 요구하는 것에 적합한 갈등 대처 스타일이 갈등 해결에 가장 효과적인 것이 될 것이다.

정리

리더와 그를 따르는 사람들 모두에게, 대인 간 갈등은 불가피하다. 갈등은 둘 또는 그 이상의 개인들 사이에 신념, 가치 및 목표에 대한 양립 불가해 보이는 의견 차이, 또는 존중, 통제권 및 친밀관계에 대한 욕망의 차이 때문에 일어나는 투쟁으로 정의된다. 만약 적절하게 관리된다면, 갈등은 꼭 파괴적일 필요가 없으며 오히려 건설적이고 긍정적 결과를 위해 이용될 수도 있다.

의사소통은 갈등과 그 해결에서 중심적인 역할을 한다. 갈등은 리더 및 다른 사람들 사이에서 내용과 관계라는 두 가지 차원에서 일어난다. 내용 차원의 갈등은 신념, 가치, 또는 목표 방향에 대한 의견 차이와 관계된다. 관계 차원의 갈등은 관계에서 존중, 통제권 그리고 친밀관계에 대한 욕망들에 대해 개인들이 의견을 달리할 때를 가리킨다. 관계 갈등은 눈에 드러나는 경우가 드물며, 따라서 이를 알아차리고 해결하기가 어렵다.

갈등 해결의 한 가지 접근방식으로 피셔와 유리(1981)의 원칙에 입각한 협상 방법이 있다. 이 모델은 네 가지 협상 요소, 즉 사람, 이해관계, 선택지, 기준에 초점을 맞추고 갈등에 대처하는 데 관련된 네 가지 원칙을 설명한다. 원칙 1. 사람을 문제로부터 분리하기, 원칙 2. 입장이 아닌 이해관계에 초점 맞추기, 원칙 3. 상호의 이득을 위한 선택지를 만들어 내기, 원칙 4. 객관적 기준을 사용할 것을 고수하기가 그것이다. 전체로서 이 원칙들은 긍정적인 갈등의 결과를 협상하는 데 있어 엄청나게 유용하다.

갈등 해결에 대한 세 가지 실용적인 의사소통 접근법은 차별화, 세분화, 체면 세우기이다. 차별화는 당사자들이 갈등의 성격을 규정하고 서로에 대한 자신들이 입장을 명확히 하는 것을 돕는 과정이다. 세분화는 큰 갈등을 더 작고 다루기 수월한 갈등으로 줄이는 테크닉을 말한다. 체면 세우기는 갈등 상황에서 서로의 자아 이미지를 보호하기 위해 사람들이 표현하는 메시지로 이루어진다. 함께 사용하든 따로 사용하든, 이 접근법들은 리더가 갈등 해결 과정을 더 생산적인 것으로 만드는 데 도움이 될 수 있다.

마지막으로, 연구자들은 사람들이 다음의 다

섯 가지 스타일을 가지고 갈등을 접근한다는 것을 발견했다. (1) 회피, (2) 경쟁, (3) 수용, (4) 절충, (5) 협력이다. 각각의 스타일은 자기주장과 협조성의 정도를 가지고 갈등에 대처하는 개인들을 특징짓는다. 갈등에 접근하는 가장 건설적인 방식은 협력이며, 이는 사람들이 자신의 관심사를 희생하지 않으면서 상대방의 관심사를 충분히 배려함으로써 갈등을 확인하고 대처하고 해결하기를 요구한다. 갈등을 효과적으로 관리하는 것은 당사자들 사이에 더욱 강화된 관계와 보다 창의적인 문제 해결로 이어진다.

주요 용어

갈등(conflict)

갈등 스타일(conflict style)

경쟁(competition)

관계 차원(relationship dimension)

관계 갈등(relational conflict)

내용 차원(content dimension)

내용 갈등(content conflict)

세분화(fractionation)

수용(accommodation)

원칙에 입각한 협상(principled negotiation)

절충(compromise)

차별화(differentiation)

체면 세우기(face saving)

협력(collaboration)

회피(avoidance)

11.1 사례 연구 - 사무 공간

어느 마케팅 회사 웹프로그래밍 부서의 다섯 직원들은 건물 안에서 새 공간으로 이동하라는 지시를 받았다. 사무실 이동은 깜짝 조치였다. 사장이 임대 공간을 줄여서 비용 단축을 하기로 결정했고, 불과 며칠 만에 부서는 이동해야 했다.

이 프로그래머들에게 새 공간은 이전에 익숙했던 공간에 비해 큰 변화였다. 부서가 전에 쓰던 사무실은 벽한 면이 통유리창으로 된 하나의 큰 개방적인 공간이었다. 책상들은 모두 서로를 향하도록 놓였고, 그래서 그들은 서로 쉽게 이야기를 나누고 협업할 수 있었다. 새 사무공간에는 길고 좁은 방 안에 벽 하나를 따라서 5개의 칸막이 방이 늘어서 있다. 이 중에 4개는 창문이 있는데, 다섯 번째 칸막이 방은 다른 방들보다 약간 크지만 창문이 없는 코너에 위치해 있다. 칸막이 벽의 높이는 6피트(약 1.8미터 – 역주)라서, 프로그래머들이 자리에 앉아 일을 할 때 그들은 더 이상 서로를 볼 수 없다.

팀 리더 마틴은 프로그래머들이 각자 들어갈 칸막이 방을 배정했다. 그는 첫 번째 방을 선택하고 창이 있는 그다음 3개의 방에 로자, 산제이 그리고 크리스를 배정했다. 브래들리는 코너의 큰 방이 주어졌다.

가장 먼저 불만을 표시한 것은 브래들리이다. 새로 정해진 자기 자리를 보고 그는 마틴에게 가서 창이 있는 다른 자리를 달라고 요구한다. 그는 자기가 다른 프로그래머들보다 회사에서 더 오래 일했으므로 일방적으로 자리가 정해지는 대신 자신이 방을 선택해야 한다고 주장한다. 그는 여러 개의 프로젝트에서 마틴과 가까이 일하고 있고, 이 때문에 브래들리는 자신이 마틴과 가장 멀리 떨어진 자리가 아니라 그의 옆방으로 가야 한다고 생각한다.

산제이도 역시 기분이 상해 있다. 그는 로자와 크리스 사이의 정가운데 방을 배정받았다. 로자와 크리스는 이전 사무실에서 서로 옆자리에서 일하며 근무 중에 농담을 주고받았다. 일렬로 된 칸막이 방에서 일하게 된 지금도 그들은 서로 잡담을 주고받으려 한다. 하지만 그러려면 그들은 산제이의 자리를 넘어 서로에게 큰 소리로 외치다시피 해야 한다. 마틴이 해결책으로 브래들리와 자리를 맞바꿀 것을 제안하자, 산제이는 창문을 포기하기 싫다고 말한다.

마틴은 모두를 지금의 자리에 계속 놔둔다. 그들에게 말하지는 않았지만, 그는 로자와 크리스의 끊임없는 잡담이 시간 낭비라고 보고 그것을 막기 위해 일부러 산제이를 둘 사이에 배치했다. 또한 마틴은 브래들리에게는 컴퓨터 장비가 다른 사람들보다 많기 때문에 더 큰 방이 그에게 더 나을 것이라고 생각했다.

그다음 두 달 동안, 웹프로그래밍 부서는 팽팽한 긴장 상태를 겪기 시작한다. 산제이는 매일 기분이 나빠 보인다. 로자와 크리스가 칸막이를 넘어 서로 이야기하기 시작하면, 그는 큰소리로 "제발 서로 소리 질러대지 말고 일이나 하지 않을래요?"라고 요구하거나 "나 지금 일하는 중이거든요!"라고 비꼬듯이 말한다. 그러면 로자나 크리스 둘 중 한 명이 상대방의 자리로 걸어가서 이전에 잠깐씩 주고받던 농담보다 더 길어진 잡담을 하게 된다.

브래들리는 구석의 자기 자리에서 움직이지 않으면서 다른 프로그래머들과 이야기하는 것을 피한다. 그는 자기가 보기에 가장 안 좋은 자리를 마틴이 주었다고 믿고 있지만, 자기가 뭘 잘못해서 이런 대우를 받는 것인지 모르겠다. 그는 창이 있는 자리를 차지한 다른 직원들에게 분함을 느끼고 마틴이 자기보다 로자, 크리스, 산제이를 더 높이 평가한다고 느낀다. 로자와 크리스가 잡담에 더 많은 시간을 보내고 일하는 데는 더 적은 시간을 보낸다는 사실과 산제이가 괴팍해진 것을 알아차리게 되자 브래들리는 마틴에게 매우 화가 난다. 마틴이 형편없이 행동하는 프로그래머들에게 보상을 주는 것처럼 보인 것이다.

브래들리는 일터에서 더 심하게 은둔하는 사람이 되어 다른 사람들, 특히 마틴과 이야기하는 것을 피한다.

다른 직원들과 불과 몇 미터밖에 떨어져 있지 않은데도 불구하고 그는 그들과 주로 이메일로 말을 나눈다. 그는 이제 더 이상 마틴과 긴밀하게 협력하지 않는다. 그 대신 그는 프로젝트에 마틴을 관여시키지 않고 일하려고 한다. 유감스럽게도, 그가 마틴의 도움을 필요로 하는 문제에 부딪치게 되어도 그는 혼자서 이를 해결하려 한다. 브래들리가 자기 혼자서는 문제를 해결할 수 없다는 것을 깨닫게 되고 문제가 커지기 전까지 마틴은 문제가 있다는 사실도 모르는 경우도 종종 있게 된다.

프로그래머 다섯 명이 실제로 서로를 보게 되는 유일한 시간은 큰 탁자와 12개의 의자가 있는 회의실에서 열리는 주간 직원회의 때이다. 예전 사무실에 있을 때 그들은 필요할 때면 언제든지 프로젝트와 일정에 대해 서로와 대화를 할 수 있었기 때문에 주간 회의를 하지 않았다. 새로 생긴 직원회의에서는 마틴 혼자서만 말을 하는 것 같다. 로자와 크리스는 탁자 한쪽에 앉아서 건너편에 혼자 앉아 있는 산제이를 무시하려 애쓴다. 브래들리는 탁자 한쪽 끝에 다른 사람들로부터 최소한 두 자리는 떨어져서 앉는다.

아무도 서로와 말을 하거나 시선을 주지 않은 또 한 번의 비생산적인 직원회의를 마치고 나서, 마틴은 다른 직원들이 나간 후 머리를 손으로 감싸고 회의 탁자 머리맡에 앉아 있다. 그는 예전에 자기가 이끌던 단결된 팀에 무슨 일이 일어난 것인지, 왜 이런 변화가 생겼는지 모르겠다. 이게 모두 사무 공간 때문이란 것이 그에게는 터무니없이 느껴진다.

질문

1. 여러분은 웹프로그래밍 부서의 구성원들에게 일어난 갈등을 어떻게 설명하겠는가?

2. 그 갈등은 관계 갈등인가? 만약 그렇다면, 어떤 종류의 관계 갈등인가? 이 갈등에는 내용 차원이 있는가?

3. 피셔와 유리의 원칙에 입각한 협상 방법을 이용한다면, 여러분은 어떻게 사람과 문제를 구분하겠는가? 이 갈등에서 정말로 일어나고 있는 일은 무엇이라고 생각하는가?

4. 킬먼과 토머스의 갈등 스타일을 이용한다면, 여러분은 산제이의 갈등 스타일을 어떻게 특징짓겠는가? 브래들리의 갈등 스타일은? 로자와 크리스도 갈등 스타일이 있는가?

5. 이 갈등을 해결하는 시도를 할 때 마틴은 어떻게 세분화와 체면 세우기를 활용할 수 있을까?

호숫가에 위치한 마을인 올컷 레이크는 위기를 겪고 있다. 지난 4년간, 매년 호수 수면이 상승해서 사상 최고 수위를 기록했다. 그 결과 호숫가에 위치한 250개 주택들 중에 18%가 침수 위기에 처했다. 나머지 주택들은 더 높은 지대에 있어서 높은 수위에 직접적인 영향을 받지 않았다. 위기에 처한 건물 중 다수는 80여 년 전에 지어진 작은 집들로, 같은 곳에서 오랫동안 살던 가족들의 집이다. 이 집들은 예전에는 호수와 사이에 넓은 잔디밭을 두고 떨어져 있었지만, 현재에는 현관문에서 불과 몇 미터밖에 안 떨어진 곳까지 수면이 상승했다.

올컷 레이크 입주자 협회의 이사회는 높아진 수위에 대한 해결책을 찾기 위해 작년부터 일해 왔다. 문제를 직접적으로 해결하기 위해서 그들은 펌프를 이용해서 호수의 물을 빼내어 인근 강으로 흘려보내도록 허가해 달라고 주 자원국과 군청에 요청했다. 요청은 기각됐는데, 강 하류 지역 역시 수위 상승을 겪고 있었기 때문이었다. 강물이 불어나면 하류 지역의 건물들이 더 큰 위험에 빠질 터였다. 여름이 가까워지고 호수에서 물놀이를 즐기는 사람들이 붐비는 계절이 다가오면서, 이사회는 수위 문제에 대한 해결책을 찾기 위해 서두르고 있다.

집에 더 이상 피해가 가는 것을 막기 위해서, 침수 위기에 처한 집의 소유주들은 입주민 협회에 청원을 냈다. 1년간 호수에서 항적(배가 지나간 흔적-역주) 발생을 금지하는 정책을 실행해달라는 청원이다. 모터보트에서 발생하는 항적 때문에 호숫가로 큰 파도가 밀려오면서 지반이 침식되고, 침수 위기에 처한 집들로 물이 밀어닥칠 수 있기 때문이다. 항적 금지 정책은 모터보트의 저속 운행을 요구하고, 이에 따라 호수에서

웨이크보딩, 튜빙, 수상 스키(모두 수상 스포츠의 일종-역주) 등이 불가능하게 된다. 항적 금지 청원은 또한 호수에서 (제트 스키와 같은) 개인용 선박과 고속 낚시 보트를 타는 것을 금지할 것을 요구했다. 청원을 입주민 협회 이사회의 심사에 올리기 위해서 호숫가 주택 소유주들의 25%로부터 서명을 받아야 했는데, 35%가 청원을 지지했다.

심사 회의에서 이사회는 항적 금지 정책에 찬성하거나 반대하는 수많은 주민들의 발언을 경청했다. 어떤 이들은 수위 상승이 기후 변화로부터 비롯된 결과이며, 단기적 해결책이 아니라 장기적인 해결책이 필요하다고 말했다. 다른 사람들은 대여 시설을 운영하는 주민들이 수입을 잃게 될 것이라고 지적했다. 또한 어떤 이들은 침수 위기에 처한 집의 소유주들이 모든 것을 잃게 될 것이라고 주장했다. 한 주택 소유주는 자신은 집을 보호하기 위해서 방조벽을 지었는데, 수위 문제를 겪고 있는 다른 집들은 왜 이 같은 조치를 취하지 않는 건지 물었다. 그러자 한 사람이 화를 내며, '언덕 위에 으리으리한 저택'을 가진 사람들은 비싼 방조벽을 지을 수 있지만, 호숫가에 사는 대부분의 사람들은 그럴 형편이 못 된다고 대답했다.

한 입주민은 이사회에게 항적 금지 정책을 실행한다면 누가 그것을 집행하겠는가 물었고, 다른 입주민은 "내가 가진 총을 들고 하겠다"라고 답했다.

입주민 협회는 이 위협적인 대답을 가볍게 보지 않는다. 이사회 구성원들은 이것이 팽팽한 긴장감이 도는 상황이며, 그들이 어떤 결정을 내리든지 모두를 만족시키지는 못할 것이라는 사실을 알고 있다. 모든 사람들을 만족시키는 정책을 만드는 것은 불가능한 과제로 보인다.

질문

1. 갈등을 정의하는 다양한 요소들 중에는 투쟁, 상호의존, 감정, 차이가 있다. 이 요소들을 사용하여 위의 사례에서 그리는 갈등을 설명해 보자.

2. 위의 사례에서 갈등의 내용 차원은 무엇인가? 관계 차원은 무엇인가?

3. 입주민 협회가 갈등을 해소하는 데 있어서 피셔와 유리가 제시한 원칙에 입각한 협상 방법을 사용한다면 좋은 접근법이 되겠는가? 그 이유는?

4. 입주민 협회 이사회는 갈등을 다루기 위한 의사소통 전략으로 차별화와 세분화를 어떻게 사용할 수 있을까? 체면 세우기는 어떻게 사용할 수 있을까?

11.3 갈등 스타일 진단지

목적

1. 자신의 갈등 스타일을 확인한다.
2. 자신의 갈등 스타일이 어떻게 각기 다른 상황이나 관계에서 변화하는지 알아본다.

작성법

1. 여러분이 어떤 사람(룸메이트나 직장 동료 등)과 갈등, 의견 차이, 말싸움 또는 실망하는 상황 두 가지(A와 B)를 생각해 본다. 각 상황에 해당하는 상대방의 이름을 아래에 적는다.
2. 아래에 표시된 스케일에 따라, 상황 A와 상황 B에 대한 자신의 점수를 적어 넣는다. 각 문항에 대해, 2개의 점수를 적는 것이다. 예를 들어, 문항 1에 대한 답은 다음과 같을 수 있다 : 1. 2 | 4
3. 두 상황에서 상대방의 이름을 쓴다 :
   - 상대방 A _____   상대방 B _____
   - 1 = 한 번도 안함   2 = 드물게   3 = 때때로   4 = 자주   5 = 항상

상대방 A	상대방 B	
1. ____|____		나는 '곤혹스러워지는 것'을 피하려 한다. 갈등을 내 속으로 숨긴다.
2. ____|____		나는 내 아이디어가 받아들여지도록 영향력을 행사한다.
3. ____|____		문제 해결을 위해서 나는 보통 '타협하려고' 노력한다.
4. ____|____		나는 일반적으로 타인의 욕구를 만족시켜 주려 한다.
5. ____|____		나는 양쪽이 받아들일 수 있는 해결책을 찾기 위해 문제를 조사하려고 노력한다.
6. ____|____		나는 보통 상대방과 나의 의견 차이에 대해 공개적으로 논의하는 것을 피한다.
7. ____|____		나에게 유리한 쪽으로 의사결정을 하기 위해 나의 권한을 사용한다.
8. ____|____		교착 상태를 해결하기 위해 나는 중도의 길을 찾으려 노력한다.
9. ____|____		나는 보통 상대방이 원하는 것을 수용한다.
10. ____|____		나와 상대방의 아이디어를 통합해서 공동 결정을 도출해 내려 노력한다.
11. ____|____		나는 상대방과의 의견 충돌을 피하려 노력한다.
12. ____|____		내가 가진 전문지식을 이용해서 나에게 유리한 결정을 만든다.
13. ____|____		교착 상태가 생기면 나는 중간 지점을 제안한다.
14. ____|____		나는 상대방의 요구에 양보한다.

상대방 A	상대방 B	
15. ____|____		양쪽의 기대를 만족시키는 해결책을 찾기 위해 상대방과 협력한다.
16. ____|____		악감정을 피하기 위해 나는 의견 차이를 겉으로 드러내지 않으려 노력한다.
17. ____|____		나는 일반적으로 문제에서 나의 관심사를 쫓는다.
18. ____|____		나는 절충을 하기 위해 상대방과 협상한다.
19. ____|____		나는 자주 상대방의 제안을 따른다.
20. ____|____		나는 상대방과 정확한 정보를 교환해서 문제를 함께 풀 수 있도록 한다.
21. ____|____		나는 상대방과 불쾌한 말을 나누는 것을 피하려 노력한다.
22. ____|____		나는 때때로 이기기 위해 나의 힘을 이용한다.
23. ____|____		나는 '쌍방양보'를 사용해서 절충이 이루어질 수 있게 한다.
24. ____|____		나는 상대방의 기대를 만족시키려 노력한다.
25. ____|____		나는 우리의 걱정거리를 모두 공개된 곳으로 끌어내서 문제들이 해결될 수 있도록 노력한다.

출처 : Adapted from "Confirmatory Factor Analysis of the Styles of Handling Interpersonal Conflict: First-Order Factor Model and Its Invariance Across Groups," by M. A. Rahim and N. R. Magner, 1995, *Journal of Applied Psychology, 80*(1), 122–132. In W. Wilmot and J. Hocker (2011), *Interpersonal Conflict* (pp. 146–148). Published by the American Psychological Association.

점수 집계 : 다음과 같이 점수를 합산한다.

A	B	A	B	A	B	A	B	A	B
1. ___	___	2. ___	___	3. ___	___	4. ___	___	5. ___	___
6. ___	___	7. ___	___	8. ___	___	9. ___	___	10. ___	___
11. ___	___	12. ___	___	13. ___	___	14. ___	___	15. ___	___
16. ___	___	17. ___	___	18. ___	___	19. ___	___	20. ___	___
21. ___	___	22. ___	___	23. ___	___	24. ___	___	25. ___	___
___	___	___	___	___	___	___	___	___	___
A	B	A	B	A	B	A	B	A	B
회피 총점		경쟁 총점		절충 총점		수용 총점		협력 총점	

점수 해석

이 진단지는 여러분의 갈등 스타일을 확인하고 각기 다른 상황이나 관계에서 그것이 어떻게 변하는지를 조사하기 위한 것이다. 각각의 스타일에 대한 총점을 비교해 봄으로써 자신이 어떤 스타일에 가장 많이 의지하며 또 어떤 스타일을 가장 적게 사용하는지를 발견할 수 있을 것이다. 더 나아가, 상대방 A에 대한 점수와 B에 대한 점수를 비교함으로써, 자신의 스타일이 각기 다른 관계에서 어떻게 변화하거나 그대로 변하지 않는지를 알 수 있을 것이다. 이 진단지에서 얻은 점수들은 여러분이 특정 시기의 특정 갈등에 어떻게 반응하는지를 알려주는 것이며, 따라서 만약 다른 갈등 상황이나 다른 갈등 시기를 골랐더라면 다른 결과가 나왔을 수도 있다. 갈등 스타일 진단지는 여러분에게 꼬리표를 붙이거나 여러분을 분류하는 성격 테스트가 아니다. 그것보다는, 이 진단지는 여러분이 가진 더 지배적이거나 덜 지배적인 갈등 스타일을 가늠할 수 있게 해 주는 것이다.

점수가 21~25점이라면, 매우 강한 스타일에 속한다.
점수가 16~20점이라면, 강한 스타일에 속한다.
점수가 11~15점이라면, 평균의 스타일에 속한다.
점수가 6~10점이라면, 약한 스타일에 속한다.
점수가 0~5점이라면, 매우 약한 스타일에 속한다.

11.4 관찰 연습

갈등에 대처하기

목적

1. 대인 간 갈등의 차원들을 인지한다.
2. 실제의 갈등을 다루기 위해 어떻게 피셔와 유리(1981)의 원칙에 입각한 협상 방법을 사용할 수 있는지 탐색해 본다.

작성법

1. 이 연습에서, 여러분의 과제는 실제의 갈등을 관찰하는 것이다. 어떤 갈등이 다루어지는 공개 미팅에 참석하라. 여러분은 회의 안건 중에 학생 주차비의 변화를 포함하고 있는 캠퍼스 계획 위원회 미팅에 참석할 수도 있다.
2. 미팅 참가자들의 입장과 이해관계에 주목하여 메모를 한다.

질문

1. 미팅의 참가자들은 자신들의 주장을 어떤 방식으로 표현했는가? 사람들은 미팅에서 어떤 입장들을 취했는가?

2. 미팅 참가자 각자의 이해관계를 확인하고 설명해 보자.

3. 참가자들이 문제를 접근하는 데 있어 객관성을 유지할 수 있었는지에 대해 논하라. 관련된 사람들이 어떻게 문제로부터 자신들을 분리시킬 수 있었는지 설명해 보자.

4. 참가자들은 어떤 방식으로 갈등에 대해 상호 이득이 되는 해결책을 찾으려 노력했는가?

11.5 성찰 및 실행 과제 워크시트

갈등에 대처하기

성찰

1. 여러분은 갈등에 어떻게 반응하는가? 갈등 스타일 진단지를 바탕으로, 자신의 갈등 스타일을 어떻게 설명하겠는가? 과거의 경험들이 자신의 갈등 스타일에 어떻게 영향을 끼쳤는가?

2. 이 장에서는 관계 갈등의 세 가지 종류(즉, 존중, 권한, 결합관계)를 설명하고 있다. 세 가지 중에서, 여러분이 다른 사람들과 겪는 갈등에서 가장 흔한 종류는 어떤 것인가? 이에 대해 논의해 보자.

실행 과제

1. 여러분이 과거에 실제로 가족, 룸메이트 또는 동료와 겪었던 갈등 한 가지를 간략히 설명해 보자. 갈등 상대방과 본인, 양측의 입장과 이해관계를 확인해 보자. (주의 : 사람들의 입장을 확인하는 것은 이해관계를 찾는 것보다 더 쉬울 수도 있다. 자신과 상대방의 이해관계들을 상세히 설명하는 데 있어서는 창의적이어야 한다.)

2. 그 갈등을 세분화할 수 있는 방법을 설명해 보자.

3. 피셔와 유리(1981)의 방법을 이용하여, 여러분이 어떻게 문제로부터 사람을 분리해내고, 어떻게 갈등을 해결하기 위해 함께 노력할 수 있는지 설명해 보자. 설명하면서 다음에 대해서도 토론해 보자: 여러분이 상대방의 체면 세우기를 도울 수 방법은 무엇인가? 상대방이 여러분의 체면 세우기를 도울 수 있는 방법은 무엇인가?

참고문헌

Blake, R. R., & Mouton, L. S. (1964). *The managerial grid*. Houston, TX: Gulf.

Brown, C. T., & Keller, P. W. (1979). *Monologue to dialogue: An exploration of interpersonal communication*. Englewood Cliffs, NJ: Prentice-Hall.

Faruqi, A. (Producer), & Obaid-Chinoy, S. (Director). (2013). *Humaira: The dreamcatcher* [Motion picture]. Pakistan: SOC films.

Fisher, R. (1971). Fractionating conflict. In C. G. Smith (Ed.), *Conflict resolution: Contributions of the behavioral sciences* (pp. 157–159). South Bend, IN: University of Notre Dame Press.

Fisher, R., & Ury, W. (1981). *Getting to yes: Negotiating agreement without giving in*. New York, NY: Penguin Books.

Fisher, R., Ury, W., & Patton, B. (1991). *Getting to yes: Negotiating agreement without giving in* (2nd ed.). New York, NY: Penguin Books.

Folger, J. P., Poole, M. S., & Stutman, R. K. (1993). *Working through conflict: Strategies for relationships, groups, and organizations* (2nd ed.). Glenview, IL: Scott, Foresman.

Goffman, E. (1967). *Interaction ritual: Essays on face-to-face behavior*. New York, NY: Anchor Books.

Hocker, J. L., & Wilmot, W. W. (1995). *Interpersonal conflict* (4th ed.). Dubuque, IA: W. C. Brown.

Kilmann, R. H., & Thomas, K. W. (1975). Interpersonal conflict-handling behavior as reflections of Jungian personality dimensions. *Psychological Reports, 37*(3), 971–980.

Kilmann, R. H., & Thomas, K. W. (1977). Developing a forced-choice measure of conflict handling behavior: The "mode" instrument. *Educational and Psychology Measurement, 37*(2), 309–325.

Knutson, T., Lashbrook, V., & Heemer, A. (1976). *The dimensions of small group conflict: A factor analytic study*. Paper presented to the annual meeting of the International Communication Association, Portland, OR.

Lulofs, R. S. (1994). *Conflict: From theory to action*. Scottsdale, AZ: Gorsuch Scarisbrick.

Maslow, A. (1970). *Motivation and personality* (2nd ed.). New York, NY: Harper & Row.

Putnam, L. L. (2010). Communication as changing the negotiation game. *Journal of Applied Communication Research, 38*(4), 325–335.

Rahi, S. (Producer). (2010, December 10). Humaira Bachal documentary [Motion picture]. *Dawn News*. Retrieved June 10, 2013, from www.youtube.com/watch?v=3Hs2hxrY_HI

Schmidt, W., & Tannenbaum, R. (1960). Management of differences. *Harvard Business Review, 38*(6), 107–115.

Schutz, W. C. (1966). *The interpersonal underworld*. Palo Alto, CA: Science and Behavior Books.

Temple-Raston, D. (2013, January 3). After fighting to go to school, a Pakistani woman builds her own. *Weekend Edition Sunday* [Radio news program]. Retrieved from http://www.npr.org/2013/01/06/168565152/after-fighting-to-go-to-school-a-pakistani-woman-builds-her-own

Terry, R. W. (1993). *Authentic leadership: Courage in action*. San Francisco, CA: Jossey-Bass.

Watzlawick, P., Beavin, J., & Jackson, D. D. (1967). *Pragmatics of human communication*. New York, NY: Norton.

Wilmot, W. W., & Hocker, J. (2011). *Interpersonal conflict* (8th ed.). New York, NY: McGraw-Hill.

CHAPTER 12

리더십에서 윤리 다루기

서론

리더십은 도덕적 차원을 가진다. 다른 이들의 인생에 영향을 미치기 때문이다. 이 영향력 차원 때문에, 리더십은 엄청난 윤리적 책임을 동반한다. 의사결정에 대한 권한과 함께 리더가 가지는 것은 자신의 권한을 공동의 이익을 위해 사용할 의무이다. 리더는 보통 그를 따르는 사람들보다 더 큰 권한과 통제력을 지니기 때문에, 자신의 리더십이 다른 이들의 행복에 어떤 영향을 미치는지에 대해 특별히 민감해야만 한다.

최근 몇 년간, 공공 및 민간의 영역에서 압도적인 수의 스캔들이 일어났다. 아델피아, 엔론, 타이코인터내셔널, 월드컴을 포함한, 세계에서 가장 큰 기업들 중 일부에서 회계 및 금융 스캔들이 일어났다. 이에 더해, 가톨릭교회 내에서의 아동 성학대에 대한 이야기, 미국 군대 내에서의 성폭력 그리고 미국 주지사와 상원의원, 시장 등을 포함한 공인들의 수많은 성적 스캔들이 있었다. 세간의 이목을 끄는 그런 스캔들이 쏟아진 결과, 사람들은 공인들과 그들이 하는 일에 대해 의혹을 품기 시작했다. 대중은 도덕적 리더십을 강력하게 추구하고 있다.

제1장에서 언급한 것처럼, 이 책을 쓴, 다른 무엇보다 더 중요한 목적은 다음의 질문에 답하기 위한 것이다. "리더가 되기 위해 필요한 것은 무엇인가?" 이 질문에 밀접한 관계가 있고, 어쩌면 더 중요할 수도 있는 것은 다음의 질문이다. "윤리적 리더가 되기 위해 필요한 것은 무엇인가?" 그 질문이 바로 이 장의 초점이 될 것이다. 다시 말하자면 우리는 사람들이 윤리적 리더십을 발휘할 때 어떤 행동을

하는지 설명하는 데 중점을 둘 것이다. 누군가 다른 사람들로부터 윤리적이라고 인식되느냐 여부를 알기는 언제나 어렵기 때문에, 우리는 차라리 윤리적 리더십의 속성과 특징에 초점을 맞출 것이다. 우리는 여러분이 윤리적 리더십의 본질을 이해하면, 윤리적 리더십을 더 잘 실천할 도구를 갖추게 된다고 가정한다.

윤리적 리더십을 설명하는 요소들을 살펴보기에 앞서 이 장의 뒤에 있는 '윤리적 리더십 스타일 진단지'를 먼저 해 보기 바란다. 그러면 여러분 자신의 윤리적 리더십 스타일을 이해하고, 동시에 이 장에서 토의하는 여러 아이디어의 기초 지식을 알게 된다.

윤리적 리더십

제일 먼저, 윤리적 리더십을 정의하는 것이 중요하다. 가장 단순한 용어로 하자면, 윤리적 리더십(ethical leadership)이란 올바른 일을 올바른 방식으로 올바른 이유를 위해서 하도록 다른 사람을 움직이는, 도덕적 인간의 영향력이다(Ciulla, 2003). 다른 식으로 말하면, 윤리적 리더십이란 훌륭한 사람이 다른 사람들에게 올바른 영향력을 행사하여 공동선을 성취하게 만드는 과정이다. 공공의 이익이란 세상을 더 좋고, 더 공정하고, 더 인간적인 것으로 만드는 것이다.

윤리는 개인이나 사회가 바람직하거나 적절하다고 여기는 일종의 가치관 및 도덕과 관련된다. 리더십에서 윤리는 리더가 하는 행동과 그 행동의 속성(동기를 포함한)과 관계있다. 리더는 종종 다른 사람들에 대해 통제력, 권한, 영향력을 가지기 때문에, 그의 리더십은 다른 사람들과 조직에 영향을 미친다. 이 때문에, 리더의 윤리관이-그의 행동, 의사결정, 상호관계를 통해-조직의 윤리적 환경을 조성하게 한다.

윤리적 리더십의 실제

리더십 윤리는 서로 겹치고 상호 연관되는 여러 가지 부분들로 이루어지는 복잡한 현상이다. 윤리적 리더십을 실천하고자 할 때 리더에게 특히 중요한 여섯 가지 요인이 있다(그림 12.1 참조). 이 요인들은 각자 윤리적 리더십을 실행할 때 리더

그림 12.1 윤리적 리더십에 관련된 요인

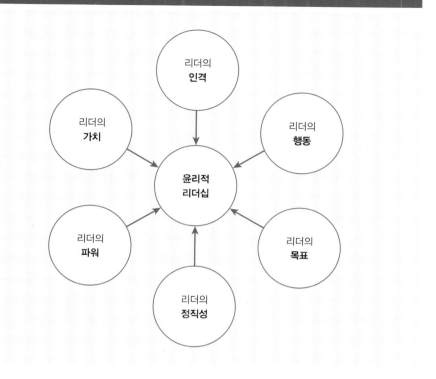

가 어떤 사람이며 그가 하는 일은 무엇인지를 결정하는 역할을 한다.

1. 리더의 인격

리더의 인격(character)은 윤리적 리더십의 근본적인 측면이다. 어떤 리더가 훌륭한 인격을 지녔다고 말할 때, 그 리더는 훌륭하고 존경할 만한 인간으로 비추어지는 것이다. 리더의 인격은 리더의 자질, 성격, 핵심 가치들을 가리킨다. 2000년보다 더 이전에, 아리스토텔레스는 도덕적 인간은 용기, 관용, 극기, 정직성, 사교성, 겸손, 공정성, 정의의 덕목들을 보여 준다고 주장했다(Velasquez, 1992). 현재에도 여전히 이 모든 특성들은 훌륭한 인격에 기여한다.

인격은 계발되는 것이다. 최근 몇 년 동안, 미국의 학교에서는 인성 교육에 대한 관심이 높아져 왔다. 공인들의 부정행위는 공인들에 대한 불신으로 이어졌고, 이것은 다시 대중이 교육자들에게 아이들을 훌륭한 시민으로 훈련시킬 것을 요구하는 것으로 이어졌다. 그 결과, 현재 대부분의 학교에서는 정상적 교육과정의 일부로서 인성교육을 가르치고 있다. 이런 프로그램의 본보기가 되는 것이 캘리포니아에 있는 조지프슨 연구소(2008)인데, 여기서는 인격의 여섯 가지 가치인 **신뢰성, 존중, 책임감, 공평성, 배려, 시민의식**에 따라 교육 틀을 짜고 있다(표 12.1 참조). 여러 학교에서 이와 같거나 비슷한 인격의 차원들을 바탕으로, 인격의 중요성과 어떻게 핵심 가치가 개인의 윤리적 의사결정에 영향을 미치는지를 강조한다.

인격은 분명히 사람으로서 **여러분이 누구인지**의 핵심에 있지만, 또한 여러분이 강화하고 발달시키는 방법을 배울 수 있는 것이기도 하다. 리더는 훌륭한 가치들을 배울 수 있다. 청소년기에서부터 성년기까지, 시간에 걸쳐서 훌륭한 가치는 습관, 그리고 그 사람 자체의 일부가 될 수 있다. 진실을 말함으로써, 사람들은 정직해진다. 가난한 이들에게 베풂으로써, 사람들은 자비로워진다. 그리고 다른 이들에게 공정함으로써, 사람들은 정의로워진다. 여러분의 덕목, 그로 인한 여러분의 인격은 여러분의 행동으로부터 나온다.

훌륭한 인격을 가진 리더의 한 가지 사례는 노벨 평화상 수상자 넬슨 만델라이다(제1장 참조). 만델라는 강한 양심을 지닌, 대단히 도덕적인 사람이었다. 남아프리카에서 인종차별정책을 철폐하기 위한 투쟁을 할 때, 그는 정의와 만인을 위한 평등을 추구하는 데 단호했다. 수감 시절 자신의 관점을 비난하는 조건으로 조기 출소를 제안받았을 때, 그는 자신의 입장을 타협하는 대신 계속 감금되어 있기를 선택했다. 만델라는 다른 이들을 깊이 걱정할 뿐 아니라, 용기 있고, 인내심 있고, 겸손하며, 어진 사람이었다. 그는 공공의 이익에 열렬한 신념을 가진 윤리적 리더였다.

만델라는 인격이 도덕적 리더십의 필수 구성요소라는 것을 분명하게 보여 준다. 인격은 굉장한 어려움의 시기에조차 리더가 자신의 핵심 윤리적 가치를 유지할 수 있게 해 준다. 인격은 어떤 사람이 지닌 가치들의 중심을 이루며, 윤리적 리더십의 근본이다.

2. 리더의 행동

윤리적 리더십은 리더의 인격에 관한 것임에 더해, 리더의 행동(actions)에 관한 것이다. 행동은 리더가 목표를 이루기 위해 행하는 방식들을 가리킨다. 윤리적 리

표 12.1 인격의 여섯 가지 기둥

신뢰성

신뢰성이란 여섯 가지 핵심 윤리적 가치 중 가장 복잡한 것이며 정직성, 성실, 믿음직스러움, 충성심 같은 여러 가지 성질과 관련 있다.

- 정직하라.
- 믿음직스러울 것 : 여러분이 하겠다고 말한 것을 실행하라.
- 옳은 일을 할 용기를 가져라.
- 속이거나, 부정행위를 하거나, 도둑질을 하지 말아라.
- 좋은 평판을 쌓아라.

존중

우리는 모두 사람을 대단히 존경할 윤리적 의무는 없지만, 모든 이들을 존중해야 한다.

- 차이를 관용하라.
- 좋은 매너를 사용하라.
- 다른 이들을 배려하라.
- 의견 충돌을 해결하라.

책임감

윤리적인 사람들은 책임을 지고, 우수성을 추구하고, 자제력을 행사함으로써 책임감을 보여 준다. 그들은 기대에 반응하는 능력을 보인다.

- 자기가 맡은 일을 하라.
- 인내하며 계속하라.
- 행동하기 전에 먼저 생각하라.
- 뒤따르는 결과를 고려하라.
- 여러분의 선택에 책임을 져라.

공평성

공평성은 자신의 감정이나 암시와 관련 없이, 균형 잡힌 공정성 기준을 지키는 것을 의미한다.

- 규칙을 따라라.
- 편견을 없애라.
- 다른 사람들을 이용하지 말아라.
- 다른 사람들을 탓하지 말아라.

배려

배려는 윤리와 윤리적 의사결정의 중심이다. 진정으로 윤리적이면서 동시에 다른 이들의 안녕에 무관심한 것은 거의 불가능하다. 이것은 윤리가 궁극적으로 다른 사람들과의 좋은 관계에 대한 것이기 때문이다.

- 규칙을 따라라.
- 편견을 없애라.
- 다른 사람들을 이용하지 말아라.
- 다른 사람들을 탓하지 말아라.

시민의식

훌륭한 시민은 자신이 가져가는 것보다 주는 것이 더 많고, 현재와 미래의 세대를 위해 사회가 작동하는 데 자신이 해야 할 '공평한' 몫보다 더 많은 것을 실행한다. 시민의식은 공동체의 일부로서 우리가 어떻게 행동해야 하는지를 처방하는 시민덕목과 시민의무를 포함한다.

- 공동체와 나누어라.
- 참여하라.
- 지속적으로 정보를 얻어라. 투표하라.
- 권위를 존중하라.
- 환경을 보호하라.

출처 : © 2008 Josephson Institute. The definitions of the Six Pillars of Character are reprinted with permission. www.charactercounts.org

더는 자신의 목표를 성취하기 위해 도덕적 수단을 사용한다. 어떤 리더가 일을 하는 방식은 그가 윤리적 리더인지 아닌지를 알 수 있는 중요한 결정요인이다. 우리는 모두 마키아벨리 식의 "목적이 수단을 정당화한다"라는 말에 익숙할 수도 있지만, 윤리적인 리더라면 이 말의 다른 설명을 항상 염두에 두고서 다음과 같은 질문으로 바꿀 것이다. "목적은 수단을 정당화하는가?" 다른 말로 하면, 어떤 목표를 이루기 위해 리더가 취하는 행동은 윤리적이어야 할 필요가 있다. 그 행동은 리더의 목표가 얼마나 필요한지 또는 중요한지에 따라 정당화될 수 없다. 윤리적 리더십은 목표 성취를 위해 도덕적으로 적절한 행동을 하는 것을 필요로 한다.

윤리적 행동의 중요성을 설명하기 위해, 2004년 이라크의 아부그라이브 교도소에서 일어난 일을 생각해 보자. 9/11 때 일어난 극악무도한 행위 때문에, 미국의 국가안보와 정보 수집은 최우선 순위가 되었다. 심문의 규칙과 기준들은 확장되었고, 가혹한 심문 방법들이 승인되었다. 정부의 목표는 국가안보의 목적을 위해 정보를 입수하는 것이었다.

교도소 요원들과 민간 계약업체 직원들에 의해 수감자들이 성적 학대를 당하고, 굴욕을 당하고, 고문을 받고 있었다는 것이 매체를 통해 알려지자 그 교도소의 문제점들이 명백해졌다. 미디어와 인터넷에는 수감자들에 대한 모욕적인 행동을 담은 끔찍한 사진들이 나타났다. 정보 수집을 위해, 일부 육군 병사들이 군 규정과 1948년의 제네바 협약에 의해 확립된 전쟁포로의 인도적 대우에 대한 국제적 규칙들을 위반하는 수단을 사용한 것이었다.

아부그라이브 교도소의 경우, 국가안보 유지와 정보 수집이라는 목표는 적법하고 가치 있는 것이었다. 하지만 교도소의 일부 사람들이 사용한 수단은 많은 사람들이 정당화될 수 없다고 여기는, 그리고 심지어 범죄 행위로 판결할 만한 것들이었다. 많은 사람들이 목표가 수단을 정당화시키지 못한다고 믿고 있다.

일상에서 리더는 목표를 이루기 위해 여러 가지 다른 방식으로 행동할 수 있다. 이런 행동들은 각각 윤리적 영향을 미치게 된다. 예를 들어, 어떤 리더가 일부 구성원들을 보상하고 다른 구성원들은 보상하지 않을 때, 이것은 공정성의 의문을 불러일으킨다. 만약 어떤 리더가 구성원의 중요한 건강 문제를 고려하지 않고 그 대신 갑자기 어떤 일을 완수할 것을 요구한다면, 이것은 리더의 타인에 대한 동정심에 의문을 가지게 만들 것이다. 사람들의 업무량을 조정하는 것이라든지 한 사람에게만 다른 사람보다 더 유리한 과제를 주는 것 같은 간단한 임무일지라도, 리더의 윤리를 반영할 수 있다. 실제 리더가 하는 거의 모든 것들이 윤리적 함축을 지닌다.

리더의 행동의 중요성을 고려하면, 어떤 윤리적 원칙들이 리더가 다른 사람들에게 행동하는 방법을 안내해 주는가? 리더들을 위한 윤리 원칙들은 수많은 학자들이 설명해 왔다(Beauchamp & Bowie, 1988; Ciulla, 2003; Johnson, 2005; Kanungo, 2001; Kanungo & Mendonca, 1996). 이 저작들은 수많은 윤리적 기준들을 강조하고 있다. 이에 덧붙여, 윤리적 리더의 **행동**에 대한 우리의 논의와 특별히 관련이 있는 세 가지 원칙이 있다. 이것은 (1) 존중심 보이기, (2) 타인에게 봉사하기, (3) 공정하게 대하기이다.

1. **존중심 보이기.**   존중심을 보인다는 것은 다른 사람들을 각자 유일무이한 인간으로 대우하고 결코 목적을 위한 수단으로 대하지 않는 것을 의미한다. 이것은 다른 사람들의 결정과 가치를 존중심으로 대할 것을 요구한다. 이것은 또한 다른 이들의 아이디어를 소중하게 여기고 이 사람들을 각자가 유일무이한 인간으로 확인할 것을 요구한다. 리더가 구성원들에게 존중심을 보일 때, 구성원들은 더 자신감을 가지게 되고 자신들의 기여가 가치 있다고 믿게 된다.

2. **타인에게 봉사하기.**   다른 이들에게 봉사하는 것은 이타주의의 한 예이다. 이타주의는 만약 주된 목적이 다른 사람들의 이익을 촉진하는 것이라면 그 행동은 윤리적인 것이라고 생각하는 접근법이다. 이 관점에서 볼 때, 리더는 심지어 그것이 자신의 개인적 이익에 반하는 것일지라도, 타인의 이익을 위해 행동할 것을 요구받는다(Bowie, 1991). 직장에서 타인에게 봉사하는 것은 멘토링, 다른 사람에게 권한 부여하기, 팀 만들기, 시민의식이 발현된 행동과 같은 활동에서 발견할 수 있다(Kanungo & Mendonca, 1996). 봉사의 원칙을 실행하는 데 있어, 윤리적 리더는 구성원을 위주로 해야만 한다. 그 말은, 리더가 일을 하는 데 있어 다른 이들의 이익을 가장 앞에 두고, 다른 이들에게 이득이 되는 방식으로 행동하는 노력을 한다는 뜻이다.

3. **공정하게 대하기.**   윤리적 리더는 모든 구성원들을 동등한 방식으로 대하는 것에 확실하게 최우선 순위를 둔다. 공정이란 리더가 공평성의 문제를 의사결정의

중심에 놓을 것을 요구한다. 일반적으로, 특정 상황이 요구하지 않는 한, 어느 누구도 특별 대우를 받거나 특별한 고려 대상이 되어서는 안 된다. 개인들이 서로 다른 대우를 받을 때에는, 그렇게 다른 대우에 대한 근거가 명확하고, 타당하고, 건전한 도덕적 가치에 바탕을 둔 것이어야만 한다.

덧붙여서, 공정성은 다음의 황금법칙과 관련이 있다. 다른 사람들이 나를 대하기를 바라는 대로 다른 사람들을 대하자. 만약 여러분이 다른 이들로부터 공정한 대우를 기대한다면, 여러분은 다른 사람들을 공정하게 대해야 한다. 공정성이라는 주제는 문제가 될 수 있는데, 이는 재화와 자원에는 항상 제약이 있기 때문이다. 그 결과, 종종 부족한 자원을 위한 경쟁이 생긴다. 실재하거나 인지된 자원 부족 현상 때문에, 개인들 사이에서는 분배를 하는 공정한 방법들을 놓고 갈등이 종종 일어난다. 이런 법칙들의 성격은 리더와 조직의 윤리적 토대에 대해 많은 것을 말해 준다.

모든 사람을 공정하게 대해야 하는 어려움은 리처드 리의 사례에서 볼 수 있다. 그는 자기 아들의 리틀리그 야구단 코치이다. 그의 아들 에릭은 타고난 능력을 지닌 뛰어난 투수이다. 한 경기 도중에, 에릭은 자신의 성과에 불만스러워하고, 방망이를 던지거나 헬멧을 발로 차는 등, 매우 미성숙한 식으로 행동했다. 리처드는 에릭의 부적절한 행동을 보고, 즉시 자기 아들을 경기에서 제외시키고 벤치에 앉혔다. 라인업에서 에릭을 대체한 선수는 그만큼 좋은 투수가 아니었고, 팀은 경기에서 패했다.

경기가 끝난 후, 리처드는 많은 비평을 받았다. 에릭도 그에게 화가 나 있었지만, 그뿐 아니라 다른 선수의 부모들도 매우 화를 냈다. 일부 부모들은 리처드에게 와서 그의 아들을 게임에서 제외시킨 것이 팀을 패하게 만들었으므로 그러지 않아야 했다고 말했다.

이 사례에서, 다른 선수의 부모들은 리처드가 코치로서 한 일을 알아보지 못했다. 리처드는 다른 어떤 선수가 그런 행동을 했다면 그렇게 조치했을 것이고, 똑같은 식으로 자기 아들을 대함으로써 최대한 공정하려고 노력을 했다. 그는 좋은 스포츠맨십의 기준을 세웠다. 자신의 아들이 규칙을 어겼을 때, 그는 징계를 받았다. 리처드의 행동은 윤리적이었지만, 그가 한 대로 팀을 코치하는 것은 쉽지 않

리더십 스냅숏

재스민 크로, 구드르의 창업자 겸 CEO

재스민 크로는 2016년 어느 날 조지아주 어틀랜타 시 시내 한복판에서 먹을 것을 찾아 쓰레기를 뒤지는 노숙자들을 차를 몰고 지나갔다. 그는 언론 매체들이 흑인 유명인들의 지역 공동체에 대한 긍정적 자선사업을 별로 보도하지 않는 것에 대응하여 BlackCelebrity Giving.com(BCG)을 설립하였다. BCG는 유명인 자선사업, 비영리 조직, 흑인 공동체와 직접 연관되는 공익사업에 관한 뉴스, 비디오, 사진을 제공하는 디지털 뉴스 사이트인데 미국 전국의 유명인과 파트너십으로 자신들의 스타 파워가 좋은 일에 쓰인다는 것을 확인하는 캠페인을 후원한다. BCG는 미국 내 20개가 넘는 도시와 영국, 남아프리카, 아이티 등지에서 이벤트를 주관하여 전 세계의 여러 공익사업에 300만 개 이상의 물품을 수집, 기증하였다.

크로는 그날 애틀랜타 시내를 운전하며 지나가다 새로운 문제를 보게 되었다. 즉, 식량 불안정과 굶주린 사람들 급식 문제였다. 미국 농무부(2018)에 따르면 2017년에 미국 안에 거의 4,000만 명에 가까운 사람들이 돈이나 다른 자원이 없어서 식량 불안정을 겪었다고 한다.

크로는 새로운 미션으로 '선데이 소울'이라고 부르는 깜짝 만찬 행사를 시작했는데, 애틀랜타의 홈리스 공동체가 다섯 가지 코스 요리로 된 일요일 식사를 먹으며 기품 있게 한 끼 식사를 하는 것이다. '선데이 소울'은 매우 성공적이어서 애틀랜타 거리에서 500명까지 식사를 제공하는 등 매우 성공적이어서 워싱턴 D.C.와 루이지애나주 뉴올리언스 시까지 퍼졌다.

깜짝 만찬용 음식을 마련하기 위해 크로는 "3~4일간 40시간에 걸쳐 장을 보고, 최저가 보상과 쿠폰을 활용하고, 요리까지 했습니다"라고 말한다. "저희의 즉석 만찬 식당 중 하나의 동영상이 인터넷에서 퍼져 나가자, 많은 사람들이 나에게 어느 식당과 식료품점이 음식을 기증했냐고 물었지만 사실은 대답은 제로(0)

였습니다"(Fluker, 2018).

크로가 호기심이 나서 조사를 해보니 미국에서는 해마다 3,200만 톤 이상의 완전히 먹을 수 있는 음식, 또는 연간 생산되는 음식의 40%가 쓰레기로 버려지고 있었다(Siggelkow, 2018). 식당, 케이터링회사, 이벤트 회사 등 많은 음식 관련 사업체들이 남은 음식을 필요한 사람들에게 기부하거나 배달하는 비용과 책임을 지지 않으려 한다.

"배고픔은 식품 부족 문제가 아니에요. 식품은 충분히 있어요. 사실은 물류 문제에요"라고 그는 말한다(Paynter, 2018).

"이 때문에 저는 식품을 필요한 사람들에게 갖다 줄 해결책을 생각하기 시작했습니다. 더 나은 방법이 있어야 한다고 보고 기술이 내가 만들려는 변화에의 통로가 될 수 있겠다고 생각했습니다"(Fluker, 2018).

2017년 1월, 크로는 식품 폐기물 관리회사 '구드르'를 설립하여 기술을 활용하여 음식 폐기물을 줄이고 과잉의 음식을 기업체에서 노숙자나 식품이 부족한 가족들과 나누는 비영리단체들로 돌림으로써 기아와 싸운다. 구드르 앱은 고객들이 남는 음식 배송 준비가 되었다고 신호를 보내면 구드르는 노숙자 쉼터, 시니어 시민 주거 시설, 재향군인 조직, 청소년 단체를 포함한 음식을 받기로 신청한 4,000개 이상의 비영리단체에 남는 음식 분배를 준비한다.

그러나 크로는 음식 기반 사업체들이 참가하게 하려면, 그들에게 자신들의 남는 음식을 기부하는 것의 유익함을 보여주어야 함을 알았습니다. 많은 업체가 책임 문제에 대한 걱정부터 국세청 관련 법규를 검색하는 것에 대한 걱정을 장애물로 보며 저항했다. 크로는 이것을 구드르 앱에 블록체인 기술을 이용하여 기부 음식의 수집과 배송 조정뿐 아니라 국세청 검사 친화적 기부 기록, 실시간 식품 폐기물 분석, 데이터 보안, 지역사회 영향도 보고서까지 가능하게 하여 문제를 해결하였다. 구드르는 또 디지털 장부를 생성하여 음식 제공업체들에게 누가 최종적으로 자신들의 음식을 받았는지, 상품들이 어디에서 마지막으로 소비되었는지를 보여준다. 법률적 문제를 다루기 위해 1,200만 달러의 책임보험 가입, 면책 합의서에 비영리 파트너가 모두 서명하여 연방 및 주의 관련법으로 보호받게 하고 있다.

구드르를 이용하여 남는 음식을 배급하는 일부 구드르의 애틀랜타 고객들은 터너 방송국, 하스필드-잭슨 국제공항, 조지아세계대회센터 등이다. 2018년에 크로는 자신의 목표가 2020년 말까지 20개 도시에 구드르를 설립하는 것인데, 언젠가 어느 곳에서든지 보고 싶다고 했다. "5년 후에는 구드르를 미국 어디에서나 볼 수 있고, 전 세계적으로 확장하겠다"라고 말했다.

구드르(2018)는 웹사이트에서 "세금 감면받는 자선 기부 활동으로 이익을 늘리고, 쓰레기 매립으로 인한 온실 가스 배출을 감소하며, 남는 음식을 필요한 지역 주민에게 나누어 주는 일석삼조 해법"을 참여 조직에 제공하고 있다고 말한다.

"우리는 지금 공급보다 수요가 많아서, 진짜 기업체들도 우리가 하는 일이 사업적으로 이익이 된다는 것을 알아주기 바란다. 이 일은 올바른 일이고, 음식 버리기를 중단할 때라는 것을 알아주기 바란다"라고 크로는 말한다(Siggelkow, 2018).

았다. 그는 옳은 일을 했지만, 그것으로 인한 영향이 있었다.

이 사례는 리더의 **행동**의 중요성을 강조하고 있다. 리더의 행동은 그 리더가 윤리적인지 또는 비윤리적인지를 결정하는 데 큰 역할을 한다.

3. 리더의 목표

윤리적 리더십과 연관된 세 번째 요인은 리더가 설정하는 목표(goals)이다. 어떤 리더가 어떻게 목표들을 이용해서 다른 사람들에게 영향을 미치는지를 보면 그 리더의 윤리에 대해 많은 것을 알 수 있다. 예를 들면, 아돌프 히틀러는 유대인 말살이 정당하다고 수백만 명의 사람들을 설득할 수 있었다. 그것은 악랄한 목표였고, 그는 비도덕적인 리더였다. 미국 내 목표물들에 대한 알카에다 테러리스트들의 공격은 중동의 사태에 대한 미국의 태도를 복수한다는 목표가 동기가 된 것이었다. 긍정적인 것들을 살펴보자면, 가난하고 권리를 박탈당한 사람들을 도우려는 테레사 수녀의 목표는 도덕적인 것이다. 이와 비슷하게, 사회적 약자들을 위해 집을 짓는다는 해비타트의 목표도 도덕적인 것이다. 이런 모든 사례들은 어떤 리더십이 윤리적인지를 결정하는 데 목표가 가지는 큰 역할을 강조해 준다. 어떤 리더가 선택한 목표는 그 리더의 윤리를 반영한다.

정당하고 가치 있는 목표를 확인하고 추구하는 것은 윤리적 리더가 수행할 가장 중요한 단계이다. 목표를 고르는 데 있어, 윤리적 리더는 반드시 자기 목표의 상대적 중요성과 가치를 분석해야 한다. 그 과정에서, 가장 중요한 것은 리더가 그룹 또는 조직 내 다른 사람들의 이익을 고려하는 것이다. 때로는, 이와 함께 자신이 일하는 공동체와 더 큰 문화권의 이익들도 고려해야 한다. 윤리적 리더는 모든 당사자들이 상호 동의할 수 있는 목표를 세우려 노력한다. 윤리적 목표를 가진 윤리적 리더는 자신이 원하는 바를 남들에게 강요하지 않는다.

한 지역건강보험회사의 사장인 제이컵 헤커트는 가치 있는 목표를 위해 리더십을 발휘한 리더의 사례를 보여 준다. 제이컵은 지역사회 봉사가 옳다고 믿었고, 그의 직원들 역시 지역사회 봉사를 하도록 강요 없이 장려했다. 그에게는 당뇨병을 가진 몇 명의 친구가 있었고 그의 직원 중 두 명이 신장 질환 말기로 사망한 일이 있었기 때문에, 그는 전국신장재단 후원에 특별한 관심이 있었다. 그 대의를 고무시키기 위해, 그는 4,000명이나 되는 자기 회사의 직원 전체가 그를 따라 전국신장재단의 단축마라톤대회를 위한 기금 모금에 참여하도록 설득했다. 참여 신청을 한 직원들은 각자 100달러를 모금할 책임이 있었다. 참가자들은 모두 공짜로 물병과 티셔츠를 받았다.

대회 당일에, 1,800명 남짓한 직원이 나타나 참여하는 것을 본 제이컵은 놀랐다. 대회는 매우 성공적이었으며, 전국신장재단을 위해 18만 달러 이상을 모았다. 직원들은 가치 있는 대의에 기여할 수 있었던 것에 대해 기분이 좋았고, 행사를 둘러싼 공동체 의식을 즐겼다. 제이컵은 자신의 목표가 실현된 것에 대해 굉장히 기뻐했다.

4. 리더의 정직성

윤리적 리더십에 기여하는 또 다른 주 요인은 정직성(honesty)이다. 다른 어떤 특성보다도, 사람들은 자신들의 리더가 정직하기를 원한다. 사실, 정직하다는 것은 윤리적이라는 것과 같은 의미를 가진다고도 말할 수 있다.

어린 시절에, 어른들은 우리에게 자주 "거짓말을 하지 마라"고 말했다. 착하다는 것은 진실을 말한다는 것을 의미한다. 리더에게 그 교훈은 똑같은 것이다. 윤리적 리더가 되기 위해서는 정직해야 한다.

부정직은 거짓말, 즉 어떤 사실을 잘못 전하는 것의 한 형태이다. 부정직은 수

많은 부정적 결과를 함께 가져올 수도 있는데, 그런 결과 중 가장 중요한 것은 부정직이 불신을 만들어 낸다는 점이다. 리더가 정직하지 않을 때, 다른 사람들은 그 리더를 의지할 수 없고 믿을 수 없다고 여기게 된다. 그들은 리더가 하는 말과 그가 의미하는 것들에 대해 신뢰를 잃고, 리더 개인에 대한 존경심은 줄어들게 된다. 그 결과, 다른 사람들이 더 이상 리더가 하는 행동과 말을 신뢰하지 않기 때문에 리더의 영향력은 위태로워진다.

부정직은 또한 리더의 대인관계에 부정적 영향을 미친다. 이것은 리더와 구성원들이 서로 어떻게 관계하는지에 부담을 준다. 리더가 구성원들에게 거짓말을 할 때, 본질적으로 그는 다른 이들을 조종하는 것이 용인된다고 말하는 것이다. 예를 들면, 어떤 상사가 자신이 약속한 급여 인상을 하지 않는다면, 직원은 그 상사를 불신하기 시작할 것이다. 만약 지속된다면, 이런 타입의 행동이 초래하는 장기적인 영향은 관계의 약화이다. 좋은 의도에 의한 것일지라도, 정직하지 않음은 관계의 실패에 기여하게 된다.

하지만 정직하다는 것은 단지 리더가 진실을 말하는 것에 대해서만은 아니다. 이것은 다른 사람들에게 마음을 터놓는 것, 그리고 사실을 가능한 한 자세하고 완전하게 표현하는 것에 대한 것이기도 하다. 이것은 쉬운 일이 아닌데, 완전한 사실을 전하는 것이 파괴적이거나 역효과를 낳을 수 있는 때도 있기 때문이다. 리더의 과제는 숨김없는 것과 솔직한 것 사이에서 균형을 맞추고, 이와 동시에 특정 상황에서 적절하게 밝히는 게 무엇일지 관찰하는 것이다.

이런 섬세한 균형을 보여 주는 사례가 댄 존슨의 이야기이다. 댄은 어떤 대형 제조기업의 임원으로 고용되었다. 새 직장 때문에 댄과 그의 가족은 살고 있던 미시간주의 작은 지역을 떠나, 그곳의 직장과 친구들을 포기하고, 시카고로 이사해야 했다. 가족들은 집을 부동산 시장에 내놓고 시카고에서 새 집과 직장들을 구하기 시작했다. 댄이 일을 시작한 지 며칠 되었을 때, 그의 상사 저스틴 고프리는 그를 따로 불러내어 미시간 집을 팔지 말라는 말을 했다. 저스틴은 댄에게 아내의 직장을 핑계 삼아 시카고로의 이사를 연기하라고 넌지시 말했다. 저스틴은 더 자세한 것을 얘기할 수는 없다고 했지만, 댄은 뭔가 큰일이 벌어질 것이라는 것을 알수 있었다. 그것은 현실이 되었다. 회사는 몇 달 후에 기업 합병을 발표했고, 시카고에서 댄의 일자리는 없어지게 되었다. 저스틴은 합병 소식을 비밀로 해야 했다.

하지만 만약 그가 한 것처럼 작은 정보를 털어놓지 않았더라면, 댄의 가족들은 삶의 터전을 떠나 옮겨간 곳에서 또다시 삶의 터전을 잃을 수밖에 없었을 것이다. 그랬더라면 가족들은 경제적 손해뿐 아니라, 감정적 상실도 경험했을 것이다.

이 사례는 리더의 진정성이 얼마나 중요한지를 보여 준다. 동시에, 리더가 다른 이들의 태도와 감정에 세심한 것 역시 중요하다. 정직한 리더십은 폭넓은 종류의 행동들을 요구하며, 여기에는 적절한 방식으로 진실함을 지키는 것이 포함된다.

5. 리더의 파워

윤리적 리더십에서 역할을 하는 또 한 가지 요인은 파워(power)이다. 파워는 다른 이들에게 영향을 주는 능력을 말한다. 리더가 파워를 가지는 이유는 그가 다른 이들의 믿음, 태도 그리고 행동의 경로에 파급을 미칠 능력을 가지기 때문이다. 종교 지도자, 관리자, 코치, 교사는 모두 다른 사람들에게 영향을 미칠 수 있는 가능성을 지닌 사람들이다. 그들이 그 가능성을 사용할 때, 그들은 다른 이들에게서 변화를 발생시키기 위한 수단으로 파워를 사용한다.

파워에 관한 가장 널리 인용되는 연구는 프렌치와 레이븐(1959)의 사회적 파워의 기반에 대한 연구이다. 프렌치와 레이븐은 가장 흔하고 중요한 다섯 가지 파워의 기반을 확인했다. 이것들은 준거적 파워, 전문적 파워, 합법적 파워, 보상적 파워, 강압적 파워이다(표 12.2 참조). 이들 파워는 각각 다른 사람에게 영향을 미치는 리더의 능력을 증가시킨다. 또한 모든 종류의 파워는 악용될 가능성을 가진다.

파워는 다른 이들의 이득을 위해 긍정적인 방식으로 사용될 수도 있고, 남들을 해치는 파괴적인 방식으로 사용될 수도 있기 때문에, 리더는 자신이 파워를 어떻게 사용하는지를 인식하고 조심해야 한다. 파워는 본질적으로 나쁜 것은 아니지만, 부정적인 방식으로 사용될 수 있는 것이다.

제1장에서 설명한 것처럼 리더십의 어두운 면이 있어서 리더는 자신의 영향력이나 권한을 개인적 목적으로 사용한다. 불행하게도 세상에는 그러한 리더의 사례가 많이 있다. 한 가지 사례는 1979년부터 2003년까지 이라크의 대통령이었던 사담 후세인이다. 잔인한 독재자로 널리 알려진 후세인은 수니파 무슬림(이라크에는 소수파)이었는데 그 나라의 다수파 시아파 무슬림과 쿠르드 종족과 수 세기 동안 갈등하던 종파였다. 후세인이 집권하자 그는 보안군을 이용하여 자신에게

표 12.2 파워의 다섯 가지 기반

1. 준거적 파워	팔로워의 리더에 대한 동일시와 호감에 근거함	예 : 학생들이 매우 우러러보는 대학교수
2. 전문적 파워	팔로워가 리더의 역량을 지각하는 것에 근거함	예 : 소프트웨어 프로그램에 대한 깊은 지식을 가진 사람
3. 합법적 파워	지위 또는 공식 직책상 권한과 연관됨	예 : 법정 재판을 주재하는 판사
4. 보상적 파워	다른 사람에게 혜택을 제공하는 능력에서 유래함	예 : 직원들에게 보너스를 지급할 수 있는 상사
5. 강압적 파워	다른 사람을 처벌하거나 응징할 수 있는 데에서 유래함	예 : 결석한 학생의 점수를 깎을 수 있는 교사

출처 : Based on French and Raven (1959).

반대하는 사람은 누구든지 체계적으로 살해하였다. 이러한 민족 말살적 대량 학살의 희생자의 대다수는 시아파 무슬림과 쿠르드족 등 죄 없는 이라크 시민들이었다. 후세인의 군대가 살해한 이라크인의 수는 알려지지 않았으나, 25만 명이 넘는 것으로 믿어진다. 비윤리적이고 파괴적인 방법으로 파워를 행사한 또 하나의 사례는 가이아나에 종교집단을 설립한 미국인 짐 존스인데, 그를 따르던 900명이 넘는 신자들을 청산가리가 든 음료를 마시고 자살하도록 이끌었다. 이것들은 극단적인 사례이지만, 파워는 일상의 리더십에서도 오용될 수 있다. 예를 들어, 만약 어떤 매니저가 직원들에게 매 주말마다 일할 것을 강요하고 이를 따르지 않는 직원들은 해고할 것이라 협박한다면, 이는 비윤리적인 파워의 사용이다. 또 다른 사례는, 존경받는 고등학교 크로스컨트리 육상 코치가 선수들에게, 일반적인 의학 지침에서는 그 효능을 인증받지 못했음에도 불구하고, 어떤 값비싼 건강보조식품을 사먹으라고 요구하는 것이다. 리더가 파워를 남용할 수 있는 방법은 여러 가지가 있다. 가장 작은 것에서부터 가장 큰 형태의 영향력에 있어, 리더는 공정하고 배려하는 리더십을 발휘하려는 노력을 해야 한다.

파워를 잘못 사용하지 않는 비결은 지속적으로 경계하고 자신의 리더십이 남들에게 영향을 미치는 방식을 인지하는 것이다. 윤리적 리더는 파워를 휘두르거나 지배하지 않으며, 그 대신 리더 자신의 바람과 구성원들의 바람을 모두 고려한다.

윤리적 리더는 파워를 사용하여 상호의 목표를 성취하기 위해 구성원과 함께 일한다.

6. 리더의 가치

윤리적 리더십의 이해에 일조하는 마지막 요인은 가치(values)이다. 가치는 사람들이 보람 있거나 바람직하다고 여기는 생각, 믿음 및 행동 방식들을 말한다. 가치의 사례를 몇 가지 들자면 평화, 정의, 진실성, 공정성, 공동체가 있다. 리더의 윤리적 가치는 일상의 리더십에서 보인다.

학자 제임스 맥그리거 번스는 리더십 가치에는 세 종류가 있다고 제안했다. 친절과 이타심 같은 윤리적 가치, 의무와 책임 같은 수단 가치 그리고 정의와 공동체 같은 목적 가치가 이것이다(Ciulla, 2003). 윤리적 가치(ethical values)는 이 장의 앞부분에서 논의한 인격의 개념과 비슷하다. 수단 가치(modal values)는 리더가 취하는 수단이나 행동과 관계된다. 목적 가치(end values)는 리더가 성취하고자 하는 결과물이나 목표를 설명한다. 목적 가치는 어떤 사람이 자유와 정의 같은 광범위한 사안을 다룰 때 존재한다. 이 세 종류의 가치는 윤리적 리더십에서 서로 관계가 있다.

리더십 상황에서, 리더와 그를 따르는 사람들 모두 가치를 가지고 있으며, 이 가치들이 서로 같은 경우는 드물다. 리더는 자신의 특수한 가치들을 리더십 상황으로 가져오고, 그를 따르는 사람들도 역시 그렇게 한다. 윤리적 리더에게 주어지는 과제는 자신의 리더십 가치를 지키면서도 다른 사람들의 가치들을 살피는 것이다.

예를 들면, 어떤 조직의 리더가 공동체를 중요시해서, 직원들이 계획을 짤 때 함께 일하며 의견 일치에 도달하는 것을 장려한다고 치자. 하지만 그 리더의 팔로워들은 개성과 자기표현을 중요시할 수도 있을 것이다. 이러면 문제가 발생하는데, 이 가치들은 겉으로 보기에 서로 충돌하기 때문이다. 이 상황에서 윤리적 리더라면 구성원들의 개성이라는 이익을 해치지 않으면서 자신의 공동체 형성이라는 이익을 진전시키는 방법을 찾을 필요가 있다. 이렇게 서로 다른 가치들 사이에는 긴장이 있다. 윤리적 리더는 관계 당사자들 모두에게 최선의 결과를 찾을 수 있도록 이러한 차이들 사이를 헤쳐 나가야 한다. 가치 사이의 갈등 가능성은 무수히 많지만, 리더와 다른 사람들 사이의 합의점을 찾는 일은 일반적으로 가능하며, 이는 윤리적 리더십에 있어 필수적인 것이다.

흔히 자원은 부족하고 도와야 할 사람은 너무 많기 일쑤인 사회봉사 영역에서, 리더들은 계속해서 자신들의 가치를 시험하는 결정들과 씨름하고 있다. 자원이 부족하기 때문에, 리더는 그 자원을 어디에 배정할지를 결정해야만 한다. 이런 결정들은 리더의 가치에 대해 많은 것을 시사해 준다. 예를 들어, 빅브라더 빅시스터 같은 멘토링 프로그램에서는, 도움을 받아야 할 아이의 수가 종종 멘토의 수보다 많다. 운영자들은 어느 아이가 멘토를 지정받을 것인지를 어떻게 결정할까? 그들은 자신들의 가치와 함께 일하는 동료들의 가치에 근거해 결정을 한다. 만약 그들이 한부모 가정의 아이가 더 우선순위가 되어야 한다고 믿는다면, 그런 아이들이 대기목록의 꼭대기로 보내질 것이다. 이 사례가 보여 주듯이 윤리적 결정을 내리는 것은, 특히 자원이 부족한 상황에서는 리더에게 어려운 과제이다.

문화와 리더십 윤리

오늘날의 세계는 과거 어느 때보다 여러 방식으로 전 세계적으로 연결되어 있다. 여러분은 생애 동안 틀림없이 여러분의 것과 매우 다른 여러 문화 사람들에게 노출되고 함께 일할 것이다. 리더로서 모든 문화가 여러분의 것과 똑같은 윤리적 이상을 공유하지는 않는다는 것을 인식하는 것이 중요하다. 문화가 다르면 행동 기준도 다르며, 따라서 어느 한 문화에서 윤리적인 것으로 인정되는 리더십 행동이 다른 문화권에서는 같은 방식으로 보이지 않을 수도 있다.

예를 들면 리시크 등(2006)은 덴마크와 스웨덴 같은 북유럽 문화는 리더의 인격과 정직성(리더가 공정하고, 정직하고, 성실하고, 신뢰할 수 있게 행동하는지로 정의하는)에 큰 중요성을 부여하는데 이집트, 터키, 카타르 같은 중동 문화에서는 덜 그러하다.

또 다른 예는 사업과 관련하여 뇌물을 주는 것이다. 사업을 따내려고 뇌물(유리한 대우나 영향력의 대가로 금전이나 선물을 주는 것)을 주는 것은 미국 회사들에게는 금지되어 있다. 지구상 어디에서 사업을 하든, 범칙자는 감옥에 가고 큰 벌금을 물 수 있다. 그러나 어떤 나라에서는 뇌물은 표준이며, 뇌물 없이는 거래가 불가능하다. 예를 들면, 중국에서는 존경심과 사업관계를 소중히 여긴다는 뜻을 전달하기 위해 세심하게 고른 선물을 주는 것이 관례다(Pitta, Fung, & Isberg, 1999). 그리고 1999년까지 독일에서는 뇌물은 세금 공제되었고 사업을 수행하는 데 필요한 부분이라고 여겨졌다.

정리

오늘날 우리 사회에는 윤리적 리더에 대한 강력한 요구가 있다. 이 장은 "윤리적 리더가 되기 위해 필요한 것이 무엇인가?"라는 질문에 답한다. 윤리적 리더십은 어떤 좋은 사람이 가치 있는 목표를 이루기 위해 옳은 방식으로 행동하는 과정으로 정의된다. 윤리적 리더십에 관련된 요인은 여섯 가지가 있다.

첫째, 인격은 윤리적 리더십에서 가장 근본적인 것이다. 리더의 인격이란, 한 사람으로서 그 리더는 누구인지와 그의 핵심 가치들을 가리킨다. 인격의 여섯 가지 기둥은 신뢰성, 존중, 책임감, 공평성, 배려, 시민의식이다.

둘째, 윤리적 리더는 리더의 행동, 즉 리더가 목표를 이루기 위해 사용하는 수단으로 설명할 수 있다. 윤리적 리더는 존중심을 보여 주고, 다른 이들에게 봉사하며 공정하게 대해 준다.

셋째, 윤리적 리더는 리더의 목표에 관한 것이다. 리더가 고르는 목표는 그의 가치를 반영한다. 의미 있고 가치 있는 목표를 선택하는 것은 윤리적 리더가 해야 하는 가장 중요한 결정 중 하나이다.

넷째, 윤리적 리더십은 리더의 정직성과 관련된다. 정직성이 없다면, 리더는 윤리적일 수 없다. 사실을 말할 때, 리더는 솔직함과 타인에 대한 세심함 사이에서 균형 지점을 찾아야 한다.

다섯째, 파워는 윤리적 리더십에서 어떤 역할을 한다. 리더는 다른 사람들의 공익에 영향력을 미치는 권한을 사용할 윤리적 책임이 있다. 구성원들의 이익을 고려해야 하고, 리더는 상호의 목적을 달성하기 위해 구성원들과 함께 일할 필요가 있다.

마지막으로, 윤리적 리더십은 리더의 가치와 관련 있다. 윤리적 리더는 강력한 가치를 가지며, 자신의 조직 안에서 긍정적 가치를 고무한다. 리더와 따르는 사람들은 종종 서로 충돌하는 가치를 가지기 때문에, 리더는 자신의 가치를 표현하고 이것을 구성원들의 가치와 통합할 수 있어야 한다.

정리하면, 윤리적 리더십은 수많은 차원을 가진다. 윤리적 리더가 되기 위해서는 여러분이 누구인지, 무엇을 하는지, 어떤 목표를 추구하는지, 여러분의 정직성, 파워를 사용하는 방식, 여러분의 가치에 주의를 기울여야 한다.

주요 용어

가치(values)

목적 가치(end values)

목표(goals)

수단 가치(modal values)

윤리적 가치(ethical values)

인격(character)

정직성(honesty)

파워(power)

행동(actions)

12.1 사례 연구 – 올바른 선택

매 학기마다, 커뮤니티 칼리지 교수인 줄리아 라미레스는 학생들에게 스스로 선택한 비영리단체 한 곳에서 10시간의 봉사활동 프로젝트를 하고 그 경험에 대한 보고서를 쓰게 한다. 보고서에서 학생들은 봉사 경험에 대해 논의하고 수업 시간에 배운 개념들을 그 성찰에 포함시켜야 한다. 이번 학기는 라미레스 교수가 이 과제를 사용한 지 여섯 번째가 되는데, 이 과제는 여러 유익한 점들로 인해 항상 학생들과 비영리단체들로부터 긍정적 피드백을 받아 왔다.

라미레스 교수가 일하는 커뮤니티 칼리지는 '환경친화적'이 되려는 노력을 하고 있는데, 종이 사용량을 줄이기 위해서 교직원들이 학생들에게 과제물을 주고받을 때나 피드백을 주는 데 온라인 도구를 활용할 것을 요구한다. 라미레스 교수는 이런 친환경 정책을 이용해서 기말시험 전 주 금요일 정오까지 봉사활동 보고서를 전자식으로 제출할 것을 요구한다. 그는 전자식으로 보고서를 받는 것을 좋아하는데, 이것이 보고서를 늦게 제출하는 비율을 상당히 줄여 주었고 학생들이 표절을 했는지 확인하는 것이 아주 쉬워졌기 때문이다.

그날이 찾아왔고, 라미레스 교수는 강좌 웹페이지에서 학생들의 보고서를 다운받아 채점을 시작한다. 보고서는 학생들이 마치 라미레스 교수에게 직접 말하는 듯이 일인칭 서술 방식으로 된 비격식적인 것이다. 보고서 몇 개를 채점하고 나서, 라미레스 교수는 켈리 데클런이라는 학생이 쓴 보고서에 이르렀다. 켈리의 보고서는 개인적 서술이라기보다는 그가 봉사활동을 한 조직의 홍보물에 더 가깝게 읽혔다. 처음에 라미레스 교수는 켈리가 봉사활동에서 얻은 세부 내용의 양에 감탄했지만, 보고서의 일부분을 읽은 다음에는 의심이 생겼다. 만약을 위해서, 라미레스 교수는 켈리의 보고서 중 한 단락을 복사해서 인터넷 서치엔진에 입력해 혹시 다른 출간된 자료와 일치하는지 보기로 한다. 일치 결과가 나온다. 실제로 그 내용은 인근 주의 다

른 비슷한 조직의 온라인 브로셔와 완전히 똑같은 것이다. 라미레스 교수는 켈리의 보고서에서 다른 몇 군데 부분들을 더 테스트해 보고 그중 90%가 이 한 가지 온라인 자료에서 표절한 것이라는 것을 알아낸다.

대학에서 표절은 매우 심각하게 받아들여진다. 표절로 의심받는 학생들은 학생심의위원회에 보고되고, 위원회가 만약 어떤 학생이 표절을 했다고 확인하게 되면 그 학생은 퇴교당한다. 표절 때문에 퇴교한 학생들은 한 학기가 지난 다음에 재입학을 신청할 수 있는데, 만약 다시 학교를 다니게 되면 그 학생들은 1년 동안 학사 경고 아래 놓이게 된다.

대학 정책에도 불구하고, 라미레스 교수는 이 상황에 어떻게 대처해야 할지에 대해 갈등이 인다. 그는 켈리가 매우 어려운 학기를 보냈다는 것을 안다. 그의 어머니는 암 때문에 투병 중이고, 그 학기 동안 켈리는 두 시간 거리에 있는 고향으로 일주일에 두 번씩 차를 몰고 가서 어머니를 의사 진료와 화학 치료에 데리고 다녔다. 이를 알고 라미레스 교수는 학기 동안 켈리의 스케줄을 수용해 주어 그가 수강을 계속할 수 있게 해 주었다. 켈리는 또한 졸업 후 시작하기로 한 일자리도 있는데, 이를 위해 라미레스 교수는 추천서를 써줬다. 만약 그가 졸업을 못 한다면 아마도 그 일자리를 잃게 될 것이다. 만약 켈리가 퇴교를 당한다면 틀림없이 일자리를 잃을 것이다.

라미레스 교수는 심사위원회에 곧바로 표절 사건을 보고하지 않기로 결정한다. 그 대신 그는 켈리를 일대일로 만나서 켈리가 하는 말을 들어 보고 어떻게 할지 결정하기로 한다. 면담에서 라미레스 교수는 켈리가 봉사활동 시간을 정말로 채우기는 했지만 막상 보고서를 쓰려고 보니 어찌할 줄 모르게 되었다는 것을 알게 된다. 켈리는 마지막까지 과제를 미루었고, 보고서를 정말로 써야 할 때가 닥치자 요건대로 세 페이지를 쓰는 대신 한 페이지밖에 쓸 수 없었다. 그는 분량을 채우기 위해 보고서에 표절한 정보를 덧붙였다. 켈리는

진심으로 후회하며 그 결과에 대해 두려움에 떨고 있다고 인정한다.

결국 라미레스 교수는 그 과제에 대해 켈리에게 0점을 주었지만, 켈리는 그래도 B학점으로 수업을 통과했다. 그는 켈리를 학교에서 쫓아내는 것이 대학이나 켈리 어느 쪽에도 이익이 되지 않을 것이라고 생각했다. 대학 정책에 반하는 일을 했지만, 라미레스 교수는 자신의 행동이 사람들은 실수를 하게 마련이고 두 번째 기회를 받을 만하다는 것을 인정하는 개인적 가치관에 부합한다고 믿는다. 그는 개인적으로 이런 행동이 켈리의 성격에서 벗어나는 것이라고 느꼈고, 켈리가 만약 개인적으로나 학업적으로 엄청난 스트레스를 받는 상황이 아니었다면 그런 식으로 행동하지 않았을 거라고 생각했다.

질문

1. 비록 라미레스 교수가 표절과 관련한 대학의 정책에서 벗어났지만, 그가 윤리적으로 행동했다고 느끼는가?

2. 만약 여러분이 이 수업을 듣는 학생이고 라미레스 교수가 이 학생을 위해 예외를 두었다는 것을 알게 되었다면, 여러분은 그가 윤리적으로 행동했다고 생각하겠는가? 답변을 설명해 보자.

3. 표 12.1에서 인격의 여섯 기둥을 설명하고 있다. 여섯 가지 기둥 중에서 라미레스 교수가 학생을 배려하는 과정에서 보여 준 것은 어떤 것들인가?

4. 라미레스 교수의 행동은 궁극적으로 결과가 수단을 정당화하는지의 문제를 제기한다. 여러분은 이 사례에서 그가 보인 관대함이 그를 더 강하거나 더 윤리적인 리더로 만든다고 느끼는가? 답변을 설명해 보자.

12.2 사례 연구 – 착한 회사

오늘날 사업 세계에서 대부분의 회사에서는 이익('바텀 라인'이라고도 말하는)이 성공의 표준 척도이다. 그러나 지난 10년간, 사회적 태도를 가진 회사라고 하는 전혀 다른 사업 모델이 극적으로 나타났는데, 이들은 영리기업인데도 사업 활동 내에서나 지역사회에서, 그리고 전 세계적으로도 돈을 버는 것과 더불어 착한 일에 힘이 되는 것을 기업의 사명으로 한다. 자신들의 사명이 바텀 라인(이익)보다 더 많이는 아니더라도 똑같이 중요하다는 믿음이 회사들로 하여금 기업의 성공을 정의하는 더욱 포괄적인 접근을 개발하고 채택하게 하였다. 그리고 버몬트주를 포함한 많은 주가 이러한 새로운 사업 방식을 지원하고 후원하고 있다.

기업의 성공을 '이익'이라고 하는 근시안적 관점 이상의 것으로 측정하는 새로운 접근법은 1994년 트리플 바텀 라인(TBL 또는 3BL)이라고 알려진 회계 틀을 개발함으로써 시작되었다. TBL은 재무적 이익률을 고려하는 것에 더하여 기업이 사회적(사람), 환경적(지구) 영향을 통해 기업의 사회적 책임을 얼마나 공헌했는지를 측정한다.

새로운 회계 시스템 외에도 이들 새로운 사회적 마인드 기업을 위해 베네핏 코퍼레이션 또는 보통 B 코퍼레이션이나 B 코프라고 하는 새로운 법인체가 만들어졌다. B 코퍼레이션은 유한책임회사나 주식회사처럼 사업을 위한 법적 구조의 하나이다. B 코퍼레이션은 이익 추구와 동시에 긍정적 이해관계자 영향을 추구하는 것이 법적으로 보장되어 있다. B 코프 구조는 회사의 이사회가 이익 이외에 다른 공익도 고려하도록 요구하며, 주주들이 주가 하락을 이유로 경영진을 해임하거나 회사를 상대로 소송을 하지 못하도록 한다. B 코프들은 회사 구조에 투명성이 반영되어 '포괄적이고, 신뢰할 만하고, 독립적이고, 투명한 제3자 기준에 따라 매년 사회적·환경적 연차 베네핏 보고서를 발행할 것'을 요구한다(Gifted for Good, 2019). B 코퍼레이션이 출현하게 된 중요한 배경에는 많은 전통적

영리기업이 '녹색'과 '착한' 기업으로 보이고 '사람들이 기업 세계에서의 성공을 재정의'하도록 하는 노력이 있다(Kim, Karlesky, Myers, & Schifeling, 2016, para. 11).

B 코프 기업들이 기업과 지역사회 모습을 어떻게 바꾸었는지 보려면 버몬트주를 고려해라. 2010년에, 착한 일에 힘을 보태는 데 초점을 맞추는 기업들의 지역사회의 거주 만족도를 높이고, 주의 건강한 경제에도 꼭 필요하다고 믿고, 버몬트주는 베네핏 코퍼레이션 제도를 법제화한 미국 내 두 번째 주가 되었다. 2019년까지, 버몬트는 주 전역에 30개 B 코프 기업들이 산재하여 1인당 B 코프 수가 가장 많은 주가 되었다(State of Vermont, 2019).

사랑받는 아이스크림 대기업 '벤앤제리스'를 위시하여 버몬트주 소재 기업들은 오래 전부터 기업의 윤리적·사회적 책임을 인식하는 역사를 가지고 있다. 벤앤제리스 설립자들이 1978년 벌링턴의 낡은 주유소에서 회사를 설립할 때, 그들은 '결코 다른 사람을 이용하여 이익을 내지 않을 것임'을 천명했다(Fee, 2018, para. 6). 그들은 벤앤제리스가 회사의 사회적 사명과 경제적 사명의 균형을 유지하겠다는 의도를 사명선언서에 명기함으로써 아이스크림 사업으로 지역사회에 환원하겠다는 약속을 확실히 했다. 세전이익의 7.5%를 자선사업에 기부하는 약속을 지켰다. 회사는 또한 재료를 현지의 소기업에서 조달하였다. 수년간 벤앤제리스의 사회적·환경적 사명은 내부적·외부적으로 계속 확장하여, 기후 문제뿐만 아니라 노동자 권리, 인종주의, 난민대피소, 지구적 결혼 평등권, LGBT 권리, 공기 품질과 깨끗한 공기까지 망라하게 되었다(Ben & Jerry's, n.d.).

뿐만 아니라, 버몬트주의 '그린 마운틴 파워'는 미국 에너지 회사로서는 처음으로 B 코프 인증을 받았다(B Lab, 2019). 그린 마운틴 파워는 깨끗하고 효율적인 에너지를 공급하고, 소비자들의 전력요금을 줄일 목

적으로 90% 무탄소, 60% 재생에너지를 공급하면서 주 전력의 거의 80%를 공급한다. 그린 마운틴 파워는 고객들에게 테슬라 파워월(발전기와 같은 배터리인데 GMP의 90% 무탄소 전기 또는 가정 내 태양열 어레이로 충전함)을 공급해 주는 독창적 캠페인을 통해 버몬트주 주민 전통적 전력 공급망 의존에서 더 지속가능한 태양열 발전, 고효율 열펌프, 지열 시스템 등으로 전환하도록 하고 있다. 2017, 2018, 2019년에 패스트 컴퍼니 잡지는 G.M.P.를 에너지 분야에서 가장 혁신적 회사의 하나로 선정하였다.

현재 버몬트에는 다양한 규모와 업종에서 여러 B 코퍼들이 활발한 활동 둥지를 틀고 있다. 버몬트주의 번성하고 있는 B 코프 커뮤니티에 대한 투자는 성과를 내고 있다. 2017년 기회지수, 지역사회의 '웰빙'의 네 가지 측면 ─ 경제, 교육, 건강, 커뮤니티 ─ 평가에서 1위를 차지했다(Opportunity Nation & Child Trends, n.d.).

질문

1. 삼중 바텀 라인과 B 코퍼레이션 콘셉트가 윤리적 리더십에 영향을 미치는 '인격의 여섯 가지 기둥'에 어떻게 관계되는지를 논의해 보자.

   a. 신뢰성

   b. 존중

   c. 책임감

   d. 공평성

   e. 배려

   f. 시민의식

2. 이 장에서 논의한 윤리적 리더들은 "도덕적 수단을 사용하여 목표를 달성한다." 이 정의가 B 코퍼레이션이 되기 원하는 기업에게 어떻게 적용될지 논의해 보자.

3. 투명성은 B 코퍼레이션의 자격 및 인증에 핵심 요소이다. 투명성은 이 장에서 토의한 정직 및 정보를 적절히 공개하는 데 필요한 균형에 어떻게 관련되는가?

4. 이 장에서는 윤리적 리더를 구분하기 위한 세 가지 리더십 가치, 즉 윤리적 가치, 수단 가치, 목적 가치에 대해 개괄한다.

   a. 이 가치들이 B 코퍼레이션에 어떻게 반영되는지 설명해 보자.

   b. 이 가치들이 버몬트주가 B 코퍼레이션을 장려하는 것에 어떻게 반영되어 있는지 설명해 보자.

5. 본문에서는 윤리적 리더십을 "도덕적 인간이 영향력을 행사하여 다른 사람이 올바른 일을 올바른 방식으로 올바른 이유를 위하여 하도록" 하는 것으로 정의한다. 여러분은, 사례 연구 12.2를 읽은 다음, 이 정의가 '사람들'에게만 적용되는지, 또는 회사, 주, 국가기관 같은 단체에도 확장할 수 있다고 생각하는가? 왜 그렇게 생각하는가? 또는 그렇지 않다고 생각하는가?

6. 버몬트주의 B 코퍼레이션을 하나 조사해 보자. 사례로 제시된 기업도 좋고, 인터넷에서 찾아보아도 좋다 (https://bcorporatio.net/directory에서 '버몬트주'를 검색한다). 회사의 운영과 사명을 다음 윤리적 리더십의 요소들과 관련하여 논의해 보자.

   a. 회사와 경영진은 '인격의 여섯 기둥'을 어떻게 반영하는가?

   b. 회사는 목표를 달성하기 위해 어떻게 도덕적 수단을 사용하는가?

   c. 회사의 목표가, 다른 사람들(회사의 직원들도 포함하여)에게 영향을 주기 위해 어떻게 사용되는가?

   d. 투명성과 정직성의 콘셉트가 이 회사의 운영과 사명에 어떻게 반영되는가?

   e. 이 장에서는 파워를 '다른 사람에게 영향을 주는 능력'이라고 정의한다. 이 장에 열거된 파워의 다섯 가지 기반에서 이 회사에 적용되는 것을 골라서 논하라.

     • 준거적 파워-추종자의 리더에 대한 동일시와 호감에 근거함

     • 전문적 파워-추종자가 리더의 역량을 지각하는 것에 근거함

     • 합법적 파워-지위 또는 공식 직책상 권한과 연관되는

     • 보상적 파워-다른 사람에게 혜택을 제공하는 능력에서 유래하는

     • 강압적 파워-다른 사람을 처벌할 수 있는 데에서 유래하는

   f. 다음에 열거하는 각각의 '리더의 가치'가 여러분이 선택한 회사에 어떻게 적용되는지 설명해 보자.

     • 윤리적 가치

     • 수단 가치

     • 목적 가치

12.3 윤리적 리더십 스타일 진단지

목적

1. 자신의 윤리적 리더십 스타일을 개발한다.
2. 자신이 선호하는 윤리적 리더십 스타일이 다른 윤리적 리더십 스타일과 어떤 관계가 있는지 이해한다.

작성법

1. 리더가 윤리적 딜레마에 부딪치는 다음 10가지 상황을 읽어보자.
2. 자신이 그 상황에 있는 리더나 매니저라고 생각해보자.
3. 각 상황에서 자신이 *가장 선호하는 응답*에 X를 표시하자. 자신이 *가장 선호하는 응답*이란 그 특정 상황에서 자신이 할 행동의 이유를 설명하는 응답을 말한다. 하나의 응답만 고른다. 옳거나 그른 정답이 있는 것은 아니다.

각 응답 설명 :

- *나는 올바른 행동을 할 것이다* : 이 응답은 여러분이 일련의 도덕적 규칙을 따를 것이고, 윤리적 딜레마에 처했을 때 자신에게 기대하는 대로 행동할 것이라는 것을 뜻한다. 여러분은 자신의 도덕적 의무를 다하고 해야 할 일을 하는 데 초점을 맞출 것이다.
- *최대한 많은 사람에게 유익한 행동을 할 것이다* : 이 응답은 여러분이 딜레마에 부딪치면 여러분은 가능한 한 많은 사람에게 좋은 방향으로 행동하려 한다는 뜻이다. 여러분은 가장 많은 사람이 행복해 하는 결과에 초점을 맞춘다.
- *착한 사람이 하는 행동을 할 것이다* : 이 응답은 윤리적 선택에 직면하면 여러분은 자신의 존재(인격)에 따라 행동한다는 뜻이다. 여러분은 정직하게 행동하며, 자신의 원칙에 충실할 것이다.
- *나는 내가 친한 관계에 있는 사람들을 챙긴다는 것을 보여주는 행동을 할 것이다* : 이 응답은 윤리적 딜레마에 직면할 때, 여러분이 관계에 주의를 기울인다는 뜻이다. 여러분은 개인적 유대가 있거나 확약을 한 사람에게 특별히 신경을 쓸 것이다.
- *나는 나에게 가장 유익한 행동을 할 것이다* : 이 응답은 여러분이 윤리적 딜레마에 처했을 때, 자신의 개인적 목표나 목적을 달성하는 데 가장 좋은 행동을 할 것이라는 뜻이다.
- *나는 공정하게 행동할 것이다* : 이 응답은 여러분이 윤리적 딜레마에 부딪치면 여러분은 다른 사람들을 공정하게 다루는 데 초점을 맞춘다. 여러분은 결정에 따르는 이익과 부담이 관련자 모두에게 공정하게 공유되도록 노력한다.

상황

1. 여러분은 제조팀의 리더인데 팀원들이 제품을 더 많이 팔기 위해 제품 품질 결과보고를 조작한다는 것을 알게 되었다. 이 일을 보고하면 팀원 대부분은 실직하고 여러분도 일자리를 잃게 되고 회사는 명성에 상당한 타격을 입을 것이다. 이런 상황에서 여러분은 무엇을 할 것인가?

   ☐ A. 나는 올바른 일을 하겠다.
   ☐ B. 나는 가장 많은 사람에게 유익한 일을 하겠다.
   ☐ C. 나는 착한 사람이 하는 일을 하겠다.

□ D. 나는 내가 인간관계를 중요시한다는 것을 보여주는 일을 하겠다.

　　　□ E. 나는 나에게 가장 이익이 되는 쪽으로 하겠다.

　　　□ F. 나는 공정하게 행동하겠다.

2. 여러분의 직원 한 명이 실적 미달 문제가 있어서 여러분 그룹의 작업 할당량을 달성하는 데 어려움을 겪고 있다. 이 직원은 일 잘하는 사람이라고 추천받은 사람이다. 이제 보니 이 직원의 전 소속 매니저가 문제 있는 직원을 떠넘긴 것이었다. 성과 미달인 직원을 문제를 빼놓고 좋은 직원이라고 추천하면 그 직원을 다른 그룹으로 떠넘길 수 있게 된다. 이런 상황에서 여러분은 어떻게 하겠는가?

　　　□ A. 나는 올바른 일을 하겠다.

　　　□ B. 나는 가장 많은 사람에게 유익한 일을 하겠다.

　　　□ C. 나는 착한 사람이 하는 일을 하겠다.

　　　□ D. 나는 내가 인간관계를 중요시한다는 것을 보여주는 일을 하겠다.

　　　□ E. 나는 나에게 가장 이익이 되는 쪽으로 하겠다.

　　　□ F. 나는 공정하게 행동하겠다.

3. 여러분 팀은 결정적으로 중요한 프로젝트를 마감에 대단히 쫓기고 있다. 여러분의 핵심 직원 한 명의 커리어에 훨씬 좋은 자리가 생겼다는 것을 들었다. 만약 이 직원이 팀을 떠나면 프로젝트는 위험에 처하게 된다. 이런 상황에서 여러분은 어떻게 하겠는가?

　　　□ A. 나는 올바른 일을 하겠다.

　　　□ B. 나는 가장 많은 사람에게 유익한 일을 하겠다.

　　　□ C. 나는 착한 사람이 하는 일을 하겠다.

　　　□ D. 나는 내가 인간관계를 중요시한다는 것을 보여주는 일을 하겠다.

　　　□ E. 나는 나에게 가장 이익이 되는 쪽으로 하겠다.

　　　□ F. 나는 공정하게 행동하겠다.

4. 여러분 직원 한 명의 자녀가 심각한 병이 있어서 그 직원은 직장에서의 업무 수행에 어려움을 겪고 있다. 행정 담당자로부터 이 직원이 실제 일은 30시간을 해놓고 타임시트에 40시간으로 올려달라고 했다는 말을 들었다. 이런 상황에서 여러분은 어떻게 하겠는가?

　　　□ A. 나는 올바른 일을 하겠다.

　　　□ B. 나는 가장 많은 사람에게 유익한 일을 하겠다.

　　　□ C. 나는 착한 사람이 하는 일을 하겠다.

　　　□ D. 나는 내가 인간관계를 중요시한다는 것을 보여주는 일을 하겠다.

　　　□ E. 나는 나에게 가장 이익이 되는 쪽으로 하겠다.

　　　□ F. 나는 공정하게 행동하겠다.

5. 여러분은 매니저이다. 직원 중 일부는 작업 할당량을 배정된 시간보다 훨씬 짧은 시간에 마칠 수 있다. 만약 윗사람들이 이것을 알게 되면 작업 할당량을 늘리라고 할 것 같다. 일부 직원들은 현재의 작업 할당량을 채우지 못하고 있다. 이런 상황에서 여러분은 어떻게 하겠는가?

　　　□ A. 나는 올바른 일을 하겠다.

　　　□ B. 나는 가장 많은 사람에게 유익한 일을 하겠다.

　　　□ C. 나는 착한 사람이 하는 일을 하겠다.

☐ D. 나는 내가 인간관계를 중요시한다는 것을 보여주는 일을 하겠다.

☐ E. 나는 나에게 가장 이익이 되는 쪽으로 하겠다.

☐ F. 나는 공정하게 행동하겠다.

6. 여러분은 조직의 최고재무책임자(CFO)인데, CEO와 다른 고위 경영자들이 회사 주식 가격을 높게 유지하기 위해 재무 정보를 과장하여 제공하기를 원한다는 것을 알고 있다. 고위 경영진 전체가 상당한 스톡옵션을 가지고 있기 때문이다. 이런 상황에서 여러분은 어떻게 하겠는가?

☐ A. 나는 올바른 일을 하겠다.

☐ B. 나는 가장 많은 사람에게 유익한 일을 하겠다.

☐ C. 나는 착한 사람이 하는 일을 하겠다.

☐ D. 나는 내가 인간관계를 중요시한다는 것을 보여주는 일을 하겠다.

☐ E. 나는 나에게 가장 이익이 되는 쪽으로 하겠다.

☐ F. 나는 공정하게 행동하겠다.

7. 학교를 갓 졸업한 신입직원 두 명이 여러분의 회계팀에 합류하였다. 이들이 인터넷 서핑을 하거나 휴대폰 문자를 보내는 것이 자주 목격되었다. 회계팀은 월말에는 재무보고서를 만들기 위해 시간외근무가 불가피하다. 이 신입사원들이 초과근무를 거부하여 결국 다른 팀원들에게 일이 넘어가게 되어 다른 팀원들은 화가 났다. 이런 상황에서 여러분은 어떻게 하겠는가?

☐ A. 나는 올바른 일을 하겠다.

☐ B. 나는 가장 많은 사람에게 유익한 일을 하겠다.

☐ C. 나는 착한 사람이 하는 일을 하겠다.

☐ D. 나는 내가 인간관계를 중요시한다는 것을 보여주는 일을 하겠다.

☐ E. 나는 나에게 가장 이익이 되는 쪽으로 하겠다.

☐ F. 나는 공정하게 행동하겠다.

8. 여러분은 지역 식품협동조합 이사이다. 자녀가 넷인 어떤 한 부모 조합원이 조합 가게에서 30달러어치 식료품을 훔치다가 적발되었다. 여러분은 이 사람이 수년 동안 절도 행위를 한 것으로 의심하여 혐의를 추궁할 것을 고려하고 있다. 이런 상황에서 여러분은 어떻게 하겠는가?

☐ A. 나는 올바른 일을 하겠다.

☐ B. 나는 가장 많은 사람에게 유익한 일을 하겠다.

☐ C. 나는 착한 사람이 하는 일을 하겠다.

☐ D. 나는 내가 인간관계를 중요시한다는 것을 보여주는 일을 하겠다.

☐ E. 나는 나에게 가장 이익이 되는 쪽으로 하겠다.

☐ F. 나는 공정하게 행동하겠다.

9. 여러분은 직원을 채용할 때 특정 성별을 차별한다고 비난받아 왔다. 직원을 새로 채용하게 되어, 성차별한다고 비난받은 성별 후보를 채용할지, 아니면 다른 성별 후보자(이 후보자가 실은 약간 더 적격이다)를 뽑을지 결정해야 한다. 먼저 후보를 뽑으면 성차별 비난에 대응하여 회사 내에서 여러분의 평판을 개선하게 될 것이다. 이런 상황에서 여러분은 어떻게 하겠는가?

☐ A. 나는 올바른 일을 하겠다.

☐ B. 나는 가장 많은 사람에게 유익한 일을 하겠다.

    ☐ C. 나는 착한 사람이 하는 일을 하겠다.

    ☐ D. 나는 내가 인간관계를 중요시한다는 것을 보여주는 일을 하겠다.

    ☐ E. 나는 나에게 가장 이익이 되는 쪽으로 하겠다.

    ☐ F. 나는 공정하게 행동하겠다.

10. 여러분은 교수이다. 여러분의 우수 학생 중 한 명이 에세이를 인터넷에서 구매하여 학점 평가용으로 제출하였다. 나중에 이 학생은 죄책감을 느끼고 제출한 페이퍼가 실은 돈을 주고 산 것이라고 자백하였다. 이 대학의 방침은 표절하는 학생은 낙제시키는 것이다. 여러분은 이 학생을 유급시킬 것인지를 결정해야 한다. 이런 상황에서 여러분은 어떻게 하겠는가?

    ☐ A. 나는 올바른 일을 하겠다.

    ☐ B. 나는 가장 많은 사람에게 유익한 일을 하겠다.

    ☐ C. 나는 착한 사람이 하는 일을 하겠다.

    ☐ D. 나는 내가 인간관계를 중요시한다는 것을 보여주는 일을 하겠다.

    ☐ E. 나는 나에게 가장 이익이 되는 쪽으로 하겠다.

    ☐ F. 나는 공정하게 행동하겠다.

점수 집계

문항 채점은 A, B, C, D, E, F를 각각 몇 번씩 선택했는지 횟수를 합계 낸다. A 응답 합계는 여러분의 의무 윤리(Duty Ethics) 선호도를 나타낸다. B 응답 합계는 실용 윤리(Utilitarian Ethics) 선호도를 나타낸다. C 응답 합계는 덕성 윤리(Virtue Ethics) 선호도를 나타낸다. D 응답 합계는 배려 윤리(Caring Ethics) 선호도를 나타낸다. E 응답 합계는 이기주의 윤리(Egoism Ethics)를 나타낸다. F 응답 합계는 여러분의 정의 윤리(Justice Ethics) 선호도를 가리킨다. 각 합계치를 다음 채점 합계 칸에 적어 보자.

총점

A. 의무 윤리 : _____

B. 실용 윤리 : _____

C. 덕성 윤리 : _____

D. 배려 윤리 : _____

E. 이기주의 윤리 : _____

F. 정의 윤리 : _____

점수 해석

위 문항에 대해 여러분이 받은 점수는 여러분의 윤리적 리더십에 관한 정보를 알려준다. 점수는 여러분이 선호하는 윤리적 딜레마 대처법을 나타낸다. 윤리적 딜레마 상황에서, 이 문항은 여러분이 그 딜레마를 해결하기 위해 선택하는 배경에 있는 윤리적 관점을 가리킨다. 합계 점수를 보면, 가장 높은 점수는 여러분의 주요한 또는 지배적인 윤리적 리더십 스타일을 나타낸다. 두 번째로 높은 점수는 여러분에게 두 번째로 중요한 스타일을 가리키며, 나머지도 차례대로 마찬가지다. 어떤 항목이 0이라면 윤리적 딜레마에 처했을 때 의사 결정 가이드로서 그 윤리적 접근 방법에 낮은 우선순위를 둔다는 뜻이다.

- *의무적 윤리에서 높은 점수를 받았다면* 그것은 윤리적 딜레마에 처했을 때 여러분은 일련의 도덕적 규칙을 따르고 자신에게 기대되는 대로 행동한다는 것을 뜻한다. 여러분은 자신의 도덕적 의무를 수행하고 자신이 해야 할 일을 다 하는 데 초점을 맞춘다.

- *실용적 윤리에서 높은 점수를 받았다면* 그것은 여러분이 윤리적 딜레마에 처했을 때 여러분은 가장 많은 사람들에게 전반적으로 좋은 것을 하려 한다는 뜻이다. 여러분은 가장 많은 수의 사람에게 행복을 가져다주는 데 초점을 맞춘다.

- *도덕성 윤리에서 높은 점수를 받았다면* 그것은 여러분이 윤리적 딜레마에 처했을 때 해답을 자신의 인성으로부터 끌어낸다는 것을 뜻한다. 여러분은 진실되게 행동하며, 자신의 원칙에 충실하려 한다.

- *배려 윤리에서 높은 점수를 받았다면* 그것은 여러분이 윤리적 딜레마에 처했을 때 자신의 관계에 주의를 기울인다는 것을 뜻한다. 여러분은 개인적 유대감이나 언질이 있는 사람들에게 특별한 관심을 기울인다.

- *이기주의 윤리에서 높은 점수를 받았다면* 그것은 여러분이 윤리적 딜레마에 처했을 때 자신의 개인적 목적과 목표 달성에 가장 좋은 것을 한다는 뜻이다. 여러분은 문제를 해결할 때 자신의 이해관계를 주장하기를 두려워하지 않는다.

- *정의 윤리에서 높은 점수를 받았다면* 그것은 여러분이 윤리적 딜레마에 처했을 때 다른 사람들을 공정하게 대하는 데 초점을 맞춘다는 뜻이다. 여러분은 결정에 따른 편익과 부담이 모든 관계 당사자에게 공정하게 배분되도록 하는 것을 확인하려 한다.

이들 각각의 윤리적 관점과 자신의 점수를 비교함으로써 여러분은 윤리적 문제를 처리할 때 무엇이 중요한지 알게 된다. 분명히, 만약 여러분이 이들 카테고리 중 어느 것의 점수가 낮다면, 이것은 여러분이 그 윤리적 관점에 우선순위를 덜 주고 있다는 암시이다. 윤리적 관점은 모두 장점이 있으며, 따라서 유지해야 할 특정한 '가장 좋은' 관점이라는 것은 없다.

이 진단지는 자기진단 연습을 위한 것이다. 각 윤리적 접근이 별개의 분류 항목으로 제시되었지만 하나의 분류가 다른 분류 항목과 겹쳐질 수 있다. 여러분이 위의 진단으로 완전히 포착되지 않는 어떤 윤리적 리더십 유형을 가지고 있을 수도 있다. 이곳의 설문은 더 확장된 설문을 줄인 것이라서 전체 문항 응답을 해서 여러분의 윤리적 접근을 더욱 정확하게 반영할 수 있다. 전체 문항 응답 사이트는 다음과 같다 : www.leaderdecisionmakingsurvey.com

12.4 관찰 연습

윤리적 리더십

목적

1. 윤리적 리더십의 차원들을 인지하기
2. 실제 리더들이 어떻게 윤리적 리더십을 보여 주는지 조사하기

작성법

1. 이 연습에서는, 여러분이 속한 지역의 리더가 공개강연을 하는 것을 관찰해야 한다. 이것은 목사, 대학교 총장, 시장, 구청장, 또는 그 밖의 지역 리더이면 된다.
2. 다음에 나오는 범주에 대해, 자신이 관찰한 그 리더의 윤리관을 기록하라. 리더의 강연을 묘사할 때 가능한 한 자세하게 하라.

리더의 이름 : _____

리더의 직위 : _____

상황 : _____

---

1. 리더의 **인격** : 그 리더는 어떻게 보였나? 리더는 어떤 종류의 사람이었나? 리더의 강점과 약점은 무엇이었나?

---

2. 리더의 **행동** : 이 리더는 어떻게 목표를 달성하는가? (1) 존중심 보이기, (2) 타인에게 봉사하기, (3) 공정하게 대하기에 대한 리더의 태도는 무엇인가?

---

3. 리더의 **목표** : 리더의 주 목표는 무엇인가? 리더의 목표가 여러분과 다른 청중들에게 명확했는가? 그 목표의 가치를 어떻게 평가하는가?

---

4. 리더의 **정직성** : 이 리더의 정직성에 대해 어떤 것들을 관찰했나? 리더는 솔직하고 직설적이었는가? 이 리더의 진실성을 어떻게 평가하는가?

---

5. 리더의 **파워** : 프렌치와 레이븐(1959)의 파워 타입을 바탕으로, 이 리더가 보여 준 파워의 종류는 무엇인가? 이 리더가 다른 사람들에게 자신의 파워를 어떻게 사용할 것이라고 관찰했는가?

---

6. 리더의 **가치** : 강연을 바탕으로, 여러분이 생각하는 이 리더의 가치관은 무엇인가? 그가 중요하게 여기는 것은 무엇인가? 그가 강연에서 고취한 가치는 무엇인가?

질문

1. 이 리더의 윤리관에 대한 여러분의 전반적인 평가는 무엇인가?

2. 강연 내용 중 어떤 구체적 사례들이 리더의 윤리를 특히 드러내 주었는가?

3. 윤리적 리더십의 요소들(인격, 행동, 목표, 정직성, 파워, 가치) 중 어떤 것들이 리더의 강연에서 가장 많이 보였는가?

4. 1(*매우 비윤리적*)~10(*매우 윤리적*)까지의 스케일에서, 이 강연자의 윤리적 리더십을 어떻게 설명하겠는가? 자신의 답을 변론해 보자.

12.5 성찰 및 실행 과제 워크시트

윤리적 리더십

성찰

1. 이 장에서는 리더십이 *도덕적 차원*을 가지며, 리더는 공공의 이익을 위해 자신의 권한을 이용할 의무가 있다고 제안한다. 이에 동의하는가? 이에 대해 논의해 보자.

2. *리더의 인격*과 *리더가 하는 행동*(리더의 행동)을 고려할 때, 이 두 가지 요소 중 어느 것이 윤리적 리더십에서 더 중요한가? 나쁜 인격을 지닌 사람이 윤리적 리더가 될 수 있는가? 자신의 답을 논의해 보자.

3. 이 장에서, 아부그라이브 교도소의 상황이 비윤리적 리더십의 사례로 사용된다. 이러한 평가에 동의하는가? 여러분은 아부그라이브에서 일어난 일을 어떻게 보는가? 이 상황에서 리더십 윤리를 설명하는 요소들은 무엇인가?

4. 이 장에는 아들의 리틀 리그 야구팀 코치를 했던 리처드 리에 관한 이야기가 있다. 그 이야기에 대한 여러분의 반응은 무엇인가? 여러분은 리처드가 윤리적 리더였다고 생각하는가? 이런 상황에서 여러분이라면 어떻게 대응했을 것 같은가?

실행 과제

1. 윤리적 리더십 스타일 진단지에서 얻은 결과를 바탕으로 하면, 여러분의 핵심 가치들은 무엇인가? 여러분은 다른 사람들이 여러분의 핵심 가치들을 알고 있다고 생각하는가? 다른 사람들과 이 가치들에 관해 말하는 것이 편한가? 미래 계획을 세우는 데 있어(예 :다음 5년의 계획), 이 가치들은 여러분이 무엇을 할지에 어떻게 영향을 주는가? 이에 대해 토론해 보자.

2. *인격*은 윤리적 리더십의 근본적 측면이다. 여러분의 인격적 강점과 약점은 무엇인가? 자신의 인격을 강화하기 위해 취할 수 있는 구체적인 행동 세 가지를 써보자.

3. 관찰 연습(12.4)에서, 여러분은 특정 리더의 윤리적 리더십을 관찰하고 분석했다. 만약 여러분이 자신의 리더십에 똑같은 분석을 행한다면, 자신을 어떻게 묘사하겠는가? 어떤 요소들이 자신의 리더십 윤리를 가장 잘 설명해 줄 수 있는가? 만약 더 윤리적인 리더가 되고자 노력한다면, 여러분은 리더십에서 어떤 구체적인 변화를 주어야 하는가? 이에 대해 토론해 보자.

B Lab. (2019). *Certification*. Retrieved from https://bcorporation.net/certification

Beauchamp, T. L., & Bowie, N. E. (1988). *Ethical theory and business* (3rd ed.). Englewood Cliffs, NJ: Prentice Hall.

Ben & Jerry's. (n.d.). *2017 social and environmental assessment report*. Retrieved from https://www.benjerry.com/about-us/sear-reports/2017-sear-report

Bowie, N. E. (1991). Challenging the egoistic paradigm. *Business Ethics Quarterly, 1*(1), 1–21.

Ciulla, J. B. (2003). *The ethics of leadership*. Belmont, CA: Wadsworth/Thomson Learning.

Fast Company. (2019). Most innovative companies: Green Mountain Power. Retrieved from https://www.fastcompany.com/company/green-mountain-power?utm_campaign=Green_Mountain_Power_Named_Most_Innovative_Energy_Company_%7C_Fast_Company&utm_medium=Email&utm_source=dci

Fee, G. (2018, August 2018). Vermont businesses do well by doing good. *Stratton Magazine*. Retrieved from https://www.strattonmagazine.com/good-works/do-well-do-good/

Fluker, D. (2018, December 13). How this millennial entrepreneur is combating hunger with technology. *Forbes*. Retrieved from https://www.forbes.com/sites/dominiquefluker/2018/12/13/jasmine-crowe/#340efbd722c9

French, J. R., Jr., & Raven, B. (1959). The bases of social power. In D. Cartwright (Ed.), *Studies in social power* (pp. 150–167). Ann Arbor, MI: Institute for Social Research.

Gifted for Good. (2019). *About us: Gifted for Good is incorporated as a Benefit Corporation*. Retrieved from https://giftedforgood.com/p/about-us

Goodr. (2018). *About us*. Retrieved from https://Goodr.co/about-us/

Johnson, C. R. (2005). *Meeting the ethical challenges of leadership* (2nd ed.). Thousand Oaks, CA: Sage.

Josephson Institute. (2008). *The Six Pillars of Character*. Los Angeles, CA: Author.

Kanungo, R. N. (2001). Ethical values of transactional and transformational leaders. *Canadian Journal of Administrative Sciences, 18*(4), 257–265.

Kanungo, R. N., & Mendonca, M. (1996). *Ethical dimensions of leadership*. Thousand Oaks, CA: Sage.

Kim, S., Karlesky, M. J., Myers, C. G., & Schifeling, T. (2016, June 17). Why companies are becoming B Corporations. *Harvard Business Review*. Retrieved from https://hbr.org/2016/06/why-companies-are-becoming-b-corporations

Opportunity Nation & Child Trends. (n.d.). *The 2017 Opportunity Index*. Retrieved from http://opportunityindex.org/wp-content/uploads/2017/12/2017-Opportunity-Index-Full-Analysis-Report.pdf

Paynter, B. (2018, May 3). This app delivers leftover food to the hungry, instead of to the trash. *Fast Company*. Retrieved from https://www.fastcompany.com/40562448/this-app-delivers-leftover-food-to-the-hungry-instead-of-the-trash

Pitta, D. A., Fung, H.-G., & Isberg, S. (1999). Ethical issues across cultures: Managing the differing perspectives of China and the USA. *Journal of Consumer Marketing, 16*(3), 240–.256.

Resick, C. J., Hanges, P. J., Dickson, M. W., & Mitchelson, J. A. (2006). A cross-cultural examination of the endorsement of ethical leadership. *Journal of Business Ethics, 63*(4), 345–.359.

Siggelkow, N. (2018, November 15). "It's a question

of logistics." How this company is tackling hunger in the U.S. *Mastering Innovation* [Podcast transcript]. Retrieved from https://mackinstitute.wharton.upenn.edu/2018/goodr-jasmine-crowe/

State of Vermont. (2019). *Triple Bottom Line*. Retrieved from https://www.thinkvermont.com/triple-bottom-line

U.S. Department of Agriculture. (2018). *Food security in the U.S.: Key statistics & graphics*. Retrieved from https://www.ers.usda.gov/topics/food-nutrition-assistance/food-security-in-the-us/key-statistics-graphics/

Velasquez, M. G. (1992). *Business ethics: Concepts and cases* (3rd ed.). Englewood Cliffs, NJ: Prentice Hall.

CHAPTER 13

장애 극복하기

서론

"인생은 어렵다." 이것은 스콧 펙의 유명한 책 아직도 가야 할 길(*The Road Less Traveled*, 1978)에 나오는 첫 번째 문장이다. 어떤 사람들은 받아들이기 어렵지만, 펙은 인생이 쉽지 않을 것이라고 말했다. 장애와 투쟁은 인생의 일부분이다. 이것은 업무 환경에서도 적용되는 사실이다. 장애는 항상 존재할 것이기 때문에, 리더가 할 수 있는 가장 중요한 일 중 하나는 다른 사람들이 이런 장애들을 극복하도록 돕는 일이다.

장애

장애(obstacle)란 무엇인가? 이것은 구성원의 앞에 끼어드는 방해물, 문제, 또는 장애물이며 구성원의 목표 달성을 어렵게 만드는 것이다. 장애는 구성원이 하려는 일에 방해가 된다. 장애는 여러 가지 형식으로 찾아온다. 이것은 물리적인 것(예 : 나쁜 업무 공간)일 수도, 심리적 문제(예 : 편협함)일 수도, 과업 관련 문제(예 : 복잡한 업무 절차)일 수도 있다. 본질적으로, 구성원의 수행에 부정적 효과를 가져 오는 것은 무엇이든 간에 장애라고 부를 수 있다. 장애의 예는 수없이 많다. 기타 연주법을 배우고 싶은 바쁜 사람이라면, 연습할 시간이 충분치 않다는 점이 장애가 된다. 대형 병원의 신입 직원이라면, 건물 안에 다른 과들이 어디에 있는지를 익히는 것이 장애일 수 있다. 또는 5년째 대학을 졸업하지 않은 학생에게는 동기부여의 결여가 장애일 수 있다.

리더가 장애를 알아보는 것은 중요한 일인데, 리더가 구성원들을 도울 수 있는 것이 무엇인지를 알리는 분명한 신호를 제공해 주기 때문이다. 장애 극복은 매우 직접적이고 현실적으로 이루어질 수 있다. 몇몇 리더십 이론이 다소 난해하면서 특정한 리더십 전략(예: 진정성을 갖출 것)을 처방하는 데 반해, 장애 극복은 매우 확실한 리더십 접근법이다. 예를 들면, 만약 어떤 리더가 구성원들에게 "내가 무엇을 도와줄 수 있나요?"라든가 "어떤 문제가 있나요?" 같은 질문을 한다면 그들의 대답은 리더가 구성원들의 일을 돕기 위해 취할 수 있는 행동을 직접적으로 가리킬 것이다. 구성원들은 추가 지시를 필요로 할 수도 있고, 더 많은 도전을 필요로 할 수도 있다. 어느 쪽이든지, 만약 리더가 그들에게 고민을 묻는다면 장애는 고쳐질 수 있다. 장애 극복에 대해 배우는 것은 여러분의 리더십 향상을 위한 매우 효과적인 방법이다.

장애 극복하기의 실제

그들의 불만을 들어주는 것이든, 격려하는 것이든, 또는 조언을 해 주는 것이든 간에 구성원들에게 리더가 도움이 될 수 있는 방법은 여러 가지가 있다. 난관을 겪고 있는 사람들을 돕는 데 있어서 첫 번째 과제는 문제점이 무엇인지를 찾아내는 것이다. 두 번째 과제는 그것을 해결하기 위해 무엇을 해야 할지를 결정하는 것이다. 만약 리더가 이것을 수행한다면, 구성원들은 더 동기가 부여되고, 생산성이 향상되고, 자신들의 일에 대해 더 만족하게 될 것이다.

하우스(1971, 1996)가 수행한 경로-목표 리더십(path-goal leadership)에 관한 연구는 사람들이 생산성을 저해하는 장애물을 극복하도록 리더가 도울 수 있는 방법들을 다루고 있다. 경로-목표 리더십은 리더가 그룹 구성원 개개인이 필요로 하는 것과 그가 하는 일에 가장 잘 맞는 스타일을 골라야 한다고 주장한다. 리더는 이들이 자신의 목표와 그 목표를 이루기 위해 취하고 싶은 방법을 설정하도록 도움을 주어야 한다. 장애가 발생하면, 리더는 개인들이 이에 맞설 수 있도록 도와야 할 필요가 있다. 이것은 그들이 장애를 피해갈 수 있도록 돕는 것을 의미할 수도 있고, 그들이 장애를 제거하도록 돕는 것을 의미할 수도 있다. 리더의 책임은

그림 13.1 목표 달성을 방해하는 장애물

지휘하고, 안내하고, 코치함으로써 그룹 구성원들이 그들의 목표를 이룰 수 있도록 돕는 것이다.

경로-목표 리더십 이론에 제시된 아이디어를 기반으로, 이 장에서는 구성원들이 마주칠 수 있는 장애들과, 리더가 어떻게 그것들을 극복할 수 있도록 구성원들을 도울 수 있는지에 대해 다룰 것이다. 사람들은 인생에서 많은 장애를 만나지만, 이 장은 경로-목표 이론에서 나온 일곱 가지 주요 장애를 강조한다(그림 13.1 참조). 다음에 이어지는 부분에서, 각각의 장애를 설명하고, 이들 장애에 대해 리더가 대응할 수 있는 여러 가지 방법을 살펴볼 것이다.

장애 1 : 불분명한 목표

우리는 모두 인생 초기에 커리어 목표를 선택한 사람들을 알고 있다. 여러분은 초등학생 때 자기는 의사가 될 것이라고 말했고, 그 이후 대학과 의학전문대학원에 가서 신경외과의사가 된 동창을 알고 있을 수도 있다. 자기는 영화에 나올 거라고 얘기하던 고등학교 친구가 나중에 할리우드에서 성공한 일을 기억할 수도 있다. 이런 사람들은 남들보다 두드러지는데, 그들이 특별히 목표 지향적이기 때문이다. 그들은 자신들이 하고 싶은 것을 알았다. 그리고 그것을 실행했다. 문제는 이런 사람들은 **예외적인** 경우이고 그것이 **일반적인** 것은 아니라는 점이다. 대부분의 사람들에게, 인생 목표를 찾는 것은 정말 어려운 일이다.

이것은 리더십 상황에서도 적용되는 사실이다. 사람들이 자신의 목표에 대해 불분명하거나 혼란스러워하는 것은 흔한 일이다. 새로운 영업 할당량을 채워야 하는 영업사원이든, 환자들을 도와야 하는 병원 자원봉사자이든, 학기말 리포트를 써야 하는 고등학생이든 간에, 사람들은 종종 목표를 어떻게 이룰지에 대해 명확하게 알지 못한다.

목표는 때때로 모르는 경우도 있고, 어떤 때는 불분명할 경우도 있고, 또 어떤 때는 경쟁하는 다른 목표들과 뒤엉켜 감추어져 있는 경우도 있다. 목표가 명확하게 표현되고 이해되지 않을 때, 사람들이 성공적으로 그것을 성취할 가능성은 낮아지게 된다. 더 나아가, 사람들은 자기 일에 대한 흥미와 자신의 성취에 대한 만족을 덜 느끼게 된다.

리더가 목표를 명확하고 이해 가능하게 만들어야만 한다는 것은 아무리 강조해도 지나치지 않다. 리더는 자신의 비전(제7장 참조)을 표현하는 지도를 제공해야 할 필요가 있는 것처럼, 다른 사람들이 이 목표를, 즉 다른 모든 것들이 향해야 할 목적을 볼 수 있도록 도와야만 한다. 목표가 모호할 때, 리더는 그것을 명확하게 만들 필요가 있다. 비슷하게, 만약 목표가 복잡하게 서로 연관된 목표들의 집합 속에 매립되어 있다면, 리더는 그룹 구성원들을 위한 구체적인 목표를 확인하고 그것이 다른 목표들과 어떻게 맞아 떨어지는지를 설명해야 한다.

다음의 목록은 리더가 목표를 명확하게 표현하는 사례들이다. 이 사례들은 대단하지는 않지만, 좋은 리더십을 보여 주고 있다.

> **풋볼 코치가 팀에게** : "수비 팀의 이번 시즌 목표는 매 경기마다 최소한 두 번 상대편 쿼터백에게 태클 시도를 하는 것이다."

> **고등학교 체육교사가 학생들에게** : "수업 시작 시간마다 여러분은 트랙을 한 바퀴씩 뛰어야 합니다."

> **오케스트라 지휘자가 단원들에게** : "우리가 연주할 곡들은 아주 어렵기 때문에, 앞으로 리허설은 힘들 겁니다. 만약 우리가 매주 다섯 시간씩 함께 연습한다면, 이 콘서트는 올해 우리가 하는 최고의 콘서트가 될 것입니다."

> **노인 시설의 감독자가 자원 봉사자들에게** : "여러분이 직원들의 입원 환자 세탁물을 개는 작업을 도와주시면, 우리 시설의 비용 증가를 줄이는 데 도움이 될 것입니다."

> **대학교 웅변 강사가 학생들에게** : "이번 연설하기 과제에서, 여러분은 다음 세 가지를 꼭 해야 합니다. (1) 청중에게 여러분이 말하려고 하는 것이 무엇인지 말하기, (2) 말하기, (3) 여러분이 청중에게 말한 것이 무엇인지 말하기."

위의 각 사례에서, 리더는 사람들이 일의 목표를 확인하고 명확히 하는 것을 돕고 있다. 그 일을 하는 사람들은 자신들의 목표를 알고, 그 결과 더 효과적으로 일하고 더 만족하게 될 것이다.

장애 2 : 불분명한 지시

뭔가 조립을 해야 하는 물건(예 : 컴퓨터 책상이나 간이침대 프레임)을 사본 적이 있는 사람이라면, 조립 설명문이 빠져 있다거나, 따라 하기가 불가능하다거나, 외국어로 쓰여 있다거나 할 때 얼마나 불만스러운지 알 것이다. 그 제품을 조립하고 싶은 마음이 아무리 크더라도, 조립을 할 수 없는 것이다. 이것이 바로 리더가 지시를 분명하게 하지 않을 때 업무 상황에서 일어나는 일이다. 형편없는 지시는 비효과적인 수행으로 이어진다.

리더는 명확한 지시를 제공함으로써 **목표로 향한 경로를 정의해 주어야** 한다. 모호하거나, 혼란스럽거나, 장황하거나, 부정확하거나, 불완전한 지시는 아무에게도 도움이 되지 않는다. 실제로, 불분명한 지시는 사람들에게 약화시키는 효과를 가질 수 있다. 사람들은 어떻게 진행해야 할지에 대한 명확한 지시가 없을 때 앞으로 나아갈 능력을 잃게 된다. 어떤 사람들은 지시가 없으면 길을 잃어버린다. 그들은 자신들이 어디로 향하고 있는지에 대한 그림은 있지만, **어떻게** 거기로 갈 수 있는지는 모른다.

좋은 지시를 제공하는 것은 생각과 스킬을 필요로 한다. 예를 들어, 어떤 수업을 듣는 학생들은 과제에 대한 분명한 지시를 원한다. 만약 과제가 학기말 리포트라고 하면, 유능한 선생은 필수 구성요소들을 상세하게 설명한다. 선생은 두 단락짜리 도입부, 주제문, 개념의 틀, 문헌 검토, 토의 부분, 결론 그리고 참고문헌을 요구할 수도 있다. 명확한 지시가 주어질 때, 학생들은 자신들에게 요구되는 것이 무엇인지를 알 수 있고, 따라서 개인적 통제력을 느낄 수 있다. 사람들이 자신이 해야 할 일이 **무엇**이고 그것을 **언제** 해야 하는지 알면, 자기 일을 더 쉽게 해낼 수 있다.

분명한 지시를 제공하는 것은 중요하긴 하지만, 사람들은 지시에 대한 욕구에서 개인차를 가진다는 것을 아는 것 또한 중요하다. 어떤 사람들은 매우 정교하고 구체적인 지시를 원하는 반면, 또 어떤 사람들은 스스로 진행할 수 있게 해 주는 개략적인 지시를 원한다. 리더의 임무는 각 개인의 니즈에 맞춰 지시를 조정하는 것이다.

운전자들이 내비게이션 시스템이 어떤 고속도로 출구로 갈지를 지시해 주는 것에 안심하듯이, 구성원들은 그들이 무엇을 해야 하고 언제 그것을 해야 하는지를 알려주는 침착한 리더로부터 지시를 받길 원한다. 그들은 실수를 하거나 길을 잃을 때, 리더가 그들의 방향을 수정해 주길 바란다. 가장 중요한 것은, 그룹 구성원들이 평가나 비평에서 자유로운 지시를 원한다는 점이다. 만약 그들이 실수를 하면, 그들은 친절한 태도로 정정해 주길 원한다. 좋은 리더는 도움이 되지만 비판적이지는 않은 지시를 제공한다. 사람들은 복잡하지 않은 지시를 감사히 여기며, 일을 마쳤을 때 리더로부터 '목적지에 도착했음'을 듣고 싶어 한다.

장애 3 : 낮은 동기부여

사람들이 동기부여가 안 될 때 리더는 무엇을 해야 할까? 구성원들이 일하고 싶어 하지 않을 때 리더는 그들을 어떻게 격려할 수 있을까? 이러한 질문들에 대한 답은 오랫동안 리더들의 관심사였다. 실제로, 인간 동기의 토대를 설명하기 위한 노력으로 수백 개의 글과 책들이 쓰였다[참조 : 허즈버그의 동기부여-위생이론(motivation-hygiene theory), 1968; 매슬로의 욕구단계이론(hierarchy of needs theory), 1954; 행동주의에 관한 스키너의 연구, 1953]. 이 저작들은 모두 다른 사람들에게 동기를 부여하려 노력할 때 리더가 마주하는 복잡성과 어려움을 가리키고 있다.

경로-목표 리더십은 다른 이들에 동기를 부여하는 방법으로서 기대 이론(expectancy theory)을 담는다(House, 1996; Vroom, 1964). 기대 이론에 의하면, 사람들은 그들이 어떤 과업에 들이는 노력이 자신들이 중요하게 생각하는 어떤 예상된 결과로 이어질 때 더 높은 동기부여를 받는다고 한다. 이것은 사람들이 자신이 유능하다고 느끼고, 기대한 대로 얻으며, 자기가 하는 일을 가치 있게 여길 때 일어난다. 만약 리더가 이 세 가지 분야에서 사람들을 도울 수 있다면, 그들의 의욕은 높아질 것이다.

사람들이 자신의 유능함을 느낄 수 있도록 도와라

우리는 모두 유능(competent)하다고 느낄 욕구를 가진다. 우리는 우리가 뭘 하는지 잘 알고 있다는 것을 다른 이들에게 (그리고 자신에게) 암시하는 방식으로 자신을 보여 주고 싶어 한다. 기타 치는 법을 배우는 것이든, 골프클럽을 휘두르는 법을 배우는 것이든, 블랙잭을 하는 법을 배우는 것이든지 간에, 우리는 모두 좋은 성과를 내고 싶어 한다. 사람들이 자신의 유능함을 알게 하는 것은 그들이 더 많은 의욕을 가지도록 돕는 첫 번째 단계이다. 예를 들어, 어떤 복잡한 일을 완수한 직원은 매니저가 "당신은 그 임무를 정확히 해야 하는 방식으로 처리했어요"라고 말하는 것에 기뻐할 것이다.

사람들이 기대한 것을 얻도록 도와라

사람들은 자신의 기대가 충족될 때 더 동기부여가 된다. 노력이 기대한 결과로 이어질 것이라는 것을 아는 것은 매우 중요하다. 기대한 결과의 성취는 노력을 그럴 만한 가치가 있는 것으로 만들지만, 일이 기대하는 결과로 이어지지 않을 때에는 낙심하고 동기를 잃게 된다. 어떤 의미에서, 사람들은 자신들이 기대하는 결과를 얻지 못할 때, 시스템이 작동하는 방식을 불신하게 된다.

리더는 사람들이 자신들의 노력에 대해 기대하는 결과가 성취 가능한 것이고 그렇게 될 가능성이 높은 것임을 확실하게 해야만 한다. 또한 리더는 개인들이 기대하는 결과가 무엇인지 인식하고, 그 결과가 현실적인 것인지를 확인해야 한다.

예를 들어, 만약 어떤 영업사원에게 새로운 할당량이 주어졌다면, 그는 그 목표를 달성하는 것에 대해 급여 인상이나 금전적 보상을 기대할 수도 있다. 보상이 가능한지의 여부를 그 영업사원에게 명확히 해 주는 것이 리더의 책임이다.

이 점을 보여 주는 또 다른 사례는 홍보 과목을 가르치는 한 대학 강사와 관련된다. 강사는 수업에서 각각의 그룹에 대해 학생들이 캠페인을 개발할 고객을 지정하고, 학생들에게 작업을 시작할 개요를 주었다. 한 그룹이 과제에서 어려움을 겪었다. 강사는 이 학생들과 수업 외 시간에 자주 만나서 그들이 계획안을 개발하는 것을 도왔다. 학기 말에 이 그룹은 과제에 대한 최소한의 필요조건들을 만족시키는 매우 기본적인 계획안을 제출하고 C 학점을 받았다. 그룹의 구성원들은 성적에 매우 기분이 상했다. 그들은 자신들이 많이 노력했고, 강사가 미팅에서 던져

준 모든 과제를 완수했고, 수업계획서에 요약된 과제 필요조건들을 만족시켰기 때문에 더 나은 성적을 받아야 한다고 주장했다. 강사는 더 높은 점수는 최소 필요조건을 넘어서 더 많은 것을 해 온 그룹들에게 돌아갔다는 점을 지적했다. 강사에게는 자신의 기대와 학생들의 기대가 같지 않았다는 것이 분명해졌다. 그 결과, 그는 그 수업을 다시 가르칠 때 수업계획서에 표시된 필요조건들은 단지 시작점일 뿐이라는 것을 분명히 말했다. 높은 점수는 캠페인 계획안 개발에서 이 필요조건들을 충족시키고 그것을 초과한 그룹들을 위한 것이었다. 이 사례는 리더와 그룹 구성원들이 기대하는 결과에 대한 상호 간의 이해를 가지는 것이 얼마나 중요한지를 보여 준다.

리더는 다른 이들이 자신들의 일에서 무엇을 기대하는지에 대해 민감하고 그 기대가 현실적인 것임을 확실히 해야 하기도 하지만, 그는 또한 이런 기대 결과가 반드시 현실화되게 해야 한다. 예를 들어, 만약 어떤 학생이 추가 점수 과제를 하면 점수를 더 받을 것을 약속받았다면, 선생은 반드시 그 학생이 그 점수를 받도록 해야만 한다. 비슷하게, 만약 어떤 직원이 새 영업 할당량을 달성한다면 급여 인상을 받을 것이란 기대를 한다면, 리더는 그 직원이 꼭 급여 인상을 받도록 해야 한다.

사람들이 자신이 하는 일을 가치 있게 여기도록 도와라

동기부여의 세 번째 측면은 결과와 관련된다. 사람들이 자신이 하는 일에 높은 가치를 둘 때, 그들은 동기부여를 받는다. 가치 있게 여기는 결과 없이는, 사람들은 어떤 목표를 향해 노력을 기울일 의욕을 느끼지 않는다.

악기 연주에 대한 다음 사례가 이를 보여 줄 것이다. 고등학생 주디가 트럼펫을 시작했을 때, 그의 첫 번째 걱정은 유능함에 관한 것이었다. 그는 "내가 이걸 연주할 수 있을까?"라고 생각한다. 어느 기간 레슨을 받고 난 후 주디의 걱정은 자기가 독주 발표회를 할 수 있을지에 대한 것으로 바뀌었다. 길고 힘든 연습 후, 그는 발표회를 성공적으로 마쳤다. 마지막으로, 그는 자신에게 이렇게 묻는다. "이 모든 게 무슨 가치가 있지?" 이 마지막 단계는 결과의 가치에 대한 것이다. 만약 주디가 정말로 훌륭한 트럼펫 연주자가 되고 싶다면, 그는 계속해서 연습하고 연주할 의욕이 생길 것이다. 만약 그가 연주하는 데 진정한 가치를 찾지 못한다면, 그

리더십 스냅숏

빌 커트니, 머내서스 고등학교 미식축구 수석코치

미식축구 코치들에게는 재능 있는 선수들을 발굴하고 키우는 일, 상대 팀의 튼튼한 방어, 선수들의 부상 등과 같은 도전과제는 코치로서 당연히 해야 하는 일의 일부다. 하지만 2002년 빌 커트니가 테네시주 북 멤피스 도심에 있는 머내서스 고등학교의 고전하던 미식축구팀에 코치로 자원했을 때, 그는 몇 가지 훨씬 큰 장애를 마주하게 되었다.

머내서스는 지난 10년간 5승 95패의 전적, 17명밖에 안 되는 선수 명단, 장비 부족, 그 지역에서 '가만히 짓밟히는 팀'이라는 오명을 지니고 있었다. 큰 학교들이 자기들의 동창회 경기 상대로 우승을 미리 따놓는 것이나 마찬가지인 머내서스 팀을 데려오기 위해 돈까지 내려 한다는 소문도 있었다.

그러나 커트니는 선수들 역시 마찬가지로 벅찬 개인적 장애물들을 마주하고 있다는 것을 알게 되었다. 선수들은 모두 가난하게 살고 있었고, 일부는 편조부모나 다른 친척과 같이 살고 있었다. 모든 선수에게는 감옥에 가 본 가족이 있었지만, 대학을 들어가 본 가족이 있는 선수는 드물었다.

"만약 여러분이 몇 세대를 걸쳐 대물림된 절대 빈곤에 있고 그저 절망과 상실을 느끼고 그런 감정들에 둘러싸여 있다면, 그리고 앞으로도 그런 미래밖에 보이지 않는다면, 여러분이 인생에서 기대하는 것은 그것이 전부이게 됩니다"라고 커트니는 말한다. "만약 그것이 여러분의 현실이고 보아온 전부라면 그리고 여러분이 태어난 동네에서 10마일 밖으로 나가본 적이 없다면, 도대체 누가 왜 (여러분이) 성공을 향한 로드맵을 가질 것이라고 기대하겠습니까?"(Ward-Henninger, 2013).

커트니에게 있어 그것은 단지 막아내고, 점수를 따고 태클을 하는 기본 기술을 가르치는 것 이상이 되었다. 아버지 없이 자란다는 것이 어떤 것인지를 아는 사람으로서, 그는 그 일이 선수들의 인격, 의지 그리고 정직성을 코치하는 일로 변한 것을 깨달았다. "한 사람의 인격은 그가 승리에 어떻게 대처하는지가 아니라 실패에 어떻게 대처하는지에 의해 결정되는 것입니다."

커트니의 선수들 중 한 명인 채비스 대니얼스는 소년원에서 15개월을 보낸 다음 팀에 합류했고 심각한 분노조절 문제를 가지고 있었다. 한때 그는 보조 코치와 싸운 일로 시즌 동안 몇 경기에서 제외됐다. 대니얼스를 그냥 팀에서 쫓아내지 않았다는 사실이 선수들 개개인에 쏟는 헌신과 그것이 그 젊은이들에게 궁극적으로 미치는 파급효과를 대변해준다. 경기출전 정지에도 불구하고, 대니얼스는 "미식축구가 아니라면 나에게는 아무것도 없다"는 이유로 팀에 남고 싶어 했다(Lindsay & Martin, 2012).

그러나 코칭은 커트니에게 희생 없는 일은 아니었다. 성공적인 목재회사 주인이자 네 자녀의 아버지인 그는 미식축구 시즌 동안 사업과 자기 자녀들에게는 충분한 관심을 쏟지 못하게 된다고 인정한다.

2009년에 팀은 상상도 못한 일을 해냈다. 그들은 9승 1패를 기록했다. 선수들이 필드에서 이기는 동안, 코치는 필드 바깥에서 다른 전투를 벌이고 있었다. 약 188cm의 키에 몸무게는 143kg이 되는 수비수 O. C. 브라운은 대학 미식축구에서 뛸 수 있는 기량이 충분했지만, 학업적으로는 기준을 충족시킬 수 없었다. 코칭스태프는 개인교습을 시켜주려고 했지만, 그를 가르치기 위해 브라운이 사는 북 멤피스 동네에 오려는 사람이 없었다. 코치들은 독특한 해결책을 생각해냈다. 브라운을 주중에는 교외에 사는 보조 코치 중 한 명과 살면서 거기에서 개인교습을 받게 한다는 것이다. 그들은 성공했다. 브라운은 대학입학시험에서 필요한 점수를 받았고 서던미시시피대학교 팀 선수로 계약했다.

또 한 명의 선수인 몬트레일 브라운은 학업적으로 우수했지만, 미식축구 선수로는 몸집이 작았다. 그도 역시 대학 진학을 꿈꿨다. 시즌 중 무릎을 다쳐서 경기에 나가지 못하게 된 그는 학교에 더 이상 나오지 않았다. 커트니는 그에게 연락을 취하고 미식축구는 인격을 만들어주는 것이 아니라 인격을 드러내주는 것이라고 상기시켜주었다. 그리고 인격은 실패에 어떻게 대처하는지에 대한 것이라고 말해주었다. 브라운은 물리치료를 계속했고 마지막에 가서는 결승전에서 뛸 수 있었다. 팀의 보조 코치 중 한 명인 제프 저머니는 몬트레일의 대학 학비를 전부 내 줄 기부자를 찾는 데 성공했다.

"보호 헬멧 하나마다 각자 스토리가 있습니다"라고 커트니는 말한다. 모든 선수들이 "나에게는 똑같이 중요하고" 또한 그들은 "나를 위해 전심전력을 다해줍니다."

"그렇게 만드는 유일한 방법은 선수들과 관계를 형성하고 그들이 어떤 사람들인지 알아내는 것입니다. 그들의 두려움은 무엇인지, 그들을 신나게 하는 것은 무엇인지 그리고 그들을 상처 주는 것은 무엇인지. 사람마다 동기부여 되는 자극은 다르니까 한 녀석에게는 소리를 질러서 동기를 부여하고 바로 그 옆의 다른 녀석은 엉덩이를 툭 쳐주고. 나는 내 주위에 재능 있는 선수들을 모아 놓아도 이들의 마음을 산 다음에야 경기에서 이기게 만들 수 있다고 믿습니다"(Ward-Henninger, 2013).

의 의욕은 가라앉을 것이고, 아예 연주를 그만두게 될 수도 있다.

리더로서의 과제는 다른 이들이 자신들의 업무 수행에서 가치를 알 수 있게 돕는 것이다. 이것이 금전적 보상을 통한 것이든, 개인적인 긍정적 피드백을 통한 것이든, 특별공로상 수여를 통한 것이든 상관없이, 그 비결은 사람들이 자신의 에너지를 향하게 하는 것들에 대해 기분 좋게 여기도록 도와주는 것이다.

정리하자면, 리더가 다른 사람들에게 동기를 부여하려면 세 가지 과제를 해야 한다. 즉, 사람들이 **유능함**을 느끼도록 돕고, 사람들이 **기대하는** 것을 얻을 수 있도록 돕고, 사람들이 자기 일의 종합적인 **가치**를 깨달을 수 있도록 돕는 것이다. 이 세 가지 조건 모두가 충족될 때, 사람들은 자기 일에 대해 더 많이 동기부여가 될 것이다.

장애 4 : 복잡한 과업

때때로 사람들이 맞닥뜨리는 장애는 바로 과업 자체이다. 어떤 과업이 체계가 없다거나, 모호하다거나, 복잡한 경우, 그것은 사람들에게 장애가 된다. 사람들은 복잡한 과업을 마주했을 때 종종 좌절하고 위기감을 느낀다. 어떤 사람들은 심지어 어쩔 줄 몰라 하기도 한다.

어떤 과업이 **복잡한** 경우에, 리더는 지시적으로 행동할 필요가 있다. 즉, '주도권을 잡고' 목표로 가는 경로를 명확히 해 주어야 한다. 지시적 리더십(directive leadership)은 다른 사람들에게 지시를 해 주는데, 여기에는 그들에게 기대하는 것이 무엇인지, 그것을 어떻게 해야 하는지 그리고 언제 완수해야 할지에 대한 시간표가 포함된다. 지시적이라는 것은 분명한 성과 기준을 설정하고 다른 사람들에게 규칙과 규정을 확실하게 하는 것을 의미한다. 리더가 복잡한 과업을 단순화시킬 때, 이는 구성원들이 자신들의 일에 더 유능하다고 느끼도록 도와준다.

다음의 사례는 매니저가 어떻게 **지시적 리더십**을 효과적으로 사용하여 직원이 더욱 생산적으로 일할 수 있도록 도왔는지를 보여 준다. 질 존스는 한 대기업에서 45명으로 구성된 제품개발 팀의 행정직원 네 명 중 한 명이었다. 그가 하는 일은 급여 지급, 일정 관리, 청구 그리고 필요에 따른 여러 가지 비서 업무였다. 질은 조정해 나가야 할 많은 일이 있었지만, 종종 어떤 일을 먼저 해야 할지 몰라 하는 듯했다. 질의 상사는 질이 업무에서 어려움을 겪고 있다는 것을 발견하고 그가 자기 일의 요구를 관리하는 데 지도가 필요하다는 결정을 했다. 질의 스트레스를 줄이기 위해, 상사는 질의 밀린 업무 과제 중 하나를 다른 직원에게 다시 배정했다. 다음으로, 상사는 질을 만나 그가 맡은 모든 업무와 각각의 업무가 완수되어야 하는 날짜를 적게 했다. 상사는 질이 매주 특정 과제가 완수되어야 하는 요일을 상세하게 보여 주는 일정표를 기록하게 했다(예 : 월요일 오전 9시부터 정오까지 — 급여 지급, 화요일, 오후 3~5시 — 청구서 처리). 질은 상사와 함께 이 과정을 거치고 난 후 안도감을 느꼈고, 그 모든 과정은 모두에게 유리한 것이었다. 질은 자신의 일에 대해 더 좋게 생각하게 되었고, 상사는 더 많은 업무가 처리될 수 있게 되었다. 관리자는 질이 자신의 업무 과제를 적절히 수행하는 것을 막고 있던 장애를 제거한 것이다.

요약하자면, 질은 **복잡하게 무리 지어진 과업**을 마주하고 있었고, 그의 상사는 **지시적 리더십**으로 적절하게 대응했다. 과업의 복잡성을 줄임으로써, 상사는 효과적으로 질이 자신의 일에서 유능함과 성공을 느낄 수 있게 도움을 주었다.

장애 5 : 단순한 과업

때로는 사람들의 성공을 방해하는 것이 복잡성이 아니라 단순함인 경우도 있다. 복잡한 과업과 마찬가지로, 단순하고 반복적인 과업도 동기부여에 부정적인 영향을 미칠 수 있다. 같은 일을 계속해서 다시 하는 것은 신나는 일이 아니다. 변화나 미묘한 차이가 없는, 단순한 업무는 지루해지고 재미없어진다.

이런 과업에 대해서는, 리더가 지원적 리더십(supportive leadership) 스타일을 사용하는 것이 중요하다. 지원적 스타일은 다른 사람들이 따분하고 너무 쉬워서 재미가 없는 과업을 할 때 그들을 격려함으로써 거기에서 빠져 있는 것(인간적 연결감)을 제공해 준다. 지원적 리더십은 일상적이고 기계적인 활동에 묶여 있는 사람들에게 인간미를 제공한다.

만약 여러분이 피트니스 센터의 체력 단련실에 있는 사람들을 관찰해 본 적이 있다면, 재미없는 운동의 불쾌함을 상쇄하기 위한 지원 작업들이 어떻게 작용하는지를 하는지 보았을 것이다. 역기를 들어 올리는 사람들은 보통 매우 단순한 행동을 하고 있다. 반복적인 운동은 복잡하지 않다. 하지만 체력 단련실에서는 종종 운동하는 사람들 사이의 동지의식과 지원이 뚜렷이 나타난다. 사람들은 서로를 위해 자리를 봐주고 우호적인 농담과 대화를 나눈다. 그들의 사회적 상호관계는 자신들이 하는 반복적인 일을 더 참을 수 있고 재미있게 만들어준다.

일상적인 과업과 관련된 상황을 알아보기 위해서는, 아주 멀리 볼 필요가 없다. 자동차 공장의 조립 라인에서 일하기, 수영 팀 훈련의 일부로 몇 구간씩 헤엄치기, 식당에서 그릇 닦기, 또는 외국어 시험을 위해 단어장을 공부하기와 같은 상황들을 생각해 보자. 많은 직업, 그리고 거의 모든 직업의 많은 측면은 부정적일 수 있는 단순함의 성격을 가진다.

이 문제에 대한 해결법은 리더가 지원과 보살핌을 보여 주는 것이다. 좋은 매니저는 직무가 일상적인 때를 감지하고 사람들에게 잃어버린 요소, 즉 사회적 지원을 제공하려 노력한다. 사회적 지원은 여러 가지 형태(예 : 친절하게 대하기, 상대방의 가족에 대해 이야기하기, 칭찬하기)를 가질 수 있지만, 핵심은 사회적 지원이 일하는 사람의 행복과 개인적 욕구를 위한다는 것을 보이는 것이다. 과업이 도전을 요구하지 않을 때, 유능한 리더는 사회적 지원이라는 형태로 자극을 제공할 것이다.

장애 6 : 낮은 참여도

일어나는 일에 대해 목소리를 낼 수 있는 것은 사람들에게 매우 중요하다. 사람들이 그룹이나 조직 안에서 관여를 하지 않을 때, 그들의 생산성은 떨어지고, 그룹 또는 조직은 고생을 겪게 된다. 사람들은 다른 사람들로부터 구별되는 정체성을 가지고 싶어 하지만, 그들은 또한 무리에 포함되어 다른 이들과 어울리고 싶어 하기도 한다. 다양한 문제에 대한 자신만의 생각과 의견을 표현함으로써, 개인들은 자신들이 그룹에 기여한다는 느낌을 가질 수 있다. 자신이 하는 말을 들어주지 않는다고 알게 되면, 개인들의 참여와 기여는 줄어들고, 종종 그들은 그룹으로부터 떨어져 나간다.

리더는 저조한 참여의 문제를 다루기 위해 참여적 리더십(participative leadership) 스타일을 사용해야 한다. 참여적 리더는 일을 진행하는 방식과 수단에 있어 다른 이들이 공동으로 참여하도록 초대한다. 그는 새롭고 다양한 의견에 열려 있는 환경을 만들기 위해 노력한다. 이런 리더는 다른 사람들의 조언을 구하고, 그들의 아이디어와 의견을 얻고, 그룹 또는 조직이 어떻게 진행할지에 대한 결정에 그들의 제안을 포함시킨다.

한 간략한 사례가 참여의 중요성을 보여 주는 데 도움이 될 것이다. 오크우드 비스트로는 어느 대학 도시에 있는 작고 고급스러운 식당이다. 이 식당은 약 20명의 사람들을 바텐더, 요리사, 종업원으로 고용하고 있다. 비스트로에는 매니저 A와 B가 있는데, A는 매우 권위적이고 엄격하다. 그는 규칙과 절차를 강조하고, 종업원들과 아주 조금만 관계하며 다른 사람의 의견이나 피드백을 구하는 일이 거의 없다. 매니저 A는 아주 유능하고 사람들을 바짝 다잡으며 능숙하게 운영하지만, 아주 극소수의 직원들만 그가 담당인 시간에 일하는 것을 좋아한다.

매니저 B가 담당일 때는 그 반대의 상황이 된다. 매니저 B는 모든 사람들과 친하고 민주적인 리더이다. 그는 그곳의 규칙과 절차에 관심이 있는 만큼이나 직원과 고객이 하는 말에도 관심을 기울인다. 그는 비스트로에서 일하는 모든 사람들에게 별명을 붙였다. 덧붙여서, 그는 종업원들이 의견을 표현하고 향상할 수 있는 제안을 하는 '불평' 시간을 매주 주최한다. 말할 필요도 없이, 사람들은 매니저 B 아래서 일하는 것을 좋아하며, 그는 자신의 역할을 효과적으로 해낸다.

이 사례에서 매니저 B는 사람들이 식당의 일에 관여하게 만드는 참여적 리더의 본보기이다. 종업원들은 이런 참여를 고맙게 여긴다. 모든 사람들이 참여하는 그룹이나 조직 안에는, 놀랄 만한 결과를 만들어 내는 시너지 효과가 있다. 그룹에 대한 헌신이 높아지고, 그룹의 응집성은 기하급수적으로 성장한다.

장애 7 : 도전 의식의 부족

어떤 사람은 자신이 하는 일이 **도전적**이지 않기 때문에 일을 잘 못하기도 한다. 도전 의식을 불러일으키는 것이 없을 때, 이 사람들은 일이 흥미롭지 않고 할 만한 가치가 없다고 여기게 된다. 그 결과, 이 사람들은 덜 열심히 일하거나, 일을 그만두고 자신들이 더 매력 있다고 생각하는 뭔가로 옮겨 간다.

리더는 도전을 느끼지 못하는 개인들을 다룰 때 성취 지향적 리더십(achievement-oriented leadership) 스타일을 가져야 한다. 성취 지향적 리더십은 개인들을 가능한 한 최고의 성과에 도달하도록 도전하는 리더로 특징지을 수 있다. 이 리더는 우수성의 기준을 높게 세우고 지속적인 향상을 추구한다. 성취 지향적 리더는 구성원들에게 많은 것을 기대한다는 점과 함께, 사람들이 그런 도전적인 목표를 달성할 수 있다는 자신감을 많이 보인다.

성취 지향적 리더는 지속적으로 다른 사람들이 뛰어남을 발휘하고 더 높은 수준의 성공을 하도록 밀어붙인다. 그는 우수성의 기준을 설정하고 다른 이들이 그 기준에 맞추도록 도전한다. 학교의 경우, 이런 리더는 A+ 성적을 이용해서 학생들이 더 나은 성취를 하도록 구슬리는 선생이다. 풋볼 필드에서는, 뛰어난 기량을 보인 선수들의 헬멧에 별을 붙임으로써 노력을 고취하는 코치에게서 이런 유형의 리더를 볼 수 있다. 직장에서는, 특별히 노력했거나 기대된 것보다 더 많은 일을 한 개인들에게 연말 보너스를 주는 매니저가 이런 리더이다. 성취 지향적 리더는 항상 사람들이 가능한 한 최고의 성과를 내도록 도전하기 위한 방법을 찾으려 한다.

한 가지 중요한 점을 지적하자면, 성취 지향적 리더십이 어떤 사람들에게는 좋은 것인 반면, 모든 사람에게 좋은 것이 아니라는 사실이다. 어떤 사람들은 경쟁에서 잘 해내고 최선을 다하도록 밀어붙여지는 것을 좋아하지만, 내면적으로 동기부여를 받고 성취 지향적 리더로부터 옆구리를 찔릴 필요가 없는 사람들도 있다. 리더의 미션은 부하들의 니즈를 분석해서 성취 지향적 리더십이 언제 누구를 위해 필요한지 결정하는 것이다.

정리

업무환경에 있는 사람들에게 있어 도전과제와 난관은 언제나 존재한다. 리더는 사람들이 이러한 장애들을 극복하는 것을 돕는 데 대단히 중요한 역할을 한다. 가장 중요한 점은, 유능한 리더는 개인들이 자신들의 목표와 그 목표를 이루기 위해 가고자 하는 경로를 정의하는 것을 돕는다는 것이다. 기대 이론을 바탕으로, 리더는 구성원들이 스스로를 유능하게 느끼도록 도움으로써 동기부여를 하고, 일에서 기대하는 것을 받도록 하여, 자신들이 하는 일의 전체적 가치를 느낄 수 있도록 도울 수 있어야 한다.

만약 어떤 사람이 마주하는 장애가 복잡한 과업이라면, 리더는 **지시적 리더십**을 제공해야 한다.

하지만 만약 그 장애가 너무 단순하거나 일상적인 업무라면, 리더는 **지원적 리더십**을 제공해야 한다. 때때로 리더는 그룹 또는 조직에 **참여하지 않는** 구성원을 마주할 수도 있다. 이런 사람들에게는 리더가 **참여적 리더십** 스타일을 발휘해야 한다. 또 다른 때에는, 도전을 필요로 하는 구성원을 위해 리더가 **성취 지향적 리더십** 스타일을 결합시켜야 하기도 한다.

장애는 항상 존재하고 모든 일에서 도전을 마주치게 될 것이다. 좋은 리더의 표식은 사람들이 이런 장애를 극복하여 그들이 더 효과적으로 목표 성취를 향하여 움직일 수 있게 도와줄 준비가 된 사람이다.

주요 용어

경로–목표 리더십(path-goal leadership)
기대 이론(expectancy theory)
성취 지향적 리더십(achievement-oriented leadership)
유능(competent)

장애(obstacle)
지시적 리더십(directive leadership)
지원적 리더십(supportive leadership)
참여적 리더십(participative leadership)

13.1 사례 연구 – 스튜던트 메이드

크리스틴 하디드는 자신이 결국 성공했다고 생각했다. 그는 대학 다닐 때 용돈을 벌려고 주택 청소일을 시작했다. 그런데 곧 일감이 너무 많아져서 대학생만 채용하는 비즈니스 모델로 '스튜던트 메이드'라는 업체를 창업했다. 머지않아 대단지 아파트 빈 집 수 백 채 청소 계약을 하게 되어 대학생 60명을 채용했다.

그러나 이 큰 청소 용역 이튿날, 그가 에어컨이 돌아가는 아파트 단지 클럽하우스에서 쉬고 있는데 학생 청소원 45명이 들어오더니 일을 그만 두겠다고 했다. 대학생들이 쓰던 아파트 청소 일을 하는 것이 재미있는 일은 아니었고, 땀을 뻘뻘 흘리게 하는 플로리다 여름 날씨에 건물 에어컨까지 꺼져서 더 이상 참을 수가 없었던 것이다.

그렇게 해서 크리스틴의 리더로서의 여정이 시작되었다. 계약상 의무를 충족시키려면 이들이 꼭 있어야 하는 걸 알기 때문에 그는 재빨리 그만 둔 사람들의 관심이 무엇인지에 초점을 맞춰 그들을 만나서 리더로서 자신의 실수를 인정하고 어떻게 하면 다시 한번 기회를 주겠느냐고 물었다. 그의 설득에 대부분이 다시 돌아 왔고 그는 소매를 걷어 붙이고 옆에서 함께 일했다.

이 경험을 통해서 크리스틴은 이직률이 75%나 되는 이 분야에서는 직원들을 지속적으로 동기부여하고 활력을 불어넣는 것이 가장 큰 도전이라는 것을 이해하게 되었다. 청소일은 화려한 직업이 아니다. 스튜던트 메이드 팀은 일주일에 7일이나 가정집, 사무실, 아파트, 남학생클럽회관 등을 청소한다. 다른 사람이 어질러 놓은 것을 청소하는 일은 육체적으로 힘든 것은 말할 것도 없고 역겹고 더러운 일이다. 청소회사의 평균 이익률은 15%이며 이것은 스튜던트 메이드가 직원들에 가까스로 최저임금 이상을 줄 수 없다는 뜻이다.

게다가 크리스틴은 자신이 어려운 사업 계획, 즉 대학생만 고용한다는 어려운 사업계획을 세웠다는 것을 깨달았다. 수업 스케줄을 조정하기가 어렵고, 봄 방학 때에는 많은 학생 직원이 결근했다. 게다가 학기말에는 졸업생들 때문에 학생들의 대거 이탈이 벌어지곤 했다.

크리스틴은 이런 난관들을 극복하고 직원들이 직장과 문화를 사랑하게 하여 이 업종의 심각한 단점을 참고 견디도록 결의를 다졌다. 그는 어느 누구도 그만두고 싶어 하지 않는 회사가 되게 하고 싶었다. 그러나 그렇게 함으로써 그는 전혀 새로운 문제 무더기를 만들어 냈다.

크리스틴은 지원적 업무 환경을 만들 필요가 있다고 결심하고 전 직원에게 치어 리더와 문제해결사가 되기로 하였다. 그는 직원 한 명 한 명을 채용하고 훈련시키며 칭찬과 격려를 퍼부었다. 그는 '헬리콥터 상사'가 되어 학생들이 무슨 문제나 딜레마가 생기면 휘익 달려가서 문제를 해결했다. 그러나 그가 학생들이 원하기만 하면 나타나서 문제를 해결해 주자 학생들이 스스로 생각하지 않게 되었다.

그러나 운영팀에 비상 사고가 발생했는데 크리스틴이 연락이 안 되자 직원들이 스스로 문제 해결 방법을 찾아냈다. "그들은 제가 필요 없었어요. 그들은 해답을 찾는 데 필요한 모든 지혜를 다 갖고 있었어요"라고 크리스틴은 말한다. "잃어버린 조각은 기회였어요. 내가 그들에게 방해가 되는 존재였어요"(Hadeed, 2017, p. 49). 그 결과 운영팀 멤버들은 더욱 독립적이고 자신감을 갖고 더욱 더 많은 책임을 스스로 지게 되었어요."

"리더로서 저의 역할은 스튜던트 메이드 팀을 안내하고 지원하는 것이었어요. 그들을 지시하고, 그들이 내릴 결정을 내가 하고, 그들을 위해서 대신 문제를 해결하고 하는 것이 아니었어요. 제가 할 일은 그들이 용기, 자립심, 자신감을 개발할 기회를 제공하는 것이었어요. 사람들에게 자기 자신과 일과 관련한 의사 결정에 자신감을 갖게 해주면 그들은 다른 곳으로 갈려고 하지 않습니다"(Hadeed, 2017, pp. 58–59).

회사가 성장하자 크리스틴은 직원의 사기가 떨어지기 시작하는 것을 알게 되었다. 회사에 오래 있던 직원들이 갑자기 그만 두기 시작했다. 그는 직원들이 자신이 하고 있는 일에 대한 피드백을 원하고 자신의 일이 왜 중요한지 알려 줄 필요가 있음을 깨달았다.

　스튜던트 메이드의 직원들은 자신들이 청소하는 고객들과 접촉할 일이 거의 없어서 좋든 나쁘든 자신의 일의 품질에 대한 피드백을 받지 못했다. 스튜던트 메이드는 고객들이 학생 직원들에게 피드백을 줄 수 있는 조사표를 개발했다. 기입된 조사표가 들어오면 담당했던 팀 멤버들에게 전달하여 자신의 수행을 추적할 수 있게 되었다. 조사표는 아주 효과가 있어서 예상하지 않았던 효과가 생겼다. 즉 응답자들이 '의견 적기'란에 팀 멤버들의 청소 일 덕분에 '가족들과 함께 지낼 시간이 더 많아져서'부터 '결혼 생활의 스트레스를 줄여주는 것'까지 여러 가지로 고객들의 삶이 어떻게 달라졌는지를 말해주었다.

　사업이 성장하며 직원이 늘어나자 스튜던트 메이드도 '미스매치' 즉 입사 후 바로 퇴사하는 신입직원의 비율이 높아졌다. 이를 예방하기 위해 그의 팀은 '스쿱'

이라는 예비 신입사원용 자료를 만들었다. 이것은 스튜던트 메이드 회사에 입사하면 실제로 어떤 일을 어떻게 하는지 회사 내부를 미리 보여주는 자료이다. 내용에는 현재 직원들이 자신의 일과 관련하여 어떤 점이 좋고 또 어떤 점이 싫은지, 평생 친구를 사귀게 된 것부터 냉장고 안에서 죽은 햄스터를 발견한 것까지 포함되어 있다. 스쿱에는 또 직원들이 리더들에게 무엇을 기대할 수 있는지와 리더들은 직원들에게 무엇을 기대하는지에 대해 경영진이 알려주는 내용도 들어 있다.

　채용 면접이 끝나면 회사에서는 채용 희망자에게 스쿱을 이메일로 보내며 내용 전체를 읽어보도록 한다. "스쿱은 모든 것을 테이블 위에 펼쳐 놓습니다. 그것은 사람들이 자신에게 맞지 않는 직장에 입사하는 것을 예방하고, 우리에게도 시간을 낭비하는 것을 줄여주었습니다. 그것은 또 입사 후 수개월 이내에 그만 두는 학생들 숫자를 줄여주었습니다"(Hadeed, 2017, p. 134).

질문

1. 제8장에서 배운 것에 따르면, 스튜던트 메이드가 실행한 방법들이 어떻게 건설적 환경을 조성하였는가? 그 환경이 장애를 극복하는 데 어떻게 도움이 되었는가?

2. 스튜던트 메이드의 직원들은 이 장에서 토의한 경로-목표이론에서 도출한 7개 주요 장애물 중 어느 것들을 경험하였는가?

3. 크리스틴 하디드가 어떻게 지시적 · 지원적 · 참여적 · 성취 지향적 리더십을 사용하여 난관을 극복했는지 설명하라.

4. 여러분이 스튜던트 메이드의 오너라고 상상하라. 여러분이라면 크리스틴이 직면했던 장애들을 어떻게 처리했을 것 같은가? 스튜던트 메이드에서 긍정적 건설적 환경을 조성하기 위해 여러분은 리더로서 어떤 구체적 일들을 할 것인가?

13.2 사례 연구 – 코디액 베어스팀의 기적

수년간 알래스카주 고교농구선수권대회는 대도시 강팀 특히 앵커리지 팀들이 석권했다. 그러나 2001년에는 주의 가장 시골에서 온 작은 '베어스' 팀이 뜻밖의 경쟁자로 나타났다.

'베어스'는 코디액 출신의 팀이었다. 코디액은 비행기나 페리선을 타고 가야 하는 알래스카만 안의 커다란 섬에 있는 인구 6,000명이 사는 멀리 떨어진 어업 중심 소도시이다. 코디액은 커다란 갈색 곰으로 유명하며 놀랍도록 인구가 다양한 곳인데, 원래 원주민 알래스카인들 마을로서 처음 러시아인들이 발견했고 나중에 미국인 개척자들이 정착했다. 코디액에는 중남미, 한국, 유럽 사람들이 그랬던 것처럼 팔팔한 필리핀인이 통조림 공장에서 일하려고 섬으로 이주해 왔다. 해양경비대 코디액 기지에 파견된 남녀들은 이 지역사회를 한층 더 다양하게 만들어주었다.

'베어스' 팀의 10명 팀원들은 알래스카 원주민, 필리핀인, 아프리카계 미국인을 포함하여 지역의 다양성을 그대로 반영했다. 그들을 이끄는 에이미 레이커스 코치는 키가 1미터 86센티로서 선수 한 명만 빼놓고 제일 컸다. 레이커스 코치는 알래스카 역사상 여자코치로서는 남자 고교팀을 코칭하는 두 번째 코치이며 주 선수권대회 결승전에 오른 첫 번째 코치였다. 에이미는 원래 사우스일리노이대학교에서 두드러진 선수였으며 일본에서 프로 생활을 했다. 미국에 돌아와서 알래스카에 있는 친구를 만나러 왔다가 아예 살기로 작정하고 솔도트나라는 작은 읍에서 파트타임으로 일했다. 읍내 학교의 남자농구 코치가 시즌이 끝나기 한 달 전에 팀을 떠나자 에이미가 자리를 채웠고 대표팀 수석 코치직을 제안받았다. 2년 뒤 에이미는 코디액에 있는 학교에서 영어 교사 겸 남자 대표팀 코치 자리를 수락했다.

레이커스 코치는 주로 남자가 지배하는 분야의 여성이었기 때문에 남자 농구팀 코치로서의 존재는 항상 환영받는 것은 아니었다. 솔도트나의 체육 감독 앨런

하워드는 자신이 에이미를 채용했을 때 일부 학부모와 선수들이 실망했었다고 회상한다. "선수가 두 명 있었는데 한 명은 확실히 시즌 끝나기 전에 탈퇴했어요"라고 하워드는 말했다. "걔들이 왜 그랬는지 다른 이유는 모르겠어요. 코치가 여자라는 것을 문제 삼았었거든요"(Lester, 2019). 레이커스 코치는 학부모, 다른 코치, 심지어 관람석의 팬들로부터도 반발을 경험했다. 반대하는 코치는 "가서 뜨개질이나 하라"고 말했고 또 다른 코치는 에이미 코치의 선수들에게 '탐폰상'을 건네주었다(Amy Fogle, personal communication, May 9, 2019).

코디액 고교로 오는 것도 쉽지 않았다. "처음엔, 다른 코치들이 나를 잘 모르기도 하니까 다소 경계했어요"라고 레이커스 코치는 말했다. "어떤 사람들은 학교가 여자 코치를 채용할 정도로 자포자기적 상황이라고 생각했나 봅니다. 그러나 제가 몇몇 다른 코치들과 좋은 관계를 만들자 나머지 코치들도 어울리게 되었습니다"(Underwood, 2001).

그런 부정적 반응에도 불구하고, 레이커스 코치는 자신이 "내가 여자이기 때문에 무언가를 증명하기 위해 엄청 많은 시간을 쏟는 일 따위는 하지 않았다"고 말한다. 대신, 그는 선수들에게 자신의 경기와 이상을 불어 넣는 데 초점을 맞추었다. "나는 선수들에게 농구 경기를 가르치고 어떻게 열심히 시합을 하는지 가르칠 책임감을 느꼈어요. 어떻게 승리하고 패배하고 그리고 그것을 존중하는지를"(Lester, 2019).

레이커스 코치는 곧 대표팀을 코칭하게 되었으나 섬이라는 조건 때문에 팀 구축이 매우 어려웠다. 본토에 있는 팀들은 팀의 형성기 동안 체격이 큰 선수들을 많이 뽑아 몇 년씩 함께 경쟁시키고 조직화된 프로그램, 경쟁팀, 수많은 훈련 캠프와 토너먼트(알래스카주 내 및 '아래' 쪽에 있는 48개 주에서의)를 통해 실력을 키울 수 있었다.

반면에 코디액 선수들은 동네나 마을에서 주운 공을

가지고 놀며 자랐다. 그들은 초등학생 때 '리틀 드리블러' 프로그램에서 농구 훈련을 시작하고 나중에 중학교 농구팀에서 뛰었을지도 모른다. 그러나 중학교에서는 여비 마련이 어려워 8학년 팀만 원정 경기를 다닐 수 있었다. 코디액 섬에서 다른 마을로 여행하기는 어려웠다. 마을을 잇는 도로들이 적고 멀기 때문에 많은 마을에 가는 유일한 방법은 일주일 세 번 다니는 페리 스케줄에 맞추어 여행을 하지 않으면 오지 비행기나 수상 비행기를 이용하는 것이었다.

코디액 섬 전체에 고등학교가 하나밖에 없어서 고교 팀의 유일한 경쟁자는 본토에 있었다. 본토로 왔다 갔다 하는 여행은 경비도 많이 들고 쉽지 않았다. 날씨가 눈, 안개, 폭풍 또는 얼음 등 여러 형태로 여행을 방해하기 때문이었다. '베어스'는 여비가 부족했기 때문에 레이커스 코치는 원정 경기를 위해서는 이미 10명밖에 안 되는 적은 규모 팀에서 더 적은 수를 속아 내야 했다. 이것은 다른 선수가 지치거나 파울 아웃 당했을 때 대체 투입할 선수가 부족해지는 것을 뜻하며 대항하여 경기하는 홈팀이 갖지 않은 불리한 점이었다. 팀들이 코디액에 오려고 해도 이곳은 여행 경비가 많이 드는 지역이라 본토의 강한 경쟁 팀을 원정 경기 스케줄에 넣기도 힘들었다.

처음부터 레이커스 코치는 선수들에게 이런 장애물들은 열심히 노력하고 헌신하면 극복할 수 있다는 점을 확실히 했다. 알래스카주 3위라는 좋은 성적으로 2000년도 시즌을 끝내고 몇몇 핵심 선수들이 다시 복귀하여 2001년도 코디액 팀은 결승전 진출을 목표로 해도 될 진용을 갖추었다. 이것은 레이커스 코치가 선수 한 명 한 명에게 심어준 목표였다.

코디액에는 183센티미터가 넘는 선수가 두 명 밖에 없었다. 그중 한 명이 2미터 18센티인 닉 빌링스였는데 경기 경험이 2년밖에 안 되었다. 팀에는 또 공 다루는 솜씨가 빼어난 필리핀계 형제(조프리와 앨피 애그마다)가 있었다. 조프리는 키가 165센티밖에 안 되지만 선발 수비수였는데 코트에서는 폭발력 있는 선수로 간주되었다.

'베어스'가 키높이에서 부족한 것을 투지, 노력, 정신으로 상쇄하였다. 레이커스 코치는 주에서 가장 컨디션이 좋은 팀을 만들려고 단단히 각오했으며, 연습이 악명 높게 혹독하여 어떤 선수들은 훈련 강도 때문에 구토하기도 했다고 기억한다. "저는 매우 엄격한 프로그램을 운영합니다. 학과 공부가 우선이고, 그다음에는 연습 때마다 열심히 해야 합니다. 연습할 때 강도 높게 하지 않으면 시합에서 잘할 수 없어요"(Underwood, 2001).

레이커스 코치는 선수들이 자신들에게 기대되고 있는 것이 무엇인지 알기를 확실히 했다. 슈팅 가드 애덤 킬본은 "모두 팀에서의 자기 역할을 알고 있어요. 그리고 자기 포지션이 무엇인지 헷갈리지 않아요. 코치님이 선수 한 명 한 명이 팀을 돕기 위해 무엇을 해야 할지 한 줄 한 줄 가르쳐 주셨거든요"(personal communication, May 8, 2019). 레이커스 코치는 개선할 점에 대한 선수들의 제안에도 개방적이었고, 선수들에게 자주 의견을 물어 보았다. 발언을 잘 하지 않는 사람에게는 직접 물어서 말을 할 기회를 주었다.

그에게는 엄격한 규율 방침이 있었다. 연습이나 시합 준비에 늦는 사람에게는 예외 없이 경기에서 뛰지 못하게 했다. 그는 서로 신뢰하고 이해하는, 응집력 있는 팀의 중요성을 잘 알았다. 팀은 시합 전에 야외에서 함께 모여 '팀 산책'을 했다. 홈게임이 있는 주간에는 서로 다른 선수 가족들이 팀원들을 저녁식사에 초대하여, 팀원들이 서로의 생활 모습과 가족들을 알게 하고 또 어떤 어려움을 겪고 있는지도 알 수 있게.

열심히 노력한 성과가 있었다. 패배를 모르는 '베어스'는 25대 0의 전적으로 앵커리지에서 열릴 주 선수권대회 토너먼트에 진출해서, 결승전 시합에서 전년도 우승팀 앵커리지동부고교 선더버드 팀과 대결하게 되었다. 닉 빌링스를 제외하면 모든 포지션에서 키높이가 적은 코디액의 주 농구선수권대회 첫 번째 우승이냐 동부 고교의 16번째 우승이냐 하는 경기였다.

코디액 주민의 절반이 시합을 위해 앵커리지로 여행한 것으로 추정되었다. 나머지 주민 절반은 알래스카 전 지역 사람들과 마찬가지로 알래스카 농촌 TV의 생방송을 시청했다. 코디액 베어스의 명성이 주 안에서 불이 붙어 팀에는 많은 팬이 생겼다.

많은 사람이 코디액을 약팀으로 간주했다. 시합 전 인터뷰에서 동부고교의 코치는 코디액 소년들이 "퀄리티 팀에 의한 진짜 테스트를 못 해봤다"고 언급했다. 한 아나운서가 "그의 팀은 오늘 밤과 같은 속도와 빠름을 본 적이 없을 것"이라고 하자, "그들은 신장면에서 그렇게 큰 선수들을 본 적이 없을 것"이라고 다른 아나운서가 대답했다(Lester, 2019).

그러나 레이커스 코치는 자신의 팀이 무엇을 할 수 있는지 알고 있었다. "동부 고교는 재능이 있습니다. 우수 선수가 많습니다. 우리 선수보다 키도 훨씬 크고 힘도 셉니다"라고 그는 말했다. "그러나 우리가 주 안에서 가장 컨디션이 좋은 팀이에요. 우리 애들은 열심히 경기합니다. 그리고 그들은 한 팀으로 경기합니다"(Rardon, 2019).

동부 고교의 다른 페이스 경기 스타일에 적응하느라 고전하며, 하프 타임 때 라커룸에 갈 때는 12점을 끌려갔다. 팀 내에서 레이커스 코치는 선수들에게 불어넣어 주려고 그렇게 열심이었던 인격과 스타일로 모범을 보이면서, 팀이 일관성과 진정성의 중요성에 집중하라고 하며 다음과 같이 말했다. "얘들아, 지는 한이 있더라도, 너희들의 시합을 하면서 져라"(Lester, 2019).

코디액은 후반전에서 만회하여 시합 종료 몇 초를 남겨 놓고 3점을 리드했다. 동부 고교가 마지막 공을 갖고 있으며 3점 슛을 날림과 동시에 버저 소리가 났는데, 슛은 2미터 18인 닉 빌링스가 블로킹에 성공했다!

그 블로킹으로 코디액 팀은 역사책과 알래스카의 마음에 자신의 위치를 확고하게 굳혔다. 2019년 4월 우승한 지 18년 후, 팀과 코치(지금은 결혼하여 에이미 포글로 이름이 바뀜)는 알래스카 스포츠 명예의 전당에 헌정되었다. 팀원 10명 중 여덟 명이 참석했으며, 다시 한 번, 영광의 현장을 직접 보겠다고 앵커리지까지 여행한 코디액 팬들이 방을 가득 채웠다. 그러나 그 잊을 수 없는 순간에서 왁자지껄한 축하를 보낸 건 코디액의 팬들뿐만이 아니었다. 그 역사적인 공간에서 다른 알래스카 사람들도 생생한 디테일로 그 밤을 기억했다.

시합이 있던 날 밤 팀은 그를 어깨너머로 들어 올렸을지도 모른다. 그러나 팀원들을 그리고 그들과 함께 섬 주민들의 마음과 합중국에서 가장 큰 주를 들어 올린 것은 바로 에이미 레이커스였다.

질문

1. 이 장에는 *불분명한 목표*와 *불분명한 지시*가 리더십의 두 가지 장애로 열거되어 있다. 그것들이 이 사례에 어떻게 적용되는지와 레이커스 코치가 각각의 장애물을 어떻게 대처했는지 토의해 보자.

2. 코디액 농구팀은 여러 장애와 도전에 부딪쳤으나, 선수들은 코치의 지도로 동기부여를 잃지 않았다.

   a. 팀이 직면한 여러 가지 장애물과 도전 과제를 열거하고 토의해 보자.

   b. 레이커스 코치가 개인적으로 부딪친 장애물을 토의해보자. 그는 장애물들을 어떻게 대처하였는가?

   c. 레이커스 코치는 팀이 다음 도전과제에 직면해서도 동기를 유지하도록 어떻게 팀을 도와주었는가? 특히, 그는 무엇을 하였는가:

      i. 팀원들이 자신감을 가지도록 무엇을 하였는가?

      ii. 팀원들이 각자의 기대사항을 확인하고 달성하도록 무엇을 하였는가?

      iii. 팀원들이 자신이 한 것을 소중히 여기도록 무엇을 하였는가?

3. 이 장에서는 리더십 스타일 네 가지를 논의하고 그것들을 팀과 구성원들이 직면하는 여러 유형의 도전 과제에 대응하여 제시하고 있다. 다음 각 카테고리에 대해, 각 카테고리에 맞는 코디액 베어스가 직면했던 장애물과 에이미 코치가 어떻게 적절한 리더십 스타일로 그 장애물들을 처리했거나 처리하지 않았는지 토의해보자.

	장애 카테고리	리더십 스타일	
a.	복잡한 과업	지시적 리더십	
b.	단순한 과업	지원적 리더십	
c.	낮은 참여도	참여적 리더십	
d.	도전의식 부족	성취 지향적 리더십	

13.3 경로 – 목표 스타일 진단지

목적

1. 자신의 경로–목표 리더십 스타일을 확인한다.
2. 각각의 스타일 사용이 리더십의 다른 스타일들과 어떻게 연관되는지를 살펴본다.

작성법

1. 아래 각 문항에 대해, 표현된 행동을 자신이 얼마나 자주 하는지를 가리키는 숫자에 동그라미를 친다.
2. 처음에 생각나는 대로 응답한다. 정답이나 틀린 답은 없다.

내가 리더일 때	전혀 아니다	별로 아니다	가끔 그렇다	어느 정도 그렇다	매우 그렇다
1. 나는 다른 이들에게 기대하는 바에 대한 명확한 설명을 제공한다.	1	2	3	4	5
2. 나는 구성원들의 개인적 걱정에 관심을 보인다.	1	2	3	4	5
3. 나는 구성원들이 의사결정에 참여하도록 초청한다.	1	2	3	4	5
4. 나는 구성원들이 업무 성과를 계속해서 향상시키도록 도전한다.	1	2	3	4	5
5. 나는 구성원들에게 일하는 방법에 대해 명확하게 지시한다.	1	2	3	4	5
6. 나는 구성원들의 개인적 행복에 대해 관심을 보인다.	1	2	3	4	5
7. 나는 의사결정을 하기 전에 구성원들의 제안을 요청한다.	1	2	3	4	5
8. 나는 구성원들이 지속적으로 성과 기준을 높일 것을 장려한다.	1	2	3	4	5
9. 나는 프로젝트를 진행하는 방법에 대해 명확한 지시를 한다.	1	2	3	4	5
10. 나는 다른 사람들을 경청하고 그들에게 격려를 한다.	1	2	3	4	5

내가 리더일 때	전혀 아니다	별로 아니다	가끔 그렇다	어느 정도 그렇다	매우 그렇다
11. 나는 다른 이들의 아이디어와 조언을 잘 수용할 수 있다.	1	2	3	4	5
12. 나는 구성원들이 자기 일의 모든 면에서 뛰어남을 발휘하길 기대한다.	1	2	3	4	5

점수 집계

1. 1, 5, 9번에 대한 점수를 합산한다(지시적 리더십).
2. 2, 6, 10번에 대한 점수를 합산한다(지원적 리더십).
3. 3, 7, 11번에 대한 점수를 합산한다(참여적 리더십).
4. 4, 8, 12번에 대한 점수를 합산한다(성취 지향적 리더십).

총점

지시적 리더십 : _____

지원적 리더십 : _____

참여적 리더십 : _____

성취 지향적 리더십 : _____

점수 해석

이 진단지는 경로-목표 리더십의 네 가지 타입을 측정하기 위한 것이다. 지시적, 지원적, 참여적, 성취 지향적 리더십이 그것이다. 네 가지 스타일 각각에 대한 점수를 비교해 봄으로써, 어떤 스타일이 가장 강하고 어떤 것이 가장 약한지를 결정할 수 있다. 예를 들어, 만약 여러분의 점수가 지시적 리더십 = 21, 지원적 리더십 = 10, 참여적 리더십 = 19, 성취 지향적 리더십=7이라면, 여러분의 강점은 지시적 및 참여적 리더십에 있고 약점은 지원적 및 성취 지향적 리더십에 있는 것이다. 이 진단지는 여러분의 지배적 스타일들을 측정해 주며, 또한 여러분이 강화하거나 향상시키고 싶은 스타일들을 가리켜 주기도 한다.

   점수가 13~15점이라면, 높은 범위에 속한다.
   점수가 6~12점이라면, 중간 범위에 속한다.
   점수가 3~5점이라면, 낮은 범위에 속한다.

13.4 관찰 연습

장애

목적

1. 구성원들이 자신들의 목표에 도달하는 것을 돕기 위한 전략으로서 경로-목표 리더십의 실용적 가치를 이해한다.
2. 그룹의 효과를 제한하는 *장애*들을 확인한다.
3. *리더의 스타일*이 어떻게 구성원들이 목표 성취에 대한 *장애*를 극복할 수 있게 돕는지 살펴본다.

작성법

1. 다음 그룹(또는 그런 비슷한 그룹) 중 한 가지 미팅이나 연습 또는 모임을 관찰하라. 운동 팀의 연습, 수업 프로젝트 그룹 모임, 직장의 주간 직원회의, 기숙사 운영회 미팅, 또는 비영리 단체의 기획 회의 등이 있다.
2. 모임에서 자신이 관찰한 것을 기록하라. 설명을 구체적으로 하라.

   모임에 대한 전반적인 논평 :

   리더의 행동에 대한 관찰 :

   그룹 구성원들의 행동에 대한 관찰 :

질문

1. 여러분이 관찰한 개인들 또는 그룹의 목표는 무엇이었나? 목표들은 명확한 것이었는가?

2. 그룹 내 개인들이 마주하고 있는 주요 장애들은 무엇이었나?

3. 리더는 어떤 스타일의 리더십을 보여 주었나? 그것은 그 그룹에 적절한 것이었나?

4. 만약 자신이 그 그룹의 리더였다면, 그룹 구성원들을 돕기 위해 어떤 식으로 이끌 것인가?

13.5 성찰 및 실행 과제 워크시트

장애

성찰

1. 여러분은 문제를 겪고 있는 사람들을 돕는 데 있어, 자신의 능력을 어떻게 생각하는가? 목표를 설정하고 다른 사람들에게 지시를 내리는 것을 잘할 수 있는가?

2. 리더의 가장 중요한 책임 중 하나는 자신을 따르는 사람들에게 동기부여를 하는 것이다. 이것은 그들이 자신들이 유능하다고 느낄 수 있게 돕고, 그들의 *기대*를 충족시킬 수 있게 돕고, 자신들의 일을 가치 있다고 여기도록 돕는다는 것을 의미한다. 여러분은 이 세 가지 원칙을 리더십 상황에 어떻게 적용시키겠는가?

3. 이 장에서 논의한 *장애*들을 되돌아 볼 때, 여러분이 가장 효과적으로, 또는 가장 효과적이지 못하게 대처할 수 있는 장애는 어떤 것들인가? 그 이유는?

실행 과제

1. 유능한 리더가 되기 위해서는 *목표를 명확히* 하고 그 목표를 향한 *경로를 정의*해야만 한다. 앞으로 여러분에게 닥칠 리더십 상황에서 다른 사람들에게 목표를 명확히 하고 경로를 정의하기 위해 여러분이 할 수 있는 구체적인 행동은 무엇인가?

2. 경로-목표 스타일 진단지에서 자신이 얻은 결과를 볼 때, 여러분은 어떤 점수를 바꾸고 싶은가? 어떤 스타일들을 강화하고 싶은가? 다음에 어떤 그룹을 이끌게 될 때 어떻게 하면 확실하게 가장 효과적인 스타일을 보여 줄 수 있을까?

3. 사람들은 각기 도움을 받을 필요가 다르다. 어떤 사람들은 많은 도움을 원하고, 또 다른 사람들은 독립적이길 원한다. 여러분은 도움을 필요로 하는 사람들에게 유익하기 위해 자신의 리더십 스타일을 조정할 준비가 되어 있는가? 이에 대해 논의해 보자.

Hadeed, K. (2017). *Permission to screw up: How I learned to lead by doing* (almost) everything wrong. New York, NY: Portfolio/Penguin.

Herzberg, F. (1968). *Work and the nature of man.* New York, NY: World.

House, R. J. (1971). A path-goal theory of leader effectiveness. *Administrative Science Quarterly, 16*(3), 321–328.

House, R. J. (1996). Path-goal theory of leadership: *Lessons, legacy, and a reformulated theory. Leadership Quarterly, 7*(3), 323–352.

Lester, M. (2019, April 26). How a groundbreaking Alaska basketball coach influenced her players' lives, 18 years after their astonishing championship win. *Anchorage Daily News.* Retrieved from https://www.adn.com/sports/2019/04/26/how-a-groundbreaking-alaska-basketball-coachinfluenced-her-players-lives-18-years-after-their-astonishingchampionship-victory/

Lindsay, D. [Producer], & Martin, T. J. [Director]. (2011). *Undefeated* [Motion Picture]. United States: Spitfire Studios.

Maslow, A. H. (1954). *Motivation and personality.* New York, NY: Harper & Row.

Peck, M. S. (1978). *The road less traveled.* New York, NY: Simon & Schuster.

Rardon, J. R. (2019, April 26). Flashback: Kodiak's fans carry the Bears after they came to Anchorage and collected the bigschools title. *Anchorage Daily News.* Retrieved from https://www.adn.com/sports/high-school-sports/2019/04/26/flashback-kodiaks-fans-carry-the-bears-after-they-came-to-anchorage-and-collected-the-big-schools-title/

Skinner, B. F. (1953). *Science and human behavior.* New York, NY: Free Press.

Underwood, R. (2001, July 13). Former SIUC standout Amy Rakers successfully coaching boys' basketball in Alaska. *The Southern Illinoisian.* Retrieved from https://thesouthern.com/sports/former-siuc-standout-amy-rakerssuccessfully-coaching-boys-basketball-in/article_896e111f-6b4a-5e73-995d-1d97b7540ca7.html

Vroom, V. H. (1964). *Work and motivation.* New York, NY: John Wiley & Sons.

Ward-Henninger, C. (2013, February 19). Coach Bill Courtney and Manassas make "Undefeated" a true underdog story. *MaxPreps.com.* Retrieved August 29, 2013, from http://www.maxpreps.com/news/pPAP2YAMCEmkJtpd2TK7Bg/coach-bill-courtney-and-manassas-make-undefeated-a-true-underdog-story.htm

CHAPTER 14

파괴적 리더십 탐구하기

서론

제1장에서 말한 것처럼, 이 책은 리더가 되려면 무엇이 필요한가, 즉 건설적 리더십의 기초가 되는 개념에 관한 것이다. 그러나 리더십이 파괴적이면 어떻게 될까?

역사에는 리더십의 결과로 나쁜, 심지어 사악한 결과를 초래한 사람들의 사례로 꽉 차있다. 20세기만 하더라도 이 세상에는 약 1,900만 명의 죽음에 책임이 있는 독일 나치 정권의 아돌프 히틀러부터 정권을 장악하고 반란을 진압하기 위해 35만 명 이상을 죽이고 1,100만 명을 추방한 바샤르 알 아사드 시리아 대통령까지 다양한 나쁜 지도자들이 있었다(BBC, 2018). 그러나 나쁜 리더십이 정부 영역에만 국한되지 않는다. 기업, 비영리, 종교, 사회 여러 분야에서 부패(예 : 테라노스의 엘리자베스 홈스)와 은폐(예 : 가톨릭교회와 성직자의 어린이 성추행)에서부터 신뢰받는 의사 지위를 이용하여 여자 대학생 선수를 성폭력(예 : 미시간주립대학교 래리 나사르 박사)한 것까지 수많은 파괴적 리더십 사례가 있다.

이런 모든 사례로부터 사람들은 '왜?'라고 묻게 되었다. 파괴적 리더들은 어떻게 해서 권력을 갖고, 유지하고 그런 악행을 저지르게 되었는가? 왜 이런 사람들에게 추종자들이 있는가?

좋은 리더십에 관해 쓴 책들은 수백 권이나 되지만 비교적 최근까지 나쁜 리더십에 관한 책은 매우 적다. 그러나 지난 10년간 실패한 리더십 사례가 많이 알려지자 파괴적 리더십의 본질을 설명하기 위한 저술과 연구가 더욱 많아졌다. 일반 대중과 학계에서 파괴적 리더십이 무엇인지, 왜 발생하는지, 그것에 대해 무엇을 할지를 이해하기 위한 수요가 증가하고 있다(Einarsen, Aasland, & Skogstad, 2007; Kellerman, 2004; Krasikova, Green, & LeBreton, 2013; Lipman-Blumen, 2005; Padilla, 2013; Schyns & Schilling, 2013; Tepper, 2007; Tepper, Simon, & Man Park, 2017; Waldman, Wang, Hannah, Owens, & Balthazard, 2018).

파괴적 리더십은 '리더십의 어두운 면', '유독성 리더십', '나쁜 리더십', '가짜 변혁적 리더십', '폭압적 리더십', '비윤리적 리더십' 등 여러 이름으로 불려왔다. 이 모든 명칭의 공통점은 리더십이 항상 좋고 도움 되기만 하는 것이 아니라, 가끔 나쁘고 해가 되기도 한다는 뜻이다. 여기 이 책의 마지막 장에서 우리는 배려하고 생산적인 리더십의 반대, 즉 파괴적 리더십을 살펴보며, 그것이 어떻게 그리고 왜 생기는지, 그리고 파괴적 리더십의 특징과 대처 방법에 초점을 맞추어 다룰 것이다. 먼저 파괴적 리더십을 정의하고 그 내용을 설명한다. 다음은 유독성 삼각형이라는 틀을 소개하고 삼각형의 구성 요소들이 어떻게 파괴적 리더십을 키우는지 설명한다. 우리는 리더의 성격과 행동이 어떻게 파괴적 리더십에 기여하는지부터 삼각형 내 구성 요소들을 깊이 들여다본다. 그다음에 우리는 무엇이 추종자들을 파괴적 리더십에 취약하게 만드는지와 어떤 환경이 파괴적 리더십이 가능하게 유도하는지를 살펴본다. 마지막으로, 파괴적 리더십에 대응하고 없애는 실천적 방안들을 토의할 것이다.

파괴적 리더십

정의

우리는 대부분 한 번 이상은 비열하거나, 불공정하거나, 속임수를 쓰거나, 매우 통제적인 리더(예를 들면 교사, 매니저, 코치, 고용주)를 겪었을 것이다. 이런 사람의 리더십은 추종자들에게 두려움과 불안, 분노와 원망 등 모든 종류의 부정적 정서를 자주 불러 일으켰다. 이와 같은 방식으로 리드하는 사람들은 좋게 말해서 파괴적 리더라고 말할 수 있다. 이 절에서는 파괴적 리더십의 특징을 밝히고 구체적 정의를 내린다.

지난 10년간 리더십 학자들은 파괴적 리더십에 어떤 것이 포함되는지 밝히는 데 상당한 주의를 기울였다(Krasikova et al., 2013; Padilla, Hogan, & Kaiser,

2007). 파괴적 리더십의 정의에 관한 일치된 의견은 없지만 학자들은 그 과정에 깔려 있고 그 의미를 설명하는 특징들을 밝혀냈다.

첫째, 파괴적 리더십은 **파워, 통제권 또는 영향력을 지나치게 사용하는 것**이다. 파괴적 리더는 권위적이며 억압적이다. 그들은 다른 사람에 대한 완전한 통제력을 행사하고 자신들이 원하는 것에 복종시키려 한다. 히틀러가 1930년대와 1940년대에 독일에서 했던 것처럼 파괴적 리더는 강압과 힘을 사용하여 자신의 목적 달성을 위해 타인에게 영향력을 행사한다. 교조적이며 '하라는 대로 하거나 아니면 떠나라'는 식의 감독자나 상사가 파괴적 리더의 이런 모습을 보이는 예가 될 것이다.

비슷한 예로, 어떤 회사의 사장이 성적 호의를 제공한 직원을 승진시킨다면 부적절하고 지나친 통제권을 행사한 예가 될 것이다. 파괴적 리더는 권력을 무분별하게 사용하여 팔로워에게 리더가 원하는 것을 하도록 강요한다. 극단적으로 들리겠지만, 파괴적 리더십은 리더가 권력을 사용하는 데 아무 제약이 없는 절대군주의 한 유형이다(Padilla et al., 2007).

둘째, 파괴적 리더십은 **이기적 속성**이 있어서 리더와 구성원의 공동 목표 또는 조직의 목표보다 리더 개인의 목표에만 초점을 맞춘다(Padilla et al., 2007). 본질적으로, 파괴적 리더는 구성원과 그들의 이해관계에는 '귀머거리'가 되고, 리더의 욕구에 보조를 맞출 것을 요구한다. 예를 들면, 어떤 건설회사의 오너가 지역 내 회사의 이미지를 좋게 하기 위해 전 직원이 지역사회 봉사활동을 해야 한다고 생각할지 모른다. 그 결과, 정규직 직원들에게 자신이 이사직을 맡고 있는 저소득층에 주택을 지어주는 교회 자선단체에 근무시간 외에 한 달에 10시간씩 '자원봉사' 활동을 하라고 요구한다. 이 경우 리더의 요구는 직원들을 화나게 하는데, 사장의 자선단체 일을 하려면 가족과 함께 지내거나 레저 활동 시간을 줄여야 하기 때문이고 또 많은 사람이 이미 자신의 자선단체에 자원봉사활동을 하고 있기 때문이다. 직원들은 리더가 시키는 일이 불공정하고 반생산적이라고 생각한다. 리더가 이기적으로 개인적 목표만 고집하면, 다른 사람들은 자율적으로 행동할 수 없다고 느끼게 한다. 그것은 또 구성원들에 대한 권한부여를 막음으로써 결국에는 조직 분위기에 부정적 효과를 미친다.

셋째, 파괴적 리더십은 **해로운 행동**으로 구성원과 조직에 나쁜 영향을 준다. 파괴적 리더는 해로운 영향력을 사용하여 구성원들에게 손해를 초래할 수 있는 행동을 강요한다. 예를 들면, 수십 년 동안 가톨릭교회 내 여러 계층의 지도자들이 사제들의 아동 성학대를 은폐하고, 범행자들의 학대 행위를 밝히지 않은 채 한 교구에서 다른 교구로 전근시키기 일쑤였다. 결과적으로 가톨릭교회는 명성에 큰 손상을 입고, 신자들의 신뢰를 잃었으며, 피해자들에게 주는 합의금으로 인해 상당한 재정적 손해를 입었다. 파괴적 리더들은 조직의 목표 달성과 구성원들의 행복과 만족을 방해함으로써 조직의 합법적 이해관계를 해치는 것으로 끝난다(Einarsen et al., 2007; Krasikova et al., 2013).

제1장에서 우리가 리더십을 '한 개인이 한 집단에 영향력을 미쳐 공동의 목표를 달성하는 과정'이라고 정의했던 것과 대조적으로, 우리는 파괴적 리더십을 매우 다르게 정의한다. 파괴적 리더십(destructive leadership)이란 한 개인이 과도한 통제력과 억압을 행사하여 한 무리의 개인들로 하여금, 다른 사람들이나 조직에 미치는 영향을 고려하지 않고 리더 자신의 목표를 달성하도록 강제하는 과정이다. 파괴적 리더십은 리더가 파워를 사용하여 사람들에게 억지로, 흔히 그들의 의사에 반하여, 그 리더만이 원하는 것을 하도록 시키는 것이다. 그것은 구성원들을 이용하고 구성원과 조직에 해를 끼치기 때문에 파괴적인 것이다.

유독성 삼각형

파괴적 리더십을 흔히 '리더' 문제라고 생각하지만 그것은 리더 이상의 문제다(Padilla, 2013). 파괴적 리더십은 진공 속에 존재하는 것이 아니며, 리더, 구성원, 맥락 간에 복잡한 상호 작용의 결과로서 뿌리 내린다. 무엇이 파괴적 리더십을 조장하는지 설명하기 위해 파딜라 등(2007)은 파괴적 리더십을 가능하게 하는 핵심 요소를 개괄하는 유독성 삼각형(Toxic Triangle)이라 부르는 모델을 만들었다.

파괴적 리더

유독성 삼각형의 주 요소는 그림 14.1에서 보여주는 것처럼 파괴적 리더이다. 이 요소를 이해하는 것이 파괴적 리더십 전체를 이해하는 일의 핵심이다. 누가 파괴적 리더인가? 그들의 특징은 무엇인가? 그들은 어떤 독특한 성격이 있고 어떤 남다른 행동을 보이는가? 파딜라 등(2007)은 이 질문들에 일부 대답을 제시하였다.

첫째, 파괴적 리더들은 전형적으로 카리스마(charisma)를 과시한다. 카리스마는

그림 14.1 유독성 리더십 삼각형

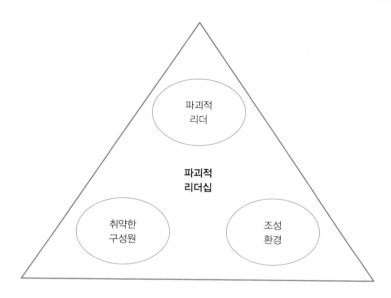

파괴적
리더십

파괴적
리더

취약한
구성원

조성
환경

출처 : Adapted from "The Toxic Triangle: Destructive leaders, susceptible followers, and conducive environments," by A. Padilla, R. Hogan, and R. B. Kaiser, 2007, *The Leadership Quarterly, 18*(3), 176–194.

다른 사람들의 마음을 움직이는 특성 또는 매력으로서 사람들의 헌신을 이끌어내는 리더들의 능력을 가리킨다(제2장 참조). 카리스마는 긍정적 특성이지만 파괴적 리더는 이것을 해로운 방법으로 활용한다. 카리스마와 아울러 뛰어난 언변, 비전, 활동력 등을 사용하여 파괴적 리더들은 다른 사람을 자기편으로 만들고 개인 목적 달성을 위해 구성원들을 이용한다. 예를 들어, 신도(인민사원)들을 샌프란시스코에서 가이아나 존스타운으로 데리고 간 신흥종교 지도자 짐 존스의 악명 높은 사례를 생각해보자. 그는 신자들을 학대한 혐의를 받자 미국 정부가 자신의 교회 일에 간섭하는 것을 피하고 싶었다. 권력욕에 사로잡힌 존스는(제12장 참조) 공동체를 설립하여 추종자들을 조종하고 통제하여 마침내 청산가리를 탄 쿨에이드를 마시고 집단자살을 하게 했고, 그 결과 913명이 죽었으며 그중에 어린이가 304명이었다. 존스는 틀림없이 카리스마적 리더였다. 그러나 그는 자신의 리더십을 비열한 목적에 사용하였다.

둘째, 파괴적 지도자는 **권력 욕구**(need for power)가 매우 강렬하며(Padilla et al.,

2007), 이 권력을 공동의 이익보다는 주로 개인적 이득이나 권력 강화에 사용한다. 다른 사람들이나 조직에 봉사하는 것은 파괴적 리더의 관심사가 아니다. 오히려 자신의 의사를 남에게 강요하며 자신의 목적을 홍보하기 위해 구성원들을 깎아내린다. 예를 들면, 조 아르파이오 보안관이 지난 24년간 애리조나주 마리코파 카운티에서 어떻게 권력을 사용했는지 살펴보자. 그는 자신을 '미국에서 가장 강인한 보안관'으로 홍보하며 철권통치를 했다. 그는 보안관직을 이용하여 미국 국경을 넘어 온 불법 이민자들을 뒤쫓으며 '이민자 일제 검거'까지 자행했다. 미국 연방법원이 그에게 일제 검거를 금지하는 법원 명령을 발급했으나 나중에 보니 그는 이 명령도 무시했음이 드러났다. 보안관으로 있는 동안 아르파이오는 직권 남용, 자금 유용, 성범죄 수사 누락, 이민법의 불법적 행사, 위헌적 구류 처분, 인종 관련 자료수집 등을 저질렀다. 아르파이오는 전혀 망설임 없이 자신의 견해를 완강하게 주장하고 관철했다. 그러나 그는 파괴적 리더로서 직권을 남용하여 공익을 거스르며 자신의 개인적 목적을 추구하였다.

셋째, 파괴적 리더십은 자기도취증(narcissism)과 관련되어 있다. 그리스 신화에서 나르키소스는 매우 잘생긴 젊은 사냥꾼이었는데, 물에 비친 자신의 모습을 보자마자 자신의 이미지와 사랑에 빠지게 되었다. 마찬가지로, 자기도취적 리더는 자기 자신 및 자신의 리더십과 사랑에 빠진다. 그들은 자신을 거창한 인물로 여기며 다른 사람들로부터 끊임없는 관심을 받고 싶어 한다. 자기도취적 리더는 자신의 생각과 행동에 사로잡혀 있어서 다른 사람의 의견을 환영하지 않는다. 이들은 자기가 특별한 것처럼 행동하며 자신의 목표가 불합리하더라도 거리낌 없이 이를 추구한다. 자기도취증은 다른 사람들로부터 피드백을 받아들이려는 능력이나 의지를 제한하여 리더를 고립시키기 때문에 파괴적이다. 이러한 리더들은 다른 사람에 대한 공감능력이 부족하고 타인의 욕구와 관심사를 무시한다.

예를 들어 부유층 지역에서 고급 남성용품점을 운영하는 대단히 자기도취적인 오너를 보자. 가게 디자인과 상품은 모두 주인의 성격을 반영하며 가게 주인은 자기 가게 및 특별하게 보이려고 자신이 한 모든 것을 사랑한다. 그는 장사가 잘될 때에는 자신의 리더십과 비전 덕분으로 돌리고, 장사가 안 되면 그것은 다른 사람들 잘못이라고 남 탓으로 돌린다. 직원이 운영을 개선하기 위한 유용한 제안을 하면 그는 듣고 나서 자기가 하고 싶은 것만 한다. 주인은 전적으로 자신에게 초점을 맞추고, 다른 사람이나 그들의 관심사에는 신경을 쓰지 않는다. 그는 건강(예 : 편두통) 문제나 집안 문제(예 : 자녀가 아픔)로 출근을 못 한 직원에게도 공감하지 못했다. 한부모 가장인 자신의 누이가 건강 보험이 없어서 특별한 처방약이 필요한 만성병에 걸렸는데도 누이의 의료비를 지원해준다든지 조카들을 도울 생각을 전혀 하지 않았다. 말할 필요도 없이, 자기도취적이고 남을 돌보지 않는 리더십 속성 때문에 그는 밑에서 일하기가 매우 까다로운 사람이었다. 직원들이 의견을 얘기해도 주인이 진지하게 생각하지 않고 부정적 근무 환경을 만들기 때문에 자주 무시당한다고 생각했다. 가게의 이직율이 높은 것은 놀랄 일이 아니었다.

파딜라 등(2007)은 파괴적 리더에게는 카리스마, 권력 욕구, 자기도취증뿐 아니라 **부정적이거나 트라우마적인 유년기 경험**이 있어서 구성원들을 냉담하게 대하거나 자기 목적을 위해 이용하는 일이 드물지 않다고 시사했다. 파괴적 리더들은 어린 시절의 고생 때문에 자신에 대한 혐오를 타인에 대한 혐오로 바꾸어–타인을 경멸받는 적으로 대하는–증오의 이데올로기를 표출할 수 있다. 이들은 자신이 과거에 불행했기 때문에 남을 학대하고 미워하는 행동이 정당하다고 믿는다. 유년 경험과 성인 행동을 직접 연관시키는 것이 불가능하더라도 이와 같은 이슈를 알고 있는 것이 파괴적 리더십 이면의 '왜'를 어느 정도 설명하는 데 도움이 된다.

취약한 구성원

유독성 삼각형의 두 번째 요소는 **취약한 구성원**(susceptible followers)이다(그림 14.1 참조). 앞에서 말한 것처럼, 파괴적 리더십은 진공 상태에서 벌어지지 않는다. 그것은 구성원들이 영향을 받기 쉬운 상황에서 일어난다. 예를 들면, 구성원이 수동적이거나 순종적일 경우 이들의 비(非)행동(inaction)이 구속받지 않는 리더십을 조장하여 의도하지 않게 파괴적 리더를 지원하게 된다. 리더와 구성원은 프로세스에서 상호 관련되어 있다. 구성원이 어떻게 행동하느냐가 리더가 어떻게 리드하느냐와 강력히 연관되어 있다.

파딜라 등(2007)에 의하면 파괴적 리더십에 취약한 팔로워의 유형은 **순응자**와 **공모자** 두 가지로 나눌 수 있다. 명칭이 암시하듯, 순응자(conformers)는 동조하지 않았을 때의 결과를 최소화하기 위해 파괴적 리더에게 순응한다. 그들은 명확히 정의한 자기개념이 없고, 따르지 않으면 무슨 일이 생길지 몰라 두려워서 순응한다. 순응 욕구의 밑바닥에는 충족되지 않은 기본 욕구, 부정적 자기평가, 미성숙 등이 있다. 좋은 예가 고등학교 '티어 1 AAA 하키(Tier 1 AAA Hockey, 미국 최고의 청소년 아이스하키 리그-역주)' 팀 선수들이 좋은 예가 될 것이다. 그들은 대학이나 마이너리그 하키팀 리크루터들에게 노출되고 싶어서 팀에 있는 것이다. 코치가 시합에 나가서 경기할 선수를 결정하기 때문에 선수들은 코치가 모욕을 주거나 사람들 앞에서 야단을 쳐도, 선수들끼리 자주 몸싸움으로 바꾸는 언쟁을 하게 해도, 참을 수밖에 없다. 선수들의 부모가 알더라도 아들의 출전 기회를 막지 않기 위해 침묵을 지킨다.

대조적으로 공모자(colluders)는 자신을 위해 무언가를 얻어 낼 희망으로 가담한다. 그들은 자신의 의제에 유리하기 때문에 리더의 의제를 지지한다. 공모 욕구 저변에는 야망, 이기심, 비슷한 신념과 가치관을 가진 리더를 지지하고 지지받을 기회 등이 깔려 있다. 공모자의 좋은 예는 국회의원들처럼 선출된 공직자가, 자신이 동의하지 않는 안건이나 선거구민들에게 최선의 이해관계가 되지 않더라도 당의 방침에 따라 투표하는 경우이다. 당의 재정적 후원이나 공천이 국회의원들에게는 결정적이므로 당의 지지를 유지하기 위해 자신이 믿지도 않는 법안에 찬성 투표를 한다.

취약한 구성원들을 순응자와 공모자라고 설명한 데 이어서, 진 립먼-블루먼은 저서 **부도덕한 카리스마의 매혹**(*The Allure of Toxic Leaders*, 2005)에서 왜 일부 팔로워들이 파괴적 리더들에게 취약한지에 대한 또 다른 설명을 제시했다. 이 책에서 그는 해로운 리더십의 출현을 돕는 팔로워 쪽에서의 일련의 심리적 요인을 밝히고 왜 팔로워들이 고도로 파괴적인 리더들에게 순응하는지 설명한다.

표 14.1에 립먼-블루먼이 기술한 요인 항목들을 보면 '왜' 기본적인 인간적 욕구가 우리를 나쁜 리더십에 취약하게 만드는지 이해하는 데 도움이 된다.

1. **안심시켜주는 권위자에 대한 욕구.** 정신분석가 지그문트 프로이트가 1900년대 초에 연구하던 시절부터 권위자를 다루는 방법에 관한 많은 저술이 있었다. 우리가 아주 젊을 때에는 부모에게 의존하여 우리를 안내하고 보호해주기를 바라다가 성인이 되면 스스로 나침반/권위자/개인이 되기를 배워 다른 사람에게 의존하지 않고 결정을 내린다. 그러나 어떤 사람들은 성인이 되어도 권위자를 매우 필요로

1. 안심시켜주는 권위자에 대한 욕구

2. 안전과 확실성에 대한 욕구

3. 선택받았다거나 특별하다고 느끼고 싶은 욕구

4. 공동체의 일원이 되고 싶은 인간적 욕구

5. 따돌림, 고립, 사회적 매장에 대한 두려움

6. 나쁜 리더에게 맞서기에는 무력하다는 두려움

출처 : Based on *The Allure of Toxic Leaders* by J. Lipman-Blumen, 2005, p. 29; permission conveyed through Copyright Clearance Center, Inc. Republished with permission of Oxford University Press.

한다. 그들은 한때 부모들이 그랬던 것처럼 리더들이 크고 강하기를 바란다. 그들은 보살핌과 보호받기를 원한다. 이런 욕구가 파괴적 리더들이 구성원들을 자기의 목표 달성에 이용하게 한다. 안심시켜주는 권위자에 대한 구성원들의 욕구가 크면 권력을 악용하는 파괴적인 리더의 지시에 취약하게 만든다. 예를 들면 2009년 애리조나주에서 자기계발 수련회 참가자 50명이 죄를 씻는다는 의미의 의식을 치르기 위해 사우나 같은 한증막 안으로 들어갔다. 일부 참가자가 눈에 띄게 고통스러워하며 도움을 호소했지만, 당시 업계에서 유명인이자 수련회의 리더였던 제임스 아서 레이는 오히려 그들을 더 다그치며 삶을 변혁시키는 재탄생 과정의 일부로서 무더위를 참고 견디라고 독려하였다. 참가자들은 레이의 말을 믿었고, 그 결과 3명이 죽고 18명은 열 과다노출로 입원하였다.

2. **안전과 확실성에 대한 욕구.** 신념체계를 연구하는 심리학자들은 사람들이 일관성에 대한 욕구(즉 자기의 신념과 태도의 균형을 유지하는 것)가 있음을 알게 되었다. 우리가 예측 가능성을 추구하는 것은, 방해를 받아 자신이나 주위의 사건을 내가 통제하고 있지 않다고 느끼는 상황이 되면 힘들어한다는 뜻이다. 이와 같은 맥락일 때 구성원들은 권력을 가진 비윤리적 리더들의 유혹에 취약해진다. 예를 들면 어떤 사람이 생존율 통계가 낮은 심각한 뇌종양 진단을 받았다고 상상해보자. 그런 상황에서 대부분의 사람은 의사와 지역 암센터 전문가의 조언을 믿게 된다. 그러나 어떤 사람들은 너무 불안하고 불분명해서, 전통적인 약을 포기하고 빨

리 치료할 수 있다고 약속하는 외국의 미인증 암센터를 찾아간다. 단지 그들이 바라는 것은 자신이 처한 상황에서 부족하다고 생각하는 안전과 확실성을 주는 사람들일 뿐이다. 힘든 시련의 시기에, '모든 것을 다 아는' 리더가 지시와 지원을 해주기를 바라는 것은 인지상정이다.

3. **선택받았다거나 특별하다고 느끼고 싶은 욕구.** 립먼-블루먼(2005)은 선택받았다고 느끼고 싶은 욕구를 설명하기 위해, 모세와 존 캘빈같이 자신들이 '선택받은 사람들', 즉 자신들은 특별하여 더 높은 권위자에게 선발되었다라는 것을 강조하는 종교 지도자를 가리킨다. '선택된 사람'의 일부라는 뜻은 '다른 사람들'이 갖지 않은 진리를 자기 쪽에 갖고 있다는 뜻이다. 선택받은 자의 일부이고 자신이 '옳다'고 느끼는 것은 팔로워들에게 일종의 안전감을 주기는 하지만, 이는 '타자'의 인간성을 인정하는 것을 희생하는 대가를 치른다. 예를 들면 백인우월주의자들의 이데올로기는 백인이 다른 모든 인종보다 우월하기 때문에 다른 '열등한' 인종을 지배해야 한다고 믿는 것이다. 백인우월주의자들은 유색인종과 비기독교 종교들을 반대한다고 알려져 있다. 백인우월주의 추종자들은 선택받고 특별하다고 느낄지 모르나 이는 다른 사람들을 인간적으로 대우하지 않고서일 뿐이다. 유독성 리더들은 사람들이 특별하다고 느끼는 욕구를 이용할 줄 알며, 그런 욕구를 자신의 목적을 위해 사용한다.

4. **공동체의 일원이 되고 싶은 인간적 욕구.** 심리학자 윌리엄 슈츠(1966)는 가장 강한 대인 욕구 중의 하나는 자신이 그 집단에 속하는가 여부를 알고 싶어 하는 것이라고 주장한다. 우리는 내부자인가 외부자인가? 다른 사람들에게 포용되어 그 공동체의 일원으로 인정받고 있는가 그렇지 않은가?

어떤 집단이나 조직이 긍정적으로 작동하고 있을 때는 멤버에게 집단의 일원이 되는 것은 건강한 일이다. 즉 그들은 받아들여지고, 편안하고, 존중받고, 격려받는 느낌을 갖는다. 그러나 집단의 일원이 되고 싶어 하는 욕구를 파괴적인 리더가 악용할 수 있다. 이들은 개인적 의미와 목적을 집단에 높게 의존하고 있는 사람들을 이용한다. 의존성이 높은 팔로워는 사회적 소속을 유지하기 위해 개성, 신념, 정직성을 기꺼이 포기한다(Lipman-Blumen, 2005). 남학생 사교 클럽에 가입하려는 열성, 욕구 때문에 위험한 의식을 참는 신입 회원의 부상과 사망에까지 이르는 대학 캠퍼스에서 일어나는 사교 클럽의 충격적인 신입생 신고식 사고를 생각해보자. 팔로워들은 소속에 대한 개인적 욕구를 조절할 수 없어서 나쁜 리더십에 취약해진다.

5. **따돌림, 고립, 사회적 매장에 대한 두려움.** 개인이 집단의 일부가 되고 완전한 회원 자격을 얻으면 그 개인은 대개 그 집단의 규범을 배우고 실천하기 시작한다. 팔로워들은 집단에 둘러싸이면 그 집단의 가치관, 사명, 신념에 편해진다. 나아가, 팔로워는 집단의 일원이 된 것과 집단 멤버가 하는 것을 좋아하기 시작하고, 포용된 것과 집단 공동체가 편안해진다.

그러나 집단의 일원이 되는 것에는 단점도 있다. 이런 포용과 공동체는 집단의 사명이나 가치관이 개인의 것과 어긋나더라도 집단에서 떨어져 나가거나 이의를 제기하기 어렵다. 집단에 순응하라는 압력은 개인이 집단에 반대하거나 집단을 바꾸기가 매우 어렵다. 구성원이 집단의 기준에 거슬러 행동하거나 집단이 하는 것의 부정적 면에 주의를 기울이면(예 : 호르라기 부는 사람 역할) 그 집단에서 쫓겨나거나 고립될 위험이 높아진다. 예를 들면, 여러분과 친구들이 대학에서 역사 과목을 수강하고 있는데 마지막 과제로 중요한 역사 사건에 관해 연구 논문을 써서 발표하는 팀을 구성하기로 했다고 가정하자. 그 집단의 리더는 여러분의 절친 중의 한 명인데, 집단의 리더가, 온라인 서비스 업체에서 리서치 페이퍼를 돈 주고 살 수 있다는 것을 알게 되어 팀원들 모두 돈을 걷겠다고 했다. 여러분은 이것은 비윤리적이라고 생각한다. 여러분은 과목 강사에게 말하여 친구들에게 따돌림을 당할 것인가? 아니면 '조용히 입을 다물고' 논문 살 돈을 내고, 친구들과 관계를 유지할 것인가? 집단에서 따돌림 당할지도 모른다는 불안감이 파괴적 리더십에 취약하게 만든다.

6. **나쁜 리더에게 맞서기에는 무력하다는 두려움.** 마지막으로, 팔로워들은 자신들이 파괴적 리더를 변화시킬 수 없다고 느끼기 때문에 의도하지 않게 이들이 파괴적 리더가 되게 한다. 일단 집단의 일원이 되면, 구성원들은 집단의 규범에 순응하라는 압력을 자주 받는다. 그들은 리더에게 도전하거나 리더의 집단에 대한 계획을 거스르는 것이 쉽지 않다는 것을 알게 된다. 예를 들면, 정당에서는 개인적으로는 완전히 반대하더라도 당의 강령에 찬성하도록 압력을 받는 일이 자주 있

다. 구체적으로, 리더가 부적절하게 행동하거나 다른 사람을 해롭게 대하더라도 팔로워들이 리더의 행동을 대놓고 뭐라고 말할 용기를 내기는 어렵다. 집단은 팔로워들에게 안전을 제공하는데, 안전을 잃을 것이란 위협은 권위 있는 인물에게 도전하는 것을 겁내거나 불편하게 한다. 권력자에게 진실을 말한다는 것은 용감한 행동이며, 팔로워들은 권위자 앞에서 자기를 표현할 때 자주 무력감을 느낀다. 한 집단에 팔로워로 받아들여지면 많은 편익이 있지만, 그렇다고 항상 개인의 주체성을 증진시켜 주지는 않는다. 결국, 만약 여러분이 리더에게 도전하면 누가 여러분을 지지해 주겠는가? 예를 들면, 리더가 공개적으로 LGBT 권리에 반대하는 편견을 가지고 있는 조직에서 게이 직원이라면 어떨지 상상해 보라. 리더와 그의 방침에 대한 반대 의견을 표현할 것 같은가?

요약하면, 파괴적 리더십은 나쁜 리더 때문만에 발생하지는 않으며, 나쁜 리더와 취약한 구성원 간의 상호 작용에서 나타난다. 구성원들이 리더에게 영향을 주고, 리더가 구성원에게 영향을 주는 것이 동시에 일어난다. 파괴적 리더십은 취약한 구성원과의 관계에서 나타난다. 구성원들이 순응하고 공모할 필요를 느낄 때, 그리고 자신들의 안전, 고유함, 공동체 소속 욕구를 충족하려 시도를 해야겠다고 느낄 때, 파괴적 리더는 진화하고 번성할 수 있다.

조성 환경

그림 14.1에 있는 것처럼 유독성 삼각형의 세 번째 요소는 조성 환경(conducive environments)이다. 조성 환경이란 파괴적 리더십의 발생을 촉진하는 독특한 상황이나 맥락을 말한다. 어떤 것들이 조성 환경을 만드는지 알면 파괴적 리더십의 기초와 복잡성을 이해하는 데 유용하다. 파딜라 등(2007)에 의하면 조성 환경에는 대개 네 가지 요소가 있는데 불안정, 지각된 위협, 문화적 가치관, 견제와 균형 및 제도화의 부재이다.

1. 불안정.　위기와 혼돈의 시기에는 팔로워들은 방향과 명확성을 바라며, 리더가 사태를 가장 빠른 방법으로 안정시키기 바란다. 환경이 불안정해지면 계산적인 리더는 필요보다 더 많은 권한을 주장하고, 기존 조직 구조의 경계 내에 있지 않은 결정들을 하기에 편리해진다. 규칙과 체계적 구조가 명확하게 확립되어 있지 않

을 때 기회주의적 리더는 시스템을 자기 자신의 목적을 위해 이용한다. 그들은 일방적으로 행동하며 근본적 변화를 만들 수도 있다. 불확실한 때에 확실성을 찾고 싶어 하는 것은 우리 모두에게 당연하지만, 그러나 이런 상황에서 누가 어떻게 리드하게 할 것인지 잘 지켜보아야 한다. 불안정한 상황은 리더들이 권력을 잡아 공익보다 자신과 자신의 목적에 봉사할 규칙을 만들 좋은 기회가 된다.

비효과적인 리더십을 초래한 불안정한 상황의 고전적 역사상 사례는 1981년 3월 30일 로널드 레이건 미국 대통령에 대한 암살 위협을 둘러싼 사건들에 잘 나타나 있다. 대통령은 미국노동연맹-산별노조협의회 대표들에게 오찬연설을 마치고 워싱턴 힐튼 호텔을 떠나면서 총에 맞았다. 그는 즉시 조지워싱턴대학병원으로 후송되어 수술을 받았다. 그의 상태가 안 알려져 있어서 국내 및 전 세계에서 큰 걱정을 했다. 백악관에서도 혼란에 빠졌다. 이런 형태의 재난에 대한 확립된 의전절차가 없었기 때문이었다. 조지 H. W. 부시 부통령도 연설을 하러 텍사스주에 가 있어서 도움이 되지 않았다.

백악관 무대 뒤에서, 사태를 안정시키려는 직원들의 노력도 효과가 없었다. 이와 같은 무질서하고 시끄러운 상황에서 국무장관 알렉산더 헤이그는 언론 연설을 하겠다고 혼자서 결정했다. 그는 가쁜 숨을 몰아쉬며 매우 초조해 보였다. 언론이 누가 정부를 위한 의사결정을 하느냐고 질문하자, 헤이그는 지금은 유명해진 답변을 했다: "지금부터, 여기, 백악관 안에서, 내가 통제합니다." 더구나 그는 대통령 승계 순서에서 부통령 다음 세 번째 순서가 하원 의장이 아니라 국무장관이라고 잘못된 주장을 하는 실수까지 했다. 헤이그가 리드하려는 시도는 많은 사람에게 자신의 역할을 뛰어 넘어 합법적이지 않은 권력을 잡으려는 것으로 보였다. 결국 헤이그의 리더십은 안정을 제공하는 대신 더 큰 불확실성과 불안으로 끝났다.

2. **지각된 위협.** 파괴적 리더십의 가능성을 높이는 환경을 만드는 또 하나의 상황적 요소는 지각된 위협이다. 사람들은 당연히 물리적 · 사회적 · 재무적 등 여러 수준에서 일어날 수 있는 위협으로부터 보호받고 싶어 한다. 위협이 사실일 필요는 없으며 사실처럼 지각되기만 하면 된다. 개인들은 무엇인가에 의해 다치거나 손해를 입을 것같이 생각되면 확신에 찬 리더를 찾아서 받아들이는 것이 보통이다. 더구나 위협이 상존하는 상황에서는 많은 팔로워가 누군가 책임을 지고 나서

서 리더십을 보이는 것을 좋아한다. 예를 들면, 보스턴 마라톤 폭탄 사건 직후 범인들이 발견되기 전에, 보스턴 전 지역에서 사람들은 경찰의 권고에 따라 혐의자를 찾을 때까지 "안전한 곳에 피난하라"는 권고를 기꺼이 잘 따랐다. 보스턴 시민들은 밖에 나가도 안전하다는 말을 들을 때까지 건물과 집 안에 있었다. 외부의 위협에서 보호받기 원하는 것은 이 장에서 앞서 설명한 립먼-블루먼(2005)의 안전 개념과 밀접히 관련되어 있다. 우리가 어떤 식으로든 다치거나 부상 입을 것이 두려울 때 강한 리더가 돌봐주기를 바라는 것은 인간적이다. 개인은 위협받는다고 느끼면 자기 스스로 무엇을 해보겠다는 것을 포기하고 다른 사람으로부터 강한 지시를 받거나 통제권을 그들에게 양보하려 한다.

지각된 위협이 사람들에게 어떻게 영향을 미치고 지도자들에게 무엇을 바라는지에 대한 정치적 사례를 2016년 미국에서 이민 문제와 관련해서 일어난 것이 잘 보여주고 있다. 이 시기에 미국 내 주요 관심사 중 하나는 미국 국경을 넘어오는 서류 없는 이민자 물결이었다. 경제가 튼튼했지만 사람들은 경제 성장의 '정당한 몫'을 경험하지 못했다고 좌절감을 느꼈다. 그들은 적절한 절차를 거치지 않고 서류 없이 국경을 넘는 이민자들이 미국 시민이 아니기 때문에 받을 자격이 없는 복지, 교육, 의료 및 식품 보조를 받고 있다고 믿었다. 일부 정치가와 언론 매체들이 이들 이민자들을 멕시코와 접하고 있는 남쪽 국경을 넘어 미국으로 몰래 들어오는 마약 거래자, 강간범, 범죄자로 규정하자 이들의 좌절감은 더욱 악화되었다. 옳든 그르든 이들 불법 이민자들에 대한 지각된 위협이 미국과 멕시코 국경 사이에 장벽을 건설하는 아이디어를 호소력 있는 해결책으로 만들었다.

3. **문화적 가치관.** 넓은 의미로 말하자면, 사회 내의 어떤 일반적 가치관들이 파괴적 리더십의 가능성을 높일 수 있다. 호프스테드(1980)가 문화적 차원에 관한 고전적 연구에서 제시한 범주에 기초하여 루사스, 피터슨, 이브라예바(1998)와 파딜라 등(2007)은 불확실성 회피, 집단주의, 높은 권력 격차를 보이는 사회가 파괴적 리더십을 조성하는 환경이라고 제시한다. 첫째, 높은 **불확실성 회피**가 특징인 사회 (예 : 일본)는 불확실성을 피하기 위해 확립된 사회적 규범, 의례, 절차에 의존한다. 규칙, 구조, 법률은 일들을 더욱 예측 가능하게 해 준다. 빈곤이나 민족 분규 등 구성원들이 불확실성을 느끼는 상황에서는 강력한 독재적 리더들이 종종 사안

을 예측 가능하게 만들어 구성원들에게 희망을 제공한다. 그러나 역시 불확실한 상황에서는 파괴적 리더들이 국민들이 원하는 것, 즉 확실성을 주는 규칙, 구조, 법률 등을 만들어 구성원들의 욕구를 쉽게 이용할 수 있다.

둘째, 집단주의를 특징으로 하는 사회(예 : 북한)는 개인의 목표와 성취보다 폭넓은 사회적 이해관계를 동일시하고 강조한다. 이들 사회에는 자주 강력한 리더가 있으며 집단적 노력을 우선시한다. 집단주의 가치관은 대중을 리드하고 공유한 목표에 사람들을 단결시킬 수 있는 리더를 더 좋아하게 한다. 심지어 다양성이 많은 곳에서조차, 집단주의는 사람들을 단결시켜 통일 전선으로 단결시킬 수 있는 강한 리더를 지지하도록 한다. 집단주의 가치관은 무엇보다도 중요한 하나의 통일된 대의명분을 지지하고 약속하는 리더 주위에 취약한 구성원들이 모여들어 그의 리더십을 수월히 받아들이게 만드는데, 이 대의명분은 사람들에게 최선의 이익이 되는 것일 수도 있고 아닐 수도 있다. 공동의 대의명분을 갖는 것은 중요하지만, 개인의 특성과 타인의 의견을 축소할 때에는 그렇지 않다.

마지막으로, 어떤 문화에서는 높은 권력 격차(예 : 사우디아라비아)로 특징지을 수 있는 가치관을 강조한다. 즉, 사람들이 권력이 불평등하게 분산될 수 있다는 사실을 받아들인다는 것이다. 높은 권력 거리는 사회가 계층화되어 파워, 권위, 물질적 소유에 따라 사람들 사이의 수준을 만드는 것이다. 이런 문화에서는 사람들이 권력과 권위를 어쩔 수 없는 현실로 보고 교육 수준과 부의 분배 불균형을 그대로 받아들인다. 이런 맥락은 파괴적 리더를 조성하는 환경이 되는데 그 이유는 사람들이 억압적이고 전체주의적인 리더십에 고유한 불평등한 권력에 익숙해지기 때문이다.

4. **견제와 균형 및 제도화의 부재.** 견제와 균형(checks and balances)의 원칙이란 권력과 영향력이 조직 체계 내에서 공유되는 방식을 말한다. 이는 체계의 각 부분에 다른 부분들의 영향력을 상쇄하여 균형을 잡는 권한을 부여함을 뜻한다. 이 원칙은 권력이 소수의 개인이나 집단의 수중에 집중되지 않도록 한다. 어떤 조직에 견제와 균형이 준비되어 있지 않으면 사람들은 권력을 남용하여, 조직 내의 다른 집단이나 조직 전체의 공동 이익을 희생시켜 자신의 의제를 발전시킬 기회를 열어준다. 예를 들면 미국의 연방 정부는 세 부문(즉, 행정부, 사법부, 입법부)이 서로

견제와 균형 역할을 하도록 한 것이다. 만약 이와 같은 견제와 균형이 없다면 부문 중의 하나가 행동을 취하여(예 : 행정부가 일련의 행정 명령을 발행하여) 다른 부문과 갈등을 일으키거나 침해할 수 있다. 실질적인 면에서, 견제와 균형은 파괴적 리더가 불공평하고 부당하게 권력을 잡지 못하게 하는 안전판이다.

방금 설명한 견제와 균형과 비슷하게, 제도화(institutionalization)란 조직 내에서 규칙과 규정을 만드는 것과 관련되는 절차이다. 튼튼한 기관이란 명확하게 확립된 규칙과 절차가 있고, 동시에 이들을 변경하거나 대체하는 합의된 방법이 있는 조직이라고 할 수 있다. 견제와 균형과 마찬가지로 제도화는 개인과 집단이 조직 내에서 영향력과 권한이 어떻게 공유되고 있는지를 설명하는 한 가지 방법이다. 예를 들면 A 공립학교는 튼튼한 기관이라고 할 수 있다. 행정가들의 의무뿐만 아니라 학부모와 학생들의 권리와 책임까지, 투명한 규칙과 절차가 규정된 명확한 운영 시스템이 있기 때문이다. 대조적으로, B 공립학교는 제도적으로 취약하다고 할 수 있다. 그 이유는 학교 운영에 대한 규칙과 절차가 근본적으로 개발되어 있지 않고, 명확하게 서면화되어 있지 않고, 구속력이 없기 때문이다. 새로 생긴, 소규모의, 성장이 빠른 조직에서는 명확한 규칙이 없어서, 리더들이 팔로워에게 파괴적으로 행동할 맥락을 만들어 주기 쉽다(Thoroughgood, Sawyer, Padilla,& Lunsford, 2018). 제도화가 강하면, 파괴적 리더십의 기회가 줄어든다.

파괴적 리더십 대처하기의 실제

다른 장에서는 마지막에 리더십 실천법을 다룬 것과 대조적으로 이 장에서는 어떻게 리더십을 '실천'하지 않을지로 끝맺는다. 이 장은 유독성 리더를 저지하는 방법과 파괴적 리더를 건설적 리더십으로 바꾸는 방법에 관한 것이다. 우리는 유독성 삼각형(그림 14.1 참조)에 소개한 생각과 일관되게 파괴적 리더십 대처법을 리더, 구성원, 맥락이라는 세 가지 관점에서 다룰 것이다. 이 세 가지 관점은 전체적으로 보면, 파괴적 리더십과 싸우기 위한 전략을 개발하는 강력한 기반을 제공한다.

리더

우리 대부분은 파괴적 리더를 알아보기는 쉽지만 이들을 없애기는 매우 어렵다는 데 동의할 것이다. 그 과제를 더욱 어렵게 하는 것은 파괴적 리더가 흔히 카리스마가 있어서 설득력이 뛰어나기 때문이다. 그들은 권력을 잡으면 과시하고 싶어 하며 자신의 목적을 위해 사용한다. 그들은 또한 자기 도취적이기도 해서 공감 능력이 현저하게 떨어진다. 이 모든 것의 밑바탕에는 다른 사람을 학대함으로써 어린 시절의 트라우마를 해결하고 싶은 심리적 욕구가 있다. 파괴적 리더들은 다루기 어려우며, 그들을 변화시키거나, 리더십 지위에서 제거하는 것은 지극히 도전적이고 보통은 불가능하다. 이 어려움을 이해하기 위해, 가이아나의 짐 존스, 독일의 아돌프 히틀러, 엔론 회사의 제프리 스킬링과 앤드루 패스토우 같은 사람들을 다루는 도전을 상상해보자. 이들 사례마다 리더들의 해악은 뚜렷했지만, 그들과 싸울 충분한 통로는 없었다.

그럼 조직은 파괴적 리더에 관해서 무엇을 할 수 있는가? 한 가지 방법은 잠재적인 파괴적 리더를 찾아내는 효과적인 선발 육성 절차를 개발하는 것이다(Padilla et al., 2007). 기업적 측면에서, 신규 직원 모집, 면접, 채용을 관장하는 회사의 인력부서는 경영진이 파괴적 리더의 속성을 보이는 사람을 채용하거나 승진시키지 않도록 설득하는 것을 핵심 사명으로 삼아야 한다. 채용 후보들의 강점과 약점을 확인하고 직무 및 조직의 문화와 맞는지를 검사하는 여러 가지 심리검사를 받도록 요구하는 회사가 많다. 이런 테스트는 일반적 면접에서 쉽게 드러나지 않는 지원자의 속성을 더 쉽게 파악할 수 있다. 예를 들면, 이런 테스트에 지원자의 경청 능력, 공감 능력, 통제 욕구, 자기 도취성 등의 평가도 포함할 수 있다. 이런 항목에 대한 후보자의 점수는 조직 내에서 리더십 지위가 주어졌을 때 문제 또는 파괴적일 가능성을 가진 사람들을 제외시키는 정보로 활용할 수 있다. 더욱이 측정하기가 더 어렵기는 하지만, 후보자들의 윤리적 · 도덕적 기준을 측정할 수도 있다. 윤리성에서 낮은 점수를 받으면 후보자가 리더십 면에서 파괴적일 수 있다는 분명한 지표가 될 수 있으며 따라서 이런 사람은 지원자 풀에서 제외할 수 있다.

일반적으로, 파괴적 리더를 다루는 만병통치약은 없다. 그들은 언제나 존재하며 자신들이 봉사하는 사람들과 조직에 틀림없이 암암리에 영향을 줄 것이다. 관심사를 표현할 의사소통이나 법률적 통로가 있는 상황이라면 사람들이 의견을 표출하고, 리더에게 대응하여 변화를 요구할 의무가 있다. 리더에게 도전하거나 리더를 제거할 절차가 존재하는 조직에서는 사람들은 반드시 후원자를 규합하여 변화를 요구해야 한다. 이것은 흔히 시간이 오래 걸리고 힘이 많이 드는 과정이다. 그러나 파괴적 리더는 유독하고, 권력을 악용하기 때문에, 개인들은 주저하지 말고 그들에게 도전하여 직위에서 쫓아내야 한다.

구성원

이 장 엘리자베스 홈스와 테라노스에 관한 리더십 스냅숏 내용을 되새기며, 다루어야 할 중요한 질문은 "왜 구성원들은 CEO 엘리자베스 홈스의 파괴적 리더십을 제지하지 않았을까?"이다. 모든 면에서 그는 매우 유독한 리더였다. 그는 자신의 목표에만 전적으로 초점을 맞추었으며 방해하거나 반대하는 사람들은 파멸시켰다. 그러나 회사는 이와 같은 독재적 영향력 아래에서도 10년 가까이 번창하였다. 어떻게 이런 일이 벌어졌으며, 이런 일이 또 다시 일어나지 않게 막으려면 어떻게 해야 할까?

구성원들이 파괴적 리더십을 저지할 수 있는 한 가지 방법은 큰 소리로 말하는 것, 즉 호루라기 부는 사람이 되는 것이다. 예를 들면, 테라노스에서 일부 직원들이 회사의 범법행위에 대해 '호루라기를 불었을 때' 그들은 기자들에게 이야기하고 테라노스에서의 직권 남용과 불법 행위에 대해 말을 퍼뜨림으로써 회사를 쓰러뜨렸다. 그러나 테라노스 사례에서 보듯이 호루라기 부는 사람은 내부 고발에 대한 엄청난 대가를 치를 수 있다(Johnson, 2012). 내부고발자를 보호하는 법 조항이 있지만 구성원들이 내부 고발을 하려면 용기와 힘이 필요하다.

파딜라 등(2007)은 조직 문화가 협력, 종업원 자발성과 참여, 권한 부여 등을 강화한다면 구성원들이 파괴적 리더에게 더 잘 대응할 수 있다고 시사한다. 그 이유는 파괴적 리더는 권력을 일방적으로 사용하는데 참여적 개입을 조장하는 조직 문화는 권위적 권력을 상쇄할 수 있는 균형을 제공할 수 있기 때문이다. 더욱이 조직은 직원 육성, 특히 구성원들의 리더십 잠재능력을 개발하는 데 초점을 맞춘 프로그램을 촉진하는 문화를 구축할 수 있다. 직원 육성은 개인들이 더 나은 리더가 되도록 훈련하고 키우기 때문에 파괴적 리더십 문제를 다룰 수 있다. 파괴적 리더는 자신의 권위적 리더십에 위협이 되기 때문에 직원 육성을 소홀히 한다.

마지막으로, 이 장 앞부분에서 논의한 것처럼, 구성원들을 나쁜 리더들에게 취약하게 만드는 심리적 요소(표 14.1 참조)들이 있다. 이들 요소를 잘 다루면 구성원들이 파괴적 리더에게 저항하는 능력을 개발할 수 있다. 첫째, 구성원들은 자신들이 '괜찮고(OK)', 강하고, 인생의 장애물과 대결할 능력이 있다고 스스로를 확신시킬 필요가 있다. 모든 개인은 내면에 나침반을 갖고 있으며 자기 스스로의 힘으로 세상을 헤쳐 나갈 수 있다. 둘째, 구성원들은 불분명한 상황에 대처하고 불확실성과 함께 살며 이것들을 당연하고 필요한 것으로 받아들일 줄 알아야 한다. 제13장에서 논의한 것처럼, 일이 완전하고 매끄럽게 굴러가기를 원하는 만큼이나, 우리는 모두 삶에서 장애물에 마주치게 되며, 각자 자신의 내면을 깊이 들여다보면 그 문제를 다룰 힘과 안전장치가 있음을 알게 된다. 외부로부터 강한 영향과 지원이 안전장치가 될 수 있지만, 우리는 내면의 힘을 사용하여 마주친 어려움을 다루고 변화시킬 수 있다. 셋째, 선택받고 특별함을 느낄 욕구를 충족시키기 위해 파괴적 리더에 순응할 필요는 없다. 파괴적 리더에게 받아들여지는 것은 진정으로 수용되는 것이 아니며, 혜택이 되는 것이 아니라 자기패배로 이어진다. 파괴적 리더는 자기 잇속만 차리는 목표에 충성과 끊임없는 헌신을 요구한다. 그런 헌신의 대가는 너무 비싸고 그럴 값어치가 없다.

넷째, 구성원이 집단이나 조직의 일부가 되고 멤버로서 받아들여지기 원하는 것은 완전히 합법적이고 건강한 일이다. 그러나 개인으로서의 정체감을 희생해서까지 그럴 필요는 없다. 받아들여진다고 해서 자신의 고유함을 버리면서까지 파괴적 리더의 의도와 기준에 따를 필요가 있는 것은 아니다. 다섯째, 필요하면, 구성원들은 가용한 모든 힘을 모아서 리더가 파괴적으로 리드할 때 집단 규범에 반대하여야 한다. 집단에서 고립될 위험이 높더라도 폭압적 상황이라면 구성원들은 들고 일어나 내부고발자가 되어 파괴적 리더가 만든 아수라장과 악행을 중단시켜야 한다. 끝으로, 파괴적 리더가 있는 상황에서는 구성원들은 권력에 대항하여 목소리 내는 힘을 자신의 내면으로부터 끌어내야 한다. 집단이 우리에게 중요하더라도, 리더가 파괴적일 때에는 순응 압력이 선을 위해 들고 일어나는 것을 막아서는 안 된다. 유독성 리더를 제지하기 위해서는 구성원들이 의사를 표출하여 리더와 대결하고 싸워야 한다. 누구든지 나쁜 리더십에 맞서 아니라고 말할 내면의 힘을 갖고 있다.

맥락

파괴적 리더십에서 다루어야 할 마지막 분야는 맥락, 즉 조직의 규범, 규칙, 절차이다. 특별히 효과적인 한 가지 맥락적 접근법은 조직 각 부문 간에 강력한 견제와 균형 시스템을 만드는 것이다. 강력한 견제와 균형은 파괴적 리더십을 제한하거나 예방하는데 그 이유는 리더가 구성원들과 권력을 나누고 리더가 어떤 부문에서 권한을 행사하는 것과 관련하여 구성원들이 모니터하는 것을 받아들이기 때문이다. 어느 대학의 정치학과는 강력한 견제와 균형 시스템이 있는데 교수들이 '운영 문서'라고 부르는 절차 매뉴얼을 세심하게 만들어 놓았다. 이 100쪽짜리 문서는 교수들의 역할과 책임을, 특히 학과장과 관련되는 사항들은 명확하게 적어놓았다. 학과 내의 의사 결정과 관련하여, 매뉴얼은 교수들이 수업 시간표, 업무량, 위원회 활동, 종신 교수직 및 승진 결정 등에 관해 자신이 선호하는 내용을 선언하고 학과장에게 피드백하는 것이 허용된다. '운영 문서'에는 업적 급여, 승진, 업무량에 관한 규칙도 명시되어 있다. 학과장이 학과 운영에 관한 결정을 하지만, 개별 교수들은 본인이 받기 원하는 대우, 무엇이 공정한지에 대해 자신이 선호하는 바를 알리도록 격려된다. '운영 문서'가 그토록 중요한 것은 교수진이 학과장에게 영향을 미치는 방법과 학과장이 교수진에게 영향을 미치는 방법을 공식화한다는 점이다. 간추려 말하면 이 학과는 운영 시스템으로 잠재적 파괴적 리더 문제가 나타나지 못하도록 하고 있다.

파괴적 리더십의 억제 장치로 작용하는 또 다른 맥락적 접근법은, 조직 운영에 접근하고 의견을 제시할 권한을 가진 독립적인 이사회를 활용하여 조직을 강력하게 감독하는 것이다. 미국의 상장 기업에 대해서 미국 의회는 더 많은 이사회의 관여와 투명성을 요구하는 법안을 만들었다. 2000년대 초 발생한 엔론과 월드컴의 기업 스캔들에 대응하여, 사베인스-옥슬리법은 투자자를 보호하기 위해 모든 미국의 상장 회사 이사회가 기업 공시의 정확성과 신뢰성을 책임지도록 하는 규정을 만들었다. 이 법으로 이사회는 기업 활동을 더 면밀히 모니터하고 이사회와 최고 경영진이 자신의 행동에 대해 책임지게 했다(Perryman, Sikora, & Ferris, 2010). 결과적으로, 그것은 기업들이 더 투명하지 않으면 안 되게 했으며 리더들이 권한을 남용할 가능성을 감소시켰다.

더욱이 이사 선발을 CEO가 하지 않고 CEO의 통제에서 독립되어 있으면, 이사회가 조직 안에서 리더십을 더욱 효과적으로 감시할 수 있다. 최고경영자들을 모니터할 수 있으려면, 이사회가 이사와 임원 선발, 성과 평가, 후계자 선발 과정, 정책 수준 감독, 임원 처벌권 등에 관여할 수 있어야 한다(Padilla et al., 2007). 결국, 강력한 이사회를 가지는 것은 최고경영자의 권한과 잠재적으로 오남용 될 수 있는 자율성을 줄이는 방법이다.

테라노스 사례로 다시 돌아가서, 회사를 감독하는 이사회를 엘리자베스 홈스가 직접 뽑았으며 과학자가 아니라 고위 관리들로 구성되었다. 결과적으로, 이사회는 테라노스 제품 뒤의 과학과 기술에 관해, 직접 알아내서 이해하려 하지 않고, 홈스가 말한 것을 그대로 믿었다.

마지막으로, 권력 오남용을 통제하기 위해 조직은 규범과 가치관을 세워 스스로 모니터하고, 조직 내에 강력한 윤리적 환경을 만들어 윤리적 행동을 확립할 수 있다(Perryman et al., 2010). 조직이 정직, 공평, 남을 위한 봉사, 존경, 공동체 등의 가치들을 격려하면, 리더가 권력 오남용 행동을 한다거나 또는 구성원들에게 파괴적이 될 유인이나 기회가 줄어들 것이다.

리더십 스냅숏

엘리자베스 홈스, 테라노스 설립자 겸 전 CEO

겉으로 보면, 엘리자베스 홈스는 질병 진단 방법을 혁명적으로 바꿀 외골수 열정을 가진 젊고 재능 있는 사람이었다. 19세에 그는 의학적 혈액검사를 획기적으로 바꿀 계획을 가지고 스탠퍼드대학교를 그만 두었다. 그가 테라노스라고 이름 지은 회사를 설립한 것은 손가락을 한 번 찔러 얻은 피 몇 방울을 사용하여 당뇨부터 암까지 모든 병을 다 알아내겠다는 혁신적 아이디어가 있었기 때문이다. 이 방법은 현재 필요한 수많은 고통스러운 정맥 채혈을 대체할 것이다. 더욱 좋은 일은, 환자들이 아주 적은 비용으로 집에서도 할 수 있게 된다.

그것은 영향력 큰 인사들에게 흥미를 불러일으키는 아이디어였다. 홈스는 카리스마 있고 성숙했으며 깊은 바리톤 음성으로 듣는 사람들의 마음을 사로잡아, 루퍼트 머독, 전직 미국 국무장관 2명(헨리 키신저와 조지 슐츠), 오라클 설립자 래리 엘리슨, 전 미국 상원의원 샘 넌과 빌 프리스트, 전 미국 국방장관 윌리엄 페리와 제임스 매티스 등을 포함한 쟁쟁한 자문단과 투자자들을 끌어 모을 수 있었다. 아직 입증되지도 않은 기술을 가지고 테라노스 회사와 홈스는 투자자들에게서 10억 달러의 자금을 모을 수 있었다. 한때 회사는 90억 달러 가치가 있는 것으로 평가되었다.

엘리자베스 홈스는 훌륭한 집안에서 태어났다. 아버지는 플라이슈만효모회사 설립자 후손이었으며, 고조할아버지는 신시내티종합병원과 신시내티대학교 의과대학 설립자였다. 그러나 그의 아버지가 태어날 무렵부터 할아버지와 아버지가 가문의 재산을 탕진하였다. 크리스 홈스는 딸에게 선조들의 큰 성공뿐 아니라 후대의 결점에 대해서도 잘 알도록, '무언가 목적의식이 있는 일을 하지 않기로 결정한 사람들'로부터 발생하는 부정적 영향을 강조했다(Carreyou, 2018). 그가 생명공학을 공부한 것은 단순히 부자가 되기 위해서가 아니라 보다 더 큰 선을 촉진하는 무언가를 하여 이 세상에 자취를 남긴다는 약속 때문이었다. 대학 2학년 때 그는 의료 상태를 진단할 수 있는 팔에 붙이는 패치로 특허를 출원했다. 이것을 스탠퍼드대학교 교수와 박사과정 학생과 공유하여 고무적 반응을 받자 테라노스를 창업하는 서류작업을 시작하며 집안의 인맥을 활용하여 창업자금을 모았다.

10년 동안 테라노스는 그곳에서 일할 최고 수준의 엔지니어, 화학자, 과학자들을 끌어들이며 세상을 바꿀 것처럼 운영하였다. 대부분의 이들 핵심 인재들은 서로 고립되어 일했다. 홈스는 "정력적이고 끈질기다"라고 알려졌는데, 회사 부서들 간에 칸막이를 치고, 부서 간 소통을 억제하여 기술개발 전체 상황을 혼자만 알 수 있었다. 그는 가장 중요한 직원들에게 필요할 때 필요한 정보만 알려주면서 절대적 충성을 요구했고, 만약 충성심이 흔들린다고 생각하면 갑자기 등을 돌렸다. 그는 기분 나쁜 직원은 쫓아내고 쳐다보지도 않고 말도 걸지 않았으며, 해고도 채용처럼 쉽게 했다. 회사의 직원 이직률은 매우 높았다.

회사의 혼란에도 불구하고 홈스의 별은 떠올랐다. 전국 방송 뉴스 프로그램이 그를 인터뷰했고, 그의 얼굴은 수많은 잡지 표지를 장식했다. Inc. 잡지는 그를 '차세대 스티브 잡스'라고 호칭했다. 테라노스는 계속하여 고위 투자자와 이사회 멤버들을 끌어들였다. 어떤 직원은 그가 "말하면서 빤히 쳐다보면 사람들이 그가 하는 말을 믿게 되고 그를 따르게 된다"고 말했다(Carreyou, 2018, p. 68).

회사가 커지자, 홈스는 고위직을 늘려, 라메시 '서니' 발와니를 수석 부회장으로 채용했다. 발와니의 업무가 무엇인지는 분명하지 않았다. 처음부터 그는 회사의 모든 일에 끼어들었다. "직원들에게 교만하고 점

잖지 못하게 굴고, 고함을 질러 지시를 내렸고, 사람들을 질책했다. 당시 직원들에게 널리 알려지지는 않았으나 홈스와 발와니는 로맨틱한 관계가 되어 함께 살았다.

테라노스는 꿈에 그리던, 그리고 약속했던, 혈액검사 기술을 개발하려고 고전했다. 그러나 홈스는 의약품 소매 대기업 월그린을 포함한 주요 회사들과 파트너십을 개발할 수 있었다. 홈스는 거짓말과 절반만의 진실만 말하고 파트너들이 동참하도록 확신시키기 위해 테라노스 진단 기술 효과의 세부 내용을 보기 좋게 꾸몄다. 월그린은 테라노스가 혈액검사센터를 운영할 수 있도록 자사의 약국 중 40개소를 개방하겠다고 계약했다. 테라노스는 식품의약청이 절차를 감독하는 것을 피하기 위해 법규를 비켜 갔다. 회사는 에디슨이라고 부르는 장치를 사용하여 혈액검사를 실제로 하긴 했으나 나온 결과는 자주 부정확하여 고객들을 위험에 빠트렸다.

이 모든 사태가 일어나는 와중에, 홈스는 전용 제트기를 타고 여행했으며 개인 경호팀, 운전수, 개인 조수, 한 달에 2만 5000달러씩 주는 개인 홍보담당자까지 두고 있었다. 테라노스 본사는 캘리포니아주 팔로 알토에 있었는데 월세가 100만 달러였으며 10만 달러짜리 회의용 테이블을 포함하여 호화 가구가 비치되어 있었다(Bilton, 2019).

그러나 회사 경비 중 제일 큰 것은 법률 비용이었다. 테라노스는 아홉 곳이나 되는 법률회사와 변호사 선임 계약을 체결했고, 그 결과 변호사 비용이 한 달에 수백만 달러나 나간다고 보도되었다(Bilton, 2019). 테라노스의 더러운 비밀이 공개되는 것을 막은 것은 이들 영향력 큰 변호사들 팀이었다. 회사 안에는 내부 고발을 시도하는 사람들이 많았으나, 소송 폭탄으로 겁을 주어 보복하곤 했다. 사직하거나 해고되는 직원들은 억지로 비밀 유지 및 비공개 계약에 서명하게 하여 회사의 기술뿐 아니라 근무 문화에 대해서도 아무 말을 못하게 막았다.

경고 알람을 울렸던 사람 중의 하나였던 타일러 슐츠는, 홈스의 가장 큰 지지자의 하나였던 조지 슐츠의

손자였는데, 큰 대가를 치렀다. 즉 그는 직장을 그만두었을 뿐 아니라 홈스와 그 회사를 끈덕지게 옹호했던 할아버지와도 소원해졌다. 홈스는 조지의 95번째 생일 파티에 참석했으나 타일러는 참석하지 않았다.

테라노스의 교묘한 속임수의 복잡한 구조는 2015년, 테라노스의 이사회 멤버인 루퍼트 머독의 뉴스코퍼레이션이 소유하는 월스트리트저널이 테라노스의 실험실 결과와 회사의 핵심 제품 '에디슨'의 적법성에 의문을 제기하는 기사를 실음으로써 무너지기 시작했다. 기사는 기술이 효과가 없고, 혈액분석검사를 하기 위해 제3자의 장치에 의존하고 있다고 폭로했다. 낙진은 엄청났다. 증권거래위원회, 법무부, 연방수사국이 모두 수사를 시작했다. 투자자들은 회사를 고소했다. 가장 큰 파트너인 월그린이 관계를 끊었다. 홈스의 재산을 한때 45억 달러로 추정했던 포브스는 영(0)으로 평가했다(Bilton, 2019).

회사와 홈스는 2년을 더 버티었는데, 홈스는 아무 잘못이 없는 것처럼 행동했다. 한편 직원들은 증권거래위원회와 연방 기관들에 소환되었다. 회사는 호화스러운 본사에서 캘리포니아주 뉴어크에 있는 실험실 시설로 옮겼으며 사내 요리사와 최신 편의시설에 익숙하던 직원들은 개방된 넓은 공간에서 테이블 하나에 네 명씩 앉아서 일했다. 2017년 12월 홈스는 한 투자회사에서 가까스로 1억 달러를 빌렸다. 그러나 몇 달 뒤, 홈즈는 텔레뱅킹 금융사기 및 모의를 포함하여 11개 형사 죄목으로 기소되었다. 테라노스는 2018년 9월 운영을 중단했고 그 투자회사는 테라노스의 90개 특허 전체를 취득하는 것으로 끝났다. 테라노스에 9억 달러를 투자한 다른 투자자들은 한 푼도 건지지 못한 채 떠났다. 불운한 회사의 직원들은 단순히 월급만 잃은 것이 아니었다. 이력서에 적힌 테라노스라는 이름 때문에 새로 직장을 얻는 데 매우 힘든 시기를 보내야 했다(Bilton, 2019).

정리

이 장은 흔히 '리더십의 어두운 면'이라고 여겨지는, 파괴적 리더십에 관한 것이다. 이 장에서는 유독성 삼각형이라고 불리는 모델을 사용하여 파괴적 리더십의 특징과 토대를 설명한다. 이 모델은 파괴적 리더십의 세 가지 구성요소로서 파괴적 리더, 취약한 구성원, 조성 환경을 들고 있다. 그것이 무엇인지와 왜 생기는지를 분석한 다음, 파괴적 리더십에 맞서고 없애는 실제적 방안을 논의한다.

파괴적 리더십이란 리더가 과도한 통제력을 사용하여 구성원을 시켜 다른 사람이나 조직에 미치는 영향을 고려하지 않고, 리더 자신의 목적을 달성하도록 강제하는 것이다. 파괴적 리더의 특징은, 카리스마를 발휘하여 사람들의 헌신을 얻고 자신의 목적을 위해 추종자들을 이용한다. 파괴적 리더는 권력 욕구가 강하며 권력을 공익이 아니라 자기 세력 확대에 사용한다. 뿐만 아니라, 파괴적 리더는 자아도취적이며, 다른 사람에 대한 공감 능력이 부족하고, 다른 사람의 관심사를 무시하기 일쑤다. 그들은 자신의 목표가 불합리할 때에도 이것에만 전적으로 집중한다. 어떤 사람들은 리더의 어린 시절 부정적, 트라우마의 경험이 파괴적 리더십의 원인일 수도 있다는 주장을 한다.

파괴적 리더십은 진공에서 벌어지지 않는다. 즉, 구성원들이 취약한 상황에서 발생한다. 순응자라고 불리는 일부 구성원들은 추종하지 않았을 때의 결과를 최소화하기 위해 파괴적 리더에 순응한다. 다른 종류는 공모자인데 이들은 파괴적 리더가 자신의 의제를 달성하는 것을 도와주기 때문에 순응한다. 구성원들이 왜 파괴적 리더십에 취약하게 되는지를 설명하는 심리적 요인으로서는 안심시켜 주는 권위적 인물, 안전, 특별하다는 느낌, 인간 공동체의 일부되기 등에 대한 욕구와 왕따에 대한 두려움, 무력감 등이 있다. 파괴적 리더는 자신의 목적을 위해 이와 같은 욕구를 이용할 줄 안다.

어떤 환경은 특히 파괴적 리더십을 조장한다. 불안정하고 위기적인 상황에서는 구성원들은 방향 제시를 원하며, 이런 욕구가 리더가 권력을 잡아서 공익이 아닌 의사결정을 할 좋은 기회를 제공한다. 상황이 위협적일 때, 구성원들은 보살핌을 받고 싶어 하고, 리더의 강력한 지시를 받기 위해 자신의 힘을 기꺼이 포기한다. 문화적으로, 파괴적 리더가 나타나기 쉬운 환경은 사람들이 불확실성을 회피할 욕구가 높을 때, 개인의 개성보다 집단의 대의명분을 강조할 때, 리더의 권력을 쉽게 수용할 때 등이다. 더 나아가, 견제와 균형을 제공하는 규칙이 확립되어 있지 않은 상황에서는 파괴적 리더십이 조장되는데 그 이유는 리더가 권력을 잡아 파괴적으로 행동하는 것을 억지할 안전판이 없기 때문이다.

쉽게 완수되는 것은 아니지만, 파괴적 리더십과 싸울 방법은 있다. 첫째, 구성원들은 자신들이 인생의 위기를 직면하고 대처할 수 있다고 스스로를 확신시킬 필요가 있다. 그들은 다른 사람들, 특히 리더들에게 받아들여지고 관심받고 싶은 욕구를 다루는 법을 배워야 한다.

직원이나 조직 구성원을 선발할 때 효과적인 채용 및 육성 절차는 권력 오남용에 취약한 개인을 솎아 내는 데 도움이 될 수 있다. 테스트를 통해 경청 회피 성향, 낮은 공감 능력, 통제 욕구, 자아도취 등을 알아낼 수 있다. 조직은 직장 내 협력, 종업원 주도와 참여, 권한 부여 등을 촉진하고 강화할 수 있으며, 내부고발자를 존경심으로 대하고 권한을 남용하는 리더를 지적하도록 격려한다.

조직은 또한 규범, 규칙, 절차를 만들어서 파괴적 리더십을 저지할 수 있다. 견제와 균형은 리더들이 권한을 공유하고 권한 사용에 대한 모니터링을 받아들일 것을 요구한다. 마찬가지로, 이사회가 독립성과 감독권을 가지면, 리더에게 책임을 지게 하고 권한 남용을 줄일 수 있다. 마지막으로, 조직은 강력한 윤리 환경을 구축하여 파괴적 리더십이 발붙일 수 없는 가치관을 지지하도록 한다.

주요 용어

견제와 균형(checks and balances)
공모자(colluders)
자기도취증(narcissism)
제도화(institutionalization)

조성 환경(conducive environments)
파괴적 리더십(destructive leadership)
순응자(conformers)

14.1 사례 연구 – 첸 박사는 권력을 좋아해

학문 세계에서 '출판 못 하면 사라져라'라는 오래된 속담은 분명한 의미를 갖고 있다. 특히 약학대학에서 몇 년째 조교수였고 이제 종신직 부교수 승진을 앞두고 있는 소피아 로페즈에게는 이 속담이 특별히 그렇다.

로페즈 교수의 학과장은 릴리 첸 박사인데 그는 의학 및 약학 연구에 있어서 인정받는 학자이다. 그는 제약회사에서 부수입(예 : 고액의 '컨설팅비', 렉서스 렌트카, 학술회의 여비)을 받는 것으로 알려져 있는데, 이 제약회사들이 대학에 연구비를 주면 그는 조교수와 대학원생들을 시켜 연구를 진행한다.

첸 박사는 이 대학에 20년간 있었는데 화려하고 자신에 넘치는 스타일로 유명하다. 보직 이외에도 약품 발견에 대한 국제적 프레젠테이션을 하느라 여행 스케줄이 바쁘다. 대학 본부에서도 첸 박사를 좋아한다. 그 이유는 그가 국제적 명성이 있을 뿐 아니라 제약회사들과 하는 연구에 국가의 지원금을 많이 받아오기 때문이다. 유리한 지원금을 받아온 결과로 첸 박사는 대학 행정부에 영향력과 파워를 미치는 것으로 알려져 있으며 그가 원하는 것은 무엇이든 대체적으로 얻는다. 행정부는 그가 제약회사에서 받는 부수입에 관해 못 본체 하고 있다.

약학대학 내에서 첸 박사의 리더십이 같은 대접을 받는 것은 아니다. 약학대 교수들은 참아주기는 하지만 그리 좋아하지는 않는다. 그가 약학대 학장으로서 약학대의 사명을 정하고 일상적 운영을 감독할 책임과 권한이 있지만, 이 일을 할 때 다른 사람의 의견을 묻지 않는다. 교수들은 첸 박사의 행정 능력에 대해 긍정적인 말을 거의 하지 않으며, 그를 야심차고, 자기 잇속만 차리는, 교만한 리더라고 묘사한다. 조교수들은 가까이에서는 조심하며 그가 비열하고 권위주의적이라고 묘사한다.

소피아가 처한 근무 환경이 바로 이와 같다. 소피아는 아이가 둘인 싱글맘인데 멕시코에서 우등으로 박사학위 과정을 마치고 6년 전 미국으로 왔다. 그는 취업 비자를 받아 미국에서 체류하고 있는데 매년 심사를 받는다. 고용 상태에 조금이라도 잘못이 있으면 즉시 추방될 수 있다. 직업적으로 소피아는 매우 열심히 일한다. 그는 학기마다 수업을 최대한 많이 담당하며 또 연구도 수행한다. 그는 수업 이외에도 상당한 시간을 들여 학생들을 멘토링하느라 개인적 문제를 들어주고 지원해 준다. 소피아는 첸 박사의 연구 프로젝트에 참가하라는 압력을 거절했는데 그 이유는 시간이 없고 자신의 전문분야가 아니기 때문이다. 소피아는 최근 임상학술지에 세 편의 논문을 실었는데 최고 수준의 저널은 아니었다. 연례 강의평가는 그를 평균적인 교수로 표기했다.

다가오는 연례 평가를 위해 소피아는 강의와 연구가 승진에 필요한 기준을 충족시킨다는 첸 박사의 추천서가 필요하다. 소피아는 추천서를 의논하고 지지를 얻기 위해 첸 박사와 만났다. 학과장과의 면담이 두렵기는 했지만, 면담이 실제로 얼마나 위협적이고 압박감을 줄지 예상하지 못했다.

강의와 관련해서 첸 박사는 누구든지 강의실에서는 탁월하기를 기대한다고 하면서 소피아가 강의평가에서 평균 점수를 받은 것에 실망을 표현하고, 수업 준비에 더 많은 시간을 들이고 교실 내 수업 방식을 개선하라고 제안했다. 소피아는 수업 시간 분량이 많고(5개 수업) 다른 어느 교수보다 야간 수업이 많다는 것을 지적하며 자신을 옹호하려 했다. 첸 박사는 그의 언급을 묵살하며 징징거리는 불평을 그만 하라고 말했다. 그는 또 소피아가 사무실 대신 집에서 일하는 시간이 너무 많다며 집에서 진짜로 일을 하는지 아니면 "애들을 돌보며 집안 청소를 하고" 있지 않은지 궁금하다고 했다.

소피아의 연구에 대해서는 첸 박사는 매우 솔직했다. 자신의 약학대학이 전국 상위 10위 안에 들면 좋겠는데, 소피아가 랭킹 올리는 데 "아무것도 안 하고 있다"고 했다. 게다가, 첸 박사는 소피아의 생산성이 낮다고 꾸짖으며 "약학대학에서 가장 허약한 교수"라고 했다. 그는 소피아가 논문을 세 편만 출간했는데, 어느 것도 선도적인 연구는 아니라고 했다. 첸 박사는 소피아가 채용될 때 연구를 새로 시작하기에 충분한 상당한 금액의 초기 연구비를 탔는데, 이 자금으로 성취한 것이 거의 없고, 연구에 대한 논문을 출간할 시간이 부족하다고 자주 변명했다고 상기시켰다. 첸 박사는 그러고 나서 자신이 감독하는 제약회사 연구 프로젝트들이 더 신뢰도가 있고 더 높은 수준의 저널에 실렸는데 소피아가 "그런 종류의 연구보다 더 높은 곳에 있다고 생각하는 것처럼 보인다"고 했다.

말할 것도 없이 소피아는 첸 박사가 내린 업적 평가에 큰 충격을 받았다. 첸 박사는 비열하고 냉혈한이며 겁박하듯이 보였다. 소피아는 약학대학과 동료 교수들을 좋아하지만 어떻게 해야 자신이 학교에 기여하는 가치를 첸 박사가 인정하게 할 수 있을지 알지 못했다. 소피아는 아이들도 걱정되고 첸 박사가 학교를 그만두라고 결정하면 영주권을 유지할 수 있을지 걱정된다.

질문

1. 파괴적 리더는 카리스마, 권력 욕구, 부정적 인생 주제, 증오 이데올로기를 가지고 있는 경우가 많다. 첸 박사는 어떤 방법으로 이런 특성을 보이는가?

2. 여러분은 개인적으로 첸 박사처럼 행동하는 상사가 있었는가? 그것은 어땠으며 여러분은 어떻게 대응하였는가?

3. 표 14.1은 구성원들이 파괴적 리더에게 취약하게 되는 여섯 가지 심리적 요소를 열거하고 있다. 이 요소들 중 어떤 것 세 가지가 소피아 로페즈가 첸 박사에게 보이는 반응을 가장 잘 설명하는가? 토의해 보자.

4. 유독성 삼각형은 파괴적 리더십이 파괴적 리더, 취약한 구성원, 조성 환경의 세 가지 요소로 구성되어 있다고 제시한다. 이들 각각의 요소가 위 사례에서 어떤 역할을 하고 있는가? 이들 요소가 어떻게 상호 작용하여 파괴적 리더십을 초래했는가?

5. 파괴적 리더십을 막기 위하여 조직의 전 계층에서 사람들에 대한 공평성을 촉진시킬 규칙과 절차가 필요하다. 여러분은 위 사례의 약학대학에 어떤 규칙과 절차를 만들겠는가? 이것들이 어떻게 첸 박사와 같은 리더들이 다른 사람에게 파괴적이 되는 것을 감소시키겠는가?

하비 와인스타인은 영향력 있고 인맥이 넓었으며 부유했다. 2011년 그는 *타임*지가 선정한 세계에서 가장 영향력 있는 100인 중 한 사람으로 뽑혔다. 영화계에서는 잘 알려졌지만, 보통 사람들은 그의 이름을 잘 몰랐다. 그러나 2017년에 사정이 바뀌었다.

겉으로는 와인스타인은 매우 명성 있는 영화 제작자로서 재능 있는 연기자들을 아낌없이 멘토링하여 최고의 커리어로 진출시켰다. 그는 존경받는 할리우드 문지기였다. 그의 호의를 얻는다는 것은 폐쇄적이고 돈잘 버는 업계에의 진입과 커리어 성공을 위한 드문 기회에 접근한다는 뜻이었다.

그러나 안에서 보면 이야기가 좀 달라진다. 매우 높은 명성이라고? 분명 그렇다. 영향력 있고, 부유하고, 인맥 넓은? 거의 확실하다. 존경받는다고? 그렇다, 그러나 '두려워한다'는 단어도 마찬가지 빈도로 나타난다. 인심 좋은 멘토? 별로 그렇지 않다.

2017년 10월 5일 자 *뉴욕타임스*에 난 기사가 셔터를 열고 와인스타인의 어두운 면을 폭로하였다. "하비 와인스타인, 수십 년간 성추행 고소인들 매수!"는 조디 캔터와 메건 투헤이 두 기자가 와인스타인의 성적 비행의 상당한 혐의를 폭로한 탐사보도의 최절정이었다. 기사는 이 미디어계 거물을 성추행으로 고소했던 여배우와 다른 여직원들을 입막음시킨 것으로 알려진 여덟 건의 화해 사건의 개요를 보도했다. 그러나 그것은 빙산의 일각에 불과했다.

와인스타인과 형제 밥은 1979년 미라맥스 영화제작회사를 설립하여, 영화제에서 상을 받는 블록버스터 영화를 제작하는 등 큰 성공을 거두었다. 1993년 디즈니 프로덕션이 미라맥스를 인수하고 현금을 쏟아 부으며 와인스타인 형제에게 경영을 맡겼다. 미라맥스는 1992년부터 2003년까지 매년 적어도 한 편은 오스카상 지명 작품이 있었다(Eltouguri, Rosenberg, & Hui, 2018). 2005는 하비 형제는 디즈니와 다투고 나서 회사를 떠나 TWC(더 와인스타인 컴퍼니)를 설립했

다. TWC는 형제가 회사 주식의 42%를 통해 경영권을 갖고 있는 있는 비상장 영화제작사였다. TWC 직원들은 채용 조건으로 비공개 계약서에 서명할 것을 요구받으며 '침묵 조항'에 구속되어 회사나 리더들을 '회사의 명성' 또는 '직원 개인의 개인적 명성'을 해칠 수 있는 방법으로 비판할 수 없었다(Kantor & Ywohey, 2018).

와인스타인이 운영하던 미라맥스와 TWC의 근무환경은 불안정한 것으로 여긴 직원들이 많았고, 하비 와인스타인을 변덕스러운 리더로 표현했다. '매력 있고 인심 좋은'이라는 평판이 있는 와인스타인은 자기가 좋아하는 직원에게는 선물, 현금, 개인적 직업적 도움을 펑펑 쏟았는데, 분명히 "화산 같은 성격이 있어서…남녀 직원에게 똑같이 발작적 분노와 질책을 퍼부었다"(Kantor & Twohey, 2018). 1991년에 입사한 직원 스튜어트 버킨은, 와인스타인 형제가 사업 거래에서 무자비하다는 평판에 주의하며, "미라맥스는 두려움을 바탕으로 운영됩니다. 그들은 겁을 주고, 소리를 많이 지릅니다. 입에서는 거품이 나오지요"(Eltagouri et al., 2018).

그러나 남녀 배우들에게는 하비 와인스타인을 한 번 만나면 가능성의 세계가 열려 수입 좋은 대본과 연기에서부터 언론 홍보와 후원까지 얻을 수 있었다. 그러나 대가가 비쌀 수 있었다. *뉴욕타임스* 기사에는 자신의 이야기를 폭로한 애슐리 저드와 로즈 맥고언을 포함한 여배우들과 회사 여직원들에게 와인스타인이 수십년간 했던 성추행, 강압, 매수 혐의에 대한 상세한 내용이 실렸다. 인터뷰한 여성들이 서로 만난 경우는 거의 없는데도, 기사의 많은 이야기가 불가사의하게 비슷했다. 즉, 하비 와인스타인과의 비즈니스 미팅 장소를 그의 사무실이나 호텔 식당으로 잡은 후, 그곳에 온 여성에게 조수가, 대개는 여직원이, 마중 나와서 미팅 장소가 와인스타인 씨의 호텔 스위트룸으로 바뀌었다며, 호텔 방까지 데려간 다음 갑자기 사라지는 것이

었다. 그러고 나면, 와인스타인은 옷을 거의 입지 않거나 전라로 나타나거나, 자신이 목욕하는 데 동석하도록 요구하거나, 마사지해 달라고 반복적으로 요구하거나 직접 마사지를 시작하는 등 다양한 방식의 강요 또는 겁박을 통하여 성관계를 가지려고 했다(Kantor & Twohey, 2018).

그 기사는 뜨거운 논란을 불러일으켰다. 와인스타인은 TWC 대표직에서 해임되었고, 회사의 전원 남성인 이사회 이사 4명이 모두 사임했다. 그리고 혐의가 물밀 듯 몰려들었다. 와인스타인이 자신들에게 한 행동에 대한 개인적 이야기를 폭로하려는 여성들의 수가 속속 늘어났다. 뉴욕*타임스*의 폭로 기사가 나온 지 1주일도 안 되어, 뉴요커는 퓰리처상 수상 기자 로넌 패로우가 10개월간 조사한 결과를 출간했다. 여배우 로재냐 아켓과 미라 소르비노를 포함한 열 세 명의 여성들이 뉴요커에 강간과 추행 혐의를 포함한 자신들의 이야기를 공유했다. 기사는 피해자들과 그 밖의 관련자들이 넌지시 암시한 내용, 즉 와인스타인의 행동은 회사 안에서와 영화업계 내에서는 누구나 알고 있는 일이었다는 것을 강조하였다.

와인스타인 회사의 16명의 전직 현직 임원과 조수들은 와인스타인의 영화와 관련한 행사나 직장 내에서 원하지 않는 성적 접근이나 접촉을 목격했거나 알고 있다고 나에게 말했다. 그들과 다른 사람들은 젊은 여배우와 모델들에게 성적으로 접근하기 위한 얄팍한 핑계로 업무 회의를 이용하는 행동 패턴을 묘사했다. 16명 모두 그 행동은 미라맥스와 와인스타인 회사 내에서는 널리 알려져 있는 것이라고 했다. 회사 고위 임원인 어윈 레이터가 추행당했다고 주장하는 여성 중 한 명인 에밀리 네스터에게 보낸 메시지에는 '여성들에 대한 학대'가 와인스타인회사가 최근 몇 년간 싸워 온 상습적 문제라고 했다. 다른 직원들은 본질적으로 와인스타인의 사업장에서의 공범 문화, 즉, 그의 회사들에서 많은 사람이 그의 행동을 잘 알면서도 그것을 방조하

거나 외면했던 점을 지적하였다. 일부 직원들은 자신들이 피해자들이 안전하다고 느끼게 만들기 위한 핑계거리로 차출되었다고 말했다. 회사의 한 여성 임원은 와인스타인의 조수들과 다른 사람들이 어떻게 '꿀단지' 노릇을 했는지 설명했다. 즉 그들이 처음에는 와인스타인이 관심을 둔 여성과 함께 미팅에 참가하다가 나중에는 와인스타인이 물러가라고 하면 남자와 여자만 두고 떠났던 것이다(Farrow, 2017a).

TWC 직원들만 그런 행동을 알고 있는 것은 아니었다. 수년 동안 심야 토크쇼와 오스카 수상식 진행자를 포함한 연예계 사람들이 하는 코멘트 속에 미묘한 암시가 들어 있었다. 와인스타인에 관한 이야기가 계속 터지자, 업계 내부자들도 나서서 와인스타인의 비행은 잘 알려진 것이라고 확인했다. 유명한 영화제작자 쿠엔틴 타란티노는 몇몇 박스오피스 히트 대작들을 함께 만들었는데, 와인스타인의 비행을 오랫동안 알고 있었다고 하며 "진실에 대해 잘 알고 있었음에도 불구하고 방관했습니다"라고 밝혔다(BBC, 2019).

와인스타인의 활동이 지속되고 감추어진 데에는 복수와 보복에 대한 두려움이 상당한 역할을 했다. 그의 접근에 저항한 사람들은 와인스타인의 광범위한 네트워크에 의해 커리어가 중단되거나 손상되었다고 주장했다. 자주, 개인적 생활과 관련하여, 평판을 떨어뜨리는 이야기들이 갑자기 언론에 나타나곤 했다. 패로우(Farrow, 2017a)는 다음과 같이 보도했다.

사실상 내가 이야기한 모든 사람들이 보복이 두려웠다고 말했다. "만약 하비가 내 신상을 알아내면 그가 내 인생을 망칠까 봐 걱정됩니다"라고 옛 직원이 나에게 말했다. 많은 사람이 와인스타인의 동료들이 와인스타인을 거역한 사람들을 대면하여 겁을 주는 것을 봤고, 자신들도 비슷하게 목표가 될까 봐 겁이 난다고 말했다. 미라 소르비노와 로재냐 아켓을 포함한 네 명의 여배우들은 와인스타인의 접근을 거절하

거나 회사 직원에게 이와 관련한 불평을 이야기 하자 와인스타인이 자신들을 프로젝트에서 제 외시키거나 다른 사람에게 자신들을 고용하지 못하도록 설득했다고 말했다. 복수의 소식통에 의하면 와인스타인은 자신에게 거스르는 말을 하는 사람들에 관해 언론 미디어에 이미 아이템 들을 심어 놓았다고 자랑했었다고 하며, 이 소 식통들도 비슷한 보복을 당할까 두려워했다.

2017년 11월, 뉴요커지에 패로우의 '하비 와인스타 인의 스파이 군대'라는 기사가 났다. 기사는 와인스타인 이 어떻게 개인 경호원과 탐사보도 기자들을 고용하 여 자기에 대한 혐의를 폭로하는 여성들과 다른 기자 들에 관한 정보를 수집하는지 자세하게 보도했다. 사 설경호회사의 겁주는 전술에는 스토킹, 가짜 이름 사 용하기, 기자라고 신분 속이기, 동의 없이 대화 녹음하 기 등이 포함되었다. 와인스타인은 자신들의 일을 감 추고 보호하기 위해 이 경호업체와 기자들 채용과 비 용 지급을 법률회사를 경유해서 했다. 그러나 와인스 타인은 이 조사들을 직접 모니터링했다. 서비스 계약 서에는 만약 경호회사가 '그 기사가 어떤 형태나 모양 으로라도 간행되는 것을 전면적으로 막는 노력에 직접 기여하는' 정보를 제공하면 지급하는 30만 달러 보너 스 같은 '성공 수수료'도 들어 있다(Farrow, 2017b).

거의 90명의 여성들이 나서서 와인스타인에 의한 성적 공격 및 추행 이야기를 제출했고, 그 가운데 적어 도 14명은 그 미디어 거물이 강간했다고 고소했다. 이 들 중 많은 여배우가 와인스타인과의 경험에도 불구하 고 영화계에서 명성을 이루었다: 케이트 베킨세일, 대 릴 한나, 헤더 그레이엄, 안젤리나 졸리, 줄리아나 마굴 리스, 기네스 펠트로, 루피타 농오, 모니카 포터, 손 영,

우마 서먼 등이 그들이다(Moniuszko & Kelly, 2017).

와인스타인의 행동의 폭로와 그에 대한 비난의 규 모는 엄청난 결과를 불러 일으켰으며 와인스타인과 회 사를 대상으로 여러 건의 소송이 제기되었다. 2018 년 3월 걸려있는 소송에서 있을 수 있는 막대한 재무 적 손실로부터 보호하기 위해 TWC는 파산 보호를 신 청했다. 이 신청서에서 회사는 와인스타인의 비행 혐 의의 피해자와 증인들을 비공개 계약에서 해제하였다. "하비 와인스타인이 비밀준수계약을 제소자들을 침 묵시킬 비밀 무기로 사용한다는 보도가 10월부터 나 왔다. 이 '계약'은 즉시 종료된다"라고 회사는 성명서 에서 발표했다. "아무도 공개적으로 발언하는 것을 두 려워할 필요가 없다. 조용히 있도록 강요하지 않는 다"(Associated Press, 2018).

이에 따라 와인스타인은 체포되고 강간 및 성추행 혐의로 형사 기소되었다. 그가 관계를 맺고 있던 또는 상을 수여했던 많은 유명한 단체들이—가장 유명한 단 체로는 (아카데미상 시상하는 조직인) 영화예술과학아 카데미가—상을 취소하거나 회원자격을 박탈하였다.

그러나 와인스타인의 추락의 영향은 할리우드 훨씬 너머에서까지 느꼈다. 고소인들 목록이 불어나자, 다 른 사람들로 하여금 자신의 개인적 이야기를 소셜 미 디어에 공유하도록 격려하는 미투 해시태그(#MeToo) 캠페인을 통한 폭발적인 국제적 반성추행운동을 점화 시키는 데 도움을 주었다. 그것은 '와인스타인 효과'라 고 불리며 홍수문을 열었고 여러 업종과 전 세계에 걸 쳐 혐의의 물결이 몇몇 유명한 기업인과 정치인들을 사퇴시키는 결과를 초래했다. 2018년 4월 뉴욕타임스 신문과 뉴요커지는 '할리우드와 세계의 여러 산업계에 서 여성의 성적 학대에 관한 보도'로 공적 서비스 부문 퓰리처상을 받았다.

질문

1. 이 책에서는 파괴적 권력의 세 가지 특징을 들고 있다. 이들 각각의 특징이 이 사례에 어떻게 적용되는지 또는 적용되지 않는지 토의해 보자.

2. 이 장은 유독성 리더십을 가능하게 하는 작용을 하는 세 가지 핵심 요소를 개괄하는 유독성 삼각형이라고 알려진 모델을 설명하고 있다.

   a. 파괴적 리더 : 본문은 파괴적 리더의 세 가지 특징을 열거하고 있다. 각각의 특징이 어떻게 하비 와인스타인에게 적용되는지 토의하고 예를 들어 보자.

   b. 취약한 구성원 : 파괴적 리더십이 자리 잡는 것을 가능하게 하는 핵심 요소로서 유독성 리더십 모델에서는 구성원의 두 유형 : 순응자와 공모자를 설명하고 있다.

      i. 모델의 정의에 따라, 여러분은 이 사례에서 누구를 순응자로 분류하겠는가? 그 이유는?

      ii. 누구를 공모자로 분류하겠는가? 이유는?

      iii. 파괴적 리더의 구성원이 순응자이며 동시에 공모자가 될 수 있다고 생각하는가? 설명해보자.

   c. 조성 환경 또는 파괴적 리더십의 발전을 촉진하는 맥락은 다음 네 가지 요소를 포함한다. 이들 각 요소가 하비 와인스타인의 리더십 아래에서 미라맥스와 TWC의 유독한 환경에 어떻게 기여하였는지 토의해보자.

      i. 불안정

      ii. 지각된 위협

      iii. 문화적 가치

         a. 불확실성 회피

         b. 집단주의

         c. 높은 권력 격차

      iv. 견제와 균형 및 제도화의 부재

   d. 이 장에서는 다음 요소들이 사람들을 나쁜 리더십에 취약하게 만든다고 열거하고 있다. 이들 각각이 이 사례의 구성원들에게 어떻게 적용되는가 또는 적용되지 않는가?

      i. 안심시켜주는 권위자에 대한 욕구

      ii. 선택받았다거나 특별하다고 느낄 욕구

      iii. 공동체 일원이 되고 싶은 인간적 욕구

      iv. 따돌림, 고립, 사회적 매장에 대한 두려움

      v. 나쁜 리더에게 맞서기에는 무력하다는 두려움

3. 본문은 리더, 구성원, 맥락에 의해 실제로 파괴적 리더십에 대응하고 피할 수 있는 여러 방법을 토의하고 있다. 수십 년간 많은 사람이 하비 와인스타인의 부도덕한 행위를 알았으나 제지하지 않았다.

   a. 와인스타인은 어떻게 자신의 행동에 대한 도전을 좌절시켰는가?

   b. 그가 만든 회사의 구조 안에, 그의 행동을 더 일찍 대응하고 다룰 수 있는 방법이 있었을까?

   c. 무엇이 이 행동들을 결국 드러나게 하고 변화하게 만들었다고 생각하는가?

14.3 파괴적 리더십 진단지

목적

1. 파괴적 리더십의 여러 차원을 이해한다.
2. 자신의 파괴적 리더십 경향을 측정한다.

작성법

1. 이 설문지를 다섯 부 복사한다. 여러분과 여러분이 아는 다섯 사람(예 : 룸메이트, 직장동료/공동작업자, 친척, 친구)에게 작성하도록 한다.
2. 15개 문항마다, 다음 채점 기준을 사용하여 이 사람이 열거된 리더십 행동에 관여한다고 생각하는 빈도를 표시한다. 여러분 자신도 리더라고 생각하고 이 연습을 해보자.

채점 기준

1 : 나는 그가 다른 사람에게 이런 행동을 하는 것을 본 적이 없다.
2 : 그는 다른 사람과 이런 행동을 거의 하지 않는다.
3 : 그는 가끔 다른 사람과 이런 행동을 한다.
4 : 그는 다소 자주 다른 사람과 이런 행동을 한다.
5 : 그는 아주 자주 다른 사람과 이런 행동을 한다.

_____가 리더/감독자일 때, 구성원들은 그의 리더십에 대해 다음과 같이 말할 것이다.

진단지 작성

내가 지도자일 때…	결코 안 한다	거의 안 한다	가끔 한다	자주 한다	매우 자주 한다
1. 다른 사람을 조롱한다.	1	2	3	4	5
2. 다른 사람에게 그들의 생각과 느낌이 바보 같다고 말한다.	1	2	3	4	5
3. 일부러 아무 말 않고 침묵한다.	1	2	3	4	5
4. 다른 사람들 앞에서 사람을 바보로 만든다.	1	2	3	4	5
5. 다른 사람의 프라이버시를 침해한다.	1	2	3	4	5
6. 과거의 실수와 실패를 상기시킨다.	1	2	3	4	5
7. 노력이 많이 필요한 일의 공적을 인정하지 않는다.	1	2	3	4	5
8. 그의 곤란한 입장을 살려주려고 다른 사람을 비난한다.	1	2	3	4	5

내가 지도자일 때…	결코 안 한다	거의 안 한다	가끔 한다	자주 한다	매우 자주 한다
9. 자신이 한 약속을 깬다.	1	2	3	4	5
10. 다른 일로 화가 났는데 엉뚱한 사람에게 화를 낸다.	1	2	3	4	5
11. 부정적 언급을 남(제3자)에게 한다.	1	2	3	4	5
12. 다른 사람에게 무례하다.	1	2	3	4	5
13. 다른 동료 직원들과 상호작용하지 못하게 한다.	1	2	3	4	5
14. 무능하다고 말한다.	1	2	3	4	5
15. 거짓말한다.	1	2	3	4	5

출처 : Tepper, B. J. (2000). Consequences of abusive supervision. *Academy of Management Journal, 43*(2), 178-190.

점수 집계

1. 1, 2, 3, 4, 5번 평가자로부터 받은 결과를 채점시트의 적절한 칸에 기입한다. 기입이 완료된 예시 자료가 464쪽에 있다.
2. 15개 문항마다 평가자 5명의 평균치를 계산하여 '평균 점수'란에 적는다.
3. 자신의 점수를 '자기평가'란에 적는다.

파괴적 리더십 진단 결과표

	평가자 1	평가자 2	평가자 3	평가자 4	평가자 5	평균 점수	자기평가
1. 다른 사람을 조롱한다.							
2. 다른 사람에게 그들의 생각과 느낌이 바보 같다고 말한다.							
3. 일부러 아무 말 않고 침묵한다.							
4. 다른 사람들 앞에서 사람을 바보로 만든다.							
5. 다른 사람의 프라이버시를 침해한다.							
6. 과거의 실수와 실패를 상기시킨다.							

	평가자 1	평가자 2	평가자 3	평가자 4	평가자 5	평균 점수	자기평가
7. 노력이 많이 필요한 일의 공적을 인정하지 않는다.							
8. 그의 곤란한 입장을 살려주려고 다른 사람을 비난한다.							
9. 자신이 한 약속을 깬다.							
10. 다른 일로 화가 났는데 엉뚱한 사람에게 화를 낸다.							
11. 부정적 언급을 남(제3자)에게 한다.							
12. 다른 사람에게 무례하다.							
13. 다른 동료 직원들과 상호작용하지 못하게 한다.							
14. 무능하다고 말한다.							
15. 거짓말한다.							

점수 해석

이 설문에 대해 받은 점수는 여러분이 자신을 어떻게 보고 있는지와 다른 사람이 여러분을 어떻게 보는지에 대한 정보를 제공해 준다. 특히, 이 설문지의 목적은 여러분이 파괴적 리더십의 면모를 보이는 경향성을 측정하기 위한 것이다. 어떤 특정 행동에 대한 평균 점수가 높을수록 여러분이 다른 사람과 파괴적 행동을 할 가능성의 경향이 높다. 이 차트로 여러분은 자신이 리더로서 자신을 지각하는 것과 다른 사람이 지각하는 것을, 특히 파괴적일 수 있는 행동과 관련하여 비교할 수 있다. 다른 사람이 여러분을 보는 시각이 여러분 자신이 보는 시각과 같다고 확인하는 것도 긍정적이지만, 여러분의 자기평가와 차이를 보이는 다른 사람들의 시각을 탐구하는 것도 유익하다. 누구든지 자신이 파괴적 리더라고 생각하고 싶어 하지 않지만, 이따금 우리는 우리가 하는 행동이 어떻게 다른 사람에게 손해를 끼칠 수도 있는지를 알지 못한다. 이 진단을 통해 여러분은 자신이 '올바른 일'을 일관성 있게 하고 있는 분야와 개선해야 할 분야에 대해 알게 되고 이해할 수 있다.

예시 : 파괴적 리더십 진단 결과표

	평가자 1	평가자 2	평가자 3	평가자 4	평가자 5	평균 점수	자기평가
1. 다른 사람을 조롱한다.	3	2	2	2	2	2.8	1
2. 다른 사람에게 그들의 생각과 느낌이 바보 같다고 말한다.	1	1	1	1	1	1	1
3. 일부러 아무 말 않고 침묵한다.	2	3	3	3	3	2.8	1
4. 다른 사람들 앞에서 사람을 바보로 만든다.	1	2	2	3	2	2	2
5. 다른 사람의 프라이버시를 침해한다.	1	2	1	1	1	1.2	2
6. 과거의 실수와 실패를 상기시킨다.	3	2	2	2	1	2	1
7. 노력이 많이 필요한 일의 공적을 인정하지 않는다.	3	3	4	3	2	3	3
8. 그의 곤란한 입장을 살려주려고 다른 사람을 비난한다.	2	2	2	1	3	2	4
9. 자신이 한 약속을 깬다.	4	3	4	4	5	4	2
10. 다른 일로 화가 났는데 엉뚱한 사람에게 화를 낸다.	3	3	4	3	2	3	5
11. 부정적 언급을 남(제3자)에게 한다.	3	3	4	4	3	3.4	1
12. 다른 사람에게 무례하다.	1	1	1	1	1	1	1
13. 다른 동료 직원들과 상호작용하지 못하게 한다.	2	2	2	2	2	2	2
14. 무능하다고 말한다.	2	3	3	4	3	3	1
15. 거짓말한다.	1	2	2	1	2	1.8	4

요약 및 해석 : 평가자의 자기평가가 1, 3, 6, 9, 11, 14에 대한 다른 사람의 평균 평가 결과보다 높게(즉, 더 나쁘게) 나왔다. 5, 8, 10, 15 항목에 대해서는 평가자의 자기평가가 다른 사람의 평균 평가보다 낮게(즉, 더 좋게) 나왔다. 2, 4, 7, 12, 13에 대해서는 평가자의 자기평가가 다른 사람들의 평균 평가와 똑같다.

14.4 관찰 연습

파괴적 리더십

목적

1. 파괴적 리더의 특징을 알아내는 법을 배운다.
2. 구성원과 맥락이 어떻게 파괴적 리더십에 기여하는지 이해한다.

작성법

1. 이 연습에서 여러분은 현직에 있는 리더 한 사람을 관찰하여 그 사람이 구성원들을 어떻게 다루는가를 관찰하고, 파괴적으로 행동하는 경향을 평가할 것이다. 여기서 리더란 감독자, 매니저, 코치, 교사, 동아리 임원, 혹은 그 밖에 리더십을 발휘하는 직책을 가진 사람을 뜻한다. 리더뿐만 아니라 구성원들과 상황에 대해서도 관찰하고 기록하여야 한다.

2. 종이에 (1) 리더가 구성원들을 다룬 방식 (2) 구성원들이 리더에게 반응한 방식 (3) 그 상황에서 작동했던 암묵적 의사소통 규범과 규칙에 대해 가능한 한 완전히 그리고 간략히 적는다.

질문

1. 그림 14.1에 그려진 유독성 삼각형을 사용하여 리더의 특징, 구성원의 반응, 상황의 성격에서 가장 인상적인 부분에 대한 간략한 스케치를 그려 보자.

2. 이 리더에게 여러분이 불편했던 특징 하나를 들어 보자. 그 특징이 고쳐지지 않으면 파괴적 리더십으로 이끌었을까? 토의해 보자.

3. 여러분의 관점에서, 구성원들이 리더에게 반응한 방식을 여러분은 어떻게 기술하겠는가? 구성원들이 리더에게 지나치게 의존하지 않았는가? 여러분은 이 구성원들이 불공정하게 자신들을 지배하고 있는 그 리더에게 취약해질 것으로 생각하는가?

4. 만약 여러분이 이 집단이나 조직의 컨설턴트로 요청받으면 이 상황에서 번성할 수도 있는 파괴적 리더십의 가능성을 줄이기 위해 여러분이 하고 싶은 세 가지 구체적 변화를 적어 보자.

14.5 성찰 및 실행 과제 워크시트

파괴적 리더십

성찰

1. 이 장에서 기술하였다시피, 파괴적 리더는 카리스마적이고, 자기도취적이며, 권력을 좋아하고, 어린 시절에 대한 어떤 종류의 트라우마가 자주 있는 편이다. 이 특징 중에서 여러분이 파괴적 리더가 되게끔 여러분을 취약하게 만들 특징 하나 또는 두 개가 있는가? 어떤 것인지 설명하고 토의해 보자.

2. 이 장은 파괴적 리더의 출현에는 팔로워들도 역할을 한다고 강조하고 있다. 여러분 자신의 심리적 욕구를 잘 살펴보고, 집단 내에서 여러분의 행동이 어떻게 리더가 팔로워들을 파괴적으로 대할 기회를 줄 수 있을지 설명해 보자.

3. 여러분이 집단이나 조직(일, 클럽, 자원봉사 프로젝트 등)의 일부였던 상황을 잠시 생각해보자. 이 맥락에서 의사소통 규칙과 절차는 어땠는가? 리더가 가진 영향력과 파워가 분명하게 명시되어 있었는가? 여러분과 집단의 다른 멤버들이 리더의 행동에 자유롭게 도전할 수 있었는가? 리더-팔로워 관계를 어떻게 설명하겠는가? 여러분은 이 리더에게 부당하게 취급받는 데 취약하거나 취약했다고 생각하는가?

실행 과제

1. 파괴적 리더십 진단지에서 언급된 15가지 행동(예 : 다른 사람을 조롱한다, 의도적 침묵 등) 중에서 여러분의 리더십을 향상시키기 위해 다룰 네 가지를 골라 보자.

2. 이 장의 연습 부분(446~451쪽)에는 파괴적 리더십에 대응하는 몇 가지 방법이 기술되어 있다. 어느 것도 쉽지는 않다. 다음에 리더가 구성원들에게 파괴적으로 행동하는 맥락이 되면, 그 폭압을 중지시키기 위해 무엇을 하겠는가? 토의해 보자.

3. 립먼-블루먼(2005)의 취약한 구성원의 심리적 요소(표 14.1 참조)에 초점을 맞추어 여러분이 더욱 강한 구성원이 되고 파괴적 리더십에 덜 취약하게 될 수 있는지 구체적으로 토의해 보자.

Associated Press. (2018, March 20). Weinstein Co. files for bankruptcy protection. *Billboard*. Retrieved from https://www.billboard.com/articles/news/8254437/weinstein-co-files-for-bankruptcy-protection

BBC. (2018, September 3). *Syrian president Bashar al-Assad: Facing down rebellion*. Retrieved from https://www.bbc.com/news/10338256

BBC. (2019, May 24). *Harvey Weinstein timeline: How the scandal unfolded*. Retrieved from https://www.bbc.com/news/entertainment-arts-41594672

Bilton, N. (2019, February 20). "She never looks back": Inside Elizabeth Holmes's chilling final months at Theranos. *Vanity Fair*. Retrieved from https://www.vanityfair.com/news/2019/02/inside-elizabeth-holmess-final-months-attheranos

Carreyrou, J. (2018). *Bad blood: Secrets and lies in a Silicon Valley startup*. New York, NY: Knopf.

Einarsen, S., Aasland, M. S., & Skogstad, A. (2007). Destructive leadership behaviour: A definition and conceptual model. *Leadership Quarterly, 18*(3), 207–16.

Eltagouri, M., Rosenberg, E., & Hui, M. (2018, May 25). Rise and ignominious fall of Harvey Weinstein, in Four Acts. *The Washington Post*. Retrieved from https://www.washingtonpost.com/news/arts-and-entertainment/wp/2018/05/24/the-rise-and-ignominious-fall-of-harvey-weinstein-in-fouracts/?noredirect=on&utm_term=.52908432e920

Farrow, R. (2017a, October 10). From aggressive overtures to sexual assault: Harvey Weinstein's accusers tell their stories. *The New Yorker*. Retrieved from https://www.newyorker.com/news/news-desk/from-aggressive-overtures-to-sexual-assault-harvey-weinsteins-accusers-tell-their-stories

Farrow, R. (2017b, November 6). Harvey Weinstein's army of spies. *The New Yorker*. Retrieved from https://www.newyorker.com/news/news-desk/harvey-weinsteins-army-of-spies

Hofstede, G. (1980). *Culture's consequences: International differences in work-related values*. Thousand Oaks, CA: Sage.

Johnson, C. E. (2012). *Organizational ethics: A practical approach* (2nd ed.). Thousand Oaks, CA: Sage.

Kantor, J., & Twohey, M. (2017, October 5). Harvey Weinstein paid off sexual harassment accusers for decades. *The New York Times*. Retrieved from https://www.nytimes.com/2017/10/05/us/harvey-weinstein-harassment-allegations.html

Kellerman, B. (2004). *Bad leadership: What it is, how it happens, why it matters*. Boston, MA: Harvard Business School Press.

Krasikova, D. V., Green, S. G., & LeBreton, J. M. (2013). Destructive leadership: A theoretical review, integration, and future research agenda. *Journal of Management, 39*(5), 1308–328.

Lipman-Blumen, J. (2005). *The allure of toxic leaders*. New York, NY: Oxford University Press.

Luthans, F., Peterson, S. J., & Ibrayeva, E. (1998). The potential for the "dark side" of leadership in post-communist countries. *Journal of World Business, 33*(2), 185–01.

Moniuszko, S. M., & Kelly, C. (2017, October 27). Harvey Weinstein scandal: A complete list of the 87 accusers. *USA Today*. Retrieved from https://www.usatoday.com/story/life/people/2017/10/27/weinstein-scandal-complete-list-accusers/804663001/

Padilla, A. (2013). *Leadership: Leaders, followers, environments*. Hoboken, NJ: Wiley.

Padilla, A., Hogan, R., & Kaiser, R. B. (2007).

The Toxic Triangle: Destructive leaders, susceptible followers, and conducive environments. *Leadership Quarterly, 18*(3), 176–94.

Perryman, A. A., Sikora, D., & Ferris, G. R. (2010). One bad apple: The role of destructive executives in organizations. In L. L. Neider & C. A. Schriesheim (Eds.), *The "dark" side of management* (pp. 27–8). Charlotte, NC: Information Age.

Schutz, W. C. (1966). *The interpersonal underworld.* Palo Alto, CA: Science and Behavior Books.

Schyns, B., & Schilling, J. (2013). How bad are the effects of bad leaders? A meta-analysis of destructive leadership and its outcomes. *Leadership Quarterly, 24,* 138–58.

Tepper, B. J. (2000). Consequences of abusive supervision. *Academy of Management Journal, 43*(2), 178–90.

Tepper, B. J. (2007). Abusive supervision in work organizations: Review, synthesis, and research agenda. *Journal of Management, 33,* 261–89.

Tepper, B. J., Simon, L., & Man Park, H. (2017). Abusive supervision. *Annual Review Organizational of Psychology and Organizational Behavior, 4,* 123–52.

Thoroughgood, C. N., Sawyer, K. B., Padilla, A., & Lunsford, L. (2018). Destructive leadership: A critique of leader-centric perspectives and toward a more holistic definition. *Journal Business Ethics, 151*(3), 627–49.

Waldman, D. A., Wang, D., Hannah, S. T., Owens, B. P., & Balthazard, P. A. (2018). Psychological and neurological predictors of abusive supervision. *Personnel Psychology, 71,* 399–21.

용어해설

경청(listening) 사람들이 의미하는 바에 주의를 기울이면서 사람들이 무엇을 이야기하는지에 주목하는 것

가치(values) 사람들이 보람 있거나 바람직하다고 여기는 생각, 믿음, 행동 방식

갈등(conflict) 두 명 이상의 상호의존적인 개인들 사이에서 지각되는, 신념, 가치 및 목표에 대한, 또는 존중, 통제권 및 결합관계를 향한 욕구에 대한, 서로 양립할 수 없다고 여겨지는 차이를 놓고 벌어지는 투쟁

갈등 스타일(conflict style) 갈등에 접근할 때 사람들이 사용하는 정형화된 반응이나 행동

감성지능(emotional intelligence) 자신과 타인의 감정을 이해하고, 이를 삶의 과제에 적용하는 능력과 관련된 것. 감정을 인식하고 표현하며, 사고를 촉진하기 위해서 감정을 이용하고, 이해하고 감정을 가지고 사고하며, 자신의 내면에서 그리고 타인과의 관계에서 감정을 효과적으로 관리하는 능력

강점(strengths) 성공적 수행의 원인이 되는 개인의 자질이나 특성. 우리를 유능하게 만들어주고 번창하도록 도와주는, 우리가 가진 긍정적 특성

개념화 스킬(conceptual skills) 개념과 아이디어를 가지고 일하는 능력, 리더십의 사고 혹은 인지적 측면

개인 스타일(personal style) 오랜 기간 동안 몸에 배어왔고 개인의 현재 스타일에 영향을 미치는, 일과 휴식에 관한 독특한 습관들

갤럽(Gallup) 정치 여론조사 및 기타 사회과학 분야에서 연구를 수행하는 공공 여론조사 조직

견제와 균형(checks and balances) 권력과 영향력이 조직 체계 내에서 공유되는 방식으로서, 체계의 한 부분에 권한을 부여할 때 그것을 상쇄하여 균형을 잡는 권한을 체계의 다른 부분들에 부여하는 것

결단력(determination) 집중을 잘하고 과제에 주의를 기울이는 것. 진취성, 끈기, 추진력을 보여주는 것

경로-목표 리더십(path-goal leadership) 리더가 그룹 구성원 개개인이 필요로 하는 것과 그가 하는 일에 가장 잘 맞는 스타일을 골라야 하는 리더십

경로-목표 이론(path-goal theory) 리더가 직원의 성과와 만족도를 향상시키기 위해 어떻게 직원들에게 동기를 부여하는지 검토하는 리더십 이론

경쟁(competition) 자신의 목표를 추구하는 데 있어서는 자기주장이 매우 강하지만 다른 이들이 목표를 이루는 것을 돕는 데에는 비협조적인 사람들의 갈등 스타일

고정관념(stereotype) 한 가지 비슷한 특징을 가진 사람들을 서로 닮은 한 무리로 분류하는, 개인의 고착된 믿음

공감(empathy) 개인이 타인의 감정을 완전하게 이해하기 위해 자신의 감정을 잠시 내려두는 과정

공모자(colluders) 리더의 의제가 자신의 의제에 이로울 수 있기 때문에, 무엇인가를 얻어 낼 희망으로 파괴적 리더에게 순응하는 팔로워

공평성(equity) 사람들을 공정하고 정당하게 대하는 것을 가리키며, 사람들이 성공과 번영을 위한 기

회와 자원을 가지고 있는지에 관심을 가지는 것을 포함

과업 지향적 리더십(task-oriented leadership) 절차, 활동 및 목표 성취에 뚜렷하게 초점을 두는 리더십

과업 행동(task behaviors) 리더가 업무를 완수하기 위해 사용하는 행동

관계 (과정) 행동(relationship (process) behaviors) 그룹 구성원들이 자신과 서로에 대해 편안함을 느끼고 자신들이 처한 상황에서 마음을 편히 갖도록 돕기 위해 리더가 취하는 행동

관계중심 접근법(relational approach) 리더와 구성원들 사이의 관계의 본질을 살펴보는 리더십 연구 접근법

관계 지향적 리더십(relationship-oriented leadership) 구성원들의 복지, 구성원들이 서로 관계하는 방법, 일하는 분위기에 일차적으로 초점을 두는 리더십

관계 차원(relationship dimension) 당사자들이 서로에 대한 결합관계를 보는 인식

관계 갈등(relational conflict) 우리가 서로 어떻게 관계하는가에 대해 서로에게 느끼는 차이

관리 스킬(administrative skill) 리더가 조직의 목적과 목표를 수행하기 위해서 조직을 운영하는 데 필요로 하는 역량

구성원 지향성(employee orientation) 리더가 직원들에게 인간 존재로서 관심을 주고, 개성을 존중하며, 개인의 욕구에 특별한 관심을 기울이는 관계중심 리더십 행동

구조(structure) 그룹의 일을 하기 위한 일종의 건축 도면으로, 그룹의 활동이 목적하는 것에 형태와 의미를 부여해주는 것

구조 주도(initiating structure) 리더가 일을 조직화하고, 역할 책임들을 정의하고, 업무활동 계획을 짜는 과업중심 리더십

권위적 리더십 스타일(authoritarian leadership style) 리더가 구성원들이 지시를 필요로 한다고 인식하고, 구성원들과 그들이 하는 일을 통제할 필요를 느끼는 리더십 스타일

규범(norms) 그룹 구성원들 사이에서 인정되고 공유되는 행동의 규칙

그림(picture) 집단이나 조직이 나아가야 할 방향에 대한 이상적인 이미지

긍정심리학(positive psychology) 무엇이 인생을 가장 살만한 것으로 만들어주는지에 대한 '과학적' 연구

기대 이론(expectancy theory) 사람들이 자신이 유능하다고 느끼고, 어떤 과업에 들이는 노력이 자신들이 중요하게 생각하는 어떤 예상된 결과로 이어질 때 더 높은 동기부여를 받는다는 이론

내용 차원(content dimension) 의사소통의 객관적이고 관찰 가능한 측면

내용 갈등(content conflict) 정책이나 절차 같은 문제에서 의견을 달리하는 리더와 다른 사람들 사이의 투쟁

능력(ability) 타고나거나 습득하는, 특정 활동을 수행하는 기량

다문화주의(multiculturalism) 한 사회 안에 뚜렷이 다른 문화적 혹은 민족적 집단들이 다수 존재하는 것, 또는 그 존재를 지원하는 것

다양성(diversity) '여러 가지' 혹은 차이

다원주의(pluralism) 다른 문화권 사람들이 한 사회의 일부가 되기 위해 자신의 전통과 가치관을 희생할 필요가 없다는 인식

대인관계 스킬(interpersonal skills) 사람을 다루는 스킬. 리더로 하여금 조직의 목적을 이루기 위하여 부하, 동료 그리고 상사들과 함께 효과적으로 일을 하도록 돕는 능력

도전(challenge) 사람들로 하여금 변화에 헌신하도록 자극하는 것

동화(assimilation) 서로 다른 문화권에서 온 사람들이 다수자 집단의 관습에 적응하고, 또한 많은 경

우 그 관습을 채택하기를 기대받는 과정

리더-구성원 교환 이론(leader-member exchange (LMX) theory)　리더십을 리더와 구성원 사이의 상호관계를 중심에 둔 과정으로 개념화하는 이론

리더십(leadership)　공통의 목표를 이루기 위해 한 개인이 다른 사람들에게 영향을 미치는 과정

리더십 스타일(leadership style)　리더가 무엇을 하고 어떻게 행동하는지에 초점을 맞춘 리더의 행동양식

리더십의 어두운 측면(dark side of leadership)　리더가 사사로운 목적을 위해 자신의 영향력이나 권력을 사용하는, 리더십의 파괴적인 측면

리더십 철학(philosophy of leadership)　개인 리더십 스타일에 중대한 영향을 끼치는, 인간의 본성과 노동의 본질에 대한 고유한 일련의 믿음과 태도

목적 가치(end values)　리더가 성취하고자 하는 결과물이나 목표

목표(goals)　어떤 사람이 성취하고자 하는 목적 또는 결과

문제 해결 스킬(problem-solving skills)　원하는 목표를 달성하기 위해 문제적인 상황을 바로잡는 행동을 취하는 리더의 인지능력

미션(mission)　그룹이 지향하는 목표로서, 그룹의 모든 다른 활동에 구조를 제공해 주는 것

미실현 강점(unrealized strengths)　더 드러나지 않는 개인 속성들

민주적 리더십 스타일(democratic leadership style)　리더가 구성원들을 자발적으로 자기 일을 하는 능력을 완전히 갖춘 것으로 취급하고 그들과 함께 일하며, 구성원들 위에 군림하지 않고 모두를 공평하게 취급하기 위해서 많은 노력을 하는 리더십 스타일

방임적 리더십 스타일(laissez-faire leadership style)　때로는 비(非)리더십이라고 부르는, 리더가 구성원들과 그들의 업무 동기를 무시하고 최소한의 영향을 행사하는 리더십 스타일

배려 행동(consideration behavior)　리더가 동지 의식, 존중, 신뢰 그리고 리더와 그를 따르는 사람들 사이의 배려를 형성하는 관계중심 리더십 행동

변혁적 리더십 이론(transformational leadership theory)　리더십을 사람과 조직을 변화시키는 과정으로 설명하는 이론

변화(change)　다른 것을 향한 움직임. 현재의 상태로부터 이동함

변화의 일곱 가지 C 모델(Seven Cs of Change Model)　사람들이 목표에 도달할 수 있도록 해주는 가치들을 통해서 긍정적인 변화를 이루는 과정을 설명하는 모델

변화적응 리더십(adaptive leadership)　리더들이 어떻게 사람들로 하여금 문제를 해결하고, 어려움을 극복하고, 변화에 적응하도록 도와주는지 살펴보는, 새로 부상하는 리더십 접근법

비전(vision)　어떤 이상적인 미래 상태의 정신적 모델

'빅 파이브' 성격 요인('Big Five' personality factors)　성격 특성의 넓은 범주(개방성, 성실성, 외향성, 친화성, 신경성)

사람에 대한 관심(concern for people)　조직의 목표를 이루고자 노력하는 사람들을 리더가 어떻게 보살피는지를 가리키는 것

사회 감수성(social perceptiveness)　다른 사람들에게 무엇이 중요하고, 그들이 어떻게 동기 부여되고, 어떤 문제에 직면해 있으며, 변화에 어떻게 반응하지에 대한 통찰과 인식을 갖는 것

사회성(sociability)　기분 좋은 사회관계를 구축할 수 있는 능력. 다른 사람들의 욕구를 민감하게 알아차리고 그들의 안녕에 대해 관심을 가지는 것

사회적 정체성(social identities)　집단에 소속됨으로써 비롯되는 자아 개념의 일부분

사회 정체성 이론(social identity theory)　사람들이 왜 그리고 어떻게 특정한 사회적 집단과 동일시하

고, 어떻게 이런 동일시가 그들의 행동에 영향을 미치는지 설명하는 이론

상황적합 이론(contingency theory) 리더의 스타일과 특정한 상황적 변수 사이의 조화에 초점을 맞추는 리더십 이론

상황 접근법(situational approach) 각기 다른 상황에서는 다른 종류의 리더십이 요구된다는 전제를 가진 리더십 연구 접근법

서번트 리더십(servant leadership) '보살핌 원리'를 강조하며, 서번트로서의 리더가 구성원들의 욕구에 집중하여 더 자율적이고 견식이 풍부하며, 그들 역시 서번트와 같은 사람들이 될 수 있도록 돕는, 새로 부상하는 리더십 접근법

선입견(unconscious bias) 우리가 그렇게 하고 있다고 의식적으로 알지 못한 채 가지는 사람들에 대한 태도나 고정관념

성과에 대한 관심(concern for production) 리더가 어떻게 조직의 목표 성취를 보살피는지를 가리키는 것

성과 지향(production orientation) 리더가 성과와 직무의 기술적 측면을 강조하는 과업중심 리더십

성별 차이에 근거한 연구(gender-based studies) 리더십에 성별이 어떤 영향을 미치고 차별화되는가를 살펴보는 연구

성취 지향적 리더십(achievement-oriented leadership) 개인들을 가능한 한 최고의 성과에 도달하도록 도전하는 리더. 우수성의 기준을 높게 세우고 지속적인 향상을 추구

세분화(fractionation) 큰 갈등을 더 작고 다루기 쉬운 조각들로 분해하는 기술

수단 가치(modal values) 리더가 취하는 수단 또는 행동과 관련한 것

수용(accommodation) 다른 사람들의 욕구를 매우 세심하게 보살피고 자기 자신의 욕구는 무시할 것을 요구하는, 자기주장은 약하지만 협조적인 갈등 스타일

스킬(skill) 어떤 과업을 효과적으로 성취하기 위해 개발된 역량

시너지(synergy) 두 명 이상의 사람들이 함께 일하면서 생성되는 그룹 에너지로서, 개인별 기여의 총합과 다르고 그것보다 나은 결과를 가져오는 것

실현된 강점(realized strengths) 우리의 가장 강력한 자산이 되는 개인적 속성

약점(weaknesses) 종종 우리의 힘을 빼앗고 기준에 못 미치는 성과를 가져오는, 우리를 제약하는 속성

영성 리더십(spiritual leadership) 구성원들의 동기를 유발하기 위해 리더가 어떻게 가치관, 소명감, 소속감을 사용하는지 검토하는, 새로 부상하는 리더십 접근법

외집단 구성원(out-group members) 그룹 또는 조직 내 개인으로서 그 그룹의 일부로 자신을 동일시하지 않는, 단절되어 있고 그룹의 목표를 향해 일하는 것에 완전히 몰두하지 않는 사람

용광로(melting pot) 많은 것이 하나로 섞이거나 이질적 사회가 동질적으로 되는 것을 비유하는 용어

우수성의 기준(standards of excellence) 그룹 또는 조직 내에 존재하는, 성과에 대한 명시적·암시적 기대치

원칙에 입각한 협상(principled negotiation) 경쟁적인 흥정이나 과도한 수용을 통해서가 아니라 사안 자체의 공과에 따라 결정하는 갈등 접근법

'위인' 이론('Great Man' theories) 위대한 사회·정치·군사 리더들이 지닌 선천적인 자질과 특징을 식별하는 데 초점을 맞춘, 초기의 특성 리더십 이론(특성 접근법 참조)

유능(competent) 자신이 뭘 하는지 잘 알고 있다는 것을 다른 이들에게 (그리고 자신에게) 암시하는 방식으로 자신을 보여 주는 리더

윤리적 가치(ethical values) 리더의 인격 또는 덕목에 관련 것

윤리적 리더십(ethical leadership) 훌륭한 사람이 다

른 사람들에게 올바른 영향력을 행사하여 공동선을 성취하게 만드는 과정

응집성(cohesiveness) '우리'라는 느낌. 어떤 무리를 하나로 뭉쳐 주는 접착제. 또는 그룹 안에 존재하는 단결심

이론(theory) 주어진 현상을 설명해주는 일련의 가설, 원리 혹은 법칙

인간 재능 테마(themes of human talent) 성격 특징과 비슷하게 비교적 안정되고 고정된, 쉽게 바뀌지 않는 자질

인격(character) 어떤 사람의 성질, 성향, 핵심 가치

자기도취증(narcissism) 자기 자신을 지나치게 사랑하고 자기 자신에 사로잡혀 있는 것

자민족중심주의(ethnocentrism) 개인이 타인과 세계를 관찰할 때 자신의 (민족적·인종적·문화적) 집단을 그 중심에 놓는 경향

자신감(confidence) 자기 자신과 자신의 성공 능력에 대해 긍정적인 감정을 갖는 것

장애(obstacle) 그룹의 생산성을 방해하는 문제점

전략 기획(strategic planning) 개념화 스킬 중 하나로, 집단이나 조직을 위한 효과적인 전략 개발을 위해서 아이디어를 고안하고 고려하는 인지적 능력

절충(compromise) 자기주장과 협조성 모두 어느 정도 발휘되는 갈등 스타일

접근법(approach) 꼭 실증적 연구에 근거지는 않는, 어떤 현상에 대해 일반적으로 생각하는 방식

정직성(honesty) 진실을 말하고 사실을 가능한 자세하고 완전하게 표현하는 것

제도화(institutionalization) 조직 내에서 규칙과 규정을 만들고 이들을 변경하는 방법과 관련된 것

조성 환경(condusive environments) 파괴적 리더십의 발생을 촉진하는 독특한 환경

지도(map) 사람들이 자신의 장·단기적 목표를 향해서 나아갈 길을 제시하는, 따라야 할 계획된 경로

지성(intelligence) 우수한 언어 스킬, 지각 스킬 그리고 추론 능력을 가지는 것

지시적 리더십(directive leadership) 분명한 성과 기준을 설정하고 다른 사람들에게 규칙과 규정을 확실하게 하는 리더

지원적 리더십(supportive leadership) 다른 사람들이 따분하고 너무 쉬워서 재미가 없는 과업을 할 때 그들을 격려함으로써 그런 과업에서는 누락된 인간적 연결감을 제공해주는 리더. 일상적이고 기계적인 활동에 묶여 있는 사람들에게 인간미를 제공

직무 역량(technical competence) 우리가 수행하는 일, 또는 다른 사람들에게 맡기는 일에 대하여 전문 지식을 갖추는 것

진실성(integrity) 일련의 신념을 확고히 고수하고 자신의 행동에 책임을 지는 것. 진솔함과 신뢰성을 가지는 것

진정성 리더십(authentic leadership) 리더 및 리더십의 진정성을 살펴보는, 새로 부상하는 리더십 접근법

집단사고(groupthink) 대안적인 아이디어나 관점을 비판적으로 평가하는 것보다 구성원 전원의 의견이 일치하는 것을 더 중요시하는, 폐쇄적인 사고 방식

차별화(differentiation) 갈등의 초기 단계에서 일어나는 상호작용 과정으로, 당사자들이 갈등의 성격을 정의하고 서로에 대한 자신의 입장을 명확히 하는 것을 돕는 것

참여적 리더십(participative leadership) 리더가 일을 진행하는 방식과 수단에 있어 다른 이들이 공동으로 참여하도록 초대하는 리더십

체제적 차별(systemic discrimination) 차별적 행동, 정책, 관행의 패턴이 조직의 일부가 되어 차별당하는 사람들에게 영구적으로 불리한 조건이 지속될 때 발생하는 것

체면 세우기(face saving) 위협에 대한 반응으로서 자신이나 다른 사람의 자아 이미지를 설정하거나

유지하기 위한 의사소통 시도

카리스마(charisma) 사람들을 끌어당기는 특별한 매력. 놀라운 일을 할 수 있는 능력을 사람들에게 부여하는 특별한 성격 특성

커넥티브(결합적) 리더십(connective leadership) 립먼-블루먼이 개발한 리더십 접근법으로, 다양하며 때로는 상충하는 배경, 재능 및 의제를 가진 개인들과 집단들 사이에 결합성과 상호의존성이 있음을 인정하는 접근법

특권(privilege) 개인이나 집단이 나이, 인종, 민족, 성별, 계급 또는 다른 문화적 차원을 바탕으로 누리는 우위로서, 그것을 가진 쪽이 갖지 않은 쪽에 권력을 행사하게 해주는 것

특성(trait) 보통은 타고나는 개인의 독특한 자질(예: 지성, 자신감, 카리스마, 결단력, 사회성, 진실성)

특성 접근법(trait approach) 개인들이 지닌 선척적인 자질과 특징을 식별하는 데 초점을 맞추는 리더십 연구 접근법('위인' 이론 참조)

파괴적 리더십(destructive leadership) 한 개인이 과도한 통제력과 억압을 행사하여 한 무리의 개인들로 하여금 다른 사람들이나 조직에 미치는 영향을 고려하지 않고 리더 자신의 목표를 달성하도록 강제하는 과정

파워(power) 다른 이들에게 영향을 주는 능력

편견(prejudice) 다른 개인이나 집단에 대하여 개인이 가지고 있는, 잘못되거나 입증되지 않은 정보에 근거하며 대체적으로 고착된 태도, 믿음 혹은 감정

포용성(inclusion) 서로 다른 개인들을 한 그룹이나 조직의 일부로 체화시키는 과정

학습된 행동(learned behaviors) 사람들이 경험을 통해 학습하는 행동들. 인생을 통해 이해하게 되는

내재화된 것

행동(actions) 어떤 사람이 목표를 이루기 위해 행하는 방식

행동 접근법(behavior approach) 행동에 초점을 맞추고 리더들이 무엇을 하고 어떻게 행동하는지를 탐구하는 리더십 연구 접근법

협력(collaboration) 양측이 갈등에 대한 어떤 긍정적인 해결을 보기로 합의하고 서로 상대방의 관심사에 충분히 배려하면서도 자신의 관심사를 희생하거나 억누르지는 않는, 자기주장과 협조성을 모두 필요로 하는 갈등 스타일

순응자(conformers) 리더의 의제에 동조하지 않았을 때 자신에게 미칠 결과를 최소화하기 위해 파괴적 리더에게 순응하는 팔로워

회피(avoidance) 사람들이 수동적이고 갈등 상황을 직접 정면으로 맞서기보다는 무시하려는 경향으로 특징지어지는, 자기주장이 약하면서 비협조적인 갈등 스타일

X이론(Theory X) 더글러스 맥그리거가 만든 이론으로, 사람들은 일하기를 싫어하고, 명령받고 통제받을 필요가 있으며, 책임이 아니라 안정을 원한다고 리더가 가정하는 일반론

Y이론(Theory Y) 더글러스 맥그리거가 만든 이론으로, 사람들은 일하기를 좋아하고, 스스로를 동기부여하며, 책임을 받아들이고 추구한다고 리더가 가정하는 일반론

Z이론(Theory Z) X이론, Y이론과는 연관성이 적으며 윌리엄 오우치가 개발한 이론으로, 구성원들이 공통으로 가진 문화적 가치, 신념, 목표들을 강조하며 의사소통, 협력, 합의된 의사 결정에 집중하는 리더십 이론

찾아보기

피터 G. 노스하우스(Peter G. Northouse)

미국 웨스턴미시간대학교 커뮤니케이션 스쿨의 명예교수이다. 전문 학술지에 발표한 글 이외에도, 리더십 : 이론과 실제(*Leadership: Theory and Practice*, 제8판)의 저자이며, *Health Communication: Strategies for Health Professionals*(제3판, 국내 미출간)와 *Leadership Case Studies in Education*(제2판, 국내 미출간)의 공저자이기도 하다. 학문적·교육적 관심 분야는 리더십 모델, 리더십 평가, 윤리적 리더십, 리더십과 집단 역학을 포함한다. 현재 리더십 연구, 리더십 개발, 리더십 교육 분야의 트렌드와 관련한 컨설턴트 및 강사로 활동하고 있다. 덴버대학교에서 스피치 커뮤니케이션학 박사 학위를 받았으며, 미시간주립대학교에서 커뮤니케이션 교육학 석사와 학사 학위를 받았다.

역자 소개

이용철 mentorcoach@naver.com

현재 한국멘토링코칭센터(주) 대표/원장

약력 서울대학교를 졸업하고 한화그룹에서 커리어를 시작하여 임원으로 퇴직한 다음, 2003년 한국멘토링코칭센터(주)를 설립하고 기업, 공공기관, 대학교 등에 '체계적 멘토링'을 보급하였다. 청소년, 대학생, 베이비부머들의 통합적 라이프/커리어플래닝과 중장년을 위한 '인생책방'이 주요 관심 분야이다.

저서 멘토십 코칭(2013, 한국멘토링코칭센터)

역서 멘토링, 오래된 지혜의 현대적 적용(2005, 김영사)

　　　감성지능(2012, 시그마프레스) 등

리상섭 sangseub@dongduk.ac.kr

현재 동덕여자대학교 교육컨설팅학과 겸 교양대학 교수 및 창업교육센터 센터장, 동덕아트컬처캠퍼스타운사업단 단장

약력 미국 텍사스대학교 오스틴 캠퍼스, 성인 및 조직학습(HRD) 박사, LG전자 러닝센터 차장과 동덕여자대학교 리더십센터 센터장을 역임했으며, 관심 분야는 글로벌 인적자원개발, 리더십, 이문화, 법인장, 주재원, 현채인 육성이다. 삼성전자, 현대자동차, LG전자, LG디스플레이 등의 임원, 법인장, 주재원, 현채인의 리더십 개발과 육성 관련 프로젝트, 강의, 자문 등을 수행해 왔다.

저서 해외 주재원을 위한 안내서(2021, 양서원)

　　　해외주재원 A to Z(2021, 가디언)

　　　평생교육경영론(2020, 양서원)

　　　스마트공장 경영과 기술(2019, 드림디자인)

　　　경력개발(2018, 박영스토리)

　　　4차 산업혁명시대의 최신 직업진로설계(2017, 양서원)

　　　인적자원개발론(2017, 양서원)

역서 전략리더십: 모두의 과제(2016, CMOE)

김기흥 khk19613@naver.com

현재 동국대학교 경영대학에서 리더십 강의 등 교수 활동

약력 동국대학교 경영학 박사(조직·인사 전공), 대림산업, 녹십자, Sandvik Korea 인사관리 담당 임원을 역임하였다. 리더십, 인적자원관리, 조직커뮤니케이션, 지속가능경영에 관해 관심을 두고 있으며, LG전자 및 외국계 기업 등 여러 기업을 대상으로 임원 코칭 및 코칭·멘토링 훈련 경험을 가지고 있다.

저서 멘토십 코칭(2013, 한국멘토링코칭센터)

김진웅 bigbros.kim@petasona.com

현재 (주)Petasona 대표, Lab4DX 공동 대표

약력 서울대학교, Thunderbird MBA, 서울불교대학원대학교 박사과정 수료, LG그룹에서 시스템 엔지니어로 커리어를 시작하여 IT솔루션, 혁신, 신사업 관련 경험을 쌓았고, 2005년부터 LG전자 러닝센터에서 사람과 조직의 발달을 집중 연구하였다. 2020년부터 Meta Personetics 기술과 디지털 가치 창출 방법론을 기반으로 사업 디자인 서비스를 주로 하는 (주)Petasona와 개인, 조직, 사회의 디지털 전환을 가이드하는 서비스를 주로 하는 Lab4DX 두 회사를 운영하고 있다.

저서 온전한 리더, 통합적 리더십(2011, 호미)(2011년 문화관광체육부 선정 우수학술 도서)